民商事类案裁判思维丛书

公司股东纠纷类案裁判思维

张应杰 / 主编

人民法院出版社

图书在版编目（CIP）数据

公司股东纠纷类案裁判思维 / 张应杰主编. -- 北京：人民法院出版社，2023.4
（民商事类案裁判思维丛书）
ISBN 978-7-5109-3779-8

Ⅰ. ①公… Ⅱ. ①张… Ⅲ. ①股份有限公司－股东－公司法－研究－中国 Ⅳ. ①D922.291.914

中国国家版本馆CIP数据核字(2023)第065155号

公司股东纠纷类案裁判思维

张应杰　主编

策划编辑　韦钦平　李安尼
责任编辑　赵芳慧　刘晓宁
封面设计　尹苗苗
出版发行　人民法院出版社
地　　址　北京市东城区东交民巷27号（100745）
电　　话　（010）67550628（责任编辑）　67550558（发行部查询）
65223677（读者服务部）
客 服 QQ　2092078039
网　　址　http://www.courtbook.com.cn
E- mail　courtpress@sohu.com
印　　刷　保定市中画美凯印刷有限公司
经　　销　新华书店

开　　本　787毫米×1092毫米　1/16
字　　数　800千字
印　　张　41
版　　次　2023年4月第1版　2023年7月第2次印刷
书　　号　ISBN 978-7-5109-3779-8
定　　价　158.00元

公司股东纠纷类案裁判思维
编委会

序言

天下之事，不难于立法，而难于法之必行。习近平总书记在党的二十大报告中深刻指出："全面依法治国是国家治理的一场深刻革命，关系党执政兴国，关系人民幸福安康，关系党和国家长治久安。必须更好发挥法治固根本、稳预期、利长远的保障作用，在法治轨道上全面建设社会主义现代化国家。"人民法院公正司法作为全面推进依法治国的重要环节，对法治中国建设具有举足轻重的意义。党的十八大以来，在以习近平同志为核心的党中央领导下，全国法院深入推进以司法责任制为核心的四项基础性改革，司法公信力和司法效能显著提升，人民群众的司法获得感普遍增强。深圳法院在"双区"驱动、"双区"叠加、"双改"示范效应作用下，勇立潮头、勇当尖兵，扎实推进各项改革工作，积极推进司法公信力、法治竞争力、改革创新力、国际影响力卓著的先行示范法院建设，改革成效日益突出，示范效应日益凸显。

欲知平直，则必准绳；欲知方圆，则必规矩。党中央高度重视法律适用的统一，党的十八届四中全会作出的《中共中央关于全面推进依法治国若干重大问题的决定》将"统一法律适用标准"作为完善以宪法为核心的中国特色社会主义法律体系的重要任务之一。《最高人民法院关于深化司法责任制综合配套改革的实施意见》又将"完善统一法律适用机制"作为重要内容。在统一法律适用的司法大背景下，推进"类案同判"既是党中央提出的明确任务，又是人民群众对于司法公正的朴素追求。在此背景下，深圳市中级人民法院出台了《深圳法院全面构建类案标准化体系加快建设先行示范法院工作方案》，计划用三年时间对司法案件办理常见问题进行系统化、要素式梳理，达到立、审、执、破全口径覆盖，形成对实务具备参考价值的类案裁判思维丛书。这是深圳法院司法改革路线图上迈出的重要一步，向社会释放了深圳法院统一法律适用、促进司法公正的强烈信号。

沧海横流显砥柱，万山磅礴看主峰。党中央作出兴办经济特区重大战略部署以来，深圳敢闯敢试、敢为人先、埋头苦干，创造了发展史上的奇迹，成为全国改革开放的一面旗帜。作为改革开放和创新创业的热土，在打造体现深圳特色、辐射全国、具有卓著影响力的国际一流法治环境过程中，深圳法院面临着众多法律关系复杂、事实认定困难的新类型纠纷，法律与司法解释的更新速度远不及新类型纠纷的发生速度。有鉴于此，深圳法院先行先试，推出类案裁判思维丛书，以化解各领域“类案不同判”的难题，为一线法官提供裁判指引，帮助广大法官提高业务能力，以高质量裁判助力深圳打造最安全稳定、最公平公正、法治环境最好的标杆城市。综观本套丛书，呈现以下三个特点：

一是体系性强。本套丛书内容全面系统，体系完整严谨。对民事、知识产权、金融、商事、房产、劳动争议、环资、立案、执行、企业破产等领域的类案进行梳理汇总，对各类型案件办理提供全方位、精细化参考指引，实现流程精细完整、业务覆盖全面。同时，本套丛书在体例结构、主要章节名称和编辑排版方面保持了整体的协调性与一致性，对各类案件办理中的裁判思路、审理要素、实务难点、示范说理、判项表述等内容进行系统梳理，构建出完整的司法裁判知识图谱，为提升类案裁判质效奠定基础。

二是实用性强。本套丛书按照司法裁判的内在逻辑体系，全面总结梳理了深圳两级法院优秀法官的实践智慧成果，对于发挥司法传承作用、明晰案件裁判思路、提升办案工作质效具有非常重要的参考价值。类案裁判思维丛书向社会公开，也为法律工作者、法学院校师生、人民调解员等提供了法官思维的路径、研究法学课题的素材、解决法律争议的方法、评判法律问题的尺度，还能让社会公众看到法官依法明断、定分止争背后的法律原理和法律精神，从而实现人民法院在民意沟通质量和效果上的进一步提升。

三是前沿性强。本套丛书立足全国一流标准，全面搜集各类参考资料，汇集深圳两级法院在常见类案办理过程中形成的优秀智慧和经验成果，为一线法官打造高标准、高水平的司法实务“工具书”。每本书籍既涵盖了有关类案的常见问题，又直面深圳特区司法实践当中的热点难点，为有关前沿争议问题提供具有较强参考价值的破题思路。本套丛书素材虽多取自深圳法院审判实践，研究视野却不囿于深圳一域；目标虽着眼于服务司法实践需求，研究内容亦不局限于实证分析，而具有一定的法学理论深度和理论研究成果价值。

东方风又来，南海潮再涌。四十多年来，深圳法院看尽深圳高速发展所带来的沧桑巨变。站在新时代的十字路口，在走向“两个一百年”的重要历史节点，全面准确落实司法责任制，加快建设公正高效权威的社会主义司法制度，深圳法院责无旁贷、使命在肩。未来，深圳法院将继续以永不懈怠的激情与活力，探索法治城市建设，努力将深圳打造成为中国特色社会主义法治的“窗口”和“名片”，不断为法治中国建设输送“深圳经验”。

本套丛书的编撰将始终坚持司法观点的与时俱进以及主题内容的与日俱

增，随着司法实践的不断深入，丛书的内容将不断更新扩充，我们热忱期待深圳法院有更多法官能润泽笔墨，积极贡献自己的司法智慧，也衷心欢迎各界法律工作者能建言献策，为我们多提宝贵意见，在新时代新征程上共同推进深圳法院工作高质量发展。

是为序。

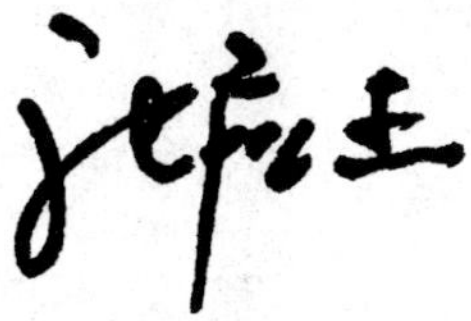

二〇二三年四月

凡例

1. 法律文件名称中的“中华人民共和国”省略，其余一般不省略，例如《中华人民共和国公司法》，简称为《公司法》。

2.《最高人民法院关于适用〈中华人民共和国公司法〉若干问题的规定（二）》，简称为《公司法司法解释（二）》。

3.《最高人民法院关于适用〈中华人民共和国公司法〉若干问题的规定（三）》，简称为《公司法司法解释（三）》。

4.《最高人民法院关于适用〈中华人民共和国公司法〉若干问题的规定（四）》，简称为《公司法司法解释（四）》。

5.《最高人民法院关于适用〈中华人民共和国民事诉讼法〉的解释》，简称为《民事诉讼法司法解释》。

6.《最高人民法院关于审理民事案件适用诉讼时效制度若干问题的规定》，简称为《诉讼时效规定》。

7.《全国法院民商事审判工作会议纪要》，简称为《民商审判会议纪要》。

目录

第一章　股东资格确认纠纷

第二章　股东名册记载纠纷

第三章　股东出资、新增资本认购、公司增资、减资纠纷

第四章　股东知情权纠纷

第五章　公司决议纠纷

第六章 请求变更公司登记纠纷

第七章　公司证照返还纠纷

第八章　公司解散纠纷

第一章

股东资格确认纠纷

第一节　类案纠纷审判概述

股东资格确认，是公司法的核心问题之一，也是大多公司类纠纷解决的基础。股东权利的行使、股东义务的履行、股东责任的承担、股东权的程序性保障等问题，往往都以股东资格确认为前提，股东资格确认法律制度在公司法体系中具有非常重要的地位。

一、股东资格概述

（一）股东资格含义

股东资格，系公司治理结构中的基本构成单位，[①] 但对其内涵和外延，无论是英美法系还是大陆法系的公司法理论均未作出具体定义，我国《公司法》亦未予以明确界定。学理上，针对股东资格概念，有观点解释认为，股东资格是公司股东的权利象征，是股东参与经营、管理公司的前提；还有观点认为，股东资格是民事主体成为公司股东的一种民事能力。[②]

从传统民法的角度而言，法律资格是民事主体有权从事具体民事法律行为并承担相应法律后果的能力。股东资格作为一种法律资格，可称之为股东地位，是自然人、法人及其他非法人组织等法律主体通过出资等方式以自己的名义拥有公司股权、行使公司运营权利、享受公司收益并负担公司相应责任的法律依据。[③] 股东资格与公司是相对应的，股东地位确立，就意味着股东享有包括自益权和共益权在内的各项权利，同时也意味着需要承担股东应当负担的相应义务，主要是指按照章程履行出资义务，否则需在瑕疵出资范围内对公司债务承担责任。

---

① 胡绪雨、朱京安：《论股东资格的取得和确认》，载《法学杂志》2013 年第 9 期。

② 陈茂华：《股东资格认定标准的检视与类型化》，载《人民司法 · 应用》2021 年第 4 期。

③ 沈贵明：《股东资格研究》，北京大学出版社 2011 年版，第 86 页。

（二）与相关概念的联系

1. 股东与股东资格

对于公司股东，并无明确、统一的定义，但逐渐形成了三种学说，分别为出资说、成员说和持份说。出资说认为，股东是出资购买公司股份的人。① 成员说认为，股东就是公司会员，是构成公司不可缺少的成员，股东是公司资产的出资人，也是公司盈利的受益人。② 持份说则认为，股东就是持有公司股份的人。③ 从以上三种学说看，由于通过继承、赠与等股权继受取得方式也可以成为公司股东，出资并非成为股东的唯一形式，出资说具有局限性；成员说比较科学，但许多国家也认可隐名持股人为公司股东。总体而言，持份说更加符合国际主流观点，也更符合股东的法律界定。股东与股东资格相互联系。股东是承载股东资格的主体，是依据股东身份行使股东权利、承担股东义务的自然人、法人或非法人组织；股东资格则是股东在公司中得以行使股东权利的身份和地位。

2. 股权与股东资格

股权，是股东对公司享有的包括人身权益和财产权益在内的一种综合性权利。根据受益主体的不同，可将股权划分为自益权和共益权两类。④ 其中自益权是以股权回购权为代表，包括增资权在内的维系股东个人利益的诸多权利；而共益权则以股东重大事项表决权为代表，是用以维系股东整体利益或公司利益的多项权利。股东无论行使自益权还是共益权，其耗费精力参与公司运营管理，承担资本损失风险，目的均在于获取投资回报，这也是股东资格的意义所在。通常认为，股权与股东资格同时产生，股权是产生股东资格的法律逻辑和经济基础，获得股权就意味着取得股东资格，取得股东资格也意味着拥有股权，两者在本质上具有同一性，只是侧重点不同，前者是一种权利，具有财产性和价值性，后者则侧重于身份性和人格性。⑤ 此外，值得注意的是，对特定的法律主体而言，股东资格具有排他性和唯一性，非经股权继承或股权转让等方式，任何人不得直接对股东资格取而代之，即便存在股权代持的情形，各国法律实践也普遍根据本国的法律传统认定隐名股东或显名股东的单一股东资格。

---

① 沈贵明：《股东资格研究》，北京大学出版社 2011 年版，第 86 页。

② 孙宇、甘瑞丰：《股东权利义务问题研究》，中国法制出版社 2019 年版，第 6 页。

③ 周友苏：《试析股东资格认定中的若干法律问题》，载《法学》2006 年第 12 期。

④ 杨敏、程南、唐英：《公司法》，中国政法大学出版社 2019 年版，第 136 页。

⑤ 张嘉军：《公司纠纷裁判精要与裁判规则》，人民法院出版社 2020 年版，第 42 页。

（三）股东资格取得方式

按照出资、继承等基础性法律关系的不同，可以将股东资格取得区分为原始取得、继受取得和善意取得三种方式。①

1. 股东资格原始取得

股东资格原始取得，是指通过向公司认购出资或者认购股份而取得股东资格。原始取得股东资格的基础是投资人与公司之间所订立的出资协议或认购股份协议。根据股东取得股东资格时间的不同，又可进一步细分为设立取得股东资格和增资取得股东资格两种情形。②

（1）设立取得股东资格。设立取得，即投资人在公司设立时向公司投资从而取得股东资格。如股份有限公司设立时的发起人、认股人，有限责任公司设立时的全体发起人，均属于设立取得股东资格的情形。设立取得股东资格，投资人除满足以认缴或实缴资本等方式缴纳出资的基本要件外，还须满足公司依法设立这一条件，如果公司因故未能成立，股东资格便无从谈起。

（2）增资取得股东资格。增资取得，又称为设立后的原始取得，是在公司成立后增资时，通过向公司出资或者认购股权从而取得股东资格。增资取得股东资格，应当满足股东会依法表决并作出增资决议，以及投资人按协议认缴出资两个条件。如果增资未经过股东会表决程序作出决议，即便认购出资或股权也无法成为公司股东并取得相应股东资格。从以上情形可见，股东资格的原始取得，主要是基于合意的出资行为，这种合意表现为全体发起人或股东之间、公司与出资人之间存在出资的意思表示一致，投资人以取得股权并获得股东资格为目的而出资，公司则出于取得出资所有权的目的而赋予出资人股东资格。③

2. 股东资格继受取得

股东资格继受取得，又称为派生取得，是投资人通过受让、受赠、继承、公司合并等途径取得股东资格，取得股权的受让人、受赠人、继承人等继受人成为公司新股东。④实践中，股权转让是最常见、最典型的一种股权继受取得方式。基于公司资本维持原则，股东缴纳出资后不得任意抽回出资，但无论是何种形式的公司，股东的出资都可以成为转让标的。因此，在公司经营

---

① 李丹宁：《有限责任公司股东资格确认标准的几点新思考——兼评〈公司法〉司法解释（三）的相关规定》，载《北方工业大学学报》2013 年第 2 期。

② 谢秋荣：《公司法实务精要》，中国法制出版社 2020 年版，第 41 页。

③ 吴弘、阮昊：《股东资格确认与股东登记》，载《公司法律评论》2017 年卷。

④ 韩佳：《公司股东资格确认纠纷的实证研究》，载《辽宁公安司法管理干部学院学报》2019 年第 4 期。

过程中，如果股东想退出公司，则可以通过股权转让方式予以实现。股权转让是一种合同行为，转让协议的生效要件要符合《民法典》的规定，也要受到《公司法》等相关法律法规的调整和规范。如我国《公司法》规定，有限责任公司的股东向股东以外的人转让股权的，须经其他股东过半数同意；又如股份有限公司发起人持有的公司股份，在公司成立后一年内不得转让；等等。转让协议虽系出于转让人和受让人之间的合意，但转让的标的物为公司股权，受合同相对性原理限制，该协议不能直接对公司产生约束力，因此股权转让行为还须符合法律和公司章程的规定并转化为公司意志，转让的效果方能及于公司。由此可见，受让人继受取得股东资格，须符合股权转让协议合法有效，合同当事人依法履行股权转让协议，以及符合公司法和章程规定等要件。受让人在依法定程序履行股权转让协议后，取得公司股东资格，有权请求公司变更股东登记。①

3. 股东资格善意取得

善意取得，系现代商品经济高速发展过程中形成的一项交易规则，也是物权法体系中的一项重要制度。善意取得，是指受让人以取得财产所有权为目的，善意、对价受让且占有该财产，即使出让人不具有转移所有权的权利，受让人仍取得所有权。② 由此可见，善意受让人取得财产物权，并非基于无权处分人的意思表示，不来源于合法有效的继受，而是源于法律的直接规定。要产生善意取得的法律后果，须同时满足以下三个条件，缺一不可：（1）受让人受让财产时出于善意；（2）以合理的价格转让；（3）受让人取得财产所有权，即转让的财产依照法律规定应当登记的已办理登记，无需登记的已经交付受让人。

股权，具有财产属性，具有财产权、物权特征。股权归属和股东资格的认定，同样可以参照适用善意取得。承认股东资格的善意取得，有利于增强股权的流通性，使善意且无过失的受让人无需查明股权转让人是否享有实质性权利，而凭借股权转让人对外公示的权利外观，就能够获取股权，继而享有股东资格。善意受让人取得股权之时，原权利人即丧失股东资格。需要指出，前述所指转让人的权利外观，应当进行限缩性解释，应限于工商登记机关将其记载为公司股东的情形，如果缺少这项权利外观，通常不能成立信赖利益，不宜适用善意取得制度。

一般而言，股东资格的善意取得需同时满足以下条件：（1）股权具有可

---

① 朱川：《有限责任公司股东资格确认问题研究》，复旦大学 2012 年博士学位论文。

② 石宏主编：《〈中华人民共和国民法典〉释解与适用·物权编》，人民法院出版社 2020 年版，第 209 页。

处分性，法律禁止处分的股权不能成为善意取得的标的；（2）须为无权处分人处分股权；（3）受让人依法转让并支付合理对价取得股权；（4）受让人取得股权出于善意且无过失；（5）股权取得符合法律规定的转让方式，如通过办理工商变更登记方式取得股权、以背书方式取得记名股票，或实际交付无记名股票等。

（四）股东资格认定要件

通常情况下，股东资格通过出资行为和合意行为而取得。因此，股东资格的确认不能以单一事项作为判断标准，需要通过一系列物化的证据对出资和合意两种行为进行认定。英美法系国家与大陆法系国家的公司诉讼实务对股东资格的认定，采用了两种不同的认定标准。英美法系国家普遍认为，除非当事人能够提供足够有力的相反证据予以推翻，一般将股东名册作为确认股东资格的核心依据；[①] 而在大陆法系国家中，股东资格的确认要符合出资和完成文书登记两个要件。[②] 我国各界对股东资格的认定标准一直各有主张，莫衷一是。周友苏教授认为，应将股东资格认定标准划分为实质要件和形式要件，其中股东出资为实质要件，公司章程、股东名册记载及工商登记等则为形式要件；刘俊海教授则认为，应依据证据层级和效力认定股东资格，并将股东资格的证明证据划分为源泉证据、效力证据、对抗证据，如股东获得股权的出资证明书等基础性法律文件为源泉证据，股东名册等可以推定股东身份的商事文件为效力证据，股东工商登记为对抗证据。实务中的主流观点认为，应当综合考虑股权权属的实质要件和形式要件，结合具体案情公平合理作出判断。

1. 实质要件分析

（1）实际出资行为。出资是指在公司设立或增资时，股东为取得股权而向公司交付货币等财产或履行其他给付义务的行为。[③] 出资是投资人成为股东，认定股东资格最主要的方式。股东的实际出资，需要一定的证据加以证明，以原始取得方式取得的股权表现为付款凭据、出资证明书等，以继受方式取得股权的则表现为股权转让协议、遗嘱、赠与协议等。但出资人出资并非一定能够成为股东，在出资人出资之后，可能存在阻碍其成为股东的多种情况，如出资人在公司成立前撤回出资，或公司由于各种原因最终未能设立等，这

---

① 黄辉：《股东资格与股权转让：澳大利亚经验及其对我国的启示》，载《公司法评论》2006 年第 4 辑。

② 贾红梅：《德国股份公司法》，郑冲译，法律出版社 1999 年版，第 33 页。

③ 赵旭东：《公司法学》，高等教育出版社 2003 年版，第 239 页。

些情形出资人不能成为股东。[①]

（2）实际行使股东权利。实际行使股东权利，是指股东通过股权获得相应的财产利益并实际参与公司的经营管理，具体包括行使股息红利分配请求权、参与重大经营决策权等。从逻辑上推断分析，股东应先有股东地位，而后方享有股东权利；反之，享有股东权利则不足以直接倒推其拥有股东资格。但从公司角度而言，实际出资与实际行使股东权利在一定程度上具有一致性，行使股东权利在某种意义上意味着公司对股东资格的认可。因此，实际行使股东权利也可作为股东资格确认的实质要件，具有辅助证明股东资格的效力。

2. 形式要件分析

（1）公司章程。公司章程具有“公司宪章”的地位。依据《公司法》规定，有限责任公司的公司章程应当记载股东的姓名或名称、出资方式、出资额等，股东应当在公司章程上签名、盖章；在公司设立时，应将公司章程提交公司登记机关核准，在转让股权时要变更公司章程并变更工商登记；《公司法》对股份有限公司章程有关发起人的姓名或名称、认购股份数等记载事项也作了类似规定。由以上规定可知，被记载于公司章程并在公司章程上签名盖章，可以认定出资人有成为公司股东的意思表示，也是确定其股东地位和权利义务的根据；经工商登记机关核准的公司章程，对外具有公示公信的效力，也是据以判断股东身份的重要依据。

（2）出资证明书。出资证明书是有限责任公司成立后，根据《公司法》的规定向股东签发的出资证明文件。出资证明书应当对公司名称、登记日期、注册资本、股东姓名或名称、缴纳出资额和出资日期等作出详细记载。出资证明书，作为一种重要的出资证明文件，其实质为权利证书、物权性凭证，[②]是公司认可股东实际出资的外观表现，应当作为股东资格确认的形式要件之一，也可以作为认定股东资格的初步证明，在没有其他有效证据足以推翻其证明力的情况下，可以根据出资证明书认定股东资格。[③]

（3）股东名册。股东名册，是由公司制作，用以记载股东信息、股东出资额或持有公司股权份额的名册，其在处理股东身份上具有公示效力、推定效力和对抗效力，亦即记载于股东名册之上的股东，可以无需举证证明自己

① 雷名波：《实际出资人的股东资格认定研究》，西南政法大学2010年硕士学位论文。

② 江苏省高级人民法院民二庭：《有限责任公司股东资格的认定》，载《法律适用》2002年第12期。

③ 陈景善、王军、吴日焕编：《商法案例研习》，中国政法大学出版社2013年版，第115页。

的股东身份，直接推定其为公司股东；股东在转让公司股权时应在股东名册上变更记载，否则不产生对抗公司及善意第三人的效果；公司外部第三人可以通过查阅公司的股东名册认定股东信息。[①] 司法实务中，在处理股东与股东之间或者股东与公司之间股东资格确认纠纷时，一般以股东名册作为判断股东资格的决定性标准。在无相反证据的情况下，股东名册的记载具有优先证据效力，可以作为股东资格的优先证明。[②]

（4）工商登记。工商登记，属于行政机关的具体行政行为，工商登记机关通过对市场主体进行资格审查并核准登记，以降低市场交易的风险，该登记行为具有公示公信效力。就股东姓名或名称的工商登记而言，登记本身并不创设股东资格，其性质属于证权性登记，仅具有对公司外部善意第三人宣告股东资格的证权功能。善意第三人基于商法外观主义的信赖利益，可以依据登记信息要求登记股东按登记内容对外承担责任。因此，在审理涉及外部第三人的股东资格确认纠纷时，工商登记的股东信息，在认定股东资格时具有优先的证明效力。[③]

二、股东资格确认纠纷概述

近年来，随着商品经济的高速发展和商事交易的愈发频繁，公司作为现代企业制度的典型组织模式，与公司相关的纠纷逐渐增多。股东资格确认，是解决请求变更公司登记纠纷、股东知情权纠纷、股权转让纠纷、公司决议纠纷等事项的前置性问题，[④] 司法实践中有关股东资格确认纠纷日渐增多且日趋复杂、多元，隐名股东、冒名股东大量存在以及股权转让过程中的不规范行为等都给股东资格确认纠纷的裁判带来了难题，增加了审理难度。

（一）股东资格确认纠纷案由释义

股东资格确认纠纷，是指股东与股东之间或者股东与公司之间就股东资格是否存在，或者就股权持有数额、比例等发生争议而引起的纠纷。[⑤] 股东资

---

① 李艳秋：《股东身份认定问题探析——兼论工商登记的性质》，载《北京理工大学学报（社会科学版）》2005 年第 6 期。

② 郭哲、符勇：《论股东资格确认的法律规则》，载《财经理论与实践》2018 年第 4 期。

③ 赵旭东：《新公司法实务解答》，人民法院出版社 2005 年版，第 134 页。

④ 虞政平：《股东资格的法律确认》，载《法律适用》2003 年第 8 期。

⑤ 景汉朝主编：《民事案件案由新释新解与适用指南》（第 2 版），中国法制出版社 2018 年版，第 718 页。

格确认纠纷，是公司诉讼实务中较为常见的一种纠纷类型。

根据现行民事诉讼理论，诉的种类分为确认之诉、变更之诉和给付之诉。其中，确认之诉是当事人请求法院确认其主张的法律关系存在或不存在的诉。在确认之诉中，主张法律关系存在的，为积极确认之诉，又称肯定的确认之诉；主张法律关系不存在的，为消极确认之诉，又称否定的确认之诉。当事人因是否具有股东资格发生争议，请求法院确认其股东资格或持股份额的诉讼，应属确认之诉。股东资格确认之诉，同样也可细分为积极确认和消极确认两种纠纷类型。

（二）股东资格确认纠纷主要类型

依据原告要求人民法院确认股东资格是否存在的诉讼请求的不同，可以将股东资格确认纠纷划分为积极确认之诉和消极确认之诉两种类型。其中请求确认当事人一方存在股东资格的诉讼，为积极确认之诉；请求确认当事人一方不具有股东资格的诉讼，则为消极确认之诉。在司法实践中，股东资格确认之诉的类型，多为积极确认之诉，消极确认之诉为数较少。

1. 股东资格积极确认纠纷类型

股东资格积极确认纠纷，主要表现为四种纠纷类型：

（1）股东与股东之间因出资产生的股东资格确认纠纷。这种纠纷类型以隐名出资引发的纠纷最为常见。在隐名出资中，实际出资人出于不愿披露个人持股信息或不符合股东资格等自身原因，与他人订立出资协议，约定由隐名股东负责出资，由他人作为名义股东并显名记载于公司章程、股东名册、工商登记等文件上，名义股东实际不享有投资权益，股权投资权益归属于隐名股东。隐名出资情形下，常因隐名股东主张股东权益或显名登记而引发争议。

（2）股东与股东之间因股权转让产生的股东资格确认纠纷。依据《公司法》规定，有限责任公司股东的姓名或名称须记载于股东名册及公司章程，并属于工商登记事项；股份有限公司发起人的姓名或名称须记载于公司章程，持有记名股票的股东姓名或名称应记载于股东名册。因此，当有限责任公司股东转让股权或股份有限公司股东转让记名股票时，应按照法律规定作相应的变更登记。实际交易时，股权转让双方在股权转让过程中因故未履行法定的变更登记手续，或者未交付股票或出资证明书，就可能引发股东资格积极确认纠纷。此外，股份有限公司的股东可以凭借其所持有的无记名股票向公司主张股份，如果无记名股东转让股份时未向受让人交付无记名股票，则受让人无法证明其股份存在，也会引发受让人提起股东资格积极确认之诉。

（3）股东与公司之间的股东资格确认纠纷。实践中，存在股东与他人之间不发生股权归属的争议，但公司不承认该股东享有股东资格的情形。比如，隐名出资中公司拒绝隐名股东行使股权，或股权转让后公司拒绝受让人行使股东权利，即可能产生隐名股东或股权受让人请求确认股东资格的诉讼。[①]

（4）股权共有产生的股东资格确认纠纷。共有股权，是指两个以上的权利主体共同享有公司股权的情形。共有股权的形成有多样性，可以是基于夫妻、继承等身份关系而产生，也可因合伙、共同认购等财产性约定而形成。在出现共有股权处分、合伙解散、夫妻离婚、继承等情况时，共有股权的其中一方可能提起股东资格确认之诉。[②]

2. 股东资格消极确认纠纷类型

股东资格消极确认，又称股东资格反向确认，实践中其纠纷类型主要表现为冒名出资引发的诉讼。隐名股东在他人不知情的情况下，冒用他人名义并将他人登记为公司股东，被冒名登记为股东的人有权请求人民法院确认其不具有公司股东资格、不享有对应的公司股权、不承担股东义务。对于股东资格消极确认之诉，因涉及对股东资格的否定，关系到公司、其他股东和债权人利益，相较于积极确认之诉，司法实务中多采较为严格谨慎的认定标准。

三、股东资格确认之诉价值理念

（一）股东资格确认之诉价值

股东资格是股东的身份象征，也是股东参与公司经营、行使股东权利、获取投资收益的基础和依据。依法确认股东资格，在公司诉讼实务中具有重要意义。

一是在宏观方面，准确定位在公司中具体享受股东权利、承担股东义务的股东资格，有利于促进股东之间的合作共赢，促进公司良性发展。[③] 众所周知，无论是有限责任公司，还是股份有限公司，均具有明显的资合性质。股东是公司的基本组成细胞，股东通过股权性出资成为公司股东，股东的出资同时演变为公司资产，股东通过参与公司的运营管理实现公司的盈利目的。然而，股东参与公司决策、承担股东义务、分配公司利润，无不以股东身份的确定为前提，唯有具体确定的股东资格，才能厘清股东权利和义务，增进股东之间的相互信任，密切股东之间的沟通联系，进而促进公司的正常运营

---

① 杨心忠：《公司纠纷裁判精要与规则适用》，北京大学出版社 2015 年版，第 3 页。

② 张坤、何建：《股权代持情形下的股东资格确认》，载《人民司法·案例》2020 年第 23 期。

③ 巩笑婷：《股东资格确认问题研究》，沈阳师范大学 2016 年硕士学位论文。

和发展。

二是在微观方面，股东资格的确认有利于清楚界定股东与股东之间、股东与公司之间、股东与公司外部第三人之间的权利义务关系，以解决公司内外部矛盾问题。[①] 在与公司有关的诉讼实务中，诸如股权转让协议效力审查，股东知情权、利益分配请求权等股东权利的行使，公司或债权人追究股东出资责任以及股东会各类决议效力审查等在股东与公司之间发生的内外部矛盾的纠纷，均直接或间接牵涉股东资格确认的法律问题。股东资格的准确认定，对于解决这些衍生纠纷、确定各方主体的责、权、利，显得至关重要。

（二）股东资格确认之诉审理原则

股东资格的确认，关系到股东、公司和公司外部第三人的重大利益，应当审慎审理。从纠纷性质上看，股东资格确认属于公司法的研讨范围，公司法是商法的重要部门法，股东资格确认纠纷的裁判应当将商法思维引入和运用到具体案件处理中，遵从商法的基本原则和理念，从商法价值目标、制度设计的起点和出发点去思索和研究案情。

1. 遵循维护交易安全原则

维护交易安全，是商法的重要内容。依循博登海默的观点，交易安全突出强调的是保护功能，而商法理念中的外观主义和信赖利益保护原则正是维护交易安全、促进保护功能的应有之义。[②] 在公司设立和经营过程中形成的有关公司章程、股东名册、公司签发出资证明书和股票等重要商事文书，以及经工商行政主管机关审核公示的工商登记文件等材料中所记载的股东信息均具备股东资格权利外观的表象，股东信息公开具有法律强制性，由此所产生的公示公信力，便是外观主义的信赖利益。在股东资格确认中，尤其在内外信息不对称导致股东资格的实际持有人与权利外观记载不一致的情况下，处理涉及公司外部第三人纠纷时，应当充分遵循和维护这种公示公开原则，以维护经济交易安全、提升商事交易效率。

2. 遵循公司自治原则

私法自治是私法领域的基本原则，公司自治是私法自治的延展和表现。[③] 股东资格的确认，属于公司自治的范围，需要尊重公司的意思自治。有关股东名册、出资证明书、股票、工商登记、实际出资、行使股东权利等都是公

---

① 郭哲、符勇:《论股东资格确认的法律规制》，载《财经理论与实践》2018 年第 4 期。

② 王华:《有限责任公司股东资格确认的司法适用》，载《法制与社会》2020 年第 3 期。

③ 施天涛:《公司法论》，法律出版社 2006 年版，第 227 页。

司意思自治的外化表现。如果上述公司自治的表征相互不一致，应当如何认定公司的真实意思，实践中难以分辨，要如何确定优先适用的规则，这就需要法律进行适当干预。[①]因此，在股东资格确认之诉中，国家法律干预和公司自治是并存的，但两者应当实现良性互动，国家法律应当在尊重公司意思自治的基础上在合理的范围内进行干预，以防止公司自由意志的异化和扩张，没有成为股东意思表示的当事人不应被认定为股东，更不能把股东的权利义务强加于无相应真实意思表示的当事人。

3. 遵循利益衡平原则

依照现代公司治理的模式，公司在进行商事交易的过程中，通常涉及多方主体利益。在股东资格确认的诉讼实践中，同样会牵扯多方主体利益问题，不同主体的利益主张不一致，多方利益冲突则在所难免。譬如隐名股东与名义股东之间的股东资格确认、股权转让中受让人与转让人之间的争议等，除涉及双方利益外，还关乎公司利益、社会经济秩序等，应该统筹兼顾，找到保护各方利益的最佳平衡点，既要维护交易秩序，又要尊重公司治理制度，还要兼顾股东合法权益和善意第三人合法利益的保护。[②]在涉及股东资格认定上，要区分内外部法律关系，并适用不同的价值标准进行判断，对于公司内部的股东资格认定，要侧重于探寻当事人的真意，维护交易的公平；在涉及外部法律关系时，则要强调商事效率原则，突出维护交易安全。

4. 遵循公司维持原则

公司维持原则，是现代公司法贯穿始终的重要理论，公司法通过设立各项治理制度以保障公司实现协调、稳定、健康、可持续发展。[③]公司作为社团，是市场经济的重要组成部分和主要参加者，公司如果因解散等原因不能得以存续，有损公司利益，也会对其他市场参与主体乃至经济社会造成严重影响。保持公司健康发展，社会意义重大。公司内部法律关系相对稳定，是公司实现稳定发展的重要保证。因此，在认定股东资格时，要保证公司的正常运营，不能轻易否定股东资格进而否定已经形成的公司关系；对于股东或公司的瑕疵行为能够补正的，在不损害外部善意第三人合法利益时，应尽可能允许补正，从而确保公司主体的存续发展和股东资格的持续保有。

5. 遵循禁止规避法律原则

私法自治，虽推崇当事人之间的意思自治，但法律亦对行为人的行为作

① 赵磊：《公司自治的限度——以有限公司股东资格取得与丧失为视角》，载《法学》2014 年第 10 期。

② 李晓霖：《论股东资格确认》，吉林大学 2008 年博士学位论文。

③ 李凤伟、李志珍：《论企业维持与司法解散》，载《法制与社会》2010 年第 12 期。

出了必要的限制，超出法律规范所实施的民事法律行为应当受到法律的否定性评价。资本论认为，资本具有天然的逐利性。公司作为资合性组织，其创设目的在于满足投资人的逐利需求，但《公司法》对投资逐利性须作出必要规范，如对有限责任公司股东资格的规定、对竞业禁止限制性的规定、对投资限制和股东人数的限制规定等。如果公司的隐名股东或股东实施了逃避行政主管部门监管、规避法律义务和责任的行为，不应得到法律的认可。因此，在公司诉讼实务中，对于不符合持股资格或不方便持股而委托他人代为持股等引发的股东资格确认纠纷，要予以积极防范和认真审查。

第二节 基本要素审理指引

股东资格确认纠纷，可采用要素式审理方式，从立案受理要素、当事人主体要素、证据要素等几个方面对案件进行梳理，并以此开展审理活动。

一、立案要素审查

（一）主管要素

1. 股东资格确认之诉属人民法院受理民事案件范围

股东资格确认纠纷为民事纠纷，属于人民法院受理民事案件的范围。人民法院不能简单以此类纠纷属于有限责任公司或股份有限公司内部治理范畴或属于工商登记的具体行政行为为由，认为所涉股东资格确认纠纷不属于法院受理范围而裁定不予受理。

【规范依据】《民事诉讼法》第 3 条；《民事案件案由规定》262. 股东资格确认纠纷。

2. 请求确认股权登记、审批行为违法或请求撤销该具体行政行为不属于民事诉讼处理范围

当事人在股东资格确认纠纷中，一并主张确认行政部门有关股权登记、审批行为违法或请求撤销该登记、审批等具体行政行为的，人民法院应当告知其不属于民事诉讼的处理范围，应通过行政诉讼程序解决，并裁定驳回该项起诉。

【规范依据】《民事诉讼法》第 127 条。

3. 当事人之间存在书面仲裁协议的审查处理

争议当事人之间存在书面仲裁协议，当事人就仲裁协议所约定的仲裁事项向人民法院提起股东资格确认之诉的，应当告知向仲裁机构申请仲裁，当事人坚持起诉的，裁定不予受理，但仲裁条款或者仲裁协议不成立、无效、内容不明确而无法执行的除外。

争议当事人之间就股东资格的争议达成书面仲裁协议，一方当事人向人民法院起诉时未声明有仲裁协议，人民法院受理后，对方当事人在首次开庭前提交仲裁协议的，人民法院应当驳回起诉，但仲裁协议无效的除外。不过，对方当事人在首次开庭前未对人民法院受理案件提出异议的，视为放弃仲裁协议，人民法院对该案有管辖权，应当继续审理。

【规范依据】《仲裁法》第 21 条、第 26 条;《民事诉讼法》第 122 条、第 127 条;《民事诉讼法司法解释》第 215 条、第 223 条。

4. 自然人起诉请求确认其享有股份合作公司股东资格的审查处理

股份合作公司，一般有农村和城市两种不同形式的集体经济组织形态。目前，深圳市的股份合作公司大多由原农村集体经济组织改制成立，当事人请求确认其为股份合作公司股东，涉及原农村集体经济组织成员资格认定和股东待遇问题，该事项属于股份合作公司的自治范围，股份合作公司应在地方政策指引下依据公司章程规定的程序对其股东身份自行作出决定，此类纠纷不属于人民法院民事诉讼的受理范围。

【规范依据】《民事诉讼法》第 122 条、第 127 条。

（二）管辖要素

1. 实行特殊地域管辖

股东资格确认之诉，依照法律规定采取特殊地域管辖的方式确定管辖法院。按照《民事诉讼法》第 27 条规定，因确认股东资格纠纷引起的诉讼，应由公司住所地人民法院管辖。依据《民事诉讼法司法解释》第 3 条，法人的住所地，是指法人的主要办事机构所在地；法人的主要办事机构所在地不能确定的，法人的注册地或登记地为住所地。因此，股东资格确认纠纷，通常由公司的主要办事机构所在地法院管辖，主要办事机构不明确的，由其注册地或登记地法院管辖。

【规范依据】《民事诉讼法》第 27 条;《民事诉讼法司法解释》第 3 条。

2. 按股权价值确定级别管辖

股东资格确认之诉，实质是对特定股权归属的确认之诉。股权是综合性权利，既包括财产权利，又包括非财产权利。因此股东资格确认之诉亦涉及诉讼标的额，应当根据诉讼标的额确定级别管辖。有关诉讼标的额，应按诉争股权的价值确定。至于股权价值，可参考争议股权对应的公司注册资本金额计算，也可按当事人提供的能反映股权价值的审计报告确定金额。

根据最高人民法院有关级别管辖的相关规定，当事人住所地均在或者均不在受理法院所处省级行政辖区的，中级人民法院管辖诉讼标的额 5 亿元以上（含本数）50 亿元以下（不含本数）的第一审股东资格确认纠纷案件；当事人一方住所地不在受理法院所处省级行政辖区的，中级人民法院管辖诉讼标的额 1 亿元以上（含本数）50 亿元以下（不含本数）的第一审股东资格确认纠纷案件。对于诉讼标的额 50 亿元以上（含本数）或者其他在本辖区有重大影响的第一审股东资格确认纠纷案件，则由高级人民法院管辖。

另外，按照目前诉讼费收费办法，财产性案件应按诉讼标的额的金额大小缴纳诉讼费。故股东资格确认之诉，宜按财产性案件收费，即应按照股权价值计算案件受理费。

【规范依据】《民事诉讼法》第 18~21 条；《民事诉讼法司法解释》第 1 条；《最高人民法院关于调整中级人民法院管辖第一审民事案件标准的通知》第 1 条、第 2 条、第 4 条、第 5 条；《最高人民法院关于调整高级人民法院和中级人民法院管辖第一审民事案件标准的通知》第 1 条、第 2 条。

（三）案由要素

1. 案由释义及范围

确定股东资格确认纠纷的案由，要注重围绕纠纷的核心要义进行审查，该类纠纷主要属于发生在股东与股东之间或者股东与公司之间就是否存在股东资格和持股比例所引发的争议。股东资格积极确认之诉通常比较容易识别。在消极的股东资格确认纠纷中，譬如隐名持股情形，名义股东拒绝继续代隐名股东持有股权，其作为股权代持协议的合同相对人，与股东资格确认之诉有利害关系，具有诉的利益，当隐名股东起诉请求确认其不具有股东资格时，也应定性为股东资格确认纠纷。①

2. 股东资格争议与其他争议并存的处理

在民事诉讼中，当事人是否具有股东资格，既可成为原告的独立之诉，也可以作为被告的抗辩事由。因此，一般情况下，有关股东资格确认的争议，可以和其他相关的公司类争议一并审理，而无需要求当事人先行提起独立的股东资格确认之诉，再行处理其他纠纷。

如果原告以具体的当事人不具有股东资格为由提起相关民事诉讼，人民法院应当行使释明权，将股东资格争议作为一项单独的、需先行处理的诉讼

---

① 杨万明主编：《最高人民法院新民事案件案由规定理解与适用》，人民法院出版社 2021 年版，第 736 页。

请求，如原告坚持不补充提出该项请求，则可驳回原告的起诉。如果原告所主张的不具有股东资格的人不属于案件当事人，譬如原告以参加股东会的股东不具有股东资格为由请求撤销股东会决议，而该股东并非案件当事人，应驳回起诉，并告知先行提起股东资格确认之诉。[①]

【规范依据】《民事案件案由规定》262. 股东资格确认纠纷。

（四）时效要素

诉讼时效，又称消灭时效，若权利人于法定期限内不主张民事权利，即丧失请求人民法院保护该项请求权的权利。其设置目的在于促进当事人及时行使债权请求权，以结束权利义务关系的不确定状态，稳定法律秩序，降低交易成本。依据《诉讼时效规定》第 1 条的规定，诉讼时效的适用客体限于债权请求权。而股东资格确认之诉，系当事人请求确认其是否具有股东资格的诉讼，并不包含其他请求给付或变更法律关系的诉求，其诉请对应的实体法上的权利为形成权，并非债权请求权。因此，股东资格确认纠纷，不适用诉讼时效的规定。在股东资格确认之诉中，对于被告提出诉讼时效抗辩的，该主张不符合法律规定。

【规范依据】《诉讼时效规定》第 1 条。

二、主体要素审查

（一）原告主体要素

1. 常见原告主体

依照公司法律制度，自然人、内资企业、事业单位、社会团体、境外企业或者外籍自然人，均可能成为公司的股东。

2. 法律法规对股东资格有特别规定的处理

法律法规和相关政策对投资主体的股东资格作了必要限制，比如公务员、检察官、法官违反禁令对外投资从事营利性活动的，自然人在全国范围内投资设立两个以上一人有限公司的，一人有限公司投资设立新的一人有限公司的，等等，上述主体不能主张确认其股东资格。

依据法律、行政法规的特殊要求，有限责任公司发生股东变更、股权变动等需报请行政审批的，股权受让人应自批准之日起享有股东资格，未获批

① 索宏钢主编：《类型化案件审判指引》，人民法院出版社 2019 年版，第 472~473 页。

准前转让人仍系该公司股东。[①]如金融机构、证券机构等法人的股东资格应经金融或证券监管部门核准，属国务院负面清单特别准入管理的外商投资企业的股东须经外商投资企业行政主管部门审核同意，国有企业员工持股应符合国资委、财政部等发布的特殊规定的要求，会计师事务所、审计事务所、律师事务所不得对外从事其他行业的经营活动并成为股东。

【规范依据】《公务员法》第 59 条;《外商投资法》第 2 条;《公司法》第 58 条;《律师法》第 27 条;《最高人民法院关于审理外商投资企业纠纷案件若干问题的规定（一）》第 14 条;《信托公司管理办法》第 12 条。

3. 合伙组织可作为原告请求确认其股东资格

对合伙组织能否成为公司股东的问题，我国《公司法》并未作出明确规定，但依照“法无禁止即自由”的私法自治理念和公司法学原理，合伙组织也可以享有公司的股东资格。一般而言，无论是公司发起人还是受让股权的股东，应当具有相应的民事行为能力。合伙组织作为合伙人结成的经济利益组织，具有民事权利能力，自然也享有对应的民事行为能力，完全可以通过发起设立或者依法受让股权等方式，以合伙组织的名义成为公司的股东，并记载于公司章程。需要注意的是，在这种情形下，合伙组织所享有的股权为共有股权，其法律性质为财产共有，国外立法通常规定民法有关共有财产的规定准用于股权共有，由合伙组织成员共同享有股东权利、承担股东义务。

【规范依据】《民法典》第 969 条、第 972 条。

---

① 案例检索：上海天迪科技投资发展有限公司与西部信托有限公司、陕西天王兴业集团有限公司股东资格确认纠纷案［陕西省高级人民法院（2010）陕民二终字第 09 号］。2007 年年底，天迪公司通过陕西西部产权交易所公开交易平台竞买到天王公司持有的信托公司 3.07% 的股权。2008 年 2 月 29 日，天迪公司与天王公司签订股权转让合同。天迪公司于 3 月 5 日向天王公司支付了全部股权转让款。同年 2 月 26 日，信托公司依据公司股东会决议向银监会陕西监管局提交《关于股权转让及股东资格审核的申请报告》，同年 10 月 10 日银监会陕西监管局批复同意天迪公司成为信托公司出资人。同年 10 月 20 日，信托公司修改公司章程，将天迪公司列入股东名册。12 月 15 日，信托公司向陕西省工商行政管理局申请工商变更登记。2009 年 2 月 20 日，陕西省工商行政管理局变更天迪公司为信托公司股东。后因与天王公司就 2007 年的红利归属问题发生争议，天迪公司起诉请求确认其自股权转让款付清之日即取得信托公司股东资格。陕西高院认为，《信托法》第 4 条规定，“受托人采取信托机构形式从事信托活动，其组织和管理由国务院制定具体办法”。而银监会受托制定的《信托公司管理办法》第 12 条明确规定，信托公司变更股东或者调整股权结构的，应经银监会批准，故认定 2008 年 10 月 10 日银监会批复同意之日为天迪公司取得信托公司股东资格之日。遂判决确认天迪公司于 2018 年 10 月 10 日取得信托公司的股东资格。

4. 未成年人可请求确认其股东资格

（1）未成年人可作为公司发起人参与设立公司。未成年人能否作为公司发起人参与设立公司，学术界存在两种不同的观点。持肯定观点的学者认为，生产资料是社会化大生产的重要因素，如剥夺拥有生产资料的未成年人设立公司的权利，则限缩了扩大社会再生产的要素来源，有碍于社会经济的发展；未成年人是否参与设立公司，应该依循市场规则由当事人自主决定。[①] 持否定观点的学者则认为，未成年人不具有设立公司的行为能力和责任能力，不适宜作为公司发起人承担公司设立的义务和责任，未成年人可以通过购买公司股份成为股东来实现其投资权利。[②] 司法实务界多采纳肯定观点，并认为代理制度可以弥补未成年人在行为能力上的不足。[③] 设立公司的行为，本质上属于投资行为。基于法定代理制度和监护规则的法理基础，法定代理人出于法定监护职责，只要有利于未成年人利益的投资行为均应认定为具有正当性，法定代理人有权代表未成年人的意志并代理未成年人作为发起人设立公司。不过，考虑到公司设立过程中，发起人仍应代表设立中的公司的意志并执行公司事务，该公司意志是全体发起人的意志体现，而基于该集体意志从事的交易行为存在投资风险，为了保护未成年人的利益免受侵害，经济社会不应当鼓励未成年人通过设立公司的形式取得公司的股东资格。[④]

（2）未成年人可继承取得股东资格。根据继承法规则，未成年人可以作为继承人继承遗产。至于未成年人能否继承股权成为公司股东，我国《公司法》未作出直接规定，但也未明令禁止。有学者认为法律、行政法规未明确禁止未成年人担任公司股东，未成年人可以继承股东资格，但应由其法定代理人代为行使股东权利。有的学者则认为未成年人因其行为能力受限，不适宜作为股东参与公司的经营决策活动，不宜继承股东资格。国家工商行政管理总局于 2007 年对广东省工商行政管理局作出的《关于未成年人能否成为公司股东问题的答复》就此问题予以明确。该批复文件记载，“经请示全国人大常委会法制工作委员会同意，现答复如下：《公司法》对未成年人能否成为公司股东没有作出限制性规定。因此，未成年人可以成为公司股东，其股东权利可以由法定代理人代为行使”。因此，未成年人可以继承股东资格，未成年人的法定代理人有权代表其参与公司的重大经营决策并选任管理人员，从而

① 蒋大兴：《公司法的展开与评判——方法·判例·制度》，法律出版社 2001 年版，第 4~14 页。

② 施天涛：《公司法论》，法律出版社 2006 年版，第 99~101 页。

③ 杨心忠：《公司纠纷裁判精要与规则适用》，北京大学出版社 2015 年版，第 12 页。

④ 沈贵明：《未成年人取得股东资格路径的正当性分析》，载《法学》2010 年第 7 期。

有效地维护未成年人合法的股东权益。

【规范依据】《民法典》第34条、第35条、第163条。

5. 股东不得起诉请求否定其他股东的股东资格

《公司法司法解释（三）》第21条对确定股东资格确认之诉的当事人地位作了明确规定，当事人请求确认其股东资格的，应当以公司为被告。公司股东起诉其他股东，要求确认其他股东不具有股东资格，并不属于请求确认其与公司之间是否存在股东资格关系的纠纷，该起诉不符合上述司法解释的规定，作为原告起诉的公司股东与该案并无直接利害关系，不具有诉的利益，人民法院应就主体问题向当事人进行释明，原告坚持起诉时应裁定不予受理或驳回原告的起诉。[①]

【规范依据】《公司法司法解释（三）》第21条。

（二）被告主体要素审查

1. 一般情况下应以公司为被告

《公司法司法解释（三）》第21条对确定股东资格确认之诉的当事人作了原则性规定。依据该规定，在通常情况下，股东资格确认之诉的原告应是认为自己具有公司股东资格，并请求法院确认其股东资格的当事人。另外，股东是公司的股东，股东资格是相对于公司而言的，股东资格被确认后，股东即可以在公司中行使相应的股东权利。因此，当事人向人民法院提起股东资格确认之诉，请求确认其股东资格的，应以公司为被告。

2. 隐名股东起诉时被告主体

隐名股东起诉请求确认其股东资格的纠纷，按照民事诉讼证据规则，隐名股东此时应负担证实名义股东缺乏出任股东的真实意思表示、并非真正意

---

① 案例检索：沈阳市东陵区南塔村民委员会与沈阳市浑南区市场开发服务中心股东资格确认纠纷案［最高人民法院（2015）最高法民申字第1092号］。该案中，南塔村委会起诉提出两项诉请：（1）确认市场开发服务中心所谓的现金投资2700万元为虚假出资；（2）确认市场开发服务中心对南塔鞋城公司不享有股东资格。最高人民法院经审理认为，在南塔村委会两项诉请中，确认市场开发服务中心虚假出资是其诉请市场开发服务中心不享有南塔鞋城公司股东资格的事实基础，并不构成具体的诉讼请求。南塔村委会与市场开发服务中心均是南塔鞋城公司登记的股东，南塔村委会起诉请求确认的是市场开发服务中心不享有南塔鞋城公司的股东资格，而不是请求确认其与南塔鞋城公司之间是否存在股东资格关系。因此，南塔村委会起诉并未主张其与市场开发服务中心之间存在直接的利益关系。据此，南塔村委会与本案并无直接利害关系。一审裁定认定南塔村委会的起诉不符合法律规定的起诉条件正确，二审维持一审法院驳回起诉的裁判结果正确，故裁定驳回南塔村委会的再审申请。

义上股东的证明责任。此时，名义股权是与隐名股东的诉讼利益相对立的一方当事人，名义股东符合被告诉讼地位的特征，故相关纠纷应将公司和名义股东列为共同被告。

3. 股权受让人起诉时被告主体

股权受让人与转让人签订股权转让协议，双方已实际履行协议约定义务，但公司不认可股权受让人的股东身份引发争议的，股权受让人与股权转让人、公司之间存在利益对立性，股权受让人有权将股权转让人和公司列为共同被告，起诉请求确认其股东资格。

4. 公司设立阶段发起人起诉时被告主体

申请公司设立登记，需向工商登记部门提供申请，并载明公司股东和发起人等登记事项，有关公司章程亦应记载发起人股东姓名、名称和出资情况等信息。对于公司设立阶段，公司尚未经核准注册成立，发起人如果发现其发起人身份未被主要发起人记载和承认的，可基于发起人协议约定以主要发起人为被告，请求人民法院确认其发起人身份。[①]

5. 虚拟股东情形下隐名股东起诉时被告主体

虚拟股东，是指不真实存在的股东，即隐名股东以已死亡或虚构的人的名义出资并在工商登记中将其登记为公司股东。虚拟股东的存在，大多是隐名股东出于规避法律规定设立公司或不愿显名的目的而产生。在涉及虚拟股东的股东资格确认纠纷中，隐名股东起诉请求确认其享有股东资格的，应以公司为被告。[②] 如果虚拟股东有实际的权利指向人，该权利指向人也可作为共同被告参加诉讼。

【规范依据】《公司法司法解释（三）》第 21 条。

（三）第三人主体要素审查

当事人提起股东资格确认之诉，应当申请将与诉争股权有利害关系的人列为第三人，人民法院亦可依职权通知与诉争股权有利害关系的人作为第三人参加诉讼，以便公司和有利害关系的第三人充分发表意见。依据民事诉讼的第三人诉讼制度，第三人如认为争议股权应由其享有的，也可以作为有独立请求权的第三人提出相应诉讼请求并加入诉讼以主张权利；如果其对案件争议股权没有独立的请求权，但案件的处理结果与其有法律上的利害关系，其可以以无独立请求权的第三人的身份参加诉讼。

---

① 吴庆宝：《最高人民法院专家法官阐释民商裁判疑难问题·公司裁判指导卷》，中国法制出版社 2011 年版，第 58 页。

② 宋毅：《虚拟股东资格的司法确认》，载《人民司法·案例》2009 年第 8 期。

三、证据要素审查

（一）举证责任分配

"谁主张，谁举证"是我国民事诉讼举证责任分配的一般性规则，当事人对自己提出的诉讼请求所依据的事实或者反驳对方诉讼请求所依据的事实有责任提供证据加以证明。当事人之间对股权归属发生争议，一方请求人民法院确认其享有股权并取得股东资格的，应当适用"谁主张，谁举证"的证据规则，并对其所主张的事实负担举证证明的责任。[①] 通常情况下，其应证明存在以下事实之一：（1）其已依法向公司出资或认缴出资，且该出资行为不违反法律、行政法规的强制性规定；（2）其已依法受让、继承或者以其他形式继受公司股权，且不违反法律、行政法规的强制性规定。

（二）证据认定规则

1. 证据分类

在股东资格的取得过程中，会产生许多与股东资格相关的过程性资料，包括出资协议、付款凭据、转账流水、出资证明书、公司章程、增资协议、股权转让协议、遗嘱、股东名册、工商登记资料、股东会决议等各类文件。根据民事诉讼法法理对证据所作分类，可将股东资格确认之诉的证据分为源泉证据、效力证据和对抗证据三类。[②]

（1）源泉证据。源泉证据是指用以证实股东以原始取得或继受取得方式取得股权的基础法律关系文件，如出资证明书、遗嘱、股权转让协议等。

（2）效力证据。如有限责任公司配置的股东名册等《公司法》规定的具有推定股东资格效力的证据，除有相反证据足以推翻以外，可以根据效力证据认定当事人的股东资格。

（3）对抗证据。对抗证据主要是指工商登记机关的登记文件，因其公示公信效力，可以产生对抗第三人的法律效果。

2. 证据认定

当前述三类证据记载内容不一致时，司法实践中多采取区分内外部法律关系，依据优势证据规则对具体案件作出认定。

（1）在涉及股东与公司外部第三人之间的外部法律关系上，应坚持外观主义原则，尊重对抗证据的效力，保护善意第三人对工商登记记载事项等具

---

① 张嘉军：《公司纠纷裁判精要与裁判规则》，人民法院出版社 2020 年版，第 46 页。

② 最高人民法院民事审判第二庭编：《公司案件审判指导》，法律出版社 2014 年版，第 313 页。

有公示效力的证据效力所产生的合理信赖，以维护交易安全。

（2）对于公司和股东之间发生的股东资格确认纠纷，为避免造成事实认定的偏差，不能简单以工商登记信息确认股东资格，应重点审查公司股东名册等具有权利推定效果的效力证据，除非有相反证据足以推翻股东名册记载事项，应认定股东名册的证据优先性，并对股东名册记载股东的资格作出相应认定。

（3）在处理公司内部股东与股东之间因股权归属所引发的争议时，为避免事实认定的偏差，应尊重源泉证据的效力，注重对实际出资主体、出资方式、出资金额、签署公司章程过程、享有并行使股东权利等事实作出实质审查。

【规范依据】《民事诉讼法》第67条；《最高人民法院关于民事诉讼证据的若干规定》第2条。

四、审查步骤

股东资格确认之诉，应坚持综合审查与审慎审查原则，注重围绕实质要件和形式要件审查标准，并兼顾第三人利益，维护交易安全。具体审查步骤如下：

（一）审查程序性事项

当事人提起股东资格确认之诉，应首先对程序性事项进行审核，主要审查重点在于三个方面：一是案件主管和管辖。主要审查案件是否为人民法院民事案件受理范围，是否属于受诉法院管辖，有无仲裁条款约定仲裁管辖等。二是当事人主体是否适格。股东资格确认之诉的原告可以是公司隐名股东或名义股东等，但应与公司及公司股权具有法律上的利害关系，且存在诉的利益。被告通常为公司，以及其他与原告存在诉的利益对立性的主体。还须审查是否需要通知与诉争股权存在利害关系的第三人参加诉讼。三是诉讼请求的类型和内容。审查诉求事项属于积极确认抑或消极确认，诉求是否涉及股权变更登记，请求是否明确、具体等。

（二）审查公司性质和经营状态

公司系股东资格确认之诉的核心主体，股权归属的确认应以依法登记成立并存续的公司主体为前提，股东资格的实现需要公司提供程序性的协助和配合。因此，应当对公司是否属于有效存续的营利法人进行必要审查。审查重点包括：一是审查公司的性质和类型。是否为《民法典》第76条所规定的营利法人，公司的具体类型和形式，是否为有限责任公司（一人有限公司）

抑或股份有限公司（上市公司）；要甄别并排除事业单位、社团法人、社会服务机构、基金会等非营利法人、股份合作公司等特殊法人，以及合伙企业、个人独资企业等非法人组织。二是审查公司的经营状态。包括公司是否依法设立、何时设立、是否有效存续、有无注销登记、是否实际经营等。

（三）审查股权归属

确认股东资格的实质，在于确定股权归属。因此，股东资格确认之诉，应重点审核有关股权归属的事实。在此，区分股权原始取得和继受取得两个方面进行分析。

1. 股权原始取得归属审查

（1）是否存在股权性出资或增资合意。主要审查股东与股东之间或者股东与公司之间是否存在发起人协议、股东出资协议、增资扩股协议等书面协议；协议内容是否明确、具体，是否为当事人真实意思表示，是否存在效力瑕疵或无效情形；是否符合法律规定的公司设立或增资扩股条件。对于缺少书面协议的，还要审查公司章程、股东名册、出资证明书、工商登记信息等法定文件，以及出资凭证、收款凭据等是否存在股权出资性质的记载，以判断是否能够推定当事人之间的出资或增资合意。

（2）是否认缴或实缴出资。股东是基于出资所产生的法律人格。[①] 在认缴出资情形下，通常发起人在出资协议中约定出资份额并记载于公司章程，在公司成立时即取得公司股权；认缴出资后，出资人未实际出资或瑕疵出资的，应当补足出资额并向其他足额出资股东承担违约责任，并在公司未能清偿的债务范围内对公司债权人承担补充赔偿责任。未实际出资或瑕疵出资的出资人，并不当然丧失股东资格。在实缴出资情形下，认缴出资后实际缴纳出资的，依法取得股权；缺乏书面出资协议但实际缴纳出资的，一般倾向于认定其享有公司股权；股东的出资来源于公司外部第三人的，主张委托第三人出资的一方应负担相应的举证证明责任，此时应当结合出资人与付款人之间关系、双方是否存在股权代持协议等进行综合评判，以确定实际投资人及实缴出资的金额。

2. 股权继受取得归属审查

（1）股权继受协议是否合法有效。对于因继承取得股权的，需审查继承方式、继承人及人数、继承人身份、遗嘱效力等。对于因股权转让或赠与方式取得股权的，需审查是否存在股权转让或股权赠与的真实意思表示，以排除名为转让实为让与担保等其他法律关系，同时审核继受协议的效力、是否

① 郑军欢、俞悦：《股东资格确认纠纷案件的审理思路和裁判要点》，载 http：//qq.com/rain/a/20220320A01GP600.html，最后访问日期：2022 年 7 月 20 日。

违反股票禁售期等强制性规定等。

（2）继受协议是否实际履行。主要审查公司章程有无对股权转让、股权继承等作出特殊安排，是否符合法律和章程规定。另外，对于转让取得公司股权的，还应审查转让协议是否约定股权受让标准，有约定的从其约定，无约定的则实践中多以股权转让协议实际履行作为标准。

（3）股权变更手续是否完成。股权继受取得，无论发生于公司内部股东之间还是发生于股东与公司外部非股东之间，股权的转移均不以事先通知公司并取得公司同意为继受前提，但股权转移的法律效果要及于公司，还需公司按照《公司法》和章程规定的程序经公司作出决议并变更股东名册记载后，才对公司产生约束力，股权继受人方才取得公司股权。因此，要侧重审查公司是否召开股东会并对公司章程作出修改、变更股东名册等事实。

（四）审查股东行权

实际行使股东权利、履行股东义务，是认定股东资格的重要外观表现。应重点审查有关公司章程、股东会决议的签名，以查明当事人是否以股东身份行使公司管理决策的权利；还要审查当事人是否领取公司分红，是否参与盈余分配，该分红是否为股权红利，是否足以排除名股实债的固定利益属性，公司其他股东是否认可当事人股东身份等。至于当事人是否担任公司高级管理人员，该事实与股东身份并无直接关联，可不作为审查的重点。

（五）审查是否违反法律行政法规强制性规定

股东身份的取得，应以不违反法律、行政法规的强制性规定为前提。法律对某些特定类型公司的股东资格，以及特定主体成为公司股东作出具体限制的，应予严格遵照执行，不符合法律、行政法规强制性规定的主体不能获得相应的股东资格。人民法院在处理股东资格确认纠纷时，应注重审查国家对于投资主体实施特殊准入管理的负面清单范围，其中外商投资企业股东的确定和变更应经外商投资企业主管部门审批同意，金融机构、证券机构等法人的股东资格应获得金融或证券监管部门核准，国有企业员工持股应符合国资委、财政部等发布的限制性、禁止性规定的要求，会计师事务所、审计事务所、律师事务所和资产评估机构不得作为其他行业公司的股东。

【规范依据】《民事诉讼法》第27条、第122条；《公司法》第27条、第28条、第31条、第32条、第34条、第71条、第73条、第75条、第78条、第82条。

五、隐名出资情形股东资格审查

（一）隐名股东与名义股东关系认定

隐名股东，也称实际出资人，是与名义股东相伴而生的概念，具体指在公司中不具备股东资格形式要件的实际投资人。① 有关公司章程、股东名册、工商登记记载的出资人为名义股东。② 隐名股东在幕后通过名义股东行使参与公司经营管理的股东权利，并实际享受公司利益分红。

公司法理论界对于隐名股东与名义股东的关系认定，基于两种不同的法理理念，主要存在两种不同的观点。一种观点采实质主义说，以真意主义理论为基础，认为应按照行为人是否存在与公司构建股东关系的真实意思表示为判断依据，将实际出资的人认定为公司股东；另一种观点采形式主义说，以表示主义为理论基础，认为若否认名义股东的身份，则可能导致公司行为无效，影响交易安全，因此应以形式上的名义股东为公司股东。③

（二）隐名股东资格审查内容

《公司法司法解释（三）》在法律适用层面对隐名股东和名义股东的利益平衡作出了规定，解决了长期困扰司法实务的重大问题。实践中，依据公司法有关个人法规则和团体法规则的不同，可以根据纠纷所涉公司内外部法律关系对实际出资人的股东资格进行审查认定，具体划分为两种情形。

1. 公司内部股东资格确认纠纷审查内容

因股东身份确认、股东权利行使、公司利益分配等不牵扯外部第三人的利益，主要是对公司内部个体之间的利益调整，因此应优先考虑适用个人法规则。对此类股东资格确认纠纷，可以区分为确认隐名股东身份和隐名股东要求显名两种纠纷类型，并从以下几个方面进行实质性审查。

（1）隐名股东请求确认其股东资格审查内容。第一，审查作为基础法律关系的内部协议是否合法有效、是否出于双方合意、是否违反效力性强制性规定。由于隐名股东与名义股东之间达成的协议，与一般民法意义上的协议并无本质差别，因此可以适用民法的契约理论调整这种协议类型。只要隐名股东与名义股东之间的协议出于双方合意且合法，即应认定协议的效力。在此所指合意，包括隐名股东有意成为公司股东和委托名义股东代持股权的两

---

① 杨信：《有限责任公司名义股东身份辨识》，载《新疆大学学报（哲学人文社会科学版）》2016 年第 44 期。

② 唐英：《论隐名股东的股东资格认定——兼谈我国公司法司法解释三相关规定的完善》，载《贵州民族大学学报（哲学社会科学版）》2014 年第 6 期。

③ 刘敏：《股东资格的法律确认》，载《人民法院报》2003 年 8 月 27 日。

种意思表示的一致，缺一不可。另外，由于这类协议在合同属性上加入了商事因素，因此也应将商法规则纳入考量范围，包括协议主体是否适格、代持动机是否合法等。① 如果隐名股东利用股权代持等隐名出资的形式规避法律、行政法规的禁止性规定，如代持上市公司或保险公司股份等，损害社会公共利益的，该出资行为则应认定为无效。② 对于法律、行政法规对公务员、律师事务所等部分特殊主体担任公司股东作了限制性或禁止性规定的，应予遵守，这类隐名股东不能成为公司股东。③

第二，审查隐名股东是否实际出资。法律行为是行为人内心意思表示外化的过程。出资行为则表明隐名股东存在向公司投资以成为公司股东、行使股东权利的意思表示。④ 公司法意义上的出资是隐名股东的主要义务，可以分为认缴出资和实缴出资两类，《公司法司法解释（三）》第 24 条所指向的股权代持情形下的出资则偏重于实际出资。隐名股东的出资转化成公司注册资本，并成为公司运转经营的财产来源，隐名股东也因出资而负担相应的投资风险、享受投资收益。实际出资是确认隐名股东的股东资格不可或缺的核心要件，既能规避公司法律制度的不合理风险，又有利于维护公司的人合性。

隐名股东向公司支付款项的性质，应基于其作为公司股东的出资意思并履行出资义务，而非出于对公司的借贷或赠与等其他法律关系；如果隐名股东出资后，该出资款由股转债，因款项性质发生转变，该付款行为不应认定为出资性质。⑤ 司法实践中，常见的可以认定为有效出资情形的证据形式及类型主要包括三种：支付凭证与代持协议并存、支付凭证与摘要备注出资性质并存、支付凭证与实际行使股东权利并存。

---

① 荣明潇：《股权代持行为效力的司法认定》，载《法律适用》2019 年第 2 期。

② 案例检索：伟杰投资有限公司等与福州天策实业有限公司营业信托纠纷案［福建省高级人民法院（2015）闽民初字第 129 号、最高人民法院（2017）最高法民终 529 号］。该案中，最高人民法院明确指出，天策公司、伟杰公司签订的《信托持股协议》违反了中国保险监管委员会制定的《保险公司股权管理办法》第 8 条有关“任何单位和个人不得委托他人或者接受他人委托持有保险公司的股权”的规定，而该管理办法系经《保险法》明确授权所制定，因此在一定程度上具有与直接违反《保险法》等法律、行政法规一样的法律后果，属于损害社会公共利益，应认定为无效。

③ 曾祥生、苏沂琦：《论隐名股东资格认定法律制度之重构》，载《江西社会科学》2019 年第 39 期。

④ 胡晓静、崔志伟：《有限责任公司隐名出资法律问题研究——对〈公司法解释（三）〉的解读》，载《当代法学》2012 年第 26 期。

⑤ 朱道谭、杨洋、陈茜茜：《论隐名股东资格确认的司法考量——基于 85 份裁判文书的实证分析》，载《河北科技师范学院学报（社会科学版）》2021 年第 1 期。

第三，审查隐名股东是否实际行使股东权利。隐名股东是否行使股东权利，是必要审查内容。[①] 主要查明实际股东是否参与股东会、是否获得公司分红、是否行使其他经营管理和决策的权利、公司其他股东对隐名股东及股权代持协议的态度等，以全面审查认定隐名股东的股东身份。

（2）隐名股东请求显名审查内容。有限责任公司隐名股东请求变更股东、签发出资证明书、记载于股东名册和公司章程并办理工商登记的，即请求股东资格显名化，除需审查前述内容外，还应审查其显名主张是否符合有限责任公司的人合性特征，即该显名行为是否征得了公司其他股东半数以上同意。[②]

至于如何把握“其他股东半数以上同意”，可以参考以下两种认定依据，以查明其他股东的真实意愿：一是在诉讼程序中，隐名股东经征询其他股东并形成过半数股东同意意见的；二是隐名股东提供的证据足以证实，在公司经营过程中，其他过半数的股东知道或者应当知道隐名股东的存在，且隐名股东一直参与公司经营管理，实际行使股东权利。[③]

2. 外部股东资格确认纠纷审查内容

公司股东的工商登记文件，具有宣示性登记的功能，该类纠纷所涉的交易行为通常与公司的登记公示力相关，而商法的公示主义和外观主义理论与商法的团体法理念相契合，故对于此类纠纷的处理应依循团体法的原理和规则进行审理认定。依照工商登记文件所记载的股东信息，名义股东已经成了公司章程、股东名册及工商登记中记载的现实股东，该文件具有公示公信力并形成了权利外观，善意第三人有理由相信该名义股东即为真实的股东，为维护交易安全，第三人基于该信赖利益所实施的法律行为应当受到法律的保护，此时应以公司工商登记文件记载的股东信息来认定股东资格。[④] 名义股东

---

①《江西省高级人民法院关于审理公司纠纷案件若干问题的指导意见》第 30 条规定：“实际出资人与他人约定以他人名义出资自己享有股东权利、承担投资风险的，该约定不得对抗公司。但实际出资人已经以股东身份直接享有并行使股东权利，其请求否定名义出资人股东资格，并确认自己股东资格的，如无违反法律、行政法规禁止性规定的情形，人民法院应予支持。实际出资人以他人名义出资，双方未约定股权归属、投资风险承担，且无法确认实际出资人具有股东资格的，实际出资人与名义出资人之间按债权债务关系处理。”

② 云闯：《公司法司法实务与办案指引》，法律出版社 2020 年版，第 36 页。

③ 吴庆宝：《最高人民法院专家法官阐释民商裁判疑难问题·公司裁判指导卷》，中国法制出版社 2011 年版，第 41 页。

④ 徐浩：《公司法股权转让与股东资格取得关系探讨》，载《北方法学》2013 年第 2 期。

因此向债权人承担了赔偿责任的，可以向隐名股东追偿。[①]

【规范依据】《民法典》第143条、第153条；《民商审判会议纪要》第28条；《公司法司法解释（三）》第22条、第23条、第24条、第25条。

六、公司增资情形股东资格审查

（一）公司增资股东资格审查内容

公司的增资行为，是指公司为扩大经营规模、拓宽业务、提高公司的资信程度而依法增加注册资本金的行为，其实质就是认股人向公司投资从而增加公司的注册资本金。公司增资扩股的过程，须经股东会的特别表决程序作出相应的增资决议，再由公司与认股人订立增资扩股协议，认股人向公司缴纳出资，并最终由公司依据增资决议办理公司的变更登记。

从以上公司增资的流程可见，对认股人股东资格的审查，主要从以下三方面内容着手。

1. 股东与认股人之间、公司与认股人之间须就增资行为达成合意

一般而言，合意的认定需同时具备合法有效的股东会决议和增资扩股协议两项要素。但在欠缺以上两要素的形式要件的情况下，如果相关事实行为，比如认股人实际出资并参与公司经营管理、行使股东权利等，能够认定各方就增资意思表示达成一致的，也可认定实质形成了相应的增资合意。

2. 认股人认缴的出资充实并组成公司注册资本金

股东会决议和认股协议，属于当事人之间的一种意思表示行为，并不直接具有增加公司注册资本金的效果。工商登记机关审查并许可公司增资，以公司全部资本相对应的民事主体承担资本认缴责任作为实质要件。故增资扩股的协议签订后，认股人仍应积极履行合同，并按约定向公司认缴出资，以兑现股东会增资决议的安排。另外，认股人享有的股权份额是以公司注册资本金为基数进行计算的，如果认股人的出资未在注册资本金中体现，其股权和股东资格则无从谈起，因此，只有公司办理了相应增资方面的工商变更登记，认股人的出资才从法律意义上转化成为公司增加的注册资本金，认股人方享有公司的股权。因此，认购新股的股东的资格确认，还应以最终的工商登记作为审查依据。

---

①《上海市高级人民法院关于审理涉及公司诉讼案件若干问题的处理意见（二）》规定，债权人向工商登记文件中的公司名义股东主张其承担出资不实的赔偿责任的，人民法院应予支持。名义股东向公司债权人承担责任后，可按照约定向实际出资人追偿因此遭受的损失。

3. 认股人股东资格需符合法律、行政法规特别规定

对于法律、行政法规对认股人的股东资格作了限制性规定，应遵照其规定。股份有限公司的增资扩股程序相比有限责任公司，更为复杂，对于法律、行政法规对增资扩股有特别规定的，对认购新股的股东资格的确认还应遵循特殊的审查规则。如股份有限公司增加注册资本发行新股，依法需要报经证监会核准，未经核准，不能确认相应的股东资格；上市公司非公开发行新股在定向增资时应经证监会核准，在未履行该批准手续前，认购新股的合同不发生法律效力；等等。

（二）公司拒不办理工商变更登记时认股人的救济方式

公司诉讼实务中，值得研究和探讨的是，公司内部形成了股东会的增资决议，认股人与公司也订立了增资协议，认股人认缴了出资，但公司因故拒不办理工商变更登记。由于公司尚未办理工商变更登记，此时相应股权并未创设，人民法院不能就此认定认股人的股东资格。对此，认股人可以选择以下两种救济方式：

一是认股人有权请求公司履行增资协议，并办理相应的变更手续。在合法有效的增资协议中，公司负有办理公司章程、股东名册和工商变更登记并向认股人签发认股书等义务，公司不履行办理变更手续的义务构成违约，认股人有权要求继续履行增资协议，办理工商变更登记，从而使自己成为公司的股东。

二是认股人请求解除增资协议，收回出资，并要求公司承担违约责任。公司拒不履行工商变更登记义务，增资协议的履行陷入僵局，合同目的无法实现，认股人可以公司构成根本违约为由，主张解除增资协议，公司应当承担返还出资并赔偿损失等违约责任。当然，如果认股人在行使股东权利期间取得了相应利益的，相关利益亦应返还公司。

【规范依据】《民法典》第 563 条、第 566 条、第 577 条、第 580 条；《公司法》第 134 条；《证券法》第 12 条、第 13 条；《公司法司法解释（三）》第 22 条、第 23 条。

七、冒名登记情形股东资格审查

（一）主要审查内容

冒名登记，是指冒名人在他人不知情的情况下，冒用他人名义进行出资并登记股东身份，从而行使股权的行为。冒名登记与借名登记概念相似，其本质差别在于名义股东是否知情。《公司法司法解释（三）》第 28 条对冒名登

记情形下的被冒名人和冒名人的责任承担作了具体规定，但该条对于股东资格的审查认定尚未形成明确意见。

1. 常见辩解理由

实践中，被冒名登记的股东起诉请求确认其不享有股东资格的情形多有发生。其中，被冒名人对其被登记成公司股东一般作如下抗辩：（1）冒名人据以办理工商登记所使用的被冒名人的身份证系伪造或变造的，工商登记机关核验有误；（2）冒名人在工商登记机关出示的身份证系被冒名人遗失的真实身份证；（3）被冒名人委托他人代办其他事宜并提供身份证期间被冒用。

2. 主要审查要点

在具体案件审理过程中，为了防止出现股东逃避出资、规避清算责任和逃避履行生效判决等情况，兼顾保护债权人的合法利益，实践中，人民法院对被冒名人提起的股东资格消极确认之诉多采较为严格的审查认定标准，并由被冒名人就其被冒名事实的存在承担举证证明责任。应重点审查的内容包括：（1）被冒名人是否存在成为公司股东的动机、被冒名人的身份、职业、财产状态等基本身份信息，严查被冒名人逃避债务的可能性，避免损害公司及公司债权人的利益。（2）被冒名人能否举证证实其本人书写签名与工商登记机关、公司内部有关股东资格文件上的签名不一致，如不一致，还应进一步排查授意签名的可能性。（3）被冒名人能否对其身份资料出现在工商登记机关及公司内部作出合理解释，并提供相应证据。比如主张身份证遗失的，应提供遗失报警回执、遗失公告、补办新证等证据，如主张身份证外借办理其他事宜期间被冒用的，还需明确受托人身份、外借事由和经过等以供人民法院核实认定冒名行为发生的可能性及合理性。（4）是否存在被冒名人事后同意或默认的情形。包括被冒名人对工商登记事宜是否知情、何时知情、因何事由获悉等。（5）被冒名人是否实际行使股东权利、承担股东义务。如果在公司经营过程中，被冒名人以股东身份实际参与了公司的经营管理并享受了公司的利益分配，又请求确认其不享有股东资格的，缺乏事实和法律依据，应予驳回。[①]

（二）对被冒名股东的救济处理

有关被冒名登记的股东的救济，除提起股东资格消极确认之诉外，其还可提起撤销工商登记的行政诉讼，抑或向侵权人提起侵权责任之诉要求排除妨害、赔礼道歉、赔偿损失，还可在具体公司类纠纷案件中直接主张免责，存在多种救济手段。实践中，以提起股东资格消极确认之诉最为常见，而在

① 张晓薇、赖嘉敏：《股东资格消极确认之诉的证明责任分配——以郭献民与天津天雅商贸有限公司股东资格纠纷案为例》，载《东莞理工学院学报》2021 年第 2 期。

公司债权人起诉股东承担债务等与公司相关诉讼中提出免责抗辩的救济方式则次之，但是相较于直接提起股东资格确认之诉，被冒名人在公司类纠纷中主张免责的诉讼风险较高。被冒名人提出免责抗辩的，仍应就其被冒名登记的事实负担举证责任，不仅需证实其没有成为公司股东的意思表示，还需证明其事后对于登记事实未予追认、未以股东身份行使股东权利并负担股东义务等事实，否则将面临败诉风险。

【规范依据】《公司法司法解释（三）》第28条。

八、股东资格继承审查

（一）继承股东资格审查内容

对于有限责任公司股东资格的可继承性问题，学术界和司法实务界一直存在较大分歧，主要分为肯定说和否定说。肯定说认为，股东资格派生于股东财产权，被继承人的股东身份权应当随同其财产权一并转移，被继承人死亡后由其继承人继承其股东资格，有其合理性，也符合法律传统。否定说认为，公司具有人合性，公司的存续和发展依靠股东之间的信任和依赖，股东资格的继承则可能破坏这种人合性基础。《公司法》第75条对有限责任公司股东资格继承问题作出了明确规定，认可了股东资格继承制度，可谓对这一长久的争议问题给出了明确定论。该条规定原则上肯定了有限责任公司股东资格的可继承性，允许公司章程对股东资格继承问题作出排除性规定，体现了对公司人合性的维护。循此规定，股东资格继承的审查要件主要在于两个方面。

1. 须为自然人股东的合法继承人

保护公民私有财产权及继承权是宪法赋予的公民权利。自然人死亡后，其财产及财产性权利可以由合法继承人继承。鉴于股权的财产属性，《公司法》对自然人股东死亡后其合法继承人的股权继承作了制度安排，合法继承人可以依法继承其出资额，原则上继承股东资格，成为公司股东，并依法行使参与重大经营决策、选择管理者、享有股权收益等股东权利。

2. 公司章程未作出排除股东资格继承的规定

有限责任公司具有明显的人合性特征，公司的正常运营和发展依赖于股东之间的人身信赖关系。因此在对待股权继承问题上，《公司法》第75条尊重公司意思自治，允许公司章程对股东资格继承作出特别约定。在继承发生时，如公司章程未就股东资格继承作出限制性规定，合法继承人可依法请求继承公司股东资格，并请求办理相关股东变更登记手续；如公司章程明确禁止股东继承人继承股东资格，继承人则不能成为公司股东，只能继承被继承人在公司所享有的财产权。

有关“对公司章程另有规定”的理解。实践中，有的公司章程未对股东资格继承作出专门安排，应认定为未作出限制性规定，继承人可以继承股东资格。[①]有的章程虽未作出专门排除性规定，但在公司封闭性方面有类似规定，应从文义解释上进行理解和判断。例如，山西省阳泉市中级人民法院（2021）晋03民终152号股东资格确认纠纷一案，公司章程约定股东不得向股东以外的法人或自然人转让股权，且退休和调离前应在公司内部转让全部股权，这种规定虽然未明确就股东资格继承问题作出具体安排，但充分体现了公司的高度人合性和封闭性特点，该规定也应当认定为实际排除了股东资格的继承。[②]

（二）注意事项

1. 无民事行为能力人、限制民事行为能力人可继承股东资格

《公司法》并未要求股东必须具有完全民事行为能力。参考国家工商行政管理总局于2007年作出的《关于未成年人能否成为公司股东问题的答复》，《公司法》对未成年人能否成为公司股东没有作出限制性规定，因此未成年人可以成为公司股东，其股东权利可以由法定代理人代为行使。因此，取得股东身份的人，可以是完全民事行为能力人，也可以是无民事行为能力人、限制民事行为能力人。继承人如果是无民事行为能力人或者限制民事行为能力人，其股权的行使可以由其法定代理人代理。

---

① 案例检索：耿马县孟洲金粒开发有限责任公司与赵某华等股东资格确认纠纷案［云南省临沧市中级人民法院（2019）云09民终455号］。金粒公司于2009年5月22日成立，股东为李某武、李某砚，公司注册资本为500万元，两股东各入股250万元。2017年10月，李某武因故死亡。李某武的继承人为赵某华、李某1、李某2。继承人起诉金粒公司并请求确认其股东资格。沧州中院认为金粒公司章程未对股东资格的继承作出规定，故判决确认继承人的股东资格。

② 案例检索：张某梅、徐某、徐某磊与山西科林矿山检测技术有限责任公司确认股东资格纠纷案［山西省阳泉市中级人民法院（2021）晋03民终152号］。科林公司于2003年成立，徐某某为该公司股东。2019年1月25日，徐某某病故。张某梅、徐某、徐某磊系徐某某的法定继承人。徐某某去世前生效的科林公司章程未明确规定股东死亡后股东资格继承事宜，但规定了股东不得向股东以外的法人或自然人转让股份，且退休和调离应在公司内部转让全部股份。故阳泉中院判决认定科林公司章程已经排除了股东资格的继承，遂驳回了张某梅、徐某、徐某磊请求确认股东资格的诉讼请求。

2. 继承人身份影响股东资格的继承

法律、行政法规对某些特殊主体、特殊公司类型的股东资格作了限制性、禁止性规定。故在发生股权继承时，须注意审查继承人是否存在法律规定禁止担任公司股东的情况。若继承人的身份不符合股东资格要求，该继承人可以依法继承该股东所拥有的相对应的财产权益，而不能继承股东资格。

九、股东资格解除审查

（一）股东资格法定解除审查

股东资格的解除，又称股东除名、股东失权，是公司基于特定重大事由，按照法律规定的程序，将严重违反出资义务的股东从股东名册中涤除，强制其退出公司，解除其公司股东资格的一项法律制度。这项制度，在维系股东之间的合作关系、维持公司法人存续发展方面发挥着独特的作用。《公司法》未对有限责任公司股东资格解除作出规定，《公司法司法解释（三）》第 17 条对股东除名法定要件和除名程序作了具体规定。有关股东除名的审查要件如下。

1. 股东是否存在严重违反出资义务的情形

严重违反出资义务，具体包括完全未出资和抽逃全部出资两种类型。如果股东仅存在未完全出资和抽逃部分出资的情况，则不构成对出资义务的严重违反，不符合《公司法司法解释（三）》第 17 条有关股东除名的条件。此时，公司或其他股东可以通过《公司法司法解释（三）》第 16 条的规定，在新股认购、利润分配和剩余财产分配等股东权利的行使方面，对该股东予以合理限制。

2. 公司是否履行催告前置程序

即便股东符合法定除名的事由，但在除名前仍应给予该股东补正瑕疵出资的机会。公司应当先行催告该股东在合理期限内缴纳出资或者返还出资。公司催告的方式通常以书面形式作出，内容一般包括拟除名事由、补正履行义务的期限、法律后果和申辩权利等。[①]

3. 股东是否在合理期限内缴纳出资或返还抽逃的出资

只有股东在公司催告的合理期限内仍不履行缴纳出资或返还抽逃出资义务，公司才能以股东会决议的方式解除该股东的股东资格，人民法院才能认定公司除名行为的效力。

4. 公司是否形成有效的股东会除名决议

公司解除股东资格，应当召开股东会，并作出股东除名的股东会决议。《公司法》第 43 条对股东会的议事方式和表决程序作了规定，将股东会决议分为普通事项决议和特别事项决议两类，其中普通事项决议的表决程序由公司章程规定，实践中普遍约定为由代表 1/2 以上表决权的股东通过；特别事项表决则需依照法律规定由代表 2/3 以上表决权的股东通过。公司作出股东除名决议，不属于《公司法》第 43 条规定的特别表决事项，应依照章程规定的表决程序通过并形成相应决议。

（二）股东资格约定解除审查

《公司法司法解释（三）》第 17 条对有限责任公司股东资格解除的法定事由作了规定，但并未明确公司章程能否对股东除名进行规定。章程系公司的内部宪章，许多国家允许公司在不违背法律禁止性规定的前提下通过章程对股东除名作出特别规定。在我国司法实践中，出于满足公司个性化自治的

① 案例检索：佘某英与深圳市农产品坂田肉联厂有限公司公司决议效力纠纷案［深圳市中级人民法院（2020）粤 03 民终 11788 号］。坂田肉联厂于 2004 年 8 月 20 日注册成立，注册资本 2000 万元，股东为长河公司、农产品公司、黄某容、佘某英，其中佘某英投资 400 万元，占 20%。佘某英于 2004 年 8 月向坂田肉联厂银行账户支付 400 万元，款项性质注明为投资款，坂田肉联厂于 2004 年 9 月出具证明，确认佘某英按公司章程规定足额投入注册资本。2017 年 1 月，肉联厂召开临时股东会，出席股东为长河公司法定代表人黄某团及黄某容，股东会作出如下决议，因佘某英在出资不足一个月即通过其任职总经理的丈夫黄某平以虚构工程款、材料款为名将其注册资本 400 万元予以抽逃，经公司催促追缴无果，决定取消佘某英的股东资格，责令其返还所有分红款、承包利益分配款等费用。佘某英遂起诉请求确认坂田肉联厂作出的股东会决议无效。深圳市中级人民法院审理认为，坂田肉联厂提供的证据无法充分证实佘某英存在抽逃全部出资，且坂田肉联厂未在股东会召开前履行法定的催缴程序违反了《公司法司法解释（三）》第 17 条的规定，故认定坂田肉联厂该股东会股东除名决议无效。

需求，对公司章程规定股东除名事项也持开放态度。① 通常情况下，对公司章程规定的股东除名事项应作如下审查。

1. 公司章程规定的除名事由是否构成重大事由

股东除名会产生股东丧失股东资格并退出公司的严重后果，因此公司章程规定的股东除名事由须为重大事由。实践中，对于“重大事由”的判定一般考虑三个因素。

（1）重大性。除未履行出资义务或抽逃全部出资外，章程还可将其他重大违约行为规定为除名情形。但该除名事由须为严重影响公司存续经营或股东共同利益，严重危及股东间的信任基础，一般性违约行为不应构成股东除名的重大事由。② 因此，须对该章程除名规定是否违反法律、行政法规的强制性规定，是否违背诚实信用和公序良俗，是否严重违反竞业禁止义务、严重侵害公司财产、严重危害公司整体利益或公司股东间信任基础关系等进行全面审查。

---

① 案例检索：黄某某与上海某工程造价咨询有限公司公司决议撤销纠纷案［上海市第一中级人民法院（2013）沪一中民四（商）终字第926号］。该案中，工程咨询公司共有包括黄某某、胡某某在内的10名自然人股东。公司注册资本100万元，黄某某、胡某某各出资20万元，分别持有公司20%的股权。该公司章程第20条规定：股东会会议由股东按照出资比例行使表决权，必须经代表百分之七十以上股权同意，同时必须由百分之七十以上股东同意。第35条规定：股东与公司脱离人事关系或将个人执业资格关系转移出公司的，股东资格自动丧失。此后，胡某某与工程咨询公司解除劳动关系。2012年12月1日，工程咨询公司召开临时股东会会议并作出了关于“确认胡某某丧失公司股东资格”的股东会决议，该次股东会认为胡某某与讨论的议题有利害关系，故排除其表决权。除股东黄某某外，工程咨询公司的其余股东对该决议事项表示同意并签字。黄某某以表决程序和表决方式上存在瑕疵为由起诉要求撤销上述股东会决议。法院审理认为，工程咨询公司章程关于股东资格自动丧失的约定属于公司自治的体现，未违反法律、行政法规的强制性规定，应属有效。关于股东资格的丧失应经股东会作出除名决议并将该决议送达给被除名的股东时才发生法律效力，即胡某某的股东资格自公司除名决议送达之时丧失。拟被除名股东要遵守表决权回避制度，而且其所拥有的表决权数也不应计入为计算特定多数的总表决权之内。本案所涉两份股东会决议的同意比例已经达其余股东人数和所持股权比例的75%，符合公司章程中确定的表决比例，故表决程序并无不当。故判决驳回黄某某的诉讼请求。

② 依据《德国资合公司法》规定，股东除名的重大事由包括财产关系不明和不正常的资金往来、有挥霍浪费的嗜好、长期重病、失去了合同中规定成为股东的前提条件、拒绝履行章程规定的合作义务、严重违反义务尤其违反诚信义务、购股时欺骗公司的行为、犯罪行为、损害公司经营和违反竞争规则的行为、不正当地损害其他股东名誉的言论等。

（2）可归责性。该除名事由须归责于该特定股东。通常情况下，股东严重违反股东义务，对公司造成严重损害后果，不以存在过错为认定要件，只要该股东客观上严重破坏了股东间信赖基础、严重危害公司利益，就可以将其除名。

（3）非除名不得救济。解除股东资格是对股东最为严厉的惩罚，因此在确定章程规定股东除名事由是否具有正当性时，仍需考虑如果不除名，依据《公司法》规定的救济措施已经无法阻止或弥补股东对公司造成的损害，亦即非除名不能得到救济。在公司类争议中，如果可通过股权转让、异议股东股权回购等制度解决实际问题、弥补实际损失的，一般不应纳入股东除名事由。①

2. 是否严格遵循章程规定的议事规则和表决程序

股东除名涉及股东的重大权益，解除股东资格应通过股东会决议方式作出，且应体现公司的团体意志及作出团体意志的正当性。因此，依照公司章程作出股东除名的股东会决议，还应对股东会作出除名决议的议事方式和表决程序是否符合公司章程和《公司法》的规定作出审查，以防止公司对股东除名权的滥用。

（三）公司或股东起诉请求解除股东资格审查

在公司诉讼实务中，有限责任公司或股东起诉请求否定违反出资义务股东资格的纠纷，通常包括三种情形，具体分析如下。

1. 股东请求否定违反出资义务股东资格的处理

股东实际出资是法律规定的股东义务，未按约履行出资义务的股东应继续履行充实公司资本的义务，并对其他股东承担违约责任。但股东不履行出资义务，并不必然导致丧失股东资格。公司是股东除名权的行使主体，无论公司是否形成解除违反出资义务股东的股东资格的决议，其股东资格是否因此丧失，都与其他股东无直接利害关系。在这种情况下，其他股东起诉请求

---

① 案例检索：张某才与北京世纪天鼎商品交易市场有限公司公司决议纠纷案［北京市第二中级人民法院（2016）京 02 民终 3357 号］。世纪天鼎公司因生产经营出现严重困难，董事会于 2005 年 5 月对公司的投资方案作出决议，明确各股东投资金额及未按期投资视为放弃股东权利的责任。张某才作为公司股东签字确认。后张某才未按约投资。世纪天鼎公司于 2012 年 6 月作出股东会决议，解除张某才的股东资格；该决议由工商登记在册的全体股东 2/3 以上表决权表决通过。北京二中院审理认为，世纪天鼎公司出现严重经营困难时，董事会决议明确了全体股东的权利义务，张某才予以签字确认后肆意反悔，严重违反诚信原则，严重破坏有限责任公司股东之间的信任关系，股东会作出除名决议，是公司意思自治的体现，并不违反法律规定，应认定为有效。

确认该股东不具备股东资格的，不具有诉的利益，不符合《民事诉讼法》规定的起诉条件，应裁定不予受理或驳回起诉。

2. 公司未作出解除股东资格决议直接起诉的处理

从《公司法司法解释（三）》第 17 条的规定看，有限责任公司股东未履行出资义务或抽逃全部出资，经公司催告在合理期限内仍未履行义务，公司股东会可决议解除其股东资格。据此，股东会决议解除该违反出资义务股东的股东资格，属于公司内部自治范围，公司未组织召开股东会并作出决议，而径行向人民法院提起消极股东资格确认之诉，不符合法律规定，人民法院应当裁定驳回公司的起诉。

3. 公司作出解除股东资格决议后起诉的处理

在这种情况下，公司请求确认股东不具有股东资格的，人民法院应着重审查被告股东的实际出资事实，查明该股东是否未履行出资义务或抽逃全部出资，并作出相应的实体判决。实践中还可能出现公司在确认之诉中一并提出变更登记诉求的情况，由于公司作出解除股东资格的决议后，该股东原认缴的出资额，应按法律规定办理减资手续或由继任者缴纳相应出资，但形成继任者决议并变更登记属于公司内部的自治范围，应由公司自行决定和处理，故对该项变更登记的请求，人民法院不予支持。①

（四）其他审查要点

1. 被除名股东不享有股东会除名决议表决权

表决权排除，又称表决权回避，是当某一股东与股东会讨论的决议事项存在特别的利害关系时，该股东不得就其持有的股权行使表决权的制度。《公司法》第 16 条等规定的内容，涉及股东表决权排除制度，虽然其规定的范围较窄，但并不意味着除了上述规定的情形外就不能适用股东表决权排除。股东未履行出资义务构成根本违约，该股东对于是否涤除其股东资格并无选择权。如果允许被除名股东享有除名决议的表决权，尤其在该股东为控股股东的情况下，必然损害公司及其他股东的利益，排除该被除名股东的表决权，方符合股东表决权排除规则的设计功能。因此，对于股东未履行出资义务而被公司股东会除名的决议，司法实践中通常认为可以适用表决权排除，被除名股东对该股东会决议不享有表决权。被除名股东应遵守表决权回避制度，其所代表的表决权数也不应计入总表决权数的范围内。

2. 对被除名股东的救济

依据《公司法》的规定，被除名股东对公司股东会作出的除名决议存有

---

①《上海二中院 2016—2020 年股东资格确认案件审判白皮书》，载 https：//m.thepaper.cn/baijiahao_16005757。

异议的，可以提起撤销除名决议之诉或确认除名决议无效之诉以寻求救济。

【规范依据】《公司法》第 11 条、第 22 条、第 43 条；《公司法司法解释（三）》第 16 条、第 17 条。

第三节 实务难点裁判思路

一、关于股权受让人股东资格取得时间的确定问题

股权转让，是股东通过法定方式行使股东权利将其全部或部分股权转让给他人，由继受股东取得股权并成为公司新股东的一项公司制度。股权转让过程中引发的股东资格确认争议，事关新老股东的利益，影响公司经营，一直备受关注。

（一）股权转让与股权权属变动

1. 股权转让可参照一般动产转让

股权基于股东的出资行为而产生，出资人将作为出资的财产权让渡给公司以获得股东资格，并依据该股东身份和持股比例享有股东利益、主张股东权利。股权是由股东出资财产转化而来，是股东出资取得的对价，也是股东的财产，股东对股权享有支配和处分的权利。因此，无论从股权的财产属性角度，还是从其权利属性的角度，股权均可以作为转让的标的。股权的价值，通常可以以公司净资产为基数，按照股东出资额占公司注册资本总额的比例进行核算，并以此作为股权转让时的价格依据。然而，由于股权是一项综合性的权利，包括自益权和共益权，是基于股东资格而享有的权利的集合，与传统的法律意义上的物存在区别，故就股权所订立的股权转让协议亦区别于《民法典》对一般性买卖合同的界定，但仍可将其视为以股权为转让标的的买卖合同。在股权转让中，股权转让人与股权受让人就目标股权的转让达成合意，签订股权转让协议，受让人支付股权转让价款，转让人向受让人让渡股权。由此可见，股权转让的过程与一般动产所有权的转让过程相似。股权作为转让的标的物，其股权权属亦在转让人与受让人之间发生变动。

2. 股权转让协议与股权权属转移

股权权属变动，是股权的交付，也是股权权属的让渡，属于股权物的意义上的权属变化，可以参照物的属性进行分析。我国台湾地区学者史尚宽先

生的观点是，股权转让包含了两种法律行为：一是债权行为；二是准物权行为。[①]债权行为是转让人与受让人就股权转让的数额、价格、履行方式、履行期限等主要权利义务内容意思表示一致，并签订书面股权转让协议的行为。准物权行为则是转让人与受让人之间以股权转让为目的的交付行为，交付的法律后果，即是在转让人、受让人和公司之间发生股权权属变更的法律效力。股权权属的变动，是股权转让协议履行的结果。股权转让合同和股权权属变动应予以区分，股权转让协议生效与否应结合合同效力的认定规则进行判断，只要股权转让协议本身符合合同的生效要件，协议就应认定为有效，股权转让的意思表示与股权的实际取得并非同一法律范畴。

3. 股权变动公示要件观点分歧

实践中，基于股权变动是否需要具备一定的公示要件，学术界形成了两种意见，分别为股权变动的债权形式主义模式和股权变动的纯粹意思主义模式。[②]前者认为股权变动的效果应以股东名册变更或者工商登记变更为公示要件；后者则主张股权转让协议生效时即产生股权变动的效果，而无需进行公示。后续又逐渐衍生出股权变动的修正意思主义模式，即原则上承认股权转让协议生效即产生股权变动的效果，但这种效果仅对转让人与受让人产生约束力，只有在具备一定的股权变动形式要件后股权转让的效果才及于公司或第三人，受让人才能顺利行使股东权利。股权变动的修正意思主义模式，受到越来越多学者的推崇。

（二）受让人股东资格取得时间节点的确定

1. 观点分歧

股权转让是对现有股权的处分，并非对股权的创设，因此受让人股东资格取得时点问题，实质上是股权变动的基准点如何确定的问题。股权转让涉及的股东资格确认纠纷中，尤以受让人股东资格取得的生效要件问题引发的讨论最多，争论不断。学术界和实务界对此均存在较大分歧，主要有四种观点。（1）股权转让协议生效说。该学说认为，股权转让协议生效时，股权受让人即取得股东资格。（2）通知公司股权转让事宜生效说。该学说认为，只要股权转让符合公司章程的规定，转让人向公司履行了股权转让事项的通知义务，即意味着股权受让人取得了股东资格。[③]（3）股东名册登记生效说。该

① 史尚宽：《民法总论》，中国政法大学出版社 2000 年版，第 320 页。

② 李建伟：《有限责任公司股权变动模式研究》，载《暨南学报（哲学社会科学版）》2012 年第 12 期。

③ 刘俊海：《新公司法的制度创新：立法争点与解释难点》，法律出版社 2006 年版，第 312 页。

学说认为，因股权转让引发股东资格争议时，要根据股东名册的变更登记来确定股东资格，公司对股东名册作出变更时，受让人取得股东资格。[①]（4）工商登记生效说。该学说认为，工商登记机关核准变更股权登记之时为受让人取得股东资格的时间。

2. 主流观点

大陆法系国家普遍认可，在公司股东名册进行变更登记后，股权受让人才能取得相对于公司的股东资格。如《德国有限责任公司法》第16条第1款规定，在股东及持股范围发生变化时，股东名册上记载之人为公司股东。[②]依照最高人民法院民事审判第二庭对《公司法司法解释（三）》第27条所作释义，最高人民法院观点与德国法观点基本相同。公司股东名册的变更登记是股权转让产生对抗公司效力的认定标准，受让人依公司股东名册变更登记，股权权属发生变更，受让人才能取得股东资格并得以行使股东权利。[③]

股权转让发生在转让人与受让人之间，股权转让合同成立生效，依据合同相对性原理，合同仅在合同当事人即转让人和受让人之间发生效力，并不能直接产生约束公司的法律后果，受让人不能以已经签订股权转让协议并交付股权为由对抗公司。

股权是股东对公司的权利，股权所涉及的重大决策权、选择管理者权、利益分配权等绝大部分权能都需要通过公司实现。公司变更登记之前，受让方并未取得股东资格，只有在履行公司变更登记程序后，受让人才能够成为公司股东。因此，股权转让最终应当经由公司按照章程规定作出同意或认可的意思表示，股权权属变更才能真正实现。股东名册的登记属于设权性的登记，股东名册的变更常常被认定为处理公司与股东之间争议的优势证据。公司对股东名册的变更登记就是公司对股权转让行为作出同意或认可的意思表示的具体表现形式。只有当公司根据《公司法》及公司章程的规定对股权转让合同进行审查，同意注销转让人原股东记载，将受让人作为新股东登载于股东名册之时，对公司而言受让人才取得公司股权，才能够以公司股东的身份对公司主张权利。如果公司未将受让人记载于股东名册，则此种转让效力不能对抗公司，不能对公司产生法律拘束力，受让人也不能在公司中行使股

---

① 张双根：《论有限责任公司股东资格的认定——以股东名册制度的构建为中心》，载《华东政法大学学报》2014年第5期。

② 胡晓静：《股权转让中的股东资格确认——基于股权权属与股东资格的区分》，载《当代法学》2016年第2期。

③ 最高人民法院民事审判第二庭编著：《最高人民法院关于公司法解释（三）、清算纪要理解与适用》，人民法院出版社2011年版。

东权利。因此，股东名册的变更登记是股权权属发生变更，受让方取得股权的标志。

值得注意的是，现实中有些公司的股东名册管理、变更不够规范，也有的公司甚至不设股东名册，此时对股东名册的变更应作扩大性理解。如公司章程、股东会会议纪要等，能够证明公司认可新股东存在的，应视为公司设权程序已经完成，公司接纳了股权受让人为其新成员。[①]

二、关于股权代持股东资格的确认问题

股权代持将股东身份和股东权利分离，将股东的形式特征和实质特征分离，实践中引发了许多股东资格确认纠纷。股权代持涉及股东资格确认的法律关系相对复杂，产生了诸多审理难点。

（一）股权代持法律含义

股权代持，是指隐名股东与名义股东约定，由隐名股东实际出资，名义股东代为持有股份，由隐名股东实际行使股东权利、履行股东义务的一种股权投资模式。[②]

1. 股权代持类型

股权代持，是常见的一种投资方式和股权处置模式。在股权代持的情形下，基于股权的综合性权利特征，股东的身份资格与财产利益出现剥离。因此，从股权代持的表现形式看，隐名股东与名义股东之间可能存在多种形式的代持情形。在代持份额上，有的隐名股东将部分股权交由名义股东代持，也有的将全部股权委托名义股东代持；在代持主体上，名义股东可以是公司的其他股东，隐名股东也可以委托公司以外的自然人或法人代持；在隐名程度上，有的隐名股东通过名义股东对外宣示股东资格并完全以名义股东的名义行使股东权利，也有的隐名股东的实际投资人身份为公司及其他股东所知悉，直接以自己的名义参与公司决策经营、行使股东权利。

实践中，通常依据股权代持发生时间的不同，将股权代持划分为两种类型。第一种为原始取得股东资格时发生的代持，包括公司设立时和公司增资扩股时隐名股东出资而成立的股权代持关系。第二种为继受取得股权中发生的股权代持，主要表现为股权转让过程中发生的代持行为，有两种主要模式。一是“实转形不转”，即不办理股东变更手续，由转让人代受让人持有股权，

① 杨心忠：《公司纠纷裁判精要与规则适用》，人民法院出版社 2014 年版，第 6 页。

② 王毓莹：《股权代持的权利架构——股权归属与处分效力的追问》，载《比较法研究》2020 年第 3 期。

双方形成股权转让和股权代持两种法律关系的合意，此情形类似于动产的占有改定，受让人为实际股东并实际行使股东权利，但在股东名册及工商登记中记载的股东仍为转让人。二是“形转实不转”，即将股东名册和工商登记记载的股东在形式上变更为受让人，由受让人代转让人持有公司股权，转让人仍作为实际股东。

2. 股权代持法律关系阐析

在商法领域内，基于商业活动开展的自由性以及维护交易安全的考虑，学术界逐渐区分出个人法和团体法两个法律概念，用以调整公司内外部法律关系。一般情况下，依据法律关系主体的不同，股权代持可以划分为三种不同的法律关系：（1）实际股东与名义股东之间的法律关系；（2）实际股东、名义股东与公司之间的法律关系；（3）实际股东、名义股东与公司外第三人之间的法律关系。第一种法律关系仅涉及协议内部的两个个体，应当适用个人法规则，如果隐名股东与名义股东出现争议，只要能证明两者之间存在股权代持关系，则隐名股东的出资从债权角度上应得到确认。在第二种法律关系中，隐名股东隐瞒身份，名义股东按照隐名股东的意志行使股东权利，在公司和其他股东对股权代持事实不知情且半数股东不同意隐名股东显名的情况下，为维系公司法律关系的稳定和保护其他股东的利益，不应确认隐名股东的股东身份。反之，如果隐名股东虽然隐名，但公司和公司其他股东知悉其存在，隐名股东已直接出面行使股东权利并承担股东责任的，则应承认隐名股东为实际股东。在第三种法律关系中，保护真正权利人和保护善意第三人可能存在矛盾，为保护交易安全、提高商事活动效率，此时应运用团体法规则进行调整。在名义股东擅自出让股权，善意第三人取得股权时，隐名股东不得以名义股东无权处分为由提出抗辩；同理，当第三人以出资不实或其他原因为由追究名义股东的出资责任时，名义股东也不得以自己不是实际出资人为由而免责。

3. 股权代持法律属性

股权代持行为，在本质上属于隐名股东与名义股东依双方意思自治对股权代持的权利义务作出约定的合同行为。在股权代持法律关系中，隐名股东与名义股东之间的代持关系属于内部法律关系。

目前对于两者关系的认定，存在四种不同的观点。（1）代理说，认为股权代持本质上属于代理关系，根据隐名股东是否完全隐名，又可分为隐名代理和显名代理两类。隐名代理，对应隐名股东完全隐名的情形，即名义股东接受隐名股东的委托，以自己的名义为隐名股东持有股权；而显名代理，则适用于公司和其他股东知悉隐名股东与名义股东间股权代持关系的情形。（2）信托说，认为股权代持属于信托关系，即隐名股东基于对名义股东的信任，委托名义股东以其名义按隐名股东的意愿对股权进行管理。（3）合伙说，认为隐名股东与名义股东为合伙关系。（4）无名合同说，认为股权代持关系既不属于代理关系，也不是信托关系，而是合同法上的无名合同关系。①

上述学说中，委托代理说占据主流，较好地契合了股权代持法律关系中有关隐名股东与名义股东的权利义务关系。最高人民法院在《商事法律文件解读》中亦赞同此种观点，并认为股权代持关系实质上为民法中的委托合同关系，即名义股东以自己的名义代替隐名股东持有公司股权，由此产生的法律效果间接或直接归属于隐名股东。②

信托说、合伙说和无名合同说则有局限性，不能完整反映股权代持关系全貌。（1）有关信托说。信托是一种以转移和管理财产为目的的制度，信托财产在法律上具有独立性。信托与代理有相似之处，两者都以信任为前提，以委托为根据，但信托关系中涉及财产权的转移，而代理关系则不存在财产权的转移。在股权代持关系的"名实分离"下，隐名股东实际是股东出资责任的承担者，也是股东利益的最终所有者，名义股东所代持的股权不具有独立性，也不构成隐名股东财产权的实质转移，因此信托说存在缺陷。（2）有关合伙说。名义股东依据《公司法》对公司的对外债务以隐名股东的出资额为限承担有限责任，名义股东实质并不承担责任；而合伙人则要对合伙债务承担无限连带责任，两者的债务承担规则存在明显差别，股权代持关系不宜认定为合伙关系。（3）有关无名合同说。合同法律关系的定性，应当透过合同名称、合同主体和合同的形式去审视合同的实质内容。要考察股权代持合同的性质，亦应以合同约定的权利义务为主要审查依据。不能因股权代持协议在合同法上并无直接对应的有名合同，即认定为属于无名合同法律关系。

（二）名义股东负债时隐名股东资格认定

1. 隐名股东能否在执行异议之诉中一并提出确权请求并请求排除强制执行

对于此种情况，司法实务中较为常见，分歧也很大。第一种观点认为，隐名股东无法排除强制执行。一是隐名股东基于股权代持关系对名义股东享有的请求确认其为实际投资人等权利，在性质上属于请求权范畴，本质上是一种债权，隐名股东上述债权请求权权利并不优先于申请执行人的权利。二是从信赖利益角度分析，执行程序中债权人的信赖利益应予以保护。申请执行人对被执行人名下股权存有信赖利益。隐名股东股权代持的风险不应由申

① 丁广宇：《股权代持纠纷的有关法律问题》，载《人民司法》2019 年第 17 期。

② 最新法律文件解读丛书编选组：《商事法律文件解读》（总第 172 辑），人民法院出版社 2019 年版，第 85 页。

请执行人负担。三是实际出资人既然选择隐名，固有其商业利益考虑，既然通过代持关系获得了这种商业上的利益，或者在其显名的情形下不能获得的利益，则也必须承担此种代持所带来的固有风险。第二种观点认为，隐名股东能够排除强制执行。股权善意取得制度的适用主体仅限于与名义股东存在股权交易的第三人，商事外观主义原则的适用范围不包括非交易第三人，故执行申请人的债权请求权不能获得优于实际投资人隐名股权的保护。

对此问题应区分诉争股权被查封、扣押、冻结前后拿到确权裁判文书的情形处理。

根据《民商审判会议纪要》第124条有关案外人依据另案生效裁判对金钱债权的执行提起执行异议之诉的规定，作为执行依据的生效裁判并未涉及执行标的物，只是执行中为实现金钱债权对特定标的物采取了执行措施；对于此种情形，《最高人民法院关于人民法院办理执行异议和复议案件若干问题的规定》第26条[①]规定了解决案外人执行异议的规则，在审理执行异议之诉时可以参考适用。依据该条规定，作为案外人提起执行异议之诉依据的裁判将执行标的物确权给案外人，可以排除执行；作为案外人提起执行异议之诉依据的裁判未将执行标的物确权给案外人，而是基于不以转移所有权为目的的有效合同（如租赁、借用、保管合同），判令向案外人返还执行标的物的，其性质属于物权请求权，亦可以排除执行；基于以转移所有权为目的的有效合同（如买卖合同），判令向案外人交付标的物的，其性质属于债权请求权，不能排除执行。

从上述规定来看，隐名股东在诉争股权被查封、扣押、冻结前经由人民

---

①《最高人民法院关于人民法院办理执行异议和复议案件若干问题的规定》（2020年修正）第26条规定："金钱债权执行中，案外人依据执行标的被查封、扣押、冻结前作出的另案生效法律文书提出排除执行异议，人民法院应当按照下列情形，分别处理：（一）该法律文书系就案外人与被执行人之间的权属纠纷以及租赁、借用、保管等不以转移财产权属为目的的合同纠纷，判决、裁决执行标的归属于案外人或者向其返还执行标的且其权利能够排除执行的，应予支持；（二）该法律文书系就案外人与被执行人之间除前项所列合同之外的债权纠纷，判决、裁决执行标的归属于案外人或者向其交付、返还执行标的的，不予支持；（三）该法律文书系案外人受让执行标的的拍卖、变卖成交裁定或者以物抵债裁定且其权利能够排除执行的，应予支持。金钱债权执行中，案外人依据执行标的被查封、扣押、冻结后作出的另案生效法律文书提出排除执行异议的，人民法院不予支持。非金钱债权执行中，案外人依据另案生效法律文书提出排除执行异议，该法律文书对执行标的的权属作出不同认定的，人民法院应当告知案外人依法申请再审或者通过其他程序解决。申请执行人或者案外人不服人民法院依照本条第一、二款规定作出的裁定，可以依照民事诉讼法第二百二十七条规定提起执行异议之诉。"

法院作出确权裁判文书的，可以排除执行；作为案外人提起执行异议之诉依据的裁判未将执行标的物确权给案外人，而是基于不以转移所有权为目的的有效合同判令向案外人返还股权的，其性质属于物权请求权，也可以排除执行。从《最高人民法院关于人民法院办理执行异议和复议案件若干问题的规定》(2020 年修正）第 26 条第 2 款规定来看，金钱债权执行中，案外人依据执行标的被查封、扣押、冻结后作出的另案生效法律文书提出排除执行异议的，人民法院不予支持。因此，隐名股东在诉争股权被查封、扣押、冻结之后即便取得确权裁判文书，也不能排除执行。

2. 虚假诉讼的预防与审查

名义股东对外负债（与代持股权无直接关联）且资不抵债的情况下，债权人在债权到期后提起诉讼冻结股权时，名义股东的债权人与隐名股东之间往往对股权归属争议很大，隐名股东提起股东资格确认之诉的，可能衍生虚假诉讼，需要格外慎重。

（1）人民法院审理名义股东对外负债情形下引发的隐名股东资格确认之诉，需注重保护名义股东债权人的合法利益，对代持协议的签订背景、出资时间、出资金额、付款备注事项、参加股东会决策、获取分红时间和金额、其他股东过半数同意的时间等事实进行全面审查，可以认定实际出资事实并足以排除虚假诉讼可能的，对隐名股东的股东资格予以认定。

（2）人民法院在审理股东资格确认之诉时，如双方当事人对股权代持关系均无争议，名义股东全盘认可隐名股东主张的事实的，则应对案件形式证据和实质证据进行严格审核，避免存在虚假诉讼。审判实务中，北京一中院、上海二中院对于此情形的处理，倾向于以原告起诉缺乏必要性为由裁定驳回原告的起诉。如在法信平台检索到的北京一中院审理的李某诉张某股东资格确认纠纷案，在张某进行离婚诉讼期间，李某提出股东资格确认之诉，北京一中院认为当事人起诉请求确认其公司隐名股东身份及实际出资额应以其与名义股东对诉争股权产生争议为前提，公司及公司股东均不持异议的，不具备诉讼的必备条件，不属于法院受理民事诉讼的范围，裁定驳回起诉。

（3）对于查明债务人与主张实际出资的一方存在恶意串通、捏造股权代持事实，构成虚假诉讼的，要严格按照《民事诉讼法》的规定追究虚假诉讼行为人的法律责任；涉嫌刑事犯罪的，应依照《最高人民法院、最高人民检察院关于办理虚假诉讼刑事案件适用法律若干问题的解释》第 1 条的规定予以严惩。

（三）缺乏书面代持协议的隐名股东资格确认

书面代持协议是证实隐名股东与名义股东之间成立股权代持关系的重要

凭据。然而，在司法实务中，隐名股东与名义股东未签订书面代持协议的情形较为常见，许多隐名股东因缺乏法律意识或过于信任对方等多种原因，未与名义股东订立书面代持协议，此时隐名股东请求确认其股东资格则面临较大风险，也增加了司法审查的难度。

当事人之间缺乏书面代持协议并非意味着直接排除对代持关系的认定，而应当从隐名股东与名义股东之间是否形成股权代持的合意、是否存在股权代持的事实、股东的权利义务实际承载主体等多方面进行审查认定。具体审查事项包括以下几个方面：

1. 隐名股东主张用于出资的实物资产或者货币是否有清晰的流转路径，隐名股东对出资财产是否享有所有权，是否提供相关权利凭证；隐名股东主张委托他人代付款项的，是否能够证实委托代付款关系；隐名股东的出资是否备注记载股权投资性质。

2. 隐名股东是否提供亲自参与公司设立过程的证据，其与名义股东之间是否存在授权委托书等授权名义股东签字办理相关手续的证据等。

3. 隐名股东是否实际参与公司的经营管理，是否实际获取公司分红。

4. 隐名股东是否提供其与名义股东之间就股权代持发生的微信记录、谈话记录。

5. 隐名股东是否提供名义股东配偶、家属和其他利害关系人关于知悉股权代持事实的声明。

6. 隐名股东是否提供公司其他股东关于知悉股权代持事实的声明，该声明是否载明其他股东关于同意代持安排及根据实际股东的需求配合办理显名手续的承诺等。

对于隐名股东能够提供有效证据，并形成证据链，能够达到民事诉讼证据的“高度盖然性”认定标准，可以认定隐名股东的实际出资人身份的，应当对该事实予以确认并认定实际出资人的股东资格。反之，则不予认定。如深圳市中级人民法院（2021）粤 03 民终 367 号股东资格确认纠纷案，隐名股东与名义股东之间未订立书面股权代持协议，双方就股权权属发生争议，该案从投资款来源、出资过程、其他股东对隐名股东的知悉和认可度等方面对代持关系予以认定并对隐名股东资格作出确认。

（四）无效代持协议处理规则

依据《民法典》第 157 条有关民事法律行为无效的处理原则，代持协议无效的处理规则如下。

1. 诉争股权归属及投资款返还处理

由于争议股权已经登记在名义股东名下，属于法律规定的“不能返还或者没有必要返还的”情形，争议股权应归名义股东所有，名义股东应向隐名股东返还代持股权对应的投资款，名义股东围绕公司运营所实施的一系列行为在无相反证据证实存在无效情形的情况下，应认定为有效。

2. 代持股权的收益处理

代持股份的收益，包括股权增值部分及股权分红，是合同履行过程中新增的利益，不属于恢复原状之适用情形，应适用公平原则，根据双方对投资收益的贡献程度以及对投资风险的承担大小，按照“谁投资、谁收益”与“收益与风险相一致”的处理原则，在隐名股东和名义股东之间进行合理分配。至于分配比例，通常认为隐名股东为了取得股权收益，承担了投资成本和投资风险，若公司经营亏损，隐名股东可能最终实际遭受投资损失，故应由隐名股东获得大部分的股权投资收益。而名义股东在整个投资过程中起到了提供投资信息、交付分红、配合公司经营等作用，为股票增值作出了一定贡献，可以分得投资收益的小部分。在司法实践中普遍按照主次比例在隐名股东与名义股东之间分配股权增值收益，可以斟酌由隐名股东分得 70%，名义股东分得 30%。反之，对于亏损的处理，亦可遵照上述比例进行责任划分。如深圳市中级人民法院（2021）粤 03 民终 33355 号合同纠纷一案，在认定名义股东代持上市公司股份行为无效的基础上，认定名义股东除向隐名股东返还投资款外，还须支付代持股份增值收益的 70%。

3. 过错赔偿处理

隐名股东或名义股东在股权代持过程中，因过错造成对方损失的，应当予以赔偿，双方都有过错的，应当各自承担相应的责任。

三、关于股东资格继承问题

自然人股东死亡，其合法继承人可以继承股东资格。近年来，从公司法司法实务看，有关继承引发的股东资格确认纠纷呈现上升趋势。审判实践中，法律适用方面存在以下难点。

（一）继承人取得股东资格的时间节点问题

1. 观点分歧

股东死亡是法律事件，股权继承属事实行为，股权可以作为遗产由死亡股东的合法继承人继承。《公司法》第 75 条就有限责任公司股东资格继承作了原则性规定，但未明确继承人取得股东资格的时间。司法实践中，主要存在两种不同观点。第一种观点认为，被继承人死亡时继承人取得股东资格。按照我国《民法典》第 1121 条第 1 款规定，继承从被继承人死亡时开始；

《公司法》仅规定了公司章程可对股东资格继承作出限制性规定，并未规定因继承取得股东资格应以办理股东变更登记为前提，且股东登记的目的为公司股东信息的外部公示，不涉及因继承导致的公司内部股东身份变动，故继承人从被继承人死亡之日起取得股东资格。第二种观点认为，股东死亡后，其继承人并不当然享有公司股东资格，仍应按照《公司法》的规定履行特定程序，即记载于公司股东名册、公司章程后方可取得股东资格。

2. 倾向意见

针对继承人股东资格取得时间的认定，应区分以下情形作出处理：

（1）原则上按股东名册变更登记后的时点确认继承人的股东资格。《公司法》第 75 条仅对股东死亡后，其股东资格可继承性作了规定，并非规定被继承人死亡后其继承人即直接取得股东资格。认为被继承人死亡时继承人取得股东资格的观点，与《公司法》有关股东资格取得的法理不符。股权是股东对公司享有的权利，股东资格是股东在公司中的身份和地位。股东名册具有股权的设权性质，股东死亡后，其继承人并不直接享有公司的股东资格，不得径行行使股东权利。继承人应当向公司告知股东死亡的事实，并按照《公司法》和章程规定履行一定的程序后，在公司变更股东名册记载时，继承人才能取得公司股东资格，才能在公司内行使股东权利。

（2）法律、行政法规有特殊规定的，从其规定。法律、行政法规对公司股东资格的取得作了特别规定，继承人股东资格的取得应当从其规定。譬如，信托公司等股东变更须报请行政主管部门审批同意，则继承人取得股东资格的时间应从行政主管部门批准之日起计算。

另外，法律、行政法规对公务员等特殊主体的股东身份作了限制或禁止性规定的，该继承人不能取得股东资格。

（二）股东资格继承涉及股东人数问题

1. 继承人范围

继承人包括遗嘱、遗赠扶养协议和法定继承的继承人。股东资格的继承与其他合法财产的继承一样，遗赠扶养协议、遗嘱继承要优先于法定继承。而在法定继承中，依据《民法典》第 1127 条的规定，位于继承第一顺序的配偶、子女、父母以及第二顺序的兄弟姐妹、祖父母、外祖父母具有同等的继承权。婚生子女、非婚生子女、养子女和有扶养关系的继子女，生父母、养父母和有扶养关系的继父母，同父母的兄弟姐妹、同父异母或者同母异父的兄弟姐妹、养兄弟姐妹、有扶养关系的继兄弟姐妹均属法定继承人。所以，在发生股东资格继承时，能够行使继承权的人数可能有多人。在各继承人如何继承的问题上，应当按照继承法的一般原则进行，即各继承人均可以享有股东资格。在每个继承人的股权份额上，按照《民法典》第1130条的规定，以同一顺序继承人继承遗产份额均等为原则，兼顾对生活有特殊困难、缺乏劳动能力继承人的照顾、对被继承人尽了主要扶养义务或与被继承人共同生活的继承人可以适当多分等分配原则进行确定。但在诉讼程序上，因股权份额的确认与公司股东资格的确认分属两个不同的法律关系，所以各继承人间股权份额的确定一般应在股东资格确认的诉讼之外另行依照法律规定处理。

2. 股东人数超过法律规定上限的处理

原股东死亡，在发生股东资格继承时，按照继承法律规则可以同时行使继承权的人数通常较多，这些符合条件的继承人都可以继承股东资格。但如果各继承人均取得股东资格，现实中则可能导致有限责任公司的股东人数超出50人的限额。对此，我国《公司法》尚未作出具体规定。

司法实践中，有观点认为，《公司法》第24条为管理性规定，即便存在股东人数超过50人上限也不影响继承人实际取得股东资格。也有观点认为，在此情形下仍然应当遵守有限责任公司有关人数限制的规定，亦即不得因股东资格继承导致公司人数超过50人。在这种情形下，可参考两种处理办法：一是引导各继承人协商选定部分继承人继承股东资格；二是引导公司变更公司形式为股份有限公司，以解决人数超限的问题。如果各继承人协商不成且公司不愿变更组织形态，不得同时对各继承人的股东资格进行确认。

3. 股东人数低于法律规定下限的处理

有限责任公司，可分为一人有限责任公司和普通有限责任公司两类，这两种公司形态在股东人数、机构设置、股东责任承担和出资方式等方面均存在明显差别。股东资格继承导致普通有限责任公司股东人数仅为一人的情况，现实中比较少见，但对于一些家族企业，发生几个相互存在继承关系的股东同时死亡的特殊情况，则会出现这种极端现象。按照《最高人民法院关于公司法解释（四）理解与适用》的释义，司法实务中的主流观点认为，对于该继承人起诉请求确认其股东资格的，只要不违反法律、行政法规的禁止性规定，人民法院应当对其股东资格予以确认，但要向继承人和公司释明并引导其选择两种解决路径，以符合《公司法》的具体规定，且该释明应在裁判文书中有所体现。一是及时变更公司形态，由有限责任公司变更为一人有限责任公司，以符合法律对股东人数的要求；二是继承人及时将其全部或者部分股权转让他人，以使公司股东人数达到2人以上且不超出50人。[①]

---

① 最高人民法院民事审判第二庭编著：《最高人民法院关于公司法解释（四）理解与适用》，人民法院出版社2017年版。

四、关于夫妻股权所涉股东资格确认问题

夫妻股权的归属问题及单方处分股权行为所引发的股东资格确认问题，涉及家庭财产关系、市场交易秩序和公司治理结构等三个维度。在司法实务中，认定和处理上述问题应当注重做好民法典和公司法之间的交叉运用和规则衔接，准确适用法律，以维护婚姻家庭关系的平等和谐，促进公司组织关系的效率与安全。

（一）夫妻股权权属认定

夫妻股权，是指在婚姻关系存续期间，以夫妻共同财产出资，登记在夫妻一方或双方名下的股权。① 夫妻股权的归属，同时受婚姻家庭法律制度和公司法的调整，存在着公司组织法架构下股权行使、股东资格确认规则与婚姻家庭法律体系下夫妻共同财产制度的冲突。根据婚姻家庭法的逻辑，股权由双方共同财产出资转化而来，应属于夫妻共同财产；而依照公司组织法的逻辑，股东资格不仅具有财产性，也兼具身份性特征，应当专属于登记股东所有。因此，夫妻股权的归属问题，引发了学术界和实务界长久以来的激烈讨论。

1. 主要争议观点

对于夫妻股权的归属，目前主要存在两种观点，且两种观点存在鲜明对立的争议。第一种观点持否定意见，认为股权除具有财产权益内容外，还具有与股东个人的身份权、人格权等内容相关的身份权益，属于商法规范内的私权范畴，不宜认定为夫妻共同财产。第二种观点持肯定意见，认为夫妻股权属于夫妻双方共同共有，无论股权登记在哪一方名下，股权所包含的财产权益和身份权益均属夫妻共有。

最高人民法院对《最高人民法院关于适用〈中华人民共和国民法典〉婚姻家庭编的解释（一）》第 73 条所作释义，未就夫妻股权的权属作出明确认定。② 鉴于股权与一般意义上的财产相比，具有特殊性，故在对夫妻股权的归属和分割处理上，应以区分股权中的人身权益和财产权益，采取内外有别的方法处理为宜。

2. 夫妻股权中财产性权益认定规则

以夫妻共同财产出资形成的夫妻股权，在夫妻内部适用婚姻家庭法的财

---

① 赵玉：《夫妻股权归属及其单方处分效力的认定》，载《环球法律评论》2022 年第 3 期。

② 参见最高人民法院民事审判第一庭编著：《最高人民法院民法典婚姻家庭编司法解释（一）理解与适用》，人民法院出版社 2021 年版，第 627~632 页。

产规则，维护夫妻共同财产。围绕夫妻股权产生的财产性权益有两个层面：一是股权出资款归属的认定。认定夫妻股权，应以夫妻共同财产出资为前提；如果仅是以夫妻一方的个人财产出资的，则不构成夫妻股权。二是股权收益归属的认定。依据《最高人民法院关于适用〈中华人民共和国民法典〉婚姻家庭编的解释（一）》第25条的规定，婚姻关系存续期间，无论是夫妻一方以个人财产投资取得的股权收益还是夫妻股权所产生的财产性收益，均应认定为夫妻共同财产，由夫妻双方共同共有。

夫妻股权财产性权益的认定，需注意审查以下两个方面：

（1）夫妻股权的认定应以夫妻共同财产出资为前提。人民法院在审理夫妻股权权属争议时，需要对股权的资金来源进行实质性审查，追溯出资时间和出资来源，夫妻一方以婚前个人财产出资的，归属个人股权，但夫妻关系存续期间取得的股权财产性收益应属夫妻共同财产；以婚后夫妻共同财产出资的，归属夫妻共同共有。婚姻登记时间则是股权收益归属的判断要素和时间节点。

（2）股东工商登记不应作为判断夫妻股权财产性权益归属的实质要件。以夫妻共同财产出资成立的股权，无论登记在哪一方名下，该股权所包含的股权分红权、公司剩余财产分配权等财产权益，均应由夫妻共同享有和行使。

3. 夫妻股权中身份权益认定规则

在公司组织法层面，夫妻股权进入商业经营领域，应该衔接公司法规则。股东的身份权益，在公司内部要符合公司人合性的要求，而在公司的外部交易秩序中则形成了作为信赖基础的权利形式外观。因此，出于对交易秩序和商事效率的维护，对夫妻股权身份权益的认定应受公司法规范的调整。

在夫妻离婚诉讼中，有关夫妻股权身份权益归属的认定和分割应当全面考虑公司章程及工商登记等因素，且应遵循以下审查逻辑：

（1）对于夫妻双方就夫妻股权的分割达成一致，原未登记为有限责任公司股东的一方取得另一方全部或部分公司股权的，应符合《公司法》规定的股东向公司以外第三人转让出资的规则，即应尊重其他股东的意愿，征得其他股东过半数同意且放弃优先购买权，夫妻一方才能取得股东资格。如果夫妻双方都是同一有限责任公司股东，根据《公司法》第71条的规定，股东之间可以相互转让其全部或者部分股权，此时夫妻之间分割股权则无须经得其他股东同意。

（2）如法律、行政法规对公司股东资格作了限制性或禁止性规定的，此时股权人身属性特征更加突出，公司人合性更加凸显，夫妻股权的分割更应遵守该限制性和禁止性规定，不符合股东资格的一方不得取得该股权，继而享有股东资格。此时，在夫妻双方之间应通过折价补偿的方式对该股权进行分割处理。同理，夫妻股权的分割也要符合公司法对公司人数限制的规定，不能与公司法的规则相违背。

（二）夫妻一方对外转让夫妻股权的认定

如果股权同时登记在夫妻双方名下，其中一方对外转让股权，应当经得对方同意，并由双方共同在股权转让协议上签字，并共同取得股东会决议，才符合《公司法》和《民法典》有关夫妻股权转让的规定，实践中对此争议不大，在此不作赘述。主要争议之处在于夫妻股权仅登记在一方名下，一方对外签订股权转让协议转让夫妻股权的，该转让行为效力如何认定，受让人能否取得公司股东资格。对此，区分以下两种情形进行分析。

1. 股权登记一方对外转让股权情形下受让人股东资格认定

对于股权登记一方单方对外签订股权转让协议，受让人股东资格的认定，实践中存在两种观点：

第一种观点认为，登记一方转让行为构成无权处分，受让人能否取得股东资格须考察受让人是否构成善意取得。此观点认为，依据夫妻共同财产制的处理规则，夫妻一方在夫妻关系存续期间处分股权，是对夫妻财产作出的重大处置，除符合家事代理权范围情形外，须经夫妻双方共同决定，否则超出家庭日常生活需要的，转让人构成无权处分，此时需考察受让人是否出于善意而受让取得股权。如果受让人出于善意并已查证工商登记信息以确认转让人的主体身份符合权利外观，且交易价格合理，又办理了股权变更登记，即应认定其履行了审慎审查义务，符合交易规则。在受让人构成善意取得夫妻股权的情形下，应当对转让行为的效力予以认定，并确认受让人的股东资格。①

第二种观点认为，基于商事外观主义原则，股权转让无需配偶同意，未征得配偶同意不影响股权转让。首先，婚姻状态属于隐私范围，法律不能苛责受让人查证股东的婚姻状况，受让人实际也无从确定股权是否属于夫妻共同共有，更无法追溯出资款的来源等私密信息，否则将徒增交易成本。其次，股权有别于一般夫妻共有财产，是一项特殊的权能，股权的财产属性属于夫妻共同财产，但其人身属性应由股东本人行使，不受他人干涉。再次，股权转让是商事交易行为，商事交易追求交易安全和交易效率。股权登记一方对外转让股权时，受让人可以信赖工商登记的股东为真正股东而与其交易，无需查证该股权是否为夫妻共同投资以及是否征得转让人配偶同意，否则有悖于商事外观主义原则，对交易安全和交易效率不利。因此，在对夫妻财产权

① 茆荣华主编：《上海法院类案办案要件指南（第 1 册）》，人民法院出版社 2020 年版，第 136 页。

益和商事交易规则的价值衡量中，商事交易规则应占据更加重要的地位。股权登记一方对外转让股权时无需征得配偶同意。但是，受让人与转让人存在恶意串通以帮助转移夫妻共同财产等法律规定无效情形的，应当认定该转让行为无效，受让人不得取得股权并享有股东资格。[①]

司法实践中，多倾向于采纳第二种观点。依据《公司法》第71条的规定，股权具有特殊性，股东是股权转让的主体，股权对应的各项权利，尤其是涉及人身属性的权利应由股东本人行使，而非其配偶或其他家庭成员代为行使，股权转让无需配偶同意。只要股权转让行为符合《公司法》和公司章程规定的股东对外转让股权的程序性条件，协议为合同双方真实意思表示，且不违反法律的强制性规定，该股权转让行为即应认定为有效，受让人可依法取得公司股权，成为公司股东。

2. 非登记股权一方对外转让股权情形下受让人股东资格的认定

因股权登记在配偶名下，非登记一方若未获得登记股东的授权，不具有对外处分的权限，对外处分应认定为无权处分。原因在于：（1）股权完成登记后，在公司内部形成人合性信赖，对公司外部产生公示效力，登记股东成为股权行使者，未经授权其他人不得直接处分股权；（2）夫妻股权中非登记一方的财产权益属于家庭内部财产规则，不能超越婚姻家庭法规范，突破公司独立人格，以夫妻共有财产权人的身份行使股权；（3）夫妻股权中非登记一方需要获得登记股东授权，才形成有效处分，否则构成无权处分。在未取得股权登记一方认可的情形下，受让人将面临无法取得股权及股东资格的重大风险。

五、关于让与担保所涉股东资格确认的问题

（一）让与担保与股东资格关系的法律实践

让与担保，是债务人或第三人为担保债务的履行，将标的物转移给债权人，于债务清偿后，债权人返还标的物，当债务人不履行到期债务时，债权人可就标的物受偿的一种非典型担保制度。商事交易的发展，逐渐催生了股权的让与担保，公司实务领域对此也日渐采取开放和包容的态度。对于让与担保所引发的股东资格确认纠纷，在各国公司法律实践中，主要有两种不同的做法。

第一种是认可债权人享有股东资格。即认为担保权人出于保存担保物价

① 江必新、何东宁主编：《最高人民法院指导性案例裁判规则理解与适用·公司卷》，中国法制出版社2015年版，第124页。

值的正当性，可享有公司股东资格以行使股权。德国、英国、美国等国家的股权让与担保制度就体现了这种观点，如英国衡平法认为，担保权人作为股权的注册持有人，一般情况下有权作为注册股东行使股东表决权。[①]

第二种是不承认担保权人的股东资格或股东权利。具体可细分为“非股东说”和“名实分离说”两种观点。“非股东说”认为担保权人不是公司股东，不得行使股东权利；“名实分离说”则主张担保权人仅为名义股东，并非公司实际股东，其权利的行使实质上应受实际股东权利的合理限制。[②]《民商审判会议纪要》第71条、第89条即采纳了此观点。其中第71条明确认可了让与担保约定的效力，第89条确立了明股实债交易中股权让与担保的认定规则，对于已经完成权利变动的公示方式转让至债权人名下的财产，债务人到期没有清偿债务，债权人请求确认财产归其所有的，人民法院不予支持。

（二）让与担保中股东资格审查

目前，涉及让与担保的股东资格确认之诉，绝大多数的担保人是基于借款债务而提供股权让与担保。由于股权让与担保行为与借款、股权转让行为密切相关，让与担保本身往往具有隐秘性，需要分析股权变更登记的实质以探求双方法律行为的真意，因此实践中主要的审理难点在于如何区分是否成立让与担保，抑或为转让关系。此时，应着重从以下几个方面进行审查。

1. 担保人与担保权人是否已达成让与担保的合意

（1）是否存在股权让与担保的书面协议。对于合同中明确约定担保人将其名下公司股权变更登记至担保权人名下，债务人不履行到期债务，担保权人有权对股权折价或者以拍卖、变卖所得价款优先受偿，或者约定债务人清偿债务后，担保权人须返还股权的，则应认定双方之间属于让与担保关系。

（2）是否存在股权让与担保的事实。现实中，也存在未签订书面的让与担保协议，但在合同履行过程中担保人迳行将股权变更登记至担保权人名下的情形。此时则应根据双方协商过程、合同履行情况、股东权利的实际行使等具体事实进行综合审查，以查明双方是否存在让与担保的意思表示。①担保权人是否就股权转让支付对价。如支付对价，应查明对价的性质，为借款等债权，或为股权转让款。对于同时签订有股权转让协议的，要侧重查明股权转让对价的金额，以及股权转让款与借款资金的区别。如果股权让与无对价，或该对价与借款金额虽一致但为同一笔款项，且债务人定期还款付息的，

① 徐佳咏：《股权让与担保法律研究》，人民法院出版社2020年版，第129页。

② 郭帅：《股权让与担保下的股东资格认定》，载《人民司法》2021年第8期。

此时的股权转让应认定为让与担保。[①] ②担保权人是否享有、行使股东权利或公司经营管理权。须注意从股权变更登记后实际行使股东权利、承担股东义务的主体方面进行全面考量，如果原股东依旧参与公司的经营决策、领取公司红利，则可印证股权让与担保的存在。但有一种特殊情形，就是债务人与担保权人就合同履行产生矛盾，担保权人也可能实际参与了公司的经营管理、行使了股东权利。对于这种情况，在担保人与担保权人达成真正的股权转让协议合意前，不宜对担保权人的实际股东身份进行认定。

（3）担保人是否享有股权赎回权。在一般的股权转让合同关系中，股权转让是终局的，至少在股权转让发生时股权转让方式以最终持有相应的股权为目的。而在股权让与担保中，担保权人受让股权的目的在于收回相应数额的债权。如果双方协议中约定债务履行期届满的股权赎回权，则通常符合担保制度中有关"还款赎保"的特征。此种情况下，也要注意与股权对赌协议中股权受让方的赎回权的区别。两者在形式上存在相似性，但在股权购买的启动主体上存在明显差别，股权让与担保赎回权的启动主体是股权转让人即担保人，而股权对赌协议中回购权的启动主体为股权受让人，其可以选择要求转让人回购，也可以放弃回购要求。

2. 主债权是否实际发生

担保人与担保权人虽达成了股权让与担保的合意，担保人将其名下股权转让给担保权人，但如果担保权人与债务人之间约定的主债权未成立，如担保权人未按约提供借款等，担保人则有权提起股东确认之诉，请求确认其股东资格。

对于主债权是否实际发生，实践中有两种特殊情形要予以审慎审查。一是原股东作为债务人、担保人，与债权人订立借款合同、股权让与担保合同，

---

① 检索案例：胡某齐与北京博源工贸有限责任公司、西藏信托有限公司股东资格确认纠纷案［北京市第一中级人民法院（2019）京01民终2736号］。胡某齐系中嘉公司的法定代表人，同时系博源公司的股东。中嘉公司与西藏信托公司签订借款合同，向西藏信托公司借款1.8亿元。后中嘉公司未按约还款，胡某齐遂与西藏信托公司签订股权转让协议，但未约定转让价款，胡某齐将其名下博源公司80%的股权变更登记至西藏信托公司名下。后双方发生争议，胡某齐诉至法院，请求确认西藏信托公司不是博源公司股东，胡某齐具有博源公司股东资格。北京一中院认为，胡某齐与西藏信托公司签订的股权转让协议符合让与担保的认定特征，西藏信托公司虽经工商登记公示为博源公司股东，但应为名义股东性质，胡某齐为实际股东；但名义股东与实际股东并存的情形并不违反公共利益及法律、行政法规的强制性规定，也符合常见的商业惯例，故应尊重当事人的商业判断和权利处分，故作出判决：确认胡某齐系持有博源公司80%股权的实际股东；驳回胡某齐其他诉讼请求。

但未明确约定借款支付方式，担保权人又收购了公司债权的，此时收购公司的债权应区别于向原股东出借的资金，两者不能混为一谈。二是债权人与公司、原股东分别签订借款合同、股权让与担保合同，如债权人与公司之间达成和解协议，债权人依据该和解协议向原股东主张承担担保责任的，人民法院仍应主动审查主债权是否实际发生，以避免债权人与公司合谋损害股东利益。

3. 担保权人是否实质处分股权

在股东资格"名实分离"的情况下，担保人可能面临股权被担保权人实际处分的风险，主要有股权出让和股权质押两种情况。一是担保权人对外转让股权。担保权人与第三人签订股权转让协议，如果第三人签订协议系基于对股东名册、工商登记公示文件等权利外观的信赖，符合善意第三人的认定标准，并通过公司股东会决议、办理了相应的工商变更登记，则第三人取得股东资格，担保人起诉请求确认其股东资格的，人民法院不予支持。二是担保权人对外质押股权。此情形不影响担保人提起股东资格确认之诉，人民法院对其实际股东身份应予确认。但主债权未成立或已清偿，对于担保人同时主张变更股东登记的，目前尚无直接对应的法律规定，可以考虑参照《民法典》第443条有关股权出质后转让的规定进行处理，即质权人出于善意取得质权，且经质权人同意的，人民法院对担保人提出的变更登记请求可予支持。

六、关于公司能否提起股东资格确认之诉的问题

（一）主要争议观点

《公司法司法解释（三）》第21条规定，当事人向人民法院起诉请求确认其股东资格的，应当以公司为被告，与案件争议股权有利害关系的人作为第三人参加诉讼。在对前述条款的适用中，各地法院的理解不一致，有关公司是否只能作为股东资格确认之诉的被告，能否作为原告提起股东资格确认之诉，司法实践的处理意见不尽相同，主要存在两种意见。

1. 公司无权提起股东资格确认之诉

第一种意见持否定观点，认为公司不能作为原告提起股东资格确认之诉。主要理由如下：（1）在确认之诉中，判断当事人主体是否适格，应在原告对法律关系具有即时确定的法律上的利益时，才被允许提起确认之诉。股东资格的确认，实质上是对股权归属问题的认定和处理，因此提起诉讼的主体应系对股权归属具有法律上利害关系的主体，否则不应成为股东资格确认之诉的适格原告。公司作为营利法人，股东出资投入公司的财产即转化为公司财

产，股东对该出资享有利益，但公司对股东出资对应的股权归属并不具有法律上的利益，因此公司作为原告提起股东资格确认之诉，并不具有诉的利益。（2）依照《公司法司法解释（三）》第21条的条文本意，股东资格确认纠纷中，一方当事人应是认为自己具有公司股东资格的自然人、法人和其他组织，对方当事人应系公司。如果公司作为原告并以他人为被告提起诉讼，请求人民法院确认他人为公司股东，其原被告的诉讼地位和诉讼请求与上述司法解释制定原意不符。因此，公司提起的股东资格确认纠纷，不符合法律规定的条件，人民法院应当裁定驳回公司的起诉。

2. 公司可以作为原告提起股东资格确认之诉

第二种意见持肯定观点，认为公司可以提起股东资格确认之诉。该观点的主要法理依据在于：（1）《民事案件案由规定》未明确禁止公司作为股东资格确认之诉的原告主体资格。根据《最高人民法院新民事案件案由规定理解与适用》对股东资格确认纠纷所作的释义，股东资格确认纠纷是股东与股东之间或者股东与公司之间就股东资格是否存在，或者具体的股权持有数额等发生争议而引起的纠纷。[①] 因此，在案由相关规定中并未明确禁止公司的原告主体资格。《公司法司法解释（三）》第21条仅规定当事人向人民法院起诉请求确认其股东资格的，应当以公司为被告，但是并未禁止公司作为原告起诉的情形。遵循"法无禁止即自由"的法理古谚，人民法院无权在法律未作排除性规定的情况下剥夺公司作为原告起诉的基本诉讼权利。（2）依照民事诉讼基本原理，诉讼中原告的民事权利和法律关系应处在客观上的不明确状态，亦即其法律地位具有现实的不安性，其合法权益需要法院作出具有既判力的判决予以维护和保障。而对于公司股权存在争议时，股权关系处于不确定状态，具有影响公司的正常经营活动、侵害公司利益的现实可能，于公司而言存在现实的不安性，因此公司具备诉的利益。

（二）公司可提起股东资格确认之诉

综合考量，支持公司提起股东资格确认之诉的意见更具有合理性，也更有利于保障公司的合法权益。具体分析如下。

1. 对公司作为原告是否具有诉的利益的判断

诉的利益，又称权利保护必要，是建立在程序法和实体法中间的一道关口，是诉的要件之一。具体指在当事人的民事权利受到侵害或者与他人发生民事纠纷时，需要运用民事诉讼通过法院具有既判力的判决予以救济的必要性与实效性。法官在判断确认之诉的当事人是否具有诉的利益时，应审查其

① 杨万明主编、最高人民法院研究室编著：《最高人民法院新民事案件案由规定理解与适用》，人民法院出版社2021年版，第734页。

是否符合确认之诉的诉的利益之要素要求，即从起诉一方对请求确认的事项是否享有受法律保护的利益，且该利益是否处于不安或危险状态而确有起诉请求司法保护的必要等方面进行考量，如果请求确认保护的利益存在现实争议性及司法保护的必要性，那么当事人的起诉就具备诉的利益，人民法院应当予以审理。

在股东资格确认之诉中，公司能否作为适格原告提起诉讼，同样与其是否具有诉的利益存在直接关系。公司因与股东之间存在利益之争，在双方对股东资格存在争议僵持不下的情况下，为解决现实的利益争议，允许公司提起股东资格确认之诉并由法院作出具有既判力的判决，能够消除当事人之间法律关系的不确定状态。另外，股东资格确认之诉系给付之诉的前提，也是公司请求股东承担出资责任、损害公司利益赔偿责任等的基础，在公司因股东资格争议致使其合法权益存在不安性而无法寻求其他救济时，为充分保障其合法利益，也应允许公司作为原告提起股东资格确认之诉。因此，公司具有诉的利益。

2. 对《公司法司法解释（三）》第 21 条的理解

民事诉讼法上的诉权，是民事主体在其权利受到侵犯或者与他人就权利义务关系发生争执时所享有的请求人民法院维护其合法权益的权利。诉权包括程序意义上的起诉权和实体意义上的胜诉权两类权能，是法律赋予当事人诉讼的基本权利，人民法院应当予以尊重和维护，民事诉讼法未对民事主体的诉权作出排除性规定的，不得随意剥夺其提起民事诉讼的权利。

根据《最高人民法院新民事案件案由规定理解与适用》对股东资格确认纠纷所作释义，股东资格确认之诉是发生在股东与股东之间或者股东与公司之间的争议，既然公司是股东资格确认纠纷的一方当事人，那么公司就有可能成为原告一方，也可能成为被告一方，该条释义并未明确排除公司的原告主体资格。《公司法司法解释（三）》第 21 条对股东提起股东资格确认之诉的情形作了规定，股东起诉的股东资格确认之诉，公司是当然的被告，但该条司法解释的规定亦未明确禁止公司作为原告起诉。在法律没有作出具体规定的情况下，不宜直接排除公司提起股东资格确认之诉的基本诉权，并否定公司的原告主体资格。只要公司提起股东资格确认之诉，有明确的被告，有具体的诉讼请求、事实和理由，不违反《民事诉讼法》第 122 条规定的起诉条件，人民法院就应当予以受理。①

七、关于外商投资股东资格确认问题

（一）外商投资企业实际投资人股东资格认定

对境外投资的审查和管理，关系到资本输入国的经济安全和经济发展，各国在对外资的引入上都建立了相应的审查、甄别制度。我国对外商投资实行准入前国民待遇加负面清单管理制度。司法实践中，某些外商投资企业的实际投资人因自身原因隐名持股，后因股权发生争议，实际投资人起诉请求确认其股东资格。对于此类纠纷的审理，学界主要存在两种观点：第一种观点认为，应以外商投资企业审批同意为准。内资企业与外资企业的设立不同，我国对外商投资采取了负面清单管理制度，对特定领域的外商投资实施准入特别管理措施，未经外商投资企业审批机关的同意，隐名股东不能直接取得股东资格。第二种观点认为，应按“谁投资，谁收益”的处理原则，对实际投资人的身份作出实质性审查，再建议外商投资企业审批机关作出相应的审批变更手续。

《最高人民法院关于审理外商投资企业纠纷案件若干问题的规定（一）》第 14 条对外商投资企业的实际投资人股东资格认定，采取了第一种意见，并适用折中认定的办法，有条件地支持隐名股东提出的确认股东资格的请求，为隐名股东提供了司法救济。在审理涉及外商投资企业的隐名股东确认股东资格案件时，要严格遵守前述司法解释的规定，从三个方面进行审慎审查。

1. 隐名股东是否已经实际投资

是否实际投资，是认定实际投资人隐名股东身份的重要因素。要查证实

---

① 案例检索：祥生公司诉江某股东资格确认纠纷案［江苏省无锡市中级人民法院（2019）苏 02 民终 1581 号］。该案中，江某曾是祥生公司股东，离职时与公司其他股东签署了协议，约定其所持股权归其他股东所有并收取了相应款项。主管部门核准了股权变更登记。后江某向祥生公司发函，称其作为公司的创始人及股东之一，有关事务应与其接洽联系。双方无法协商，祥生公司遂起诉要求确认江某不具有其公司的股东资格。无锡市中级人民法院审理认为，祥生公司系与案件有直接利害关系的公司，案件被告、诉讼请求、事实与理由明确，且属于人民法院管辖范围，故祥生公司起诉符合民事诉讼法受理案件的规定。虽然《公司法司法解释（三）》规定当事人向人民法院起诉请求确认其股东资格的，应当以公司为被告，但此规定系当事人起诉请求确认股东资格应以公司为被告，并非规定禁止公司作为原告起诉确认当事人不具有公司股东资格。故祥生公司作为原告，主体资格适格，判决确认江某不具有祥生公司股东资格。

际投资人的出资事实，应着重审查隐名股东与名义股东之间是否存在隐名投资协议，并结合财务账册、往来传真函件、证人证言、商业习惯等多方面进行梳理分析，对隐名股东实际投入资金时间、出资金额、出资方式等事实作出认定；同时从隐名股东有无实际参与公司管理经营、收取股权分红、行使股东权利等方面进行查证，以认定隐名股东身份。

2. 名义股东以外的其他股东是否认可隐名股东的股东身份

基于外商投资企业的人合性、资合性属性，在查明隐名股东投资事实的前提下，仍需对其他股东是否认可隐名股东的股东身份作出审查。要结合隐名股东提供的其他股东声明文件、证人证言等进行综合判断，如果隐名股东能够举证证明其已经以自己名义实际行使股东权利，其他股东未提异议的，亦应认定为其他股东认可隐名股东的股东身份。

3. 在诉讼期间就隐名股东变更为股东是否征得了外商投资企业审批机关同意

国家对外商投资企业的准入实行负面清单管理，对特定领域实行特别管理措施。因此，人民法院在审理此类隐名股东资格确认纠纷时，应注重司法权与行政管理体制的对接，变更负面清单中外商投资企业股东，应经行政主管部门的审批程序并作出同意批复，而不能直接予以确权。

（二）境外隐名股东变更为境内公司股东的资格确认

《外商投资法》第 4 条规定，国家对外商投资实行准入前国民待遇加负面清单管理制度；准入前国民待遇是在投资准入阶段给予外国投资者及其投资不低于本国投资者及其投资的待遇；负面清单是国家规定在特定领域对外商投资实施的准入特别管理措施；国家对负面清单之外的外商投资，给予国民待遇。因此，境外自然人或境外公司，经认定确实属于境内公司的隐名股东的，仍应就其投资的行业是否涉及国家规定实施准入特别管理负面清单的范围，对于不属于负面清单范围的，可确认其股东资格；如属于负面清单范围的，则其股东资格需要经过行政主管部门的审批同意。如最高人民法院在审理（2017）最高法民申 37 号案件中认为，实际投资人张某兰虽为德国国籍，但境内公司淮信公司所在行业未列入《外商投资产业指导目录（2015 年修订）》限制类或禁止类产业，故不涉及国家规定实施准入特别管理（负面清单）的外商投资企业的设立和变更，不再需要审批，遂认定张某兰的股东资格。[①]

另外，在股权代持协议因违反法律、行政法规强制性规定被认定无效的情况下，依据“谁投资，谁受益”的法律精神，名义股东除向实际投资人返还投资款以外，仍应向实际投资人适当补偿有关股权的投资收益。在最高人民法院审理的（2002）民四终字第30号股权纠纷一案中，最高人民法院在认定委托投资协议无效情形下确认的名义股东应给予隐名股东的补偿比例为股权市值及分红款总和的40%。[②]

---

① 案例检索：再审申请人殷某与被申请人张某兰、淮阴市淮信房地产开发有限公司股东资格确认纠纷案［最高人民法院（2017）最高法民申37号］。1997年，淮信公司与张某兰签订《协议书》，约定张某兰投入资金400万元，以增资方式获得股权。1998年，淮信公司股东淮阴市信托投资公司、淮安市金信实业公司与张某兰签订《补充合同书》，约定张某兰以殷某的名义进行投资，张某兰不仅享有管理权、监督权，而且最终支配投资及受益分配。张某兰多次以淮信公司股东的身份参加股东会议，实际行使股东权利。张某兰虽为德国国籍，但根据《外商投资产业指导目录（2015年修订）》内容，淮信公司所在行业并未列入上述目录限制类或禁止类产业，故不涉及国家规定实施准入特别管理（负面清单）的外商投资企业的设立和变更，不再需要审批。最高人民法院认为原审判决依据当事人之间的约定以及出资事实确认张某兰为淮信公司的股东，适用法律并无不当，故驳回殷某的再审申请。

② 案例检索：华懋金融服务有限公司与中国中小企业投资有限公司、中国民生银行股份有限公司股权纠纷案［最高人民法院（2002）民四终字第30号］。华懋公司与中小企业公司陆续签订《借款合同》《补充借款协定》《委托书》《补充委托书》，华懋公司委托中小企业公司对民生银行进行股权投资。华懋公司先后将1094万美元（含9万美元筹备费用）汇入中小企业公司账户，中小企业公司分三次入资民生银行1094万美元并成为民生银行第二大股东，约占总股本6.53%。其后双方发生争议，中小企业公司起诉请求确认其与华懋公司为借款合同关系，华懋公司反诉请求认定其委托投资关系。最高人民法院认为，华懋公司与中小企业公司之前为以借款为表现形式的委托投资关系，华懋公司作为外资企业，故意规避法律以借款名义将其资金委托中小企业公司投资入股民生银行，双方的行为违反了金融法规的强制性规定，应当认定无效，并依据合同无效的处理原则，认定中小企业公司向华懋公司返还投资款并向华懋公司支付股份市值及分红总和40%的补偿金。最高人民法院作出判决：确认《借款合同》《补充借款协定》《委托书》《补充委托书》无效，中小企业公司向华懋公司返还本金1094万美元，中小企业向华懋公司支付诉争股份市值及全部分红之和的40%，驳回华懋公司要求中小企业公司返还股份的请求。

八、关于股东出资认定问题

（一）以违法所得出资不影响股东资格认定

《公司法》第27条就出资方式作了规定，但未对货币出资来源的合法性提出要求。实践中，对于以违法所得出资是否构成瑕疵出资，存在几种不同的观点。第一种观点认为，非法所得可以作为对公司的出资。投资人将财产投入公司即演化为公司资产，以非法获取的财产出资亦应作为对公司的出资。第二种观点认为，非法所得不得作为对公司的出资。非法获得的财产存在违法性，不具有可保护的利益，权利人行使追偿权时，公司应当予以返还，该财产不得作为对公司的出资。

第一种观点更具有合理性。出资人履行出资义务，是取得股东资格的前提。而出资人出资的方式可以是货币，也可以是实物、知识产权等可用货币估值并可合法流通转让的非货币财产，现实中以货币出资居多。从货币的属性看，货币是具有高度替代性的种类物，其所有权的权属确定及变动规则具有鲜明的特性，一般认为其所有权与占有权合一，货币的占有人即推定为货币的所有人。货币经出资投入公司后，出资即转化为公司的独立财产，公司作为善意相对人对该笔出资便享有了所有权，并有权对其行使相应的处分权。因此，不论出资人的出资来源如何，即便该出资系通过贪污、侵占等违法犯罪手段所获取的非法所得，也不宜认定构成民法上的无权处分。故该出资行为应当认定为有效，出资人应就该笔出资取得相对应的股权，并享有股东资格。[①] 另外，对于出资人以实物等非货币财产形式出资的，基于公司资本充实原则和民法的善意取得制度，出资人的出资亦同样转化为公司财产，不管该出资的来源是否合法，同样不宜影响出资行为的有效性，对出资人据此取得的股东资格亦不构成影响。

但是，股东出资如被查实认定为违法所得，依据《最高人民法院关于刑事裁判涉财产部分执行的若干规定》第10条及《公司法司法解释（三）》第7条的规定，违法犯罪所得用于投资公司的，人民法院对犯罪行为进行追究和处罚时，对该出资所形成的财产及其收益应当予以收缴，并应通过拍卖或者变卖的法定方式对股权进行处置，在股权被处置完毕后原股东丧失股东资格。

（二）瑕疵出资不影响股东资格认定

瑕疵出资股东，俗称空股股东，是指认购股权后未在应当缴付股款时缴

---

① 最高人民法院民事审判第二庭编著：《最高人民法院关于公司法解释（三）、清算纪要理解与适用》，人民法院出版社2014年版，第117页。

付出资的股东。根据《公司法》第28条的规定，瑕疵出资的股东除了足额缴纳出资外，还应对其他已按期足额缴纳出资的股东承担违约责任。

虽然大陆法系和英美法系的国家和地区在注册资本的缴纳方面存在着法定资本制与授权资本制的差异，但对于瑕疵股东资格的认定，两大法系国家做法基本一致，是否完全履行出资义务不是判定股东资格的必要条件，在无相反证据推翻情况下，依据公司股东名册记载等形式要件可以认定瑕疵出资股东资格。① 在我国司法实践中，参照《最高人民法院关于胡克诉王卫平、李立、李欣股东权纠纷一案的答复》(〔2003〕民二他字第4号）的规定，瑕疵出资股东被记载于股东名册、公司章程或经工商登记，应当认定其具有股东资格，享有股东权利。但瑕疵出资股东的权利行使应受到一定的限制，如仅在其实际出资的金额范围内行使有限的优先权和利益分红权等。② 主要理由如下：

1. 股东资格的认定，本质上属于对股权归属的认定，应当着重考虑公司对股东的承认和认可。瑕疵出资的股东被记载于股东名册或公司章程，即意味着公司对其股东身份的承认和认可，其他股东成员的异议不能与公司意志相抗衡，公司非经《公司法》和公司章程规定的除名程序不得否定瑕疵出资股东的资格。

2. 股东瑕疵出资或者受让股权未支付对价，不必然导致股东资格的丧失。其他股东或者转让股权的原股东，可以作为权利人向其主张违约责任，公司也可通过行政责任、刑事责任等方式对其予以追责惩戒。

（三）干股股东的资格认定

1. 干股股东概念

干股是一种通俗的说法。《公司法》不存在干股股东的概念，《最高人民法院、最高人民检察院关于办理受贿刑事案件适用法律若干问题的意见》首次规定了干股的概念和处理方式。依据该规定，干股是指未出资而获得的股份，干股可分为以下几种情形：（1）无偿赠送所得的股权；（2）以信用、商誉、姓名、劳务等不符合《公司法》规定出资形式的要素出资所获得的股权。

干股股东，是指未实际出资，但具备股东的形式特征并实际享有股东权利的股东。现实中，公司出于自身发展的需要，期望吸纳和激励有管理经验、能带来经营项目、对公司有特殊贡献的高级人才或掌握特殊技能的特殊人才加入公司，会选择向其配发干股。干股股东之所以能够成为公司股东，通常

---

① 最高人民法院民事审判第二庭编著：《最高人民法院关于公司法解释（三）、清算纪要理解与适用》，人民法院出版社2011年版。

② 金剑锋：《公司诉讼的理论与实务问题研究》，人民法院出版社2008年版。

是以其特殊的知名度、特殊的身份地位、劳务、商誉等要素对公司进行投入。[①] 依《公司法》第27条的规定，股东出资的方式为货币、实物、知识产权、土地使用权等可以用货币估价并可以依法转让的非货币财产。干股股东的出现，实际上突破了前述法律规定的出资方式的限制，其干股一般情况下属于受赠取得，或者由其他股东代为缴纳了出资。

2. 干股股东资格认定

有关干股股东的资格争议，在公司正常运营时通常鲜有发生，但在涉及公司或其他股东对外产生债务或纠纷需要其承担法律责任时，则可能引发干股股东的资格争议。干股股东由于未出资而获得公司股权。因此，审判实务中，对于干股股东的资格认定存在争议。第一种观点持否定意见，认为出资是取得股东资格的条件，干股股东未履行出资义务，不应认定为公司股东。第二种观点持肯定意见，认为干股股东虽然未实际出资，但不影响其股东资格的认定。

整体来看，第二种观点更具有合理性。首先，干股股东虽未实际出资，但其干股对应的出资已由他人代为向公司缴纳或者代为交付财产，法律并未要求股东须为直接向公司支付货币或交付财产的人。其次，干股股东为取得公司股权支付了相应对价，虽然干股股东可能以其知名度、姓名权、商誉、劳务等为公司提供商业机会或服务以取得干股，其取得股权的方式存在特殊性，但该股权不会稀释其他股东的权益，也不损害债权人利益。最后，干股股东在形式上也具备所有股东的特征，在公司章程、股东名册和工商登记文件中均有显名公示和记载。如果否认其股东资格，将有碍于工商登记权利外观的公示效力及对第三人信赖利益的保护。因此，对于干股股东的股东身份应予确认。[②]

干股股东除了不承担实际出资义务外，享有股东的一切权利并承担股东义务。实践中有观点认为干股仅是红利股，干股股东不参加经营，只享受分红，不应承担股东责任、不享有获取红利以外的其他股东权利。此种观点存在误区，干股在公司股权中占有相应份额，构成一定比例的公司注册资本，除非当事人有特别的约定，干股应当与其他股份同股同权，而非仅是红利股。并且，基于工商登记权利外观，干股股东如仅享受公司红利分配，不承担股东义务，将严重损害第三人的信赖利益。如果干股股东名下股权对应的出资未按章程规定缴纳，干股股东不能以受赠为由免除出资责任，其仍应负担补足出资的义务。

---

① 李泫永：《出资形式多元化趋势下的劳务出资》，载《人民论坛》2011年第9期。

② 胡田野：《公司法律裁判》，法律出版社2012年版，第320页。

3. 职工持股会股东资格认定

在现代公司治理制度中，公司向员工赠与干股，已经逐渐成为公司的一项常见的股权激励措施。实践中，受限于有限责任公司股东人数的限制，公司通常通过职工持股会、工会委员会或员工持股平台的方式实现员工持股。其中在职工持股会、工会委员会持股模式下，将前述委员会登记为公司股东，员工为委员会成员，员工按照其在委员会中的份额间接获取公司的股东红利，如华为公司即采用了工会委员会持股模式；员工持股平台则是公司实施股权激励过程当中比较常用的一种操作模式，就是以被激励员工为成员搭建有限合伙企业或者特殊目的公司，然后以该有限合伙企业或特殊目的公司去持有目标公司的股权，从而实现被激励对象间接持有目标公司股权的目的。无论上述哪种方式，均可以间接方式实现员工持股的目的。在涉及职工持股会、员工持股平台等的股东资格争议问题上，具备股东资格的应为登记为目标公司股东的职工持股会、工会委员会、有限合伙企业或者特殊目的公司，员工个人因未以其个人名义登记成为股东而不应认定具有股东资格。员工间接持股协议中通常会对员工实际享有的权利进行限制性约定，如员工转让其份额只能在公司内部转让，员工离职则由职工持股会回购份额等。此种限制有利于维护公司其他股东的利益和公司的运行平稳，具有合理性。

（四）股权出资与债权债务的区分认定

公司与出资人之间存在股权投资的合意且实际出资，这是确认股东资格的基础。然而，在股东资格确认之诉中，主张享有股东资格的一方对其出资事实承担举证责任后，对方当事人往往提出抗辩，并主张双方实际为借款等债权债务关系。因此，对出资事实的确认及对出资性质的甄别，是司法实践中面临的两个难点问题。

对此，应当在严格把握相关证据的情况下，审慎区分股权投资关系与一般债权债务关系。对于有借款合同等直接证据能够证实出资人与使用人之间为借款合同关系的，则可以排除对出资人股东资格的认定，反之亦然。而对于无直接有力的证据对双方之间经济往来的性质作出认定的，则应根据优势证据规则，结合其他间接证据以及当事人的具体行为等探寻双方的真实意思表示。[①] 首先，要着重对付款凭证备注事项和收款收据记载内容等进行审查，如果付款凭证备注和收款收据明确记载该资金性质为股金、股本、投资款等，则可确认公司将该类款项作为股权性出资而予以接受的事实。其次，要对出资人投资后有无参与公司经营、有无实际行使股东权利、承担股东义务进行实体审查。如果出资人存在以上行为，则可以认定双方存在股权投资的合意。

① 杨心忠:《公司纠纷裁判精要与规则适用》，北京大学出版社 2015 年版，第 21 页。

为减少此类冲突，应当鼓励出资人与使用人规范用款行为，在事前通过订立书面协议等方式对双方之间的法律关系和权利义务作出具体约定，以减少履约过程中的分歧。

第四节　常见争点说理示范

一、关于股东资格确认纠纷管辖的裁判说理示范

（一）关于法院受理民事诉讼范围的裁判说理示范

【适用情形】原被告对股东资格无争议，不属于法院受理民事诉讼范围而驳回起诉。

【说理示范】本案为确认之诉，依据民事诉讼法及相关司法解释的规定，原告的起诉应当以其与被告对诉争股权产生争议为前提，本案各方当事人对原告的诉讼请求均不持任何异议，各方之间不成立诉的对立性，本案不具有诉讼的必要性，故原告通过诉讼程序请求法院确认其隐名股东身份和实际出资额缺乏法律依据，本案不属于人民法院受理民事诉讼的范围，故应驳回原告的起诉。

（二）关于适用特别地域管辖的裁判说理示范

【适用情形】股东资格确认纠纷按特别地域管辖确定管辖法院。

【说理示范】本案为股东资格确认之诉。依据《民事诉讼法》第 27 条之规定，因公司设立、确认股东资格、分配利润、解散等纠纷提起的诉讼，由公司住所地人民法院管辖。因目标公司的住所地在本院辖区内，故本院对本案具有管辖权。被告提出的管辖异议，缺乏事实和法律依据，应予驳回。

【参考裁判文书】江苏省苏州市中级人民法院（2019）苏 05 民辖终 909 号华复集团有限公司与美合实业（苏州）有限公司、徐某芬股东资格确认纠纷一案二审民事裁定书。

（三）关于确定级别管辖的裁判说理示范

【适用情形】股东资格确认之诉按股权价值确定级别管辖。

【说理示范】本案系股东资格确认纠纷。股东资格的确认实质是对股权归属的确认，而股权属于综合性权利，既包含身份性权利，又包含财产性权利，

股权具有经济价值，故股东资格确认纠纷亦涉及诉讼标的额，应按股权标的金额确定管辖法院。依据当事人提交的审计报告等证据，案涉股权价值1亿元，该报告可以作为确定案件诉讼标的额的参考，从而确定管辖法院。依据《最高人民法院关于调整高级人民法院和中级人民法院管辖第一审民商事案件标准的通知》第2条规定，本案当事人住所地均在本院所处省级行政辖区范围内，故本院管辖本案有事实和法律依据。

【参考裁判文书】最高人民法院（2017）最高法民辖终64号周某与启东市建都房地产开发有限公司股东资格确认纠纷一案二审民事裁定书。

（四）关于诉讼时效的裁判说理示范

【适用情形】股东资格确认之诉不适用诉讼时效。

【说理示范】本案为股东资格确认之诉。原告甲请求确认其享有A公司的股东资格，该请求并不包含其他请求给付或变更法律关系的诉求，该诉请对应的实体法上的权利属于形成权。而诉讼时效是权利人于法定期限内不主张民事权利，就丧失请求人民法院保护该项请求的制度，其适用对象为债权请求权。因此，股东资格确认纠纷，不适用诉讼时效的规定。被告A公司提出诉讼时效抗辩，缺乏法律依据，本院不予采纳。

【参考裁判文书】浙江省湖州市中级人民法院（2014）浙湖商终字第198号吴某明等与浙江东成药业有限公司股东资格确认纠纷一案二审民事判决书。

二、关于股东资格确认之诉主体审查的裁判说理示范

（一）关于公务员提起股东资格确认之诉的裁判说理示范

【适用情形】公务员不得成为公司股东。

【说理示范】《公务员法》第59条第16项规定，公务员不得违反有关规定从事或者参与营利性活动，在企业或者其他营利性组织中兼任职务。而所谓营利性活动，系指公务员参与的经营活动以营利为目的，且进行收入分配。本案中，原告甲与其他股东约定共同投资设立A公司，但其为公务员，其以公务员身份参与A公司的经营管理，违反了法律对公务员的经营限制规定。故甲诉请确认其为A公司股东，不符合法律规定，本院不予支持。

【参考裁判文书】上海市第二中级人民法院（2011）沪二中民四（商）终字第781号吴某与上海恒盈实业有限公司股东资格确认纠纷一案二审民事判决书。

（二）关于公司提起股东资格确认之诉的裁判说理示范

【适用情形】公司可作为适格原告提起股东资格确认之诉。

【说理示范】本案中，A公司请求确认B公司为其股东，并承担抽逃出资

的法律责任，涉及股东资格确认纠纷、股东出资纠纷、损害公司利益责任纠纷多重法律关系。B公司以双方并非真实的股东与公司关系为由提出管辖权异议，且主张A公司不具备股东资格确认之诉的法律利益，不能成为本案适格原告。本院具体分析如下：其一，法律并未明确禁止公司提起股东资格确认之诉。股东资格确认纠纷是股东与股东之间或者股东与公司之间就股东资格是否存在，或者具体的股权持有数额、比例等发生争议而引起的纠纷。在案由相关规定中并未明确禁止公司的原告主体资格。《公司法司法解释（三）》第21条仅规定当事人向人民法院起诉请求确认其股东资格的情形应以公司为被告，但并未禁止公司作为原告起诉，本案亦不符合该条规定的起诉情形，不应适用该条规定。人民法院不得在法律未作规定的情况下剥夺当事人起诉的基本诉讼权利。其二，依照民事诉讼基本原理，诉讼中的原告应为民事权利和法律关系处在客观上的不明确状态，亦即其法律地位具有现实的不安性，其合法权益需要法院具有既判力的判决予以维护和保障。在公司股权存在争议时，股权关系当然处于不确定状态，具有影响公司的正常经营活动、侵害公司利益的现实可能，对于公司而言存在现实的不安性，公司具备诉的利益。本案中，A公司对本案股权争议缺乏其他救济途径，具有诉讼利益。其三，股东资格确认是解决其他公司类纠纷的基础。本案中，B公司是否为A公司的股东，直接决定了A公司在该案中请求B公司返还所抽逃的出资、赔偿损失等诉求能否成立。故B公司关于A公司不能成为本案适格原告的理由不能成立，本院不予支持。

【参考裁判文书】最高人民法院（2017）最高法民辖终80号福建省时代华奥动漫有限公司与中铁信托有限责任公司股东资格确认纠纷一案二审民事裁定书。

（三）关于干股股东提起股东资格确认之诉的裁判说理示范

【适用情形】干股股东未出资并不等于实际未出资，应认定其具有股东资格。

【说理示范】对股东资格的认定，应当结合当时的社会背景和公司法的相关规定进行判断。在经营过程中，为了公司经营顺利或获取相关利益，有投资者会将该部分股份赠送给对公司有重要影响的人员，从而形成所谓的“干股”股东，即具备股东的形式特征并实际享有股东权利，但自身并未实际出资的股东。本案中，原告甲为A公司设立时的“干股”股东，未实际出资也不参与经营，但享受公司的红利。“干股”股东不同于挂名股东。“干股”股东自身未出资并不等于实际没有出资，只不过其出资是由公司或者他人代为交付。对公司而言，股东用于出资的财产来源于何处，是自有或是借贷，并不产生特别法律问题，只要财产本身没有实物及权利上之瑕疵，其出资即能达到法律要求与目的。因此，本院对原告甲在A公司设立时的股东资格予以认定。

【参考裁判文书】杭州市萧山区人民法院（2016）浙0109民初10475号沈某祥与郝某夫、寿某庆、杭州萧山国庆机械有限公司股东资格确认纠纷一案一审民事判决书。

（四）关于外籍隐名投资者提起股东资格确认之诉的裁判说理示范

【适用情形一】根据外籍隐名投资者与公司或股东的协议约定、实际出资和行使股东权利的事实，可认定外籍投资者的股东资格。

【说理示范一】本案系股东资格确认纠纷，因甲系德国国籍，故本案系涉外案件。《涉外民事关系法律适用法》第14条规定，法人及其分支机构的民事权利能力、民事行为能力、组织机构、股东权利义务等事项，适用登记地法律。本案标的公司即A公司登记地位于中华人民共和国，故本案应当适用中华人民共和国法律进行审理。本案《协议书》可证明，A公司及其股东均同意甲向A公司缴纳出资成为股东，且A公司的其他股东对甲以乙的名义进行投资均是明知的。甲多次以A公司股东的身份参加股东会议，实际行使股东权利。甲虽为德国国籍，但根据《外商投资产业指导目录（2015年修订）》内容，A公司所在行业并未列入上述目录限制类或禁止类产业，故不涉及国家规定实施准入特别管理（负面清单）的外商投资企业的设立和变更，不再需要审批。因此，依据当事人之间的约定以及出资事实，应确认甲为A公司的股东。

【参考裁判文书】最高人民法院（2017）最高法民申37号殷某与张某兰、淮阴市淮信房地产开发有限公司股东资格确认纠纷一案申请再审民事裁定书。

【适用情形二】外籍隐名股东请求显名，对负面清单外的准入类领域，无需再征得外商投资企业主管机关的同意。

【说理示范二】本案系股东资格确认纠纷，因原告甲系美国国籍，故本案系涉外案件。《涉外民事关系法律适用法》第14条规定，法人及其分支机构的民事权利能力、民事行为能力、组织机构、股东权利义务等事项，适用登记地法律。本案标的公司A公司登记地位于中华人民共和国境内，故本案应当适用中华人民共和国法律进行审理。

本案争议焦点有二：一是乙是否代持甲×%的A公司股权；二是甲能否要求A公司办理股权变更手续，变更是否存在法律或政策上的障碍。关于争议焦点一。《股份协议书》《出资证明书》均是各方真实意思表示，均能证实甲实际享有A公司×%的股权，该股权由乙代持；甲已举证证明其对A公司履行了相应的出资义务；从各方往来的系列电子邮件看，甲事实上也参与了A公司的经营管理，特别是重大事项的决策，同时领取了A公司分红，行使了其作为股东的权利。关于争议焦点二。首先，根据《公司法司法解释（三）》第24条的规定，实际出资人请求公司变更股东、签发出资证明书、记载于股东名册、记载于公司章程并办理公司登记机关登记的，应当经公司其他股东半数以上同意。本案中，除名义股东乙以外的其他两名股东均明确认可甲的股东身份，也同意将甲变更登记为A公司股东。因此，甲要求A公司将乙代持的A公司×%股权变更登记至其名下，符合法律及司法解释的规定。其次，《外商投资法》施行后，我国对外商投资实行准入前国民待遇加负面清单管理制度。所谓准入前国民待遇，是指在投资准入阶段给予外国投资者及其投资不低于本国投资者及其投资的待遇；所谓负面清单，是指国家规定在特定领域对外商投资实施的准入特别管理措施；国家对负面清单之外的外商投资，给予国民待遇。本案中，本院曾致函行政主管部门就是否同意甲变更为A公司股东进行咨询。该行政主管部门复函称："A公司所从事领域不属于外商投资准入特别管理措施（负面清单）范围，故办理甲变更为A公司股东，并将A公司变更为外商投资企业的备案手续不存在法律障碍。"因此，甲要求变更登记为A公司股东，无需履行特别的审批手续，不存在法律和政策上的障碍。

【参考裁判文书】上海市第一中级人民法院（2020）沪01民终3024号程某平与上海纽鑫达进出口有限公司、张某、程某股东资格确认纠纷一案二审民事判决书。

（五）关于外商投资企业提起股东资格确认之诉的裁判说理示范

【适用情形】外商投资企业提起股东资格确认之诉，符合外商投资企业已经实际出资、经过其他股东的认可、经过审批机关的同意三个条件，应予支持。

【说理示范】本案的争议焦点在于：原被告双方究竟谁是第三人A公司真正的股东，并且行使股东权利实际控制管理A公司。其一，两被告在A公司注册之时，并未投入资金，注册资金系原告B公司在其后的经营活动中陆续投入，故从实际出资的角度来看，A公司的实际出资人应为B公司，而不是被告甲。其二，从甲发送给B公司法定代表人的大量传真函件看，时间跨度长久，内容细致，传真发送频繁，均超出商业活动中同行交流的正常范畴。可见，B公司虽地处我国台湾地区，但对于A公司事无巨细悉数掌控，几乎涵盖公司经营涉及的各个层面，是A公司的实际管理控制人。其三，B公司从A公司处实际分得了红利，这是股东享有并行使权利的重要表现形式。其四，A公司其他股东均认可B公司的实际股东身份，符合《公司法司法解释（三）》第24条的规定。其五，由于B公司为我国台湾地区公司，法院于诉讼期间就A公司股东变更事项向行政主管部门发函征询，该部门复函意见认为A公司所从事的经营范围不存在禁止或限制台资准入事项。据此，B公司变更为A公司股东不存在政策障碍。依照《最高人民法院关于审理外商投资企业纠纷案件若干问题的规定（一）》第14条的规定，B公司享有A公司股权，B公司请求A公司办理股权变更手续的请求应予支持。

三、关于股东资格取得要件的裁判说理示范

（一）关于股东资格积极确认的裁判说理示范

【适用情形一】实际出资但无成为股东的意思表示且未实际行使股东权利的，不具有股东资格。

【说理示范一】从出资情况看，B公司、自然人甲向A公司的注资×万元确实来源于B公司，但B公司年度审计报告将该笔款项记载为其对C公司的应收款，并未反映其于该年度曾对A公司股权性投资×万元。B公司与甲签订的备忘录记载其向A公司的股权投资款由C公司代为垫付，与A公司相关审计报告内容相互印证。另外，从股东权利行使上看，A公司成立后一直未向股东分配过利润，无法判断是B公司还是甲行使了该项股东权利。但A公司的章程及《股权转让合同》的签字人均是甲，工商行政管理部门亦将甲登记为股东，表明甲行使了A公司的股东权利，而B公司并无证据证明其实际行使了该公司重大事项的决策权。故对B公司的股东资格不予确认。

【参考裁判文书】广东省高级人民法院（2006）粤高法民二终字第173号深圳中旅大华汽车运输企业有限公司与朱某、刘某光股东资格确认纠纷一案二审民事判决书。

【适用情形二】依据公司章程的签署、实际出资及股东权利的实际行使等事实综合认定股东资格。

【说理示范二】首先，根据我国公司法的相关规定，不能简单以出资财产所有权的归属来确认股东资格，股东未实际出资并不当然否定其所享有的合法股东资格；同时，也不能仅以工商登记记载信息就认定登记股东必然享有股东权益。在认定股东资格时，应当充分考虑各利害关系人之间的利益平衡，按照公司法确定的认定规则及相关原理，综合考量股东资格取得的形式要件和实质要件，以作出公正、正确的判断。具体到本案，股东资格的有无，实

际上是名义股东与实际股东之间的股权确权争议，属于公司内部确认股东资格的问题，处理时应当探究当事人之间的真实意思表示以作出认定。本案中，A公司设立时，公司登记的股东虽然为甲、乙、丙三人，但公司的设立完全由甲一人申办，登记材料的股东签名也是甲一人所签，公司的注册资本均由甲以其个人财产出资，乙、丙均未向公司交纳股款，未在公司章程上签字，也未行使股东权益，又不具备股东特征的其他实质要件，同时亦无其他证据证明其有成为公司股东的真实意愿。从本案A公司设立的环节以及双方所提供的证据分析，依据优势证据规则，可以推定甲与乙、丙为借名关系。甲请求法院确认其为乙、丙所持股权的实际股东，既不违背国家法律、法规的强制性规定，又符合当事人的真实意思，人民法院应予以支持。同时，在否定了乙、丙的股东资格后，A公司实际成为由自然人甲独立出资设立的一人有限公司，A公司应当到工商部门办理相应的变更登记。

【参考裁判文书】江苏省盐城市中级人民法院（2007）盐民二终字第0042号卢某1与黄某、卢某2股东资格确认纠纷一案二审民事判决书。

（二）关于股东资格消极确认的裁判说理示范

【适用情形一】非基于真实意思表示被登记为公司股东的，不享有股东资格。

【说理示范一】公司登记设立应遵守法律规定，不得提交虚假材料或采取其他欺诈手段隐瞒重要事实。本案中，被告A公司在登记设立时，虽然将原告甲登记为公司股东，但从A公司向工商登记机关提交的公司股东会决议、公司章程等资料来看，上面的“甲”签名经司法鉴定，实际并非原告甲本人所签，亦无证据证明股东“甲”出资即是由原告本人出资，且无证据证明被告设立时甲知情或同意其被登记为公司股东，或者甲在A公司成立后参与了公司经营管理或利润分配。因此，本院有理由认定，甲在A公司登记设立时被登记为公司股东，并非甲的真实意思表示，而是他人冒用甲名义登记所致。该冒用登记行为违背甲真实意愿，侵害了甲的合法权益，应认定无效。甲提出要求确认其不是A公司股东的诉讼请求，依法应予支持。因甲实际并非A公司股东，工商登记机关将其登记为股东有误，因此甲要求A公司办理股东变更登记，注销其股东身份，亦合理合法，本院予以支持。

【参考裁判文书】江苏省扬中市人民法院（2015）扬商初字第578号朱某与镇江健特金属材料有限公司股东资格确认纠纷一案一审民事判决书

【适用情形二】名义股东以未实际出资、未行使股东权利为由请求确认其不具有公司股东资格，不予支持。

【说理示范二】本案争议焦点为甲是否具有A公司的股东资格。其一，A

公司的工商登记、公司章程、股东名册等均记载甲为股东，且甲在A公司设立过程中自愿提供身份证，并在公司章程和股东会决议上签名等多项事实证明甲具有自愿成为A公司股东的意思表示。甲未实际出资构成瑕疵出资，应负担瑕疵出资的法律责任，但股东违反出资义务并不当然丧失股东资格。其二，享有股东权利是取得股东资格的结果，不是取得股东资格的条件和原因。从逻辑上看，股东应当享有股东权利，但不能因未享有股东权利即反推股东不具有股东资格。其三，在公司债权人因股东资格发生争议时，应注重保护善意第三人基于商事权利外观所形成的信赖利益，以维护交易安全。从本案诉讼产生的根源上看，案外B公司作为A公司的债权人，基于工商登记的权利外观起诉并要求甲在未出资范围内对A公司债务负担补充赔偿责任。甲恰在B公司起诉后，提起了本案诉讼，有故意免除其个人对外负担出资责任的可能。在此情况下，法院理应首先保护善意第三人对相关外观的信赖。综上，甲的诉讼请求缺乏事实和法律依据，本院不予支持。

【参考裁判文书】上海市第一中级人民法院（2016）沪01民终4844号顾某良与上海卫邦管道有限公司股东资格确认纠纷一案二审民事判决书。

【适用情形三】当事人请求确认其不具有公司股东资格，存在虚假诉讼可能的，不予支持。

【说理示范三】本案诉讼过程中，原告甲仅提供了工商登记资料及《股权转让协议书》两份证据，无法充分证实其已实际转让A公司股权的事实。A公司现已对外多重负债且已停止经营并无实际办公场所，公司其他股东亦已下落不明，本案的事实难以核查认定。A公司的工商登记信息由工商登记机关审核后作出，具有公示公信效力。甲系A公司的股东和法定代表人。如甲认为工商行政管理机关作出的登记信息有误，可以依法提起行政诉讼。故甲请求确认其不具有A公司股东资格，理据不足，应予驳回。

【参考裁判文书】重庆市江北区人民法院（2012）江法民初字第3987号李某泽与金盾公司股东资格确认纠纷一案一审民事判决书。

四、关于股权转让的股东资格确认裁判说理示范

（一）关于支持确认股权受让人股东资格的裁判说理示范

【适用情形】受让人依照股权转让协议受让公司股权，支持确认其股东资格并办理变更登记。

【说理示范】本案中，甲与乙签订的股权转让协议系双方真实意思表示，且未违反法律、行政法规的强制性规定，应认定为合法、有效。甲按约履行

了支付股权转让款的义务，受让取得A公司股权，亦符合A公司章程之规定，应享有股东资格。依据《公司法》第31条第3款之规定，甲取得股东资格，且有权请求A公司、乙办理工商变更登记。故甲提出的诉讼请求，符合法律规定，应予支持。

【参考裁判文书】北京市第三中级人民法院（2018）京03民终5246号陆某业与北京白帽汇科技有限公司、赵某股东资格确认纠纷一案二审民事判决书。

（二）关于经审批的股权受让人股东资格起算时点的裁判说理示范

【适用情形】转让有限责任公司股权，法律、行政法规规定须经行政审批的，受让人自批准之日取得股东资格。

【说理示范】股权转让合同的履行不能直接等同于股东资格的取得。首先，依据合同相对性原理和有限公司的人合性特征，股权转让协议的效力并不及于协议以外的第三人公司，受让人股东资格的取得仍需要加入公司的意志。公司章程是公司意志的重要形式，公司章程对股权转让有规定的，应当从其规定。本案中，A公司为信托公司，其章程规定转让股权应事先报银监会批准。甲作为股权受让人要成为公司新股东，亦应接受公司章程的约束，通过公司章程规定的程序方能取得股东资格。其次，股权转让合同当事人不能以其意思自治超越法律、行政法规的强制性规定。依据《信托法》第4条和《信托公司管理办法》第12条规定，A公司变更股东亦应经银监会批准同意。综上，应认定甲自银监会批准其成为A公司股东之日起享有A公司的股东资格。

【参考裁判文书】陕西省高级人民法院（2010）陕民二终字第09号上海天迪科技投资发展有限公司与西部信托有限公司、陕西天王兴业集团有限公司股东资格确认纠纷一案二审民事判决书。

（三）关于受让人善意取得股权而不支持隐名股东资格确认的裁判说理示范

【适用情形】名义股东擅自对外转让股权，受让人善意取得股权，隐名股东请求确认股东资格并办理变更登记，人民法院不予支持。

【说理示范】本案争议焦点在于，丙是否善意取得登记在乙名下的A公司股权，甲能否享有股东资格。首先，丙受让股权时并不明知乙转让的股权实际属于甲。在股权转让协议签订前，丙已查询工商登记机关公示的A公司信息，证实乙为A公司股东，其已尽到谨慎注意义务。工商登记机关的登记具有公示力，就权利外观而言，丙有理由相信本案争议股权的所有人就是乙。

其次，丙通过交换取得股权，支付了合理对价。最后，乙受让股权符合A公司章程规定，并在工商登记机关办理了相应的股权变更手续，且实际行使了股东权利。综上，基于善意取得和维护交易安全考虑，应对丙合法受让并取得的A公司股权予以确认。甲请求确认其对诉争股权享有股东资格，缺乏事实和法律依据，应予驳回。至于甲因乙擅自转让股权的行为所致损失，可另循法律途径解决。

（四）关于受让名义股东转让的股权不构成善意取得的裁判说理示范

【适用情形】名义股东将股权转让给第三人，受让人不构成善意取得的，不能取得公司股权。

【说理示范】本案争议焦点有两个：一是甲未经B公司同意，擅自向C公司转让股权的行为是否有效？二是C公司能否取得诉争股权？

首先，甲代持的A公司×%股权的投资收益权和资产处分权权利人为B公司，故甲未经B公司同意向C公司转让股权的行为，属于无权处分。依据法律规定，当事人一方以出卖人在缔约时对标的物没有所有权或者处分权为由主张合同无效的，人民法院不予支持。本案中，甲将不享有资产处分权的股权转让给C公司，不存在违反法律、行政法规关于合同效力的强制性规定，也履行了公司法上关于公司内部转让股权的形式要件，转让行为应为有效。

其次，根据《公司法司法解释（三）》第25条等相关规定，C公司取得股权需要满足以下三个条件：（1）受让时为善意；（2）以合理价格转让；（3）转让的股权已经登记。具体到本案，（1）C公司作为A公司的第二大股东，其与甲签订《股权转让协议》未尽合理谨慎注意义务，不能认定其受让股权时主观上为善意。（2）甲与C公司约定诉争股权转让价为898万元，C公司只支付了10万元，余款未到支付条件，故C公司尚未支付完毕对价。（3）由于C公司不顾再审中止执行的裁定，违法申请执行变更股权，显然不发生股权转让的效力，故应认定争议发生时，诉争股权未变更登记至C公司名下。综上，甲无权转让诉争股权，C公司不符合善意取得条件，不能取得诉争股权。

【参考裁判文书】上海市第二中级人民法院（2018）沪02民再54号上海华润建设发展有限公司与上海东方国际商品拍卖有限公司、刘某毅、中静实业（集团）有限公司股东资格确认纠纷一案再审民事判决书。

（五）关于公司章程约定“人走股留、公司回购”禁止股权转让的裁判说理示范

【适用情形】公司章程对股权转让进行限制，约定“人走股留”等公司回

购条款的，人民法院应认定有效。

【说理示范】首先，A公司系由国有企业改制而成的有限责任公司，其初始章程将是否与公司具有劳动合同关系作为取得股东身份的依据继而作出“人走股留、公司回购”的规定，对股权转让作出限制，明确规定公司回购条款。有限责任公司章程系公司设立时全体股东一致同意并对公司及全体股东产生约束力的规则性文件，甲在公司章程上签名的行为，应视为其对前述规定的认可和同意，该章程对A公司及甲均产生约束力。其次，基于有限责任公司封闭性和人合性的特点，由公司章程对公司股东转让股权作出某些限制性规定，系公司自治的体现。在本案中，A公司进行企业改制时，甲之所以成为A公司的股东，其原因在于甲与A公司具有劳动合同关系，如果甲与A公司没有建立劳动关系，甲则没有成为A公司股东的可能性。同理，A公司章程将是否与公司具有劳动合同关系作为取得股东身份的依据继而作出“人走股留”的规定，符合有限责任公司封闭性和人合性的特点，亦系公司自治原则的体现，不违反公司法的禁止性规定。有限责任公司按照初始章程规定，支付合理对价回购股东股权，且通过转让给其他股东等方式进行合理处置的，人民法院应予支持。

【参考裁判文书】陕西省高级人民法院（2014）陕民二申字第00215号宋某军与西安市大华餐饮有限公司股东资格确认纠纷一案申请再审民事裁定书（最高人民法院指导案例96号）。

五、关于股权代持的股东资格确认裁判说理示范

（一）关于股权代持协议有效支持隐名股东显名的裁判说理示范

【适用情形】股权代持协议有效，人民法院支持隐名股东显名请求。

【说理示范】就股东资格而言，工商登记是宣示性登记，而非设权性登记。因此，在处理公司内部发生的股东资格争议时，不能仅凭工商登记信息单一形式要件对股东资格作出认定，还应当结合股东资格取得的实质要件进行审查，综合代持协议、出资情况、出资意思表示、股东权利义务的履行等事实进行判断。本案中，甲与乙订立股权代持协议，约定由甲实际出资并享有投资权益，乙作为名义股东受托代持A公司的×%股权。上述协议系双方真实意思的表示，且未违反法律、行政法规的强制性规定，应当认定合法、有效。依据本案证据，甲已向A公司实际履行了缴纳出资的义务，并在A公司实际经营过程中以自己的名义行使了股东权利、实质参与了A公司的经营和管理，该事实亦为A公司其他股东知悉并认同。据此，依据真意主义原则，

甲作为A公司的隐名股东，请求确认其具有A公司的股东资格，并请求乙、A公司办理变更登记手续，符合法律规定，本院予以支持。

【参考裁判文书】广东省高级人民法院（2020）粤民再420号周某雄、李某与中山市健泰注塑有限公司、樊某带、樊某添股东资格确认纠纷一案再审民事判决书。

（二）关于优先适用实质要件认定隐名股东资格的裁判说理示范

【适用情形】隐名出资人具备公司股东实质要件的，即使未进行工商登记，亦应确认其股东资格。

【说理示范】有限责任公司的股东，一般应具备股东的全部特征，即在公司章程中被记载为公司股东、签署公司章程、在工商行政管理机关的登记文件中登记为公司股东、在股东名册中被记载为股东、实际向公司出资取得公司颁发的出资证明、实际享有股东权利。上述特征中公司章程、登记文件及股东名册的记载是公司股东所具备的形式特征，而签署公司章程、实际出资取得出资证明以及实际享有股东权利则是公司股东所具备的实质特征。上述特征均是判断股东资格的依据。在公司与其交易相对人的外部争议中，对于股东资格的判断，形式特征具有优先于实质特征适用的意义；而在公司与其股东之间、股东与股东之间的内部争议中，对于股东资格的判断，实质特征应当优先于形式特征而被适用。本案是发生于甲与A公司及其他股东之间的关于甲是否具备A公司股东资格的争议，属于公司内部争议，故在判断甲是否具备公司股东资格时，若形式特征与实质特征不一致或发生冲突，应当优先适用实质特征进行判断。结合本案当事人签订的一系列决定、情况说明及作出的陈述等，足以认定A公司的投资股东为甲、乙、丙，而登记股东为乙和丁，即A公司并不是规范登记的有限责任公司。依据有限责任公司股东资格的判断标准，在有证据证明甲具备A公司股东资格实质特征的情况下，虽然A公司的工商登记不能证明甲具有股东资格的形式特征，仍可作出甲系股东的法律判断。

【参考裁判文书】江苏省无锡市北塘区人民法院（2005）北民二初字第638号兰某喜与无锡市佳顺宾馆有限公司、朱某良、朱某军、季某股东资格确认纠纷一案一审民事判决书。

（三）关于未经其他股东半数以上同意不支持隐名股东显名的裁判说理示范

【适用情形】股权代持协议有效，未经其他股东半数以上同意，不支持隐名股东的显名诉求。

【说理示范】本案争议的焦点在于能否办理股权变更登记。本院具体分析如下。首先，甲与乙签订的股权代持协议系双方真实意思表示，于法不悖，应认定为有效，甲基于该生效协议所享有的股东权益应受法律保护。其次，有限责任公司具有鲜明的人合性特征，甲虽实际履行了出资义务，但其能否显名登记仍应符合《公司法司法解释（三）》第24条规定的“经公司其他股东半数以上同意”的条件。通常认为，其他股东半数以上同意，既包括明示的同意，也包括默示的同意，即知晓甲的存在且实际行使股东权利但未提异议。甲应对此承担举证证明责任。然而，从本案现有证据看，其他股东均明确表示反对甲的显名主张，且现有证据也无法证实其他半数以上股东知晓甲的存在或者甲曾实际行使股东权利、参与公司经营管理而其他半数以上股东对此予以默认。因此，甲应承担未能充分举证的不利后果，其提出的股东显名诉求理据不足，应予驳回。

【参考裁判文书】上海市第一中级人民法院（2019）沪01民终13146号高某林与上海奕晶金属科技有限公司、第三人浙江昕泰金属科技有限公司股东资格确认纠纷一案二审民事判决书。

（四）关于其他股东代持股权支持隐名股东显名的裁判说理示范

【适用情形】虽无书面股权代持协议，但公司股权由公司其他股东代持，各方对股权代持事实无争议，隐名股东可显名登记。

【说理示范】本案中，虽然原告甲、乙与被告丙、丁未签订书面股权代持协议，但各方均确认甲、乙系A公司的隐名股东，甲、乙合计持股50%由丙、丁名义代持，丙、丁是A公司的名义股东，本院予以确认。甲、乙与丙、丁之间存在事实上的股权代持关系，该代持关系系各方真实意思表示，且未违反法律、行政法规的强制性规定，应认定为合法、有效。现甲、乙均诉请确认其股东资格，鉴于A公司为有限责任公司，具有人合性和资合性特征，甲、乙主张股东显名应当符合《公司法司法解释（三）》第24条第3款有关“其他股东半数以上同意”的规定要求，但上述规定仅适用于公司其他股东不知悉隐名股东的存在、仅认同合作伙伴为名义股东的情形，有关的“其他股东”应理解为名义股东以外的股东。本案中，丙、丁所持A公司100%股权中的50%系代甲、乙持有，丙、丁相对于甲、乙而言属于名义股东，故甲、乙请求A公司办理显名登记时，无需征得丙、丁的同意。据此，甲、乙作为A公司的隐名股东，请求A公司办理显名登记及相应持股比例，符合法律规定，本院予以支持。

【参考裁判文书】广东省高级人民法院（2020）粤民再420号周某雄、李某与中山市健泰注塑有限公司、樊某带、樊某添股东资格确认纠纷一案再审民事判决书。

（五）关于无书面代持协议支持确认隐名股东资格的裁判说理示范

【适用情形】无书面股权代持协议且名义股东否认代持关系情形下，人民法院依据公司持股记载及分红事实，对股权代持关系及股东资格予以确认。

【说理示范】本案争议焦点在于，在无书面股权代持协议情形下能否认定股权代持关系成立。代持股关系基于委托关系而形成，委托关系为双方法律行为，需要双方当事人有建立委托关系的共同意思表示，签订委托合同，对未签订合同但有事实行为的，也可以依法认定存在委托代持股关系，并以此法律关系确定双方当事人的民事权利义务。本案中，甲未能提交其与乙的代持股协议，现乙已经死亡，作为乙名下股权承继者的丙、丁对甲公司经营情况及相关股权情况均不清楚，故甲与乙之间是否存在代持股关系应根据双方的行为进行判断。从股权分红情况看，A公司按照乙注册股权比例向乙发放分红，乙再向甲转付分红。上述事实能够确认甲与乙之间存在股权代持关系。上述股权代持关系为双方真实意思表示，不违反法律、行政法规的强制性规定，不违背公序良俗，应认定为有效，甲可依据其隐名股东身份及其持股比例向A公司主张支付分红款。

【参考裁判文书】深圳市中级人民法院（2021）粤03民终33355号刘某玲与李某丹、邢某正等股东资格确认纠纷一案二审民事判决书。

（六）关于未能证明已履行实际出资义务不支持隐名股东显名的裁判说理示范

【适用情形】隐名股东未能举证证明其已履行出资义务但要求显名的，人民法院不予支持。

【说理示范】《公司法司法解释（三）》第22条规定："当事人之间对股权归属发生争议，一方请求人民法院确认其享有股权的，应当证明以下事实之一：（一）已经依法向公司出资或者认缴出资，且不违反法律法规强制性规定；（二）已经受让或者以其他形式继受公司股权，且不违反法律法规强制性规定。"本案中，甲主张其以B公司名义向A公司交纳出资×万元并主张股东显名登记，应对此负担举证证明责任。其一，从甲提供的证据看，甲提供若干发票以证明其向A公司投资实物×万元，但《实物投资明细表》记载投资者为B公司，不能认定该×万元为甲代B公司的实物出资，且甲并未提交其他证据证明B公司的×万元现金出资人为其本人。其二，甲系A公司的法定代表人，两者具有利害关系，A公司出具《情况说明》以证明上述出资由甲实际支付，不具有客观性。综上，甲的诉讼请求，缺乏事实和法律依据，本院予以驳回。

（七）关于受让人善意取得名义股东转让股权的裁判说理示范

【适用情形】名义股东擅自对外转让股权，满足善意取得条件的受让人可取得股东资格。

【说理示范】本案争议焦点在于丙取得股权是否构成善意取得。其一，甲作为名义股东未经隐名股东乙同意，擅自将登记在其名下股权转让给丙，构成无权处分。其二，丙在签订《股权转让协议》前，并不知晓甲与乙之间的股权代持关系，且已向工商登记机构核实A公司的股东登记信息，已尽到谨慎注意义务。工商登记具有公信力，公示性最强。从权利外观而言，丙有理由相信本案争议股权的所有人就是甲。其三，丙通过交换取得股权，并支付了合理对价。其四，丙已在工商登记机关办理了相关股权变更手续，此后又参与了公司经营管理，实际行使了股东权利。综合上述因素，本院认为丙受让股权是出于善意并且有偿取得，实际行使了股东权利并使股权发生重大变化，从保护善意第三人、鼓励交易、维护交易安全以及维持公司法律关系稳定性出发，应当保护其对受让股权的权利。争议的股权原权利人乙所受损失应另寻法律渠道主张。

【参考裁判文书】最高人民法院（2006）民二终字第1号崔某龙、俞某林与荣耀公司、燕某等股东资格确认纠纷一案二审民事判决书。

（八）关于代持保险公司股份协议无效不支持隐名股东显名的裁判说理示范

【适用情形】就代持保险公司股份而订立的代持协议无效，隐名股东请求显名登记，人民法院不予支持。

【说理示范】本案争议焦点问题是A公司与B公司之间的《信托持股协议》的效力如何认定，A公司要求将诉争股份过户至其名下的诉讼请求能否得到支持。本院认为，A公司与B公司签订《信托持股协议》，约定A公司委托B公司代持C保险公司的股权，该协议明显违反了中国保险监督管理委员会制定的《保险公司股权管理办法》（2014年修订）第8条有关“任何单位或者个人不得委托他人或者接受他人委托持有保险公司的股权”的规定。对该《信托持股协议》的效力审查，应从《保险公司股权管理办法》禁止代持保险公司股权规定的规范目的、内容实质，以及实践中允许代持保险公司股权可能出现的危害后果进行综合分析认定。首先，从《保险公司股权管理办法》禁止代持保险公司股权的制定依据和目的来看，尽管《保险公司股权管理办法》在法律规范的效力位阶上属于部门规章，并非法律、行政法规，但该管理办法是中国保险监督管理委员会依据《保险法》第134条关于“国务院保险监督管理机构依照法律、行政法规制定并发布有关保险业监督管理的规章”

的明确授权，为保持保险公司经营稳定，保护投资人和被保险人的合法权益，加强保险公司股权监管而制定。据此可以看出，该管理办法关于禁止代持保险公司股权的规定与《保险法》的立法目的一致，都是为了加强对保险业的监督管理，维护社会经济秩序和社会公共利益，促进保险事业的健康发展。其次，从《保险公司股权管理办法》禁止代持保险公司股权规定的内容来看，该规定系中国保险监督管理委员会在本部门的职责权限范围内，根据加强保险业监督管理的实际需要而制定，该内容不与更高层级的相关法律、行政法规的规定相抵触，也未与同层级效力的其他规范相冲突，同时其制定和发布亦未违反法定程序，因此《保险公司股权管理办法》关于禁止代持保险公司股权的规定具有实质上的正当性与合法性。最后，从代持保险公司股权的危害后果来看，允许隐名持有保险公司股权，会使真正的保险公司投资人游离于国家有关职能部门的监管之外，如此势必加大保险公司的经营风险，妨害保险行业的健康有序发展。加之由于保险行业涉及众多不特定被保险人的切身利益，保险公司这种潜在的经营风险在一定情况下还将危及金融秩序和社会稳定，进而直接损害社会公共利益。综上可见，违反中国保险监督管理委员会《保险公司股权管理办法》有关禁止代持保险公司股权规定的行为，在一定程度上与直接违反《保险法》等法律、行政法规产生的法律后果无异，同时容易出现破坏国家金融管理秩序、损害包括众多保险法律关系主体在内的社会公共利益的危害后果。故本案《信托持股协议》应认定为无效，A公司依据该《信托持股协议》请求C公司、B公司将讼争股权变更登记至其名下的诉讼请求不能得到支持。

【参考裁判文书】最高人民法院（2017）最高法民终529号福州天策实业有限公司与福建伟杰投资有限公司、君康人寿保险股份有限公司营业信托纠纷一案二审民事判决书。

（九）关于代持上市公司股份协议无效不支持隐名股东显名的裁判说理示范

【适用情形】就代持上市公司股份签订的代持协议无效，隐名股东请求显名登记，人民法院不予支持。

【说理示范】本案争议焦点为诉争协议的法律性质及其效力如何认定，以及甲请求股权过户的主张能否得到支持。（1）关于诉争协议的法律性质。甲与乙签订的《委托投资协议书》《协议书》，从形式上看为双方之间的股权转让协议，但该协议签订于A公司上市之前，且双方签订协议的基础是A公司上市之后对于股权转让的事实不予披露，双方交易的股权不予过户，该股权仍以乙名义持有，并由甲与乙按比例共享公司上市后的股权收益，结合A公司于双方协议后上市的事实，以及A公司上市后乙仍持有股权，并代行股东权利等基本特征，本案以上协议实质构成上市公司股权的隐名代持。因此，本案诉争协议的性质并非一般股权转让，而属于上市公司股权之代持。（2）关于诉争协议的法律效力。诉争协议即为上市公司股权代持协议，对于其效力的认定应根据上市公司监管相关法律法规等综合判定。根据相关规定可以看出，公司上市发行人必须股权清晰，且股份不存在重大权属纠纷，公司上市需遵守如实披露的义务，披露的信息应当真实、准确、完整，这是证券行业监管的基本要求，也是证券行业的基本共识。由此，上市公司发行人必须真实，不允许发行过程中隐匿真实股东，否则公司股票不得上市发行，通俗而言，即上市公司股票不得隐名代持。本案中，在A公司上市前，乙代甲持有股份，以乙名义参与公司上市发行，实际隐瞒了真实股东和投资人身份，违反了发行人如实披露义务，为法律规定所禁止。中国证券监督管理委员会根据《证券法》授权对证券行业进行监督管理，是为保护广大非特定投资者的合法权益，要求拟上市公司股权必须清晰，约束上市公司不得隐名代持股权。如上市公司真实股东不清晰，其他对于上市公司的系列信息披露要求、关联交易审查、高管人员任职回避等监管举措必然落空，必然损害到广大非特定投资者的合法权益，损害资本市场基本交易秩序与基本交易安全，损害金融安全与社会稳定，从而损害社会公共利益。据此，本案甲与乙签订的《委托投资协议书》《协议书》，违反公司上市系列监管规定，这些规定有些属于法律明确应予遵循之规定，有些虽为部门规章，但因经法律授权且与法律不冲突，属于证券行业监管基本要求和业内共识，且对广大非特定投资人利益构成重要保障，故依据法律规定，本案诉争协议应认定为无效。（3）关于甲请求股权过户的主张能否得到支持。鉴于诉争的《委托投资协议书》《协议书》应认定无效，甲依据协议有效主张其股权归属，缺乏法律依据。协议无效，并不当然否认甲与乙之间委托投资的事实，也不意味着否认乙持有上市公司股权的效力，更不意味着乙与A公司股东之间围绕公司上市及其运行所实施的一系列行为的效力。据此，双方协议虽认定无效，但属于“不能返还或者没有必要返还”的情形，故甲要求将诉争股权过户至其名下的请求难以支持，但甲可依进一步查明事实所对应的股权数量请求公平分割相关委托投资的收益。

【参考裁判文书】最高人民法院（2017）最高法民申2454号杨某国与林某坤股权转让纠纷一案申请再审民事裁定书。

六、关于冒名登记的股东资格确认裁判说理示范

（一）关于支持涤除冒名登记的裁判说理示范

【适用情形】登记股东被冒名登记，人民法院支持确认其不享有股东资格。

【说理示范一】民事主体是否为特定有限公司的股东，应当依据该民事主体是否有成为该公司股东的真实意思表示进行判断。首先，甲提交的身份证遗失公告、身份证补办申请、笔迹鉴定意见等证据，可以证实甲在A公司登记设立前遗失身份证件、A公司工商登记文件中甲的签名不属其本人亲笔书写的事实。其次，A公司未能提供反证证明工商登记文件中他人代签的行为已获甲事先授权或事后追认。最后，A公司实际控股股东乙自认捡拾并冒用甲的身份证件进行工商登记，并提交了其实际缴纳出资的凭证予以佐证。上述证据及当事人的陈述意见能够相互印证并形成完整证据链，达到了民事诉讼证据高度盖然性的证明标准，可以认定甲没有成为A公司股东的意思表示且未实际出资，故甲不具有A公司的股东资格。

【参考裁判文书】重庆市第五中级人民法院（2020）渝05民终4732号陈某侠与重庆渝光物业发展有限公司股东资格确认纠纷一案二审民事判决书。

【说理示范二】本案争议焦点为甲是否被冒名登记为A公司股东。本院认为，冒名登记是指实际出资人自己行使股权，但虚构法律主体或者盗用他人名义，并将该主体或他人作为股东在公司登记机关登记的行为，被冒名者因不知情且从未作出过持有股权的意思表示，实际不出资，不参与公司管理，不应被视为法律上的股东。判断冒名还是借名最主要的标准是登记股东对其姓名或名称被使用是否知情。本案中，虽然工商登记将甲记载为A公司的股东，但从查明的事实分析，本院认定该登记为A公司冒名操作具有高度的可能性，甲不应被认定为A公司股东，理由在于：一是经鉴定A公司工商登记材料中相关股东会决议、章程等材料，甲的签名字迹均非甲本人所签。二是两次以甲名义增资的行为对应的两笔巨资分别来自案外两家公司，而此两家公司与甲并无关联关系。三是从甲的经济状况看，其只是一名案外公司的普通员工，工资收入不高，家庭较为困难，不足以承担本案的大额投资。四是甲作为长期在公司工作的人员，应当知道公司股东所享有的权利，而多年来其从未参与管理A公司，也未享受A公司的分红，这与认定其为A公司股东缺乏逻辑联系。五是甲与A公司的其他股东、实际控制人并无过深交情，其仅为案外B公司负责向A公司联系质量、安排生产的人员，其缺乏为A公司借名登记而使A公司完成招商引资任务的意思表示。六是A公司系由乙实际

控制。从公司股权变更登记来看，其他股东已发生了多次股权变更，而甲自成为股东后一直保留股东身份，且A公司从未为甲支付股权分红，这在一定程度上也印证乙所述利用外地人甲的身份将其登记为股东，可完成当地招商引资任务并享受优惠政策的目的。七是虽然工商登记资料中有甲新旧版身份证复印件，且有“与原件核对无误”“此复印件与原件一致”字样，但仅凭此点很难认定甲借名出资的事实成立。一方面，并不确定工商部门在办理入股手续时是否严格核对身份证原件；另一方面，甲与A公司联系业务时的联系函上有甲的身份证复印件，故不排除被A公司利用的可能。综上，由于没有证据证明甲存在出资、分红、管理公司的事实，且认定甲借名出资也缺乏事实基础，故本院认定甲系被冒名登记为A公司股东，甲要求确认其并非A公司股东的理由成立。

【参考裁判文书】江苏省高级人民法院（2016）苏民终837号钱某平与江阴市华源科技有限公司股东资格确认纠纷一案二审民事判决书。

（二）关于仅凭工商档案签字非本人所签主张涤除冒名登记的裁判说理示范

【适用情形】登记股东仅凭工商档案签字非本人所签为由，主张涤除冒名登记的，人民法院不予支持。

【说理示范】本案原告甲主张其系被冒名登记为A公司股东，诉求确认其不具有股东资格。本院认为，确认股东资格存在，系对积极事实的确认，而确认股东资格不存在，则系对消极事实的确认。证明否定事实之存在，其证明标准比确认积极事实更高。原告甲主张其对A公司的工商登记毫不知情，系他人冒用其身份证件进行登记，并以此否认其股东资格。本院认为，虽然A公司成立至今有关工商登记档案文件中的签名均非原告甲本人亲笔书写，但甲未能充分举证其身份证件被冒用的具体原因及冒用事实，故其证据不足，本院驳回原告甲的诉讼请求。

【参考裁判文书】广东省深圳市中级人民法院（2019）粤03民终13802号周某东、常某宇与朱某生、深圳市虹宇电子有限公司股东资格确认纠纷一案二审民事判决书。

（三）关于对登记事实知情但主张涤除冒名登记的裁判说理示范

【适用情形】登记股东以其被冒名登记为由，请求确认其不享有股东资格，但存在股权回购协商事实可证实登记股东知悉登记事宜的，人民法院不予支持。

【说理示范】股权登记行为是国家工商登记部门的行政职权，股东一经登记，对外即产生公示公信效力，非经法定程序，不得随意变更或撤销。本案当事人对有关公司章程等公司设立文件上的“甲”的签名系由他人代签并无争议，故本案审查重点在于上述签名是否经过甲本人事前授权或事后追认，甲主观上是否存有成为A公司股东的真实意思表示。首先，从A公司设立登记文件的内容看，甲身份证复印资料由工商登记机关加盖“经核实与原件一致”章，应当认定A公司在办理设立登记过程中提供了甲的身份证原件以供核验，鉴于甲未能提供反驳证据并对A公司持有其身份证原件作出合理解释，可以推断甲对A公司将其登记为股东是知情的。其次，根据甲与A公司法定代表人之间的电子邮件内容看，双方对A公司回购甲名下股权事宜曾展开协商，可见甲对其拥有A公司股权的事实是明知且认可的。甲主张该电子邮箱并非其一人专属使用、电子邮件系他人所发，但未提供证据予以证实。综上，应认定甲对A公司将其登记为公司股东之事实知情并同意，甲请求确认不是A公司股东，与事实相悖，应予驳回。

【参考裁判文书】江苏省无锡市中级人民法院（2010）锡商终字第189号朱某明与江苏三弘科技有限公司、沈某明、刘某股东资格确认纠纷一案二审民事判决书。

（四）关于受让人善意取得冒名股东转让股权的裁判说理示范

【适用情形】受让人善意取得冒名股东转让的股权，被冒名股东请求确认其股东资格，人民法院不予支持。

【说理示范】乙系进城务工人员，其身份证被甲捡拾并被用以注册成立A公司、开办银行账户，该事实有公安机关对A公司股东甲的询问笔录予以证明。在A公司设立时，甲冒用乙的身份证并暗中将乙一并登记为股东，双方并无共同成立公司的意思表示，甲的行为构成冒名出资。因乙系被冒名登记的股东，其名下股权的实际权益人仍为甲。甲以自己的意思处分其冒名登记在乙名下的股权并冒名将其转让给丙，且将乙名下股权变更登记至丙名下，系隐名股东处分自己投资权益的行为，该行为虽然可能损害他人姓名权，但没有损害乙的股东权益，其处分行为应认定为有效。丙在股权转让协议签订前已核实股东登记信息，尽到了审慎注意义务，且已实际取得股东资格。乙起诉请求确认其股东资格并办理股权变更登记，缺乏事实和法律依据，应予驳回。

【参考裁判文书】河南省开封市中级人民法院（2018）豫02民终2124号罗某银、王某红与开封市旭航企业管理咨询有限公司股东资格确认纠纷一案二审民事判决书。

七、关于涉及婚姻、继承的股东资格确认裁判说理示范

（一）关于公司章程未对股东资格继承作出排除性规定支持确认继承人股东资格的裁判说理示范

【适用情形】公司章程未对股东资格继承作出排除性规定，继承人起诉请求确认其股东资格并变更公司登记，人民法院予以支持。

【说理示范】遗产是公民死亡时所遗留的个人合法财产，遗产继承是法律规定的财产转让的合法方式，股权继承是遗产继承的一种。有限责任公司的股权就其本质属性而言，既包括股东的财产权，也包括基于财产权产生的身份权即股东资格。对于股东死亡后其股东资格的继承问题，《公司法》第75条作出了具体规定，“自然人股东死亡后，其合法继承人可以继承股东资格；但是，公司章程另有规定的除外”。本案中，A公司的章程并未对股东资格的继承作出排除性规定，故甲死亡后，乙作为其第一顺位的合法继承人，有权继承其在A公司的股东资格，并享有相应的股东权利。故乙请求确认其股东资格并变更公司登记，符合法律规定，应予支持。

【参考裁判文书】云南省临沧市中级人民法院（2019）云09民终455号耿马县孟洲金粒开发有限责任公司、赵某华股东资格确认纠纷一案二审民事判决书。

（二）关于公司章程对股东资格继承作出排除性规定不支持确认继承人股东资格的裁判说理示范

【适用情形】公司章程就股东资格继承作了限制性规定，继承人请求确认其股东资格，人民法院不予支持。

【说理示范】本案是股东资格继承引发之诉讼。依据《公司法》第75条的规定，自然人股东死亡后，其合法继承人可以继承股东资格；但是，公司章程另有规定的除外。可见，法律允许公司章程另行规定股东资格的继承办法，这也体现了法律对公司意思自治和公司封闭性原则的保障和维护。结合本案，A公司章程系由甲生前参与制定，该章程对股东死亡后其股东资格的继承问题作了排除性的规定。该规定是公司内部组织经营的自主性规范，不涉及对公司以外他人或社会利益的影响，属于公司内部自治范畴，同时该规定也未违反法律、行政法规的强制性规定，且一直为公司及其他股东所遵守，因此法律应尊重A公司章程对股东资格继承所作的特殊规定和预先安排。故乙以其作为甲的合法继承人请求确认其股东资格，缺乏事实和法律依据，应予驳回。

【参考裁判文书】江苏省扬州市中级人民法院（2018）苏10民终811号潘某文、周某宇与吴某平、江苏扬州建工建设集团有限公司损害股东利益责

任纠纷一案二审民事判决书。

（三）关于确认继承人股东资格但不支持其他股东优先购买权的裁判说理示范

【适用情形】公司章程未对股东资格继承及其他股东优先购买权作出特别规定，确认继承人股东资格并支持办理公司变更登记，其他股东主张行使优先购买权的，不予支持。

【说理示范】自然人股东死亡后，其合法继承人可以继承股东资格；但是公司章程另有规定的除外。本案中，A公司的章程对死亡股东的股东资格继承未作排除性规定，故乙作为A公司原股东甲的配偶，有权依据甲的遗嘱继承其在A公司享有的股权及对应的股东资格。至于第三人丙提出行使股东优先购买权的主张，本院认为，按照通常理解，继承是股东资格继受取得的一种方式，但其与一般意义上的股权转让并不等同。《公司法》第75条所规定的股东资格的继承应认定为当然继承，并不受制于其他股东的同意权和优先购买权。在A公司章程未特别规定其他股东对继承引发的股东资格或股权变动享有优先购买权的情形下，丙主张优先购买权缺乏事实和法律依据。故乙请求确认其股东资格并办理变更登记，符合法律规定，应予支持。

【参考裁判文书】上海市闸北区人民法院（2015）闸民二（商）初字第574号韩某波与南兴控股有限公司股东资格确认纠纷一案一审民事判决书。

（四）关于登记一方擅自转让夫妻股权时受让人取得股权的裁判说理示范

【适用情形】夫妻一方擅自转让夫妻股权，转让行为有效，受让人取得股权并享有股东资格。

【说理示范】《公司法》关于有限责任公司股东向股东以外的人转让股权的限制除第71条第2款规定的“应当经其他股东过半数同意”外，并无其他诸如股东的配偶享有异议权等规定。从维护交易安全、提高商事效率角度看，除非股权转让双方存在以畸低价格转让等恶意串通行为外，婚姻家庭法律制度中有关夫妻平等处分共有财产的规则不能限制夫妻股权的自由转让。若无证据证明转让行为存在上述恶意串通行为，股权转让行为的效力及法律后果不受影响，并且主张者应对此负担举证责任。本案中，甲无证据证明乙和丙之间存在恶意串通转让夫妻股权的情形，且丙全额支付合理对价受让股权、符合公司法及A公司章程规定的程序并已办理股权变更登记，丙已实际取得诉争股权、享有股东资格，因此甲提出的股权转让合同无效并要求将诉争股权变更登记至乙名下的主张不能成立。

【参考裁判文书】福建省福州市中级人民法院（2010）榕民终字第2301

号庄某与周某、卓某股权转让纠纷一案二审民事判决书。

八、关于公司增资的股东资格确认裁判说理示范

（一）关于公司法定代表人超越权限进行增资支持确认认股人股东资格的裁判说理示范

【适用情形】公司法定代表人未经股东会同意进行增资扩股，认股人不知道该代表行为超越权限并履行了出资义务，请求确认股东资格的，予以支持。

【说理示范】增资扩股是投资者将财产投入公司，换取股权的一种交易方式。因此，公司增资扩股属于合同行为，其中公司发出增资扩股的通知可以视为要约邀请，认股人认购股权为要约，公司卖出股份为承诺，上述行为依法履行完毕，增资扩股即成立。结合本案，首先，A公司的增资扩股是在其法定代表人的主持下进行，而依据《民法典》第61条的规定，法定代表人代表公司的权利直接来源于法律的明确规定，A公司的股东会无权否定法定代表人对外所作的意思表示。其次，依据《民法典》第504条的规定，公司的法定代表人超越权限订立合同，除相对人知道或应当知道其超越权限外，该代表行为有效。本案中，A公司发出的增资扩股通知及说明书中明确载明增资扩股已经由股东会作出决议，故即便A公司法定代表人实际未经股东会同意即对外进行增资扩股的行为超越职权，现有证据也无法证明甲知道或者应当知道该行为超越职权，且甲已实际履行出资义务并认购股权，该出资行为依法有效，对A公司具有约束力。因此，应当对甲的股东资格予以确认，A公司应限期办理变更登记手续。

【参考裁判文书】江苏省南通市中级人民法院（2005）通中民二终字第021号冯某明等与南通市观音山供销社有限责任公司股东资格确认纠纷一案二审民事判决书。

（二）关于增资协议无效不支持确认认股人股东资格的裁判说理示范

【适用情形】增资协议无效，认股人请求确认其股东资格并基于股东身份请求盈余分配，人民法院不予支持。

【说理示范】本案为有限责任公司对外增资扩股引发的纠纷，认股人请求确认股东身份并请求公司盈余分配，属确认和给付并存之诉，确认之诉是前提，给付之诉是确认之诉的法律后果。依据《公司法》第37条、第43条、第46条、第178条的规定，增资属于公司重大决策事项，必须经过代表三分之二以上表决权的股东通过方可实施。因此，合法有效的股东会决议是增资

的法定前提。如果认股人与公司签订的增资协议严格依照股东会决议订立，且增资协议内容客观真实，没有违反法律、行政法规的强制性规定，则应认定为有效，反之则无效。本案A公司增资并未按照股东会决议设定的条件和要求引入战略投资者，A公司与甲订立增资协议超越了股东会决议的范围，并以合法的增资协议形式掩盖了合同双方非法利益输送的目的，依照《民法典》第153条之规定，应当认定为无效。故甲基于该无效协议请求确认其享有A公司股东资格并分配盈余，缺乏事实和法律依据，应当予以驳回。

【参考裁判文书】最高人民法院（2013）民二终字第19号股权确认、盈余分配纠纷一案二审民事判决书。

（三）关于不支持确认名股实债的投资人股东资格的裁判说理示范

【适用情形】未经股东会形成增资扩股决议、办理工商变更登记等程序，明股实债的投资人请求确认其股东资格，人民法院不予支持。

【说理示范】投资人以增资扩股的方式成为公司股东，须有股权投资的意思表示，且经公司股东会形成增资扩股决议、公司办理变更登记手续等法定程序，方能享有股东资格、行使股东权利。从增资扩股程序看，A公司在与甲订立入股协议前，并未就增资扩股形成股东会决议；从协议约定内容看，双方订立的入股协议虽约定甲入股成为股东，但不参与公司经营和管理，不负担公司亏损，仅固定收取分红款，可见双方均无入股投资的真实意思表示，该约定不符合股权投资关系的法律特征；从本案合同履行情况看，甲依约向A公司出资后，A公司并未办理注册资本金和股东的工商变更登记，故有关增资扩股并无实际履行。综上，本案入股协议名为股权投资，实为借贷关系。A基于借贷关系要求确认其股东资格，依据不足，应予以驳回。

【参考裁判文书】河北省石家庄市中级人民法院（2020）冀01民终1927号张某峰、赵某艳公司增资纠纷一案二审民事判决书。

（四）关于增资未经股东会决议原股东股权比例不变的裁判说理示范

【适用情形】未经公司形成有效的股东会决议，他人向公司虚假增资以稀释公司原有股东股份，即使该出资行为已被工商登记机关备案登记，仍应认定为无效，公司原有股东股权比例应保持不变。

【说理示范】A公司由原告甲与被告乙等五人共同出资设立，设立时原告依法持有A公司×%的股权。在甲未对其股权作出处分的前提下，除非A公司进行了合法的增资，否则甲的持股比例不应当降低。乙主张A公司已完成增资，并形成股东会决议。现经笔迹鉴定，A公司的股东会决议上非甲本人签名，且股东丙亦否认曾召开股东会并就增资形成决议。因此，在没有证据证明甲明知且在股东会上签名同意A公司增资的情况下，对A公司设立时的股东内部而言，该增资行为无效，对甲没有法律约束力，不应以工商登记变更登记后的注册资本金额来降低甲在A公司的持股比例，仍应按原有股权比例在股东内部进行股权分配。

【参考裁判文书】上海市第二中级人民法院（2013）沪二中民四（商）终字第188号黄某忠与上海新宝建筑安装工程有限公司、陈某庆、张某、陈某、顾某平、王某英、江苏恩那斯重工机械有限公司股东资格确认纠纷一案二审民事判决书。

九、关于让与担保的股东资格确认裁判说理示范

（一）关于名为股权转让实为让与担保支持确认转让人股东资格的裁判说理示范

【适用情形】名为股权转让实为股权让与担保，转让人请求确认其享有股东资格的，人民法院应予支持。

【说理示范】本案争议焦点在于，案涉股权转让协议的定性及效力认定、转让人是否丧失股东身份。其一，股权让与担保的法律构造为，债务人将股权转移至债权人名下，债务清偿后，股权应返还于债务人；债务履行不能时，债权人可就股权变价并经过债务清算后受偿。将标的物股权转移给他人的债务人或第三人形式上是转让人，实质上是担保人；受领标的物的他人形式上是受让人，实质上是担保权人。认定股权转让协议是否为股权让与担保应探求当事人的真实意思表示，即通过转让标的物股权为主债权债务关系提供担保。本案中，甲与乙签订的股权转让协议符合让与担保的认定特征，应认定为股权让与担保合同。该股权让与担保，不违反法律及行政法规的禁止性规定，应属有效。其二，有限责任公司股权权能中包含财产权及社员权，股权让与担保本身仅涉及其中的财产权部分，不影响实际股东社员权利的行使。名义股东与实际股东并存的情形并不违反公共利益及法律、行政法规的强制性规定，也符合常见的商业惯例，故应尊重当事人的商业判断和权利处分。乙依据股权转让协议在工商登记中公示为股东，其权利行使应以保障债权实现为限，故其应为名义股东而非实际股东。债务人并不因此完全丧失股东身份，其仍为实际股东并行使相应的股东权利。

【参考裁判文书】北京市第一中级人民法院（2019）京01民终2736号胡某奇与北京博源工贸有限责任公司、西藏信托有限公司股东资格确认纠纷一

案二审民事判决书。

（二）关于让与担保受让人不可主张股权的裁判说理示范

【适用情形】在让与担保情形下，受让人可主张担保权利而不得主张股权。

【说理示范】本案中，根据A公司、B公司与甲签订的《三方协议》，以及甲与乙签订的《协议书》的约定，A公司股权登记至甲名下系作为债权的担保，而非真正的股权转让；甲虽在工商登记中记载为A公司的股东，但仅为名义股东，而非实际股东。此种通过转让标的物的所有权来担保债权实现的方式属于非典型担保中的让与担保，甲可以依据约定主张担保权利，但其并未取得股权。

【参考裁判文书】最高人民法院（2015）民申字第3620号赵某恒与河北金建房地产开发有限公司、王某维、郑某超、殷某岚股东资格确认纠纷一案申请再审民事裁定书。

十、关于解除股东资格的裁判说理示范

（一）关于公司作出股东除名决议时排除该股东表决权的裁判说理示范

【适用情形】公司对严重违反出资义务的股东作出除名决议时，可排除该股东的表决权。

【说理示范】本案的证据能够证明A公司抽逃了其认缴的全部出资款，且经B公司催告后在合理期限内仍不返还。根据《公司法司法解释（三）》第17条有关股东除名的规定，股东会对拒不出资股东予以除名的，该股东对该表决事项不具有表决权。对于A公司抽逃全部出资的行为，B公司已给予了合理期限的催告，并在召开股东会时通知A公司的代表参加并给予其申辩的权利。最后表决时A公司对其是否被解除股东资格不具有表决权。B公司另两名股东以100%表决权同意并通过了解除A公司股东资格的决议，该决议有效。A公司股东资格被解除后，B公司应当及时办理法定减资程序或者由其他股东或第三人缴纳相应的出资。

【参考裁判文书】上海市第二中级人民法院（2014）沪二中民四（商）终字第1261号宋某祥诉上海万禹国际贸易有限公司等公司决议效力确认纠纷一案二审民事判决书。

（二）关于公司作出股东除名决议需满足三要件的裁判说理示范

【适用情形】解除股东资格需满足根本性违反出资义务、催告和限期补正、形成有效决议三个条件。

【说理示范一】公司可以以股东会决议解除某股东的股东资格，但是必须符合以下条件：（1）股东未履行出资义务或者抽逃全部出资；（2）公司履行了催告的前置程序，并给予股东弥补的合理期限；（3）公司以股东会决议的形式作出除名决议。

首先，有关股东是否严重违反出资义务的认定。A公司应当以进口机器设备出资。B公司主张A公司从未实际出资，公司的生产线非A公司出资。根据现已查明的事实情况，B公司所提供的证据难以证明A公司构成未履行出资义务或者抽逃全部出资的情形。

其次，关于公司履行催告前置程序并给予股东合理的弥补期限的认定。当股东未履行出资义务或者抽逃全部出资时，公司首先应当催告该股东缴纳或返还出资，只有在经催告后在合理期限内股东仍未缴纳或返还出资的，公司才可以召开股东会审议股东除名事项。×年×月×日，B公司向A公司寄送《通知函》，要求A公司马上缴清出资款，被拒收。3日后，B公司发出了《召开股东会（董事会）的通知》，股东会于×年×月×日对A公司作出了除名决议。在《通知函》的邮件中，并未给予A公司缴纳出资款的合理期限，亦未告知A公司若不在合理期限内缴纳出资或向公司明确说明、提出申辩，公司将启动除名程序的法律后果。B公司未给予A公司缴足出资的合理期限即召开股东会并作出了决议，不符合前置程序的法律要求。

最后，关于公司以股东会决议形式作出除名决议的认定。除名决议内容与被除名股东有直接利害关系，可以考虑限制被除名股东的表决权。但是，即使公司行使股东除名权并作出相应决议，可以限制被除名股东的表决权，也不应排除被除名股东接受会议通知和参加会议的权利。公司欲召开会议审议股东除名事项时，应当通知未出资股东参加。本案中，解除A公司股东资格的会议审议事项从未通知A公司，B公司继而对未通知事项作出了股东会决议。故案涉股东会决议存在严重程序问题。

综上，本院认定B公司作出解除A公司股东资格的股东会决议无效。

【参考裁判文书】北京市第三中级人民法院（2018）京03民终468号盈之美（北京）食品饮料有限公司与泛金管理有限公司、北京汇源佳必爽商贸有限责任公司公司决议效力确认纠纷一案二审民事判决书。

【说理示范二】本院认为，本案为公司决议效力确认纠纷。《公司法》第22条第1款规定："公司股东会或者股东大会、董事会决议内容违反法律、行政法规的无效。"《公司法司法解释（三）》第14条第1款规定："股东抽逃出资，公司或者其他股东请求其向公司返还出资本息，协助抽逃出资的其他股东、董事、高级管理人员或者实际控制人对此承担连带责任的，人民法院应予支持。"第17条规定："有限责任公司的股东未履行出资义务或者抽逃全部出资，经公司催告缴纳或者返还，其在合理期间内仍未缴纳或者返还出资，公司以股东会决议解除该股东的股东资格，该股东请求该解除行为无效的，人民法院不予支持。在前款规定的情形下，人民法院在判决时应当释明，公司应当及时办理法定减资程序或者由其他股东或者第三人缴纳相应的出资。在办理法定减资程序或者其他股东或者第三人缴纳相应的出资之前，公司债权人依照本规定第十三条或者第十四条请求相关当事人承担相应责任的，人民法院应予支持。”依照上述法律和司法解释的规定，可以明确以下法律要件：一是抽逃出资行为是指股东抽逃其自身的出资，而非其他股东的出资；二是解除抽逃出资的股东资格即股东除名行为是一种最严厉的保证资本确定和充实的措施，其后果是使股东丧失股东资格，不仅对股东权利影响重大，还对公司债权人利益产生重要影响，故除名后公司需及时履行减资程序或由其他人补充相应出资。因此，公司作出该项决议应当符合一定的条件和程序，即解除股东资格只限于严重违反出资义务的情形，包括未出资和抽逃全部出资，不包括未完全履行出资和抽逃部分出资的情形；在作出股东除名前，应给予该股东以补正的机会，履行催告在合理期限内缴纳或返还出资的程序，如果双方对抽逃出资事实本身存在重大争议，应先通过法定程序固定和认定相应事实后再作出决议；最后还应依法召开股东会，依照法定程序和方式形成股东会决议。

第一，从股东会决议的内容来看，A 公司是以甲抽逃出资、催缴未果为由取消其股东资格的。《民事诉讼法》第 67 条第 1 款规定：“当事人对自己提出的主张，有责任提供证据。”《民事诉讼法司法解释》第 90 条规定：“当事人对自己提出的诉讼请求所依据的事实或者反驳对方诉讼请求所依据的事实，应当提供证据加以证明，但法律另有规定的除外。在作出判决前，当事人未提供证据或者证据不足以证明其事实主张的，由负有举证证明责任的当事人承担不利的后果。”依照上述规定，A 公司首先应对甲抽逃出资的事实承担证明责任。对此，A 公司提交的股东会决议及其答辩内容均认为甲抽逃了自己的全部出资。由于 A 公司历年经营和财务审计均未提出该问题，A 公司既未能指明其财务支出的哪一笔属于抽逃出资，又未能提供证据证明哪一笔款项最终转到了甲名下，更未能证明甲与其所述的其他经手人、收款人存在合谋、串通行为，仅笼统地提出款项去向不明即认为甲抽逃了全部出资，而其中的多笔款项属于正常经营支出，故 A 公司该方面的证据明显不足。

第二，从 A 公司作出取消甲股东资格决议的过程来看，A 公司未严格遵守司法解释规定的条件和程序。如前所述，解除抽逃出资的股东资格是一种最严厉的保证资本确定和充实的措施，其目的在于维持正常经营公司的资本充实，维护债权人利益，这从该司法解释第 2 款规定的应当及时履行减资程序或由其他人补充相应出资不难看出，其条件和程序是必须针对未出资和抽逃全部出资等严重违反出资义务的股东，在作出除名前，应履行催告其合理期限内缴纳或返还出资的程序，给予该股东以补正的机会。但如果双方对抽逃出资事实本身存在重大争议，则应先通过法定程序固定和认定相应事实后再作出决议。具体到本案，首先，A公司在作出取消甲股东资格的决议前已不再正常经营，对外亦无债权人，其追缴出资显然不是为了维持资本确定和充实，后续亦无履行减资或由第三人补足出资的必要。并且，根据《公司法》第180条和第183条关于公司解散和清算的规定，此时A公司依法应当组织清算组进行清算，并根据清算情况清偿债务、分配剩余资产，只有在其资产不足以清偿对外债务的前提下，才应依法追缴未足额出资股东未付的注册资金，用于清偿公司对外所负债务，而非取消甲的股东资格。因此，现有证据表明A公司作出取消甲股东资格的决议不符合相应法律规定的目的。其次，从本案诉争双方提供的证据和事实不难看出，A公司是在甲对抽逃出资事实存在巨大争议的情况下作出决议的。根据上述司法解释规定的解除股东资格的条件和程序，A公司在作出取消甲股东资格决议前，应当首先确定其抽逃了全部出资，并履行法定的催缴程序，才能作出相应的决议。故A公司在甲完全否认其抽逃出资的情况下未通过会计鉴定、审计或者司法途径等严格程序对其抽逃出资事实进行确认，即作出相应决议，亦不符合法定条件和程序。

综上，本院认定A公司作出解除甲股东资格的股东会决议无效。

【参考裁判文书】广东省深圳市中级人民法院（2020）粤03民终11788号佘某英与深圳市农产品坂田肉联厂有限公司公司决议效力确认纠纷一案二审民事判决书。

十一、关于执行异议之诉的股东资格裁判说理示范

（一）关于隐名股东在执行异议之诉中能否请求确认股东资格的裁判说理示范

【适用情形】隐名股东提起执行异议之诉，同时请求确认股东资格的，人民法院应当合并审理。

【说理示范】两个不同的法律关系不能在一个案件中合并审理，系审理大多数民事案件的一般性规则，但其效力并不及于民事案件审理的所有领域，案外人执行异议之诉即为特殊的审理程序。根据《民事诉讼法司法解释》第310条之规定，无论隐名股东是否对执行标的股权提出确权，审查案涉股权的归属和性质都是判断能否排除执行的前提和基础。因此，隐名股东针对诉争

股权提起案外人执行异议之诉以排除对股权的强制执行，同时提起股东资格确认之诉的，人民法院应当合并审理，一并作出裁判。

【参考裁判文书】最高人民法院（2016）最高法民终 701 号谢某春与卢某生、施某服、邓某珍等案外人执行异议之诉一案二审民事判决书。

（二）关于隐名股东不能以内部约定对抗外部债权人申请执行的裁判说理示范

【适用情形】隐名股东主张其为股权的实际权利人并提出执行异议之诉，要求停止执行的，人民法院不予支持。

【说理示范】《公司法》第 32 条第 3 款规定："公司应当将股东的姓名或者名称及其出资额向公司登记机关登记；登记事项发生变更的，应当办理变更登记。未经登记或者变更登记的，不得对抗第三人。"依据该条规定，依法进行登记的股东具有对外公示效力，隐名股东在公司对外关系上不具有公示股东的法律地位，其不能以其与显名股东之间的约定为由对抗外部债权人对显名股东主张的正当权利。因此，当显名股东因其未能清偿到期债务而成为被执行人时，其债权人依据工商登记中记载的股权归属，有权向人民法院申请对该股权强制执行。根据本案原审查明的事实，A 公司工商登记记载的股东为 B 公司和 C 公司，B 公司依另案生效判决向法院申请冻结并强制执行 C 公司在 A 公司的股权，有事实和法律依据。因此，本案中，甲是否为 A 公司的隐名股东，不影响 B 公司实现其请求对 A 公司登记股权进行强制执行的权利主张。

【参考裁判文书】最高人民法院（2013）民二终字第 111 号哈尔滨国家粮食交易中心与哈尔滨银行股份有限公司科技支行、黑龙江粮油集团有限公司、黑龙江省大连龙粮贸易总公司、中国华粮物流集团北粮有限公司执行异议纠纷一案二审民事判决书。

十二、关于股份合作公司的股东资格确认裁判说理示范

【适用情形】涉及股份合作公司的股东资格确认之诉，不属于人民法院民事诉讼受理范围，人民法院应驳回起诉。

【说理示范】本案审查的重点在于甲的起诉是否属于人民法院民事诉讼受理范围。本案中，A 股份合作公司是由原农村集体经济组织改制而成立，甲请求确认其为 A 股份合作公司股东并请求支付分红款，涉及原农村集体经济组织成员资格认定和股东待遇问题，属于 A 股份合作公司的自治范围，A 股份合作公司应在地方政策指引下依据公司章程规定程序自行作出决定，本案

不属于人民法院民事诉讼受理范围，应予驳回起诉。

【参考裁判文书】广东省高级人民法院（2021）粤民申2250号张某义与深圳市沙井和一股份合作公司股东资格确认纠纷一案申请再审民事裁定书。

第五节 判决主文规范表述

股东资格确认纠纷可分为股东资格积极确认之诉和股东资格消极确认之诉两个类别。对于积极确认之诉的判决主文，一般包括两个方面的内容，即确认股权归属及变更工商登记。而对于消极确认之诉的判决主文，往往仅对原告是否具有股东身份进行判定，股东登记的涤除属于公司内部自治范畴，不宜在判项中直接处理。实践中，股东资格确认之诉的判决主文表述不够统一，为避免给执行程序及当事人造成困扰，判决主文应明确、具体。股东资格确认纠纷判决主文规范表述详见表1。

表1 股东资格确认纠纷判决主文规范表述列表

裁判类型	裁判事项	裁判主文
股东资格积极确认	请求确认股权归属	1. 争议股权原登记在被告目标公司名下： 确认原告A为被告B公司持股×%的股东； 2. 争议股权原登记在其他人名下： 确认登记在第三人（或被告）C名下的被告B公司×%的股权归原告A所有； 3. 请求确认股东资格及持股时间： 确认原告A自×年×月×日起为被告B公司持股×%的实际股东
	请求变更公司股权登记	被告B公司应于本判决生效之日起三十日内将登记在第三人C名下的×%的股权变更登记至原告A名下，第三人C应予协助配合
股东资格消极确认	请求确认不具备股东资格	1. 请求确认不具有股东资格： 确认原告A不具有被告B公司的股东资格； 2. 请求确认不具备股东资格的具体起始时间： 确认原告A自×年×月×日起不具备被告B公司的股东资格

第二章

股东名册记载纠纷

第一节　类案纠纷审判概述

股东名册是公司内部确认股东身份的重要依据，是认定和处理公司与股东关系最直接的证据。各国公司法为高效便捷处理公司与股东关系，普遍规定有限责任公司和股份有限公司必须配备股东名册。[①]股东名册作为要式、静态记载股东的技术性制度，在保障投资者权益及股权转让等方面具有重要价值。投资者取得公司股东身份，除了通过依法履行出资义务或继受取得等方式获得股权即实质要件外[②]，还需通过股东名册记载等内部形式对股东身份进行记载和确认，即具备股东身份的形式和程序要件，才能实现股东资格确认和股东权利顺利行使。正常情况下，股东身份的各类外在表现形式应当与公司股权实质享有主体情况一致，但是，是否办理完整的股东身份确认手续，不仅与公司的管理水平和制度运行情况有关，也与股东是否具备股东身份的意识有关。实践中，常常会因各类形式要件与实质要件不一致而引发股东名册记载纠纷。权利人虽已具备股东身份的实质要件，但因公司怠于履行股东名册记载义务导致其无法行使股东权利，只得通过提起股东名册记载纠纷之诉，要求人民法院判决公司履行相应义务。股东名册记载纠纷诉讼的目的主要是解决股东与公司之间的关系问题，确定股东能否获得公司对其股东资格的确认。

① 从境外关于股东名册记载及置备的相关立法与实践来看，《德国有限责任公司法》第 40 条规定，管理董事应向商业登记机关提交一份由其签名的股东名单。《意大利民法典》第 2490 条规定的公司必备簿册中第 1 项即为股东名册。《日本商法典》第 121 条及第 123 条规定，股份公司须置备股东名册；第 263 条规定，董事应将公司章程置备于本公司及分公司，将股东名册、零股存根簿及公司债存根簿置备于本公司。可见境外主要国家的立法中均将置备股东名册规定为公司法定义务。由此可见，置备股东名册具有重要价值。

② 本书中“获得股权”“成为股东”“取得股东身份”和“实质要件”等表述均为同一意思，只是在不同语境下有不同的表述。

一、股东名册法律含义

（一）股东名册记载事项

股东名册是指有限责任公司和股份有限公司依据公司法的规定必须置备的，用以记载股东及其所持股份数量、种类等事宜的簿册，是公司成立后以书面形式记载全体股东信息、供股东和相关利益主体查询、股东可据此向公司行使股东权利的凭证。对于有限责任公司以及发行记名股票的股份有限公司而言，股东名册必须记载股东的姓名或名称、持股数量等内容。投资人履行出资义务或依法继受取得股权等应当记载或变更股东名册记载事项时，公司应当予以记载或变更。对于发行无记名股票的公司来说，公司不存在股东名册，但也应当记载其股票数量、编号及发行日期。

根据《公司法》第 32 条的规定，有限责任公司股东名册的法定记载事项有三项内容：一是股东的姓名或者名称及住所；二是股东的出资额；三是股东出资证明书编号。其中股东出资额应当包括其认缴和实缴的出资额。①

根据《公司法》第 130 条的规定，发行记名股票的股份有限公司股东名册的法定记载事项有四项内容：一是股东的姓名或者名称及住所；二是各股东所持股份数；三是各股东所持股票的编号；四是各股东取得股份的日期。②

（二）股东名册性质

根据《公司法》的相关规定，股东名册具有如下三个显著特征：

一是股东名册是公司自治管理的重要体现。股东名册是股东之间以及股东与公司之间的一种契约性安排，强调公司的自治管理，作为公司实现股权自治管理的重要文件，公司内部置备股东名册是公司的内部管理行为，主要作用在于平衡公司内部关系，具有相对自治的特性。

二是股东名册是公司法规定的法定簿册。将股东记载于股东名册是公司的法定义务，违反法定义务，应承担相应的法律责任。置备股东名册是公示

---

①《公司法》第 32 条在二次审议稿中变更为第 55 条，内容为“有限责任公司应当置备股东名册，记载下列事项：(一)股东的姓名或者名称及住所；(二)股东的出资额及出资时间；(三)出资证明书编号；(四)取得和丧失股东资格的时间。记载于股东名册的股东，可以依股东名册主张行使股东权利”。增加了股东的出资时间、取得和丧失股东资格的时间等内容。

②《公司法》第 130 条在二次审议稿中变更为第 102 条，内容为“股份有限公司应当制作股东名册并置备于公司，股份在依法设立的证券登记结算机构登记的除外。股东名册应当记载下列事项：(一)股东的姓名或者名称及住所；(二)各股东所认购的股份种类及股份数；(三)发行纸面形式的股票的，股票的编号；(四)各股东取得股份的日期”。

股东资格的一种法定方式，产生相应的公示效力。[①]

三是股东名册记载具有双重属性。一方面股东名册记载是公司认可股东身份的重要方式和标志，另一方面是股东身份被公司认可后取得公司股权、成为公司股东的一种对内公示方式。股东名册记载本身并不能直接产生创设股权的效果。

（三）股东名册效力

公司置备的股东名册主要有三方面的法律效力：

一是推定效力。在公司内部应推定记载于股东名册上的人为公司股东，以股东名册记载的出资额或认缴出资额作为股东在公司享有的股权份额。股东仅凭股东名册上的登记即可向公司主张股东身份并行使股东权利，无需出示出资证明书或举证自己作为股东的实质要件。在处理公司事务时，凡是涉及股权确认事项的，除有特殊约定外，股东会、股东和董事会及董事等应当共同遵循股东名册记载的内容。该效力是一种推定效力，否认股东名册记载的股东之权益的，否认者需承担举证责任。如果认为股东名册记载有误或者存在漏记等情况，相关权利人应当申请公司予以变更或者补正，在变更或者补正之前，处理公司事务涉及股权确认时，仍应以股东名册为准。

二是对抗效力。股东名册作为公司记载股东信息的簿册，对于认定股东身份具有重要证明意义，产生相应的公司内部公示效力。任何名义上或实质上的权利人在尚未完成股东名册登记或者股东名义变更前，即使已具备股东的实质要件也不能对抗公司，不能对公司行使股权，股东名册上记载的原股东仍视为真正股东。只有完成股东名册的登记或者名义变更后，才能成为可对公司主张股东权利的法律意义上的股东。如在有限责任公司股权转让时，受让方只有在公司认可其为新股东时才能产生取得股权的效果。原则上在公司股东名册上进行了记载，才能以股东身份对公司行使股东权利。但若公司不存在规范名册时，相关公司文件，如章程、会议纪要等能证明公司认可受让方为新股东的，也能产生相应的效力。

三是免责效力。对于公司来说，公司依据股东名册向股东履行义务，可以获得免责。公司可只将股东名册记载的股东视为股东，如按股东名册的记载分红、通知开会以及记录会议表决结果等，即使股东名册上的股东不是真

---

①《公司法》第 139 条在二次审议稿中变更为第 159 条，内容为“股票的转让，由股东以背书方式或者法律、行政法规规定的其他方式进行；转让后由公司将受让人的姓名或者名称及住所记载于股东名册。股东会召开前二十日内或者公司决定分配股利的基准日前五日内，不得变更股东名册。法律、行政法规或者国务院证券监督管理机构对上市公司股东名册变更登记另有规定的，从其规定”。

正的股东，或者记载事项有误，公司按照股东名册履行职责后，也取得了对抗真正股东的权利，权利人追究公司责任的，除有特殊约定外，公司亦可免除其相应法律责任。[①]

（四）股东名册与相关概念的联系

1. 股东名册与出资证明书

出资证明书是公司为已经履行完毕出资义务的股东签发的出资证明，可以一定程度上起到证明股东身份的作用，但其只是公司一方单方签发的、由股东自己持有的证明文件，难以起到单独证明股东身份的作用，更不具有对外公示的效力，加上实践中容易被伪造，所以立法只要求公司应为股东签发出资证明书，并未赋予出资证明书具有确认股东身份或资格的法律效力。出资证明书最重要的意义在于证明股东出资义务的完成，即出资协议或公司章程中约定的出资义务履行完毕后，公司不能再向其行使出资义务的履行请求权。置备股东名册则是比签发出资证明书更为重要、也更具有公示意义的程序与记载。股东名册记载了全体股东信息，置备于公司，可供股东及利益相关者查询，股东可以此作为向公司行使股东权利的凭证。

2. 股东名册与工商登记

股东名册和工商登记均是取得完整无瑕疵的股东身份的形式和程序要件，由于国家公权力的介入，使得工商登记这种公示方式具有了对外公示的效力。原则上，工商登记的股东信息应与股东名册一致，但两者产生的效力不同。工商登记不仅是公司取得法人主体资格、获得营业资格的前提，也是确认股东资格的最重要程序，且是唯一具有对抗所有第三人效力的程序。工商登记本身并不创设股东资格，仅属于证权性登记。善意第三人基于商法外观主义的信赖利益，可以依据登记信息要求登记股东按登记内容对外承担责任。实践中，存在有些股东既未记载于股东名册亦未办理工商登记，或者仅记载于股东名册或仅进行工商登记以及虽同时具备股东名册记载和工商登记要件但二者记载和登记的内容不一致等不规范情形。

3. 股东名册与股东资格

股东名册是证明股东资格的文件，具备股东资格条件是记载于股东名册的前提。股东资格条件问题涉及的是基础关系，是指取得股权或者股东资格的原因行为或者原因关系。股东资格或者股权的取得，学理上通常依据民法中民事权利取得的方法，将其区分为原始取得与继受取得两大类。[②]公司法上

---

① 参见最高人民法院民事审判第二庭编著：《最高人民法院关于公司法解释（三）、清算纪要理解与适用》，人民法院出版社 2016 年版，第 361~362 页。

② 也有观点认为，应分为三大类，即原始取得、继受取得和善意取得。

也有将股权取得区分为以下两类：基于法律行为的股权取得和基于法定原因的股权取得。基于法律行为的股权取得是最主要的股权取得方法，包括公司设立时通过出资协议取得股权、公司成立后通过股权转让协议或者增资协议取得股权，也包括公司成立后基于股权赠与协议或换股协议取得股权。公司实务中出现纠纷频率最高的是基于股权转让协议而发生的股东资格确认纠纷。正如有的学者指出，“有限责任公司中股权的对外转让，涉及诸多法律问题，核心乃在于基于法律行为的股权变动的模式”。基于法定原因的股权取得主要包括自然人股东死亡时基于继承而发生的股权取得、公司合并或分立时发生的股权取得等。① 股东名册是确认股东资格的一种方式，本身并不产生创设股东资格的效力。

二、股东名册记载纠纷概述

（一）股东名册记载纠纷案由释义

股东名册记载纠纷是最高人民法院《民事案件案由规定》（2020 年修正）中“与公司有关的纠纷”项下的三级案由。股东名册记载纠纷是指依照公司法规定股东名册必须记载股东的姓名或名称、持股数量等内容，在股东履行出资义务后或股东转让股权等发生应当变更股东名册的记载事项时，由于公司懈怠或者过失而未变更股东名册所产生的纠纷。

从该定义可知，股东名册记载纠纷包括两方面要件。

1. 存在应当记载股东名册的事项前提

当事人依法履行出资义务或者依法继受取得股权是应当将当事人记载于股东名册的事项。如当事人能提供证据证明其已经实际履行了出资义务或者依法继受了股权，就可以要求公司履行记载股东名册的义务。同时也意味着当事人提起股东名册记载纠纷之诉，要求公司履行股东名册记载义务时应能提供证据证明存在应当记载或变更股东名册的事项。

2. 存在公司怠于记载或变更股东名册的事实

就证明标准而言，只要主张方证明公司未将其记载于股东名册或公司未能提供证据证明其已将股东记载于股东名册即可认定公司怠于记载事实。根据《公司法司法解释（三）》第 23 条的规定，只要投资主体取得公司股东资格条件，公司就应当向其履行股东名册记载的义务。此处并未赋予公司就当事人取得股权后不履行股东名册记载义务享有任何抗辩的空间。换言之，公

---

① 参见刘凯湘：《股东资格认定规则的反思与重构》，载《国家检察官学院学报》2019 年第 1 期。

司如就该条规定提出享有拒绝履行股东名册记载义务的抗辩，只能针对当事人是否已经依法通过履行出资义务或继受等方式取得了股东资格条件进行抗辩。

（二）股东名册记载纠纷类型

依据原告要求公司履行的是将其记载于公司股东名册还是将其从公司股东名册中涤除的诉讼请求的不同，可以将股东名册记载纠纷划分为记载纠纷和涤除记载纠纷两种类型。具体而言，实践中，股东名册记载纠纷主要包括如下两类。

1. 增加类纠纷

增加类纠纷即应当记载而未记载的股东名册记载纠纷。根据权利人取得股东身份的基础关系不同，又可分为基于法律行为的股权取得和基于法定原因的股权取得所产生的相应股东名册记载纠纷。如在公司设立时通过出资协议而取得股权、公司成立后通过股权转让协议或者增资协议而取得股权，也包括通过继承、合并、生效法律文书等方式取得股权，以及隐名股东显名后取得股权等多种情形。

2. 变更类纠纷

变更类纠纷即不应当记载而被记载的股东名册记载纠纷。如他人在不知情的情况下，被冒用名义并被记载于股东名册而成为公司股东，被冒名登记为股东的人有权请求人民法院确认其不具有公司股东资格、不享有对应的公司股权并要求公司将其在股东名册中涤除。对于该类诉讼，因涉及对股东身份的否定，关系公司、其他股东和债权人利益，在司法实践中相较于记载纠纷，多采取较为严格、谨慎的认定标准。

需要说明的是，基于基础关系的相对方怠于履行协助变更股东名册记载义务产生的纠纷，应依据基础关系确立相应案由，如股权转让合同中的转让方基于合同约定怠于履行协助变更股东名册记载义务，系违反股权转让合同的约定义务，此时，如受让方诉请转让方履行协助变更股东名册记载义务，属于股权转让纠纷，并非股东名册记载纠纷。

（三）股东名册记载纠纷与股东资格确认纠纷的关系

股东资格确认纠纷是指股东与股东之间或者股东与公司之间就股东资格是否存在，或者具体的股权持有数量、比例等发生争议而引起的诉讼。[①] 在股东名册记载纠纷中，公司往往会就当事人是否取得股东身份提出抗辩，实际

---

① 人民法院出版社编著:《最高人民法院民事案件案由适用要点与请求权规范指引》，人民法院出版社 2019 年版，第 666 页。

上是对当事人的股东资格是否存在产生争议。因此，在股东名册记载纠纷中通常会包含股东资格的确认。准确把握好股东名册记载纠纷与股东资格确认纠纷之间的界限和联系，对于处理股东名册记载纠纷至关重要。

从严格意义上来说，股东名册记载纠纷应当是当事人在具备股东资格确认的生效文书或有其他证据证明其具有确定的股东身份后，才有权提起股东名册的诉讼。权利人在未被确认为公司股东之前，能否通过提起股东名册记载纠纷之诉一并请求法院查明其股东身份，司法实践中存在争议。实践中，大量涉及股东名册记载纠纷的案件均包含在股东资格确认之诉中，当事人在提起股东资格确认之诉时往往会一并主张公司将其记载于股东名册并进行工商登记。这也是实践中单独提起股东名册纠纷的案件较少的原因所在。如同时存在股东名册记载和股东资格确认之诉，则产生是否一并审理的问题。实践中的难点在于当事人未将确认股东资格作为单独的诉讼请求，而是将股东资格确认之诉包含于股东名册记载纠纷之中，此时应把握好处理方式和尺度，防止当事人借此规避诉讼费交纳义务。[①]

（四）股东名册记载纠纷的法律属性

我国民法理论承认公司（法人）具有侵权行为能力，应对其侵权行为承担民事责任。公司作为法人，具有独立的人格，其本身无法实施侵权行为，但能通过自然人的行为来实施。基于公司侵权行为的特殊性，依据我国法律规定和司法实践，一般认为公司的侵权行为应符合三个要件：一是须公司的工作人员实施；二是须工作人员的职务行为；三是须具备一般侵权行为的构成要件。

侵权行为分为作为和不作为。作为通常是指积极的有所为；不作为侵权行为是指行为人有能力履行但故意或过失不为特定的作为义务，该不作为与所导致他人损害的事实之间存在因果关系，行为人应对损害结果负责的非表示行为。不作为侵权责任是指行为人由于过错，没有实施或正确实施其本应履行的作为义务，导致他人损害所应承担的责任后果。不作为侵权责任中的作为义务一般来自约定义务和法定义务。

股东名册记载纠纷一般属于公司不作为侵权的责任纠纷。根据《公司法》第 32 条的规定，当事人依法履行出资义务或者依法继受取得股权后，公司应履行股东名册记载义务。在继受取得的情况下，公司则应注销原股东的出资

① 司法实务处理方法详见本章第二节“立案要素”中的“案由要素”部分内容以及第三节“二、关于对原告是否为公司股东存在实质争议时能否单独提起股东名册记载之诉的问题”实务难点分析内容。

证明书，并做相应变更记载。[①] 当公司不履行上述法定义务时，构成侵权，应当承担相应的民事责任。在股东名册记载纠纷中，当事人有权向法院起诉请求公司履行记载或变更义务。如果因此给股东造成了损失，还可以另行向公司主张承担赔偿责任。因此，股东名册记载纠纷主要系公司不履行法定的记载义务产生的纠纷，即负有置备、保管、维护股东名册事宜义务的公司怠于履行义务而引发的纠纷。

三、股东名册记载纠纷审理理念

在正常的流程中，公司对履行出资义务或继受等方式的申请人能否取得股权，须根据《公司法》及公司章程的规定进行审查，经审查履行出资义务或继受等方式符合《公司法》及章程规定的，应同意将该申请人在股东名册中予以记载。在股东名册记载纠纷中，法院实际上是就原本应由公司进行审查的基础关系及是否存在阻却性事由进行司法审查并作出判断，重点是通过审查基础关系和阻却性事由等影响股东资格确认的权利义务关系来确认是否符合股东名册记载的前提条件。如具备明确的认定股东资格的权利义务关系，公司依法应当确认股东身份并履行股东名册记载的作为义务，若公司存在怠于履行记载义务的事实，人民法院应判决公司履行股东名册记载变更义务。因此，在审理股东名册记载纠纷案件时，应遵循如下理念。

（一）公司自治原则

公司自治是私法自治基本原则在公司法的延展和表现。[②] 股东名册的记载是以股东身份确认为前提，而股东身份的确认属于公司自治的范围，需尊重公司意思自治。股东名册和出资证明书、工商登记、实际出资、行使股东权利等都是公司意思自治的外化表现。如股东名册与上述其他公司自治的表征不一致，应当如何认定公司的真实意思，实践中难以分辨，如何确定优先适用的规则需要法律进行适当干预。[③] 在股东名册记载纠纷中，国家法律干预和公司自治是并存的，原则上有关股东身份的确认和股东名册的记载是公司自主经营、意思自治的内容，但当存在相关纠纷时，司法应当及时介入，替代公司对股东身份进行审查确认，从而防止公司自由意志的异化和扩张。

---

① 参见最高人民法院民事审判第二庭编著：《最高人民法院关于公司法解释（三）、清算纪要理解与适用》，人民法院出版社 2016 年版，第 364~373 页。

② 参见施天涛：《公司法论》，法律出版社 2006 年版，第 227 页。

③ 参见赵磊：《公司自治的限度——以有限公司股东资格取得与丧失为视角》，载《法学》2014 年第 10 期。

（二）利益平衡原则

依照现代公司治理的理论，公司在进行商事交易的过程中通常涉及多方主体利益。在股东名册记载纠纷中，实际上包含公司股东身份的确认，而股东身份的确认除涉及基础关系所对应的各方利益外，还会牵扯与公司有关的其他多方主体利益和公司利益、经济社会秩序等。不同主体的利益主张不一致，多方利益冲突在所难免，应该统筹兼顾，找到保护各方利益的最佳平衡点，既要维护交易秩序，又要尊重公司治理制度，还要兼顾股东合法权益和善意第三人合法利益。[①] 在涉及能否取得股东身份的认定上，要针对不同的基础法律关系，对是否存在阻却性事由进行严格审查。同时要区分内外部法律关系，并适用不同的价值标准以进行判断，对于公司内部的股东资格认定，要侧重于探寻当事人的真意，维护交易的公平；在涉及外部法律关系时，则要强调商事效率的原则，突出维护交易安全。

（三）禁止规避法律原则

权利应当在合理的边界内行使，否则容易被滥用。推崇意思自治的同时亦应受到必要的法律限制，超出法律限制所实施的民事法律行为应当受到相应的否定性评价。公司作为资合性组织，其创设目的在于满足投资人的逐利需求，法律对投资逐利性亦作出了必要规范，如对有限责任公司股东资格的规定、对竞业禁止限制性的规定、对投资限制和股东人数限制规定等。公司的隐名股东、股东实施逃避行政主管部门的监管、规避法律义务和责任的行为，不应得到法律认可。因此，在股东名册记载变更纠纷中，对于不符合持股资格或不方便持股而委托他人代为持股后要求显名将其记载于股东名册、因逃避股东责任而转让股权要求变更记载等引发的股东名册记载纠纷，要予以积极防范和认真审查。

（四）形式审查原则

一般而言，当事人提起股东名册记载纠纷，应当以具备股东身份为前提。在无确定的股东资格、又未经股东资格确认纠纷诉讼的情况下，在股东名册记载纠纷中是否认定其股东身份、应当采取何种标准进行审查的问题，是审理该纠纷的难点所在。如完全按照股东资格确认纠纷的标准来进行实质审查，则实际上属于股东资格确认纠纷的内容，而非股东名册记载纠纷，基于前述对两类纠纷之间的关系的分析可知，在单独提起的股东名册记载纠纷中对股东资格进行实质审查的做法不妥。因此，应当采取形式审查原则，对于当事人依法履行出资义务或者依法继受取得股权的相关事实和权利义务关系进行

---

① 参见李晓霖：《论股东资格确认》，吉林大学 2008 年博士学位论文。

形式审查，在基础关系和阻却性事由清晰明确且公司未否认或无相反证据予以否认的情况下，可在股东名册记载纠纷中直接要求公司将当事人记载于股东名册。原告依据基础关系主张其具备股东身份，若公司未对是否存在阻却性事由提出异议或虽提出异议，但未进行举证，法院可仅对基础关系的效力和是否存在阻却性事由进行形式审查。在无证据推翻基础关系内容有效性的情况下，基于该基础关系要求公司将其记载于股东名册，公司应当依法履行相应义务。

第二节　基本要素审理指引

审理股东名册记载纠纷案件可从立案要素、被告抗辩要素、举证要素、是否存在应当记载变更股东名册的前提条件以及公司是否怠于履行股东名册记载变更义务等方面着手，重点审查基础关系和阻却性事由等影响股东身份确认的权利义务关系是否清晰明确，进而确定是否具备股东名册记载的前提条件。

一、立案要素审查

（一）主管要素

1. 股东名册记载纠纷属于人民法院受理民事案件的范围

股东名册记载纠纷系民事纠纷，属于人民法院受理民事案件的范围。人民法院不能以此类纠纷属于有限责任公司或股份有限公司内部治理范畴为由，认为所涉股东名册记载纠纷不属于法院受理范围而裁定不予受理。

【规范依据】《民事诉讼法》第 3 条。

2. 自然人起诉请求股份合作公司将其记载于公司股东名册的审查处理

自然人请求股份合作公司将其记载于公司股东名册的，如存在生效法律文书等证据已确认其具备股东身份，仅因公司怠于履行股东名册记载义务，该自然人可作为原告起诉。但如需对其是否具备股东资格进行审查，因当事人请求将其记载于公司股东名册涵盖了请求确认其为股份合作公司股东的内容，而股份合作公司由原农村集体经济组织改制成立，涉及原农村集体经济组织成员资格认定和股东待遇问题，该事项属于股份合作公司的自治范围，股份合作公司应在地方政策指引下依据公司章程规定的程序对其股东身份自行作出决定，此类纠纷不属于人民法院民事诉讼的受理范围，已经受理的应当驳回起诉。

【规范依据】《民事诉讼法》第 122 条、第 127 条。

（二）管辖要素

1. 有关地域管辖的确定

《民事诉讼法司法解释》第 22 条规定，因股东名册记载、请求变更公司登记、股东知情权、公司决议、公司合并、公司分立、公司减资、公司增资等纠纷提起的诉讼，依照《民事诉讼法》第 27 条规定确定管辖。《民事诉讼法》第 27 条规定，因公司设立、确认股东资格、分配利润、解散等纠纷提起的诉讼，由公司住所地人民法院管辖。依据《民事诉讼法司法解释》第 3 条的规定，法人的住所地，是指法人的主要办事机构所在地；法人的主要办事机构所在地不能确定的，法人的注册地或登记地为住所地。因此，股东名册记载纠纷通常由公司的主要办事机构所在地法院管辖，主要办事机构不明确的，由其注册地或登记地法院管辖。

2. 有关级别管辖的确定

股东名册记载纠纷属于非财产型诉讼，不存在应由中级人民法院管辖的特殊情形，原则上应由公司住所地的基层人民法院管辖。

【规范依据】《民事诉讼法》第 27 条；《民事诉讼法司法解释》第 3 条、第 22 条。

（三）案由要素

实践中，股东名册记载纠纷通常会同股东资格确认、股权转让、请求变更公司登记等纠纷结合在一起，单纯提起股东名册记载纠纷的较少。因此，在股东名册记载纠纷中，往往包含对股东身份的确认，此时股东名册记载只是手段而非目的，实务中往往是以并列案由或仅列其他主要纠纷案由方式处理。如原告在诉讼请求中要求确认股东资格，同时要求签发出资证明书、记载于股东名册、在登记机关进行登记，应以确认股东资格所涉及的纠纷作为案由，吸收或并列股东名册记载纠纷和变更公司登记纠纷；如原告诉讼请求中要求法院判决公司将其股份记载于股东名册，并在登记机关登记，则以股东名册记载纠纷作为案由，吸收或并列变更公司登记纠纷。

实践中对于仅提起股东名册记载纠纷的案件，如果股东身份并不明确且双方存在争议，原告仅起诉要求公司在股东名册中进行记载，法院应当向原告释明，增加确认股东资格作为独立诉讼请求。如原告拒不增加，法院可驳回其诉讼请求；如原告增加，则案由应并列确定为股东资格确认纠纷、股东名册记载纠纷，并应按照股东资格确认所对应的股权价值标的确定级别管辖和诉讼费收取标准。

（四）原告主体要素

1. 原告系对股东名册记载事项有异议并主张增加或变更记载事项的当事人

对于原告主体审查，应当以与股东名册记载事项是否存在利害关系为标准。对于股东名册记载事项的异议，包括两种情形：一是应当记载于股东名册上的股东未被公司记载或公司未变更应当变更记载的事项而提出异议，请求公司记载或变更；二是不应当记载于公司名册上的股东被公司记载而提出异议，请求公司涤除记载事项。

2. 股东不能作为原告起诉请求公司涤除其他股东在股东名册上的记载

《公司法司法解释（三）》第 21 条对股东资格确认之诉的当事人地位作了明确规定，当事人请求确认其股东资格的，应当以公司作为被告。公司股东起诉其他股东，要求确认其他股东不具有股东资格的，不属于请求确认其与公司之间是否存在股东资格关系的纠纷，该诉不符合上述司法解释的规定，作为原告起诉的公司股东与此并无直接利害关系，不具有诉的利益，人民法院应就主体问题向当事人进行释明，并裁定驳回原告的起诉。同理，股东亦不得起诉请求公司涤除其他股东在股东名册上的记载。

3. 有限责任公司股权转让情形下适格原告的认定规则

有限责任公司股权转让过程中，如因转让方不履行股权交付义务，导致公司不变更股东名册，受让方有权提起股权转让纠纷诉讼，追究转让方的违约责任。对于转让方是否有权作为原告请求公司履行股东名册变更记载义务的问题，实践中存在一定的争议。有观点认为，如转让方履行了通知公司股权转让的事实，请求公司办理变更登记手续，公司怠于履行或拒绝履行义务，既造成转让方无法履行自身的合同义务，妨碍转让方转让股权，又造成受让方不能正常取得股东身份，则转让方、受让方均可以公司为被告起诉请求办理股东名册变更。[①] 还有观点认为，如转让方主张公司将受让方记载于公司股东名册，因该项权利属于受让方享有，故转让方作为原告主体不适格。对此，应当区分如下情形分别进行审查：一是受让方作为原告起诉公司履行股东名册记载义务，其主体适格。二是转让方转让股权后公司怠于将其从股东名册中涤除，此时转让方属于不应当记载于股东名册而被公司记载为股东的情形，可以作为原告提起股东名册记载纠纷诉讼，请求公司涤除记载事项。三是转让方为原告起诉请求公司在股东名册中将股权变更登记至受让方名下并列受

---

① 参见最高人民法院民事审判第二庭编著：《〈全国法院民商事审判工作会议纪要〉理解与适用》，人民法院出版社 2019 年版，第 136~137 页。

让方为第三人，此时其主体不适格。作出该认定的理由在于：《公司法司法解释（三）》第23条规定的是当事人依法继受取得股权后有权请求公司履行将其记载于股东名册的义务，该条文仅针对依法继受取得股权的当事人享有的权利，对于转让股权的原股东能否请求公司将股东名册记载的其名下的股权变更登记至受让方名下，并未作出明确规定。因此，对于该条文存在两种不同理解。一种观点认为，上述规定并未将转让股权的原股东包括在有权请求公司履行股东名册记载义务的主体之中，故转让方无权请求公司将受让方记载于股东名册；另一种观点认为，上述规定并未明确排除转让股权的原股东请求公司将其转让的股权变更记载至受让方名下的权利，因此，其仍有权作为原告提起诉讼。考虑到提起诉讼的原告需具有诉的利益，应认定转让方股东仅能请求公司涤除其股东名册记载，至于是否将受让方记载于股东名册，主动权应交由受让方更为合适。当然如转让方提起诉讼要求公司在股东名册中将其股权变更至受让方名下，实际上包含了请求公司涤除其股东名册记载和将受让方记载于股东名册的两部分诉讼请求，在未经受让方同意的情况下，可直接判决支持原告的部分诉讼请求，即公司涤除其股东名册记载。[①]

【规范依据】《民事诉讼法》第122条、第127条；《公司法司法解释（三）》第23条。

（五）被告主体要素

1. 公司是股东名册记载义务的被告

根据《公司法司法解释（三）》第23条的规定，记载于股东名册的义务人为公司，当事人请求公司履行股东名册记载义务的，人民法院应予支持。因此，一般情况下公司作为被告并无争议。如公司股东以公司名册记载错误为由起诉公司，也应以公司为被告。

2. 对于转让方能否成为共同被告存在争议

公司变更股东名册并不以转让方履行配合义务为前提，因此，在股权转让情形下，转让方在履行股权转让协议过程中，如怠于履行通知公司及协助公司变更股东名册记载事项等附随义务，受让方基于股权转让协议提起股权转让纠纷诉讼，请求转让方履行协助办理股东名册变更记载的，以转让方为被告，公司可列为第三人。此时的案由应为股权转让纠纷，而非股东名册记载纠纷。如基于股权转让协议要求公司履行股东名册记载义务并要求转让方

① 《公司法》二次审议稿中第86条新增内容为：股东转让其股权的，应当书面通知公司，请求变更股东，需要办理变更登记的并请求公司向公司登记机关办理变更登记，公司无正当理由不得拒绝。公司拒绝或者在合理期限内不予答复的，转让人、受让人可以依法向人民法院提起诉讼。

履行协助义务，可以公司和转让方为共同被告。

（六）第三人主体要素

考虑案件的处理结果是否与其他股东有法律上的利害关系，决定是否将其他股东列为第三人。实践中存在将其他所有在册股东列为第三人的做法。

（七）诉讼请求要素

诉讼请求必须具体、明确。从诉的种类来看，当事人请求法院判决公司履行股东名册记载变更义务属于请求为一定行为的给付之诉。仅就股东名册记载纠纷提起诉讼的，一般分为增加类和变更类两种。增加类主要指未记载于股东名册中的当事人请求将其增加记载于公司的股东名册，诉请一般为请求人民法院判令目标公司将其记载于目标公司股东名册；变更类主要指原记载于公司股东名册的当事人请求对股东名册记载内容予以调整。

当事人应当根据不同类型公司的股东名册记载事项相应明确要求公司记载的内容，才符合诉讼请求具体、明确的要求。

有限责任公司的股东名册记载请求需明确股东的姓名或者名称及住所、股东的出资额或认缴出资额及持股比例。

发行记名股票的股份有限公司股东名册记载请求需明确股东的姓名或者名称及住所、所持股份数和取得股份的日期。

【规范依据】《民事诉讼法》第 122 条；《公司法》第 32 条、第 130 条。

（八）诉讼费确定标准

诉讼费确定标准以诉讼标的为基础，股东名册记载纠纷对应的诉讼标的是履行记载义务的行为给付，故应当按其他非财产案件的标准计收案件受理费，每件交纳 50 元至 100 元。

【规范依据】《诉讼费用交纳办法》第 13 条。

二、被告抗辩要素审查

（一）关于不具备记载、变更股东名册前提条件的抗辩

被告通常会以存在确定股东身份的基础关系不成立、无效或基础关系合法有效但因违反《公司法》、公司章程等规定不能实际得以履行等阻却性事由为由进行抗辩，主张不具备记载或变更股东名册的前提条件。具体而言，主要包括三种类型：一是基础关系不成立或无效，如基础关系违反法律、行政法规强制性规定而无效；二是基础关系合法有效但履行条件不成就，即原告未履行基础关系赋予的义务，而该义务的履行是其取得股东身份的前提条件；三是基础关系合法有效但履行不能，即由于各方自身原因违反《公司法》、公

司章程等规定不能成为公司股东，如在隐名股东要求显名时未经过其他股东过半数以上同意。

（二）关于公司未置备股东名册的抗辩

实践中，常存在公司管理不规范，未置备股东名册的情况，因此，被告会以公司未置备股东名册为由进行抗辩。

（三）关于公司经营状态异常的抗辩

被告会以公司处于注销登记、未实际经营等非正常经营状态为由进行抗辩，主张其未履行股东名册记载存在正当事由。

（四）关于诉讼时效的抗辩

诉讼时效，又称消灭时效，权利人于法定期限内不主张民事权利，即丧失请求人民法院保护该项请求权的权利。其设置目的在于促进当事人及时行使债权请求权，以结束权利义务关系的不确定状态，稳定法律秩序，降低交易成本。依据《诉讼时效规定》第1条的规定，诉讼时效的适用客体限于债权请求权。而股东名册记载纠纷不属于债权请求权之诉，因此不受诉讼时效的限制。在股东名册记载纠纷中，对于被告提出诉讼时效抗辩的，该主张不符合法律规定。

【规范依据】《诉讼时效规定》第1条。

三、举证要素审查

（一）举证责任分配原则

1. 举证原则

股东名册记载纠纷的举证原则与其他普通民商事诉讼一致，实行“谁主张，谁举证”的举证责任分配原则。

2. 原告举证责任内容及常见证据类别

原告应该举证证明具备应当记载或变更股东名册的前提条件、公司怠于履行记载义务等事实。

通常情况下，原告应证明存在以下事实之一：（1）已有生效文书确认其股东身份，但公司未履行记载义务；（2）已依法向公司出资或认缴出资，且该出资行为不违反法律、行政法规的禁止性规定，相关权利义务关系明确，但公司未履行记载义务；（3）已依法受让、继承或者以其他形式继受公司股权，且不违反法律、行政法规的禁止性规定，相关权利义务关系明确，但公司未履行记载义务；（4）股东身份已经通过其他方式得到公司认可，但公司未履行股东名册记载义务。

3. 被告举证责任内容及常见证据类别

被告如否认其怠于履行记载义务或否认原告具备应当记载、变更股东名册前提条件的，应当承担相应的举证责任。具体而言，包括对原告所主张的基础关系存在不成立、无效以及不能得以履行等阻却性事由、双方对股东资格存有争议且已在另案诉讼等证据。

（二）应当记载变更股东名册的前提条件证据审查重点

1. 审查是否存在确认股东资格的生效文书

具备确认股东资格的生效裁判文书或生效仲裁裁决等文书情形，需审查以下事项：（1）文书是否已生效；（2）生效文书确定的内容是否与原告主张的要求公司记载的股东资格一致，包括主体、股权的比例等是否一致；（3）生效文书是否存在原告需同时履行的事项，即生效文书中是否附有条件；（4）生效文书中所附的条件是否已成就；（5）是否存在其他明显相反的证据或新情况足以推翻生效文书所认定的事实。

2. 在无生效文书确定股东资格的情况下，审查存在合法有效基础关系的证据

对于是否存在合法有效的基础关系，主要审查是否具备源泉证据及其效力。源泉证据是指用以证实股东以原始取得或继受取得方式取得股权的基础法律关系文件，如出资证明书、遗嘱、股权转让协议等。

3. 存在阻却性事由的证据

主要是就基础关系存在不成立、无效以及不能得以履行方面的证据进行审查，审查是否违反法律、行政法规的禁止性规定、《公司法》和公司章程规定的证据。

4. 公司已经通过其他方式认可原告股东身份的证据

对于不存在规范股东名册的情况下，有关的公司文件，如章程、会议纪要等能证明公司认可受让方成为新股东的，也能产生相应效力。在原告主张其股东身份已通过其他方式得到公司认可的情况下，因实际行使股东权利、履行股东义务是认定具备股东资格的重要外观表现，故应重点审查：（1）有关公司章程、股东会决议的签名，以查明当事人是否以股东身份行使公司管理决策的权利；（2）当事人是否领取公司分红，是否参与盈余分配，该分红是否为股权红利，是否足以排除名股实债的固定利益属性；（3）公司其他股东是否认可当事人的股东身份等。

有关基础关系和阻却性事由的审查应当以相关权利义务关系是否明确作为标准。

（三）公司怠于履行股东名册记载义务证据审查重点

主要审查公司股东名册是否记载原告的股东信息以及未记载是否存在正当事由。

1. 怠于履行事实审查

首先应查明股东名册的记载情况，而股东名册由公司掌握，故一般情况下原告只需要证明其具备应当记载变更股东名册的前提条件即可。由公司举证证明是否已将原告的股东身份信息记载于股东名册之中，如公司未能举证，则承担相应不利后果，推定公司怠于履行股东名册记载义务。

2. 正当事由审查

从《公司法司法解释（三）》第 23 条的规定来看，原则上只要原告具备应当记载变更股东名册的前提条件，亦即享有公司股权、满足成为公司股东的实质要件，公司就应履行股东名册的记载变更义务。此处并未赋予公司就权利人取得股权后不履行股东名册记载义务享有任何抗辩的空间。换而言之，公司根据该条规定对其拒绝履行股东名册记载义务进行抗辩时，只能针对原告是否具备应当记载变更股东名册的前提条件进行抗辩。

但也可能存在例外情形，如公司是否设立、何时设立、是否有效存续、有无注销登记、是否实际经营等，实践中需结合案情进行相应审查，并从严把握。

至于公司以未置备股东名册为由进行抗辩，不构成正当事由。置备股东名册系公司法规定的公司应当履行的法定义务，未置备股东名册或置备股东名册不规范的，不影响公司将股东记载于公司股东名册之中。在未产生股东名册记载纠纷之前，公司管理不规范，未依法置备股东名册，司法不予干涉。但在产生诉讼纠纷后，生效判决确认了公司应当履行将股东记载于公司股东名册的义务，则包含了公司应该置备股东名册的前提条件，因此，如公司仍未置备股东名册，则无法履行判决所对应的义务，故公司应当依法及时置备股东名册并履行生效判决确定的记载义务。

【规范依据】《公司法司法解释（三）》第 23 条。

四、原始取得股权情形审查

审查公司是否应当履行股东名册记载义务的实质是确认原告是否享有股东资格，即确定股权归属。因此，股东名册记载纠纷应重点查明是否具备享有股东资格的形式要件，即股权归属的事实是否清晰明确。可从股权原始取得和继受取得所对应的基础关系是否合法有效、是否存在阻却性事由以及公司是否已通过其他方式认可股东身份等方面进行审查分析。

在原始取得股权的情形中，需审查的主要内容包括以下几个方面。

（一）基础关系效力审查

原始取得中的基础关系主要是指存在股权性出资或增资合意。具体包括股东之间或者股东与公司之间是否存在基础性书面协议，如发起人协议、出资协议、增资扩股协议等，协议内容是否明确具体，是否为当事人真实意思表示，是否存在效力瑕疵或无效情形，是否符合法律有关公司设立或增资扩股的规定。

对于缺少书面协议的，则要着重审查公司章程、出资证明书、工商登记信息等其他法定文件是否能够推定当事人之间的出资或增资合意。

（二）阻却性事由审查

阻却性事由主要包括是否认缴或实缴出资、是否违反法律法规强制性规定、是否违反《公司法》和公司章程的有关规定。同时需审查当事人之间对出资行为的效力是否存在争议。

股东是基于出资所产生的法律人格。[①] 在认缴出资情形下，通常在出资协议中约定出资份额并记载于公司章程，认缴出资人在公司成立时即取得公司股权。

认缴出资后，出资人未实际出资或瑕疵出资的，仅需要补足出资额并向其他足额出资股东承担违约责任，以及在公司未能清偿债务范围内对公司债权人承担补充赔偿责任，并不当然丧失股东资格。在实缴出资情形下，认缴出资后实际缴纳出资的，依法取得股权。

缺乏书面出资协议但实际缴纳出资的，一般倾向于认定其享有公司股权。

股东出资来源于公司外部第三人的，应当结合出资人与付款人之间关系、是否存在代持协议等进行综合评判，以确定隐名股东及其出资金额，此时主张委托出资的一方应承担相应的举证证明责任。

五、继受取得股权情形审查

在继受取得股权的情形中，主要包括股权转让、继承等方式。需审查的主要内容包括以下几个方面。

（一）基础关系效力审查

对于因股权转让或赠与方式取得股权的，需审查其基础关系即股权继受

① 郑军欢、俞悦：《股东资格确认纠纷案件的审理思路和裁判要点》，载腾讯网。

协议是否合法有效。具体包括是否存在股权转让或股权赠与的真实意思表示，以排除名为转让实为让与担保等其他法律关系，同时审核协议效力、是否违反股票禁售期的规定等。

对于因继承取得股权的，则需审查继承方式、继承人及人数、遗嘱效力、遗产分割是否清晰明确等。首先，要看公司章程对股权继承有无限制，如无限制，则根据《公司法》第 75 条的规定，即“自然人股东死亡后，其合法继承人可以继承股东资格；但是，公司章程另有规定的除外”，作为自然人股东的合法继承人有权继承该股东在公司的股东资格。其次，要看继承是否合法有效、各继承人对该股东的遗产是否进行了分割，合法继承人在公司处的股权份额是否清晰。被继承人之股东资格须合法有效、取得人须享有继承权、继承依据（法定继承或遗嘱继承）须合法有效。如已进行了分割且股权份额清晰，还需审查继承人成为公司股东后股东人数是否会超过法律上限或低于法律下限。

（二）阻却性事由审查

股权继受协议有效，应从合法有效基础关系的履行条件是否已成就、是否存在履行不能等方面对是否存在阻却性事由进行审查。股东身份的取得，应以不违反法律、行政法规的禁止性规定和公司章程的规定为前提，因此需对公司章程有无对股权转让、继承等作出特殊安排，是否符合法律和章程规定等进行进一步审查。法律对某些特定类型公司的股东资格，以及特定主体担任公司股东作了具体限制的，应予严格遵照执行，不符合该规定的主体不能获得相应的股东资格。

在审理股东名册记载纠纷案件时，应注重对国家有关投资主体实施特殊准入管理的负面清单进行审查：（1）外商投资企业股东的确定和变更应经外商投资企业主管部门审批同意；（2）金融机构、证券机构等法人的股东资格应获得金融或证券监管部门核准；（3）国有企业员工持股应符合国资委、财政部等发布的限制性、禁止性规定的要求；（4）会计师事务所、审计师事务所、律师事务所和资产评估机构不得作为其他行业公司的股东。

另外，对于转让取得公司股权的，还应审查履行条件是否已经成就，即原告是否已履行约定的取得股权前应履行的义务，以及转让协议是否约定股权受让标准，有约定的，从其约定，无约定的，则实践中多以股权转让协议实际履行作为受让标准。

【规范依据】《民事诉讼法》第 122 条；《公司法》第 27 条、第 28 条、第 31 条、第 32 条、第 34 条、第 71 条、第 73 条、第 75 条、第 78 条、第 82 条。

第三节 实务难点裁判思路

对于股东名册记载纠纷而言，首先需审查是否具有取得股东身份的基础关系及效力，其次需审查是否存在阻却性事由，在此基础上确认股东身份。只要确认了股东身份，即具备了应当记载变更股东名册的前提条件，公司也就应当履行股东名册记载的法定义务。实践中主要存在以下难点问题。

一、关于股东名册记载变更与股权变动的关系问题

《公司法》第 32 条仅规定记载于股东名册的股东可以依据股东名册主张行使股东权利，但并非只有记载于股东名册的股东才能主张行使股东权利。可见，现行法的规定未将股东名册的变更作为股权变更的生效要件。

基于继受取得的股权，在继受协议生效后，股权何时发生从原权利人处移转至继受人处的变动效力？在司法实践中，股权转让合同生效后股权变动时间究竟按股权转让合同生效时间，还是按公司将受让方载入股东名册的时间，抑或按公司登记机关办理股东名册变更登记的时间进行界定，存在争议。理论上有三种不同的学说。

一是债权形式主义模式。该观点认为，股权转让合同生效时仅形成了以转让股权和支付价款为请求权的债权债务关系，在转让方向受让方履行某种“交付”股权手续时才发生股权变动的效果。此类观点强调股权变动需以交付这一公示形式为要件，就股权变动的效果究竟何时发生则存在不同观点。有学者认为，股权转让变更登记是股权转让生效的法定要件，也是股权转让公示方式。只有履行了变更登记手续，股权转让才能生效。[①] 股权转让登记是有限责任公司股权变动的生效要件，并不是股权转让合同的生效要件，也不是股权变动的对抗要件[②]；有学者则认为，股权变动应采取公司内部登记生效主义与公司外部登记对抗主义相结合的方式，就公司内部而言，公司股东名册的变更登记之时视为股权交付、股东身份（股东投资权利、义务、风险和收

① 参见孙晓洁：《公司法基本原理》，中国检察出版社 2006 年版，第 293 页。

② 参见孙彬、王燕军：《公司法》，中国检察出版社 2006 年版，第 75 页。

益）转移之时。就公司外部而言，公司登记机关的股权变更登记行为具有对抗第三人的效力。①

二是纯粹意思主义模式。该观点认为，股权变动只需股权转让合同生效即可，无需其他转移权利的行为，股权转让合同的效果意思即包含了股权变动的意思。股权转让合同生效后，理论上受让方已经成为公司的股东，公司即应将其姓名或名称记载于公司股东名册。②

三是修正意思主义模式。通过界定股权转让的对抗效力来厘清股权转让过程中转让方、受让方、公司和第三人之间的关系，与现实生活的实际更加相符。这一模式原则上承认股权转让合同生效即产生股权变动效果，但这种效果仅限于转让方与受让方之间，只有在通知公司股权变动的事实、公司股东名册变更后受让方才可以顺利地行使其股东权利，也只有在工商登记变更后才完成受让方股东身份的公示。③

分析以上三种模式，不难发现，首先，纯粹意思主义模式明显不妥。以股权转让为例，股权转让合同应为双务合同，受让方支付股权转让款并不能直接产生获得股权的效果，应当在转让方履行股权的交付义务后，才享有公司的股权。动产的交付以转移占有为标志，不动产的交付以有权机关变更登记、受让方取得权利证书为标志，商标权、专利权等一般权利的交付以有权机关变更登记、受让方取得商标证、专利权证等为交付标志。而股权的交付更为复杂，不像商标权和专利权一样具有特定、统一的权利证书作为表现形式，法律也未对股权交付的界限和标志作出明确规定，但如果完全以股权转让合同生效作为股权转让的标准，则意味着股权无需履行任何交付手续，而动产、不动产等财产均有相应的交付程序和标志，则股权作为更加复杂的权利，采用无需履行任何交付手续的方式即产生股权变动的效果，明显不妥。

其次，债权形式主义模式亦不妥。以登记于股东名册作为股权变动的生效要件，对于公司未置备股东名册的情况，则意味着权利人会一直无法取得公司股权，即使已经通过公司章程、会议纪要甚至参与公司管理等其他方式认可股东身份，也无法取得公司股权。这明显是不妥的。

最后，修正意思主义模式具有一定的合理性，厘清了股权变动在转让方与受让方之间、转让方与受让方及公司之间的效力问题。但因为股权、股东身份以及股东资格均是相对于公司而言的，如未对公司产生效力，则即使受

① 参见刘俊海：《现代公司法》，法律出版社 2011 年版，第 345 页。

② 参见叶林：《公司法研究》，中国人民大学出版社 2008 年版，第 266 页。

③ 参见李建伟：《有限责任公司股权变动模式研究——以公司受通知与认可的程序构建为中心》，载《暨南学报》2012 年第 12 期。

让方取得了股权，亦无实际意义。

因此，综合上述分析，股权变动应当同时具备基础关系和公司认可两个条件，即“基础关系＋公司认可＝取得股权”。一般来说，具备基础关系后，好比获得了一张成为公司股东的“入场券”；权利人向公司主张认可其股东身份、正式成为公司股东，好比凭着“入场券”要求“入场”，此时公司有权对是否存在基础关系不成立、无效或基础关系合法有效但因违反《公司法》、公司章程等规定不能实际得以履行等阻却性事由进行审查，好比对“入场券”的真伪、效力等进行“验券”。如经过审查发现不存在阻却性事由，公司则应当认可其股东身份，就好比“验券”通过后允许“入场”，由此产生获得股权、成为股东的法律效果即实质要件成就，好比正式“入场”。如存在阻却性事由，则公司有权拒绝认可其股东身份，由此产生的后果权利人可依据基础关系向相关方主张。公司未在合理期限内就是否存在阻却性事由作出审查和回应，则视为公司认可。有关实质要件是否具备的问题实际上就是股东资格确认之诉要解决的问题，因此，股东名册记载纠纷和股东资格确认之诉密切相关。在实质要件成就后，公司应当及时进行股东名册记载，通过工商登记等方式对外予以公示，赋予形式要件，产生相应的对抗效力，从而取得完整无瑕疵的股东身份。

《民商审判会议纪要》第 8 条规定，当事人之间转让有限责任公司股权，受让人以其姓名或者名称已记载于股东名册为由主张其已经取得股权的，人民法院依法予以支持，但法律、行政法规规定应当办理批准手续生效的股权转让除外。未向公司登记机关办理股权变更登记的，不得对抗善意相对人。最高人民法院民二庭的观点是有限责任公司股权转让自股东名册记载变更生效，但同时指出，考虑到现实情况中公司未置备股东名册的情况大量存在，故又从股东名册记载变更是为了让公司认可股东身份的这一目的出发，指出只要能够证明公司认可受让方为新股东，就可以产生相应的效力。[①]

可见，股东名册记载本身不能直接产生创设股权的效果，将进行股东名册登记作为公司认可股东身份的唯一方式并不周延。股东名册记载的目的归根结底是公司对权利人获得股权、成为股东进行公示，同时也是公司认可股东身份的体现。在不存在规范股东名册的情况下，只要存在能证明公司认可股东身份的文件，如公司章程、会议纪要等有关公司文件，均可以产生相应效力。在此情况下，如果发生股东身份资格确认纠纷，主张股东可以此为依据诉请公司履行股东名册记载义务。因此，股东名册的记载和变更应以取得

① 参见最高人民法院民事审判第二庭编著:《〈全国法院民商事审判工作会议纪要〉理解与适用》，人民法院出版社 2019 年版，第 135 页。

股东身份为前提，通过股东名册记载行为可产生公司认可股东身份的效果，进而间接产生权利人取得公司股权、成为公司股东的效果。

在签订股权转让合同并履行股权转让款支付义务后、获得公司认可其为新股东之前，受让方享有的是一种期待权，如最终能实现公司的认可，则产生获得股权的效果，如最终未能获得公司的认可，则受让方可选择向转让方主张解除合同并要求转让方承担违约责任，也可向转让方主张享有投资权益。

二、关于对原告是否为公司股东存在实质争议时能否单独提起股东名册记载之诉的问题

在未被确认为公司股东之前，能否通过提起股东名册记载纠纷之诉一并请求法院查明其是否为股东，司法实践中存在争议。一种做法是如对原告是否属于公司股东这一事实存在实质争议，则需另寻其他途径确认股东资格再提起股东名册记载纠纷诉讼。另一种做法是，即使对原告是否为公司股东存在实质争议，在股东名册记载纠纷中，也可直接审查其是否具备股东资格，如经审查确定其具有股东身份，则支持股东名册记载诉请，否则驳回原告诉讼请求。

对于上述分歧，应当根据原告提起股东名册记载纠纷诉讼时有无明确请求确认股东资格、履行股权转让协议，分别作出处理。

（一）同时提起股东名册记载和确认股东资格之诉

在股东名册记载纠纷中，往往包含对股东身份的确认。因此，股东名册记载纠纷通常会与股东资格确认、股权转让、请求变更公司登记等纠纷结合在一起，单纯提起股东名册记载纠纷的较少。此时，股东名册记载只是手段而非目的，在能适用其他案由的情况下，应当优先适用其他案由作为主案由。实践中，大量涉及股东名册记载纠纷的案件并列或包含在股东资格确认之诉中，当事人在提起股东资格确认之诉时往往会一并主张公司将其记载于股东名册并进行工商登记。如原告在诉讼请求中要求确认股东资格，同时要求签发出资证明书、在股东名册中记载、在登记机关予以登记，应当以要求确认股东资格所涉及的纠纷作为主案由，将股东名册记载纠纷和变更公司登记纠纷作为并列案由。同时，应按照股东资格确认纠纷案由所确定的诉讼股权价值确定级别管辖和诉讼费收取标准。

对于上述多个诉讼请求是否应当一并审理的问题，由于股东名册、工商登记是取得股东身份的外在表现，股东资格确认之诉与股东名册记载纠纷之诉以及请求变更公司登记纠纷之诉具有较强的关联性和一致性。因此，为了

便于当事人诉讼，减少当事人诉累，应当一并审理。不能以原告应当先提起股东资格确认之诉，在确认获得股东身份后，再通过公司内部救济手段去实现股东名册记载和变更公司登记，且只有在穷尽公司内部救济手段后才能再另行提起股东名册记载纠纷和请求变更公司登记纠纷之诉为由，驳回原告的诉讼请求。

（二）确认股东资格之诉包含于股东名册记载纠纷之中

实践中，对于仅提起股东名册记载纠纷的案件，需做进一步审查。如果股东身份并不明确且双方存在争议，原告仅直接起诉要求公司在股东名册记载其股东身份的，法院应当进行释明，告知原告因其股东身份不明确，应增加确认股东资格的诉讼请求。如原告增加，则按照第一种情形即同时存在股东名册记载和确认股东资格纠纷的方式处理。如原告拒不增加，则可能存在因股东身份不明确、双方有争议，不具备记载于股东名册的前提条件而被驳回诉讼请求。

经上述释明后，原告仍不增加确认股东资格诉讼请求的，法院按照股东名册记载纠纷予以审理，此时主要围绕原告主张其具备股东身份的证据是否明确、充分进行审查。如证明具有股东身份的证据明确、充分，相对方公司并无异议或未提出反驳或举出足以推翻的证据，则可直接支持原告的诉讼请求。如不明确，相对方公司提出异议，亦提出了积极的反驳或足以推翻的证据，需要通过其他方式才能确定股东身份的，法院应以原告是否属于公司股东这一事实存在实质争议、原告提起变更公司股东名册记载事项的前提条件不明确、且经法院释明后，原告拒不增加相应诉讼请求为由，驳回原告的诉讼请求。

采取上述做法的理由是，如原告股东身份不明确且双方存在争议，此时允许原告仅通过提起股东名册记载纠纷之诉来实现股东资格确认的诉讼目的，进而仅以股东名册记载纠纷所采取的按件收费标准计收诉讼费，无疑会架空股东资格确认之诉及对应的诉讼费收费标准，产生重大漏洞，为当事人规避诉讼义务提供了路径，同时也架空了股东资格确认之诉存在的意义。因此，在审查股东名册记载纠纷之诉时，为方便原告诉讼，可允许其将股东资格确认之诉作为增加的单独诉讼请求一并在股东名册记载纠纷之诉中解决，并按照股东资格确认之诉的相关标准缴纳诉讼费用。

三、关于公司章程限制股权变动的限度问题

能否获得股东资格并记载于股东名册，需满足公司章程所规定的有关股

权变动的限制条件，这也是产生股权变动的基础关系得以履行的保证。虽然股权变动体现的是股权所有者自由处分其财产的自由，只要双方当事人达成一致即可成立有效的基础关系，但是股权具有成员权的内容，股权的变动特别是对外转让关涉到公司成员的变化，对公司股东间的关系有一定的影响。因此，股权变动还必须受制于公司章程的规定。只有满足了公司章程关于股权变动的限制条件，股权才能发生变动。[①]

原则上公司章程对公司股东资格和条件的限制有效，属于公司意思自治范畴。但同时亦需考虑公司章程对股权转让限制的边界问题，即兼顾公司的“人合性”和“资合性”两方面要求。股权转让是法律赋予股东的法定权利，公司章程不能剥夺股东自由转让股权的权利，但可以限制股权转让的方式，且不能限制过度。公司章程不得与公司法的强制性规范及公司法的基本精神和原则相冲突，如有冲突，所制定的条款应当无效，如禁止股权转让等。

公司章程修正案对异议股东的效力问题。股东名册记载纠纷中体现为公司能否以公司章程修正案对转让人的转让行为有限制为由对受让股东的股东名册记载请求提出抗辩，如允许公司提出该方面抗辩，则审查重点在于转让人是否曾对该修正案的表决提出过异议及该章程修正案对异议股东的效力问题。通说认为，章程修正案关于股权转让的限制属于对股东个人权益的处置，其效力应仅限于同意该修正案条款拘束的股东，不能推定其有普遍约束力。但如涉及的是公司整体自治性规范，非股东个人权益处置部分内容，应具有普遍约束力。

四、关于具备股东名册记载变更前提条件认定问题

在股东名册记载纠纷中，认定具备股东身份是前提。实践中，如存在生效文书直接确认享有股东资格，一般相对简单，只需做相应审查即可。在无生效文书直接确认股东资格时，如一味坚持以生效文书直接确认作为支持股东名册记载的诉讼请求的唯一标准，则对当事人来说过于严苛。如当事人所主张的应当记载变更股东名册的前提条件明显不具备或尚不明确，双方又有争议的，则应当以前提条件不具备为由驳回其诉讼请求，而不应在股东名册记载纠纷单一诉讼中对股东资格进行全面审查。实践中的难点在于在无生效文书直接确认原告的股东资格时，如何把握双方争议的股东资格审查标准，即对应当记载变更股东名册的前提条件所对应基础关系和阻却性事由的审查

① 参见胡晓静：《股权转让中的股东资格确认——基于股权权属与股东资格的区分》，载《当代法学》2016年第2期。

程度，是仅进行形式审查还是进行实质审查。其本质是如何划分两类纠纷的审理界限。一般而言，如果与股东相关的权利义务关系明确，即具备充分明确的基础关系且不存在明显的阻却性事由，则可在股东名册记载纠纷中对股东资格一并加以确认，否则另行通过股东资格确认之诉解决。而权利义务关系明确，则难以统一标准，需法官在个案中把握。因此，如何把握其尺度，是实践中的难点，需要根据取得股权的不同情形，具体审查对应的要件是否具备且无争议。如经审查可以认定明显具备股东身份且无争议，可在股东名册记载纠纷案件中解决；如不具备或可能不具备，双方有争议，则应另案处理。该尺度需法官在实践中从严把握，避免在股东名册记载纠纷案件中对股东资格进行实质性审查。

五、关于实际出资人要求进行股东名册记载的问题

在出现代持股份的情况下，隐名股东请求为其办理股东名册记载，该如何处理，是实践中的难题。产生隐名的原因可分为规避法律目的和非规避法律目的两类，如企业改制过程中股东人数超过 50 人或出于自身原因不愿显示其股东身份等。根据《公司法司法解释（三）》第 24 条第 3 款关于“实际出资人未经公司其他股东半数以上同意，请求公司变更股东、签发出资证明书、记载于股东名册、记载于公司章程并办理公司登记机关登记的，人民法院不予支持”的规定，如果实际出资人请求公司记载于股东名册，未经公司其他股东半数以上同意的，人民法院不予支持。对于上述“其他股东半数以上”中的股东如何确定的问题，应以当事人向法院提出将其记载于股东名册时为准。如未获得当时股东半数以上同意，则实际出资人请求将其记载于公司股东名册的条件不成就，人民法院不予支持。至于其他半数以上的股东以书面形式一致表示同意的，可以不召开股东会会议，直接作出决定，并由全体股东在决定文件上签名、盖章即可。对于实际出资人因未能取得公司其他股东过半数同意、不能显名化的，则其提出的记载于股东名册的请求不应得到支持，但可以循合适请求权基础依法确认其实际投资人身份并对登记在名义股东名下的公司股权享有投资权益。

针对实际出资人众多的情况，有的公司章程对股东与股东代表的产生方式、权利义务等作出明确规定，上述规定是全体股东与其选出的股东代表自愿达成，且不违背法律及法规的禁止性规定，应合法有效。上述规定中的股东即为实际出资人，股东代表即是其名义股东，双方间为实际出资人与名义股东的关系，应当按有关约定履行各自的权利及义务，即由股东代表代表该组所有股东行使职权。如果非股东代表的实际出资人要求将其实际出资的份

额记载于股东名册，则违反了公司章程及其股东分组的约定，不应予以支持。

六、关于冒名股东要求涤除股东名册记载的问题

冒名登记，是指冒名人在他人不知情的情况下，冒用他人名义出资并将他人登记为股东，从而行使股权的行为。冒名登记与借名登记概念相似，其本质差别在于名义股东是否知情。《公司法司法解释（三）》第28条对冒名登记情形下的被冒名人和冒名人的责任承担作了具体规定，但该条对于股东资格的审查认定尚未形成明确意见。

实践中，被冒名登记的股东起诉请求确认其不享有股东资格并要求涤除其在股东名册中的记载，该种情况多有发生。被冒名人对其被登记为公司股东一般作如下抗辩：（1）冒名人据以办理工商登记所使用的被冒名人的身份证系伪造或变造，工商登记机关核验有误；（2）冒名人在工商登记机关出示的身份证系被冒名人遗失的真实身份证；（3）被冒名人委托他人代办其他事宜并提供身份证期间被冒用。

在具体案件审理过程中，为了防止出现股东逃避出资、规避清算责任或逃避履行生效判决等情况，兼顾保护债权人的合法利益，实践中，人民法院对被冒名人提起的涤除股东名册记载之诉多采较为严格的审查认定标准，并由被冒名人就其被冒名事实的存在承担举证证明责任。一般应重点审查以下内容：（1）被冒名人是否存在成为公司股东的动机，被冒名人的身份、职业、财产状态等基本身份信息，严查被冒名人逃避债务的可能性，避免损害公司及公司债权人的利益。（2）被冒名人能否举证证实其本人书写签名与工商登记机关、公司内部有关股东资格文件上的签名不一致。如不一致，还应进一步排查授意签名的可能性。（3）被冒名人能否对其身份资料出现在工商登记机关及公司内部作出合理解释，并提供相应证据。比如主张身份证遗失的，应提供遗失报警回执、遗失公告、补办新证等证据；如主张身份证外借办理其他事宜期间被冒用，还需明确受托人身份、外借事由和经过等，以供人民法院核实认定冒名行为发生的可能性及合理性。（4）是否存在被冒名人事后同意或默认的情形。包括被冒名人对工商登记事宜是否知情、何时知情、因何事由获悉等。（5）被冒名人是否实际行使股东权利、承担股东义务。如果在公司经营过程中，被冒名人以股东身份实际参与了公司的经营管理并享受了公司的利益分配，又请求确认其不享有股东资格，要求从股东名册中涤除，

则缺乏事实和法律依据，应予驳回。[1]

有关被冒名登记的股东的救济，除提起股东资格消极确认之诉和股东名册记载之诉外，其还可提起撤销工商登记的行政诉讼，抑或向侵权人提起侵权责任之诉，要求排除妨害、赔礼道歉、赔偿损失，还可在具体公司类纠纷案件中直接主张免责，因而被冒名人存在多种救济手段。实践中，以提起股东资格消极确认之诉并涤除股东名册记载最为常见，而在公司债权人起诉股东承担债务等与公司相关诉讼中提出免责抗辩的救济方式则次之。但是，相较于直接提起股东资格确认之诉，被冒名人在公司类纠纷中主张免责的诉讼风险较高。被冒名人提出免责抗辩的，仍应就其被冒名登记的事实负担举证责任，不仅需证实其没有成为公司股东的意思表示，还需证明其事后对于登记的事实未予追认、未以股东身份行使股东权利并负担股东义务等，否则将面临败诉风险。

七、关于股东名册对股东资格认定的效力问题

因股东名册记载仅为股东身份的多种外在表现形式之一，对于股东名册记载究竟能够产生何种法律效力，与其他外在表现形式在认定股东身份时如何分配功能，在理论上未能有效厘定，立法上也无清晰表述，因此在实践中产生了一些问题。[2]

在合法、规范的情况下，公司章程的记载、出资证明书、股东名册、工商部门的登记，应该能够全面、客观地反映公司股东的情况，故对于依法正常运转的公司而言，依据上述任一标准确认股东资格，结论应该是一致的。但如果公司运转不规范或处于非正常状态，如公司没有按规定向股东签发出资证明书，没有置备股东名册，或者公司章程的记载、出资证明书、股东名册、工商部门的登记对公司股东情况记载不一致，依据上述标准判断股东资格得出的结果不一致，在出现争议时，则应以何种标准为准？结合公司法等相关规定，可依以下不同情况分别判断：

1. 工商部门的登记具有对公司以外的人产生公示的效力。因此，在公司或其股东与公司以外的债权人、股权受让方、股权质权人对股东资格发生争议时，应根据工商部门的登记来认定股东资格。

---

① 参见张晓薇、赖嘉敏：《股东资格消极确认之诉的证明责任分配——以郭献民与天津天雅商贸有限公司股东资格纠纷案为例》，载《东莞理工学院学报》2021 年第 2 期。

② 参见刘凯湘：《股东资格认定规则的反思与重构》，载《国家检察官学院学报》2019 年第 1 期。

2. 股东名册在公司内部具有优先效力。在股东与公司之间或发起人股东之间就股东资格发生争议时，应优先根据股东名册的记载作出认定，但根据实质特征能作出相反认定时，应依实质特征确认股东资格。如股东实际出资并持有出资证明书，但股东名册、公司登记均无记载，公司又无有效抗辩证据，应认定其股东资格，并相应变更股东名册。

3. 对于公司设立时存在规避法律的行为，违反了法律的强制性规定的情形，因公司设立无效，无论是否履行出资义务，均应认定其不具有合法的股东资格。无论关于股东资格的争议发生在该公司的股东之间，还是股东与公司之间抑或股东与公司以外的第三人之间，亦无论该被争议的股东是否实际出资，均应当认定其不具有合法的股东资格，由各出资人按照合伙关系对内外承担民事责任。

八、关于穷尽内部救济手段的问题

对于在未穷尽内部救济手段的情况下，股东是否可以直接起诉请求公司为其办理股东名册变更的问题，有观点认为，办理公司股东名册记载事项属于公司自治的范畴，股东间对此尚未发生纠纷，且未穷尽其内部救济手段时，司法不应主动介入。也有观点认为，股东在取得公司股权后，就应当将其记载于股东名册，公司未办理的，股东有权直接起诉要求公司变更记载。

我们认为，第二种观点更符合立法原意。股东除具有参加股东会、参与经营、分配利润等实质意义上的身份，还应具有形式上、程序上的身份。《公司法司法解释（三）》第 23 条规定，当事人依法履行出资义务或者依法继受取得股权后，公司未根据《公司法》第 31 条、第 32 条的规定签发出资证明书、记载于股东名册并办理公司登记机关登记，当事人请求公司履行上述义务的，人民法院应予支持，该规定并未以是否穷尽内部救济作为考量因素。因此，只要具备当事人依法履行出资义务或依法继受取得股权且公司未根据相关规定记载于股东名册的条件，当事人就有权向人民法院请求公司履行上述义务。

九、关于基础关系解除对股东名册记载的影响问题

股权转让合同等有关股东资格的基础法律关系解除，并不当然具有溯及既往的效力，也不能因此自动恢复股东身份，对于外资投资等实施行业准入的特殊性质公司，更是如此，如原股东转让股权后已不符合行政许可条件，

即使受让其股权的股东依法解除了双方的股权转让合同，作为转让方的原股东亦无法自动恢复股东身份，公司也就不能直接变更股东名册将其重新记载为股东。股权转让交易中，受让方通过受让股权继受取得股东资格，即依法享有参与重大决策、选择管理者、监督公司经营以及获得分配利润等权利。股东基于身份关系实施的决策、参与公司管理等行为，涉及其他股东的利益以及与公司交易的不特定第三方的交易关系，为保护善意相对人，维护社会交易安全和交易秩序，即便股权转让合同嗣后被解除，股权受让方在作为股东期间依法行使的各项权利通常仍应具有法律效力，公司亦应因股东投资以及参与公司经营决策而向其分配股息和红利。股权转让合同的解除通常仅对未来发生效力，并不溯及既往，据此股权转让人并不能因股权转让协议的解除自然恢复股东资格，必须重新办理股权变更程序，才能再次成为公司股东。

第四节　常见争点说理示范

一、关于股东名册变更需以确定的股权权属为前提的裁判说理示范

（一）关于未请求确认股东资格径直主张变更股东名册的裁判说理示范

【适用情形】对于是否属于公司股东的事实存在实质争议，在未请求确认股东资格时径直主张变更股东名册。

【说理示范一】关于甲要求将其记载于股东名册的主张是否应予支持问题。本院认为，甲主张其与其他股东出资共同成立目标公司，目标公司股权经历数次变更，但甲从未被登记为公司股东，其股东身份未得到目标公司认可，且未能举证证明其股东身份得到了股东会层面的认可。因此，对于甲是否属于公司股东这一事实存在实质争议，该争议应当通过股东会决议或诉讼等方式确定。因此，甲直接主张变更股东名册，一审法院未予支持，并无不当。二审中，甲请求确认其具有目标公司股东资格，因其在一审中并未提出该项请求，不属于二审的审理范围，本院不予审理。如甲此后依法确认享有目标公司股东资格，可另行主张变更股东名册。

【说理示范二】关于甲要求将其记载于股东名册的主张是否应予支持问题。本院认为，甲主张其与其他股东出资共同成立目标公司，目标公司股权经历数次变更，但甲从未被登记为公司股东，其股东身份未得到目标公司认可，且未能举证证明其股东身份得到了股东会层面的认可。因此，对于甲是否属于公司股东这一事实存在实质争议，该争议应当通过股东会决议或诉讼等方式确定后，才能提起变更公司股东名册的诉讼。现其直接提起股东名册记载之诉实质上包含了股东资格确认的内容，为减少当事人诉累，本院向其释明，明确应增加股东资格确认请求，才能在本案中一并解决，但甲明确予以拒绝。因此，甲直接主张变更股东名册，因前提条件不明确，本院不予支持。如甲此后依法确认享有目标公司股东资格，可另行主张变更股东名册。

【参考裁判文书】辽宁省沈阳市中级人民法院（2021）辽 01 民终 16994 号辽宁科发实业有限公司与沈阳金杯泰峰表面处理有限公司等股东名册记载纠纷一案二审民事判决书。

（二）关于同时请求确认股东资格并主张变更股东名册的裁判说理示范

【适用情形】请求确认具有股东资格并主张变更股东名册，但未能提供证据证明具有股东资格，不予支持。

【说理示范】《公司法司法解释（三）》第 23 条规定，“当事人依法履行出资义务或者依法继受取得股权后，公司未根据公司法第三十一条、第三十二条的规定签发出资证明书、记载于股东名册并办理公司登记机关登记，当事人请求公司履行上述义务的，人民法院应予支持。”但原告甲并未提交证据证明其对公司进行了出资，故其要求确认为本案被告 A 公司的股东，没有事实依据和法律依据，本院不予支持。原告甲的其他诉讼请求是基于其被依法确认为公司股东的前提才能成立，现其提出的确认为被告 A 公司股东的诉讼请求未能得到支持，则其其他诉讼请求没有相应基础，本院不予支持。

【参考裁判文书】贵州省毕节市大方县人民法院（2019）黔 0521 民初 2660 号郭某 1 与大方县西南气体有限责任公司、郭某 2 股东资格确认纠纷、股东名册记载纠纷、请求变更公司登记纠纷、股东出资纠纷一案一审民事判决书。

（三）关于原股东在解除股权转让协议后需重新办理股权变更手续才能再次成为股东的裁判说理示范

【适用情形】股权转让协议解除后，原股东不能自动恢复股东身份并变更股东名册。

【说理示范】股权转让交易中，受让方通过受让股权继受取得股东资格后，即依法享有参与重大决策、选择管理者、监督公司经营以及获得分配利润等权利。股东基于身份关系实施的决策、参与公司管理等行为，涉及其他股东的利益以及与公司交易的不特定第三方的交易关系，为保护善意相对人，维护社会交易安全和交易秩序，即便股权转让合同嗣后被解除，股权受让方在作为股东期间依法行使的各项权利通常仍应具有法律效力，公司亦应因股东投资及其参与公司经营决策而向其分配股息和红利。简言之，股权转让合同的解除通常仅对未来发生效力，并不具有溯及既往的效力。据此，原股权转让方并不能因《股权变更协议》解除自然恢复股东资格，必须通过重新办理股权变更程序才能再次成为公司股东。对于特殊类型的公司，还应当按照专门的法律法规对股东资格进行认定。本案中，原股权转让方现已因存在 × 情形，显然不符合前述规定要求的成为公司股东的条件，相关监管部门亦在回函中予以明确，故原股权转让方主张其为公司股东并要求变更登记，缺乏事实基础和法律依据，本院不予支持。

【参考裁判文书】最高人民法院（2020）最高法民终 642 号明达意航企业集团有限公司、抚顺银行股份有限公司股东名册记载纠纷一案二审民事判决书。

（四）关于公司对未经其他股东半数以上同意的实际出资人不予记载于股东名册的裁判说理示范

【适用情形】未经其他股东半数以上同意，实际出资人请求公司将其记载于股东名册的，人民法院不予支持。

【说理示范】原告甲要求将登记在第三人乙名下的相应股权份额变更到自己名下并记载于 A 公司的股东名册，属于股东资格确认及股东名册记载纠纷。在 A 公司改制时，原告甲进行了出资，A 公司出具了股金收据，并由第三人乙代表其行使股东权利，原告甲是 A 公司的实际出资人，第三人乙是名义上的股东。《公司法司法解释（三）》第 24 条第 3 款规定，实际出资人未经公司其他股东半数以上同意，请求变更公司股东、签发出资证明书、记载于股东名册、记载于公司章程并办理公司登记机关登记的，人民法院不予支持。根据上述规定，当事人请求确认其股东资格并记载于股东名册，除实际出资外，还应当经公司其他股东半数以上同意。原告甲没有举证证明其要求变更公司股东并记载于股东名册的请求经过公司其他股东过半数同意（但公司其他股东过半数明确表示不同意），因此，对于原告甲的请求，本院不予支持。

【参考裁判文书】河南省沈丘县人民法院（2016）豫 1624 民初 210 号李某春、刘某义等与河南省广厦建设工程有限公司股东资格确认纠纷、股东名册记载纠纷一案一审民事判决书 。

（五）关于隐名股权受让人不能径直请求公司将其记载于股东名册的裁判说理示范

【适用情形】实际出资人在未依据法定程序的要求取得股东身份前，与他人签订股权转让协议，受让人不能依该转让协议直接取得相应股权，故该受让人请求公司将其记载于股东名册，人民法院不予支持。

【说理示范】对于不在股东名册中的实际出资人转让的股权，因我国《公司法》并未赋予实际出资人当然的股东身份，实际出资人在未依据法定程序的要求取得股东身份前，并不能转让股权，只能转让其基于与名义股东之间的合同所取得的合同债权，或者将自己享有的上述股权代持合同中的权利和义务一并转让，故受让人不能因为与实际出资人签订的所谓的股权转让协议而取得相应的股权。同时，根据《公司法司法解释（三）》第 24 条第 3 款的规定，“实际出资人未经公司其他股东半数以上同意，请求公司变更股东、签发出资证明书、记载于股东名册、记载于公司章程并办理公司登记机关登记的，人民法院不予支持”。受让人甲与不在股东名册中的实际出资人即使发生了真实的股权转让事实，但在未经标的公司其他股东半数以上同意的情况下，也不能直接取得相应的股权，故其要求标的公司变更股东、签发出资证明书、记载于股东名册、记载于公司章程并办理公司登记机关登记的请求依法不能成立，本院不予支持。

【参考裁判文书】新疆维吾尔自治区乌鲁木齐市中级人民法院（2020）新 01 民终 1839 号马某与乌鲁木齐市鲤鱼山饭店有限责任公司股东名册记载纠纷一案二审民事判决书。

（六）关于双方股权转让行为因不符合公司章程的限制性规定，公司有权不履行股东名册记载义务的裁判说理示范

【适用情形】因不满足公司章程对股权转让的限制性规定，股权转让未完成，受让方请求公司履行股东名册记载义务的，人民法院不予支持。

【说理示范】原告甲要求被告 A 公司将其记载于股东名册应当以其具有被告 A 公司股东身份为前提。原告甲认为，原告甲与持有被告 A 公司股权的乙、丙签订股权转让协议书，已经从二人处受让了被告 A 公司的相应股权。但本案中，被告 A 公司相应公司章程及股权办理办法明确规定，被告 A 公司的相关股份转让需经股东会三分之二股东表决同意。股权转让协议中的出让方乙、丙作为公司股东，受公司章程约束。甲作为受让方与乙、丙签订的股权转让协议书中亦明确，双方协商内容须经被告 A 公司同意；受让方同意接受并遵守被告 A 公司章程及对股权管理的有关规定。协议签订后，甲亦与股权转让方依约共同向被告 A 公司提交了转让申请表。由此可见，股权转让的

双方均知晓股权转让需经过被告A公司相应机构审批。现相应的股权转让申请并未得到批准，原告甲虽与股权转让方签订了股权转让协议，但因股权转让并未完成，原告甲尚未从股权转让方取得相应股权，其并非被告公司股东。故对于原告甲要求被告A公司将其记载于股东名册的诉讼请求，本院不予支持。

【参考裁判文书】江苏省泰州市海陵区人民法院（2018）苏1202民初3931号李某英与江苏泰州农村商业银行股份有限公司股东名册记载纠纷一案一审民事判决书。

二、关于公司应当履行股东名册记载义务的裁判说理示范

（一）关于股权依法转让后公司变更股东名册记载的裁判说理示范

【适用情形】股权依法转让后，应由公司将股权受让方及受让股权记载于股东名册。

【说理示范一】原告与转让方之间的股权转让合同关系合法有效。原告通过竞价有偿受让了转让方原持有的公司股权，并已付清全部股权转让款，已经取代转让方成为公司股东。根据法律规定，有限责任公司应当置备股东名册，记载股东的姓名或者名称及住所、股东的出资额、出资证明书编号。现原告要求公司将其记载于股东名册，符合法律规定，本院予以支持。

【参考裁判文书】上海市崇明区人民法院（2017）沪0151民初2351号同济工程集团有限公司与上海林同炎李国豪土建工程咨询有限公司股东名册记载纠纷一案一审民事判决书。

【说理示范二】关于甲是否有权主张A公司履行变更登记义务，依据公司法的规定，股权依法转让后，应由公司将股权受让方及受让股权记载于股东名册，并由公司向登记机关办理股权变更登记。上述规定确立了股权变更登记之诉的两方主体：未能取得变更登记致使权益处于不完满状态的股权受让方为权利人，股权转让所针对的目标公司则系股权变更登记的义务主体，故A公司当然负有履行股权变更登记的法定义务。A公司至今未能将股权受让方甲及其受让的股权记载于股东名册，甲据此主张要求A公司履行相应的变更登记义务，有相应的事实及法律依据，予以支持。

【参考裁判文书】上海市第一中级人民法院（2012）沪一中民四（商）终字第801号上海宇禧投资有限公司诉蒲某梅股东资格确认纠纷一案二审民事判决书。

（二）关于合法继承人继承股权后公司变更股东名册记载的裁判说理示范

【适用情形】合法继承人继承股权的，公司应在股东名册中记载其股东信息。

【说理示范一】关于原告甲是否有权要求被告A公司将其记载于股东名册的问题。本院认为，×号公证书已载明，登记在乙名下的×%的A公司股权由原告甲继承，乙的其他法定继承人放弃继承。根据《民事诉讼法》关于“经过法定程序公证证明的法律事实和文书，人民法院应当作为认定事实的根据，但有相反证据足以推翻公证证明的除外”的规定，本院依法对该公证书载明的事实予以采信。根据《公司法》第75条关于“自然人股东死亡后，其合法继承人可以继承股东资格；但是，公司章程另有规定的除外”的规定，原告甲已经成为被告A公司的股东。根据《公司法司法解释（三）》第23条的规定，当事人依法履行出资义务或者依法继受取得股权后，公司未根据《公司法》第31条、第32条的规定签发出资证明书、记载于股东名册并办理公司登记机关登记，当事人请求公司履行上述义务的，人民法院应予支持。现原告甲要求被告A公司将其记载于股东名册，符合法律规定，本院予以支持。

【参考裁判文书】广东省东莞市第三人民法院（2017）粤1973民初9689号田某、张某等与东莞市泰丰美耐皿制品有限公司等请求变更公司登记纠纷、股东名册记载纠纷一案一审民事判决书。

【说理示范二】本案系股东名册记载纠纷。根据双方当事人的诉讼请求和答辩意见，本案的争议焦点是A公司应否在股东名册中记载甲的股东信息。《公司法》第75条规定：“自然人股东死亡后，其合法继承人可以继承股东资格；但是，公司章程另有规定的除外。”A公司的章程没有对股权继承进行限制，甲作为乙的合法继承人，有权继承乙在A公司的股东资格，故甲有权要求A公司确认其股东身份。根据《公司法》第33条第1款关于“有限责任公司应当置备股东名册，记载下列事项：（一）股东的姓名或者名称及住所；（二）股东的出资额；（三）出资证明书编号”的规定，A公司应将股东甲的姓名、出资额、出资证明书编号记载于股东名册中。

【参考裁判文书】广东省韶关市中级人民法院（2014）韶中法民二终字第9号韶关市武江房地产开发有限公司与钟某娟股东名册记载纠纷一案二审民事判决书。

【说理示范三】本案的争议焦点在于A公司是否应当为甲办理股东名册变更记载和变更工商登记。对此，本院认为，公司股东变更的，应当办理变更登记。民事诉讼遵循诚实信用原则，生效法律文书具有既判力，案涉当事人应当依据法律文书确认事实，行使权利，履行义务。× 法院 × 号民事判决确认，被告 A 公司登记为乙享有的 40% 股权中的 5% 归甲享有。被告 A 公司及第三人丙应当办理工商变更登记手续，将原告甲登记为公司股东，并按照公司法律规定，将其记录于公司股东名册。原告甲的诉讼请求，于法有据，本院予以支持。

【参考裁判文书】上海市松江区人民法院（2019）沪 0117 民初 8904 号李某鹏与上海雅东木业有限公司请求变更公司登记纠纷一案一审民事判决书。

（三）关于股份有限公司的记名股票转让后公司变更股东名册记载的裁判说理示范

【适用情形】股份有限公司的记名股票转让后由公司将受让方的姓名或者名称及住所记载于股东名册。

【说理示范】本院对原告甲合法取得涉案股份的事实及其具备成为 A 公司股东的条件予以认定。依据公司法的规定，股份有限公司向法人发行的股票，应当为记名股票，并应当记载法人的名称或姓名。公司发行记名股票的，应当置备股东名册。依据《公司法》第 139 条的规定，记名股票转让后由公司将受让方的姓名或者名称及住所记载于股东名册，《公司法司法解释（三）》第 23 条规定，当事人依法履行出资义务或者依法继受取得股权后，公司未根据《公司法》第 31 条、第 32 条的规定签发出资证明书、记载于股东名册并办理公司登记机关登记，当事人请求公司履行上述义务的，人民法院应予支持，因此，原告请求被告将原告的名称（甲）及住址（× 市 ×）记载于被告 A 公司股东名册，理据充分，本院予以支持。

【参考裁判文书】广东省珠海市香洲区人民法院（2017）粤 0402 民初 8917 号珠海市泰桦房地产有限公司与珠海华润银行股份有限公司股东名册记载纠纷一案一审民事判决书。

（四）关于股东未足额出资不影响公司变更股东名册记载的裁判说理示范

【适用情形】股东未足额出资不影响其在公司股东名册的记载。

【说理示范】原告作为被告公司的股东，有权要求被告公司将其及其股份记载于被告公司名册，并向公司登记机关申请股东变更登记。至于股东未足额出资及股东应增加的投资，公司可以要求股东补齐或按持股比例增资，并承担相应的责任，不影响股东在公司股东名册的记载及向公司登记机关登记。

【参考裁判文书】云南省丘北县人民法院（2019）云 2626 民初 1521 号刘某与丘北雄丰机动车综合安全检测服务有限责任公司股东名册记载纠纷一案一审民事判决书。

（五）关于股东资格经生效判决确认后公司变更股东名册记载的裁判说理示范

【适用情形】股东依据生效判决主张变更股东名册记载事项的，公司应当履行相应的变更义务。

【说理示范】原告甲是否持有被告 A 公司的股权问题已经生效的民事判决书予以确认，故原告甲持有 A 公司的 × 股股权。《公司法司法解释（三）》第 23 条规定，当事人依法履行出资义务或者依法继承股权后，公司未根据《公司法》第 31 条、第 32 条的规定签发出资证明书，记载于股东名册并办理公司登记机关登记，当事人请求公司履行上述义务的，人民法院应予支持。原告甲作为 A 公司的股东，其有权要求 A 公司履行将其姓名及出资额记载于股东名册的义务。× 民事判决是原告甲请求股权确认之诉，本案属于原告甲要求 A 公司履行股东名册记载义务之诉，故本案不属于重复起诉。对于原告的诉讼请求，本院予以支持。

【参考裁判文书】河南省开封市中级人民法院（2013）汴民终字第 228 号尚某与开封轴承有限公司股东名册记载纠纷一案二审民事判决书。

（六）关于已经其他股东半数以上同意的实际出资人予以记载于股东名册的裁判说理示范

【适用情形】经其他股东半数以上同意，实际出资人请求公司将其记载于股东名册的，人民法院应予支持。

【说理示范】关于甲是否有权要求标的公司将其记载于股东名册的问题，本院认为，甲、乙签订的《股权转让协议书》《股权代持协议书》系双方当事人真实意思表示，内容不违反法律和行政法规的强制性规定，合法有效。根据《股权转让协议书》《股权代持协议书》约定，甲应在《股权转让协议书》签订之日后 3 个工作日内向乙支付股权转让款 × 元，乙应将所持标的公司 ×% 股权转让给甲、配合办理股东名册记载并在股东名册记载事项完成前代持上述股权。现甲已经履行完毕约定付款义务，根据《公司法》第 71 条第 2 款规定，股东向股东以外的人转让股权，应当经其他股东过半数同意。股东应就其股权转让事项书面通知其他股东征求同意，其他股东自接到书面通知之日起满 30 日未答复的，视为同意转让。其他股东半数以上不同意转让的，不同意的股东应当购买该转让的股权；不购买的，视为同意转让。本案中，丙、丁已经书面回复表示知晓代持关系，同意转让；戊、已收到乙的转让通知后，未予以答复，视为同意转让。因此，乙要求将其代甲持有的标的公司 ×% 股权变更至甲名下，已经获得标的公司股东过半数同意，故甲请求变更股东名册记载事项的诉讼请求，具有事实依据，符合法律规定，本院予以支持。

（七）关于公司已通过其他方式认可股东身份应将其记载于股东名册的裁判说理示范

【适用情形】公司股东会已形成决议同意转让方将其股权转让给受让方，受让方请求公司将其记载于股东名册的，人民法院应予支持。

【说理示范】本院认为，× 年 × 月 × 日，转让方向被告 A 公司申请将其名下的 ×% 的股权转让给原告。同年 × 月 × 日，被告 A 公司股东会也决议予以同意，说明被告公司相应 ×% 股权的股东身份已经发生了变化，被告 A 公司理应办理相关股东名册记载变更手续。原告要求被告将原告持有被告 A 公司 ×% 的股权记载于股东名册之中，符合法律规定，本院予以支持。

【参考裁判文书】上海市浦东新区人民法院（2016）沪 0115 民初 72777 号王某颖与上海汇发建筑安装工程有限公司股东名册记载纠纷一案一审民事判决书。

三、关于公司应当将失去股东资格的原股东从股东名册中除名的裁判说理示范

【适用情形】失去股东资格后，公司应变更股东名册中关于原股东的记载。

【说理示范】原告甲股份早已退清，原告已不再是被告 A 公司的股东，故对原告要求公司在其股东名册上除去原告的股东信息的诉讼请求予以支持。

【参考裁判文书】河北省唐山市迁西县人民法院（2020）冀 0227 民初 852 号迁西潘蓄实业总公司与唐山东辰食品饮料有限公司股东名册记载纠纷一案一审民事判决书。

四、关于不符合记载条件的股东请求公司进行股东名册登记不予支持的裁判说理示范

【适用情形】有限责任公司股东名册中股东人数已达到法律规定的上限，实际出资人请求公司办理股东名册登记的，人民法院不予支持。

【说理示范】A 公司改制前为乡镇集体企业，有相当部分资产来源于职工股份，后经该厂申请，主管部门批准其改制为有限责任公司。A 厂改制方案认可部分职工认购股权，其改制后实际出资的职工股东多达 200 余人。为此，× 年 × 月 × 日该公司制定公司章程，其中第 24 条规定“按 10 万元为一组，每组选出一名股东代表（《公司章程》中的股东即为股东代表）代表该组所有股东行使职权，小组自由组合”。该条款对章程中股东有明确规定，即各股东小组选出的股东代表。× 年 × 月 × 日，根据《公司章程》其所有职工股东

自由组合成 × 个股东小组，同时推选出 × 名股东代表，并就股东与股东代表的权利、义务均作了明确约定，该约定为双方自愿达成，且没有违背法律及法规的禁止性规定，合法有效。该约定中股东为实际出资人，股东代表为名义股东，双方间为实际出资人与名义股东的关系，双方均应当按股东小组代表约定的权利及义务履行，即由其选出的股东代表代表该组所有股东行使职权，现原告甲要求将其实际出资的份额记载于股东名册，并办理公司登记机关登记，违反了公司章程及其股东分组时的约定，因此，其诉讼请求没有事实依据。同时，根据《公司法》第 23 条第 1 项、第 24 条的规定，有限责任公司由 50 名以下股东出资设立。在不改变公司性质的情况下，要求判令被告将其入股记载于股东名册，并办理工商变更登记，该请求没有法律依据。综上，原告甲的请求没有事实依据及法律依据，本院予以驳回。

【参考裁判文书】湖南省永州市零陵区人民法院（2016）湘 1102 民初 336 号蒋某云与湖南省永州水泥股份有限公司股东名册记载纠纷一案一审民事判决书 。

第五节　判决主文规范表述

对于股东名册记载纠纷案件，实务中判决主文表述主要有如下几种类型。

一、支持在股东名册中记载的规范表述

1. 被告 A 公司应于本判决生效之日起 × 日内将原告甲的姓名、住所、出资额以及出资证明书编号记载于公司股东名册。（适用于原始实缴出资的情形）

2. 被告 A 公司应于本判决生效之日起 × 日内将原告甲的姓名、住所、认缴出资额、实缴出资额以及出资证明书编号记载于公司股东名册。（适用于原始认缴出资的情形）

3. 被告 A 公司应于本判决生效之日起 × 日内在公司股东名册中将记载于乙名下的 ×% 股权变更至原告甲名下。（适用于变更记载的情形）

4. 被告 A 公司应于本判决生效之日起 × 日内将原告甲记载于公司股东名册（股权比例 ×%）。

5. 被告 A 公司应于本判决生效之日起 × 日内将原告 B 公司的名称（ ×

公司）及住所地（ × 市 × ）、所持股份数（ × 股）、所持股票的编号（ × ）、取得股份的日期（ × 年 × 月 × 日）记载于公司股东名册。（适用于股份有限公司情形）

二、支持在股东名册中除名的规范表述

被告 A 公司应于本判决生效之日起 × 日内涤除原告甲在公司股东名册中的记载。

三、不支持在股东名册中记载或除名的规范表述

驳回原告甲的诉讼请求。

股东名册记载纠纷判决主文规范表述见表 1。

表 1　股东名册记载纠纷判决主文规范表述列表

<table>
<tr><th>裁判类型</th><th>裁判事项</th><th>裁判主文</th></tr>
<tr><td rowspan="4">支持股东名册记载</td><td rowspan="3">有限责任公司</td><td>被告 A 公司应于本判决生效之日起 × 日内将原告甲的姓名、住所、出资额以及出资证明书编号记载于公司股东名册。（适用于原始实缴出资的情形）</td></tr>
<tr><td>被告 A 公司应于本判决生效之日起 × 日内将原告甲的姓名、住所、认缴出资额、实缴出资额以及出资证明书编号记载于公司股东名册。（适用于原始认缴出资的情形）</td></tr>
<tr><td>被告 A 公司应于本判决生效之日起 × 日内在公司股东名册中将记载于乙名下的 ×% 股权变更至原告甲名下。（适用于变更记载的情形）</td></tr>
<tr><td>股份有限公司</td><td>被告 A 公司应于本判决生效之日起 × 日内将原告 B 公司的名称（ × 公司）及住所地（ × 市 × ）、所持股份数（ × 股）、所持股票的编号（ × ）、取得股份的日期（ × 年 × 月 × 日）记载于公司股东名册。（适用于股份有限公司情形）</td></tr>
<tr><td>支持股东名册除名</td><td colspan="2">被告 A 公司应于本判决生效之日起 × 日内涤除原告甲在公司股东名册中的记载</td></tr>
<tr><td>不支持股东名册记载或除名</td><td colspan="2">驳回原告甲的诉讼请求</td></tr>
</table>

第三章

股东出资、新增资本认购、公司增资、减资纠纷

第一节　类案纠纷审判概述

资本是公司法中最基本的概念之一。资本制度在公司法中起主导作用，公司法中许多其他制度和规则都与资本制度有着内在的密切联系，一些法律规则实质上是资本制度的具体体现和要求，我国公司法也以资本信用为基础构建了自己的体系。[①]股东出资、新增资本认购、增资、减资均是围绕公司资本的取得、增加、消减产生的法律关系，贯穿于公司设立、存续和注销的全过程，对内相应地引起股东产生、新增、退出及公司股权结构的法律关系变化，对外则产生公示、信赖效果。股东出资、新增资本认购、增资、减资共同适用公司资本制的基本原理和资本三原则，其理论基础、纠纷类型和审理思路之间具有共通性，其中股东出资居于基础性地位，因此，本章在围绕股东出资纠纷进行重点论述的同时，对新增资本认购、增资、减资纠纷一并论述。

一、公司资本制度概述

（一）公司资本制度基础理论

1. 公司资本含义

公司资本是公司生存与发展的物质基础，是公司的信用基础，对公司债权人构成一般担保。狭义来说，公司资本包括股东为设立或扩张公司而投入公司的出资额，即股权资本。广义来说，公司资本还包括债权资本，股权资本和债权资本共同构成公司的财产来源。作为股东出资的公司资本是一个静态、抽象、确定的数字概念，有别于具体的公司资产或公司财产。[②]股东一旦完成向公司出资，该出资就成为公司财产，不再属于股东个人财产，即股东与公司财产呈现相互独立状态。

以股东出资额为基础，公司在经营过程中资产发生各种变动后的结果，构成公司资产。公司资产是一个动态的概念，也是公司资产的真实状态。股

① 参见赵旭东等：《公司资本制度改革研究·导论》，法律出版社 2004 年版。

② 参见刘俊海：《公司法学》（第三版），北京大学出版社 2020 年版，第 74 页。

东出资额是固定的，但股东对公司所享有的股权权益并不固定，而是根据公司总资产扣减负债后的公司净资产不断变化，且股东对公司财产并不直接享有权利，非经法定程序不得进行分红、减资、分配剩余财产等。所谓有限责任公司、股份有限公司，均是指有限责任公司或股份有限公司股东以其（承诺）向公司缴纳的出资额承担有限责任，从而鼓励投资、隔离风险。公司得以享有独立财产权并以此为基础享有独立法律人格，从而独立经营、长续永存。债权人得以根据公司注册资本规模判断其信用大小、进行交易决策。

2. 公司资本制度类型

公司资本制度是公司制度的基石。公司资本制度是指公司资本如何形成，它决定了市场主体设立公司的门槛、条件以及公司设立后运行和交易的安全等。公司资本如何缴纳，是否需要设立最低资本限额，哪些要素可以成为公司资本，资本如何增加、减少及分配等，它们之间的规则共同构成了一国公司法的资本制度，从而形成公司制度的基石。通说认为，根据公司资本是在公司设立时一次形成还是可以在公司成立后分次形成，公司资本制度可以分为法定资本制、授权资本制和折衷资本制。

法定资本制，是指公司设立时，章程明确规定公司资本总额，并一次性发行、全部认足，否则，公司不得成立。法定资本制对公司资本形成的管制较为严格，通常还伴随对公司最低注册资本的要求，且注册资本必须登记。我国 1993 年《公司法》所规定的资本制度为典型的法定资本制，包括最低注册资本限额，注册资本必须实缴，工业产权、非专利技术出资不得超过注册资本 20% 等。法定资本制目的在于确保公司有充足的实力开展生产经营，保护交易安全。但就丰富的公司经营需求而言，过高的公司设立门槛显然对公司自主经营有所掣肘、对公司资信也无法完全起到预期的担保作用。

授权资本制，是指公司设立时，只要求在章程中明确公司可以发行的股份数量并登记注册，数量多少、何时发行并无强制要求，而是授权董事会根据公司需要自主决定。授权资本制相较法定资本制而言，将公司资本完全交与公司治理层，赋予公司充分自主权，对公司成立后的经营发展具有更大的灵活性，更能够适应市场经济和资本市场的发展需求。但授权资本制使注册资本只是一种名义上的资本，容易造成公司资本与资产的名实不符，提高交易成本，增大债权人风险，危害交易安全。

折衷资本制，是指各采法定资本制和授权资本制之所长，在公司设立时，由章程载明资本额，首次发行、认足一定比例资本，未发行部分授权董事会自主发行；或者在公司设立时一次性发行、认足全部资本，但公司成立后董事会仍可在章程授权范围内发行新股、增加资本。

我国 2005 年修订的《公司法》采有限的认缴资本制，规定了注册资本最低限额及公司设立时最低出资比例等，与折衷资本制有共通之处，至2013年《公司法》采完全的认缴资本制，进一步向授权资本制倾斜，赋予公司更大空间的出资自主权。但需要注意的是，现行《公司法》的注册资本仍然要求公司设立时发起人一次性认足。发起人一旦认缴出资，经工商登记形成公司的注册资本，即形成对公司及第三人的承诺，具有法律效力，只是在缴纳期限上享有分期利益，注册资本非经法定程序，不得随意增减。因此，有学者认为，我国现行公司资本制仍属法定资本制的一种，但与本来意义上的法定资本制又不能完全混为一谈。在归纳我国注册资本制度时，以是否需要在公司设立时一次性缴足认缴出资为依据，可将我国不同时期公司资本制划分为法定资本制、有限的认缴资本制和认缴资本制。需要指出的是，各种资本制度的优劣无法脱离其应用的社会背景而单独评价，因此，评价一种资本制度的优劣应当以该种资本制度是否适应当时商业社会的需要为基础，并根据当时及未来的市场变化及时作出回应。2013年修正的《公司法》施行后，市场主体蓬勃发展，商事登记数量明显上升，但也出现了一些“一元公司”“亿元公司”“50年或100年认缴期”等超低或超高注册资本、超长认缴期的现象。如何建立和完善更符合我国国情、制度和市场需要的公司资本制度，是公司法历次修改面临的重大课题。新一轮公司法修订也涉及对公司资本相关制度的修正，本节立法展望部分将详细论述。

3. 公司资本三原则

公司资本原则是公司资本制度的基本准则。公司资本原则包括资本确定（充实）原则、资本维持原则、资本不变原则。上述原则确保公司资本维持相对稳定，以保证公司存续和发展，保护债权人利益。

资本确定（充实）原则，是指公司在设立时，必须在章程中对公司的资本总额作出明确规定，由股东认足并按期缴纳，以确保公司资本确定、充实。我国2013年修正的《公司法》虽将公司注册资本制度修改为认缴资本制，但股东认缴的注册资本总额及认缴出资的时间均必须由公司章程明确记载并向公司登记机关备案，该规定与资本充实原则的要求相适应。此外，公司发起人是公司设立过程中权利义务的主要承担者，公司设立后即成为公司的原始股东，基于资本充实原则，公司设立者还应共同承担相互担保出资的义务，以确保公司资本充实。

资本维持原则，是指公司在其存续过程中，应保持与其资本额相当的财产。资本维持原则是为了防止资本的实质减少，保护公司的独立人格，保护债权人的利益。在公司资本制度上反映为股东出资所形成的公司资产不能再返还给股东，公司向股东进行分配时不能使公司资产低于用于维持公司注册资本所需的数额，包括公司未经弥补亏损、提取公积金不得向股东分红，股东未经法定程序不得抽回出资，不得通过转移公司资产等方式损害公司利益等。

资本不变原则，是指公司的资本一经确定，即不得随意改变，如需增资、减资，必须按法定程序进行。公司资本一经确定，即构成公司的责任财产，通过公司登记制度构成对交易第三人的公示信赖，如对资本增减未加规制，就会造成公司资产的不稳定以及第三人信赖利益的不确定，尤其是公司减资会直接导致公司责任财产的减少和债权人利益的损害，因此各国公司法普遍都对公司减资程序予以相应的规范，以确保资本不变。①

公司资本三原则的基本逻辑是：资本确定原则确定资本的基本水准；资本维持原则确保此水准能够真实反映公司财力；资本不变原则是在债权人利益获得确切保障前，禁止变动此水准。② 因此，公司资本三原则不仅是对公司及股东利益之保障，更是公司债权人与股东之间的利益平衡措施。尽管近年来资本三原则不同程度地受到了市场实践的挑战和冲击，但作为公司资本制度的基本准则，资本三原则仍然发挥着维护公司独立人格、维护商事交易安全等重要价值。

（二）我国公司制度发展

1. 我国公司资本制度变迁

要准确理解《公司法》关于资本制度的相关规定，必须准确理解：（1）《公司法》关于注册资本制度的变迁；（2）现行注册资本认缴制度下股东的期限利益；（3）立法展望：《公司法（修订草案）》对公司注册资本制度及出资加速到期的修订情况。

（1）《公司法》关于注册资本制度的变迁。我国《公司法》于 1993 年 12 月 29 日公布，1994 年 7 月 1 日施行，历经 1999 年、2004 年、2005 年、2013 年和 2018 年五次修改，逐步形成目前有效施行的公司法。其中，2005 年、2013 年修改时对股东出资制度进行了较大修改，从而使我国公司资本制度从“法定资本制”演变为“分期缴纳资本制”，再演变为目前的“认缴资本制”。理解公司资本制度的制度变迁，才能准确理解不同时期股东出资义务是否充分履行，进而对相关主体是否应承担相关法律责任作出准确判断。

采取发起设立方式设立的股份有限公司资本制度与有限责任公司大体一致，即取消资本强制实缴、法定资本最低限额、分期缴纳出资期限和强制验资限制或约束，实缴资本不再作为工商登记法定项目，转为由公司股东自主

① 参见王湘淳：《从出资额到出资价款：股东出资义务范围之厘清》，载《商法界论集》第 1 卷。

② 参见李建伟：《公司法学》（第五版），中国人民大学出版社 2022 年版，第 165 页。

决定出资计划等。

采取募集方式设立的股份有限公司取消了法定资本最低限额，但仍采实收资本制，发起人认购的股份不得少于公司股份总数的35%，发起人、认股人均应实缴出资并进行验资。对募集方式设立的股份有限公司仍采实收资本制并限定发起人认购比例，一方面是凸显股份公司的资合性，确保公司资本充实，另一方面也是为了防范发起人的道德风险，防止其利用发起人的便利地位吞噬认股资本。

纵观公司法关于注册资本制度的立法变迁，可以看出，我国公司法在立法之初，为了凸显公司作为法律拟制人格的色彩，保障公司具有民事主体地位、享有民事权利、履行民事义务的独立性，采用了公法色彩较为浓厚的法定资本制。随着市场经济的发展和法律实践的深入，公司作为营利主体，表现市场主体基于营利目的设立的私法色彩逐渐凸显，公司自治、市场主体风险自负等观念深入人心，注册资本制度也随之变迁，更加注重市场主体意思自治，降低公司的设立门槛，繁荣市场。公司法的立法目的之一就是保护公司、股东、债权人的合法权益，在这种立法理念和制度变迁背景下，公司法审判理念趋于私法化，法无禁止即可为，判断各方权利义务，更加注重各方的真实意思表示、权利义务平衡以及风险收益自担等精神。

（2）现行注册资本认缴制度下股东的期限利益。《公司法》第26条规定，“有限责任公司的注册资本为在公司登记机关登记的全体股东认缴的出资额”，彻底将我国注册资本制度转变为认缴资本制。在注册资本认缴制下，全体股东可以通过公司章程的形式，自主约定出资额、出资方式、出资期限等，从而根据公司经营需要自主决定经营计划。全体股东作出的出资额认缴决定，对股东、公司及债权人均具有承诺的效力，且承诺附有期限，如有违反，应视为瑕疵出资。但在注册资本认缴制下，股东对出资享有期限利益。是否违反出资义务，首先需要审查股东的出资期限是否已经届满，或具备加速到期的情形。如出资期限已经届满或虽未届满但已具备出资加速到期的情形，而股东仍未出资，方能认定股东未履行出资义务，否则，相对人无权穿透出资期限径行要求股东即时履行出资义务。股东出资的期限利益对认定股东（尤其是发起人、股权转让前手股东等）是否未履行或未全面履行出资义务十分关键，即股东应履行出资义务的前提是其出资期限已经届满或加速到期。在抽逃出资和减资场合，被诉股东也可能提出出资期限抗辩，此时需要准确理解股东出资期限利益与资本三原则的关系，在法律范围内保护股东的期限利益，同时对股东借期限利益规避出资义务的背信行为予以合理规制。

（3）立法展望：《公司法（修订草案）》对公司注册资本制度及出资加速

到期的修订情况。[①]第十三届全国人大常委会第三十二次会议对《公司法（修订草案）》进行了审议，并于2021年12月24日公布，向社会公开征求意见。草案虽然尚未通过，但其中对公司注册资本制度及出资加速到期的相关修改值得关注。待《公司法（修订草案）》获得通过并公布施行后，股东出资、新增资本认购与公司增资、减资纠纷相应的审判思路也必须因应新法的出台有所调整。

从草案规定来看，以有限责任公司为例，公司注册资本制度存在如下变化：其一，现行《公司法》未规定股东实缴出资额必须登记、公示，公司可按照章程规定自主决定是否公示，草案中股东实缴出资额成为法定公示事项（见草案第35条第1项）[②]。草案维持了注册资本认缴制度，仅规定股东实缴出资额、出资时间、出资方式等，应通过统一的企业信息公示系统予以公示，该修改有利于增强企业信用公示，便于市场交易主体进行交易判断，方便股东出资出现纠纷时查明事实。其二，现行《公司法》规定的典型出资方式包括货币、实物、知识产权、土地使用权等，草案增加了股权、债权作为典型出资方式（见草案第43条）[③]。该修改丰富了股东的出资形式，使更多生产元素可以转化为公司资本，贴合市场需求，具有鼓励投资作用，但由于股权、债权价值公允性不一的特点，在实施过程中容易成为虚假出资的选择路径，对股东是否真实出资的认定提出挑战。其三，现行《公司法》仅对全额未缴或全额抽逃出资股东规定了除名后果，草案明确了公司对瑕疵出资股东除名的程序要求，包括书面催缴、设定60日宽限期，以及可以在未缴范围内产生

① 本书完稿后交付印刷前，2022年12月30日第十三届全国人大常委会第三十八次会议对《公司法（修订草案二次审议稿）》（以下或简称二审稿）进行了审议，并向社会公开征求意见。为保证内容的更新，同时体现此次《公司法》修订的过程，准确理解修法背景、《公司法》修订过程中的各种考量和立法选择，本书将以脚注形式对《公司法（修订草案二次审议稿）》（2022年12月30日）中与公司资本纠纷相关内容加以说明。

②《公司法（修订草案二次审议稿）》保留了该修订（见二审稿第40条第1项）。

③《公司法（修订草案二次审议稿）》保留了该修订（见二审稿第48条）。

股权失权效果等（见草案第46条）[①]。除名效果扩大至部分未缴纳出资的股东。其四，明确了瑕疵出资、抽逃出资补缴或返还出资利息计算标准为银行同期存款利息，将设立时出资瑕疵的赔偿责任主体扩大至对此明知且未采取必要措施的董事、监事、高级管理人员（见草案第47条、第52条）[②]。其五，出资加速到期条件变化。《民商审判会议纪要》第6条对非解散、破产情况下出资加速到期进行了规定，草案与《民商审判会议纪要》规定精神一致，但对加速到期的条件放宽，即“公司不能清偿到期债务，且明显缺乏清偿能力的”，公司或债权人即有权要求其提前缴纳出资，不再要求公司作为被执行人在穷尽执行措施后仍无财产可供执行的具体条件。[③]加速出资条款的变化对股东出资纠纷案件审理的影响在于，“公司不能清偿到期债务，且明显缺乏清偿能力的”的证明标准及其事实查明问题，同时包括二者是否在基础纠纷中一并审

---

①《公司法（修订草案二次审议稿）》第51条规定较一审稿草案而言，明确了由董事会代表公司核查股东出资情况及向股东催缴出资，增加了发出失权通知后该部分股权六个月内未转让或者注销的，由公司其他股东按照其出资比例足额缴纳相应出资。该款规定意在避免其他股东作出除名或失权决定后股权空挂的情形，对其他股东作出除名或失权决定具有制衡作用，同时确保资本不变，以更好地保护外部第三人的利益。但由其他股东按比例缴纳失权股权对应出资额的规定，随着公司经营的盈亏变化，在实践中有可能引起股东之间对股权的争夺或出资责任的推脱，失权决定是对未出资股东股权的剥夺，同时也是对其出资义务的免除，因此其他股东须审慎选择向未出资股东催缴出资还是进行除权，其法律行为一经作出并生效后，二审稿中并无再行撤销之制度设计。比对一审稿草案第46条、第47条和二审稿第51条、第52条，二审稿将股东未出资行为根据其承诺出资为货币或非货币财产进行区分，对非货币财产出资实际价额显著低于所认缴的出资额不适用失权规则。

②《公司法（修订草案二次审议稿）》第52条、第57条删除了补缴或返还出资时“加算银行同期存款利息”的表述，而是统一采用“给公司造成损失的，应当承担赔偿责任”。事实上，加算银行同期存款利息本身是对公司损失的一种弥补方式，“加算银行同期存款利息”有利于统一裁判尺度，但开放式的“赔偿损失”之规定更适应复杂的现实情况，也能够避免损失计算囿于银行同期存款利息。董事、监事、高级管理人员承担责任的表述从“知道或应当知道而未采取必要措施，给公司造成损失的，应当承担赔偿责任”修改为“负有责任的董事、监事、高级管理人员应当与该股东承担连带赔偿责任”。

③《公司法（修订草案二次审议稿）》第53条将加速出资条件从草案的“公司不能清偿到期债务，且明显缺乏清偿能力的”进一步放宽为“公司不能清偿到期债务”，明确有权要求股东加速出资的债权人为“已到期债权的债权人”。实际上强化了股东的出资责任，使股东认缴出资制度止步于公司不能清偿到期债务时，强化了对公司和债权人的保护，但加重了股东在公司短期周转困难时的出资责任。

理问题。对比《民商审判会议纪要》的规定，公司亦有权要求股东加速出资，从而有利于维护公司生存发展。由此可见，草案的规定在坚持股东有限责任、公司自治的前提下更侧重保护公司及债权人的利益，这一规定未扩大股东义务，更加符合市场主体诚实信用原则。其六，明确了违法分配利润情况下股东应将违法分配的利润退还公司并加算银行同期存款利息，给公司造成损失的股东及负有责任的董事、监事、高级管理人员应当承担赔偿责任。较现行《公司法》增加了加算利润的银行同期存款利息及董事、监事、高级管理人员的赔偿责任。[①] 该规定应视为认缴资本制的配套制度，在公司设立时即应实缴出资的法定资本制之下，公司的董事、监事、高级管理人员尚未选任产生，对股东设立时的出资无法监督和履行管理职责，但全面实行认缴资本制后，股东出资未必在设立阶段即已完成，大量出资是在公司经营过程中持续完成的，故《公司法（修订草案）》新增了董事、监事、高级管理人员相关义务和责任（见草案第 207 条）。其七，在任意公积金和法定公积金弥补亏损后仍有亏损的，可使用资本公积金弥补亏损。[②] 相比现行《公司法》规定的资本公积金不得用于弥补公司亏损，草案规定更有利于激发公司资金活力，维持公司资本（见草案第 210 条第 2 款）。其八，增加了简易减资情形和违法减资的法律后果。简易减资情形下对减资程序予以简化，包括免于履行债权人通知程序，但需在按规定弥补亏损之后，且简易减资后在法定公积金累计额超过公司注册资本前，不得分配利润，以此保护债权人利益。现行《公司法》对违法减资法律后果未作明确规定，草案增加了违法减资的，股东应当退还其收到的资金并加算银行同期存款利息；[③] 给公司造成损失的，股东及负有责任的董事、监事、高级管理人员应当承担赔偿责任。明确了违法减资的责任主体及责任形式等，与瑕疵出资、抽逃出资、违法分配利润等法律规制保持一致（见草案第 221 条、第 222 条）。

从上述《公司法（修订草案）》内容可以看出，公司法在修订过程中既

---

①《公司法（修订草案二次审议稿）》第 207 条删除了返还利润时“加算银行同期存款利息”的表述，保留了“给公司造成损失的，股东及负有责任的董事、监事、高级管理人员应当承担赔偿责任”。

②《公司法（修订草案二次审议稿）》第 210 条第 2 款保留了该修订。

③《公司法（修订草案二次审议稿）》第 222 条删除了返还资本时“加算银行同期存款利息”的表述，增加了“减免股东出资的应当恢复原状”的表述，保留了“给公司造成损失的，股东及负有责任的董事、监事、高级管理人员应当承担赔偿责任”。使违法减资股东承担的责任形式与瑕疵出资、抽逃出资等情形一致，同时增加了违法形式减资情形下的责任承担方式。

有变革，也有坚守。表现在：更加尊重公司自治权，丰富出资要素，设立简易减资制度等；在坚持认缴资本制前提下，对这一制度实施过程中出现的问题予以立法层面的回应，包括对股东出资行为进一步予以规范；对董事、监事、高级管理人员的义务与责任进一步予以明确和加强，以完善公司治理制度；通过赋予救济权利、放宽出资加速到期条件、扩大责任主体、明确责任形式等，更加全面保护公司和债权人利益。

2. 我国资本制度变迁下资本三原则功能演进

随着市场经济的蓬勃发展，人们对于效益价值的追求越来越高，公司法律制度的传统理论基础备受冲击，商事立法的制度设计逐渐倾向于为市场主体创造宽松和高效的环境。2013 年修正的《公司法》废除了最低注册资本限额，取消实缴制，颠覆了我国法定资本制的传统。但是，公司资本制度的改革方向，不是彻底摆脱法定资本制背后的资本信用理念，而是寻求由过于依赖资本信用到树立资产信用理念并实现其体系化的规则转向。[①] 事实上，此次修改虽仍存留有一些法定资本制的要素，但就制度功能而言，《公司法》的制度设计向倡导公司自治的授权资本制度迈进了一大步，传统资本三原则的制度基础发生了较大变动，其确立的公司名义资本信用和维护交易秩序的历史功能一定程度上被弱化。但需要重点说明的是，认缴资本制与公司资本确定、资本维持、资本不变原则并不冲突，认缴资本制要求股东或发起人在公司设立时一次性认足公司注册资本，符合资本确定原则；要求股东不得违法分配利润等，在特定情形下股东出资加速到期，符合资本维持原则；要求公司增资、减资需经法定程序且需办理工商登记，符合资本不变原则。

（1）公平价值向效益价值的转向。废除最低注册资本限额的举措使公司自治在设立程序中即落到实处，更适合中小企业的发展战略。出资额度不再由公权力任意设定，将决定权回归于投资者和公司本身，这在很大程度上将提高企业运用资金的效率，释放企业活力。一定程度上使《公司法》实现了由管制向自由的演进，在公平和效益方面作出新的平衡。[②]

（2）资本担保向资产信用的变迁。传统法定资本制的目的在于维持公司存续期间的资本，通过资本信用来保障债权人的利益。然而，公司的信用能力是不能通过“确定的资本额度”直观判断的，它会随着公司经营活动的开展、公司治理的情况和资金流动性的强弱等种种因素的变动而不断波动。因

---

① 参见李建伟：《授权资本发行制与认缴制的融合——公司资本制度的变革及公司法修订选择》，载《现代法学》2021 年第 6 期。

② 参见赵万一：《资本三原则的功能更新与价值定位》，载《法学评论》2017 年第 1 期。

此，2013 年修正的《公司法》废除最低注册资本限额，取消强制验资程序，打破了资本担保的神话，标志着资本担保开始向资产信用过渡[①]，也有学者称之为“从资本信用到资产信用”[②]。

3. 我国现行注册资本认缴制下资本法律责任

我国现行注册资本认缴制源于 2013 年《公司法》修改，即取消最低资本额，实行完全的认缴资本制。

（1）取消最低资本额并非否定股东出资义务。股东出资构成公司资本，全体股东的出资构成公司的资本总额。有公司资本必有股东出资，该资本虽仅为全体股东认缴而不一定实缴的资本数额，但一经确定并注册登记，即产生和决定了全体股东的出资义务。取消最低资本额，改变的只是股东出资义务的范围或数额，而非股东出资义务本身。

（2）实行认缴资本制并非否定股东出资义务。从 2005 年公司法到 2013 年公司法，公司资本从有限制的认缴制到无限制的认缴制，改变的只是股东履行出资义务的时间和期限，股东以其认缴而非实缴的出资额为限对公司债务负责，资本的“认而不缴”并不免除股东的出资义务。实践中，股东通过公司章程规定“50 年或 100 年”等超长出资期限即属于对认缴资本制的错误解读，误以为可以规避股东出资义务。殊不知，股东的出资义务不仅指向已届履行期的出资，也覆盖未到履行期和根本没有履行期的所有出资。

（3）实行认缴资本制并非终结或取代实缴资本的独特作用。即使在完全的认缴资本制下，实缴资本仍有其不可替代的独特作用。实缴资本，是股东实际向公司交付的财产数额，也是决定各股东是否享有某些具体权利的直接依据，反映公司实际拥有的财产数额并构成其后续财产能力的基础，具有财务的价值并成为会计的记载科目和基本数据。实缴资本的法律价值在于它直接而具体地彰显和框定了源自于股东出资的公司独立财产以及由此产生的股东出资责任。实缴资本一经形成，即属于公司的独立财产，股东不得抽逃出资，否则构成对公司财产的侵权，股东须承担相应的法律后果即履行股东出资责任。资本真实的法律要求不因取消法定最低资本额、实行完全的认缴资本制而改变，取消验资的特定法律程序，绝非否定资本真实性的法律要求，而只是改变资本真实的实现方式。[③]

---

① 参见赵万一:《资本三原则的功能更新与价值定位》，载《法学评论》2017 年第 1 期。

② 参见赵旭东等:《公司资本制度改革研究》，法律出版社 2004 年版，第 37 页。

③ 参见赵旭东:《资本制度变革下的资本法律责任——公司法修改的理性解读》，载《法学研究》2014 年第 5 期。

二、公司资本相关纠纷概述

（一）公司资本相关纠纷类别

1. 股东出资纠纷

股东出资，是指出资人为取得股权，在公司设立或者增资时根据法律、章程规定或协议约定，向公司履行给付义务的法律行为。股东出资是公司资本最原始的来源，对公司而言，构成公司开展经营和承担市场风险的基础；对出资股东而言，是其对公司履行法定义务，取得股权的对价，是其将资本转化为股权的投资方式，也是其承担有限责任的前提和限度；对股东之间而言，是根据各方订立的投资协议、章程等履行合同的行为，是一种合同义务；对债权人而言，是公司承担交易风险、履行债务的一种信用。因此，由股东出资而引发的相关纠纷主要围绕公司、股东及债权人之间权利义务的平衡而展开。

2. 新增资本认购纠纷

新增资本认购，是指公司成立后依照法定条件、程序增加公司资本额，由认购人认购新增资本的法律行为。公司新增资本目的多为筹集经营资金、扩大经营规模，保持现有运营资金、减少股东收益分配，调整股东结构、改组公司董事会，配合公司并购，增强公司实力、提升公司信用等。新增资本认购一般会引起内部股东与新投资者之间的新增资本分配、原股东之间股权比例变化、新投资者与增资公司之间权利义务的调整等法律后果，实践中相关纠纷也多由此引发。新增资本认购与公司增资均是公司增加资本过程中产生的纠纷，新增资本认购纠纷侧重于调整公司与新增资本认购人因认购新增资本产生的权利义务关系，包括新增资本认购合同的效力、履行、清理等问题，公司有权请求新增资本认购人按约定及章程规定缴纳出资，新增资本认购人有权请求公司赋予其股东资格、行使股东权利等。新增资本认购人向公司缴纳出资，根据《公司法》第 178 条的规定，公司增资时，股东认缴新增资本的出资，按照公司设立时的规定执行。因此，股东对增资部分的出资义务，适用股东出资相关规范调整。此外，公司与新增资本认购人的合同权利义务，还受《民法典》合同编调整。

3. 公司增资纠纷

公司增资，是指公司在存续过程中依照法定条件、程序增加公司资本额的法律行为。由于增资能够增强公司实力，有利于债权人利益和交易安全，因此各国公司法对公司增资一般不做强制性要求，仅对特定公司类型特定增资方式进行规范，如我国《公司法》第 134 条规定，股份有限公司公开发行新股时须经证监会核准，并符合证券法等有关法律的规定。但公司增资涉及公司资本额的增加以及股权结构的变化，《公司法》规定公司增资属于公司特别决议事项，有限责任公司须经代表三分之二以上表决权的股东通过，股份有限公司须经出席会议的股东所持表决权三分之二以上通过。公司增资根据不同的划分标准，可分为内部增资与外部增资、同比增资与不同比增资、追加性增资和分配性增资等。增资过程中，股东与股东、股东与公司之间就是否增资、增资对象、增资比例、优先认缴权、增资价款等产生纠纷，均可能引发公司增资纠纷。

4. 公司减资纠纷

公司减资，是指公司在存续过程中依照法定条件、程序减少注册资本，将相应注册资本返还股东或免除股东认缴出资义务的行为。公司减资常发生于公司资本过剩，为减少资金冗余、提高资金利用率而减少注册资本；也常发生于公司亏损情况下，公司资本额与实有资产严重不符，为保持公司资本与资产相当，维护资本信用而减少注册资本。公司减资根据不同的划分标准，可分为形式减资与实质减资、同比减资与不同比减资等。由于减资减少了公司的责任财产，根据资本确定、资本不变原则的要求，为保护公司、股东和债权人利益，各国公司法通常对减资规定了更严格的条件与程序，以防止公司任意减资、股东规避责任等。公司减资会在股东之间发生减资额分配及股权比例变化，不当减资还会涉及股东与公司之间减资额的处理以及对债权人利益的保护与救济等问题。

（二）公司资本相关纠纷案由释义

根据《民事案件案由规定》的规定，与公司资本相关联的案由有股东出资纠纷、新增资本认购纠纷、公司增资纠纷、公司减资纠纷、追收未缴出资纠纷、追收抽逃出资纠纷。前四个案由为“与公司有关的纠纷”项下三级案由，后两个案由为“与破产有关的纠纷”项下三级案由。

股东出资纠纷通常由公司诉股东、股东诉股东构成，针对的是股东违反出资义务的情形，涵盖股东各种瑕疵出资情形，包括未按时出资、未出资或未足额出资、虚假出资、抽逃出资等情形。

新增资本认购纠纷主要发生在新出资人与公司之间以及原股东与公司之间，针对的是公司新增注册资本的情形。

公司增资纠纷是公司在增加注册资本过程中因增资行为引起的民事纠纷。公司资本增加必然调整现有的股权结构，直接影响现有股东的利益并可能在股东之间引发利益之争。新增资本认购纠纷与公司增资纠纷属于两个不同的案由，实践中需要仔细区分和辨别，以准确适用案由。新增资本认购纠纷着重于"新增资本认购"引起的相关纠纷，侧重于增资人与公司之间增资权利义务的调整，与股东出资纠纷有相通之处。公司增资纠纷侧重于股东对公司增资的决议、程序、优先认购权的分配等问题而产生的纠纷，多发生在股东与公司、股东与股东之间，应注意甄别。

公司减资纠纷是股东与股东、股东与公司之间就减资决议、程序、减资额的分配及交付等事项引发的纠纷。实务中，债权人追究股东违法减资责任时，有的以公司减资纠纷起诉，有的以股东损害公司债权人利益责任纠纷起诉。此外，由于公司增减资均需以公司特别决议形式通过，实践中对公司增减资纠纷还时常以公司决议纠纷体现，包括公司决议无效、撤销或不成立等纠纷。

"追收未缴出资纠纷、追收抽逃出资纠纷"通常由破产管理人向破产企业的股东提出。债权人追究股东瑕疵出资责任，一般适用股东损害公司债权人利益责任纠纷，如果是通过追加被执行人程序请求股东承担责任，还可能确认为申请执行人执行异议之诉以及追加、变更被执行人异议之诉案由。但股东损害公司债权人利益责任纠纷和执行异议之诉还包括出资瑕疵以外其他的损害情形。

三、公司资本相关纠纷法律规制梳理

（一）有关股东出资的法律规制

根据《公司法》及其司法解释的相关规定，我国公司法律制度对股东出资的法律规制主要表现在以下几个方面：公司设立过程中的出资形式、出资限额、出资比例、出资履行、验资等，以及公司存续过程中的资本变动、增资、新股发行等。与出资行为相对应，还会产生股东资格的取得、变更、丧失等法律关系。在发生股权转让的情况下，还会涉及出资义务的承受等问题。

违反出资义务，瑕疵出资[①]股东要根据出资义务违反的严重程度，分别承担民事责任、行政责任（《公司法》第198条、第199条）、刑事责任（《刑法》第158条、第159条）等。

在民事责任范畴，根据违反出资义务程度的不同，瑕疵出资股东对不同主体分别承担相应的法律后果：（1）对公司承担出资本息补足或返还责任；（2）对其他已按期足额缴纳出资的股东承担违约责任；（3）对公司债权人在

① 此处的瑕疵出资指广义的违反出资义务之行为，正常情况下股东应按时足额出资，方可认定为圆满履行了出资义务，如股东存在未按时出资、未出资或未足额出资、虚假出资、抽逃出资等情形，均存在不同程度的违反出资义务，上述行为可概称为"瑕疵出资"。

未出资本息范围内或抽逃出资本息范围内对公司债务不能清偿的部分承担补充赔偿责任。此外，由于公司存续阶段的变化，公司解散后成立清算组的，由清算组作为权利人或诉讼代表人向股东主张相应权利；公司被受理破产申请的，由破产管理人作为权利人或诉讼代表人向股东主张相应权利。

违反出资义务的责任主体除了股东外，还包括公司设立时的发起人，公司增资时未尽忠实勤勉义务的董事、高级管理人员，不实评估、验资或验证的资产评估、验资或验证机构，明知为瑕疵股权而受让的受让人等。前述主体分别根据不同的归责基础对瑕疵出资承担相应责任：（1）公司设立时的发起人。对公司设立时其他股东未出资或虚假出资行为承担连带责任［《公司法》第 30 条、《公司法司法解释（三）》第 13 条第 3 款］，发起人承担责任后可以向瑕疵出资股东追偿。该责任系基于发起人之间的法定担保义务。（2）公司增资时未尽忠实勤勉义务的董事、高级管理人员。对公司增资时股东未缴足出资的行为承担相应责任［《公司法》第 147 条、《公司法司法解释（三）》第 13 条第 4 款］，董事、高级管理人员承担责任后可以向未缴足出资股东追偿。该责任系基于董事、高级管理人员在公司增资过程中的信义义务，如有违反，应承担违信责任。（3）协助抽逃出资的其他股东、董事、高级管理人员或者实际控制人。股东抽逃出资，公司或者其他股东、债权人请求其向公司返还出资本息、协助抽逃出资的上述人员对此承担连带责任的，人民法院应予支持［《公司法司法解释（三）》第 14 条］。该责任基于资本维持原则，亦基于董事、高级管理人员在公司经营过程中的信义义务。（4）不实评估、验资或验证的资产评估、验资或验证机构。给公司债权人造成损失的，除能够证明自己没有过错外，在其评估或证明不实的金额范围内承担赔偿责任（《公司法》第 207 条第 3 款、《资产评估法》第 50 条、《注册会计师法》第 42 条）。该责任系基于中介机构独立、客观、公正的执业要求，如有违反，应承担相应的赔偿责任。（5）为企业提供不实、虚假的验资报告或者资金证明的金融机构。企业、出资人的财产依法强制执行后仍不能清偿债务的，由金融机构在验资不实或者虚假资金证明金额范围内，根据过错大小承担责任。此种民事责任不属于担保责任（《最高人民法院关于金融机构为企业出具不实或者虚假验资报告资金证明如何承担民事责任问题的通知》）。（6）明知为瑕疵股权而受让的受让人。应对瑕疵出资股东履行出资义务承担连带责任［《公司法司法解释（三）》第 18 条第 1 款］。该责任系基于股权转让后相关权利义务的概括转移。

（二）有关新增资本认购的法律规制

新增资本认购纠纷是指有限责任公司新增资本认购、股份有限公司发行新股认购产生的纠纷，是对增资行为本身有异议产生的纠纷。新增资本认购纠纷与股东出资纠纷不同，股东出资纠纷适用于股东违反出资义务的各种情形，而新增资本认购纠纷规范的是公司新增注册资本实施过程中产生的、除股东出资纠纷之外的相关纠纷。公司增资后请求增资义务人按期缴纳增资的纠纷，仍属于股东出资纠纷，适用股东出资纠纷的法律规制（《公司法》第178条）。新增资本认购纠纷实际上是以新增资本认购人与公司之间的合同纠纷为主，其他各方当事人基于其加入合同及设定权利义务亦成为当事人，又因公司法对公司增资有相应的规定，因此该法律关系主要受《民法典》合同编和公司法调整。

1.《公司法》关于新增资本认购的规定

由于增资会导致现有股东股权稀释和股权结构的变化，甚至可能引起公司控制权的易手，因此增资直接影响现有股东的利益，是公司的重大事项。《公司法》规定，公司增加注册资本须以股东会特别决议形式通过，有限责任公司股东有权优先按照实缴出资比例认缴出资，但全体股东约定不按照出资比例优先认缴出资的除外。公司增资过程中，相对人须善意审查公司是否作出了增资决议及如何实施、各股东是否行使优先认缴权等。以上要素将影响公司新增资本决议本身的效力以及新增资本认购人（尤其是外部认购人）与公司之间增资认购合同的效力、有无履行障碍等。此外，公司资本规模、结构本质上是由股东通过协议一致决定的，而非公司经营管理事项。《公司法》仅规定是否增资由股东会以特别决议方式通过，但对于如何增资、增资对象、增资对价等事项，即便以资本多数决形式通过了，如果剥夺了股东固有权利或涉嫌大股东滥用股东权利损害公司或其他股东的利益，也可能被司法认定为无效，从而发生已进行的增资认购行为必须恢复到增资前状态的效果。

2.《民法典》合同编关于新增资本认购的规制

新增资本认购纠纷适用《民法典》合同编的一般规则及相关条文规定。由于涉及《公司法》相关规定，实践中多见股东会决议缺如或效力瑕疵、侵害股东优先认购权等情况下新增资本认购协议的效力和履行问题，其处理方式将在本章第三节实务难点裁判思路中详述。

近年来，随着风险投资领域的实践创新，新增资本认购协议出现了“估值调整协议”方式，常见增资认购人与目标公司及其大股东或实控人签订包含估值调整内容的股权认购协议，设定业绩目标、公司上市等条件，如未成就则触发股权回购、金钱补偿等义务，以此对抗其投资风险。

（三）有关公司增资的法律规制

《公司法》第46条规定，有限责任公司增资方案由董事会制订；第37条和第43条分别规定增加注册资本的决议需由股东会以特别决议形式作出，即必须经代表三分之二以上表决权的股东通过；除全体股东另有约定外，股东有权按照实缴的出资比例认缴新增资本；《公司法司法解释（三）》第16条规定，公司可以根据章程或股东会决议限制瑕疵出资股东的新股优先认购权；《公司法》第179条第2款规定，公司增加注册资本应当依法向公司登记机关办理变更登记。对于股份有限公司的增资，《公司法》第103条规定，增资决议必须经出席会议的股东所持表决权的三分之二以上通过；第134条规定，公司经国务院证券监督管理部门核准公开发行新股时，必须公告新股招股说明书和财务会计报告，并制作认股书。即股份有限公司面向内部或特定外部主体增资时，其现有股东不享有新股优先认购权，且发起人在缴足其认购的股款前，不得向他人募集股份，其他增资规则大致与有限责任公司相同；股份有限公司如面向社会公众公开发行新股，还应经证监会核准。违反上述增资条件和程序的，可能导致增资行为无效或被撤销。

关于股东对新增资本是否享有优先认购权，《公司法》对有限责任公司和股份有限公司的规定有所不同。有限责任公司股东对新增资本享有优先认购权，是《公司法》基于保护有限责任公司的人合性要求，对有限责任公司增资扩股行为所作的强制性规范，目的在于保护有限责任公司基于人合基础所形成的经营运行稳定性，该规定仅适用于有限责任公司。对于股份有限公司，基于其资合性的组织形式与管理运行模式，公司法并未对其增资扩股行为设定优先认购权的强制性规范。股份有限公司的增资扩股行为系其内部经营决策合意的结果，在不违反相关强制性法律规定的情况下，公司具体的增资方式、增资对象、增资数额、增资价款等均由其股东会决议并遵照执行。[①]

关于有限责任公司股东对其他股东放弃优先认购权的新增资本是否享有优先认购权，《公司法》仅规定有限责任公司股东有权按照实缴的出资比例认缴新增资本，并未赋予其对其他股东放弃部分的优先认购权，其依据在于，优先购买权作为一种排斥第三人竞争效力的权利，对其相对人权利影响重大，必须基于法律明确规定才能享有。增资扩股不同于股权转让，两者最明显的区别在于公司注册资本是否发生变化。此外，二者还存在以下不同：增资扩股资金来源于增资股东、由公司取得、增资须由公司以特别决议方式作出；股权转让资金来源于股权受让方、由股权转让方取得、股权对外转让须经其他股东过半数同意且其他股东有权在同等条件下优先购买等。我国《公司法》没有明确规定有限责任公司新增资本过程中，部分股东将其可优先认缴的出

① 参见云南省昆明市中级人民法院（2015）昆民五终字第44号上诉人张某与被上诉人云南纺织（集团）股份有限公司新增资本认购纠纷一案二审民事判决书。

资份额让与外来投资者，其他股东对此享有优先认购权。因此，其他股东不能依据与增资扩股不同的股权转让制度行使《公司法》第72条所规定的优先购买权。①

当然，前述规制是《公司法》对公司增资作出的一般性规定，如果公司存在个性化需求，可以根据是引入新投资者还是保持股东成员稳定的需要，通过股东会决议或章程规定的形式，对增资对象等作出符合自身需求的决定。

（四）有关公司减资的法律规制

由于减资减少了公司的责任财产，根据资本确定、资本不变原则的要求，为保护公司、股东和债权人利益，我国公司法对减资规定了相对严格的条件与程序。《公司法》第177条规定："公司需要减少注册资本时，必须编制资产负债表及财产清单。公司应当自作出减少注册资本决议之日起十日内通知债权人，并于三十日内在报纸上公告。债权人自接到通知书之日起三十日内，未接到通知书的自公告之日起四十五日内，有权要求公司清偿债务或者提供相应的担保。"《公司法》第179条第2款规定："公司增加或者减少注册资本，应当依法向公司登记机关办理变更登记。"《公司法》第204条第1款规定："公司在合并、分立、减少注册资本或者进行清算时，不依照本法规定通知或者公告债权人的，由公司登记机关责令改正，对公司处以一万元以上十万元以下的罚款。"该条款是对公司违法减资的行政规制。除此之外，公司及股东如违法减资，还应承担相应的民事责任，至于如何承担民事责任，现行公司法没有具体规定，但实践中通常根据民法基本原理及最相类似的规定来确定相关主体的责任。例如，股东可通过公司决议纠纷对减资决议提出无效、可撤销或不成立之诉，公司和股东可根据减资决议效力请求减资额的返还或取回。

违法减资股东向债权人承担何种责任，司法实践中，主要有以下几种处理思路：（1）根据股东在减资时向工商部门提供的公司债务清偿或债务担保说明向债权人承担责任；（2）认定公司不当减资在本质上与股东抽逃出资一致，按照《公司法司法解释（三）》第14条第2款判令减资股东承担责任；（3）将公司不当减资类同于股东未履行或未全面履行出资义务，按照《公司法司法解释（三）》第13条第2款判令减资股东承担责任；（4）根据第三人侵害债权理论，将不当减资作为侵权行为，由减资股东对债权人承担侵权责任。

---

① 参见最高人民法院（2010）民申字第1275号贵州捷安投资有限公司与贵阳黔峰生物制品有限责任公司等股权确权及公司增资扩股出资份额优先认购权纠纷申请再审一案民事裁定书。

对于协助违法减资的其他股东、董事、高级管理人员或者实际控制人是否承担责任及承担何种责任问题，实践中的做法尚不统一，但比较倾向的观点是应当保护债权人利益，判令明知违法减资而予以协助的相关人员对违法减资股东应负担的债务承担连带责任。《公司法（修订草案）》对违法减资的民事责任进行了规定，填补了该法律漏洞。该草案第 222 条规定，违反本法规定减少注册资本的，股东应当退还其收到的资金并加算银行同期存款利息；给公司造成损失的，股东及负有责任的董事、监事、高级管理人员应当承担赔偿责任。①

四、公司资本相关纠纷审理原则

（一）股东有限责任原则

股东的有限责任是现代公司制度的基石。它将股东的可能损失限制在其所认缴的投资额的范围内，把进一步亏损的风险从股东转移到债权人身上。②有限责任有利于吸引投资、鼓励创业、隔离风险、分离投资和经营等诸多优点，也是审理股东出资纠纷首要遵循的原则。《公司法》第 3 条第 2 款规定："有限责任公司的股东以其认缴的出资额为限对公司承担责任；股份有限公司的股东以其认购的股份为限对公司承担责任。"《公司法》及其司法解释对股东违反出资义务的科责范围均限于股东未缴、不实或抽逃出资本息，未突破股东有限责任范畴。在股东出资纠纷审理过程中，应坚持股东有限责任原则，坚持以股东认缴出资额本息为限对股东科以相应责任，在认定返还或抽逃出资的利息时，应合理界定利息起算点，避免不当扩大股东责任，突破股东有限责任。

（二）资本维持原则

资本维持原则，是指公司在其存续过程中应维持与其资本总额相当的财产。具体表现为，在弥补亏损之前不得向股东分配利润，股票不得折价发行，股东需按期足额缴纳出资，不得抽逃出资，公司不得回购本公司股份、不得不当减资等。资本维持原则旨在保护债权人利益，防止股东利用其与公司的密切联系侵吞公司资本，减损公司偿债基础，将经营风险转嫁给债权人。只

---

①《公司法（修订草案二次审议稿）》第 222 条删除了返还资本时"加算银行同期存款利息"的表述，增加了"减免股东出资的应当恢复原状"的表述，该表述明确了违法形式减资情形下的责任承担方式。

② 参见朱锦清：《公司法学》，清华大学出版社 2019 年版，第 162 页。

有在资本维持原则下，公司才能真正意义上具有法律独立人格，具有独立享有民事权利、承担民事义务与责任的基础，否则，公司只不过是披着面纱的傀儡人格。《公司法》第 28 条规定，股东应当按期足额缴纳公司章程中规定的各自所认缴的出资额；第 35 条规定，公司成立后，股东不得抽逃出资；第 142 条规定，除法律规定情形外，公司不得收购本公司股份。

（三）双重标准、内外有别原则

股东与股东之间、股东与公司之间的纠纷，为内部纠纷。双方对诉争利益的知情程度更为对称，诉争利益多是基于双方的合意行为而产生，因而在处理内部纠纷时，应更加注重考察双方当事人的合意，综合考虑双方在争议过程中表现出的真意，准确认定事实和厘清责任。债权人与股东之间的纠纷，为外部纠纷。由于双方的知情程度、信息掌握情况、举证能力均有所不同，在诉讼权利和实体处理方面要更注重与内部纠纷的区别，采取双重标准、内外有别的审理原则，根据双方当事人的举证能力合理分配举证责任，同时，对证据进行分析认定时要更注重其客观性，从而平衡双方的权利义务。

（四）股东出资期限利益与债权人利益平衡保护原则

现行公司法制度更加注重公司自治。公司有权根据自身经营、发展需要决定注册资本最低限额及出资计划，从而享有出资期限利益。但如果股东迟迟不出资，造成公司资本显著不足，出现“股东实际投入公司的资本数额与公司经营所隐含的风险相比明显不匹配”“股东利用较少资本从事力所不及的经营，表明其没有从事公司经营的诚意，实质是恶意利用公司独立人格和股东有限责任把投资风险转嫁给债权人”等情形时，则需要考虑公司自治、股东出资期限利益保护与债权人利益保护之间的平衡，在特定情形下加速股东出资到期，以实现经营风险与收益、民事权利与责任的平衡。《公司法》及《企业破产法》分别规定了公司解散清算及破产情形下股东出资应无条件到期，《民商审判会议纪要》则进一步规定，在公司具备破产原因，但不申请破产以及在债务产生后延长出资期限的情况下，股东出资应加速到期。上述规定为审判实践提供了具体可行的指引，有利于股东出资期限利益与债权人利益的平衡保护。

第二节 基本要素审理指引

一、立案要素审查

（一）主管要素

第一，注意审查是否属于公司自治事项。一般情况下，公司资本相关纠纷均能满足《民事诉讼法》第122条规定的起诉要件：原告与本案有直接利害关系；有明确的被告；有具体的诉讼请求和事实、理由；属于人民法院受理民事诉讼的范围。但是，由于有限责任公司具有特殊的人合性特点，且公司设有股东会这一决策、自治机构，根据现代公司治理制度，在审查公司资本相关纠纷时，要特别注重审查和甄别民事诉讼受理范围与公司自治事项。如原被告对诉争事项可以通过公司内部治理制度解决，双方不存在需要通过民事司法程序解决的纠纷，或者原告对起诉事项没有诉的利益，则应认定不构成《民事诉讼法》上的“诉”，不应予以受理，已经受理的，应驳回起诉。例如，股东和公司一致同意变更股东出资形式，则无需通过司法裁判处理；又如，公司向法院请求限制瑕疵出资股东的新增资本优先认购权，股东向法院请求对公司进行增资或减资，该等事项系公司自治事项，可由公司自主通过股东会决议等方式作出，无需通过法院裁判处理。

第二，股东间基于出资协议或公司章程等主张出资违约责任，应审查双方是否存在仲裁条款以排除法院主管。

【规范依据】《民事诉讼法》第122条、第127条。

（二）管辖要素

1. 地域管辖

（1）股东出资纠纷。股东出资纠纷不存在适用专属地域管辖规则的问题，当事人可以通过约定选择管辖，如无约定，可适用《民事诉讼法》第24条关于合同纠纷案件管辖的一般规定，综合考虑公司所在地等因素确定。

抽逃出资对于公司而言构成侵权，但由于《民事案件案由规定》中并无“抽逃出资纠纷”，辨析抽逃出资的行为性质，仍属于对股东出资义务的违反。因此，根据案由仍应适用“股东出资纠纷”管辖规则。如果公司以侵权纠纷为由提起诉讼，可适用侵权纠纷管辖规则，即由侵权行为地或者被告住所地人民法院管辖，其中侵权行为地包括侵权行为实施地和侵权结果发生地。对于股东而言，抽逃出资构成违约，可适用合同纠纷案件管辖的一般规定。

（2）新增资本认购纠纷。新增资本认购纠纷是指有限责任公司新增资本认购、股份有限公司发行新股认购产生的纠纷，一般发生于认购人与公司之间，属于合同纠纷，适用合同纠纷案件管辖的一般规定。

（3）公司增资、减资纠纷。《民事诉讼法》第27条规定："因公司设立、确认股东资格、分配利润、解散等纠纷提起的诉讼，由公司住所地人民法院管辖。"《民事诉讼法司法解释》第22条规定："因股东名册记载、请求变更公司登记、股东知情权、公司决议、公司合并、公司分立、公司减资、公司增资等纠纷提起的诉讼，依照民事诉讼法第二十七条规定确定管辖。"

公司增资、减资纠纷适用《民事诉讼法》第27条规定的公司诉讼特殊地域管辖规则。但需要明确的是，上述管辖条款并不属于专属管辖条款。《民事诉讼法》所规定的特殊地域管辖条款并不排除当事人协议管辖，当事人对于争议解决方式有约定的，从其约定，无约定或者约定不具有可操作性的，则依照该法律规定确定案件的管辖法院。

（4）关联诉讼的管辖规则。

①公司决议纠纷。公司增资、减资纠纷常以公司决议纠纷形式表现，公司决议纠纷根据《民事诉讼法司法解释》第22条规定，应适用《民事诉讼法》第27条规定的公司诉讼特殊地域管辖规则，由公司住所地人民法院管辖。

②股东损害公司债权人利益责任纠纷。股东损害公司债权人利益责任纠纷属于侵权纠纷，应按照侵权纠纷确定案件管辖。因侵权行为提起的诉讼，由侵权行为地或者被告住所地人民法院管辖。侵权行为地包括侵权行为实施地和侵权结果发生地。关于侵权行为实施地，可根据原告所诉具体的"损害行为"进行判定；关于侵权结果发生地，由于股东损害公司债权人利益会直接造成公司债权人财产利益减损，原告作为公司债权人，以其住所地为侵权结果发生地，并据此提起诉讼的，符合相关法律规定。

③申请执行人执行异议之诉及追加、变更被执行人异议之诉。应向所涉执行案件的执行法院提出执行异议，如不服执行异议裁定，应在规定期限内向执行法院起诉。

（5）例外情形。

①协议管辖破除地域管辖。股东出资、新增资本认购纠纷中的合同纠纷适用合同纠纷的一般管辖规则，如果案涉双方当事人对管辖有约定，可从其约定。

②破产案件集中管辖。《企业破产法》第3条规定："破产案件由债务人

住所地人民法院管辖。”因此，破产案件适用集中管辖规则，如被告已被受理破产，相关案件应由破产受理法院管辖。

2. 级别管辖

级别管辖用于确定受理诉讼的人民法院层级，级别管辖系为了保护当事人的审级利益、加强审级制约监督、维护裁判权威性和统一性而设置，是《民事诉讼法》的强制性规定，违反级别管辖而对案件进行受理和审理，属于严重程序违法。因此，在受理公司资本相关纠纷时，除了应对地域管辖进行审查外，还应对级别管辖进行审查。级别管辖主要根据案件本身的影响力范围、涉外因素及标的大小等确定。《民事诉讼法》第18条至第21条仅对四级法院管辖范围作了原则性规定，具体级别管辖标准应根据最高人民法院相关司法解释及司法性文件确定，在案件审查和审理中还应注意是否属于《最高人民法院关于完善四级法院审级职能定位改革试点的实施办法》第三部分所规定的需要提级管辖的案件类型，以准确适用级别管辖规则。

【规范依据】《民事诉讼法》第24条、第27条、第28条、第29条、第35条；《民事诉讼法司法解释》第22条、第24条；《企业破产法》第21条。

（三）主体要素审查

1. 原告主体要素

（1）股东出资纠纷适格原告。原告是对所诉纠纷有直接利害关系的民事主体，对所诉事项具有诉的利益。一般情形下，股东出资纠纷中的原告可包括公司、股东、清算组、破产管理人等，在债权人追索股东出资责任情形下，则适用“股东损害公司债权人利益责任纠纷”案由，此时原告主体为公司债权人。如果股东与公司因出资后未确认股东身份、未记载于股东名册、未取得股权等，一般通过股东资格确认纠纷、股东名册记载纠纷、请求变更公司登记纠纷等案由处理。

当公司和股东同时起诉要求被告股东承担出资责任时，应要求原告明确其诉讼请求，如公司和股东的诉讼请求均为被告向公司缴纳、返还、补足出资款或对公司承担逾期出资的利息等，则公司和股东对争议标的均具有直接利害关系且争议请求具有一致性，可列为共同原告，一并审理。如公司和股东的诉讼请求既包括被告股东向公司承担出资责任，又包括被告股东向其他股东承担违约责任，因二者属不同法律关系，出资责任中原告是公司，违约责任中原告是其他股东，两种诉求分别是两个独立的案件，此时应向原告释明并要求原告择一行使，并根据原告明确后的诉讼请求处理当事人主体资格问题，驳回不具有主体资格一方的起诉，但被驳回起诉的原告可以自己名义及自身诉由另行提起诉讼。

（2）新增资本认购纠纷适格原告。新增资本认购纠纷规范的是公司新增注册资本过程中除股东出资纠纷之外的相关纠纷。因此，一般情形下，新增资本认购纠纷中的原告可包括增资认购人、公司。

（3）公司增资纠纷适格原告。增资纠纷的原告主体一般情形下可包括公司、股东。

（4）公司减资纠纷适格原告。减资纠纷的原告主体一般情形下可包括公司、股东。实践中，公司债权人也有以公司减资纠纷案由对股东提起诉讼，但实际上按股东损害公司债权人利益责任纠纷确定案由，更符合双方诉由。

2. 被告主体要素

（1）股东出资纠纷适格被告。股东出资纠纷一般为公司或其他股东追究瑕疵出资股东及相关人员的出资责任，被告一般为违反出资义务的责任主体，包括股东（包括现任股东和历史股东），公司设立时的发起人，公司增资时未尽忠实勤勉义务的董事、高级管理人员，不实评估、验资或验证的资产评估、验资或验证机构，为企业提供不实、虚假验资报告或者资金证明的金融机构，明知为瑕疵股权而受让的受让人等。

（2）新增资本认购纠纷适格被告。新增资本认购纠纷原被告具有双向性，即增资认购人与公司之间可互为原被告，双方基于新增资本认购产生的权利义务纠纷均可通过该案由处理。在估值调整型的新增资本认购纠纷中，被告还可能包括为吸引投资者而在合同中设定股权回购、金钱补偿或担保的公司大股东、实际控制人等合同主体。

（3）公司增资纠纷适格被告。公司增资纠纷原被告亦具有双向性，即股东对公司提起增资纠纷诉讼，或公司对股东提起增资纠纷诉讼，同时还可能对争议增资有利害关系的其他股东提出诉讼请求，从而列其为共同被告或第三人，如股东对其他股东不当获取增资优先认购权或不当获取增资额持有异议，则可将该股东列为共同被告或第三人。

（4）公司减资纠纷适格被告。公司减资纠纷原被告与公司增资纠纷一致。此外，在减资纠纷中，原告也可能起诉协助股东不当减资的其他股东、董事、高级管理人员或者实际控制人，乃至其他共同侵权人为共同被告。由于程序法对被告要求是“有明确的被告”，故只要被告主体明确，法院即应受理，至于其最终是否承担责任，则需要进行实体审查。

在公司资本相关纠纷及其关联诉讼中，存在被告提出反诉，从而使双方当事人诉讼地位表现为互为原被告的情况，例如，公司诉股东非实物出资低于股东认缴的出资额，请求股东补足出资，股东认为该非实物出资高于其认缴出资额，请求公司返还出资剩余价值等。在审查是否受理反诉时，应注意审查本诉与反诉是否基于同一法律关系或基于相同事实，如在前例中，被告提出确认其股东资格之请求，如争议事实在于其是否履行出资义务，则可一并审理，如争议事实不在于此，则二者未必属同一法律关系；又如在前例中，被告要求行使股东知情权等股东权利，则显然与本诉属不同纠纷，对其反诉应不予受理，并告知其另行起诉。

3. 第三人主体要素

第三人为对诉讼标的有独立请求权或者虽然没有独立请求权，但对案件处理结果有法律上的利害关系的主体。股东出资纠纷及新增资本认购纠纷中，如其他股东请求未出资股东向公司履行出资义务，应列公司为第三人。在追索瑕疵出资股东的申请执行人执行异议之诉中，一般列被执行人（债务人）为第三人。但实践中，债权人另行提起股东损害公司债权人利益责任纠纷的，并不必然列公司为第三人，此种做法是否妥当，值得讨论。应列公司为第三人的观点认为，股东损害公司债权人利益，虽然公司与债权人的债权债务关系一般已经由生效法律文书确定，但是股东是否出资、出资情况如何，其查明和认定对公司具有法律上的利害关系。如股东被判决承担责任，其债务责任主体、偿债数额可能发生变化，有必要列公司为第三人。无需列公司为第三人的观点认为，公司对债权人的债务已经生效法律文书确定，股东是否损害公司债权人利益的认定不会扩大其义务，实践中此种债务人通常已下落不明，为提高诉讼效率，可以不列公司为第三人，基于股东与公司的特殊关系，公司当然有途径获悉股东偿债情况，从而避免重复清偿等。司法实务主流观点倾向于后一种观点，即无需列公司为第三人，公司不是必须共同进行诉讼的当事人。

增资纠纷、减资纠纷中，可列与争议增减资有利害关系的其他股东为第三人。

【规范依据】《民事诉讼法》第59条、第122条；《公司法》第28条、第30条、第35条、第178条、第207条；《企业破产法》第35条；《公司法司法解释（二）》第22条；《公司法司法解释（三）》第13条、第14条、第18条。

（四）诉讼请求要素审查

诉讼请求是指原告通过诉讼对被告提出的实体权利请求。诉讼请求也是确定案由的重要依据，立案审查人员应结合原被告主体身份、原告诉讼请求、依据的事实与理由等，确定准确的案由，以提高被告答辩准确率、方便后续审理准确查明事实和适用法律、提高审理效率等。如案由定性错误，可能引发后续对当事人的释明，诉讼请求变更，重新确定答辩、举证期限及重新组织辩论等。因此，在立案阶段有必要对案由进行审查，争取准确定性。

1. 诉讼请求具体标准审查

《民事诉讼法》第 122 条第 3 项规定，诉讼请求必须具体。即诉讼请求须明确，包括原告根据何种诉的种类、对谁提出请求、提出何种具体的请求。

（1）股东出资纠纷、新增资本认购纠纷多为给付之诉，包括金钱给付和非金钱给付。部分情况还包括确认之诉、变更之诉，如请求确认投资协议、增资协议无效、可撤销等，请求解除投资、增资协议等。

（2）增资、减资纠纷多反映为公司决议效力纠纷，包括无效、可撤销、不成立等。基于公司决议效力变动，原告可一并提出决议效力变动后的相应资本给付或返还请求。当增资、减资纠纷反映为给付之诉时，其请求应包含具体承担责任的被告、责任形式、责任范围等。

（3）常见诉讼请求不明确的情形。诉讼请求不够明确具体，会使后续的审理无法聚焦争议焦点，无法理解原告诉讼请求的真意，从而在请求范围内作出具体、具有可执行性的裁判。为免延误诉讼，原告提起诉讼时应当对其诉讼请求进行具体性审查，确保其诉讼请求具体、明确。

公司资本相关纠纷常见诉讼请求不明确的情形有：①原告未明确请求被告承担何种责任，如直接责任、连带责任、补充清偿责任等；②原告未明确请求被告承担责任的范围，如请求被告在未出资范围内承担责任，未明确未出资的范围及是否包括本息，在请求未出资本息范围内承担责任的情形下，未明确其利息计算方式等；③未明确其具体诉讼请求，如既请求撤销协议，又请求确认协议无效，二者实属两个不同的请求，应要求原告根据其起诉理由明确诉求，且不允许在同一个诉讼中提出两个不兼容的诉讼请求；④未明确其诉讼请求所依据的事实与理由，如究竟是基于被告未出资还是抽逃出资的事实，二者实属两种不同的瑕疵出资情形；⑤未明确其请求被告承担责任的方式，如概括表述为请求某被告承担房产的出资责任，但未明确请求被告以房产作价多少进行出资、如何履行等。

2. 诉讼请求效益性审查

原告就股东出资纠纷、新增资本认购纠纷提出投资、增资协议无效、可撤销或解除等请求，但未提出效力变更后合同清理的请求，不利于纠纷的一次性解决，人民法院应向原告释明变更或者增加诉讼请求。

【规范依据】《民事诉讼法》第 122 条。

二、抗辩要素审查

（一）股东出资纠纷常见抗辩要素审查

1. 原告为公司或股东时的抗辩情形

原告为公司或股东时，被告股东的抗辩主要集中于诉讼时效、出资期限、非义务主体及出资已履行等方面。原告为公司清算组或破产管理人时，实际上是代表公司向股东追缴出资，故与原告为公司的抗辩要素审查一致。原告为债权人时，被告股东的部分抗辩理由与对公司或其他股东的抗辩一致，但审查思路有所区别，在此一并论述。

新增资本认购纠纷中，公司（公司清算组或破产管理人）、股东或债权人向增资股东追索出资责任时，常见抗辩要素及审查思路与股东出资纠纷一致，故本部分一并论述，在新增资本认购纠纷常见抗辩要素部分不再重复。

（1）诉讼时效抗辩。

①公司或其他股东请求瑕疵出资股东履行出资义务，不受诉讼时效限制。债权人请求瑕疵出资股东对债权承担相应责任的，仅审查债权人的债权是否经过诉讼时效期间，被告基于出资义务提出的时效抗辩不成立。《诉讼时效规定》第1条规定："当事人可以对债权请求权提出诉讼时效抗辩，但对下列债权请求权提出诉讼时效抗辩的，人民法院不予支持：……（三）基于投资关系产生的缴付出资请求权……"《公司法司法解释（三）》第19条规定："公司股东未履行或者未全面履行出资义务或者抽逃出资，公司或者其他股东请求其向公司全面履行出资义务或者返还出资，被告股东以诉讼时效为由进行抗辩的，人民法院不予支持。公司债权人的债权未过诉讼时效期间，其依照本规定第十三条第二款、第十四条第二款的规定请求未履行或者未全面履行出资义务或者抽逃出资的股东承担赔偿责任，被告股东以出资义务或者返还出资义务超过诉讼时效期间为由进行抗辩的，人民法院不予支持。"

②即使有证据证明公司或其他股东知道或应当知道出资瑕疵行为，同样不适用诉讼时效期间限制。实践中，尤其是在公司、股东与股东之间，被告股东基于公司、股东知道或应当知道其出资瑕疵而迟迟不主张权利，提出应自公司、股东知道或应当知道其出资瑕疵之日起计算时效，如何处理？诉讼时效的本意是督促权利人及时行权，但法律同时根据纠纷类型、请求权基础等对诉讼时效适用范围予以一定限制。首先，从上述法律规定来看，基于投资关系产生的缴付出资请求权不受诉讼时效限制。其次，股东出资义务具有法定性和约定性双重属性，其中股东出资义务的法定性是公司法人独立人格的重要物质基础。只要公司法人人格设立，无论是在成立、存续还是清算、

破产阶段，都需要以股东出资作为其责任财产来源。因此，股东出资义务并不随着时间推移而免除。最后，考虑股东与公司之间存在的控制关系，公司在特定股东控制之下时，由于利益冲突，难言公司具有起诉股东的独立意思表示能力。实务中，股东出资纠纷也多发生在股东间矛盾或公司控制人易主的情形下。因此，对诉讼时效抗辩仍应依法审查，即便公司或股东对虚假出资、抽逃出资等有特定实施时间的行为明知或应当知道，从法人独立人格需要和公司意思表示独立的角度出发，也应对该抗辩不予采纳。

（2）出资期限未届满抗辩。

①对于认缴期限设定明显不合理或未设定明确缴纳时间的，遵循“内外有别”的原则处理。股东辩称其对认缴的出资享有期限利益，出资期限未届满情况下不承担出资义务。根据《公司法》第25条规定，有限公司章程法定记载事项包括股东的出资方式、出资额和出资时间，因此出资期限为章程规定的事项，是发起人或股东会通过决议确定的事项。公司章程记载的出资时间主要有两种情况：A.有具体的出资缴纳时间，包括即时、短期期限和超长期期限，如公司成立后20年、30年甚至50年内缴清；B.没有具体的出资缴纳时间，如规定“股东认缴出资额由股东根据公司实际经营需要决定出资计划”。在有具体出资期限情况下，股东出资期限是否到期较为容易判断，但在没有具体出资期限的情况下，如何确定“公司经营需要”等，应遵循“内外有别”原则。即在公司内部，公司或股东要求其他股东履行出资义务时，如果出资期限未届满，应认定被告股东的抗辩成立。而是否适用加速出资情形，不应由司法干预，而应由公司采取内部自治的方式，通过股东会决议明确或修改出资期限，以实现出资加速到期。债权人起诉债务人股东履行出资义务时，出资期限是否加速到期，则可以适用《民商审判会议纪要》第6条规定，以衡平股东与债权人的利益。值得注意的是，2021年12月24日公布的《公司法（修订草案）》规定公司在特定情形下亦有权要求股东加速出资，以维护公司独立人格和生存发展。[①]

②股东在期限届满前抽回已实际缴纳的出资的，仍构成抽逃出资。在抽逃出资情形下，一种情况是被告股东抗辩出资期限未届满，其对抽逃的出资不应负返还义务。由于股东出资完成时，该资本已转化为公司财产，非经法

①《公司法（修订草案二次审议稿）》第53条将加速出资条件从草案的“公司不能清偿到期债务，且明显缺乏清偿能力的”进一步放宽为“公司不能清偿到期债务”，明确有权要求股东加速出资的债权人为“已到期债权的债权人”。实际上强化了股东的出资责任，使股东认缴出资制度止步于公司不能清偿到期债务时，强化了对公司和债权人的保护，但加重了股东在公司短期周转困难时的出资责任。

定程序不得抽回，故股东在出资期限未届满的情况下提前向公司履行出资义务，该出资行为应视为其对期限利益的放弃。根据公司资本维持原则，该股东亦无权抽逃，如抽逃出资，仍应负返还责任。

③股东抽逃出资后修改公司章程延长出资期限的，构成抽逃出资。被告股东在出资期限届满、已实际出资后又抽逃出资，再修改公司章程延长出资期限，从而抗辩其出资期限未届满。对此，司法机关仍应审查被告是否曾向公司实际出资，如已以出资名义向公司投入资本，后抽逃，因股东出资完成后出资财产即转化为公司财产，禁止股东抽逃的义务并不受出资期限是否届满的影响，故股东仍应对抽逃行为承担相应责任。

（3）其他股东未履行抗辩。

①不能以其他股东届期未出资作为无需出资的抗辩事由。公司或股东请求其他股东履行出资义务，被告股东以其他股东未缴纳出资为由，辩称其亦无需出资。由于出资是股东对公司负有的法定义务，不受其他股东是否已出资影响，在出资期限已届满的情形下，被告股东该抗辩理由不成立。同时，被告股东亦可要求公司向其他股东主张出资，或以自己名义向其他股东主张出资。

②可以其他股东届期未出资作为无需承担违约责任的抗辩事由。如股东请求其他股东承担未按期足额出资的违约责任，被告股东辩称原告股东亦未出资，则该抗辩成立，原告股东无权请求被告股东承担瑕疵出资的违约责任。

（4）非义务主体抗辩。被告股东辩称其并非出资义务主体，主要包括以下几种情形：

①仅系名义股东而非实际股东。审查该抗辩理由亦需遵循“内外有别”原则，在公司及股东请求其他股东履行出资义务情形下，如果名义股东未向公司及其他股东披露股权代持情况，公司及其他股东对被告股东系代他人持股事项不知情，则股权代持关系系名义股东与实际股东之间的内部关系，不得对抗公司及其他股东，名义股东该抗辩理由不成立。但是，如果公司及其他股东对股权代持事实明知或者应知，公司运营过程中也由实际股东行使股东权利，此时名义股东的抗辩理由则成立，公司或其他股东可直接要求实际股东履行出资义务。在债权人起诉债务人股东主张出资责任时，由于公司股东系法定登记事项，未经登记不得对抗第三人，名义股东该抗辩理由不成立，债权人有权要求名义股东出资，名义股东可依其与实际股东之间的股权代持协议另寻途径解决。

②股权已转让，出资义务已向受让股东转移。该抗辩审查要点在于，原股东转让股权时其认缴期限是否已经届满，如其转让股权时认缴期限尚未届满，也不具有出资加速到期的情形或逃废债等恶意，公司亦为其办理了股权

变更登记，应认为其基于股东身份享有的权利义务已通过股权转让方式概括转移给受让股东。股权转让后，股东权利由受让股东享有，股东义务亦由受让股东承担。如其转让股权时认缴期限已经届满或已具备加速到期情形，则被告股东该抗辩理由不成立，受让股东如对该瑕疵出资情形知情，应承担连带责任。瑕疵股权受让人抗辩其对股权瑕疵不知情的，可以根据以下要素进行判断：转让协议是否对股权出资状况和出资义务负担进行约定、转让价格是否明显背离正常价值以及股权数额的大小、受让人在公司中是否任职及职务高低、受让人与瑕疵出资股东之间是否有特殊关系等。若股权转让价格明显偏低或者股权数额较大时，受让人应当具有审慎审查转让股东出资的义务，如未尽该义务，可以认定受让人的主观状态为知道或应当知道。

值得注意的是，实践中，对于追收未缴出资纠纷案件，破产管理人请求转让股东承担出资义务，受让股东承担连带责任，在转让股东转让股权时其认缴期限尚未届满的情况下，法院处理时存在三种不同的方式：A. 支持转让股东承担出资义务，受让股东承担连带责任；B. 因出资期限未届满，驳回对转让股东的诉讼请求，同时，基于连带责任，亦驳回对受让股东提出的诉讼请求；C. 因出资期限未届满，驳回对转让股东的诉讼请求，直接判令受让股东承担出资责任。上述分歧亟须统一审理思路和裁判尺度。

从立法本意看，第二种处理方式更符合认缴资本制及《公司法司法解释（三）》第 18 条规定的精神，转让股东在出资期限未届满的情况下转让股权后，不再对公司负有出资义务，而基于对转让股东的连带责任，受让股东亦无承担责任的前提和基础。原告可直接以受让股东未履行出资义务或出资加速到期为由单独向其提出诉讼请求。在不能确定转让双方谁应承担出资义务时，以破产出资加速到期为由，原告亦可在诉讼请求中不以连带责任为基础，转而分别对转让和受让股东直接提出诉讼请求，以避免另诉风险。

③未实际享有股东权利。审查该抗辩应区分被告是否已成为公司股东，如已完成股东身份登记，则该抗辩显然不能对抗公司、其他股东或债权人，其可通过向公司主张股东权利救济，而不应以此抗辩免除其出资义务。如未登记为股东，则该抗辩足以对抗第三人，但在公司内部，仍需实质审查其是否已享有股东权利，包括是否享有资产收益、参与重大决策和选择管理者等权利。实践中，一般表现为该股东是否参加了股东会、是否参与公司运营事项的决策等，进而审查其股权未登记的原因，是否存在发起人变更、解除投资协议等足以阻却其出资义务的情形，以确定其是否负有出资义务。

④请求除名。部分被告在股东出资纠纷中提出公司可将其除名的抗辩。由于股东对公司出资系法定义务，在股东未履行出资义务的情况下，公司选择何种救济方式是公司的权利，公司可以按法定程序决议将股东除名，也可

以请求股东履行出资义务，故该抗辩意见不成立。

（5）已出资或已补足出资抗辩。该抗辩是针对争议事实提出的抗辩，应根据原被告诉辩意见确定审理焦点，即原告主张的是未出资、未足额出资还是虚假出资，并结合公司章程规定的被告股东出资额、出资形式等要件事实审查其出资是否已完成。关于出资完成、瑕疵出资及抽逃出资的审查标准，在责任构成审查要件部分详述。

①内部纠纷可借助审计查明是否已出资或已补足出资。被告辩称已补足出资，通常是被告确认其未通过法定或明示的方式向公司履行了出资义务，但抗辩认为其陆续向公司投入的资本或为公司经营而支出的款项应转化为出资，并请求认定该部分系其已履行的出资。对此，亦应遵循“内外有别”的原则，分别判断。在公司或股东作为原告起诉时，应审查股东所指出资是否有真实支付记录、股东与公司之间是否具有出资及接受出资的合意（交易合同）及其所主张的出资是否真实转化为公司财产、由公司使用并进行了公司财务记载、公司是否为此签发出资证明书等。由于现实情形千变万化、复杂多样，难以确定完全绝对的审查标准，但可从以上几方面确认被告股东已出资或已补足出资的抗辩是否成立。如是否存在瑕疵出资涉及公司与他人经济往来的甄别，法院亦可向负有举证责任的一方当事人释明是否申请审计、通过审计的方式作出结论。[①]

②外部纠纷应根据出资形式、出资流水、财产转移凭证、评估报告、验资报告、财务记载、财务报表、工商备案等客观证据审核。在债权人起诉债务人股东时，则应遵循更严格的审查标准。即便公司与股东之间对股东已出资的事实无异议，但不能排除股东利用与公司的特殊关系合意损害债权人的利益。股东是否出资、出资是否补足，应遵循客观原则，根据出资形式、出资流水、财产转移凭证、评估报告、验资报告、财务记载、财务报表、工商备案等客观证据审核，探究股东向公司转入资金或进行其他财产投入时是否明确为出资用途，严格认定股东已出资情况。股东如在认定的出资之外对公司有其他投入，可另行主张债权。实践中，常见母公司向子公司转账而不注明款项性质，子公司向母公司转出资金亦不注明款项用途。在无外部纠纷时，以借款及还款名义解释上述往来，但在外部纠纷发生时，则将超付的款项主张为出资。该行为实际上是规避抽逃出资的法律规制，实质上使股东对公司的债权获得个别清偿，或获得优先受偿的效果。即其出资本应供全体债权人公平受偿，但其通过借款转为出资的方式将自己的借款债权全额受偿。因此，如果将股东投入与股东出资混为一谈，必然会破坏公司独立人格，使股东财

① 参见最高人民法院（2013）民申字第8号民事裁定书。

产与公司财产难以区分，同时亦使股东客观上对公司债权享有了优先受偿权，损害了其他债权人利益。

（6）出资义务与公司对其债务抵销的抗辩。被告股东辩称其出资义务可与公司所欠债务抵销，应审查股东对公司是否享有债权、债权是否到期、公司是否确认该债权以及该抵销行为是否损害第三人的利益。股东出资义务具有法定性，一经登记公示，非经法定途径不能消灭，履行债权人保护程序仅是该出资债务消灭的必要条件，举重以明轻，未经债权人保护程序的股东单独意思表示完全无法满足出资债务消灭的要件。股东出资经公示具有对世效力，而股东所享有的对公司的债权则具有隐蔽性，如果允许股东将其对公司享有的债权与出资债务抵销，则有可能滋生股东倒签合同、“制造”债权的道德风险，损害公司债权人利益。[①] 因此，与出资补足相关抗辩一致，此处审查被告抗辩亦应遵循“内外有别”的原则，在债权人请求债务人股东履行出资义务时应严格审慎认定抵销效力。

在公司破产情况下，根据《最高人民法院关于适用〈中华人民共和国企业破产法〉若干问题的规定（二）》第 46 条的规定：“债务人的股东主张以下列债务与债务人对其负有的债务抵销，债务人管理人提出异议的，人民法院应予支持：（一）债务人股东因欠缴债务人的出资或者抽逃出资对债务人所负的债务；（二）债务人股东滥用股东权利或者关联关系损害公司利益对债务人所负的债务。”该条文确定了在公司破产情况下股东对公司的出资债务不得与公司对其负有的债务相抵销。

此外，在股东以过于微小的数额作为注册资本，比如仅将注册资本设定为 1 元，当公司未来不能清偿债务而破产时，还要考虑股东能否凭其对公司享有的债权而与其他普通债权人一起参与公司财产分配的问题。因为股东以过于微小的资本从事经营，很有可能会将股权投资转化为债权投资，相应地也将有限责任的风险完全外部化。国外司法实践中通常将股东债权的受偿顺序安排在其他普通债权人受偿之后，以保障优先清偿其他债权人债权，这一做法值得借鉴。即在特定情形下，法院有权将股东债权清偿顺位降低，位于其他非股东债权人之后获得清偿。在《全国法院破产审判工作会议纪要》第 39 条中，最高人民法院在论述关联企业破产处理思路时指出，“关联企业成员之间不当利用关联关系形成的债权，应当劣后于其他普通债权顺序清偿，且该劣后债权人不得就其他关联企业成员提供的特定财产优先受偿”。该会议纪要精神可供我们处理股东提出抵销抗辩及股东债权与第三人债权清偿顺位时

---

① 参见朱慈蕴：《股东出资义务的性质与公司资本制度完善》，载《清华法学》2022 年第 2 期。

借鉴。

2. 原告为债权人时的抗辩情形

原告为债权人时，被告股东除提出上述原告为公司或股东的类似抗辩之外，还会针对债权人提出相应抗辩，包括股东出资纠纷与公司和债权人之间的基础纠纷不属同一法律关系、不应在同一个案件中处理的抗辩，公司具有清偿能力的抗辩以及股东会延长出资期限决议发生于公司债务产生之前的抗辩等。

（1）股东出资纠纷与债权人、公司之间的基础纠纷不属同一法律关系、不应在同一案件中处理的抗辩。为强化债权保障、一次性解决纠纷，近年来，债权人多在与公司之间的基础法律关系诉讼中一并对瑕疵出资股东提出诉讼请求，该部分被告股东则提出股东出资纠纷与债权人、公司之间的基础纠纷不属同一法律关系，不应在同一案件中处理的抗辩意见。对此，实践中的做法，主要包括不予审查或合并审理两种方式。一般认为，股东出资纠纷与债权人、公司之间的基础法律关系是否应在同一案件中处理，可按是否有生效法律文书确认公司财产不足以清偿其债务区别处理：在有生效法律文书确认的（如其他执行案件的终本裁定）情况下可一并处理；否则应先处理基础法律关系，确定公司责任，只有经执行确无财产时，才能再请求未履行出资义务的股东承担补充责任。

（2）公司具备清偿能力的抗辩。由于债权人对被告股东的请求限于其在未缴出资或抽逃出资本息范围内对公司债务不能清偿的部分承担补充赔偿责任，公司不能清偿到期债务是债权人向股东追索的前提条件，被告股东遂以公司具备清偿能力为由进行抗辩。在出资期限未届满的情况下，债权人一般以加速出资为由请求股东承担补充赔偿责任，如其债权经生效法律文书确定，经强制执行未能全部受偿并终结本次执行程序，在此情况下，股东应对公司仍具备清偿能力负有举证责任。不仅如此，还应审查公司能否实际清偿债权人的债权。一般情况下，股东与公司之间存在更密切的联系和更强的控制力，股东可通过督促公司偿债、向执行部门报告财产、提供财产线索等手段促使公司履行偿债义务，以证明公司具有清偿能力。如股东仅提供公司财产线索，未促使公司实际清偿债务，则公司不能清偿到期债务为不争之实，股东该抗辩理由不能成立。

（3）股东会延长出资期限决议发生于公司债务产生之前的抗辩。加速出资的另一种情形是“在公司债务产生后，公司股东（大）会决议或以其他方式延长股东出资期限”，被告股东往往据此抗辩股东（大）会作出延长出资期限决议在公司债务产生之前，故其不具有规避债务的恶意。该抗辩审查的关键在于如何认定债务发生时间。一般认为，在合同之债中，合同是债的发生原因，合同签订之日即债权人与债务人的债权债务关系发生之时，至于债权尚未到期或者债权数额尚未明确，均不影响债权人身份的确定，故公司债务发生时间无需等待双方确认或司法确认；在侵权之债中，应以侵权行为发生时作为认定债权发生时间的标准。

股东（大）会在债务发生后决议延长出资期限的，对债权人不发生效力，债权人有权请求债务人股东按原约定的出资期限履行出资义务。

【规范依据】《诉讼时效规定》第1条；《公司法》第26条、第28条；《民商审判会议纪要》第6条；《公司法司法解释（三）》第19条、第26条。

（二）新增资本认购纠纷常见抗辩要素审查

新增资本认购纠纷中，公司（公司清算组或破产管理人）、股东或债权人向增资股东追索出资责任时，常见抗辩要素及审查思路与股东出资纠纷一致。

新增资本认购纠纷常见于新增资本认购人与目标公司之间因增资合同的订立、履行、解除等过程中发生的纠纷，以下针对不同请求，分别分析常见抗辩要素。

1. 主张或抗辩合同不成立、无效、可撤销情形

该情形常见于新增资本认购人或目标公司欲否定增资合同效力以排除增资合同的履行。审查增资合同是否具有不成立、无效、可撤销等事由，与一般合同审查规则无异。在新增资本认购纠纷中，新增资本认购人或目标公司有可能提出公司增资未经股东会合法决议或损害有限责任公司原股东优先认缴权的抗辩，应当注意的是，上述两种情形并不当然否定增资合同的效力，而是构成增资合同履行的障碍，不影响合同因此履行不能的情况下违约方依约或依法应承担的违约责任。实践中，常见新增资本认购人以财务数据、公司估值、公司资产与负债情况存在欺诈为由，请求撤销增资合同，此种情形下，除了应审查撤销权的行使是否超过除斥期间[①]，还应根据增资合同的特点，考察提出撤销的一方当事人身份、对投融资业务的专业化程度、合同订立的背景和过程及其主张欺诈的事实是否足以构成其订约决策等因素综合认定。

2. 主张或抗辩合同应解除

该情形常见于新增资本认购人或目标公司欲解除合同以排除增资合同的履行。实践中常出现新增资本认购人请求解除合同、返还投资款及赔偿损失

---

①《民法典》第152条规定："有下列情形之一的，撤销权消灭：（一）当事人自知道或者应当知道撤销事由之日起一年内、重大误解的当事人自知道或者应当知道撤销事由之日起九十日内没有行使撤销权；（二）当事人受胁迫，自胁迫行为终止之日起一年内没有行使撤销权；（三）当事人知道撤销事由后明确表示或者以自己的行为表明放弃撤销权。当事人自民事法律行为发生之日起五年内没有行使撤销权的，撤销权消灭。"

等。合同是否应予解除，应根据一方主张解除的理由进行审查，包括是否符合约定解除情形，如不符合，则看是否符合法定解除情形。该情形下，目标公司常见抗辩理由包括：（1）增资认购人合同目的已实现，已实际享有股东权利。此种情形应考察增资认购人是否实际成为股东，包括公司通过增资决议、收取股款、记载于股东名册、签发出资证明书、进行工商股权登记等，如上述程式要件均已具备，一般认定增资扩股已履行完毕；如上述程式要件尚未齐备，公司仅以增资认购人已加入股东微信群、参加公司运营等为由进行抗辩，应审查增资认购人是否已实质享有股东权利等，从而认定目标公司的抗辩是否成立。一般而言，目标公司增发股份失败，或在约定期间内未完成增发、未能为新增资本认购人办理股权登记，足以认定合同目的无法实现的，应当支持新增资本认购人返还投资款的请求。在新增资本未登记为公司注册资本的情况下，新增资本认购人的投资款并未转化为公司财产、未对第三人产生公示效力，因此不涉及违法减资或抽逃出资问题。（2）同意办理股权登记，未办理的原因在于增资认购人不配合。合同是否应予解除，应同时审查对方是否存在违约行为、违约行为是否达到严重程度、守约方是否曾进行催告、合同未履行完毕的原因、有无继续履行可能或必要等因素。

3. 主张履行合同情形

常见以下几种情形：（1）新增资本认购人请求公司登记股权。应审查登记股权是否存在履行障碍，包括公司是否已作出增资决议、有无侵害有限责任公司原股东优先购买权等情形。（2）新增资本认购人请求金钱补偿或回购义务人进行补偿或股权回购。应审查金钱补偿或股权回购的触发条件是否已成就、补偿或回购的主体、价款等。（3）公司请求新增资本认购人给付投资款。应审查合同约定的给付投资款条件是否成就。

增资合同是否继续履行，尤其是涉及上市公司增资扩股的，因涉及行政审批等环节，历时较长，须考察双方对增资扩股的安排，探求双方真意和是否诚信履行增资扩股协议，倡导商业风险自负，防止因市场变化及目标公司估值变化等不当将风险转嫁给合同相对方。

【规范依据】《民法典》第 137 条至第 160 条、第 562 条至第 566 条、第 577 条、第 579 条、第 580 条、第 583 条；《公司法》第 34 条、第 43 条、第 103 条。

（三）公司增资纠纷常见抗辩要素审查

公司增资纠纷常见情形为股东或公司诉请公司增资行为无效、请求将工商登记恢复至增资前状态等。该种情形与公司减资纠纷有共通之处，其矛盾点常常在于公司股东之间就增资、减资未达成合法决议或公司大股东、实际控制人利用优势地位实行对自身有利的公司增减资行为，从而引发纠纷。该类纠纷在有具体公司决议的情况下可能表现为公司决议效力之诉，在没有公司决议时可能表现为公司增资纠纷或减资纠纷。

公司及被诉股东常见抗辩理由在于，已经三分之二以上表决权通过增资决议，程序合法等。此时不仅应对公司增资程序是否合法进行审查，还应对是否损害其他股东或公司利益进行审查，包括对增资对象、增资比例、有无损害股东优先认缴权、增资价款、增资方案等要素进行审查，以确定是否存在滥用股东权利损害公司或其他股东权利的情形。

【规范依据】《公司法》第 20 条、第 34 条、第 43 条、第 103 条。

（四）公司减资纠纷常见抗辩要素审查

公司减资行为虽然是公司行为，但根据公司法相关规定，股东负有按照公司章程切实履行全面出资的义务，同时负有维持公司注册资本充实的责任。尽管公司法规定公司减资时的通知义务主体为公司，但公司是否减资系股东会决议的结果，是否减资以及如何进行减资完全取决于股东的意志，股东对公司减资的法定程序及后果亦属明知。公司办理减资手续需股东配合，对于公司通知义务的履行，股东亦应当尽到合理注意义务。此外，公司减资后股东的出资义务随之免除或获得出资价款的返还，股东是公司减资的直接获益者和利害关系人。因此，在公司减资纠纷中，原被告主体通常为公司及股东、有利害关系的其他股东，股东诉公司常见于确认减资决议效力纠纷、要求给付减资款等，公司诉股东情形常见于要求返还减资款，可结合双方具体诉由及抗辩进行审查。在公司减资纠纷相关联的股东损害公司债权人利益责任纠纷中，抗辩主体通常为股东。以下为几种类型化抗辩要素。

1. 仅为形式减资，未实际从公司取回财产

形式减资是指股东未实际缴纳减资部分的注册资本，减资后仅仅从形式上将其自身认缴注册资本减少，不涉及出资额的返还；实质减资是指所减少的注册资本已经实际缴纳，减少后由公司向股东返还相应的减资款。实践中，股东提出仅为形式减资的抗辩，因股东认缴出资额记载于公司章程，并登记为公司公示信息，转化为公司注册资本。尽管为形式减资，但其减少了公司将来可以获得的股东出资，从而减少了公司的责任财产。公司在减资时有义务通知债权人，债权人有权利要求公司清偿债务或提供担保，此种权利并不因公司系针对未实际出资或出资期限未届满的出资额进行减资而受到限制。[①] 因此，股东该抗辩理由不能成立。

---

① 参见江苏省高级人民法院（2015）苏商终字第 00140 号民事判决书。

2. 虽为实质减资，但公司尚未向其返还财产

实质减资情况下，公司需向股东返还其减资款。在债权人起诉股东时，股东提出该抗辩，由于公司减少注册资本一经登记即具有公示效力，股东该抗辩实际为内部法律关系抗辩，其可向公司主张返还减资款，不得以此对抗债权人的请求。

3. 减少的注册资本认缴期限未届满

如前所述，公司在减资时有义务通知债权人，债权人有权利要求公司清偿债务或提供担保，此种权利不因公司系针对未实际出资或出资期限未届满的出资额进行减资而受到限制。此外，参照“不安抗辩权”之法理，尽管股东减少的注册资本认缴期限尚未届满，但其在履行期限未届满之时通过减资方式撤回对注册资本的承诺，以实际行为表明不再履行该部分出资，已足以引起债权人的不安，故该抗辩理由亦不能成立。

4. 减资后公司又进行了增资，公司偿债能力未受影响

公司注册资本可能处于变动过程中，根据其需要进行增减资。当减资股东提出该抗辩时，在公司注册资本实缴制的情况下，公司减资后又增资，确实没有导致公司清偿能力和责任财产的减损。但在公司注册资本认缴制的情况下，交易相对人对公司清偿能力和注册资本的信赖只能基于对股东的信赖，公司减资后又增资，导致公司股东发生了变化，对股东的信赖也就丧失了基础。① 债权人债权发生于公司决定减资前，经强制执行公司无财产可供执行，债权人的债权未因公司的增资而得到清偿，债权不能实现的损害结果已实际发生，这种情况下，减资股东仍应对其违法减资行为承担责任。

5. 减资时债权人债权未确定

参照股东出资纠纷原告为债权人时的被诉股东抗辩情形，即“股东会延长出资期限决议发生于公司债务产生前”。减资时债权人范围亦可根据减资时“合同已订立”或“侵权行为已发生”作为债务发生的时间节点。此外，由于减资是对已有公示信息的变更，减资过程中应保护的债权人根据实际情况还可能溯及依减资前的注册资本信赖与公司发生交易的相对人，即减资前与公司发生交易往来的相对人，如果根据双方交易往来，交易相对人未来确定会对公司产生债权，且该债权应属于股东在减资时可以预见的债权，则债权人仍有可能对股东提起瑕疵减资之诉。法院应根据双方交易发生背景、减资时交易履行情况、双方争议情况等因素综合判断。

【规范依据】《公司法》第 177 条。

---

① 参见最高人民法院（2017）最高法民终 422 号民事判决书。

三、举证责任分配

（一）原告初步举证后举证责任转移至被告

鉴于股东出资行为的内部性，以及股东未出资作为一种消极事实难以证明的特点，《公司法司法解释（三）》第20条在“谁主张，谁举证”的基础上对出资事实的举证责任进行了进一步分配，即“当事人之间对是否已履行出资义务发生争议，原告提供对股东履行出资义务产生合理怀疑证据的，被告股东应当就其已履行出资义务承担举证责任”。该举证责任转移与举证责任倒置不同，即原告仍负有对股东瑕疵出资的举证责任，当原告提供初步证据，达到对待证事实合理怀疑程度时，则发生举证责任转移。原告提供的产生合理怀疑证据可以包括以下几方面：企业公示信息未显示出资、工商内档未显示出资、公司资本实力与注册资本明显不符等。当原告举证足以对被告履行出资义务产生合理怀疑时，举证责任转移至被告，被告应提出其已履行出资义务的证据，以供法院查明出资事实。

（二）抽逃出资纠纷中原告的初步证明责任及调查取证申请审查标准

抽逃出资建立在被告已履行出资但存在抽逃的行为，由于抽逃行为具有隐蔽性，且经常披着其他外衣，使他人尤其是外部债权人难以举证，因此是否存在抽逃出资的事实往往是该类案件的审理难点。对此，参照《公司法司法解释（三）》第20条之规定，原告仍对其主张的被告抽逃出资事实负有初步证明责任，明确其主张的抽逃行为对应哪一笔资产转移行为，如被告股东存在从债务人公司向自己或向其特定关系人转移财产的事实，则举证责任转移至被告，被告对该资产转移负有合理解释并举证证明责任。

实践中，大量债权人以债务人偿债不能为由，怀疑股东抽逃出资，但未提供基础证据，仅通过向法院申请调取债务人验资账户流水等方式举证。对于债权人提出的该调查取证申请是否予以准许，仍应坚持原告有初步证明责任的原则，应审查原告的基础证据。如果没有基础证据或从其现有证据不能指向被告有抽逃出资的嫌疑，就不应对其调查取证申请予以准许；如果其现有证据指向被告有较大抽逃出资的嫌疑，则应同意其调取证据申请。债权人的初步举证可以包括：股东实缴资本后短期内以不合理的低价将股权转让他人；公司注册资本较大，股东已实缴资本但其资产与负债过分悬殊；等等。现实生活千差万别，债权人可以围绕引起其合理怀疑的要素去寻证，而不能仅以怀疑股东抽逃出资为由请求法院调取资金流水，如此则实际上弱化其自身交易风险，将风险管理转嫁给公共的司法资源，有失公允。

（三）举证责任分配中的内外有别原则

不同的原告（公司、公司其他股东、公司债权人）举证能力存在较大差异。通常情况下，公司的举证能力最强。因此，在认定当事人是否提供了产生合理怀疑的初步证据时，对公司、其他股东和公司债权人的要求应当有所区别。即在公司诉股东抽逃出资纠纷案件中，公司对抽逃出资证据的提出负有较其他原告更高的标准。

【规范依据】《公司法司法解释（三）》第20条。

四、责任构成要件审查

（一）瑕疵出资审查

瑕疵出资的主要表现形式包括未足额出资、逾期出资、虚假出资、抽逃出资等。增资人向公司履行增资义务是否存在瑕疵，适用股东瑕疵出资审查规则。认定出资或增资股东是否已履行其出资或增资义务，应查明股东认缴的出资额、出资形式、出资期限以及履行情况，在认缴情况与履行情况相一致的情况下，可以认定股东圆满履行了出资义务。从出资形式为货币或非货币的角度分类，对于股东是否瑕疵出资，可以分别按如下方式认定。

1. 货币财产的瑕疵出资认定

股东应当按期足额缴纳公司章程中规定的各自所认缴的出资额。审查货币出资是否存在瑕疵，应审查股东的货币出资是否与章程所规定的货币币种、数量相一致，是否按期缴纳，如与章程相符，则应认定已全面履行出资义务。

2. 非货币财产的瑕疵出资认定

（1）典型非货币财产出资。可用于出资的非货币财产包括实物、知识产权、土地使用权等可以用货币估价并可以依法转让的非货币财产。《公司法司法解释（三）》第11条还明确了以其他公司股权作为出资的形式。即非货币财产出资要点在于：①用货币估价；②可依法转让。《公司法》列明的几种非货币出资方式可与货币出资并称为典型出资方式。

（2）非典型非货币财产出资。非典型非货币出资方式包括非专利技术、商标使用权等以及其他所有当事人议定的、符合上述出资财产要求的财产。

（3）非货币出资常见瑕疵。审查非货币出资是否存在瑕疵，须审查与章程规定的出资物是否相符、出资股东是否合法享有出资物的权利、作价额是否与章程规定的出资额相当、是否办理了产权转移手续或交付手续，不能办理产权转移手续的，是否已实际投入公司使用等。非货币财产出资瑕疵常见于虚高作价、未转移产权、未交付使用、未实际投入公司等。如非货币财产出资时未依法进行评估，而原告主张作价虚高时，法院可启动评估程序对出资财产予以评估；如已交付财产、未转移产权，法院可责令股东限期办理权属变更手续，如在限期内完成权属变更，可认定股东已履行出资义务；如已办理权属变更、未交付财产，原告可要求其交付财产。上述情形下，相对方均可主张股东自其实际交付财产时始享有股东权利。

（4）非货币财产出资是否必须评估。《公司法》第27条第2款规定，对作为出资的非货币财产应当评估作价，但未规定评估方式，也即未规定必须由具有合法资格的评估机构进行评估。实践中也有股东之间通过议定的方式对非货币出资予以评估作价，该行为本身不具有出资违法性，如公司、其他股东或债权人对该作价是否虚高提出异议，法院可委托评估机构进行评估，以查明事实。

（5）出资是否必须验资。自2013年修正的《公司法》施行以来，有限责任公司及发起方式设立的股份有限公司已不再要求强制验资，故股东是否履行了出资义务，应以股东转账、办理权属变更手续、交付财产等原始凭证认定。因股东对此负有举证责任，故对上述凭证应保管备查，公司应健全财务制度，完善财务记载。

（6）验资报告是否足以说明已履行出资义务。一般情况下，验资报告由专业的验资机构出具，具有中立性，可作为股东出资证明，但在原告对被告股东的验资报告提出合理怀疑时，仍应进一步审查验资事项的真实性。

【规范依据】《公司法》第3条、第26条至第30条、第80条、第82条、第83条、第93条、第178条；《公司法司法解释（三）》第7条至第11条、第13条、第15条至第16条。

（二）抽逃出资审查

《公司法司法解释（三）》第12条规定了几种典型的抽逃出资行为，包括制作虚假财务会计报表虚增利润进行分配、通过虚构债权债务关系将其出资转出、利用关联交易将出资转出，并规定了“其他未经法定程序将出资抽回的行为”的兜底条款。《公司法司法解释（三）》第14条规定了抽逃出资的责任主体与法律后果，包括抽逃出资股东向公司返还出资本息，协助抽逃出资的其他股东、董事、高级管理人员或者实际控制人对此承担连带责任；对公司债权人则产生在抽逃出资本息范围内对公司债务不能清偿部分承担补充赔偿责任的后果。

1. 抽逃出资行为的认定

抽逃出资行为的构成要件包括：（1）股东存在抽回出资的行为；（2）该抽回出资行为未经法定程序。

（1）股东存在抽回出资的行为。

首先，应审查是否存在抽回出资的事实，即是否存在公司向股东发生资本转移的事实。实践中，股东抽逃出资时为了避嫌，通常不会使用自身账户或以自己名义接收公司资产，而是借用特定关系人接收公司资产，再通过多次流转，实现其抽逃目的。因此，资本转移对象可能扩大至股东的特定关系人。即便资本接收人与股东不具有特定关系，但受该股东控制，均应认定为股东的特定关系人，并认定系向股东发生了资本转移。此处应当注意的是，抽逃出资应对应股东投入的出资，如果从公司向股东方转移的资产不对应该股东的出资，而是将公司的其他任意资产向股东方转出，则不属于抽逃出资行为，应归属于损害公司利益等侵权行为，并按照相应案由处理，而非股东出资纠纷。

其次，应审查该资产转移行为是否发生在股东控制下。实践中，部分股东辩称资产转移发生时，公司并不由其控制，其对该笔资产转移无法合理解释说明。对此，应从股东出资与资产转出的时间间隔、数额、股东持股比例、在公司任职情况等综合判断，如股东陈述违反常理，应认定其消极抗辩，不予采纳。

最后，甄别该资产转移至股东名下的性质。对股东辩称的资产转移原因进行审查，即是否存在真实合法的交易基础，重点审查公司是否从该资产转出过程中获得了合理、公正的对价，如果是无对价的转出，应认定系股东抽逃出资。

（2）抽回出资行为未经法定程序。股东出资一旦完成，其资本即转化为公司财产，未经法定程序，不得抽回。股东对公司虽然享有剩余财产分配请求权等财产性权利，但公司与股东财产相互独立，股东抽回出资应经过法定程序，否则应在其抽逃范围内对公司、其他股东或债权人承担返还或补充赔偿责任。至于合法抽回出资的形式，包含以下几种：

①利润分配。根据《公司法》第166条的规定，公司税后利润应当先弥补亏损（法定公积金不足以弥补以前年度亏损的，当年税后利润还应当弥补以前年度亏损）、并提取利润的百分之十列入公司法定公积金（法定公积金累计额为公司注册资本的百分之五十以上的，可以不再提取），方可按有限责任公司股东实缴出资比例或股份有限公司持有的股份比例分红，否则属于以公司资本亏损的形式释放盈余用于分配，实际上是虚增利润进行分配。此时股东除应将分配的利润退回公司外，还构成抽逃出资，依法应在抽逃出资本息范围内（分红本息范围内）对债权人承担补充赔偿责任。

②股份回购。根据《公司法》第74条之规定，对股东会下列决议投反对票的有限责任公司股东可以请求公司按照合理价格收购其股权：（1）公司

连续五年不向股东分配利润，而公司该五年连续盈利，并且符合本法规定的分配利润条件的；（2）公司合并、分立、转让主要财产的；（3）公司章程规定的营业期限届满或者章程规定的其他解散事由出现，股东会会议通过决议修改章程使公司存续的。自股东会决议通过之日起六十日内，股东与公司不能达成股权收购协议的，股东可以自股东会决议通过之日起九十日内向人民法院提起诉讼。即有限责任公司股东请求公司收购其股份，应符合法定条件并在法定期间内行使权利，且公司收购其股权后应当在合理期间内将股份转让或注销。如公司未及时将股份转让或注销，股东不得以公司收购其股份对抗公司债权人。如股东超出上述除斥期间后又以异议股东请求公司收购股权为由退出公司，根据具体情况，有可能在债权人提起的诉讼中被认定为抽逃出资。

根据《公司法》第 142 条的规定，股份有限公司有下列情形之一的，公司可收购本公司股份：（1）减少公司注册资本；（2）与持有本公司股份的其他公司合并；（3）将股份用于员工持股计划或者股权激励；（4）股东因对股东大会作出的公司合并、分立决议持异议，要求公司收购其股份；（5）将股份用于转换上市公司发行的可转换为股票的公司债券；（6）上市公司为维护公司价值及股东权益所必需。符合上述情形的，公司收购股份后也应当及时办理股份的注销或转让手续。股东违反上述规定要求公司收购股份，亦可能被认定为抽逃出资。

③减资。根据《公司法》第 177 条的规定，减资是股东减少其注册资本，部分或全部退出公司的路径之一。在依法履行减资程序的情况下，股东有权取回其减资部分的出资额；股东违法减资的，在当前实务中常被认定为抽逃出资情形的一种。随着减资法律规范的健全，股东以减资方式抽回出资的，可循减资规则处理。

④清算过程中分配公司剩余财产。根据《公司法》第 186 条的规定，在清算程序中，公司财产在分别支付清算费用、职工工资、社会保险费用和法定补偿金，缴纳所欠税款，清偿公司债务后的剩余财产，有限责任公司按照股东的出资比例分配，股份有限公司按照股东持有的股份比例分配。公司财产在未依照前款规定清偿前，不得分配给股东。股东在公司清偿对外债务后有剩余财产的情况下，享有剩余财产分配权。但公司如在未清偿对外债务情况下向股东分配剩余财产，则构成违法清算，债权人有权依清算责任纠纷或抽回出资规则请求股东承担相应责任。

非经上述法定程序，将已注入公司的注册资本抽回，依法构成抽逃出资。

2. 抽逃出资责任主体的认定

（1）抽逃出资的股东。抽逃出资的股东由于实施了抽逃出资行为，且获取了抽逃的出资款，根据公司法的规制，应承担在抽逃出资本息范围内对公司返还出资本息或在抽逃出资本息范围内对公司债权人的补充赔偿责任。

（2）协助抽逃出资的其他股东、董事、高级管理人员或者实际控制人。《公司法司法解释（三）》第 14 条还规定了协助抽逃出资的其他股东、董事、高级管理人员或者实际控制人对抽逃出资承担连带责任。司法实务中，关键在于如何认定上述特定身份人员实施了“协助抽逃出资行为”。根据侵权法的一般规则，其他股东、董事、高级管理人员主观上应当明知股东实施的是抽逃出资行为，客观上违反其特定身份所负有的职责对抽逃出资行为进行协助或采取放任态度，致使公司注册资金被抽逃的结果发生，即可认定其实施了“协助抽逃出资行为”。至于特定身份所对应的职责，可以根据法律和公司章程规定及公司运营过程中的实际管理规范等予以认定。例如，对抽逃出资股东违法定向分配的决议表决赞成，董事、高级管理人员在公司资金或财产流出的审批单上予以批准，实际控制人制造虚假关联交易虚构债权等。

对于前述特定身份人员的责任认定，首先要审查其是否属于特定身份人员，尤其是难以直接通过公司登记判断高级管理人员、实际控制人身份的，需要结合公司决议、人事任免文件、日常管理权限等情况加以认定；其次要认定其是否实施了协助行为。

【规范依据】《公司法》第 35 条、第 74 条、第 91 条、第 142 条、第 166 条、第 177 条、第 186 条；《公司法司法解释（三）》第 12 条、第 14 条、第 16 条。

（三）瑕疵增资审查

1. 公司增资法定程序和方式

瑕疵增资，是指公司在增加公司注册资本过程中，违反法律规定的程序和方式的行为。根据《公司法》相关规定，公司增加注册资本应遵循下列程序和方式：（1）由有限责任公司股东会会议经代表三分之二以上表决权的股东或股份有限公司经出席会议的股东所持表决权的三分之二以上通过，作出增加注册资本的决议；（2）公司与增资人订立增资合同，增资人根据章程规定的出资期限缴纳增资款，公司签发出资证明书，将新增股东记载于股东名册；（3）修改公司章程，在公司章程中记载增资后的股东及各股东认缴出资额、出资比例、出资期限；（4）向公司登记机关登记增加的注册资本；（5）特别程序，如《公司法》第 134 条规定，股份公司公开发行新股，须经证监会核准。

2. 瑕疵增资审查要点

增资人向公司履行增资义务是否存在瑕疵，适用股东瑕疵出资审查规则。

新增资本认购合同是否存在效力瑕疵及违约情形，应当根据合同法一般规则进行审查。实践中，增资行为是否存在瑕疵，更多地指向公司增资决议是否存在效力瑕疵，如增资决议存在效力瑕疵，则据此作出的增资行为可能随之被撤销，据此订立的增资认购合同也就存在履行障碍，已履行的部分也应恢复至增资前状态。因此，增资决议的效力是瑕疵增资审查的要点。

3. 常见瑕疵增资诉由

常见的瑕疵增资诉由包括公司实际未召开股东会作出决议、公司未形成增资决议、股东会未通知股东参加、股东会虽通知股东参加但未按股东要求提供公司财务账册以致股东无法表决、大股东利用控股优势形成增资决议、强行形成不同比增资决议、增资决议未保障股东优先认缴权、增资存在掠夺性定价、在小股东放弃优先认缴权情况下强行决议同比增资等。由于公司增资是一项设计精巧的资本变动制度，不同的增资方案产生的控制权变动、资产流向、股权比例等效果截然不同，在审查公司增资是否存在瑕疵过程中，应特别注意是否存在大股东压制小股东、损害小股东或公司利益的情形，以准确认定增资决议的效力。

【规范依据】《公司法》第34条、第37条、第43条、第99条、第178条。

（四）瑕疵减资审查

1. 公司减资法定程序和方式

瑕疵减资，是指公司在减少注册资本过程中，违反法律规定的程序和方式的行为。根据《公司法》相关规定，公司减少注册资本应遵循下列程序和方式：（1）由有限责任公司股东会会议经代表三分之二以上表决权的股东或股份有限公司经出席会议的股东所持表决权的三分之二以上通过，作出减少注册资本的决议。（2）编制资产负债表及财产清单。（3）自作出减少注册资本决议之日起十日内通知债权人，并于三十日内在报纸上公告。（4）根据债权人的要求，向债权人清偿债务或者提供相应的担保。（5）修改公司章程。形式减资的，在公司章程中修改股东认缴出资额；实质减资的，还应根据减资时的资产负债表确定应向股东返还的减资额，并向股东返还。（6）向公司登记机关办理减少注册资本的登记。因此，在审查公司减资是否存在瑕疵、股东是否承担相应责任时，应从上述几个要件进行审查。

2. 瑕疵减资审查要点

（1）对减资决议的审查。

①减资决议形式审查重点。减资是公司自治事项，公司有权力根据其实际需要决定减少注册资本。公司以股东（大）会特别决议形式作出减资决议，

一经作出，如不存在无效、可撤销、不成立等情形，一般即具有法律效力。如股东对公司决议效力存有异议，可循公司决议效力之诉救济。

②瑕疵减资实质审查重点。需特别注意的是，虽然《公司法》规定减资决议经代表三分之二以上表决权的股东或出席会议股东所持表决权三分之二以上通过，但该表决比例仅是针对“是否减资”事项。对于减资对象（向谁减资）、减资方式（同比减资还是不同比减资）、减资额的确定（是否以高于公司减资时净资产折算比例向减资股东返还减资款）等事项，如果损害公司或其他股东利益，也可能被认定无效。

例如，大股东利用自身控制权决定其单方减资，无异于实现其单方退出公司、抽回出资的效果，或者在公司盈利情况下，大股东以其表决权优势地位决议小股东减资，损害小股东利益，这种情况下资本多数决并不当然符合公司法规定；又如，减资方式如确定为同比减资，则各方股权比例不变，在减资中的权利义务具有一致性，可适用资本多数决，但如为不同比减资，则会引起减资后股权结构的变化，同样可能损害其他股东利益；再如，减资额的确定，如股东会一致决议以高于公司减资时净资产折算比例向减资股东返还减资款，无异于股东不承担公司经营亏损，变相抽逃出资，违反公司资本维持原则，损害了公司利益，也损害了债权人利益。上述情况下，均应对减资决议内容进行实质审查，以确定决议内容是否违反相关法律、行政法规的规定，而不能仅根据资本多数决的表决规则认定减资决议效力。例如，实质减资导致公司净资产减少，属于变相的公司财产分配，应适用公司分配的法律规范。至于分配规则，根据《公司法》第34条的规定，股东应按照实缴出资比例分取红利、认缴新增资本，全体股东另有约定的除外。即法律对涉及股东固有权益的分配规则实际上是采取了“资本一致决”的议事机制。[①]类推适用，不同比减资也应以股东会“资本一致决”的方式表决通过，否则应为无效。

（2）是否编制资产负债表及财产清单。编制资产负债表及财产清单是减资过程中的程序性要求，意在确定公司减资时的资产负债及财产情况，从而辅助判断公司减资的合法性。实务中一般难以仅仅依据未编制资产负债表及财产清单而对公司或股东课以民事责任，但如果公司及股东未编制资产负债表及财产清单，则在相关纠纷中，公司及股东没有证据证明其计算减资额的

① 参见江苏省无锡市中级人民法院（2017）苏02民终1313号民事判决书。

依据，可能承担对其不利的事实推定。[①]因此，《公司法》虽未强制规定减资时的资产负债表及财产清单需要由专业审计机构进行专项审计，但为固定事实，厘清责任，从诚实信用、防止纠纷的角度出发，在仅涉及内部关系时，可以股东会决议方式确认减资时的资产负债表及财产清单；在涉及外部关系时，可选择聘请第三方审计机构作出专项审计，以减轻减资纠纷发生时自身的证明责任和法律风险。

（3）是否自作出减少注册资本决议之日起十日内通知债权人，并于三十日内在报纸上公告。通知债权人是公司减资过程中重要的债权人保护程序。此处虽然没有像公司清算规则中明确要求通知“已知债权人”，但从类比角度和实然角度来看，此处的债权人也应是“已知债权人”。公司减资时应直接通知已知债权人，并辅以报纸公告方式以告知潜在债权人，使债权人有机会作出选择，要求公司清偿债务或提供担保。

关于通知的主体，因公司是减资主体，一般情况下应由公司向债权人发出减资通知，但如前所述，股东并不因此免除未通知债权人情况下的瑕疵减资责任。值得注意的是，债权人可否仅依公司未尽通知义务，主张董事恶意协助减资，请求董事承担补充赔偿责任？上海市高级人民法院在（2019）沪民申1121号建德市汇丰物资有限公司与沈某兴、楼某明公司减资纠纷审判监督民事裁定书中认为，被诉董事作出的减资决议，是执行股东意志和履行董事职务的行为，债权人以其未尽通知义务、恶意协助股东进行减资为由，要求被诉董事在减资本息范围内对公司不能清偿的债务承担补充赔偿责任，缺乏事实和法律依据，不予支持。上述观点及其分析可资参考。

（4）是否根据债权人的要求，向债权人清偿债务或者提供相应的担保。如已根据债权人要求清偿债务或提供相应担保，则公司已妥善解决减资产生的外部效应。但存在一种例外情形，即公司向债权人履行清偿义务或提供的担保存在瑕疵的情况下，则减资本身亦存在瑕疵，故股东瑕疵减资的责任并不因此免除，债权人在依清偿或担保瑕疵追索相对人之后仍可依瑕疵减资的法律关系请求股东承担补充赔偿责任。

（5）出资额的减少或返还。此处应审查公司减资系形式减资还是实质减资。前者应关注其减少的注册资本缴纳期限是否已经届满，但即便其减少的注册资本缴纳期限尚未届满，在债权人提出抗辩的情况下，也并不免除其减

---

① 例如，在上海市高级人民法院（2020）沪民再28号上海博达数据通信有限公司与杨某林、陈某兰买卖合同纠纷一案审判监督民事判决书中，审理法院认为，减资公司在庭审中表示其无法提供相关的资产负债表。故股东辩称减资公司系形式减资，没有任何事实依据，法院不予采信。

资责任，详见公司减资纠纷常见抗辩要素审查；后者应关注公司向股东返还的减资价款是否与减资时公司净资产情况相当，此时则需要辅以资产负债表和公司财产清单等予以查明。如以高于净资产对应的相应部分股权价值进行减资并取回财产，股东在超额取回财产范围内仍涉及对公司及债权人利益的侵害，应承担相应责任。

（6）是否已办理减少注册资本的变更登记。该节点可视为公司减资完成的标志，该标志也触发公司对外公示信用的变化，债权人据此对公司减资事项得以知情，并在纠纷发生时据此提起诉讼。如减资后未向登记机关进行变更登记，则对第三人不产生效力；如减资后公司未及时办理注册资本变更登记，导致股东的登记注册资本未相应减少，股东可请求公司进行相应变更，或提起请求变更公司登记纠纷之诉。

【规范依据】《公司法》第 34 条、第 37 条、第 43 条、第 99 条、第 103 条、第 177 条、第 179 条。

五、民事责任要素审查

（一）股东违反出资义务责任

1. 瑕疵出资股东责任

按期足额缴纳认缴的出资，是股东对公司负有的法定义务，是公司资本维持原则的基本要求，也是对其他股东和公司债权人合法权益保护的需要。瑕疵出资股东，是承担相应法律后果的第一责任主体。根据承担责任的对象，又可细分为对公司、其他股东及债权人承担责任的形式。

（1）瑕疵出资股东对公司应承担缴纳、返还出资等责任。

①缴纳出资、返还出资。《公司法司法解释（三）》第 13 条第 1 款规定："股东未履行或者未全面履行出资义务，公司或者其他股东请求其向公司依法全面履行出资义务的，人民法院应予支持。"第 14 条第 1 款规定："股东抽逃出资，公司或者其他股东请求其向公司返还出资本息、协助抽逃出资的其他股东、董事、高级管理人员或者实际控制人对此承担连带责任的，人民法院应予支持。"据此，公司、其他股东有权请求瑕疵出资股东向公司缴纳出资、返还出资。

根据《公司法司法解释（三）》第 13 条第 2 款及第 14 条第 2 款规定，瑕疵出资股东或抽逃出资股东系在未出资或抽逃出资本息范围内对公司债务不能清偿部分承担补充赔偿责任，即瑕疵出资股东的责任范围是"未出资本息"。这里会涉及未出资本息中的利息从何时开始计算、按什么标准计算的问题。关于利息从何时开始计算。在未缴出资场合，在公司章程对出资期限有明确规定的情况下，利息可从出资期限届满的次日起计算；在公司章程对出资期限无明确规定、适用出资加速到期判令股东承担出资本息的情况下，利息可从出资具备加速到期情形的次日起计算。比如，公司作为被执行人的案件，人民法院穷尽执行措施无财产可供执行，已具备破产原因但不申请破产的，可从执行法院作出终本裁定之日认定股东具备出资加速到期情形，出资利息可从终本裁定次日起计算；又如，在公司债务产生后，公司股东（大）会决议或以其他方式延长股东出资期限的，该延长出资期限对债权人不发生效力，债权人仍可以原出资期限届满或其债务人债务履行期限届满（二者以时间在后为准）次日请求债务人股东承担未缴出资的利息。在抽逃出资场合，则公司、其他股东或债权人可要求抽逃出资股东自抽逃出资之日起承担抽逃出资的利息。关于利息的计算标准。出资既具有法定性，也具有约定性，因此利息计算标准首先可考察股东间协议或公司章程对此有无约定，有约定的从约定，无约定的，由于逾期出资对公司、股东及债权人客观上造成资金占用效果，因此实践中通常按照中国人民银行同期同类贷款利率或全国银行间同业拆借中心公布的贷款市场报价利率计算未缴纳或抽逃出资的利息。值得注意的是，《公司法（修订草案）》将股东未缴出资、抽逃出资、违法分配利润、违法减资情形下股东缴纳或返还出资的利息计算标准统一规定为“银行同期存款利息”，因此，利息计算标准应根据公司法的修订情况相应进行统一。①

②股份有限公司发起人可对未按期缴纳股款的认股人认缴的股份另行募集并要求赔偿损失。《公司法司法解释（三）》第6条规定：“股份有限公司的认股人未按期缴纳所认股份的股款，经公司发起人催缴后在合理期间内仍未缴纳，公司发起人对该股份另行募集的，人民法院应当认定该募集行为有效。认股人延期缴纳股款给公司造成损失，公司请求该认股人承担赔偿责任的，人民法院应予支持。”因此，股份有限公司认股人如未按期缴纳所认股份的股款，经公司发起人催缴后在合理期间内仍未缴纳，公司发起人可对该股份另行募集，还可要求认股人赔偿损失。

③限制股东权利。《公司法司法解释（三）》第16条规定：“股东未履行或者未全面履行出资义务或者抽逃出资，公司根据公司章程或者股东会决议对其利润分配请求权、新股优先认购权、剩余财产分配请求权等股东权利

①《公司法（修订草案二次审议稿）》第52条、第57条、第207条、第222条在股东未缴出资、抽逃出资、违法分配利润、违法减资相关条文中均删除了加算“银行同期存款利息”的标准，而直接以“造成损失的，承担赔偿责任”的开放性规定代替。

作出相应的合理限制，该股东请求认定该限制无效的，人民法院不予支持。”《民商审判会议纪要》第 7 条规定：“股东认缴的出资未届履行期限，对未缴纳部分的出资是否享有以及如何行使表决权等问题，应当根据公司章程来确定。公司章程没有规定的，应当按照认缴出资的比例确定。如果股东（大）会作出不按认缴出资比例而按实际出资比例或者其他标准确定表决权的决议，股东请求确认决议无效的，人民法院应当审查该决议是否符合修改公司章程所要求的表决程序，即必须经代表三分之二以上表决权的股东通过。符合的，人民法院不予支持；反之，则依法予以支持。”据此，股东出资存在瑕疵虽不影响其股东资格的取得，但根据民商法中权利与义务统一、利益与风险一致原则，出资瑕疵的股权可能因此受到限制。

根据上述规定，限制股东权利应当注意以下问题：

第一，限制股东权利应同时具备两个条件：一是股东未履行或者未全面履行出资义务，或者有抽逃出资行为；二是公司章程或者股东（大）会决议对此情形下的股东权利限制作出了规定。若无公司章程规定或者股东（大）会决议，公司或其他股东径行起诉请求限制瑕疵出资股东的股东权利，则不符合上述条件，该请求应不予支持。

第二，股权中的自益权（利润分配请求权、新股优先认购权、剩余财产分配请求权等）原则上应当受到限制，股东共益权（如表决权）原则上不应受限制，但在特殊情况下仍可予以限制。《民商审判会议纪要》规定限制股东表决权“必须经代表三分之二以上表决权的股东通过”，这一规定与修改公司章程的程序要求是一致的，即通过修改公司章程限制股东权利一般需要代表三分之二以上表决权的股东通过；而对利润分配请求权、新股优先认购权、剩余财产分配请求权等股东自益权作出限制时，并未规定“必须经代表三分之二以上表决权的股东通过”。有观点认为，通过股东会决议限制股东权利时，虽然股东会决议一般只需要股东表决权的半数以上通过，但《公司法》第 28 条第 2 款、第 83 条第 2 款均规定股东未尽出资义务时，对其他股东承担违约责任，这种违约责任应是对每一个股东的违约责任。所以，即使仅有半数以上股东同意限制未尽出资义务股东的权利，也不违反法律的规定，即通过股东会决议限制股东权利是合理的。因此，法院不应否定公司作出上述限制的效力。[①] 还应注意的是，限制股东权利是公司自治事项，公司可径行通过公司章程或股东会决议限制股东相关权利，无须请求法院作出限制，只有当被限制权利的股东对其股东权利受限产生异议时，才可通过公司决议效力

① 最高人民法院民事审判第二庭编著：《最高人民法院关于公司法解释（三）、清算纪要理解与适用》，人民法院出版社 2011 年版，第 254 页。

之诉或股东行权诉讼等将双方争议提交司法机关处理。

④解除股东资格。我国实行公司资本认缴制，投资人只要按照公司章程认缴了出资，即使未实际出资，仍然可以成为股东。换言之，股东资格与其是否已实际出资并不必然一一对应。《公司法司法解释（三）》第17条第1款规定："有限责任公司的股东未履行出资义务或者抽逃全部出资，经公司催告缴纳或者返还，其在合理期间内仍未缴纳或者返还出资，公司以股东会决议解除该股东的股东资格，该股东请求确认该解除行为无效的，人民法院不予支持。"根据该规定，如果股东根本未履行出资或者抽逃全部出资，该股东因丧失股东资格基础而可能被除名。股东除名须符合以下条件：

第一，须是股东未履行出资义务或者抽逃全部出资，此为除名的正当性基础。对于已经履行了部分出资义务或仅抽逃部分出资的股东不能适用股东除名，公司可以根据《公司法司法解释（三）》第16条的规定，对该股东的利润分配请求权、新股认购请求权、剩余财产分配权等权利作出相应的合理限制。值得一提的是，《公司法（修订草案）》将除名效果扩大至部分未缴纳出资的股东。[①]

第二，须经公司催告缴纳或者返还出资，并给予该股东合理期间以补正出资行为，此为除名的前置程序。催告可以书面或者口头形式作出，[②]内容包括适用除名的具体情形、不消除除名事由的后果、向公司申辩的权利等。所谓合理期间，应综合考虑股东的出资数额。

第三，须经股东会决议通过，此为除名的决定性环节。除名决议作出的机关应当是公司最高权力机构股东会，也包括不设股东会的中外合资企业董事会；被除名股东有接受会议通知、出席会议并进行申辩的权利。应当注意的是：其一，除名决议应当以绝对多数决的方式审议通过。公司以股东会决议的形式解除股东资格，因该决议涉及对公司章程的修改，根据《公司法》第43条第2款的规定，该决议只有经代表三分之二以上有表决权的股东通过才合法有效。其二，被除名的股东不享有表决权。主要理由为：一是股权来

---

①《公司法（修订草案二次审议稿）》相较于一审稿保留了除名效果扩大至部分未缴纳出资的股东这一制度设计，严格意义上，应称之为"失权股权处理规则"，即未按期足额缴纳出资的股东丧失其未缴纳出资的股权；同时，《公司法（修订草案二次审议稿）》进一步明确由董事会代表公司核查股东出资情况及向股东催缴出资，增加了发出失权通知后该部分股权六个月内未转让或者注销的，由公司其他股东按照其出资比例足额缴纳相应出资。

②《公司法（修订草案）》第51条第1款明确催缴方式为"应当向该股东发出书面催缴书，催缴出资"，《公司法（修订草案二次审议稿）》保留了该规定。

源于出资，在拟被除名股东没有任何出资或者抽逃全部出资的情况下，其不应享有股权，自然不享有表决权。二是除名权是形成权，在符合一定条件时，公司即享有单方面解除未履行出资义务或抽逃全部出资股东的股东资格的权利。如果认为被除名的大股东仍然享有表决权，则《公司法司法解释（三）》第 17 条的规定将会被虚置，失去其意义。①

公司一旦对股东作出除名决议，应及时办理法定减资手续或者由其他股东或第三人缴纳相应的出资，以消除公司资本中的“空洞”；涉及诉讼时，法院在判决时也应予以释明，以降低因公司资本处于不真实状态而引致其他纠纷的风险。公司办理法定减资程序或者其他股东或第三人缴纳相应的出资之前，被除名的股东仍然应当承担此前由于其未履行出资义务或者抽逃全部出资所导致的对公司债权人的法律责任。同样需要注意的是，解除股东资格是公司自治事项，公司可径行通过股东会决议进行除名，无须请求法院作出除名裁判，只有当被除名的股东产生异议时，才可以通过公司决议效力之诉或股东行权诉讼等将双方争议提交司法处理。

值得探讨的是，除名决议由股东会作出，如果作出除名表决的其他股东也未履行出资义务，则该除名决议效力如何？被除名股东能否以其他股东也未出资为由，请求确认该决议无效？从《公司法司法解释（三）》第 17 条第 1 款文义来看，其并未对作出除名表决的股东本身是否已实缴出资作出规定。在深圳市中级人民法院（2020）粤 03 民终 11788 号佘某英与深圳市农产品某田肉联厂有限公司公司决议效力确认纠纷一案中，审理法院认为，从民事活动应当遵循公平、诚信的原则出发，“公司股东依法缴纳出资是其一项基本的义务，也是其享有相应的股东权利的基础。如果自己都未履行这一基本义务，却以同样理由通过表决剥夺其他股东的股东资格，则明显与我国民事法律规定的诚实信用和公平这一基本原则不符，不应得到司法支持”。同时，该判决还指出，解除股东资格的前提是股东全部未缴出资或全额抽逃出资，如果双方对抽逃出资事实本身存在重大争议，应先通过法定程序固定和认定相应事实后再作出决议。故该案中，被告肉联厂在原告佘某英完全否认其抽逃出资的情况下未通过会计鉴定、审计或者司法途径等严格程序对其抽逃出资事实进行确认，即作出相应决议，亦不符合法定条件和程序。该判决观点可资参考，在审理解除股东资格决议效力纠纷时，应由公司对股东完全未出资或全额抽逃出资的事实负举证责任，同时根据原告的起诉理由审查表决股东的出资情况，从而全面判断该公司决议是否有效，防止除名决议中表决股东滥用

① 参见最高人民法院（2018）最高法民再 328 号张某萍、臧某存公司决议纠纷一案再审民事判决书。

权利损害其他股东的利益。

（2）瑕疵出资股东对其他股东应承担违约责任。其他股东除有权要求瑕疵出资股东向公司缴纳或返还出资外，已履行出资义务的股东还有权请求瑕疵出资股东承担违约责任。违约责任如何承担，首先应根据股东间协议或公司章程对违反出资义务责任的约定进行处理，如无约定，可根据其他股东的诉讼请求、举证情况，根据违约损害赔偿的一般规则确定。实践中，出资违约行为给其他股东造成的损失可能包括公司丧失商业机会、运营困难等带来的股东利益损失，但该种损失通常难以量化，也难以证明。因此，为增强出资协议的约束力，保障守约方利益，股东之间可在投资协议中约定出资违约行为的违约责任，以便明晰责任。[①]

（3）瑕疵出资股东对债权人应承担补充赔偿责任。《公司法司法解释（三）》第13条第2款规定："公司债权人请求未履行或者未全面履行出资义务的股东在未出资本息范围内对公司债务不能清偿的部分承担补充赔偿责任的，人民法院应予支持；未履行或者未全面履行出资义务的股东已经承担上述责任，其他债权人提出相同请求的，人民法院不予支持。"第14条第2款规定："公司债权人请求抽逃出资的股东在抽逃出资本息范围内对公司债务不能清偿的部分承担补充赔偿责任、协助抽逃出资的其他股东、董事、高级管理人员或者实际控制人对此承担连带责任的，人民法院应予支持；抽逃出资的股东已经承担上述责任，其他债权人提出相同请求的，人民法院不予支持。"据此，公司债权人有权请求瑕疵出资股东对公司不能清偿的债务承担补充赔偿责任。关于履行或返还出资中利息的计算方式，在瑕疵出资股东对公司承担责任部分已有论述，此处不再赘述。

关于瑕疵出资股东对债权人承担责任的范围，应以其未缴出资或抽逃出资的本息范围为限。瑕疵出资股东是否已向其他债权人承担上述责任，为明确被诉股东责任范围，在案件审理中一般应予查明，但上述事实依赖于被诉股东的答辩和举证，在被诉股东缺席的情况下，上述事实难以查明。为避免在案件生效后发现被诉股东已经承担出资责任而未予扣除的情况，可在判项表述中增加被诉股东"在其他案件中已实际履行应承担补充赔偿责任的部分，

---

①《公司法（修订草案二次审议稿）》第50条规定，股东未按期足额缴纳出资，或者作为出资的非货币财产的实际价额显著低于所认缴的出资额的，应当按照股东之间的约定向已按期足额缴纳出资的股东承担违约责任。较一审稿增加了"按照股东之间的约定"承担违约责任的表述，明确了股东间出资违约行为的裁判规则，即按照约定认定违约责任，传递出鼓励设立股东对违约责任予以约定的信号，是对实践中股东出资违约责任难以量化的回应，与本文原有分析亦是一致的。

不再承担”。

2. 发起人责任

根据《公司法司法解释（三）》第1条的规定，所谓发起人，既包括股份有限公司的发起人（狭义的发起人），也包括有限责任公司设立时的股东（原始股东）。发起人是需要对公司设立行为承担责任的主体，负有公司资本充实责任。对此，《公司法》第28条、第83条、第93条、第94条作出了明确规定，包括有限责任公司股东应当按期足额缴纳公司章程中规定的各自所认缴的出资额；以发起设立方式设立股份有限公司的，发起人应当书面认足公司章程规定其认购的股份，并按照公司章程规定缴纳出资；发起人未按照公司章程的规定缴足出资的，应当补缴；其他发起人承担连带责任等。发起人资本充实责任是对其他股东或认股人的行为而负担的一种特殊责任，其源于发起人在公司设立中的特殊地位和作用，一方面能防止公司设立无效而实现资本维持原则，另一方面能保护股东及利害关系人因公司成立而形成的信赖利益。《公司法司法解释（三）》第13条第3款规定了发起人与公司设立时的股东对债权人的请求承担连带责任，或理解为“发起人之间的出资担保责任”。有学者认为，此连带责任是指发起人对公司承担资本补充责任后，发起人之间的内部连带责任。

3. 其他股东、董事、高级管理人员或实际控制人责任

《公司法司法解释（三）》第13条第4款规定了公司增资时董事、高级管理人员未尽忠实勤勉义务所致赔偿责任及追偿权。《公司法司法解释（三）》第14条则规定了协助抽逃出资的其他股东、董事、高级管理人员或实际控制人，对于抽逃出资股东的返还出资本息义务承担连带责任，对于抽逃出资股东对公司债务的补充赔偿责任亦承担连带责任。上述连带责任的请求权基础为侵权责任。北京市高级人民法院在（2020）京民终95号民事判决中认为，此类赔偿责任的实质是连带承担补充赔偿责任，由于忠诚履职、向股东催缴出资，是其他股东、董事、高级管理人员或实际控制人等勤勉义务范围，如违反该义务，其理应预见到相应的损害后果，诸如公司实际资本金背离约定资本金、公司债权人受偿不能、公司财产被非法侵占等，具有主观过错。值得一提的是，《公司法（修订草案）》将忠实和勤勉义务扩展到了监事。

4. 资产评估、验资或验证机构责任

自2013年修正的《公司法》施行以来，已不再要求有限责任公司及以发起方式设立的股份有限公司强制验资。《公司法》第27条第2款虽规定了作为出资的非货币财产应当评估作价，但未规定评估方式，也即未规定必须由具有合法资格的评估机构进行评估，实践中也有股东之间通过议定的方式对非货币出资予以评估作价。若该类中介或金融机构对股东出资行为出具评估、

验资或验证报告有过错，应对股东虚假出资、增资行为承担补充赔偿责任。对此，《最高人民法院关于金融机构为企业出具不实或者虚假验资报告资金证明如何承担民事责任问题的通知》中有明确答复。需要注意的是：一是当企业财产不足以清偿债务的，首先由出资人在出资不实或者虚假资金额范围内承担责任；二是当企业、出资人财产依法强制执行后仍不能清偿债务的，由中介或金融机构在其验资不实或者虚假资金证明金额范围内，根据过错大小承担责任；三是未经审理，不得将中介或金融机构直接追加为被执行人。

5. 明知为瑕疵股权而受让的受让人责任

《公司法司法解释（三）》第 18 条规定了瑕疵股权受让人明知瑕疵股权而受让的，承担连带责任。有学者认为，其原因一是受让人受让股权后成为公司股东，当然负有补足出资的责任；二是基于共同侵权故意，即“明知而为”。最高人民法院在（2013）民申字第 1795 号东平中联美景水泥有限公司与聊城美景中原水泥有限公司股东出资纠纷申请再审一案民事裁定中认为，《公司法司法解释（三）》第 19 条[①]的字面意思只规定了原股东虚假出资转让股权后，受让股东明知或应知的，对公司承担连带责任，但对于原股东抽逃出资的责任是否也由受让股东承担没有明确。从《公司法司法解释（三）》规定的前后体例看，涉及虚假出资和抽逃出资的相关规定，并未全部作为同一条文规定，也没有基于互相包含的关系而只列举一种情形规定。因此，严格按照文义理解更符合该规定的精神。抽逃出资和虚假出资从后果看，都导致公司不拥有该部分注册资本，但从内涵上讲是有区别的。虚假出资是公司成立之前的股东单方行为，因公司尚未成立，故公司不能够表达否定意志，责任在于股东。新股东受让后原则上要对公司承担原股东的义务，此时可谓公司没有过错。抽逃出资行为则发生在公司设立之后，任何股东抽逃出资都必须经公司履行相关手续，从形式上看公司作出的是“同意”的意思表示，此时应推定公司具有过错。股权转让后，公司不能够在同意原股东抽逃行为的前提下，又向新股东主张责任，否则，有悖诚实信用。从最高人民法院上述观点来看，《公司法司法解释（三）》第 18 条的解释不包括股东抽逃出资的情

---

①《公司法司法解释（三）》（法释〔2011〕3 号）第 19 条规定：“有限责任公司的股东未履行或者未全面履行出资义务即转让股权，受让人对此知道或者应当知道，公司请求该股东履行出资义务、受让人对此承担连带责任的，人民法院应予支持；公司债权人依照本规定第十三条第二款向该股东提起诉讼，同时请求前述受让人对此承担连带责任的，人民法院应予支持。受让人根据前款规定承担责任后，向该未履行或者未全面履行出资义务的股东追偿的，人民法院应予支持。但是，当事人另有约定的除外。”2020 年该解释修正后，条文序号修改为第 18 条。

形，因转让前股东抽逃出资具有隐蔽性，在受让股东证明其已尽到审查义务的情况下，其受让瑕疵股权行为并非“明知而为”，故受让股东不应承担连带责任。

（二）新增资本认购相关责任

1. 新增资本认购人或增资公司请求撤销增资合同

新增资本认购人与增资公司之间的增资合同是商事合同的一种，受合同法调整。实践中常见新增资本认购人以目标公司财务数据造假、估值造假，构成欺诈为由请求撤销增资合同。此种情形下应审查增资公司是否存在故意告知虚假情况，或者故意隐瞒真实情况，诱使新增资本认购人作出错误意思表示，致使其系受欺诈而签订增资合同。如认定该合同为可撤销合同，则因该合同取得的财产，应予返还；不能返还或者没有必要返还的，应当折价补偿。有过错的一方应当赔偿对方因此所受到的损失，双方都有过错的，应当各自承担相应的责任。在增资合同中，根据合同履行情况，撤销的法律后果可表现为：增资公司向新增资本认购人返还增资款、撤销公司相应的注册资本及新增股东的登记等，有过错的，还应向对方赔偿损失。

2. 新增资本认购人或增资公司请求确认增资合同无效

增资合同无效的情形适用民法典关于一般民事法律行为无效的规定，包括无行为能力、虚假意思表示、违反强制性效力性规定、违背公序良俗、恶意串通等。实践中还常见新增资本认购人或增资公司以增资决议效力瑕疵、损害原股东优先认缴权等为由请求确认增资合同无效，但应注意的是前述情形并不必然导致增资合同无效，也可能构成增资合同的履行障碍。如经审查认定增资合同无效，则合同自始没有法律约束力，其处理方式与合同被撤销是一致的，唯考察双方过错时应注意考察双方在合同无效中存在的过错。

3. 新增资本认购人或增资公司请求履行合同

新增资本认购人请求履行合同通常包括：请求公司向其签发出资证明书、记载于股东名册、向工商部门进行增资及股权的变更登记、确认其股东资格等。增资公司请求履行合同通常包括请求新增资本认购人向公司缴付出资本息等。该种情形下，应审查合同是否成立、生效、是否存在履行障碍、履行先后顺序等，从而作出具体的合同履行裁判。

4. 新增资本认购人或增资公司请求对方承担违约责任

新增资本认购人或增资公司请求对方承担违约责任情形包括一般违约和严重违约。一般违约责任包括继续履行和赔偿损失；严重违约责任则包括解除合同和合同解除后的清理，包括尚未履行的终止履行，已经履行的，根据履行情况和合同性质，恢复原状、采取其他补救措施及赔偿损失等。增资合同解除后，新增资本认购人请求公司返还增资款及承担相应违约责任，一般可予以支持。实践中，有新增资本认购人在请求解除合同时请求增资公司赔偿增资股权红利、股权溢价款等，由于分红、股权溢价款是成为增资公司股东后的可得利益，且是否具备分红、溢价款条件并非确定的事实或损失，新增资本认购人对损失的必然性、可预见性、损失的大小负有举证责任。在合同对违约责任有约定的情况下，应适用约定条款，结合违约损害赔偿规则进行合理认定。实践中还常见新增资本认购人与公司原股东或实际控制人签订含有“对赌”内容或提供担保的增资合同，约定由公司原股东或实际控制人在一定条件下对增资履行回购、金钱补偿或担保等责任。该种情形应区分具体情形，判定合同是否有效、有无履行障碍等，并根据合同法规则处理。

5. 其他股东以增资决议效力瑕疵或侵害其优先认缴权为由请求撤销或确认合同无效、撤销工商变更登记等

其他股东提出增资决议效力瑕疵情形通常包括：（1）股东会决议程序存在瑕疵情形，如未实际召开股东会、未通知其参加股东会、表决比例未达到三分之二等；（2）股东会决议内容存在瑕疵情形，如损害股东优先认缴权等；（3）执行股东会决议过程中侵害新股优先认缴权情形，如股东已明确表示行使优先认缴权但公司仍与他人签订增资合同等。

前述情形对其他股东构成侵权，应当承担相应的侵权责任，包括停止侵权、重新作出决议、赔偿损失等。但前述情形并不必然导致增资合同无效，只是构成增资合同的履行障碍。如经审查增资决议存在不成立、无效或可撤销情形，其他股东可请求撤销据此进行的工商变更登记。如其他股东主张增资合同损害其优先认缴权，但又未在合理期间提出行使优先认缴权，则其对认缴新增资本效力或股权登记变动的诉讼并无实际价值，反而浪费司法资源，破坏已完成的交易关系，因此并不能产生排除增资合同履行及工商变更登记的效力。如其他股东主张增资合同损害其优先认缴权并在合理期间内明确行使优先认缴权，则由于新增资本认购人和增资公司之间的增资行为侵害了其法定权利，应予以救济，具体措施为双方因增资进行的工商变更登记应予撤销。但合同效力是否无效，仍应区分新增资本认购人为内部股东或外部认购人等因素，根据“内外有别”原则，依合同效力规则审查。

（三）公司增资相关责任

1. 股东出资责任

依照《公司法》第178条的规定，有限责任公司增加注册资本时，股东认缴新增资本的出资，依照本法设立有限责任公司缴纳出资的有关规定执行。股份有限公司为增加注册资本发行新股时，股东认购新股，依照本法设立股

份有限公司缴纳股款的有关规定执行。因此，公司增资时请求增资人履行出资义务，股东所应承担的责任与股东出资责任是一致的，包括对公司及对债权人的责任。

2. 未尽忠实、勤勉义务的董事、高级管理人员应对瑕疵出资股东承担连带责任

《公司法司法解释（三）》第13条第4款规定了公司增资时董事、高级管理人员未尽忠实勤勉义务所致赔偿责任及追偿权。判断董事、高级管理人员是否未尽忠实、勤勉义务，应根据法律、行政法规及公司章程的规定，确认董事、高级管理人员的义务范围，进而审查是否存在违反义务之情形，包括以积极作为的方式或消极不作为的方式违反其义务。董事、高级管理人员承担责任后，可以向被告股东追偿。

新增资本认购纠纷与公司增资纠纷的差异在于，新增资本认购纠纷多发生于外部，即新增资人与公司之间，公司增资纠纷多发生于内部。二者存在一些共通性问题，如公司在增资过程中应承担的责任，又如受到损害股东以增资决议效力瑕疵或侵害其优先认缴权为由请求撤销或确认合同无效、撤销工商变更登记等。故二者在责任承担方面并无不同，唯在审查内外部增资对象的注意义务、明知程度、合理期间等细节上可能存在内外有别的认定。

（四）公司减资相关责任

1. 违法减资股东的责任

具体包括：（1）对公司承担返还减资额的责任。（2）对债权人承担在违法减资本息范围内对公司债务承担补充清偿责任。（3）违法减资股东互相之间对公司和债权人承担连带责任。违法减资股东作为减资公司的股东，共同决议各按一定比例减资并完成减资，是在互相协助、互相同意下实施的行为，依照《公司法司法解释（三）》第14条第2款关于抽逃出资责任主体的规定，违法减资股东之间应互负连带责任。

2. 协助违法减资的其他股东、董事、高级管理人员或者实际控制人责任

实践中的做法尚不统一，但比较倾向的观点是优先保护债权人利益，比照《公司法司法解释（三）》第14条第2款关于抽逃出资责任主体的规定，判令对明知违法减资而予以协助的相关人员对违法减资股东应负的义务承担连带责任。判断其他股东、董事、高级管理人员或者实际控制人是否承担连带责任的关键在于，其是否对违法减资实施了协助行为。

【规范依据】《公司法》第28条、第30条、第177条、第178条、第179条、第207条；《公司法司法解释（三）》第6条、第12条、第13条、第14条、第16条、第17条、第18条；《民法典》第134条、第143条至第

157 条、第 566 条、第 577 条。

第三节　实务难点裁判思路

一、关于出资期限届满认定问题

（一）公司章程明确规定出资期限的情形

我国实行公司资本认缴制，有限责任公司的章程应当载明“股东的出资方式、出资额和出资时间”，股份有限公司章程应当载明“发起人的姓名或者名称、认购的股份数、出资方式和出资时间”。公司章程于股东而言，系公司设立或股东加入公司成为股东时公司各股东之间对于出资期限形成的一致合意，股东按期出资既是各股东对公司的义务，本质上也属于各股东之间的一致约定。除法律另有规定外，《公司法》第 28 条规定“股东应当按期足额缴纳公司章程中规定的各自所认缴的出资额”，即法律赋予公司股东出资期限利益，允许公司各股东按照章程规定的出资期限缴纳出资。股东的出资期限利益，是公司资本认缴制的核心要义，系公司各股东的法定权利。

实践中，有的公司章程规定股东出资期限为 50 年甚至 100 年，这是否意味着股东凭借出资期限利益可以高枕无忧了？答案显然是否定的。超长认缴期有时甚至超过自然人的寿命，从合同履行实践来看，也缺乏真实履行的可能性和履行的诚意。因此，《民法典》合同编对长期契约的存续一般设有时间限制，租赁合同最长租赁期限不得超过 20 年即为明证。此外，参考债权人撤销权理论，债务人恶意延长到期债权履行期的，债权人有权行使撤销权。[①] 具体到超长认缴期问题，如公司不再经营，即使认缴出资期限尚未届至，股东也应当履行出资义务，以对公司债务补充清偿；债权人在此情况下对公司提起债务清偿之诉的，可以直接将未出资的股东和公司列为共同被告。即便无确切证据证明公司不再经营，工商登记信息亦显示公司仍为存续经营状态，但如果经司法强制执行程序债权仍未获得清偿，债权人也有权就股东出资义

①《民法典》第 538 条规定：“债务人以放弃其债权、放弃债权担保、无偿转让财产等方式无偿处分财产权益，或者恶意延长其到期债权的履行期限，影响债权人的债权实现的，债权人可以请求人民法院撤销债务人的行为。”

务另行提起诉讼，股东出资期限随之加速到期。

（二）公司章程未明确规定出资期限的情形

实践中，并非所有公司均在章程中明确具体的出资期限，有的仅笼统规定“经全体股东一致约定，股东认缴出资额由股东根据公司实际经营需要决定出资计划”。有观点认为，上述出资期限约定应视为约定不明，股东不能享有认缴出资的期限利益，应随时履行出资义务。因此，当公司财产不足以清偿生效法律文书所确定的债务时，债权人有权追加股东为被执行人并要求其在尚未出资本息范围内承担责任，或起诉股东要求其履行出资义务；公司也可随时要求股东履行出资义务，但应当给予必要的准备时间。也有观点认为，该出资期限约定属于附条件的约定，成就条件为公司作出股东会决议认定章程规定的“实际经营需要”已经形成，股东应当及时出资。

对于公司章程未明确规定股东出资期限情形下如何认定出资期限是否届满的问题，应区分股东之间就此发生争议和股东与债权人之间发生争议两种情况，分别考量不同的因素。当股东之间就股东出资期限发生争议时，可以综合以下因素予以认定：（1）除“经全体股东一致约定，股东认缴出资额由股东根据公司实际经营需要决定出资计划”的约定外，章程有无其他具有可操作性的认定规则。若有，则依具体操作执行。（2）有无形成股东会决议修改公司章程规定的出资期限，且实际经营公司的股东有无提供必要证据证明公司的实际经营情况，并与其他股东就出资期限进行协商。否则，可能会被认定为大股东利用控制地位形成不合理决议，滥用股东权利损害其他股东的利益，从而动摇股东会决议的效力。在上海市第二中级人民法院（2019）沪02民终8024号姚某城与鸿大（上海）投资管理有限公司、章某等公司决议纠纷一案中，法院认为，首先，股东的出资期限利益，是公司资本认缴制的核心要义，系公司各股东的法定权利，如允许公司股东会以多数决的方式决议修改出资期限，则占资本多数的股东可随时随意修改出资期限，从而剥夺其他中小股东的合法权益。其次，修改股东出资期限直接影响各股东的根本权利，其性质不同于公司增资、减资、解散等事项。后者决议事项一般与公司直接相关，但并不直接影响公司股东之固有权利。如增资过程中，不同意增资的股东，其已认缴或已实缴部分的权益并未改变，仅可能因增资而被稀释股份比例。而修改股东出资期限直接关系公司各股东的切身利益。如允许适用资本多数决，不同意提前出资的股东将可能因未提前出资而被剥夺或限制股东权益，直接影响股东根本利益。因此，修改股东出资期限不能简单等同于公司增资、减资、解散等事项，亦不能简单地适用资本多数决规则。最后，股东出资期限系公司设立或股东加入公司成为股东时，公司各股东之间形成的一致合意，股东按期出资虽系各股东对公司的义务，但本质上属于各股东之间的一致约定，而非公司经营管理事项。法律允许公司自治，但需以不侵犯他人合法权益为前提。公司经营过程中，如有法律规定的情形需要各股东提前出资或加速到期，系源于法律规定，而不能以资本多数决的方式，以多数股东意志变更各股东之间形成的一致意思表示。由此看来，通过修改公司章程以加速股东出资期限到期，不能简单适用资本多数决，除非公司章程对此有明确规定。

当公司债权人就股东出资期限发生争议时，结合下文关于“出资期限加速到期的认定”，考量因素包括：（1）是否存在加速出资期限届满的法定情形，如公司是否已经进入解散、破产程序；（2）是否存在《民商审判会议纪要》第6条规定的情形；（3）是否存在公司注册资本不高，但长期未实缴注册资本，涉嫌恶意逃避出资义务的情形；（4）是否有相反证据证明公司资产足以清偿债务或具有清偿能力，例如，公司资产负债表、审计报告、公司另案生效判决，证明公司对外享有确定债权，具备清偿能力。

二、关于出资期限加速到期认定问题

（一）争议：股东出资期限利益和债权人利益之平衡

2013年修正的《公司法》将注册资本修改为完全认缴制，据此股东依法享有期限利益。但是，无论理论研究还是司法实务，对于注册资本认缴制下公司无法履行到期债务时股东出资期限是否加速到期，即如何平衡股东出资期限利益和债权人利益，一直存在较大争议。在《民商审判会议纪要》出台前，与股东出资期限加速到期的相关法律规定仅有《企业破产法》第35条及《公司法司法解释（二）》第22条，股东出资期限加速到期似乎仅限于公司进入破产、解散程序这一特定条件。《民商审判会议纪要》第6条则对公司在非破产情形下的股东出资加速到期进行明确规定，使得实务操作有了更具体的依据。

观点一：允许非破产程序中股东出资有条件加速到期。该观点实质上侧重于保护债权人利益，理由主要包括：一是《公司法》第3条规定，公司以其全部财产对公司的债务承担责任；有限责任公司的股东以其认缴的出资额为限对公司承担责任；股份有限公司的股东以其认购的股份为限对公司承担责任。章程关于出资期限的规定不具有对抗法定义务的效力，也不能解释为公司债权人给予股东的出资宽限，股东出资义务法定性决定了公司在维持资本安全中的重要地位。[①] 二是公司与股东之间关于分期缴纳出资的安排，属于二者之间的内部关系，根据合同相对性原则，“合同严守”的边界不能及于公司外部债权人，即公司债权人不应受制于公司与股东之间的合同，否则构成合同自由的滥用。三是根据《最高人民法院关于民事执行中变更、追加当事人若干问题的规定》的规定，实际上允许在非破产的情形中要求股东出资加速到期。此外，从实践来看，如果股东出资不到位而公司偿债不能，债权人只能通过申请破产的途径请求股东出资，实际上加速了公司破产，违反公司维持原则，且一旦股东出资足以缓解公司债务危机，则此种情况下实际上催生了公司“假破产”。因此，从保护公司存续利益和股东长远利益来看，也应当戒除破产依赖，灵活安排公司法上之股东出资加速到期，以解决股东出资期限利益与债权人利益之间的平衡。四是股东认缴出资承担的是资本担保责任，即公司无力清偿到期债务时，股东应当在认缴范围内替代清偿。[②]

观点二：不允许非破产程序中股东出资加速到期。该观点实质上侧重于保护股东出资期限利益，理由主要包括：一是股东基于公司登记机关或者企业信用信息系统的公示，其在注册资本认缴制下依公司法规定而享有的期限利益，构成债权人合理信赖的重要内容。根据《企业信息公示暂行条例》第8条、第9条之规定，股东的出资额及出资时间应当进行公示，债权人可以根据上述公示信息，在综合考察公司责任能力的基础上决定是否与公司进行交易，但债权人一旦选择进行交易，表明其接受股东分期缴纳出资可能带来的商业风险，按照商业交易中风险自负原则，债权人应当受已经公示的股东出资时间的约束。此时，股东依据公司章程规定享有期限利益，不应要求其出资加速到期。二是应当合理平衡单个债权人与公司全体债权人的利益。《最高人民法院关于当前商事审判工作中的若干具体问题》中规定，在该类诉讼中，如果公司不能清偿单个债权人的到期债权，那么其往往也资不抵债，或者明显缺乏清偿能力，或者有丧失清偿能力可能，此时按照《企业破产法》第2条规定，公司已经符合破产条件，所以更应当保障全体债权人的利益；单个债权人的追及诉讼不符合《企业破产法》第31条、第32条规定的精神；债权人应当申请债务人破产，进入破产程序后再按照《企业破产法》第35条规定要求股东出资义务加速到期，并依法定顺位分配由此形成的破产财产，最终在真正意义上保护全体债权人利益。此时，法官应当向当事人释明，如债务人公司不能通过融资或其股东自行提前缴纳出资以清偿债务，债权人有权

---

① 参见朱慈蕴：《股东出资义务的性质与公司资本制度完善》，载《清华法学》2022年第2期。

② 参见朱锦清：《公司法学》，清华大学出版社2019年版，第67页。

启动破产程序，在破产程序中依据《企业破产法》第35条的规定要求股东出资义务加速到期，进而实现对全体债权人利益的一体公平保护。

（二）规制：现行法律规范之解读

《民商审判会议纪要》对上述争议作出了回应。首先，股东享有的期限利益是法定权利。《民商审判会议纪要》开宗明义强调了在注册资本认缴制下，股东依法享有期限利益。如果债权人以公司不能清偿到期债务为由，请求未届出资期限的股东在其未出资范围内对公司不能清偿的债务承担补充赔偿责任，法院不予支持。在此前提下，《民商审判会议纪要》第6条规定了两种非破产前提下股东出资加速到期的情形。

根据目前的法律、法规及司法解释的相关规定，股东出资义务加速到期主要分为以下类型：一是依据《企业破产法》第35条或《公司法司法解释（二）》第22条之规定，在破产程序或公司解散程序中股东出资加速到期；二是依据《民商审判会议纪要》第6条之规定，在非破产情形下的股东出资加速到期，具体包括"具备破产原因但不申请破产"和"无合理理由延长股东出资期限"两种情形。具体分析如下。

1. 破产、解散情形下股东出资加速到期

《企业破产法》第35条规定："人民法院受理破产申请后，债务人的出资人尚未完全履行出资义务的，管理人应当要求该出资人缴纳所认缴的出资，而不受出资期限的限制。"《公司法司法解释（二）》第22条第1款规定："公司解散时，股东尚未缴纳的出资均应作为清算财产。股东尚未缴纳的出资，包括到期应缴未缴的出资，以及依照公司法第二十六条和第八十条的规定分期缴纳尚未届满缴纳期限的出资。"因此，在公司破产和公司解散时适用股东出资加速到期。

2. 具备破产原因但不申请破产情形下股东出资加速到期

《民商审判会议纪要》第6条规定了公司非破产情形下的股东出资加速到期，即公司作为被执行人的案件，人民法院穷尽执行措施无财产可供执行，已具备破产原因，但不申请破产的。该情形实际上是公司在类似破产境况下的困境破除，依据《企业破产法》第2条、《最高人民法院关于适用〈中华人民共和国企业破产法〉若干问题的规定（一）》第1~2条、第4条规定，"具备破产原因"是指公司不能清偿到期债务，且资产不足以清偿全部债务或明显缺乏清偿能力。在无相反证据证明公司资产足以清偿债务或具有清偿能力，且债权人与公司均不申请破产的情况下，可以从以下几个方面审查认定公司已具备破产原因但不申请破产：

（1）公司资产不足以清偿全部债务，通常表现为：①公司存在一个或多个被执行案件，法院通过全国法院执行查控系统查明，被执行人无车辆、股权、银行存款以及房地产等可供执行的财产，申请执行人亦不能提供被执行人可供执行的财产线索，法院按照法定程序将被执行人列入失信被执行人名单或作出拘留、限制高消费决定，并依法裁定终结本次执行程序；②公司的资产负债表、审计报告或资产评估报告等显示其全部资产不足以偿付全部负债。

（2）公司明显缺乏清偿能力，通常表现为：①因资金严重不足或者财产不能变现等原因，无法清偿债务；②法定代表人下落不明且无其他人员负责管理财产，无法清偿债务；③经人民法院强制执行，无法清偿债务；④长期亏损且经营扭亏困难，无法清偿债务；⑤导致债务人丧失清偿能力的其他情形。

（3）公司处于停业状态，通常表现为：①公司已经停止经营；②公司被市场监督管理部门列为经营异常；③公司因行政处罚被吊销营业执照；④公司注册地址已由他人使用，且无其他具体经营地址及联系方式。

（4）股东失联且涉及大量诉讼，或股东因公司纠纷已被限制高消费。

（5）不申请破产。在债权人诉股东出资加速到期纠纷案件中，应询问双方当事人是否申请公司破产或公司是否已进入破产程序。如果在审理过程中，公司破产申请被受理，人民法院应当中止审理。如债务人被宣告破产，人民法院应当依照《企业破产法》第44条的规定判决驳回债权人的诉讼请求，但是债权人一审中变更诉讼请求为追收的相关财产归入债务人财产的除外。债权人相关诉讼请求被驳回后，可依照《企业破产法》第44条的规定行使权利。破产申请受理后，债权人就债务人财产向人民法院提起股东出资之诉的，人民法院不予受理。①

3. 无合理理由延长股东出资期限情形下股东出资加速到期

《民商审判会议纪要》第6条规定股东加速出资到期的另一种情形，即在公司债务产生后，公司股东（大）会决议或以其他方式延长股东出资期限。该情形本质上属于公司放弃即将到期的对股东的债权，损害了公司债权人的利益，公司债权人有权行使撤销权，并请求股东按原约定的出资期限履行出资义务。实践中应注意，债权人可申请撤销的延长出资期限决议是指“在公司债务产生后”，即公司及股东对于该债务是否存在应当是知晓的，债权人的

① 参见《最高人民法院关于适用〈中华人民共和国企业破产法〉若干问题的规定（二）》第21条、第23条。

胜诉判决只是法院判断债务是否真实存在的依据。[①]

值得探讨的是，当公司陷入经营困难，股东认缴出资期限可否加速到期？具体而言，就是公司尚未达到破产境况，但存在资金周转困难无法清偿到期债务。我们认为，股东出资期限应遵循章程规定，章程规定的出资期限未届满时，不能当然直接加速股东出资期限到期。对公司内部而言，仍应由股东根据投资意愿、经营计划等通过股东会对是否提前出资进行决议，此时应审查变更出资期限是否有正当理由（包括现实紧迫性和目的合理性）、表决方式是否符合公司法及公司章程的规定、是否给予股东合理的出资期限，以此审查决议是否为控股股东滥用控股地位而损害其他股东期限利益。但对外部债权人而言，认缴制下公司股东的出资义务只是暂缓缴纳，而不是永久免除。在公司经营发生重大变化时，股东认缴出资时作出相关承诺的背景、客观条件等已发生重大变化，足以改变相对人（债权人）预期，如果再僵化地坚持股东直至认缴期间届满时才负有出资义务，只会让注册资本认缴制成为个别股东逃避法律责任的借口。[②] 实践中的困境在于认定公司经营困难没有统一标准，为裁判统一之故，仍建议参照《民商审判会议纪要》第 6 条规定的具备破产原因而不申请破产的情形予以认定。

（三）关注:《公司法（修订草案）》之补位

《公司法（修订草案）》第 48 条规定：“公司不能清偿到期债务，且明显缺乏清偿能力的，公司或债权人有权要求已认缴出资但未届缴资期限的股东提前缴纳出资。”有别于《民商审判会议纪要》第 6 条规定，《公司法（修订草案）》规定的是未届缴资期限的股东提前缴纳出资，拓宽了现行法律制度下“股东出资期限加速到期”的解读空间。按照该规定，则当公司持续负债、丧

---

① 在上述情形之外，根据个案情况不同，即便公司章程规定的出资期限未届满，但如股东在公司年报等企业公示信息中表明已实缴注册资本，而实际上未缴纳，股东也可能被认定需要对公司债务承担出资责任。2023 年 1 月 19 日最高人民法院公布的 2022 年全国法院十大商事案件中，广东兴艺数字印刷股份有限公司诉张某某等股东瑕疵出资纠纷案便属于此例。在该案中，股东认缴出资未届期，却允许公司公示其已经实缴出资，则为平衡交易相对人的信赖利益，强化企业信用约束，维护企业信用信息公示制度的公信力，保护并促进交易，再审法院认定应以公示的出资日作为判断股东对债务人的债务承担补充赔偿责任的应缴出资日，相应的利息亦从公示的出资日开始计算。

② 参见上海市普陀区人民法院在（2014）普民二（商）初字第 5182 号上海香通国际贸易有限公司与上海昊跃投资管理有限公司、徐某松等股权转让纠纷一案一审民事判决书中的裁判说理。该案二审由上海市第二中级人民法院（2015）沪二中民四（商）终字第 1398 号民事裁定准许原审原告上海香通国际贸易有限公司撤回起诉、撤销一审判决。

失偿债能力、却又不想进入破产程序的情况下，可要求股东提前缴纳出资。[①]值得注意的是，《公司法（修订草案）》第48条规定的股东加速到期责任边界，应限缩在未实缴出资的本金范围内。此外，《公司法（修订草案）》第46条[②]还新增了公司资本催缴制度、股东经催缴仍未缴纳时的失权制度，即股东未按期足额缴纳出资，经公司催缴后在规定期限内仍未缴纳出资的，该股东丧失其未缴纳出资的股权。对于设置较长出资期限或延长出资期限以逃避出资责任的股东来说，该规定或将发挥监督股东出资以及约束董事、监事、高级管理人员履职的作用。

三、关于货币出资与其他债权债务关系的区分问题

由于现实情况的纷繁复杂及公司治理不规范等原因，实践中，许多股东投入公司的出资并没有严格进行验资（法定验资程序现已被取消）、出具出资证明书、办理工商变更登记等手续。当涉及纠纷时，股东向公司转账的款项能否认定为股东出资，抑或属于其他债权债务关系，对此存在较大争议。二

---

①《公司法（修订草案二次审议稿）》将加速出资条件从草案的“公司不能清偿到期债务，且明显缺乏清偿能力的”进一步放宽为“公司不能清偿到期债务”，明确有权要求股东加速出资的债权人为“已到期债权的债权人”。实际上强化了股东的出资责任，使股东认缴出资制度止步于公司不能清偿到期债务时，强化了对公司和债权人的保护，但加重了股东在公司短期周转困难时的出资责任（见二审稿第53条）。

②《公司法（修订草案）》第46条规定：“有限责任公司成立后，应当对股东的出资情况进行核查，发现股东未按期足额缴纳出资，或者作为出资的非货币财产的实际价额显著低于所认缴的出资额的，应当向该股东发出书面催缴书，催缴出资。公司依照前款规定催缴出资，可以载明缴纳出资的宽限期；宽限期自公司发出出资催缴书之日起，不得少于六十日。宽限期届满，股东仍未缴纳出资的，公司可以向该股东发出失权通知，通知应当以书面形式发出，自通知发出之日起，该股东丧失其未缴纳出资的股权。依照前款规定丧失的股权，公司应当在六个月内依法转让，或者相应减少注册资本并注销该股权。”《公司法（修订草案二次审议稿）》第51条规定：“有限责任公司成立后，董事会应当对股东的出资情况进行核查，发现股东未按期足额缴纳出资的，应当向该股东发出书面催缴书，催缴出资。公司依照前款规定催缴出资，可以载明缴纳出资的宽限期；宽限期自公司发出出资催缴书之日起，不得少于六十日。宽限期届满，股东仍未履行出资义务的，公司可以向该股东发出失权通知，通知应当以书面形式发出，自通知发出之日起，该股东丧失其未缴纳出资的股权。依照前款规定丧失的股权应当依法转让，或者相应减少注册资本并注销该股权；六个月内未转让或者注销的，由公司其他股东按照其出资比例足额缴纳相应出资。股东未按期足额缴纳出资，给公司造成损失的，应当承担赔偿责任。”

者如何区分，可以综合以下考量因素，根据公司法“双重标准、内外有别”原则，区分公司内部关系与外部关系，在个案中结合权利人的具体诉求进行分析和判断：

1. 工商登记信息、国家信用公示系统信息报告或公司章程记载的股东实缴出资情况。若是成立时间较早的公司，基于当时法定资本制的要求，该公司的工商内档资料会有验资证明、资产评估报告等材料，据此可以认定该公司已完成相应数额的实缴出资。而现阶段我国公司法实行的是认缴资本制，国家信用公示系统信息报告记载的实缴出资情况依赖于企业的申报，未经实际核实，在此情况下，若国家信用公示系统信息报告记载股东的实缴出资为零，如无相反证据反驳，可以认定该股东的实缴出资为零；若国家信用公示系统信息报告记载股东的实缴出资非零，在其他当事人提出异议时，该股东应进一步举证证明其出资情况。

2. 公司有无向股东签发出资证明书。实践中，大多数公司并未严格履行公司章程规定向股东签发出资证明书。

3. 公司财务报表、会计账簿对款项性质的记载。公司财务报表、会计账簿往往可以反映当事人真实的交易目的。例如，公司将收到的款项计入实收资本，而不是列入其他应付款中，且上述财务处理经过期末审计确认形成审计报告，对应的财务报表经股东会或董事会或企业负责人（视公司章程规定）决议或批准通过，则可以证明该笔款项属于股权投资而非其他往来款。

4. 出资款的具体支付情况，包括款项是否汇入公司账户，以及转账有无备注“股东出资”“股金”等。在公司设立阶段，股东将出资汇入发起人或其他股东账户可能性较大，公司设立后，若股东主张的出资系汇入非公司账户，则股东须对其主张的出资款进一步举证证明。

四、关于非货币出资的审查认定问题

股东出资形式分为货币出资和非货币出资，非货币出资的形式又包括实物、知识产权、土地使用权等。根据《公司法》第 27 条规定，非货币出资应遵循“可以用货币估价并可以依法转让”的原则。至于不得作为出资的财产，根据《市场主体登记条例》第 13 条第 2 款规定，主要是指劳务、信用、自然人姓名、商誉、特许经营权或者设定担保的财产。[①]

---

①《市场主体登记管理条例》第 13 条第 2 款规定，出资方式应当符合法律、行政法规的规定。公司股东、非公司企业法人出资人、农民专业合作社（联合社）成员不得以劳务、信用、自然人姓名、商誉、特许经营权或者设定担保的财产等作价出资。

（一）实务中常见的非货币形式出资财产类型

事实上，随着经济的发展，非货币出资的类型越来越丰富，已从价值明确且估值稳定的种类，如机器设备、房屋、交通工具、土地使用权等，逐渐向价值不稳定、估值波动幅度剧烈的种类扩张，如知识产权、股权、债权等权益资产。从立法修订的历程来看，我们对于出资形式也越来越持开放性态度。从现行法律规定以及实践来看，非货币形式出资的财产主要包括以下几种。

1. 实物出资

如机器设备、房屋、交通工具等。股东应将出资财产交付公司使用，能办理权属登记的还应办理相应的变更登记手续。

2. 土地使用权

严格来说，以出让方式取得的土地使用权可以作价出资，以划拨方式取得的土地使用权不得用于出资，但由于历史原因以及土地规划政策的变更，若原本规划为划拨用地的土地转变为出让土地，则可以出资。

3. 知识产权

一般来说，商标使用权、专利权均可作价出资，除非涉及特许经营权。此类财产出资，应遵循相关法律规定，签订许可使用合同、办理备案登记手续并缴纳相关税费等。

值得探讨的是，若股东以知识产权作价出资并办理了相关备案手续，几年后用以出资的知识产权被宣告无效，股东是否应补足出资。最高人民法院（2020）最高法民申4578号青海威德生物技术有限公司、北京威德生物科技有限公司增资纠纷再审审查与审判监督民事裁定认为：根据《公司法》第27条的规定，股东可以用知识产权等可以用货币估价并依法转让的非货币财产作价出资。对作为出资的非货币财产，应当评估作价，核实财产，不得高估或者低估作价。《公司法司法解释（三）》第15条亦规定，出资人以符合法定条件的非货币财产出资后，因市场变化或者其他客观因素导致出资财产贬值，该出资人不承担补足出资责任，除非当事人另有约定。本案中，北京威德公司于2010年委托北京大正评估公司对其所有的知识产权价值进行了评估，并据此增资入股至青海威德公司，双方未作其他约定。此后，青海威德公司召开股东会会议，决议同意北京威德公司以知识产权作价1300万元入股青海威德公司，并履行了股东变更工商登记手续。上述事实表明，北京威德公司的出资严格遵循了《公司法》对知识产权出资的要求，虽然几年后用以出资的专利和商标被宣告无效，但青海威德公司未能提交证据证明本案评估存在违法情形或者北京威德公司在评估时存在违法情形，现以案涉两项知识产权被确认无效为由，要求北京威德公司承担补足出资和赔偿损失的责任，缺乏事实和法律依据。最高人民法院还认为，根据《商标法》第 47 条和《专利法》第 47 条的规定，注册商标或者专利被宣布无效，对宣告无效前已经履行的商标或者专利转让不具有追溯力，除非证明权利人存在主观恶意。本案的被投资人青海威德公司向北京大正评估公司提供了资产权属、生产经营管理、财务会计等评估资料。正是在这些资料的基础上，北京大正评估公司将北京威德公司的知识产权估价为 1300 万元，故青海威德公司对评估具有足够的控制力和识别力。同时，168 号评估报告对两项知识产权的价值及其假设条件进行了明确清晰的表述，青海威德公司股东会决议同意北京威德公司以 168 号评估报告确定的价值增资入股，即表明对 168 号评估报告的全面认可，亦包含对报告中假设条件的认可。青海威德公司未能提交证据证明北京威德公司在申请专利和商标时，以及向该公司股东会提交 168 号评估报告时存在故意隐瞒相关情况等主观恶意行为。最高人民法院据此认定青海威德公司未能证明北京威德公司存在明知其知识产权会被宣告无效的恶意情形，故该公司关于北京威德公司存在主观恶意的主张缺乏事实依据，故而认定北京威德公司增资到位，判决驳回青海威德公司的诉讼请求。该案例对于股东以知识产权作价出资，在知识产权被宣告无效时，股东应否补足出资做了详细阐述，可供实务参考。

4. 股权

以股权出资，须满足以下条件：（1）出资的股权由出资人合法持有并依法可以转让；（2）出资的股权无权利瑕疵或者权利负担；（3）出资人已履行相关股权转让的法定手续；（4）出资的股权已依法进行了价值评估。以股权出资，形成事实上的股权转移，即由原公司股东将其股权转让给投资的公司，从这个角度来看，股权出资须符合股权转让的有关规定[①]，包括股权转让不受原公司章程限制、已获得原公司股东过半数同意、在同等条件下原公司股东不行使优先购买权。

5. 债权

以债权出资，可分为以对公司的债权出资和以对第三人的债权出资。前者即债权转股权，俗称“债转股”，是指公司的债权人将其对公司享有的债权转为对公司的股权，从而以代替股东出资的方式实现债权债务的消灭。以债权出资，现行公司法并未明确规定其效力，但司法解释等相关文件均赋予其合法性。《最高人民法院关于审理与企业改制相关的民事纠纷案件若干问题的

① 相关法条包括《公司法》第 71 条、第 139 条、第 141 条，《证券法》第 38 条、第 45 条、第 47 条。

规定》（2020年修正）第14条[①]肯定了债转股协议的效力。债转股作为股东出资形式已经具备合法性的基础。以债权出资，一是重点审查债权的真实性，法定验资程序被取消后，应侧重审查债权人与债务人之间的关系、债权标的、往来凭证以及公司账簿，综合认定债权出资的真实性；二是审查该债权是否经过法定程序即股东会决议确认，如果诉讼中其他股东同意债转股，可参照《公司法》第16条关于其他股东表决权过半数的程序规定，原则上认定有效。同时，增资型债转股由于涉及增加公司注册资本、修改公司章程，应召开股东会决议并经过代表三分之二以上表决权的股东通过，且应及时向工商部门办理变更登记手续，从而对外产生法律效力。若债转股行为经认定为真实、合法、有效，应认定股东履行了出资义务，债权人不得要求股东承担补充清偿责任。[②]此外，出资债权应符合债权真实、数额确定的要求。

对于以对第三人享有的债权出资，并不在上述司法文件肯定的债权出资之列。如《北京市工商行政管理局公司债权转股权登记管理试行办法答记者问》中提到《公司债权转股权登记管理办法》暂不允许第三方债权出资的原因：股东对公司的出资涉及两个关键问题：一是对被投资公司而言，股东的出资能否实际到位，确保公司资本充实；二是对被投资公司的债权人和交易对象而言，该项出资能否对公司的债务承担责任，在清偿公司到期债务方面是否存在障碍。如允许将第三方债权作为出资，第三方债务人的偿债能力、偿债意愿和其他不可知的因素会使公司资本充实原则难以有效维护，公司债权人利益难以切实保证。上述相关规定可作为我们认定股东债权出资效力的参考，即对公司债权原则上可用于出资，重点在于审查债权真实性和出资的程序合法性；对第三人债权原则上不可用于出资，但流通的非记名公司债券或用以出资的债权在一审庭审终结前已经实现的例外。综上，债权出资效力根本审查原则仍在于该出资是否符合“可货币估价”及“可依法转让”两个原则，在可依法转让之外根据债权特点进一步要求债权出资要素能够实际为公司所用。

实践中，中小企业中常见部分股东约定以其所谓的“社会资源”“独特技术”等非实物、非标准化的方式出资，该出资方式与《公司法》第27条关于非货币出资应遵循“可以用货币估价并可以依法转让”的原则相冲突。该类

---

①《最高人民法院关于审理与企业改制相关的民事纠纷案件若干问题的规定》第14条规定：“债权人与债务人自愿达成债权转股权协议，且不违反法律和行政法规强制性规定的，人民法院在审理相关的民事纠纷案件中，应当确认债权转股权协议有效。政策性债权转股权，按照国务院有关部门的规定处理。”

② 参见张勤、钱茜：《真实的债转股可认定为出资》，载《人民司法》2021年第2期。

出资形式由于不符合《公司法》的规定，往往无法在工商部门满足公司章程备案的要求，故仅能通过股东间协议对其出资形式和对应股权进行详细约定。此种情形下，股东出资虽然违反章程规定，但未违反股东间协议约定，应根据公司法“双重标准、内外有别”原则，区分公司内部关系与外部关系，分别适用实质要件与形式要件。当公司内部之间发生争议时，以实质要件为主进行认定，即审查股东出资义务的依据是股东间协议抑或公司章程，若为股东间协议，则进一步审查出资股东是否按照协议约定提供了所谓的“独特技术”等，以此认定其是否履行了出资义务；同理，若为公司章程，则审查出资股东是否按照章程规定履行了出资义务。也就是说，股东间协议真实有效的，处理股东间纠纷时应当以股东间协议约定为准进行裁判。当发生公司外部争议时，则以形式要件为主进行认定，即审查出资股东是否按照章程规定履行出资义务，股东之间关于实际出资义务的约定不得对抗公司外部第三人。

（二）非货币出资的瑕疵认定

股东以非货币形式出资的，出资财产应评估作价，股东应将出资财产交付公司使用，需办理权属登记的，还应办理相应的变更登记手续。否则，可能构成瑕疵出资。

1. 是否交付使用及办理过户

若股东已将非货币出资财产交付公司使用，能办理权属变更登记手续但未办理，经法院责令当事人在合理期限内办理变更手续仍未办理，该行为构成瑕疵出资。若股东已将非货币出资财产权属变更登记至公司名下，但未实际交付使用，该行为亦构成瑕疵出资。兼而有之的，构成瑕疵出资。

2. 是否经过评估作价

股东以非货币财产出资的，应评估作价。未依法评估作价，公司、其他股东或公司债权人请求认定出资人未履行出资义务的，法院应当委托有合法资格的评估机构对该财产评估作价。评估确定的价额显著低于公司章程所定价额的，则该行为构成瑕疵出资。此处强调“显著低于”，是由于非货币财产可能因市场变化或其他客观因素导致贬值，评估确定的价额作为股东是否足额出资的参考依据，还应充分考虑出资当时的市场环境、股东对于该出资财产的价值期待及其他因素等。若评估确定的价额并没有显著低于公司章程所定价额，则不应认定出资瑕疵。

3. 是否设定权利负担

股东以设定权利负担的财产出资的，例如设立了居住权的房屋、设立了抵押权的出让土地，或者以划拨的土地使用权出资，法院应当责令当事人在指定的合理期间内解除权利负担或者办理土地变更手续，逾期未解除或者未办理的，构成瑕疵出资。

4. 是否享有处分权

无论出资人以什么形式向公司出资，须以其对出资财产享有处分权为前提。实践中，出资人常因各种原因未经财产所有权人或权利人同意将其本无处分权的财产进行出资，侵害财产所有权人或权利人的合法权益。在此情形下，应参照《民法典》第311条的规定，认定公司取得出资财产是否构成善意取得，进而认定股东出资是否构成瑕疵出资。出资人以不享有处分权的他人财产出资，公司善意取得该财产的所有权须具备以下条件：（1）公司是善意的，即公司受让该财产时不知道也不可能知道出资人不享有处分权；（2）出资财产的转让价格合理；（3）出资财产依照法律规定应当登记的已登记在公司名下，不需要登记的已交付公司占有使用。若不符合上述条件，财产的实际权利人有权主张取回该出资财产，则出资股东的行为构成出资瑕疵。

五、关于公司章程与股东间协议存在冲突时股东出资责任认定问题

《公司法》在对股东出资作出明确规定的同时，并未规定股东必须按出资比例持有股权。根据《公司法》第34条、第42条的规定，有限责任公司的股东可以对股权如何行使作出约定，不必按出资比例行使股权。例如，股东间协议约定一方股东以技术出资，该技术出资股东所持股份对应的注册资本本金由控股股东以货币方式替代缴纳，以符合《公司法》对出资形式的规定和设立登记的要求，该约定系股东内部对于实际出资金额与占股比例所作的约定，不因为违反《公司法》关于出资形式的禁止性规定而无效。但由此可能导致公司章程和股东间协议对于股东出资责任约定不一致的情况发生。当涉及纠纷时，二者应以哪个作为认定股东出资责任的依据，往往产生争议。

一种观点认为，公司章程具有公示效力，股东的出资责任一经章程记载，并在工商管理部门备案，即转化为公司的自治文件及对外公示的信息，因此，当公司章程与股东间协议存在冲突时，章程规定优先。

另一种观点认为，根据公司法“双重标准，内外有别”的原则，应区分公司内部关系与外部关系。若是外部关系，即因股东出资责任涉及公司外部第三人的纠纷，此时应遵循商事外观主义原则，一般以公司章程的规定作为首要解释顺序；若是对内关系，即股东之间的纠纷，关于二者的解释顺序，有约定则从约定，没有约定则以签署生效时间在后的文件为准。也就是说，股东间协议真实有效的，处理股东间纠纷时应当以股东之间的协议约定为

依据。

经对比分析，我们认为，公司纠纷审理过程中应遵循的重要理念是“双重标准，内外有别”原则，公司外部第三人无法加入公司章程的协商，亦无法得知股东在章程之外存在其他真实意思表示，根据合同相对性原则，即便股东间存在与公司章程不一致的约定，该约定对公司外部第三人也不具有约束力，第三人仅能依公司章程判断公司关于股东出资的规定，因此对外应优先适用公司章程的规定。就公司内部而言，由于公司章程形成于股东意思自治，对内部的效力相当于股东之间的约定，如果股东之间关于出资安排有其他约定，则应考察二者形成的时间先后、是否经全体股东一致同意变更了公司章程规定以及股东间是否约定适用的优先顺序等因素，确定股东间的真实意思表示，进而作为裁判依据。以上思路也符合近三年股东出资纠纷案件相关裁判思路。

六、关于抽逃出资的界定问题

股东出资后，该出资即属于公司财产而不得抽回，但实践中股东缴纳出资后以各种方式或借口抽回出资的现象较为普遍，严重损害了公司、其他股东以及公司债权人的利益。股东抽逃出资的形式多种多样，且具有隐蔽性，常常以合法形式掩盖非法目的，如何认定是审判实务中的难点。

（一）以利润分配名义抽逃出资的界定

抽逃出资常常通过财务漏洞或者财务造假进行，表现为制作虚假财务会计报表虚增利润进行分配。其表面是一种利润分配，但由于是虚增利润，故应审查公司的真实盈利情况，以及利润分配是否经过股东会决议并先行弥补了亏损等。出资人否认存在抽逃出资情形的，应当对公司分配利润的合法性承担举证责任。

（二）以虚假债权债务关系名义抽逃出资的界定

1. 以虚假债权债务关系将股东出资转出。最常见的情形是以股东向公司借款的名义，区分真实借款关系还是以借款之名抽逃出资，可以综合考虑以下因素：借款金额是否达到出资数额的全部或大部分比例；借款行为与股东出资时间的间隔情况，是否在出资当天或出资不久就发生借款行为；有无约定借款利息，以及实际归还利息的情况；有无约定合理的借款偿还期限；有无约定借款担保；借款是否经过公司股东会或董事会决议；借款主体是否为公司的控制股东或管理股东；公司会计账册是否将该笔借款计入应收账款。

2. 其他虚假债权债务关系，诸如虚构货物买卖合同关系，或以代偿公司债务、抵销公司债务名义。区分二者的关键在于审查债权债务的真实性，具体可参照“关联交易”的认定规则进行判断。

（三）以关联交易名义抽逃出资的界定

《公司法》第216条第4项规定：“关联关系，是指公司控股股东、实际控制人、董事、监事、高级管理人员与其直接或者间接控制的企业之间的关系，以及可能导致公司利益转移的其他关系。但是，国家控股的企业之间不仅因为同受国家控股而具有关联关系。”因此，关联交易是指关联企业或关联方之间的交易行为。关联交易并非法律绝对禁止，经由公司决议进行的关联交易具有节约交易成本、提高管理效率的功效。但当关联交易被作为转出股东出资的幌子时，则损害了公司、其他股东、债权人的利益。该情形下，应审查关联交易的真实性和合理性，具体包括资金用途是购买机器设备等实物还是项目投资，如系购买实物，应审查实物是否交付公司生产经营使用；如系项目投资，则应审查项目进展以及公司作为投资方是否获利等。

（四）其他未经法定程序将出资抽回的行为

此为兜底条款，应结合抽逃出资的实质要件予以认定。实务中，未依照法定条件和程序将公司资本抽回的行为，应认定为变相抽逃出资。现实中，抽逃出资行为五花八门，除了以上述三种典型方式抽逃出资之外，还存在以其他方式抽逃出资的现象，因此有必要设立兜底条款予以规制。实践中，常见采用垫资资金验资后转出、无财务记载的任意转出、转出至指定第三人账户后多道转账等情形，上述资金流动属于抽逃出资还是正常交易往来，给司法认定带来一定难度。一般认为，股东对出资转入公司账户后短时间内发生数额相当的资金转出行为负有解释说明义务，如股东未能合理说明并提供证据佐证，应认定为抽逃出资。

七、关于特定身份人员之外的第三人协助股东抽逃出资的责任认定

第三人垫资供股东进行验资、在验资后转回资金，或者第三人出借其账户接收股东抽逃出资款项，甚至虚构债权债务关系掩盖抽逃出资事实，上述法律规定的特定身份以外的人员应否对抽逃出资股东依法向公司或债权人承担的债务负连带责任，实践中存在不同观点。公司或债权人为最大限度保护其权利，倾向于将所有协助抽逃出资人员列为被告，要求其为抽逃出资股东承担连带责任。例如，B为A提供验资过桥资金，A将该资金作为出资，验资后即转回至B，或者B与A虚构合同关系，将A的出资作为公司货款向B

支付，但B不属于司法解释规定的特定身份人员，B是否对A抽逃出资行为承担连带责任？

不支持第三人承担责任的观点认为，《公司法司法解释（三）》第14条并未明确规定特定身份人员以外的第三人应对股东抽逃出资行为承担连带责任。相较于《民法典》关于侵权行为的责任承担规定，公司法上的侵权行为责任承担属于特别法，根据特别法优于一般法的法律适用原则，在有特别法规定的情况下，应优先适用特别法规定，如果仅仅依共同侵权规则判定B承担责任，似乎突破了特别法之规定，有向一般法逃逸之嫌。

支持第三人承担责任的观点认为，抽逃出资行为本质上是一种侵权行为，损害了公司及债权人的利益，如多人共同实施抽逃行为，则构成《民法典》第1168条规定的共同侵权行为或《民法典》第1169条规定的帮助他人实施侵权行为的情形，两者均应对侵权行为承担连带责任。原《公司法司法解释（三）》（法释〔2011〕3号）第15条规定："第三人代垫资金协助发起人设立公司，双方明确约定在公司验资后或者在公司成立后将该发起人的出资抽回以偿还该第三人，发起人依照前述约定抽回出资偿还第三人后又不能补足出资，相关权利人请求第三人连带承担发起人因抽回出资而产生的相应责任的，人民法院应予支持。"据此，原《公司法司法解释（三）》对以过桥资金验资形式抽逃出资中代垫资金的第三人责任作出了明确规定。虽然自2014年3月1日起施行的《最高人民法院关于适用〈中华人民共和国公司法〉若干问题的规定的决定》中明确将上述司法解释的规定予以删除，但该条规定被删除是因为从2014年3月1日起新设公司登记时已实行注册资本认缴制，并不意味着在此之前存在上述司法解释规定情形的第三人无需承担相应法律责任。因为公司是依法成立的具有独立民事主体地位的企业法人，股东出资后，出资财产即脱离了原出资股东而归入公司财产范围。如果第三人代垫、提供资金，并在登记后抽回出资，或者第三人存在其他协助股东抽回出资行为的，该第三人的行为在一定程度上就是协助股东侵害公司财产权，在公司不能对外清偿债务的情形下，即构成对债权人债权的损害，故该第三人应承担相应的民事责任。

我们认为，支持第三人承担责任的观点更为合理。除代垫资金第三人之外，还存在其他协助抽逃出资的第三人，如协助操作资金转出、提供账户接收资金并再行转账的第三人等，是否也应依共同侵权规定承担连带责任？根据最高人民法院（2017）最高法民申4642号再审审查民事裁定的观点，在原《公司法司法解释（三）》第15条已被删除的情况下，仍然可以按照共同侵权规则判令协助抽逃的第三人承担责任，推此及彼，代垫资金之外的其他协助抽逃出资第三人与抽逃出资股东构成共同侵权的，也应承担连带责任。

如何判断第三人是否与抽逃出资股东构成共同侵权？依共同侵权理论，仍应从双方有无共同故意、是否共同实施了侵害行为、其行为是否对他人造成了损害以及损害与其行为之间是否存在因果关系等侵权责任要件进行审查。具体到抽逃出资行为中，应重点考察第三人是否对股东抽逃出资的行为应知或明知，例如，作为抽逃出资款项接收人对接收款项及将款项转回指定账户是否能够作出合理解释；是否为股东抽逃出资提供了有意识的"协助"等。但此处应特别注意区别公司一般工作人员系根据公司经营者、管理者指示履行职务还是有意协助抽逃出资，如系公司一般工作人员受指示履行职务而为，此时其并不具有操控公司事务的权力与意志，不宜判令其承担责任，以免造成责任主体的不当扩大。

八、关于抽逃出资中特定身份人员的追偿权问题

《公司法司法解释（三）》第14条规定，股东抽逃出资，公司或者其他股东请求其向公司返还出资本息、协助抽逃出资的其他股东、董事、高级管理人员或者实际控制人对此承担连带责任的，人民法院应予支持。该条款并未规定协助抽逃出资的其他股东、董事、高级管理人员或者实际控制人（特定身份人员）承担责任后，可以向被告股东追偿。而《公司法司法解释（三）》第13条第3款、第4款则明确规定公司发起人或公司的董事、高级管理人员为被告股东承担连带责任后，可以向股东追偿，说明该连带责任为不真正连带责任，未履行或未全面履行出资义务的股东为股东出资责任的终局承担者。两个条文前后相邻，但对于追偿权的规定截然不同。

我们认为，《公司法司法解释（三）》第14条关于追偿权之有无虽与《公司法司法解释（三）》第13条存在不同，但并不必然完全否定特定身份人员对抽逃出资股东享有追偿权。二者相较，在股东未履行或未全面履行出资义务或增资的情况下，公司发起人及公司的董事、高级管理人员当然享有对被告股东的追偿权，而特定身份人员无法直接依《公司法司法解释（三）》第14条进行追偿。但法律和司法解释并未明确否定其承担连带责任后对抽逃出资股东享有的诉权，至于其追偿请求是否应当支持，则应依共同侵权规则有关内部侵权责任人责任分担的规定，视其与被告股东之间的关系、抽逃资金的实际流向以及抽逃行为过程中双方意思联络情况等，对抽逃出资的责任进行内部划分，从而确定责任的终局承担者。

九、关于股权已转让股东对公司债务的责任承担问题

股东在出资期限届满前转让股权，对于转让股东还是受让股东为出资义务人，司法实践中争议不断。①

第一种观点认为，应由转让股东（原股东）出资。理由是，股东在出资期限届满前转让股权，仅是让渡了股东权利，履行出资义务的合同主体不会当然随着股权转让而转移。当股东出资责任加速到期之时，没有履行出资义务的转让股东不能免除其出资义务。股东行使期限利益不得动摇法定公司资本充实基础，不得损害公司债权人合法利益。未届认缴期限转让股权，在受让人未履行出资义务时，转让股东仍须承担出资责任，以股权转让方式逃避出资的股东不免除其出资义务。

第二种观点认为，应由受让股东（现股东）出资。理由是：第一，出资义务由行使股权的现股东承担，系公司法出资主体的默认规则；第二，股权系公司制度之核心，新旧股东之间权利让渡即便有私法自治的属性，涉及合同对公司制度的嵌入，但应受公司制度规制。②

从立法本意看，第二种观点更符合认缴资本制及《公司法司法解释（三）》第18条规定的精神。在认缴期限届满前，股东对认缴的出资享有期限利益。股东在认缴期限届满前未缴纳或未完全缴纳出资的，不属于《公司法司法解释（三）》第13条第2款和第18条第1款规定的"未履行或者未完全履行出资义务"情形。股权转让时，转让股东的认缴期限尚未届满，也不具有出资加速到期情形或逃废债等恶意，公司亦为其办理了股权变更登记，应认为其基于股东身份享有的权利义务已通过股权转让方式概括转移给受让股东。股权转让后，股东权利由受让股东享有，股东义务亦随之由受让股东承担。因此，通常情况下，在认缴期限届满前已转让股权的股东无需对公司不

---

① 一审稿第89条第1款规定，股东转让已认缴出资但未届缴资期限的股权的，由受让人承担缴纳该出资的义务。《公司法（修订草案二次审议稿）》第88条第1款规定，股东转让已认缴出资但未届缴资期限的股权的，由受让人承担缴纳该出资的义务；受让人未按期足额缴纳出资的，出让人对受让人未按期缴纳的出资承担补充责任。二审稿规定在未届出资期限情形下转让股权的，如受让人未按期足额缴纳出资，出让人仍需承担补充责任，加重了股东转让股权后的出资担保义务，意在鼓励股东实缴出资，但这或将在一定程度上限制股权交易自由、限制投资者退出，基于股权转让产生的出让人对受让人出资义务的补充责任亦缺乏学理上的依据。该款最终审议结果如何值得关注。

② 参见陈克：《未届出资期限股权转让后的出资义务人是谁？》，载微信公众号"天同诉讼圈"2021年10月12日。

能清偿的债务承担补充赔偿责任。但是，如果股东转让股权时认缴期限已经届满或已具备加速到期情形，则转让股东应对公司不能清偿的债务承担补充赔偿责任。归纳起来，转让股东应承担责任的例外情形包括：

1. 股东滥用公司法人独立地位和股东有限责任，转让股权存在逃避公司债务的恶意。认定转让股东是否滥用公司法人独立地位和股东有限责任，可结合公司是否为一人有限公司、股东财产与公司财产是否混同予以判断。认定转让股东是否存在恶意，可结合转让股权时债务是否已经产生、公司是否已停止经营、是否出资期限届满后再延长出资期限、受让股东是否年老或明显不具备偿债能力、转让股东与受让股东之间是否存在亲戚关系、股权对价是否合理、是否存在转让股权后仍由原股东行使股东权利经营公司等，综合予以判断。

2. 符合股东出资期限加速到期的情形。例如，转让股权时公司已进入解散、破产程序，公司具备破产原因但不申请破产，无合理理由延长出资期限等。

十、关于隐名股东与显名股东在股东出资纠纷中的责任区分问题

股东出资纠纷涉及隐名股东与显名股东出资责任问题时，总体而言，应区别对待，坚持“双重标准，内外有别”的原则。

1. 若是对外产生纠纷，即因股东出资责任涉及公司外部第三人利益，此时应遵循商事外观主义原则和公示原则，即依据工商登记、股东名册、公司章程等形式材料来认定股东资格，以确定股东出资责任。对于公司债权人而言，显名股东才是股东，即便公司债权人知道或应当知道名义股东仅是“显名”，此时仍应遵循形式特征优于实质特征的原则，以维护公司法律关系的稳定，便于公司社团性事务的处理。

2. 若是对内产生纠纷，即股东内部（隐名股东与其他股东之间）、隐名股东与公司之间发生纠纷，此时则需根据当事人主体具体实施民事法律行为的真实意思，并结合股东应具有的实质要件进行审查，包括是否有成为公司股东的真实意思表示、是否出资、是否获得公司其他股东过半数同意、是否实际享有资产收益、参与重大决策和选择管理者等股东权利等因素综合判断。具体而言，应当区分不同情况分别处理：

（1）显名股东与隐名股东之间的出资纠纷，应遵循私法自治原则。实践中，显名股东与隐名股东之间会签订协议约定“名实出资”。在双方协议不存

在违反法律法规强制性规定的情况下，应依双方当事人的真实意思调整二者之间的权利义务关系。

（2）隐名股东与其他股东或者公司发生纠纷情况下。首先，如果公司及公司的其他股东知道或者应当知道隐名股东的存在，且隐名股东实际上也一直参与公司的经营管理，并已实际以股东身份行使股东权利，在隐名股东与其他股东或者公司之间的权益纠纷中，应认定其他股东或者公司对隐名股东的实际投资人身份已予认可，在法律关系中应确认隐名股东的实际股东资格，以保护其应享有的股东权益。其次，如果隐名股东仅仅出资，但根本不尽股东义务，不享有股东权益，而是由显名股东实际行使和操纵隐名股东的出资所拥有的股东权益，公司及其他股东对隐名股东存在的事实亦不知情，应认定隐名股东在公司内部不具有股东的法律地位。在此情形下，在处理隐名股东与显名股东之间的法律关系时，应按照合同等一般民事关系处理。① 此外，有限责任公司的隐名股东要转化为显名股东，须符合《公司法》第71条规定，经过其他股东过半数同意，才能办理相应变更手续。②

十一、关于虚假出资股东对公司债务承担补充清偿责任后，能否向其他虚假出资股东追偿问题

第一，股东认缴出资后，该出资的财产权属于公司，股东虚假出资实质上是侵犯了公司的财产权。虚假出资股东在虚假出资本息范围内承担补充赔偿责任，将其本应向公司出资以构成公司责任财产却并未实际向公司履行的出资用来对外偿还公司债务，虚假出资股东并无损害。从这个角度来说，虚假出资股东在其虚假出资范围内承担责任后，并不存在向谁追偿的问题。第二，围绕公司，可能产生公司与债权人、公司与股东、股东与股东、股东与公司债权人等诸多法律关系。前述虚假出资股东对公司债务承担补充清偿责任，则属于股东与公司债权人之间的外部关系，这种责任并非直接的损害赔偿责任，而是一种非终局性的补充赔偿责任。即便生效法律文书认定各个股东分别在各自虚假出资的范围内承担补充赔偿责任，未言明按虚假出资的比例，但对于股东之间的内部法律关系而言，应以行为之可归属性和持股比例等确定最终责任的分担。从这个角度来说，股东对外承担责任后可在股东内

① 参见吴庆宝主编：《最高人民法院专家法官阐释民商裁判疑难问题·公司裁判指导卷》，中国法制出版社2011年版，第41页。

② 参见徐胜强编著：《最高人民法院公司法司法解释精释精解》，中国法制出版社2019年版，第375页。

部追偿。若各股东虚假出资的责任基础是共同的，一方承担全部或大部分损害赔偿责任，必然导致与其他股东之间权益失衡，若不允许承担全部或大部分损失的股东向共同实施虚假出资行为的股东追偿，将使得各方之间因虚假出资行为而导致的利益失衡无法寻求其他法律救济。因此，对内部关系而言，各方应按查明的虚假出资比例承担损失数额，方符合共同实施行为共同承担责任的原则。此外，允许虚假出资股东之间的内部追偿，前提是公司实际上已注销登记或停止经营时间较长，即从常理推断公司已无恢复生产经营之可能，且其他股东未能证明公司存在除前述债务之外的其他对外债务，也未能证明其他股东对公司的对外债务在各自虚假出资范围内承担了补充赔偿责任。否则，如果公司正常存续，向债权人承担虚假出资补充赔偿责任的股东应依照《公司法》第28条第2款规定行使权利，而非直接向其他虚假出资股东追偿。

十二、关于借名股东与被冒名股东的责任区分问题

实践中，冒用他人名义出资，并将他人作为股东在公司登记机关登记的情形常常发生。这与实际投资人借用他人名义进行出资，属于不同的法律关系。借名出资通常是出于规避法律法规的限制性规定或隐瞒财产等情况考虑，借名人与被借名人之间存在“借用名称”的合意。

被借名人（名义股东、挂名股东）没有成为公司股东的意思表示，工商登记、公司章程虽记载其为股东，但实际上其既不出资，也不参与公司管理，有股东之“名”、无股东之“实”。当借名人与被借名人之间发生内部纠纷时，调整双方权利义务关系的依据是双方的借名协议，但借名协议因违反法律法规的强制性规定而无效的除外。当涉及外部纠纷时，被借名人是以法律意义上的股东身份出现的，处于交易关系中的第三人无从探求公司背后的真实情况，为保护交易安全，被借名人对此应承担股东所应承担的法律责任。被借名人虽不是实际股东，但其愿意以自己的名义登记成为股东，意味着其知道或应当知道相应的法律风险，当公司出现资不抵债时，其不得以与借名人之间的私下协议对抗善意第三人。而其承担出资瑕疵的补充赔偿责任后，也可以依据其与借名股东之间的法律关系主张损失赔偿。

有别于此，被冒名股东无成立公司、参与公司管理的意思表示，也无“出借名义”之意。本质上，被冒名股东自身的合法权益已因他人冒名的侵权行为受到侵害，故其无须对公司不能清偿的债务承担赔偿责任。涉及纠纷时，被冒名股东须举证证明自己确系被他人冒名且无过失，实务中可结合被冒名者有无在公司任职、有无签署公司章程、有无认缴出资、有无代表公司对外

签订合同、有无实际行使股东权利等情节进行认定。

十三、关于股东出资义务的范围是否及于股权溢价款的问题

《公司法》第 3 条第 2 款规定："有限责任公司的股东以其认缴的出资额为限对公司承担责任；股份有限公司的股东以其认购的股份为限对公司承担责任。"从文义解释来看，公司法对股东出资义务范围的规定似乎限于出资额。但从公司实际运行情况来看，存在公司股权溢价认购或发行的情况，此种情形，在会计科目处理上，通常将与注册资本相等部分的款项列入公司股本，而将溢价部分列入公司资本公积金。由于公司资产处于变动过程中，公司增资时，其净资产与注册资本偏离的情形十分常见，因此增资股权对价存在溢价的情况更为常见。由此引发的问题有：公司可以根据新增资本认购合同请求增资股东向公司给付约定的出资价款（增资股权对价），但其他股东与增资股东没有合同基础，可否请求增资股东向公司给付增资认购合同中约定的出资价款？未列为注册资本的股权溢价没有公示，公司债权人可否请求增资股东在出资价款范围内承担补充赔偿责任？如何认定增资股东是否完全履行了其增资义务？计入资本公积金部分的出资或增资价款在性质上是否属于股东的出资义务？是否适用诉讼时效的规定？股东可否抽回？

理论界对此意见并不一致。以股东投资计入注册资本或资本公积金为区分，学术上的观点大致可分为以下两种：一是资本公积金与注册资本性质上均属于股东出资，一元化地适用股东出资法律规制，包括公司及股东对投资协议约定的资本公积金享有出资缴付请求权，该请求权不受诉讼时效限制，股东交付资本公积金后不得抽回等；二是资本公积金与注册资本性质上并不相同，应当二元化地适用不同法律规制。资本公积金不具有股东出资的法定性，而是基于投资协议产生的合同义务，仅具有合同上的约定性，由合同主体行使合同请求权，适用诉讼时效限制，在合同解除或终止等场合可以取回等。

第一种观点的主要理由在于，初始股东与增资股东约定以溢价方式认购股权并将溢价部分计入资本公积金，本质上其投入均是股东获取股权的对价，也是公司原始资本的重要来源和获取法律上独立人格的依据，股东出资义务法定性是出于公司组织法逻辑下的资本充实需求，股东对计入注册资本和资本公积金部分的投入并不应该因会计科目记载的不同而有所不同；资本本无差别，股东投入只要是作为股东权益部分，而不是作为借入资本，就具有资

本性，如果对二者适用二元化的规制机制，实践中由于财务记载的不规范，当事人可能对投入资金性质属于注册资本还是资本公积产生争议，从而导致法律适用的混乱，产生已投入资本公积金的股东主张物上返还请求权等问题。第二种观点的主要理由在于，《公司法司法解释（三）》第19条规定不受诉讼时效规制的对象实际上针对的是进入注册资本的出资，未涉及进入资本公积的资本，不应任意扩大解释至投资协议约定应投入至资本公积的资本；资本公积金未经工商登记作为注册资本公示，客观上不产生公司对外的信赖公示和偿债担保，而纯粹是公司与股东内部的公司治理、商业运作行为，股东基于意思自治基础有权对出资溢价形成的资本公积后续是否转为注册资本、多少比例转为注册资本、何时转为注册资本等事项作出决议；对于不按约定投入资本公积金部分资本的股东，相对人可依债权请求权主张权利，并不会导致权利救济的真空；如果将约定投入的资本公积金等同视为股东负有的法定出资义务，却缺乏类似减资等相应的资本退出程序，将导致股本溢价能进不能出，从而打击股东溢价认购的热情、抑制公司融资渠道。①

司法实务就此问题亦有所探索。从司法实践角度来看，对于公司内部纠纷，公司或股东请求其他股东向公司缴付约定的出资价款，具有较为充分的合同法及公司法上的依据。但是，对于公司外部纠纷，股权溢价在没有公示的情况下，债权人是否可以请求溢价认购股东在出资价款范围内承担出资责任，尚有争议。

观察我国公司法对出资折价认缴或股份折价发行的态度，《公司法》第26条规定，有限责任公司的注册资本为在公司登记机关登记的全体股东认缴的出资额，即有限责任公司不存在折价认缴注册资本的可能；《公司法》第127条规定："股票发行价格可以按票面金额，也可以超过票面金额，但不得低于票面金额。"该条文明确禁止股份折价发行，其出发点亦是基于资本充实原则，防止登记的注册资本不到位，造成公司资本虚空和对外公示效力的落空。从我国公司法整体的制度设计来看，公司以其全部财产对公司的债务承担责任，股东以其认缴的出资额为限或认购的股份为限对公司承担责任。因此，股东以溢价方式认购的公司出资额或股份，其向公司缴纳的出资价款实际上也成为公司财产的一部分，构成公司对外的偿债担保。故有学者呼吁，公司法修改应当将股东出资义务的范围拓展至出资价款，从而真实地反映公

---

① 参见詹巍等：《出资义务、资本公积与诉讼时效》，载《人民司法》2022年第25期。

司资产状况，公平保护各方主体利益。[①]

上述学理探讨系从公司资本充实和维护角度出发，但公司债权人获得保护的基础源于信赖利益法理，该探讨已突破信赖利益理论。从债权人的角度来看，权利与义务应当具有一致性，其根据公司登记机关登记的注册资本信息享有信赖利益，应不具有穿透公司登记信息介入公司与股东之间的合同关系从而行使请求权的权利。即便依债权人代位权制度，由于公司法中的债权人保护制度相较合同法上的债权人保护制度，应属特别法，在特别法对债权人保护制度有特别规定（即在登记的注册资本范围内请求股东承担出资责任）的情况下，不应适用一般法的规定。事实上，由于股东与公司之间确定增资价款的对价是取得股东资格（或增加股权份额），该对价具有内部性、身份性特点，溢价增资对公司、股东及外部债权人都是增益性的行为，如对溢价增资股东科以过重的责任，可能损害股东增资意愿，反过来不利于公司融资和债权人保障。因此，对股东出资义务范围是否应拓展至出资价款，仍应遵循“内外有别”原则，债权人不可就溢价认购部分请求股东承担补充责任。至于股权溢价是否适用股东出资的一元化法律规制、不受诉讼时效限制的问题，立法和学术对此尚无定论，还须各方面进一步探索。

十四、关于股东会决议缺失或效力存在瑕疵的情况下有限责任公司与他人签订的新增资本认购协议是否有效以及是否存在履行障碍问题

司法实务观点倾向于认为，对于股东会增资决议的效力、公司与第三人签订的增资合同应采纳二元评价体系，即增资决议是公司内部行为，适用《公司法》相关规定，如存在无效情形，例如侵害原股东优先认购权，则应认定无效；但增资决议无效并不必然导致增资合同无效，作为合同相对方的第三人并无审查公司意思形成过程的义务，出于保护善意第三人和维护交易安全的考虑，在公司内部意思形成过程存在瑕疵的情况下，只要对外的表示行为不存在无效的情形，公司就应受其表示行为的制约，即增资合同应认定为有效。

在股东会决议缺失或效力存在瑕疵，但增资合同有效的情况下，增资合同是否存在履行障碍？已实际履行增资义务的认购人能否请求公司履行合同、确认其股东身份并办理工商变更登记？由于有限责任公司具有人合性特点，

---

① 参见王湘淳：《从出资额到出资价款：股东出资义务范围之厘清》，载《商法界论集》第1卷。

《公司法》规定增资须以公司特别决议形式通过，属于强制性规定，增资事项进行工商变更登记时必须提交相关材料，认购人在进行增资交易时应当对此有所预见。因此，如果公司未作出增资决议，或决议存在效力瑕疵，则认购人请求确认其股东身份并办理工商变更登记存在履行障碍，难以得到支持。但认购人可以请求解除合同并要求公司承担违约责任，包括退回增资款及承担履行不能的相应责任。此种情况下，因该笔增资未经工商登记，未转化为公司对外公示的注册资本，并不构成未经法定程序减资或抽逃出资行为。需要注意的是，即便认购人未经工商登记成为标的公司股东，但其已实际参与公司管理、行使股东权利的，应视为其已经实现合同目的，其仅以未经工商登记成为股东为由，请求解除合同，返还出资款，不应予以支持。此外，认购人已履行增资义务，并实际行使股东权利，但未经工商登记，如其全体股东对增资及认购人行使股东权利事实明知且不反对，此时认购人请求公司为其办理工商登记，应视为条件具备，其请求应予支持。实践中，增资合同履行情况五花八门，应通过查明事实探求各方当事人的真实意思表示，以平衡保护各方利益。

十五、关于有限责任公司原有股东能否以增资合同损害其优先认缴权为由排除增资合同的履行问题

在公司内部，股东优先认缴公司新增资本的权利属于形成权，股东按其实缴的出资比例认缴增资是法定的、固有的权利，在公司章程无特殊规定的情况下，如公司未履行法定的通知程序，致使股东未能参加股东会而剥夺其对新增资本的优先认缴权，或通过资本多数决的方式排除股东优先认缴权，则该增资决议违反公司法的强制性规定，应认定无效。根据该无效决议办理的增加股东、认缴注册资本变更等工商登记行为亦应予以撤销。①

在公司外部，有限公司原有股东以其优先认缴权受到损害为由，如其明确表示行使优先认缴权，则可以排除增资合同的履行，并可在实缴出资比例范围内行使优先认缴权。需要注意的是，原有股东行使优先认缴权需在合理期间内行使。如其明知第三人向公司增资的事实，在合理期间内未采取积极措施主张行使优先认缴权，则由于时过境迁，争议股价变化，再行允许其行使优先认缴权易导致已经趋于稳定的法律关系遭到破坏，并极易产生显失公平的后果，对其在合理期间经过之后主张优先认缴权不应予以支持。

关于有限责任公司原股东的优先认缴权如何行使，公司法及司法解释对

① 参见深圳市中级人民法院（2015）深中法商终字第 2714 号民事判决书。

此未作具体规定。在公司法领域还存在有限责任公司股权对外转让情形下股东的优先购买权，二者的制度价值都在于保持有限责任公司的人合性、维持股权结构的稳定性，而《公司法司法解释（四）》对有限责任公司股东优先购买权作出了具体规定，包括转让股东就转让事项的通知义务、其他股东不同意购买则视为同意转让、转让股东对转让股权的同等条件的通知、同等条件的判断、其他股东主张优先购买权的行使期间、转让股东放弃转让、损害其他股东优先购买权的救济、支持同等条件购买或请求损害赔偿的情形等。分析二者的异同，可以发现：

1. 是否存在“同等条件”之说及“同等条件”确定的先后顺序不同。新增资本认缴过程中，从增资的实务操作来看，应当先由股东会作出增资决议、确定增资对价、原股东确定是否行使优先认缴权，在原股东放弃优先认缴权或一致同意对外引进新投资者的情况下，转而由公司与新投资者根据股东会确定或同意的增资对价签订增资合同，在新增资本优先认购中不存在同等条件的概念，但该增资对价可视为对内或对外增资的“同等条件”。如果公司后续在与新投资者签订增资合同过程中改变增资对价，如降低增资价格、延长出资期限、改变出资方式等足以影响原股东对是否行使优先认缴权的决策的，仍可能损害原股东优先认缴权。

2. 新增资本优先认缴权受到损害的救济方式可参考股权转让优先购买权制度。新增资本优先认缴权受到损害的，原股东主张优先认缴权的，应当在知道或应当知道其权利受到损害的合理期间内行使。《公司法司法解释（四）》对股权转让优先购买权规定的失权期间为其他股东知道或应当知道行使优先购买权的同等条件之日起三十日后或自股权变更登记之日起超过一年。对新增资本优先认缴权损害的救济尚无如此详细的规定，但为了保护市场交易稳定性，也不应当支持原股东超出合理期间以新增资本优先认缴权受损害为由撤销或请求确认公司与他人签订的增资合同无效。如未超过合理期间，原股东仅提出确认增资合同及股权变动效力，未同时主张行使优先认缴权的，参照股权转让优先购买权规则，应不予支持，但原股东非因自身原因导致无法行使优先认缴权、请求损害赔偿的除外。

十六、关于大股东恶意增资扩股行为的认定以及小股东权利救济途径问题

增资有三种方式，分别为以公司未分配利润、公积金转增注册资本；公司原股东增加出资；新股东投资入股。有的增资方式会直接改变公司股权结

构，因此，实践中不乏大股东利用自身资本多数决的优势地位通过增资扩股决议，以稀释小股东股权，排挤小股东权利，损害小股东利益。

（一）大股东是否恶意增资扩股的认定标准

1. 增资决议是否合法。股东会决议是通过资本多数决的议事规则所作出的意思决定，增资决议是公司完成增资的充分必要条件。《公司法》第 22 条及《公司法司法解释（四）》第 5 条对于股东会决议的召集程序和内容作出了明确规定。在增资纠纷案件中，大股东往往急于召开股东会议，造成增资决议的召集、表决程序或决议内容存在瑕疵，最终导致决议被认定无效或者被撤销。

2. 增资目的以及增资方式是否为公司经营所需，即增资行为是否具有合理性。公司增资一般系基于扩大经营规模、拓宽业务、提高公司资信程度等需要，若公司没有前述客观需要，则没有增资的必要。增资包括以公司未分配利润或公积金转增注册资本、公司原股东增加出资、新股东投资入股三种方式，选择何种方式进行增资应当结合公司的实际情况并尊重各股东意愿。对增资行为及增资方式是否符合公司经营所需的审查，能从侧面印证增资决议是否为公司的真实意思，是否为大股东利用资本多数决的权利覆盖了小股东的意志。

3. 增资行为是否损害股东认缴出资的权利，或是否违反章程规定的增资条件。根据《公司法》第 34 条的规定，除公司章程特别规定以外，股东享有优先认缴出资的权利，大股东不得以资本多数决的形式通过增资决议来剥夺小股东对新增资本依法享有的认缴权利。

4. 新增股份认购价格或新增资本占股比例是否公平合理。现行《公司法》并未规定增资前须对公司净资产进行评估。但是，若公司设立后呈盈利状态，则公司净资产的股权价值必然高于设立时的注册资本对应的股权价值，新增资本的股东也就要以更高的资金对价换取其占股比例。新增股份认购价格或新增资本占股比例公平与否的判断标准在于，是否按照公司净资产对应的每股价格进行增资，在各股东未对增资的股价达成特别约定的情况下，应当对增资时公司的净资产进行评估、审计，确定公允价值。

（二）小股东的权利救济途径

司法实践中，基于上述第 2、3、4 种标准认定大股东构成恶意增资扩股的，往往依据《公司法》第 20 条第 1 款关于公司股东不得滥用股东权利的原则性规定予以论证，需对增资决议内容进行实质性审查，从而认定该决议是否系股东滥用股东权利导致。为防止大股东恶意增资，小股东可在公司设立时通过公司章程规定增资具体事项的表决比例，以防止大股东不当增资给其造成股权稀释等后果。大股东恶意增资扩股的，小股东的权利救济途径有：一是提起增资决议无效或撤销之诉，二是提起损害赔偿的给付之诉。第一种途径中，增资决议撤销或认定无效后，小股东可依据生效判决要求公司向市场监督管理部门申请将注册资本及股权结构恢复到增资前的状态；第二种途径中，小股东须证明其作为股东的身份权利及相对应的财产权利已遭受损失，可通过其持股比例减少部分对应的公司净资产确定其损失金额。

十七、关于增资过程中公司其他增资股东对瑕疵增资股东的出资责任是否承担连带责任问题

《公司法》第30条规定："有限责任公司成立后，发现作为设立公司出资的非货币财产的实际价额显著低于公司章程所定价额的，应当由交付该出资的股东补足其差额；公司设立时的其他股东承担连带责任。"第178条第1款规定："有限责任公司增加注册资本时，股东认缴新增资本的出资，依照本法设立有限责任公司缴纳出资的有关规定执行。"《最高人民法院执行工作办公室关于股东因公司设立后的增资瑕疵应否对公司债权人承担责任问题的复函》（〔2003〕执他字第33号）认为："公司增加注册资金是扩张经营规模、增强责任能力的行为，原股东约定按照原出资比例承担增资责任，与公司设立时的初始出资是没有区别的。公司股东若有增资瑕疵，应承担与公司设立时的出资瑕疵相同的责任。"据此，公司或债权人对瑕疵增资股东提出诉讼请求的同时，还可以请求增资时公司的其他增资股东承担连带责任。其中，公司原股东（未参与争议增资）对瑕疵增资股东并不承担连带责任。

十八、关于瑕疵增资股东是否仅对增资后的债权人承担出资责任，而对增资前的债权人不承担责任问题

在债权人诉增资股东瑕疵增资案件中，被诉股东提出债权人债权发生于增资前，其与公司发生债权债务关系并不依赖对增资部分的信赖。实务中存在以下分歧：

观点一认为，瑕疵增资股东对债权人承担出资责任不应区分其债权产生于增资前还是增资后。作为公司股东，不管是增资还是设立出资，都负有足额缴纳出资的法定义务，并且都适用《公司法》第3条规定，应当在其认缴的范围内对公司依法承担责任。股东是否对公司债务承担责任的界限划分，不在于增资前后的时间点，而在于其认缴的出资额度范围。

观点二认为，瑕疵增资股东仅对其增资注册之后的债权人承担责任。该观点主要基于债权人对公司注册资本信赖利益，认为债权人受信赖利益保护范围应限于其与公司发生交易时公司的注册资本公示情况。

经对比分析上述观点，我们认为，以债权人信赖利益为基础，瑕疵增资股东仅对其增资注册之后的债权人承担责任的观点更为合理。此外，公司资本变动和债权清偿在实务中还存在多种复杂情形。例如，债权发生后，公司进行增资后又违法减资，则债权人是否有权请求该违法减资股东及相关行为人承担违法减资责任？又如，在破产管理人追收债务人股东出资及增资的案件中，根据债权平等原则，一般情形下所追收的股东出资及增资应用于债权人平等受偿，此时是否应区分各债权人债权产生时间与瑕疵增资股东增资时间的先后？随着公司资本相关纠纷的司法实践日益活跃，上述问题陆续涌入司法视野，相关裁判思路有待实践的进一步探索。

十九、关于公司瑕疵减资中责任主体及责任方式的认定问题

公司瑕疵减资中，瑕疵减资股东免除了减资部分的出资义务或取回了减资部分对应的出资额。公司法虽对瑕疵减资仅规定了行政法律后果，未规定民事法律后果，但实务中，人民法院一般根据公司法对于股东出资的一般规定，参照《公司法司法解释（三）》第 13 条第 1~2 款或第 14 条第 1~2 款之规定，判令瑕疵减资股东在减资范围内对公司债务不能清偿的部分承担补充赔偿责任。因此，瑕疵减资股东作为责任主体及承担责任方式的实务认定相对成熟。但瑕疵减资中，协助瑕疵减资的其他股东、董事、高级管理人员或者实际控制人对此是否承担连带责任？

观点一认为，减资程序和增资程序类似，是公司自治事项，通过公司治理层实施，因此可比照瑕疵增资中董事、高级管理人员的责任承担。减资程序存在瑕疵，法律效果等同于抽逃出资，因此可比照抽逃出资规则由协助瑕疵减资的股东、董事、高级管理人员及实际控制人对瑕疵减资承担连带责任。

观点二认为，对民事主体科以责任需以法律明确规定为依据，不应扩大责任主体。从《公司法司法解释（三）》体系来看，对瑕疵增资和抽逃出资亦分别规定了不同主体的连带责任，可见不同主体承担责任系基于某种义务的违反，减资和出资、增资系不同法律行为，不同主体在其中的义务也有所不同，不能简单比照增资瑕疵和抽逃出资规则判令其他主体承担连带责任。

瑕疵减资法律后果及归责体系存在法律漏洞，应通过立法或司法解释进

一步完善。本书关于减资的法律规制部分已介绍了《公司法（修订草案）》对减资责任主体及责任方式的相关修改，对此，需要密切关注《公司法》修改及相关司法解释的正式出台。在《公司法》修改前，结合《公司法》立法原意，减资为公司内部治理事项，但具有外部性，公司行使自治权的边界应是不损害他人利益。公司在实施减资时，相关主体对公司债务情况、减资对债权人产生的效果应当是明知的。因此，如果不当减资损害了债权人利益，根据共同侵权的理论，协助瑕疵减资的股东、董事、高级管理人员及实际控制人应对瑕疵减资股东在其减资范围内承担连带责任。

二十、关于公司增资、减资过程中资本绝对多数决适用范围问题

《公司法》仅规定有限责任公司增加、减少注册资本需由股东会以特别决议形式作出，即必须经代表三分之二以上表决权的股东通过；股份有限公司增资、减资决议必须经出席会议的股东所持表决权的三分之二以上通过。也就是说，公司法仅对“增资”“减资”事项本身必须以上述特别决议形式通过作出约定，上述比例表决权可决定公司是否增资、减资，此外除全体股东另有约定，有限责任公司股东有权按照实缴的出资比例认缴新增资本。但对增资对价、减资对象及对价是否同样由上述比例表决权通过即可，没有明文规定。《公司法》上述规定有利于以强制性规范的方式保护公司资本稳定和股权结构稳定，但实践中公司增减资是一项复杂的资本变动工程，资本绝对多数决的决议机制可能不能解决增减资过程中所有的具体事项，尤其是涉及股东固有利益时，如果僵化地理解公司增减资事项一概由股东（大）会以资本绝对多数决形式决议，可能产生实质不公。由此就产生公司增减资过程中资本绝对多数决的适用范围问题。

公司增减资过程中的具体事项，并不当然一概适用法定的表决权比例，涉及股东固有利益减损的情形，应适用资本一致决。其理论基础在于：（1）法律行为合法边界是不损害他人合法权益，《公司法》第20条亦规定，股东不得滥用权利，损害公司或者其他股东及债权人的利益；（2）公司资本总额及股权结构是公司发起人一致约定的结果，具有合同性质，在不同比增资或减资场合，由于涉及股权结构的变更，应考虑是否经过了全体股东的一致同意，如果未经全体股东一致同意，应考察决议作出的背景、各股东的意志、利益等，从而全面审查决议的合法性问题；（3）公司增资、减资在某种程度上具备公司“分配”的性质，在容易产生股东间利益冲突的盈利增资及亏损减资

情形下，增资属于增加股权份额获取对未来利润的分配，减资属于取回出资获取对公司财产的分配，此种情形下应适用公司分配的法律规范。我国《公司法》对分配的规定主要体现在第34条，该条规定："股东按照实缴的出资比例分取红利；公司新增资本时，股东有权优先按照实缴的出资比例认缴出资。但是，全体股东约定不按照出资比例分取红利或者不按照出资比例优先认缴出资的除外。"该规定体现了两个立法主旨：一是法律对增资和分红予以强制干涉，即必须是同比例增资和分红；二是仅在全体股东一致同意的情况下可以差别增资和分红。其所体现的价值导向是，同股同权。[①] 因此，公司增减资过程中如涉及对股东固有权利如资产收益、重大决策等权利的影响，应审慎适用"资本多数决"，并结合公司法相关规定对股东会决议合法性进行全面审查。

按照上述分析，则司法对公司增资、减资行为的实质审查应以何种程度为界？司法行为旨在调整权利的失衡，故在公司增、减资行为中，亦应秉持"不告不理"的原则，只有当相关权利主体（如公司、股东、债权人）对增资、减资行为提起了诉讼（这种诉讼并不一定以公司增资纠纷、公司减资纠纷或公司决议纠纷案由提出，也可能以损害公司利益责任纠纷、损害股东利益纠纷、股东损害公司债权人利益纠纷等案由提出），司法才应对公司增、减资行为进行实质审查。在审查过程中，应注意区分增、减资行为的内部性和外部性影响，对于其行为不具有外溢性、不损害他人权益的部分，保持谦抑性，不加干涉；对于其行为超越自治范畴、损害他人权益的部分，则应加以审查，必要时予以调整。

二十一、未实缴出资即转让股权、延长出资期限、减资程序中债权人范围的确定问题

未实缴出资即转让股权的转让股东是否存在恶意逃废债、延长出资期限中股东是否存在恶意延长出资期限逃避出资义务以及减资程序中如何确定已知债权人，均涉及债权人范围的确定问题。在由相关债权人提起的诉讼中，被告股东经常会提出其转让股权、延长出资期限或减资时债权人的债权尚未确定，不影响其正常转让股权、延长出资期限或不属于其减资需要通知的债权人。因此，这三种情形下债权人范围的确定存在相通之处。

① 参见江苏省无锡市中级人民法院（2017）苏02民终1313号民事判决书。

（一）未实缴出资即转让股权、延长出资期限、减资对债权人的影响

股东未实缴出资即转让股权，必然会对公司产生出资义务主体的变化，对债权人产生公司资本信用变化；延长出资期限，延长了股东以期限利益对抗公司及债权人权利主张的行使时间，显著增大了公司债权人对尚未足额出资股东追究补充赔偿责任的时间成本，不亚于认缴期限届满未出资；公司减资则对减资时点以后公司的责任财产产生减损的效果。因此，在上述情形中，未实缴出资即转让股权、延长出资期限、进行减资的相关股东均应秉承诚实信用原则，对债权人债权的实现履行善意提醒及注意义务，如存在恶意或违法情形，导致公司偿债能力不当降低，损害债权人利益，则有可能承担相应责任。

（二）债权人范围如何确定

上述情形中，债权人应如何认定？是否包括债权尚未确定或债权尚未到期的债权人？

1. 合同之债中债权人身份的确定

债权人身份的确定，关键在于审查出现未实缴出资即转让股权、延长出资期限及减资行为时，债务是否已经发生。以合同之债为例，存在合同订立、对方为对待给付、债务人债务履行期限届满、债权人提起诉讼或仲裁、一审判决、法律文书生效、申请强制执行等众多时间节点，上述时间节点在不同语境下均可能认定为债务发生的时间点。但以哪个时间点认定债务已经发生？

一般而言，债权人的债权经生效法律文书确定时及此后的时间点当然可以认定为公司债务发生时，但生效法律文书确定前并不必然意味着债务未发生，因为公司及其股东对公司债务是否存在应当是知晓的。在合同之债中，合同是债的发生原因，合同签订之日即是债权人与债务人的债权债务关系发生之时，至于债权尚未到期或者债权数额尚未明确，均不影响债权人身份的确定[①]，且债权人身份的确定无需等待双方一致认可或司法确认。

前述债权人身份认定思路可能对公司及股东产生一定的困扰，如双方对债权债务存在争议的情况下，如要求公司减资时通知该债权人，该通知行为可能被视为公司对争议债权的承认，从而被动按照争议债权人的要求提供清偿或担保，或者在争议债权债务纠纷中被视为自认，因此，减资公司及股东需根据自身对争议债权的判断及减资利益的权衡，选择通知债权人，或延

① 参见上海市高级人民法院（2020）沪民再 28 号民事判决书。

后减资，或继续减资并在减资范围内对争议债权人承担补充赔偿责任的法律风险。

2. 侵权之债中债权人身份的确定

前述审查规则适用于“自愿发生的债权人”，如对于“非自愿债权人”，如公司侵权造成他人损害形成的债务，由于自侵权行为发生时，公司对他人负有债务的事实即可确定，即应认定股东未实缴出资转让股权、延长出资期限、减资时该债权已经存在。

3. 应保护的债权人除外情形

前述债权人是否应剔除有其他担保措施或债权实现途径的债权人，而仅限于无担保的普通债权人？有其他担保措施例如抵押、质押、留置等物的担保或享有法定优先权等债权，以及存在其他共同或连带、补充债务人时，债权人是否就不应享有相应制度的保护？事实上，法院在裁判时需要判断的问题并非围绕债权人是否存在其他的债权实现途径，而是围绕债权人的债权是否受到了损害，即债权人在股东未实缴出资即转让股权或公司延长出资期限、减资时其债权人身份是否可以确定，且在诉讼发生时是否有证据证明其债权因前述行为受到了损害，例如经强制执行未能获偿等，此时债权受到损害的事实即可以确定，从而判断股东是否承担补充赔偿责任。

（三）债权人保护模式

根据《公司法》及其司法解释的规定，目前在股权转让、延长出资期限及减资场合对债权人进行保护的模式有以下两种。

1. 事后救济模式

在未实缴出资即转让股权、延长出资期限场合下，由于上述行为并不必然损害债权人的利益，基于股权交易自由、公司自治等理念，《公司法》及其司法解释并未规定股权转让人负有通知债权人的义务，也未规定公司延长出资期限负有通知债权人的义务。[①] 实务中，债权人通常是在其债权受到损害的情况下通过股东损害公司债权人利益责任纠纷之诉向股东追究相关责任，因此该保护模式又可称为“事后救济模式”。在债务发生后，未实缴出资即转让股权并不必然导致转让股东在其出资范围内对公司债权人承担责任。在债务发生后公司不能清偿债务的情况下，通过股东（大）会决议延长出资期限的，

① 对此，亦有学者提出，延长出资期限属于广义的资本变动，应当参照《公司法》对公司减资的规定，构建公司延长股东出资期限的实体规则，包括延长出资期限应由股东（大）会决议、公司应履行对债权人的通知及公告义务、对延长出资期限办理登记和公示手续等。参见冯辉：《加速出资的法律构造——以公司恶意延长股东出资期限为视角》，载《现代法学》2021 年第 6 期。

该延长出资期限对债权人不发生效力，债权人有权请求债务人股东按原约定的出资期限履行出资义务。

2. 过程保护 + 事后救济模式

如债权人系公司减资前可以确定的债权人，则公司法对减资过程中的债权人保护程序作出了明确规定，即应纳入减资时直接通知的债权人范围，并根据债权人要求提供担保或直接清偿。除非债权人下落不明，无法直接联系，公司或股东不得以公告通知方式代替直接通知义务。如未直接通知该债权人，可能被认定违法减资，从而减资股东需在减资范围内对债权人承担补充赔偿责任。

二十二、关于减资过程中未通知债权人的是否导致减资无效问题

法律规范的一般构成要件为“行为模式”+“法律后果”，以便行为人明确其相应行为模式的法律后果。《公司法》第 177 条虽然规定公司在作出减资决议之日起一定时间内通知债权人并在报纸上公告，但对未通知债权人的法律后果并未直接在该条文中规定。实践中，比较常见的减资违法行为是公司在减资过程中未通知债权人而径行减资，直接减少了公司的责任财产，从而导致债权人无法及时选择要求公司清偿债务或提供担保，损害债权人利益。对此，仍应当区分减资引发的内部法律关系和外部法律关系，分别评价。从内部法律关系来看，减资本质上属于公司内部行为，属于公司意思自治的范畴，一般情况下，减资行为按照法律和公司章程规定的程序作出即可成立生效。我国相关法律法规亦未规定减资中未通知债权人构成减资无效。减资中未通知债权人构成瑕疵减资，损害了对公司减资前的注册资本产生合理信赖利益的债权人利益，但并未损害所有债权人的合法利益，并不当然导致减资无效，否则难免影响公司的经营稳定和交易安全，也干涉了公司根据自己的经营需要作出调整注册资本的自治权；从外部法律关系来看，未通知债权人的减资行为不应当对债权人发生相应法律效力，即对债权人不发生减资股东在减资范围内免除出资义务的效果。减资行为既已发生，外部债权人可循公司不当减资事由向相关责任主体请求承担民事责任，司法实务中，一般支持债权人提出的减资股东在减资范围内对公司债务不能清偿部分承担补充赔偿责任的请求。

二十三、关于如何区分公司自治与司法介入的界限问题

（一）公司自治与司法介入的规则提炼

《公司法》规定了公司的设立、资本来源、组织机构等事项，使公司具备法律上拟制的独立人格，并以股东缔结的公司章程作为其内部治理方式和运行准则。公司作为独立的市场主体，有权利根据自身需要独立决策、独立运营，公司自治是现代公司法的基本精神，司法不应过度干预。在处理与公司有关的纠纷过程中，要特别注意区分公司自治事项与民事诉讼受理范围的问题，将公司自治事项排除在人民法院依法行使民事审判职权的范围之外。就如何区分公司自治与司法介入的界限，部分地方法院作出了有益探索。《广西壮族自治区高级人民法院民二庭关于审理公司纠纷案件若干问题的裁判指引》（桂高法民二〔2020〕19号）认为，公司章程中含有明确请求权基础的内容，可以依据该请求权基础向司法寻求救济，此外关于公司内部治理的机构规则、程序规则、运行规则或其他公司情况说明，原则上无需司法介入，不得直接诉请人民法院予以执行，而仅提供事后司法救济，即对于内容上或程序上违反公司章程的股东会决议或董事会决议，股东有权在法定期限内请求法院予以撤销或确认不成立；对于股东会对公司经营管理事项作出的决议，原则上不得由股东或公司直接诉请人民法院予以确认并执行。上述指引比较周延地提炼了公司自治和司法介入的界限。

（二）公司资本相关纠纷领域常见公司自治事项

具体到公司资本相关纠纷领域，公司章程可以规定股东持股比例与股东出资比例不一致；可以规定分红比例、认缴公司新增资本比例、表决权与股东出资比例不一致；公司可以通过公司章程排除股权转让时其他股东同意权、优先购买权；公司章程可以对董事、监事、高级管理人员转让本公司股份作出限制性规定；公司注册资本规模、股东如何出资、以何种要素出资、出资期限如何等，均由股东自主决定；公司对未履行或未全面履行出资股东进行权利限制或除名，应属其自治事项，不应请求法院对此予以裁判；公司决议增资或减资，亦属于自治事项，公司、股东或债权人均不应请求法院对公司是否增资及减资予以裁判；公司是否分配盈余，亦属于公司自治事项，股东不得请求法院代替公司作出盈余分配决定及分配方案，仅能在违反法律规定滥用股东权利导致公司不分配利润给其他股东造成损失的情况下才能寻求司法救济；等等。

（三）公司自治事项涉诉处理问题

公司自治是现代公司法的基本理念，也是司法实务中保持司法谦抑、审

慎介入公司治理的边界，但这并不意味着涉及公司自治事项一概不得寻求民事诉讼救济。在公司自治失灵的情况下，应当分析公司自治事项规制的内容、涉及的权利义务是否出现失衡、是否具有民事诉讼法上“诉”的利益等判断是否需要司法干预，并分别按照以下几种方式处理。

1. 驳回起诉

驳回起诉适用于原告提起的诉讼不属于人民法院受理民事诉讼范围的情形，除了《民事诉讼法》第 127 条规定的几种情形外，还包括该事项属于特定组织自治范畴、原被告对诉争事项无争议、原告对诉讼不具有诉的利益等情形。例如，公司两股东约定共管公章，但公司公章实际在第三人股东控制下由公司保管，原告依该内部约定请求公司向两股东交还公章，一审予以支持，二审认为该事项属内部约定，应通过内部救济实现，遂撤销一审判决，驳回起诉；[①] 又如，股东诉公司变更出资形式，因其系公司独资股东及法定代表人，公司对此无异议，一审予以支持，二审认为双方就该事项无异议，不存在需要人民法院通过审判解决的法律关系及权利主张，即原告不具有诉的利益，遂撤销一审判决，驳回起诉。[②]

2. 驳回诉讼请求

驳回诉讼请求适用于原告所诉事项属于公司自治范畴，其未经公司内部决议，径行请求司法裁判，不予支持。例如，投资人主张解除其与公司之间的增资扩股协议、返还已注入公司的财产及请求公司办理减资手续，由于减资属于公司内部自治事项，公司法规定了经股东会决议后公司减资应履行的程序，但目前尚无法律规定人民法院可以强制判决公司减资，强制公司减资亦违背公司自治的立法精神，司法不宜直接干预，故对原告提出的判令公司减资的请求不予支持；[③] 又如，a 股东以 b 股东未出资为由诉请确认 b 股东不享有公司分红权利并责令公司依法解除 b 的股东资格，该事项应由公司依照公司章程或股东会决议的方式进行，公司法对未出资股东是否必然解除股东资格或限制分红权利，并未作出强制性规定，是否予以除名或限制权利最终应取决于公司内部意思自治；[④] 再如，股东对公司作出的部分利润分配方案不服，请求法院判令全额分配利润，该事项属于公司商业判断范畴，是公司一项重要的内部治理权，应遵循公司自治原则，原告无证据证明其他股东存在

---

① 参见四川省成都市中级人民法院（2012）成民终字第 3608 号民事裁定书。

② 参见广东省深圳市中级人民法院（2020）粤 03 民终 25522 号民事裁定书。

③ 参见最高人民法院（2020）最高法民终 223 号民事判决书。

④ 参见上海市高级人民法院（2015）沪高民二（商）申字第 275 号民事裁定书。

滥用权利给其造成损失，对其请求予以驳回。①

3. 在公司自治失灵情况下予以实体救济

在公司的自治行为引起了当事人之间实体权利义务关系变动，产生了平等主体间财产、人身（身份）关系的纠纷，需要司法予以裁判的情况下，司法应当适当介入并给予实体救济。例如，对公司作出的增资、减资决议，司法通常不予干预，只有在增资、减资引起民事主体间权利义务变动产生纠纷的情形下，一方诉至法院，法院才依法审理；又如，对公司作出的限制股东权利、解除股东资格等决议，是否可请求司法确认有效，一般认为“股东会或董事会决议有效”不能成为确认之诉的标的，对确认股东会或董事会决议有效的诉讼应裁定不予受理，已经受理的应裁定驳回起诉，但是对其提出的“无效、撤销、不成立”之诉则应受理；再如，对公司盈余分配纠纷，如股东请求司法代为作出盈余分配决议及方案，则有司法僭越之嫌，但《公司法司法解释（四）》第 15 条规定：“股东未提交载明具体分配方案的股东会或者股东大会决议，请求公司分配利润的，人民法院应当驳回其诉讼请求，但违反法律规定滥用股东权利导致公司不分配利润，给其他股东造成损失的除外。”②表明在公司自治失灵、损害相关当事人民事权利的情况下，司法仍应予以救济并经实体审查后作出裁判。

第四节　常见争点说理示范

一、关于股东出资纠纷可以协议管辖的裁判说理示范

（一）关于确定股东出资纠纷地域管辖的裁判说理示范

【适用情形】股东出资纠纷可适用合同纠纷案件管辖的一般规定，原告可选择向被告住所地或合同履行地人民法院起诉。

【说理示范】A 公司以 B 公司违反双方签订的《出资协议》及《中外合

① 参见广西壮族自治区柳州市中级人民法院（2020）桂 02 民终 2476 号民事判决书。

② 庆阳市太一热力有限公司、李某军与甘肃居立门业有限责任公司盈余分配纠纷一案二审民事判决书［最高人民法院（2016）最高法民终 528 号］是此条文运用的典型案例，可资参考。本案载《最高人民法院公报》2018 年第 8 期。

资合同》约定，在共同出资设立C公司后虚构债务、抽逃出资为由提起诉讼，为股东出资纠纷。确定此类纠纷案件的管辖法院，应以《民事诉讼法》第24条关于合同纠纷案件管辖的一般规定为基础，综合考虑公司所在地等因素确定。本案中，A公司与B公司签订的涉案协议履行地以及双方共同出资设立的C公司住所地均位于黑龙江省佳木斯市，黑龙江省高级人民法院对本案有管辖权。

【参考裁判文书】最高人民法院（2016）最高法民辖终296号福建亚通新材料科技股份有限公司与伟升（香港）有限公司股东出资纠纷一案管辖权异议二审民事裁定书。

（二）关于出资、增资纠纷可适用协议管辖的裁判说理示范

【适用情形】《民事诉讼法》第27条规定的公司诉讼管辖规则系特殊地域管辖规则，并非专属管辖规则，不排除当事人协议管辖，当事人可以协议由公司住所地之外的法院管辖出资、增资纠纷。

【说理示范】关于《民事诉讼法》规定的有关公司诉讼的管辖条款是否属于专属管辖的问题。从立法体例上看，《民事诉讼法》第27条位于该法第二章“管辖”第二节“地域管辖”部分，该节第34条明确规定了专属管辖的情形，但不包括与公司有关的诉讼的情形。因此，《民事诉讼法》第27条关于公司诉讼的规定应理解为特殊地域管辖而不是专属管辖。《民事诉讼法》所规定的特殊地域管辖条款并不排除当事人的协议管辖约定，当事人对于争议解决方式有约定的，从其约定，无约定或者约定不具有可操作性的，则依照该法律规定确定案件的管辖法院。

【参考裁判文书】最高人民法院（2014）民二终字第14号兰州万佳置业有限公司等与王某辉等股权转让纠纷一案管辖权异议二审民事裁定书。

二、关于出资期限是否届满或加速到期的裁判说理示范

（一）关于出资期限尚未届满的裁判说理示范

【适用情形】公司债权人向公司主张侵权或违约责任，同时要求股东对公司债务承担补充责任的，因公司章程规定的出资期限未届满，债权人无权要求股东承担补充赔偿责任。

【说理示范】《公司法司法解释（三）》第13条第2款规定的股东承担补充赔偿责任的前提是股东未履行或者未全面履行出资义务，而判断股东是否履行出资义务，应以其认缴承诺为依据，若股东未违背认缴承诺，就不存在未履行或者未全面履行出资义务的情形，债权人无权要求股东承担补充赔偿

责任。现A公司、B公司的认缴出资期限尚未届满，原告要求A公司、B公司对C公司的涉诉债务在未出资范围内承担补充责任，于法无据，本院不予支持。

（二）关于公司要求股东出资的裁判说理示范

【适用情形】公司章程规定“股东认缴出资额由股东根据公司实际经营需要决定出资计划”，未经全体股东一致决定，公司请求部分股东提前缴纳出资的，不应予以支持。

【说理示范】本案争议焦点是a、b应否提前缴纳出资。《公司法》第28条规定：“股东应当按期足额缴纳公司章程中规定的各自所认缴的出资额。股东以货币出资的，应当将货币出资足额存入有限责任公司在银行开设的账户；以非货币财产出资的，应当依法办理其财产权的转移手续。股东不按照前款规定缴纳出资的，除应当向公司足额缴纳外，还应当向已按期足额缴纳出资的股东承担违约责任。”《A公司章程》第13条规定，经全体股东一致约定，股东认缴出资额由股东根据公司实际经营需要决定出资计划。A公司提出a和b不配合召开股东会，故无法就股东出资计划达成一致意见，a和b对此予以否认，并提交股东签名册证明股东会无法召开系c未亲自出席会议。A公司亦未提交证据证明曾向a和b发出召开股东会的通知，故A公司该主张缺乏事实依据，本院不予采纳。在公司章程未规定股东出资期限，全体股东未一致约定出资计划的情况下，A公司仅要求a和b二位股东提前履行出资义务的主张，缺乏事实和法律依据，本院不予支持。

【参考裁判文书】广东省深圳市中级人民法院（2021）粤03民终14161号深圳市森林国际教育发展有限公司与陈某、姚某股东出资纠纷一案二审民事判决书。

（三）关于延长出资期限情形下债权人请求股东出资的裁判说理示范

【适用情形】在注册资本认缴制下，公司债务产生后公司以股东（大）会决议或其他方式延长股东出资期限的，债权人以公司不能清偿到期债务为由，请求未届修改后出资期限的股东在未出资范围内对公司不能清偿的债务承担补充赔偿责任的，人民法院应予支持。

【说理示范】审理中，a提供了企业信用信息公示报告，以证明其作为A公司股东的出资认缴期限并未届满。对此本院认为，注册资本认缴制下，股东虽依法享有期限利益，但债权人亦享有期待权利。涉案借款发生于2015年12月，借款到期日为2016年12月，此时工商载明的A公司股东的出资认缴期限为2018年12月31日，也就是说，在A公司未按时还款的情况下，债权人b可以期待2018年12月A公司股东出资认缴期限届满时以股东出资获得还款。且目前a并无证据证明其以公司章程、股东会决议或其他合法合规的方式办理了认缴期限变更的手续，即使其确实办理了变更手续，因该变更系在A公司债务产生后，未经债权人同意的情况下所进行，实质损害了债权人的期待利益，故作为A公司的股东亦不能据此免责。

【参考裁判文书】上海市第二中级人民法院（2019）沪02民终10503号上海力澄投资管理有限公司、郭某星与王某杰、曲某博民间借贷纠纷一案二审民事判决书（《最高人民法院公报》2022年第1期）。

（四）关于要求已转让股权股东出资的裁判说理示范

【适用情形】非破产及解散情形下股东转让股权的，股东享有出资期限利益，公司进入破产或解散程序后要求股权转让前的股东对公司债务承担连带清偿责任，不应予以支持。

【说理示范】非破产及解散情形下，股东的出资期限利益在认缴制下应当受到法律保护。本案中，虽然A公司自2018年7月份起便存在拖欠职工工资的情形，但鉴于a于2018年9月12日转让涉案股权时职工尚未向相关机构申请劳动仲裁，且股东b在此之前已向A公司缴纳部分出资款，A公司未举证证明a转让股权时该公司已具备破产原因或解散事由，故A公司应承担不利的法律后果，A公司要求a对转让股权后b、c应负债务承担连带清偿责任，缺乏事实及法律依据，本院对此不予支持。

【参考裁判文书】广东省深圳市中级人民法院（2021）粤03民终20198号深圳市谷藏海科技有限公司与陆某杰、何某娟、张某追收未缴出资纠纷一案二审民事判决书。

（五）关于破产程序中要求股东出资加速到期的裁判说理示范

【适用情形】公司进入破产程序后，公司管理人请求股东出资加速到期，股东承担出资义务的，应予支持。

【说理示范】根据《企业破产法》规定，人民法院受理破产申请后，债务人的出资人尚未完全履行出资义务的，管理人应当要求该出资人缴纳所认缴的出资，不受出资期限的限制。本院已经受理对A公司的破产清算申请，A公司的股东应当缴纳全部出资。根据《公司法》的规定，当事人之间对是否已履行出资义务发生争议，原告提供对股东履行出资义务产生合理怀疑证据的，被告股东应当就其已履行出资义务的事实承担举证责任。A公司管理人经调查未发现股东出资的任何证据；根据A公司章程，各股东的出资期限为2025年10月27日，上述事实构成A公司关于各股东未缴纳出资的合理怀疑，各被告应当提交证据证明其已履行出资义务。a主张其已缴纳出资30万元，并提交其银行账户流水予以证明。但是，根据A公司提交的A公司银行流水，a所转入的该笔出资款于转入当日经由A公司账户转至案外人账户。a作为A公司执行董事、总经理，理应对转账用途知情，应当对上述款项是否属于正常交易予以说明，但a未到庭参与诉讼，属于其对自身诉讼权利的放弃。综上，本院认定，a提交的证据不能证明其已经缴纳出资。b、c均未就其已经出资提交任何证据证明，依法应由b、c承担举证不能的责任。综上，本院认定，A公司关于b、c应当向其缴纳各自出资额的主张，有事实和法律依据，而A公司诉请的标的额为357 218.9元，未超过b、c的出资额总额100万元（两股东出资额分别为93万元、7万元），本院予以支持。本案属于A公司进入破产程序后诉请股东出资加速到期的情形，经A公司管理人确认A公司的债权总额（含职工债权、破产费用）共计357 218.9元。A公司主张由b、c承担所诉请的357 218.9元出资的资金占用损失，依据不足，本院不予支持。

关于a、d是否应当对b、c的出资义务承担连带责任，本院认为，根据《公司法》相关规定，股东在公司设立时未履行或者未全面履行出资义务，公司请求公司的发起人与被告股东承担连带责任的，人民法院应予支持。A公司设立时的股东为a、d，公司章程规定该两名股东的出资为认缴制，a、d依法享有缴纳出资的期限利益，因此，本案不属于股东在公司设立时未履行出资义务的情形，不适用《公司法》上述规定。A公司主张a、d对现股东b、c的出资义务承担连带责任，缺乏法律依据，本院不予支持。

【参考裁判文书】广东省深圳市中级人民法院（2021）粤03民初5474号深圳黑骑网络科技有限公司与陈某喜、深圳市正知投资有限公司、池某、深圳欢朋网络科技有限公司追收未缴出资纠纷一案一审民事判决书。

（六）关于股东滥用权利作出修改章程出资期限的决议无效的裁判说理示范

【适用情形】控股股东滥用控股地位，以多数决方式通过修改章程出资期限的股东会决议，损害其他股东期限利益的，应认定该项决议无效，其他股东出资期限尚未届至。

【说理示范】首先，我国实行公司资本认缴制。《公司法》第28条规定“股东应当按期足额缴纳公司章程中规定的各自所认缴的出资额”，即法律赋予公司股东出资期限利益，允许公司各股东按照章程规定的出资期限缴纳出资。股东的出资期限利益，是公司资本认缴制的核心要义，系公司各股东的法定权利，如允许公司股东会以多数决的方式决议修改出资期限，则占资本多数的股东可随时随意修改出资期限，从而剥夺其他中小股东的合法权益。其次，修改股东出资期限直接影响各股东的根本权利，其性质不同于公司增资、减资、解散等事项。后者决议事项一般与公司直接相关，但并不直接影响公司股东之固有权利。如增资过程中，不同意增资的股东，其已认缴或已实缴部分的权益并未改变，仅可能因增资而被稀释股份比例。而修改股东出资期限直接关系公司各股东的切身利益，如允许适用资本多数决，不同意提前出资的股东将可能因未提前出资而被剥夺或限制股东权益，直接影响股东的根本利益。因此，修改股东出资期限不能简单等同于公司增资、减资、解散等事项，亦不能简单地适用资本多数决规则。最后，股东出资期限系公司设立或股东加入公司成为股东时，公司各股东之间形成的一致合意，股东按期出资虽系各股东对公司的义务，但本质上属于各股东之间的一致约定，而非公司经营管理事项。法律允许公司自治，但需以不侵犯他人合法权益为前提。公司经营过程中，如有法律规定的情形需要各股东提前出资或加速到期，系源于法律规定，而不能以资本多数决的方式，以多数股东意志变更各股东之间形成的一致意思表示。

【参考裁判文书】上海市第二中级人民法院（2019）沪 02 民终 8024 号姚某城与鸿大（上海）投资管理有限公司、章某等公司决议纠纷一案二审民事判决书（《最高人民法院公报》2021 年第 3 期）。

（七）关于公司要求股东提前出资的裁判说理示范

【适用情形】公司决议要求股东提前出资应说明必要性和合理性，公司账户余额不构成股东提前出资的充分必要条件，其他股东有权请求确认股东提前出资的决议无效。

【说理示范】一般债权具有平等性，但司法实践中，具有优先性质的公司债权人在一定条件下可以要求公司股东提前出资或加速到期。如公司拖欠员工工资而形成的劳动债权，在公司无资产可供执行的情况下，可以要求公司股东提前出资或加速到期以承担相应的法律责任，而本案并不属于上述情形。本案当事人对 A 公司是否继续经营持不同意见，且双方均确认《××协议书》的合作目的已无法实现，目前也无证据证明存在需要公司股东提前出资的必要性及正当理由，因此，被告 a 要求股东提前出资不具有合理性且不符合常理。被告 a 等股东形成的临时股东会决议，剥夺了原告 b 作为公司股东的出资期限利益，限制了原告 b 的合法权益。原告 b 请求确认该项决议无效，于法有据，本院予以支持。

【参考裁判文书】上海市第二中级人民法院（2019）沪 02 民终 8024 号姚某城与鸿大（上海）投资管理有限公司、章某等公司决议纠纷一案二审民事判决书（《最高人民法院公报》2021 年第 3 期）。

（八）关于公司具备破产原因但不申请破产情形下加速出资的裁判说理示范

【适用情形】公司具备破产原因但不申请破产，公司股东出资加速到期，股东应对公司不能清偿的债务承担补充赔偿责任。

【说理示范一】在注册资本认缴制下，股东依法享有期限利益。债权人以公司不能清偿到期债务为由，请求未届出资期限的股东在未出资范围内对公司不能清偿的债务承担补充赔偿责任的，人民法院不予支持。但是，下列情形除外：公司作为被执行人的案件，因穷尽执行措施无财产可供执行，已具备破产原因，但不申请破产的。因为在有生效裁决确定负有偿债义务的情况下，经公司债权人申请执行，如果穷尽执行措施仍无财产可供执行，已具备破产原因，但不申请破产的，其结果与《企业破产法》第 2 条规定的公司资产不足以清偿全部债务或者明显缺乏清偿能力完全相同，故这种情形下应比照《企业破产法》第 35 条规定，确认股东未届期限的认缴出资加速到期。《企业破产法》第 2 条第 1 款规定："企业法人不能清偿到期债务，并且资产不足以清偿全部债务或者明显缺乏清偿能力的，依照本法规定清理债务。"该条规定是认定公司是否具备破产原因的法律依据，A 公司未履行生效调解书确定的义务，显然属于不能清偿到期债务的情形。而针对前述破产原因中的"明显缺乏清偿能力"的认定，《最高人民法院关于适用〈中华人民共和国企业破产法〉若干问题的规定（一）》第 4 条规定："债务人账面资产虽大于负债，但存在下列情形之一的，人民法院应当认定其明显缺乏清偿能力：……（三）经人民法院强制执行，无法清偿债务……"一审法院对 A 公司强制执行后，裁定终结本次执行程序，B 公司对 A 公司的债务仍未获得清偿，属于前述规定的情形。尽管 a 在二审中提交的证据能够认定 A 公司名下拥有相关知识产权、对外亦享有债权 190 251.6 元，但该知识产权能否变现、何时变现及变现的价值尚不确定，该债权能否实现、何时实现及实现的数额亦不确定，故 a 提交的证据不足以证明 A 公司能清偿其对 B 公司所负的涉案债务，A 公司现亦未清偿涉案债务。基于上述分析，A 公司不能清偿到期债务，明显缺乏清偿能力，已具备《企业破产法》规定的破产原因，但没有证据证明 A 公司申请破产，在此情况下，A 公司的股东，不应再享有期限利益，应当在未缴纳的出资范围内对 A 公司不能清偿的债务承担补充赔偿责任。

【参考裁判文书】北京市第二中级人民法院（2022）京 02 民终 3336 号李某伟等与海鹰航空通用装备有限责任公司执行异议之诉一案二审民事判决书。

【说理示范二】注册资本认缴制下，关于股东出资加速到期的规定，是为了防止股东逃避对公司出资义务的履行、进而损害公司债权人和其他股东的正当利益而设置的。在2019年之前，规定股东出资加速到期的，只有两个法律条文：一是《企业破产法》第35条规定："人民法院受理破产申请后，债务人的出资人尚未完全履行出资义务的，管理人应当要求该出资人缴纳所认缴的出资，而不受出资期限的限制。"二是《公司法司法解释（二）》第22条第1款规定："公司解散时，股东尚未缴纳的出资均应作为清算财产。股东尚未缴纳的出资，包括到期应缴未缴的出资，以及依照公司法第二十六条和第八十条的规定分期缴纳尚未届满缴纳期限的出资。"上述两个法律条文仅是针对公司解散或进入破产程序后，未届出资期限的股东出资应加速到期，且应在未出资范围内对公司不能清偿的对外债务承担相应清偿责任。《民商审判会议纪要》第二部分"关于公司纠纷案件的审理""（二）关于股东出资加速到期及表决权"第6条第1款规定，在注册资本认缴制下，股东依法享有期限利益。但是，公司作为被执行人的案件，人民法院穷尽执行措施无财产可供执行，已具备破产原因，但不申请破产的，债权人以公司不能清偿到期债务为由，请求未届出资期限的股东在未出资范围内对公司不能清偿的债务承担补充赔偿责任的，人民法院应予支持。《公司法司法解释（三）》第13条第2款对此作了相配套的解释："公司债权人请求未履行或者未全面履行出资义务的股东在未出资本息范围内对公司债务不能清偿的部分承担补充清偿责任的，人民法院应予支持。"上述会议纪要以及司法解释对未解散或未进入破产程序的公司中未届出资期限的股东出资是否应加速到期的情形作出了规定。至此，无论公司是否解散清算或进入破产程序，公司的合法债权人均能通过不同的法律途径维护自身的合法权益，债务缠身的公司不再有机会钻法律漏洞以逃避欠债。本案就属于上述会议纪要及《公司法司法解释（三）》规定所涉情形，即公司既不自行解散清算，也不申请破产清算，公司的其他债权人也未申请该公司破产清算的，此时公司的单个债权人可提起民事诉讼，要求未届出资期限的股东出资加速到期，并由未届出资期限的股东在未出资范围内对公司不能清偿的债务承担补充赔偿责任。

本案是否符合股东出资加速到期的上述法定情形，应从以下四个方面审查：（1）公司对原告债权人是否负有确定的且不能清偿的到期债务，且公司作为被执行人的案件，人民法院是否已穷尽执行措施仍无财产可供执行；（2）公司是否既有不能清偿的大量到期债务，也明显缺乏清偿能力，已具备破产原因，却不主动申请破产，且其他债权人也未申请公司破产；（3）公司股东虽未届出资期限，但是否至今未实缴全部出资；（4）加速出资到期的股东是否只在未出资范围内对公司不能清偿的债务承担补充赔偿责任。综观本案可知：（结合案情具体分析）……综上，因a已经实缴全部出资，故其无需对A公司的上述债务承担补充赔偿责任。b、c未实缴全部出资，符合股东出资加速到期的条件，该二人应在其上述未足额出资范围内对A公司尚欠d的不能清偿的到期债务承担补充赔偿责任。

【参考裁判文书】广东省广州市中级人民法院（2021）粤01民终23407号丁某功与林某汉等股东损害公司债权人利益责任纠纷一案二审民事判决书。

三、关于货币出资与其他债权债务关系区分的裁判说理示范

（一）关于股东补足出资的裁判说理示范

【适用情形】股东主张的出资款转账时备注为“借款”“往来款”的，并不必然否认出资款的性质，如有优势证据可以证明上述款项为出资款的，公司仅以转账备注情况要求股东补足出资，不应予以支持。

【说理示范】关于转入公司款项的性质认定问题。A公司认为a、b、c出资款项的转账记录摘要大多备注为借款和转存等名目，公司财务亦没有相应的出资记载，不具有出资的意思表示。但鉴于A公司提交的年度审计报告已将其计为实收资本，且2015年3月B集团增资前A会计师事务所（普通合伙）为其尽职调查出具的《审计报告》亦仅认定a、b、c出资瑕疵为147余万元，说明a、b、c转入A公司的上述款项已经年度审计报告和增资股东认可为出资，结合A公司原股东为a和b夫妻两人、嗣后增加c为股东，公司财务和账户管理不规范等实际情况，不宜仅依据当时的转款摘要否认事后已被公司通过年度审计确认为出资的事实。至于A公司提出年度审计报告对实收资本进行认定时并未审查记账凭证或原始凭证、仅依据工商登记资料作出，且根据《企业会计制度》，实收资本仅在依法定程序增、减资的情况下才会变动，但三个年度审计报告的意见均明确载明其财务报表公允地反映了相关年度的财务状况、经营成果和现金流量，说明其结论并非如A公司所述不经审核财务凭证而简单得出，且前述B会计师事务所（普通合伙）《审计报告》亦发现了a、b、c存在部分出资瑕疵，可以印证A公司上述主张难以成立。

【参考裁判文书】广东省深圳市中级人民法院（2021）粤03民终17863号深圳市诺贝儿教育投资发展有限公司与黄某、吴某玲、郑某容股东出资纠纷一案二审民事判决书。

（二）关于股东向公司转账未达成出资合意的裁判说理示范

【适用情形】股东以其实际转账金额大于认缴出资额为由主张已履行了出资义务，在股东未能证明其转款在公司进入破产程序前基于双方合意已抵销出资款的，其主张不应采纳。

【说理示范】本案系追收未缴出资纠纷。《企业破产法》规定，破产申请受理后，债务人的出资人尚未完全履行出资义务的，管理人应当要求该出资人缴纳所认缴的出资，而不受出资期限的限制。本院已经受理对A公司的破产清算申请，A公司的股东应当缴纳全部出资，而不受出资期限的限制。本案争议焦点为，各股东是否已经实际缴纳出资。根据A公司章程规定，各股东的出资期限为2037年12月31日，上述事实构成A公司关于各股东未缴纳出资的合理怀疑，各股东主张已经实际缴纳出资，应由各股东承担相应的举证责任。根据本案查明的事实，股东a认缴的出资总额为642 857元，其已于2018年4月16日缴纳出资50万元；b认缴的资本总额为4 590 850元，其已于2018年4月16日缴纳出资150万元。b主张其已代替其他股东缴纳全部出资，并提交其名下银行账户的转款记录用以证明，但是其提交的上述转账记录均备注相应转款为“打款”，而未备注为“投资款”，且A公司也未向各股东出具任何出资到位的相关证明，对此，本院认为，在未实施验资程序的情况下，相较于外部债权人，股东具有收回其转账款项的便利条件，即便其收回转账款项亦不会被视为是抽逃出资。因此，股东转入债务人的款项与出资在法律性质上有所不同。遵守资本充实原则、按时足额缴纳出资是股东的法定义务，而股东为公司经营转入的款项则应当承担因经营亏损等无法全额归还的风险。如公司未进入破产程序，允许将股东的投入款与其出资额抵销亦无不妥，并不会影响他人利益。但是，当公司因不能清偿到期债务进入破产程序后，应当将追缴的出资归入债务人财产，用以向全体债权人清偿，此时如允许将股东转账款视为出资，则一方面造成债务人财产减少，另一方面也是对股东进行了优于其他债权人的个别清偿，对于其他债权人显然不公，亦有违诚信。基于对全体债权人利益的保护，《最高人民法院关于适用〈中华人民共和国企业破产法〉若干问题的规定（二）》规定，股东欠缴出资不可以与其对破产企业的债权相抵销。综上，本院认为，A公司各股东仍然应当缴纳各自未缴出资，不能以向A公司支付款项大于出资额为由拒绝缴纳出资。由于b、c、d、e、a、f未缴出资额分别为3 090 850元、107 143元、100 000元、285 714元、142 857元、1 416 286元，A公司主张上述股东补缴的出资额分别为258 457.49元、6031.98元、5629.84元、16 085.24元、36 191.82元、79 734.63元，A公司的主张均未超出上述股东未缴纳的出资额，属于A公司对自身权利的处分，且不违反法律规定，本院予以支持。

【参考裁判文书】广东省深圳市中级人民法院（2021）粤03民初1294号深圳凹客信息科技有限公司与珠海荐闻天下信息科技有限公司、广州远跖股权投资管理中心、安某云、韩某记、黄某美、吴某追收未缴出资纠纷一案一审民事判决书。

四、关于非货币出资是否构成瑕疵出资的裁判说理示范

（一）关于不动产出资已交付未过户的裁判说理示范

【适用情形】股东以不动产出资，将不动产交付公司使用但未办理过户手续的，构成瑕疵出资，股东应履行出资义务。

【说理示范】本案中，被告 a 虽然将出资厂房交付 A 公司使用，但未办理房产变更手续，被告 a 未履行完毕出资义务，构成违约，应向 A 公司履行出资义务。

（二）关于出资形式与章程规定不符的裁判说理示范

【适用情形】公司章程规定股东以货币出资，股东主张其已以非货币财产补足出资义务，并请求人民法院对该财产进行评估，不应支持。

【说理示范】根据《公司法司法解释（三）》第 9 条关于"出资人以非货币财产出资，未依法评估作价，公司、其他股东或者公司债权人请求认定出资人未履行出资义务的，人民法院应当委托具有合法资格的评估机构对该财产评估作价"的规定，a 请求法院对 A 公司名下的探矿权进行评估作价。但人民法院对非货币财产进行评估作价的前提是出资人以该非货币财产进行出资，如前所述，a 在 A 公司设立时并非以非货币财产进行出资，故对原告请求对其探矿权委托评估作价不予支持。

【参考裁判文书】最高人民法院（2014）民申字第 1448 号陕西华钠矿业有限公司与郝某华股东出资纠纷一案再审民事裁定书。

（三）关于以共有不动产出资的裁判说理示范

【适用情形】出资人以尚未进行遗产分割的共有不动产出资，属无权处分行为；不动产物权的变更、转让须经依法登记才能发生法律效力，出资人以共有不动产出资未经登记，该出资行为可认定为无效。

【说理示范】股东出资是指公司股东在公司设立或增加资本时，按照法律、公司章程的规定以及认股协议的约定，向公司交付财产或履行其他给付义务以取得股权的行为。《公司法》第 27 条第 1 款规定："股东可以用货币出资，也可以用实物、知识产权、土地使用权等可以用货币估价并可以依法转让的非货币财产作价出资；但是，法律、行政法规规定不得作为出资的财产除外。"本案被告以自建房屋出资，但该自建房屋土地使用人系被告父亲 a，a、b 夫妻去世后，该房屋作为遗产尚未分割，属于 a、b 夫妻的法定继承人共有财产，被告以该房屋出资，应当认定为无权处分。根据《公司法司法解释（三）》第 7 条关于"出资人以不享有处分权的财产出资，当事人之间对于出资行为效力产生争议的，人民法院可以参照民法典第三百一十一条的规定予

以认定”及《民法典》第209条第1款关于“不动产物权的设立、变更、转让和消灭，经依法登记，发生效力；未经登记，不发生效力，但是法律另有规定的除外”的规定，本案被告以共有的房屋出资且未经登记，应当认定被告的出资行为无效。综上所述，原告请求被告c履行出资义务，将作为出资的房屋交付公司并办理权属变更手续，因被告出资的房屋土地使用权人登记为被告父亲a，a与b夫妻二人去世后，该房屋作为遗产尚未分割，属于被告与其兄弟姐妹的共有财产，被告无权以该共有财产出资，故原、被告双方在《合作协议书》上约定的被告出资方式为“提供自建房屋一座”，应当认定该约定无效，原告以此约定为依据，请求被告交付该房屋给公司并办理权属变更手续，已不能履行，经本院释明后，原告在规定的期限内仍未变更诉讼请求，故原告的请求与法不符，不予支持。

【参考裁判文书】福建省龙海市人民法院（2016）闽0681民初4137号郑某波与郑某章股东出资纠纷一案一审民事判决书。

（四）关于股东以股权出资的裁判说理示范

【适用情形】股东以股权出资，不符合《公司法司法解释（三）》第11条规定，且与公司章程规定的出资形式不符，构成瑕疵出资，股东应依法履行出资义务。

【说理示范】股东出资应符合法律和公司章程规定。根据《公司法》第27条第2款规定，对作为出资的非货币财产应当评估作价，核实财产，不得高估或者低估作价；A公司章程规定，股东以非货币形式出资的，必须按照法律法规的规定办理有关手续，应当由专业资产评估机构评估作价或由全体股东协商作价，核实财产，不得高估或者低估作价，并应当依法办理财产权的转移手续。本案中，第一，a转让给A公司的股权，未经评估作价、验资，不符合法律规定的以股权出资的形式要件。第二，该股权转让行为与A公司章程规定不符，且未经A公司股东会决议确认为a出资行为，不能证明股东之间形成合意。且b、c在证据交换笔录中亦称对于A公司对外投资是否属于以股权出资并不清楚。第三，A公司《清产核资专项审核报告》中记载，“五、清产核资企业概况：……截至2013年12月31日认缴实收资本总额为0”。A公司2013年12月17日和2014年10月10日股东会决议中均记载，“实收资本：0万元人民币”。综上，a主张其以股权出资证据不足，本院不予采信，a应向A公司履行出资义务。

【参考裁判文书】广东省高级人民法院（2021）粤民终1071号刘某平、李某辉等与深圳市爱彼时尚网络有限公司股东出资纠纷一案二审民事判决书。

（五）关于股东以不享有处分权的动产出资的裁判说理示范

【适用情形】股东以不享有处分权的动产出资，公司不构成善意取得，动产的实际权利人有权取回该财产。

【说理示范】a 申诉称法院查封的案涉摊铺机归其所有，并提交了相应证据。首先，根据证据显示，案涉摊铺机是 b 购买后有偿转让给下属 a，a 对该摊铺机享有所有权。其次，A 公司的工商档案虽显示案涉摊铺机是 2005 年 1 月 18 日 c 与 d 签订《协议书》转让给 d 的，d 又作为出资入股到 A 公司，但缺少 d 支付对价的凭证。c 否认与 d 签订过机械设备有偿转让协议，也否认收到机械设备转让费 1400 万元。经鉴定，转让设备的《协议书》上 c 的印章与印文样本的印章不是同一枚印章。同时，庭审中 a 提交了 d 于 2018 年 3 月 1 日出具的证明一份，证明其没有入股 A 公司，没有与 c 签订设备转让协议，也没有支付设备转让款，工商档案中公司章程、股东会议记录及案涉协议书上的签名均非 d 本人签名，经本院调查询问 d，其认可上述证明是其本人出具。再者，a 在起诉 e、A 公司、第三人 f 执行异议之诉纠纷一案中，本院作出的（2018）豫民再 1160 号民事判决也确认，f 入股 A 公司的沥青拌和站设备也系 a 所有，A 公司接受其出资并非善意，不能取得该设备的所有权。a 就案涉设备享有足以排除强制执行的民事权益。综上，根据《民法典》第 311 条关于“无处分权人将不动产或者动产转让给受让人的，所有权人有权追回；除法律另有规定外，符合下列情形的，受让人取得该不动产或者动产的所有权：（一）受让人受让该不动产或者动产时是善意的；（二）以合理的价格转让；（三）转让的不动产或者动产依照法律规定应当登记的已经登记，不需要登记的已经交付给受让人。受让人依照前款规定取得不动产或者动产的，原所有权人有权向无处分权人请求损害赔偿”之规定，结合本案证据可以认定，案涉摊铺机的所有权属于 a 所有，A 公司在成立时明知 d 原系 a 员工、未支付设备对价也非案涉摊铺机所有权人的情况下，将案涉设备作为 d 的出资进行工商登记并由会计师事务所出具验资报告，具有明显过错，故 A 公司对案涉摊铺机并非善意取得。a 要求确认案涉摊铺机归其所有之请求成立，本院予以支持。

【参考裁判文书】河南省高级人民法院（2020）豫民再 273 号新乡市丰运路桥工程处与李某良等所有权确认纠纷一案再审民事判决书。

（六）关于股东以划拨土地使用权出资的裁判说理示范

【适用情形】股东以划拨土地使用权出资，未能在合理期限内办理土地变更登记手续的，构成瑕疵出资。

【说理示范】案涉出资土地系国有划拨用地，依据《土地管理法》等相关法律法规，划拨土地使用权只能用于划拨用途，不能直接用于出资。出资人欲以划拨土地使用权作为出资，应由国家收回直接作价出资或者将划拨土地使用权变更为出让土地使用权。《公司法司法解释（三）》第8条规定的本意就是考虑到司法实践中如果出资的划拨土地使用权权利瑕疵可以补正，且出资人在法院指定的合理期限内实际进行了补正，可以认定当事人以划拨土地使用权出资的效力。但能否补正瑕疵的决定权在于土地所属地方政府及其土地管理部门，人民法院判断出资行为的效力应以瑕疵补正的结果为前提。因而，《公司法司法解释（三）》第8条规定，人民法院应当责令当事人在指定的合理期间内办理土地变更手续，即人民法院应当在诉讼过程中给当事人指定合理的期间，由其办理相关的土地变更手续，并视变更手续完成的结果再行作出判决。本案中，本院已给予当事人合理期限办理土地变更手续，但当事人未能在本院指定的期间内办理，即其无法自行补正划拨土地使用权出资的瑕疵。故B管理处虽将案涉土地交付给A公司使用，但未将案涉土地过户登记至A公司名下，因而其以案涉土地使用权出资的承诺并未履行到位。a、A公司请求确认B管理处未履行作为A公司股东的出资义务，有事实和法律依据，本院予以支持。但因案涉出资土地系划拨用地，当事人未能在本院指定的合理期间内办理土地变更手续，故a、A公司请求将案涉土地过户登记至A公司名下，没有法律依据，本院不予支持。

【参考裁判文书】最高人民法院（2016）最高法民再87号海南三亚国家级珊瑚礁自然保护区管理处与周某梅等股东出资纠纷一案再审民事判决书。

（七）关于股东以商标使用权出资的裁判说理示范

【适用情形】股东以商标使用权作价出资，已依法办理出资的工商登记手续及商标使用权转让的备案登记手续，公司亦已向股东出具股权证书的，公司债权人仅以商标使用权作价出资时未经评估为由主张该股东未履行出资义务，该主张不成立。

【说理示范】关于A公司是否履行出资义务。A公司提交的《关于准予C公司生产的重熔用铝锭使用“雪山牌”商标的通知》《商标许可使用合同》《商标许可使用合同备案通知书》及B公司提交的《企业注册资金审验证明书》等，均明确载明A公司系以“雪山牌”商标使用权作价出资，B公司关于A公司出资内容为“雪山牌”商标所有权、而非商标使用权的主张不能成立。A公司以雪山牌商标使用权出资，已经出具准予C公司生产的重熔用铝锭使用“雪山牌”商标使用权的通知，亦与C公司签订了商标许可使用合同，并经国家工商行政管理总局商标局备案，A公司亦以881万元作为计税金额缴纳了相关税费，结合《企业注册资金审验证明书》、股权证书等证据，可以认定A公司已经履行了以"雪山牌"商标使用权作价881万元的出资义务。案涉"雪山牌"商标使用权作价出资时虽未评估，但不能因此否认该商标使用权的价值，B公司也未提供证据证明公司章程规定的"雪山牌"商标使用权作价明显过高。因此，B公司关于A公司出资的"雪山牌"商标未经评估、出资未完成的主张不能成立。

【参考裁判文书】最高人民法院（2021）最高法民申7457号杭州炳盛管理合伙企业与中国长城铝业有限公司等合伙企业纠纷一案再审审查民事裁定书。

（八）关于股东以债权出资的裁判说理示范

【适用情形】债权人以债权出资的，除举证证明债权的真实性、合理性之外，还应提交证据证明其与公司就债转股达成了合意。

【说理示范】本案的争议焦点在于a、b是否履行了出资义务。a为证明其已履行出资义务，提交了销售合同确认书、对账单、发票、债转股协议书以及A公司财务账册，用以证明a、b将出借于公司的款项认缴了转增的公司股份，因此已完成了出资义务。c对此不予认可，但未能提供证据证明a所提供的财务账册系事后伪造。c认为a、b大额向A公司出借款项，并签订债转股协议书，与常理不符，存在伪造证据的嫌疑，但未提供相应证据，应承担举证不能的法律后果。尽管c提供的企业年报显示A公司增资的实缴金额为零，该证据有一定证明力，但并不能完全绝对证明是因为实际未出资而导致的实缴金额为零，可能因其他原因造成工商登记实缴金额为零。因此，本案仍旧需要就双方提供证据的证明力进行综合评判，由于a已就其向公司出借款项以及债转股的情况提供了企业的财务账册原件予以证明，相较c仅有的工商年报，更具高度盖然性。故，a、b已就其已履行出资义务完成了举证责任。

【参考裁判文书】上海市第一中级人民法院（2020）沪01民终2064号上海保发金属制品有限公司与苏州颐来达模具有限公司等买卖合同纠纷一案二审民事判决书。

五、关于股东债权能否平等参与执行款分配的裁判说理示范

【适用情形】出资不实股东因向公司外部债权人承担出资不实的股东责任并被扣划款项后，不能再以其对公司享有债权为由要求与外部债权人一起参与上述款项的分配。

【说理示范】2010年6月11日，××法院作出（2010）松民二（商）初字第275号民事判决，A公司应当向B公司支付货款及相应利息损失。该案

进入执行程序后，因A公司被注销，××法院裁定追加A公司股东C公司及7名自然人股东为被执行人，并在各自出资不实范围内向B公司承担责任，最终扣划到C公司和4个自然人股东款项共计696 505.68元（包括C公司出资不足的45万元）。2012年7月18日，该院分别立案受理由C公司提起的两起诉讼：要求A公司8个股东在各自出资不实范围内对A公司欠付C公司的借款及利息、房屋租金及相应逾期付款违约金承担连带清偿责任，该两案判决生效后均进入执行程序。执行过程中，执行法院对696 505.68元执行款作出由B公司和C公司按比例受偿的分配方案，B公司不服提起分配方案异议之诉，认为C公司不能就其因出资不到位而被扣划的款项参与分配。

法院一审认为，针对C公司出资不实而被法院扣划的45万元，C公司能否以对公司也享有债权为由与B公司共同分配该部分执行款。公司法明确规定有限责任公司的股东以其认缴的出资额为限对公司承担责任，故C公司因出资不实而被扣划的45万元应首先补足A公司责任资产并向作为公司外部的债权人原告B公司进行清偿。C公司以其对A公司也享有债权要求参与其自身被扣划款项的分配，对公司外部债权人是不公平的，也与公司股东以其出资对公司承担责任的法律原则相悖。因此，对于696 505.68元执行款中的45万元应先由原告受偿、余款再按比例进行分配的意见予以采纳。

【参考裁判文书】上海市松江区人民法院沙港公司与开天公司分配方案异议之诉一审民事判决书。

六、关于公司章程与股东间协议效力冲突的裁判说理示范

【适用情形】股东内部协议与备案章程发生冲突，各股东之间对出资义务产生争议时，应以股东内部协议为准。

【说理示范】股东出资义务既是约定义务也是法定义务，而这种义务从约定转换到法定的合理根据则在于注册资本应有的公示效力。类似本案部分股东的实际出资方式不符合《公司法》的规定，为便于登记备案，便在章程中作出与事实不符的记载，实践中并不鲜见。一旦股东之间的内部约定与对外登记公示的章程发生冲突，进而产生纠纷时，如何认定两个协议的效力成为关键。认缴制下，强调对外以认缴资本承担责任，潜含了章程对外的法律效力。即如涉及公司以外的债权人利益，应当以章程为准；如涉及股东之间的出资纠纷，应当以股东订立的符合其真实意思的合同为准。

【参考裁判文书】浙江省杭州市富阳区人民法院（2016）浙0111民初3655号浙江规矩塑料机械有限公司与金某水股东出资纠纷一案一审民事判决书。

七、关于抽逃出资的裁判说理示范

（一）关于过桥验资型抽逃出资的裁判说理示范

【适用情形一】股东向公司账户转入约定的出资金额，但于当日或短时间内转出，且股东未能就转出的款项用途作出合理解释，其行为属于抽逃出资。

【说理示范一】关于a、b、c、d是否足额出资以及是否应在出资不足范围内对公司不能清偿的债务承担补充赔偿责任的问题。A公司设立时的注册资本金为1000万元，股东为a、b、c、d，公司章程分别规定了各股东的出资比例。经查，a、b、c、d向公司开办的银行账户内虽转入约定的出资，但均于当日或短时间内予以转出。该笔款项在短时间内转出，且股东未能就转出的款项用途作出合理解释，属于抽逃出资的行为。《公司法司法解释（三）》第13条第2款规定，公司债权人可以请求未履行或未全面履行出资义务的股东在未出资本息范围内对公司债务不能清偿的部分承担补充赔偿责任。据此，原告要求A公司的四位股东对公司债务不能清偿的部分承担补充赔偿责任依法有据，本院予以支持。

【适用情形二】股东未经法定程序将出资抽回，构成抽逃出资。

【说理示范二】2011年9月13日，被告a股东向公司银行账户转账完成增资，A会计师事务所出具验资报告后，次日该出资款便以往来款的形式被转入案外人c账户，用途摘要载明“往来”。该转出行为未经任何法定程序，亦非基于正常的交易关系，被告a股东在庭审中确认其知晓并许可增资及其通过中介公司垫资完成增资登记等事项。《公司法司法解释（三）》第12条规定：“公司成立后，公司、股东或者公司债权人以相关股东的行为符合下列情形之一且损害公司权益为由，请求认定该股东抽逃出资的，人民法院应予支持：……（四）其他未经法定程序将出资抽回的行为。”被告a股东以获取验资为目的，短暂地将资金转入并转出的行为，构成抽逃出资，应当承担返还义务。

【参考裁判文书】最高人民法院（2021）最高法民申4683号深圳市亿玛信诺科技有限公司、李某进与深圳市亿玛水体环境科技有限公司追收抽逃出资纠纷、股东出资纠纷一案民事裁定书。

（二）关于股东未经法定程序向公司借款型抽逃出资的裁判说理示范

【适用情形】股东以公司资金归还个人借款和利息的行为属于抽逃出资。

【说理示范】公司法及其司法解释关于抽逃出资的认定中，均有“其他未经法定程序将出资抽回的行为”的规定。a主张A公司转出的款项是正常的股东借款，但是未提交证据证明，故本院认定 a 以公司资金归还 a 个人借款和利息的行为属于抽逃出资。

（三）关于以部分年限土地使用权出资的裁判说理示范

【适用情形】股东以土地使用权的部分年限对应价值作价出资，期满后收回土地，不构成抽逃出资。

【说理示范】根据《公司法》及相关法律法规的规定，股份有限公司设立时发起人可以用土地使用权出资。土地使用权不同于土地所有权，其具有一定的存续期间即年限，发起人将土地使用权出资实际是将土地使用权的某部分年限作价用于出资，发起人可以将土地使用权的全部年限作价用于出资，作为公司的资本。发起人将土地使用权的部分年限作价出资投入公司，在其他发起人同意且公司章程没有相反规定的情况下，并不违反法律法规的禁止性规定，此时发起人投入公司的资本数额应当是土地使用权该部分年限作价的价值。在该部分年限届至后，土地使用权在该部分年限内的价值已经为公司享有并使用，且该部分价值也已经凝结为公司财产，发起人事实上无法抽回。由于土地使用权的剩余年限并未作价用于出资，所以发起人收回土地使用权是取回自己财产的行为，这种行为与发起人出资后再将原先出资的资本抽回的行为有明显的区别，不应认定为抽逃出资。发起人取回剩余年限的土地使用权后，公司的资本没有发生变动，所以无须履行公示程序。

（四）关于股东增资后又转出的裁判说理示范

【适用情形】股东认缴公司新增注册资本，验资后将资金转出，资金并未用于公司经营的，构成抽逃出资。

【说理示范】公司增加注册资本是扩张经营规模、增强责任能力的行为，与公司设立时的初始出资没有明显区别。公司股东若有增资瑕疵，应承担与公司设立时出资瑕疵相同的责任。本案中，关于 a 是否存在抽逃出资行为。根据查明的事实，a 于 2004 年 10 月 18 日缴存 A 银行某支行人民币账户 4000 万元，但该款于次日即 2004 年 10 月 19 日转出。该 4000 万元仅用于验资，验资完成后即从公司账户转出，并未用于公司经营。a 主张转出的 4000 万元增资款系用于 B 公司对 C 公司的投资，但其提交证据中的验资报告显示，B 公司于 2004 年 10 月 14 日即已缴纳 D 市人民政府高速公路建设指挥部保证金 4250 万元，并经全体股东确认为对 C 公司的 4000 万元投资；a 亦不能提交相应的转款凭证，其提交的现有证据不能证明其增资的 4000 万元用于 C 公司的对外投资。故 a 认为其 4000 万元增资不存在瑕疵的理由不能成立。

【参考裁判文书】河南省高级人民法院（2011）豫法民二终字第 199 号胡某中与汤某股权纠纷一案二审民事判决书（《人民司法・案例》2013 年第

2 期)。

(五)关于未办理变更登记股东要求返还出资的裁判说理示范

【适用情形】当事人已实际出资并完成公司内部的股东登记，虽未经工商变更登记，仍具有股东地位。股东出资可以依法转让，但不得擅自抽回。

【说理示范】本案被告在工商登记成立时，有两名股东，其公司注册资金为 50 万元。但从后来发生的事实看，公司注册资金实际上并未到位，出现了公司注册资金虚假登记的问题，且该两名股东的出资能力严重不足。在这种情况下，原告向被告出资，实际上是原股东向股东以外的人转让其出资，即吸收新股东，以弥补注册资金的严重不足，原告据此成为受让出资的新股东。三方于 2001 年 2 月 16 日签订的会谈纪要实质上系确认转让行为、增加新股东的协议。上述协议的生效条件，由于公司法并无特别规定，故依照《民法典》第 502 条第 1 款的规定，该协议应自签订之日起成立并生效。同时，由于该协议实际上是对先前已实际发生的出资转让、新股东受让并予以出资等行为的追认和确认，故应视为被告公司内部的股东登记已完成，原告在被告公司享有的股东地位已实际取得并得到确认。根据公司法的要求，股东转让出资引起股东变更的要进行股东变更登记，这种变更登记包括两方面的登记：一是公司内部登记，二是工商登记。这两种登记的性质和作用并非转让出资协议生效和股东地位确立的条件，仅是对股东变更的不同公示方式。前一种登记公示的范围较小，后一种登记公示的范围较大，但均为向社会公示股权、股东变更的结果。所以，是否办理股东变更的工商登记，不是转让出资协议和股东变更的生效要件。未办理股东变更工商登记，对公司以外的第三人不产生法律效力，但并不影响股权转让各方之间的法律效力。既然原告在被告公司的股东地位已确立，三方之间的协议也有效，原告也已实际出资并得到协议的确认，依照《公司法》第 35 条的规定，其作为股东即不得抽回出资，依法只能转让其出资。故原告要求归还出资款的诉讼请求，本院不予支持。

(六)关于股东依法定程序向公司借款不构成抽逃出资的裁判说理示范

【适用情形】股东依法定程序向公司借款，未损害公司利益的，不构成抽逃出资。

【说理示范】关于借款是否构成抽逃出资。对于股东是否抽逃出资的判别认定，应准确理解和适用《公司法司法解释(三)》第 12 条的规定，既要至少符合“制作虚假财务会计报表虚增利润进行分配”“通过虚构债权债务关系将其出资转出”“利用关联交易将出资转出”“其他未经法定程序将出资抽回”等形式要件之一，也要同时符合“损害公司权益”的实质要件。《公司法》第

115 条规定“公司不得直接或者通过子公司向董事、监事、高级管理人员提供借款”，但对公司向股东提供借款并无禁止性规定。本案中，各股东的借款经过了股东会议决议，签署了书面的《借款协议》，也记入了财务账册，因此，就 A 公司向各股东提供借款的行为本身而言，既非虚构的债权债务关系，也不违反《公司法》规定和公司章程，应认定合法有效，不符合上述抽逃出资的形式要件。从是否损害公司权益看，公司财产有多种形式，借款后 A 公司因享有债权其资产并未减少。故各股东从 A 公司借款的行为不能认定为抽逃出资。

【参考裁判文书】广东省高级人民法院（2019）粤民终 1609 号深圳市爱华动力电池有限公司与深圳市爱华电子有限公司股东出资纠纷一案二审民事判决书。

（七）关于股东向公司借款后对借款资金进行减资的裁判说理示范

【适用情形】股东依法定程序向公司借款，公司依法定程序减资的，不构成抽逃出资。

【说理示范】本案的争议焦点是 A 公司股东 a、b、c 是否有抽逃出资的行为。A 公司向股东 a、b、c 提供借款，经过股东会议决议，签署书面的借款协议，并记入财务账册。A 公司的减资作了公示、明示。A 公司减资后，股东 a 先归还所借款项再收取股东减资款，股东 b 直接以股东减资款冲抵所借款项，股东 c 先收取股东减资款再归还所借款项，均是正常的财务往来行为。A 公司向股东提供借款未导致其资产减少，而减资则属于公司正常经营决策行为，故本院认定 A 公司股东 a、b、c 没有抽逃出资的行为，对 A 公司要求 a、b、c 返还抽逃出资的诉讼请求不予支持。

【参考裁判文书】广东省高级人民法院（2019）粤民终 1609 号深圳市爱华动力电池有限公司与深圳市爱华电子有限公司等股东出资纠纷一案二审民事判决书。

（八）关于受让股东对转让股东抽逃出资行为不当然承担责任的裁判说理示范

【适用情形】受让股东对转让股东的抽逃出资行为不当然承担连带责任。

【说理示范】本案的争议焦点是股东 a 是否应当按照《公司法司法解释（三）》第 17 条的规定，对其前任股东 b 的抽逃出资行为向公司债权人 c 承担连带责任。《公司法司法解释（三）》第 17 条的字面意思只规定了原股东虚假出资转让股权后，受让股东明知或应知的，对公司承担连带责任，但对于原股东的抽逃出资责任是否也由受让股东承担，并未作出明确规定。从《公司法司法解释（三）》规定的前后体例看，涉及虚假出资和抽逃出资的两种法律责任，并未作为同一条文规定，也没有基于互相包含的关系而只列举一种情形，因此，严格按照文义理解更符合该规定的精神。抽逃出资和虚假出资从后果看，都是导致公司不拥有该部分注册资本，但从内涵上讲是有区别的。虚假出资是公司成立之前的股东单方行为，因公司尚未成立，故公司不能够表达否定意志，责任在于股东，新股东受让后原则上要对公司承担原股东的义务，此时可谓公司没有过错。抽逃出资行为发生在公司设立之后，任何股东抽逃出资都必须经公司履行相关手续，从形式上看公司作出的是“同意”的意思表示，此时应推定公司具有过错，股权转让后，公司不能够在允许原股东抽逃出资的前提下，又向新股东主张责任，否则，有悖诚实信用。因此，《公司法司法解释（三）》第 17 条的解释应不包括股东抽逃出资的情形，且现有证据未能证明 a 明知 b 抽逃出资仍受让其股权，故 a 无须对其前任股东 b 的抽逃出资行为承担连带责任。

【参考裁判文书】最高人民法院（2013）民申字第 1795 号东平中联美景水泥有限公司与聊城美景中原水泥有限公司股东出资纠纷申请再审一案民事裁定书。

（九）关于第三人协助抽逃出资责任的裁判说理示范

【适用情形】代垫资金的第三人协助股东抽逃出资的，构成共同侵权。

【说理示范】股东将其资金作为出资投入公司后，该资金即为公司的资产，股东不得随意取回，股东抽回出资的行为侵犯 E 公司的财产权，损害公司债权人的利益，应承担相应民事责任。第三人代垫资金、协助股东抽逃出资，依照《侵权责任法》第 8 条规定构成共同侵权的，该第三人应承担相应连带责任。

2001 年 7 月 19 日，A 公司出资账户分别向 B 公司、C 公司、D 公司的出资账户转入其各自拟出资的金额。同日，E 公司的四名设立股东 A 公司、B 公司、C 公司、D 公司各自完成向 E 公司验资账户注资。之后，2001 年 8 月 8 日、8 月 13 日，E 公司即将验资款中的 9660 万元分两笔转入 F 公司账户，F 公司随即将上述款项全部转出至 A 公司出资账户、C 公司其他账户。而 F 公司并无证据证明相关款项的转入、转出系基于出资之外的其他法律关系，据此，F 公司先前转入 A 公司的 2500 万元实际已通过上述方式被抽回。结合原审查明本案各公司及管理人员之间存在关联关系的事实，可以认定 F 公司对于相关款项系用于验资且最终被抽回的事实是明知的。因此，原审判决认定 F 公司应在代垫资金本息范围内对 E 公司经 7985 号判决确定的所负 G 公司的债务经强制执行不能清偿的部分承担补充赔偿责任，并不缺乏证据证明。

【参考裁判文书】最高人民法院（2017）最高法民申 4642 号神州数码信

息服务股份有限公司与北京北大未名生物工程集团有限公司、北京新富投资有限公司、北京德恒有限责任公司、昆山市申昌科技有限公司、平安银行股份有限公司深圳分行、深圳市生物港投资有限公司与公司有关的纠纷一案再审审查民事裁定书。

八、关于股东转让股权后是否仍须对公司债务承担责任的裁判说理示范

（一）关于出资期限未届满的股东未出资即转让股权的裁判说理示范

【适用情形】出资期限未届满的股东尚未完全缴纳其出资份额即转让股权的，公司债权人请求该股东就公司不能清偿债务承担补充责任，不予支持。

【说理示范】a、b、c、d 作为 A 公司股东期间，公司章程明确载明股东认缴出资期限为 2021 年 3 月 29 日，而 a、b、c、d 均在 2018 年 3 月 21 日前即已转让股权，不再担任公司股东。在当时并无债权人主张股东出资加速到期或因公司章程规定不明并要求股东履行出资义务的情况下，a、b、c、d 系在认缴出资期限届满前转让股权。《公司法》第 28 条规定，股东应当按期足额缴纳公司章程中规定的各自所认缴的出资额，但在公司注册资本认缴制下，股东享有出资的“期限利益”，《公司法司法解释（三）》第 13 条第 2 款规定的“未履行或者未全面履行出资义务”应当理解为“未缴纳或未足额缴纳出资”，出资期限未届满的股东尚未完全缴纳其出资份额不应认定为“未履行或者未全面履行出资义务”。在 a、b、c、d 转让所持公司股权之时，其所认缴股权的出资期限尚未届满，故不构成《公司法司法解释（三）》第 13 条第 2 款、第 18 条规定的“未履行或者未全面履行出资义务即转让股权”的情形，亦不属于滥用股东权利的情形。B 公司主张 a、b、c、d 在未出资本息范围内对 A 公司债务不能清偿的部分承担补充赔偿责任的实质是主张 a、b、c、d 的出资加速到期，该诉讼请求没有法律依据，本院不予支持。

【参考裁判文书】广东省深圳市中级人民法院（2021）粤 03 民终 7253 号深圳市奕煌科技有限公司与郭某等股东损害公司债权人利益责任纠纷一案二审民事判决书。

（二）关于股东转让股权不存在逃避债务恶意的裁判说理示范

【适用情形】出资期限未届满，股东转让股权不存在逃避债务之恶意等例外情形的，无须对公司不能清偿的债务承担责任。

【说理示范】根据《公司法》第 28 条第 1 款关于“股东应当按期足额缴

纳公司章程中规定的各自所认缴的出资额”之规定，在认缴期限届满前，股东享有期限利益，故股东在认缴期限内未缴纳或未全部缴纳出资不属于未履行或未全面履行出资义务。在认缴期限届满前转让股权的股东无需在未出资本息范围内对公司不能清偿的债务承担连带责任，除非该股东具有转让股权以逃避出资义务的恶意，或存在在注册资本不高的情况下零实缴出资并设定超长认缴期限等例外情形。本案中，被告 b 转让股权时，A 公司尚在正常经营，A 公司与原告 a 签订的合同亦处于正常履行过程中，直至原告 a 提起诉讼，向 A 公司主张拖欠的款项。据此，本院认定被告 b 无逃避债务的主观故意，不存在恶意规避公司债务清偿的情形。

【参考裁判文书】最高人民法院（2021）最高法民申 6421 号榆林市德厚矿业建设有限公司与中国化学工程集团有限公司等执行异议之诉再审审查民事裁定书。

（三）关于股东是否恶意逃避债务的裁判说理示范

【适用情形】以 0 元或较低价格转让股权，不足以证明股东转让股权系恶意逃避公司债务。

【说理示范】如果债权人认为股东恶意转让股权以逃避法律责任，就会涉及该股东与股权受让人恶意串通的情况，根据《民事诉讼法司法解释》第 109 条的规定，债权人证明其主张的证明标准应达到高于高度盖然性的排除合理怀疑的程度。而股权价值受公司经营状况、市场情况、政策变更、投资者信心和自身价值评判等因素的影响较大，不能仅以 0 元或较低价格转让股权就质疑甚至排除合理怀疑地认定其转让股权的行为系恶意串通损害债权人利益。因此，A 公司关于 a、b、c、d 存在恶意转让股权、滥用股东有限责任的主张缺乏事实依据。

【参考裁判文书】广东省深圳市中级人民法院（2021）粤 03 民终 7253 号深圳市奕煌科技有限公司与郭某等股东损害公司债权人利益责任纠纷一案二审民事判决书。

（四）关于股东恶意转让股权的裁判说理示范

【适用情形】股东恶意转让股权的，应在未出资本息范围内对公司债务承担补充赔偿责任。

【说理示范】a 作为原股东是否应对 A 公司的债务承担补充赔偿责任，关键在于判断 a 是否存在利用公司股东享有的出资期限利益通过转让股权的形式恶意逃避债务，侵害公司债权人利益。股东认缴出资所体现的公司注册资本是公司经营的经济基础，是交易相对方判断公司资信水平、偿债能力和衡量交易风险的重要依据，公司债权人对公司股东认缴出资所对应的公司偿债能力产生合理信赖和可预见的期待。认缴出资的股东转让其持有的公司股权，不仅仅是股权交易双方内部的权利分配和义务负担，还关系股东对公司所负的出资义务能否按期履行，影响公司债权人的债权实现。因此，认缴出资的股东应对其转让公司股权持善意、谨慎态度。本案中，首先，从股权转让的时间来看，A公司对B公司所负的债务于2020年6月12日经法院生效调解书予以确认，a于2020年7月转让其认缴出资，a在A公司债务确定后短时间内转让其认缴出资，且未作出合理解释；其次，从股权转让的过程来看，A公司的原股东a、b、c在同一天将持有的认缴出资1000余万元均转让给d，且未约定股权转让对价，未有证据显示该转让行为具有合理性；最后，从股权受让人来看，d系c父亲，c亦表示d无工作，d受让股权后基本没有参加公司经营。可见d受让大额认缴出资，既无正当事由，实际上亦无出资能力。基于上述情形，本院难以认定a将认缴出资股权转让给d为善意，故a应在未出资范围内对A公司的涉案债务承担补充赔偿责任。

【参考裁判文书】北京市第二中级人民法院（2022）京02民终3336号李某伟与海鹰航空通用装备有限责任公司等执行异议之诉一案二审民事判决书。

（五）关于股权已转让但未变更登记的裁判说理示范

【适用情形】公司债权人要求股东就公司债务承担补充赔偿责任，股东抗辩股权已转让但尚未办理股权变更登记的，抗辩不成立。

【说理示范】关于a主张其已向b转让26%的股权份额并已实缴出资506 000元。a提供的其与b所签订的《股东决议书》即便真实有效，亦仅为a与b之间内部达成的股权转让协议，在双方未就此办理工商变更登记之前，并不对公司外部债权人发生法律效力。故c按照A公司工商登记载明的各股东出资比例及认缴出资额主张a承担相应的法律责任，具有充分事实和法律依据，本院予以支持。另a主张其已实际缴纳部分出资，但根据其自行提供的银行账户交易明细显示，其在2017年至2019年期间对A公司的转账款项均已注明为“借款”或“往来款”，显然不能认定为股东对公司缴纳的出资款，而其提供案外人d微信发送的明细表，也未载明相关款项性质为a对A公司的出资款，更未得到A公司或公司其他股东的确认。因此，a所提供证据不能证实其已经实缴部分出资，其应当在未缴纳出资291.55万元范围内对A公司不能清偿的债务承担补充赔偿责任。

【参考裁判文书】广东省广州市中级人民法院（2021）粤01民初1759号谢某明与郭某东等追加、变更被执行人异议之诉一案一审民事判决书。

（六）关于股权转让时股东明知公司有债务且不能清偿的裁判说理示范

【适用情形】股东出资期限未届满，但在明知公司有确定债务且清偿不能的情形下转让股权，股东的出资义务不因股权转让而豁免。

【说理示范】关于a、b是否应承担出资责任及承担责任的范围问题。公司以其全部财产对公司债务承担责任，股东认缴出资所体现的公司注册资本是公司财产的一部分，也是交易相对方判断公司偿债能力、衡量交易风险的重要依据。无论认缴制还是实缴制，都不改变公司注册资本是公司对外承担责任的基础这一法律原则。我国法律法规不禁止股东在认缴期限届满前转让股权，但股权转让的交易自由和股东期限利益的行使不能损害公司和公司债权人的利益，股东对公司出资既有合同属性也有法定属性，不当然随着股权的转让而转移。公司对外支付不能时，如允许未届出资期限的股东通过转让股权免除出资义务，实际上规避了法律对公司资本的限制，可能造成公司可偿债财产减少，或股东通过股权转让方式逃避出资义务，最终危害经济交易秩序，违背认缴制的初衷。本案中，虽然A公司章程规定注册资本采取认缴制，股东可以在2018年5月24日前认缴，但涉案债务在a、b转让股权之前形成，而其作为公司股东，在上述债务形成期间，a、b并未向公司出资，在债务经法院生效判决确认后，也未积极履行债务，反而转让其所持有的公司股权，在其转让公司股权时，公司的注册资本始终为零且处于支付不能的状态。在A公司进入破产程序后，a、b对A公司的出资义务已经到期，依法应当履行。鉴于其已将股权转让给c，其应在认缴的出资范围内对c的出资义务承担补充责任。a、b上诉主张其股权已经在认缴期限届满前转让，其应享有期限利益，不需认缴出资，没有法律依据，本院不予采信。

【参考裁判文书】广东省高级人民法院（2021）粤民终1071号刘某平与李某辉等股东出资纠纷一案二审民事判决书。

九、关于隐名股东与显名股东出资责任的裁判说理示范

（一）关于公司内部股东资格争议的裁判说理示范

【适用情形】公司内部的股东资格争议，应当根据当事人之间的约定及其相关行为探究真实意思，确定股东资格，而不应以是否在工商登记机关登记为依据。

【说理示范】本案争议的焦点是，a汇入A公司的210万元是向A公司的出资，还是借款。因此，本案争议实质上是a是否为A公司的股东。根据公

司法的规定，有限责任公司的章程应当载明股东的姓名或名称、股东的出资额和出资方式等，股东应当在公司章程上签名、盖章；有限责任公司成立后，应当向股东签发出资证明书；有限责任公司应当置备股东名册，记载股东的姓名或者名称及住所、股东的出资额等事项；股东依法转让其出资后，由公司将受让人的姓名或者名称、住所以及受让人的出资额记录于股东名册。但工商登记机关的核准登记不是确立股东资格的必经程序。在股东资格争议中，如果涉及与公司进行交易的善意第三人，为了维护交易安全和市场秩序，应当以外观的、具有公示效力的工商登记、公司章程、股东名册等作为认定依据。未经登记或变更登记的，不能对抗第三人。但公司内部的股东资格争议，则应当根据当事人之间的约定、当事人的行为探究其真实意思，据实作出认定。本案 a 与 A 公司的股东 b、c 于 2002 年 7 月 12 日签订《投资协议》，约定三人的出资比例、出资数额、出资方式等。该协议约定 a 应出资 210 万元，除签订协议前借给 A 公司的 50 万元外，还应出资 160 万元。在签订《投资协议》之前，a 与 b、c 两次召开出资人会议，商讨出资方案和公司经营的有关事宜；在签订《投资协议》之后，a 即将 160 万元汇给 A 公司。此后，a 多次参加 A 公司的董事会议，讨论 A 公司的具体经营事宜。从以上事实可以认定，a 有成为 A 公司股东的真实意思，并履行了其与其他股东签订的《投资协议》，完成了出资义务，以公司董事身份参与了公司的经营决策和管理。a 作为 A 公司股东的身份足以认定，未经法定程序，a 不得收回投资。a 所主张的借款实际上是其向 A 公司的出资，其请求返还该款，没有法律依据。因此，a 以 A 公司没有在公司登记机关将其登记为股东为由主张其不具有股东身份，没有法律依据；其主张 A 公司退回投资款 160 万元及利息，其实质是抽逃出资，本院不予支持。

【参考裁判文书】广东省高级人民法院（2005）粤高法民一终字第 256 号陈某华与某公司股东出资纠纷一案二审民事判决书。

（二）关于隐名股东已获公司认可请求返还出资款的裁判说理示范

【适用情形】有限责任公司的隐名股东向公司出资并已获得出资证明书的，其以公司未将其登记为工商注册股东为由，要求公司返还出资款，不应得到支持。

【说理示范】a 向 A 公司履行了出资义务，A 公司也向其签发了出资证明书，a 具有 A 公司的股东身份，A 公司未将 a 的股东身份在工商登记部门进行登记，负有一定责任，但不能因此否认 a 是 A 公司股东的事实。

（三）关于股东以名义股东为由抽逃出资的裁判说理示范

【适用情形】股东存在抽逃出资行为，其抗辩仅为名义股东无须承担责任的，理由不成立。

【说理示范】股东必须依法履行出资义务，违反出资义务的行为，在公司成立之后，则同时构成公司法上的违法行为和损害公司利益的行为，公司有权向其追究责任。a 作为一名具备完全民事行为能力的公民，应当明白在章程和工商登记材料上签字的法律后果，其在签名成为 A 公司的股东后，不得将出资款项转入公司账户验资后又转出或通过虚构债权债务关系将其出资转出。a 在缴纳出资款 90 万元后，将总计 702 710 元以借款、往来款名义从 A 公司账户转入其个人账户，虽 a 抗辩该个人账户非为其掌控，款项也非为其收取，但 a 对此未能提供充分证据予以证明，且该账户由 a 开设，除被盗用等非因 a 行为造成的情况外，a 应承担该账户所产生的一切法律后果，即使 a 存在出借个人账户的情况，亦不能免除 a 归还 702 710 元出资的义务。此外，a 作为工商登记持有 A 公司 60%股份的股东，对于 A 公司未能偿还债权人欠款，A 公司破产管理人已依法向 a 追收，根据《公司法司法解释（三）》第 26 条的规定，不管其在本案中是名义股东还是实际股东，均应在未出资本息范围内承担补充赔偿责任，因此，a 抗辩其为名义股东、无须承担责任的主张无法律依据，本院不予支持。

【参考裁判文书】浙江省温州市中级人民法院（2017）浙 03 民终 6079 号吴某艳与永嘉艳阳纸箱有限公司股东出资纠纷一案二审民事判决书。

十、关于瑕疵出资的法律责任的裁判说理示范

（一）关于其他股东未履行出资抗辩的裁判说理示范

【适用情形】公司股东之间不因对方没有履行出资义务而免除自身依法应承担的股东义务和责任。

【说理示范】A 公司提起的本诉被告为 B 公司，第三人为 C 公司；本案 B 公司提起的反诉被告为 A 公司，第三人为 a，故 B 公司提起反诉所涉当事人明显超过了本诉当事人的范围。A 公司在本诉中提出的诉讼请求系基于其主张 B 公司存在抽逃出资的事实而应向 C 公司返还出资及利息，限制 B 公司在 C 公司的股东权利，并向 A 公司承担违约责任。本案 B 公司在反诉中提出的诉讼请求系基于其主张 A 公司亦存在抽逃出资的事实而应向 C 公司返还出资及利息，由 a 对此承担连带责任，并限制 A 公司在 C 公司的股东权利。故 B 公司提起的反诉请求所依据的事实与 A 公司提起本诉请求所依据的事实并非同一事实，即使双方诉讼请求成立，根据《公司法》第 28 条、第 35 条、第 200 条的规定，双方仍应各自承担向 C 公司补缴出资的义务，B 公司并不能因

向A公司提起了反诉而免除其依法应承担的股东义务和责任，即双方的诉讼请求不能相互抵销，亦不存在因果关系。故B公司提起的反诉不符合《民事诉讼法司法解释》第233条规定的人民法院应将本诉与反诉合并审理的情形，对B公司提起的反诉本院不予受理。

【参考裁判文书】最高人民法院（2018）最高法民终41号福建亚通新材料科技股份有限公司与伟升（香港）有限公司股东出资纠纷一案二审民事裁定书。

（二）关于公司请求限制股东权利的裁判说理示范

【适用情形】公司章程未作出限制股东利润分配请求权、新股优先认购权、剩余财产分配请求权等股东权利的规定，公司虽然召开股东会、董事会，但因召集程序不符合公司章程规定，相应的股东会、董事会决议无效。公司据此请求限制相应股东权利的，应不予支持。

【说理示范】《公司法司法解释（三）》第16条规定："股东未履行或者未全面履行出资义务或者抽逃出资，公司根据公司章程或者股东会决议对其利润分配请求权、新股优先认购权、剩余财产分配请求权等股东权利作出相应的合理限制，该股东请求认定该限制无效的，人民法院不予支持。"根据该规定，限制股东利润分配请求权、新股优先认购权、剩余财产分配请求权等股东权利，应当同时具备以下条件：一是股东未履行或者未全面履行出资义务，或者有抽逃出资的行为；二是应当根据公司章程或者股东会决议作出限制。首先，如前所述，A公司并非未履行出资义务，而是未全面履行出资义务；其次，B公司章程并未明确规定未全面履行出资义务股东的权利可以被限制。根据B公司章程第25条规定，出席董事会会议的法定人数不得少于全体董事的三分之二，不够三分之二人数时，其通过的决议无效。B公司共有5名董事，而B公司于2012年3月30日召开的关于限制A公司股东权利的董事会仅有3名董事参加，显然不满足合资企业章程规定的条件，故该次董事会决议无效。已经生效的广东省高级人民法院（2013）粤高法民四终字第49号民事判决亦认为，2012年3月30日B公司董事会决议因未达到B公司章程规定的通过比例而无效。因此，C公司、B公司根据B公司董事会决议，请求限制A公司相应的股东权利，不能得到支持。

【参考裁判文书】最高人民法院（2016）最高法民再357号亿中制衣厂有限公司与惠州市乐生实业发展总公司南澳公司股东出资纠纷一案再审民事判决书。

（三）关于公司除名决议有效的裁判说理示范

【适用情形】股东抽逃全部出资，经催告后仍未返还的，其他股东经股东会决议一致表决同意将该股东除名，决议有效；该股东以其表决权超过三分之二为由，请求确认决议无效的，应不予支持。

【说理示范】《公司法司法解释（三）》第 17 条第 1 款规定："有限责任公司的股东未履行出资义务或者抽逃全部出资，经公司催告缴纳或者返还，其在合理期间内仍未缴纳或者返还出资，公司以股东会决议解除该股东的股东资格，该股东请求确认该解除行为无效的，人民法院不予支持。"根据本院审理查明的事实和对 a 抽逃全部出资且经 A 公司催告后仍未返还的认定，A 公司以股东会决议形式解除 a 股东资格的核心要件均已具备，但在股东会决议就股东除名问题进行讨论和决议时，拟被除名股东是否应当回避，即是否应当将 a 本身排除在外，各方对此意见不一。《公司法司法解释（三）》对此未作规定。本院认为，《公司法司法解释（三）》第 17 条中规定的股东除名权是公司为消除不履行义务的股东对公司和其他股东所产生不利影响而享有的一种法定权能，不以征求被除名股东的意思为前提和基础。在特定情形下，股东除名决议作出时，会涉及被除名股东可能操纵表决权的情形，故当某一股东与股东会讨论的决议事项有特别利害关系时，该股东不得就其持有的股权行使表决权。本案中，a 是持有 A 公司 99%股权的大股东，A 公司召开系争股东会会议前通知了 a 参加会议，并由其委托的代理人在会议上进行了申辩和提出反对意见，已尽到了对拟被除名股东权利的保护。但如前所述，a 在系争决议表决时，其所持股权对应的表决权应被排除在外。本案系争除名决议已获除 a 以外的其他股东一致表决同意，即以 100%表决权同意并通过，故 A 公司 2014 年 3 月 25 日作出的股东会决议应属有效。此外需要说明的是，a 股东资格被解除后，A 公司应当及时办理法定减资程序或者由其他股东或第三人缴纳相应的出资。

【参考裁判文书】上海市第二中级人民法院（2014）沪二中民四（商）终字第 1261 号上海万禹国际贸易有限公司、宋某祥与杭州豪旭贸易有限公司公司决议效力确认纠纷一案二审民事判决书。

（四）关于公司除名决议不成立的裁判说理示范

【适用情形】拟被除名股东不具有表决权，未经剩余表决权的三分之二以上的表决权多数通过，股东会除名的决议不成立。

【说理示范】公司以股东会决议方式解除股东资格，除了需要具备《公司法司法解释（三）》第 17 条规定的特别条件外，还需要符合《公司法》以及公司章程有关股东会决议程序的要求。案涉股东会决议除了解除 a、b 的股东资格外，还有增资的内容，根据 A 公司的章程以及《公司法》第 43 条第 2 款的规定，该决议只有经代表三分之二以上有表决权的股东通过才合法有效，而这又涉及被除名的股东是否享有表决权这一问题。本院认为，被除名的股东不享有表决权，主要理由为：一是股权来自出资，在拟被除名股东没有任何出资或者抽逃全部出资的情况下，其不应享有股权，自然也不享有表决权；二是除名权是形成权，在符合一定条件下，公司即享有单方面解除未履行出资义务或抽逃全部出资股东的股东资格的权利。如果认为被除名的大股东仍然享有表决权，则《公司法司法解释（三）》第17条的规定会被虚置，失去其意义。故a不享有表决权。

本案中，A公司股东会决议的第一项内容就是解除a的股东资格。鉴于被除名股东a不享有表决权，该项决议应由剩余65%表决权的三分之二以上表决权多数通过才合法有效。而在决议解除a的股东资格时，b尚未被除名，属于有表决权的股东，但b既未参加此次股东会并行使表决权，亦未委托他人代为行使所持的35%表决权。在此情形下，关于解除a股东资格的股东会决议仅有30%表决权的股东通过，未达到法定表决权比例，根据《公司法司法解释（四）》第5条之规定，案涉股东会决议不成立。

【参考裁判文书】最高人民法院（2018）最高法民再328号张某萍与藏某存等公司决议纠纷一案再审民事判决书。

十一、关于发起人、股权受让人、董事、高级管理人员及实际控制人承担出资责任的裁判说理示范

（一）关于发起人连带责任的裁判说理示范

【适用情形】发起人对其他股东的未实缴出资承担连带责任。

【说理示范】被告a未履行出资义务，发起人股东b、c是否应当对此承担连带责任。依据《企业破产法》第35条以及《公司法司法解释（三）》第13条第3款关于“股东在公司设立时未履行或者未全面履行出资义务，依照本条第一款或者第二款提起诉讼的原告，请求公司的发起人与被告股东承担连带责任的，人民法院应予支持；公司的发起人承担责任后，可以向被告股东追偿”的规定，本案中，根据A公司的工商注册档案，A公司成立时股东为a、b、c，故b与c为A公司的发起人股东，应当对其他股东未缴纳的注册资金承担连带责任。A公司的发起人股东a未缴纳注册资本490万元，原告请求判令发起人股东b与c对被告a未实缴的出资款394万元承担连带责任，符合前述法律规定，本院予以支持。被告b、c承担超出其认缴注册资本部分的责任后，可以向被告a追偿。

【参考裁判文书】广东省深圳市中级人民法院（2020）粤03民初6788号

深圳市新马旅游汽车服务有限公司与曾某、程某想、程某追收未缴出资纠纷一案一审民事判决书。

（二）关于股权受让人承担连带责任的裁判说理示范

【适用情形】有限责任公司的股东未履行出资义务即转让股权，受让人对此知道或应当知道的，承担连带责任。

【说理示范】《公司法司法解释（三）》第 18 条第 1 款规定："有限责任公司的股东未履行或者未全面履行出资义务即转让股权，受让人对此知道或者应当知道，公司请求受让人对此承担连带责任的，人民法院应予支持。"原告主张被告 a 知道或者应当知道原股东未实际缴纳出资而受让股权，应当就其主张的上述事实承担相应的举证责任。原告主张 a 受让股权应以合适的价格进行交易，如果在未对股权进行评估的情况下就以极低的价格或者显著低于市场价的价格受让股权，可以推定转让方与受让方存在恶意串通的可能性。对此，本院认为，深圳市市场监督管理局备案的 2010 年 4 月 27 日股权转让协议记载，A 公司注册资金为 50 万元，实收资本金 50 万元，b 出资 40 万元，持股 80%，c 出资 10 万元，持股 20%。a 分别以 0.24 万元、0.06 万元受让 b、c 持有的 A 公司 80%、20% 的股权。2010 年 5 月 12 日，A 公司名称变更为 B 公司，变更后的股东为 a，持股比例为 100%，a 同时担任 B 公司的法定代表人。a 在受让 A 公司全部股权时，应当对股权转让这一交易尽到合理谨慎的注意义务，即其应当对 b、c 是否实际履行出资义务进行核查。其接管公司后，亦应当知道 b、c 未履行出资的情况，并可向原股东 b、c 要求补足出资。但 a 未举证证明其以 0.3 万元受让 A 公司 100% 股权存在合理性，既未对 b、c 的实际出资情况进行调查，也未在办理股权变更登记手续时提出质疑，且经本院依法送达传票，拒不出庭参加诉讼，应当自行承担民事诉讼法上举证不能的法律后果。因此，本院认定 a 应当知道 b、c 未实际缴纳出资，并在其受让的 b、c 50 万元出资本息范围内承担连带清偿责任。

【参考裁判文书】广东省深圳市中级人民法院（2020）粤 03 民初 4644 号深圳市欣鸿妍科技有限公司与伍某丽、伍某梅、熊某勇追收抽逃出资纠纷一案一审民事判决书。

（三）关于特定身份人员协助抽逃出资责任的裁判说理示范

【适用情形】股东抽逃出资，公司请求协助抽逃出资的其他股东、董事、高级管理人员或者实际控制人对此承担连带责任的，应予支持。

【说理示范】关于八名被告是否应当对其他股东返还抽逃出资承担连带责任的问题。本院认为，依据《公司法司法解释（三）》第 14 条第 1 款规定，股东抽逃出资，公司请求协助抽逃出资的其他股东、董事、高级管理人员或者实际控制人对此承担连带责任的，人民法院应予支持。根据本案查明的事实，A公司设立期间，被告a和b为夫妻关系，被告a担任法定代表人、董事长及总经理，被告b实际控制公司经营。两次出资均由被告b替其他股东以现金方式存入验资账户，a、b两被告对抽逃出资款项相互存在串通、协助行为，应当对其他股东返还抽逃出资承担连带责任，故原告A公司关于被告a、b应就其他股东返还抽逃出资承担连带责任的主张，有事实和法律依据，本院予以支持。原告A公司关于被告c、d、e、f、g、h对其他股东返还抽逃出资承担连带责任的主张，缺乏事实及法律依据，本院不予支持。

【参考裁判文书】广东省深圳市中级人民法院（2020）粤03民初3号深圳益华傲视科技股份有限公司与马某萍、潘某伟、郑某昶、王某庆、陈某、张某国、关某、潘某追收股东抽逃出资纠纷一案一审民事判决书。

（四）关于虚假增资中中介机构责任的裁判说理示范

【适用情形】中介机构对股东虚假增资行为出具验资报告有过错的，应对股东虚假增资行为承担补充赔偿责任。

【说理示范】关于A会计师事务所应否对a、b虚假增资行为承担补充赔偿责任问题。按照独立审计基本准则要求，验资机构应当恪守独立、客观、公正的原则，保持应有的职业谨慎，其中对房屋、建筑物、机器设备等实物资产出资的，应当验证其产权归属及出资人是否如期、足额投入被审验单位，并办理财产权转移手续。本案中，B评估事务所为C公司核实资产价值出具的《资产评估报告书》明确载明评估的资产为C公司所有，A会计师事务所在未核实其产权归属的情况下直接验证为a、b投入，并出具了《验资报告》。a、b依据该虚假的验资报告办理了工商变更登记手续，A会计师事务所对a、b虚假增资行为具有重大过错，根据《注册会计师法》第42条和《最高人民法院关于会计师事务所为企业出具虚假验资证明应如何承担责任问题的批复》第2条规定，A会计师事务所应对a、b虚假增资行为承担补充赔偿责任。

【参考裁判文书】最高人民法院（2018）最高法民终390号贾某富与旌德县新义莹石有限公司、陈某玲、张某芳、安徽南方会计师事务所有限公司、安徽东南资产评估事务所有限公司股东出资纠纷一案二审民事判决书。

十二、关于增资认购的裁判说理示范

（一）关于公司增资决议无效的裁判说理示范

【适用情形】公司股东未就公司增资行为以书面形式达成一致意见，且从未依法召开公司股东会就公司增资行为进行审议的，公司的增资决议应归于无效，据此进行的股权变更登记亦应归于无效，对公司原股东持股比例应不产生影响。

【说理示范】A公司系a与b、c、d、e、f共同出资设立，设立时a依法持有A公司20%股权，在a没有对其股权作出处分的前提下，除非A公司进行了合法的增资，否则原告的持股比例不应当降低。A公司的章程明确规定公司增资应由股东会作出决议，现经过笔迹鉴定，A公司和B公司的股东会决议上均非a本人签名，不能依据书面的股东会决议认定a知道增资的情况；出资买地与公司增资之间不具有必然的关联性。因此，在没有证据证明a明知且在股东会上签名同意A公司增资至1500万元的情况下，对A公司设立时的股东内部而言，该增资行为无效，且对a没有法律约束力，不应以工商变更登记后的1500万元注册资本金额来降低a在A公司的持股比例，而仍旧应当依照20%的股权比例在股东内部进行股权分配。综上，二审法院维持一审法院关于确认原告a持有A公司20%股权的判决。

【参考裁判文书】上海市第二中级人民法院（2013）沪二中民四（商）终字第188号黄某忠与陈某庆等股东资格确认纠纷一案二审民事判决书（《最高人民法院公报》2015年第5期）。

（二）关于股东优先认缴权的裁判说理示范

【适用情形】对于股东放弃优先认缴范围内的新增出资份额，其他股东无优先认购权。

【说理示范一】《公司法》第34条没有直接规定股东对其他股东放弃的增资份额有无优先认购权，也不适用该条但书或者除外条款关于全体股东可以约定不按照出资比例优先认缴出资的规定，此款所列情形完全针对股东对新增资本的认缴权而言，与股东在行使认缴权之外对其他股东放弃认缴的增资份额有无优先认购权并不属于同一法律范畴。对此，有限责任公司的股东会完全有权决定将此类事项及可能引起争议的决断方式交由公司章程规定，从而依据公司章程规定进行处理，且为此作出的规定不存在违反法律强行规范问题，具有法律效力，股东必须遵循。只有股东会对此问题没有形成决议或者公司章程没有规定时才存在公司法规范适用的问题。即使在此情况下，由于公司增资扩股行为与股东对外转让股份行为属于不同性质的行为，且意志决定主体亦不同，因此二者对有限责任公司的人合性要求不同。在已经充分保护股东认缴权的基础上，A公司在B公司此次增资中的利益并没有受到损害。当股东个体更大利益与公司整体利益或者有限责任公司人合性与公司发展相冲突时，应当由全体股东按照公司章程规定方式进行决议，以便各股东遵循。综上，A公司对其他股东放弃认缴的增资份额没有优先认购权。

【说理示范二】本案争议焦点在于B公司增资扩股所涉股东会决议的效力以及A公司是否对其他股东承诺放弃认缴的新增出资份额享有优先认购权。正如本院二审判决所认定，B公司各股东对增资扩股并无争议，A公司争议的只是不同意引进战略投资者，尽管如此，股东会以多数意见形成引进战略投资者的决议，决议内容符合B公司章程的有关规定，与我国公司法有关内容并不冲突。因此，该股东会增资扩股决议依法有效，各股东应按照股东会决议内容执行。A公司认为原审判决对B公司增资所涉股东会决议效力的确认违反了公司法相关规定，没有法律依据，不予支持。增资扩股不同于股权转让，两者最明显的区别在于公司注册资本是否发生变化。此外，增资扩股与股权转让资金的受让方亦截然不同，增资扩股中的资金受让方为标的公司，而非该公司的股东，资金的性质属于标的公司的资本金；而股权转让中的资金由转让股权的股东受领，资金的性质属于股权转让的对价。A公司将增资扩股行为混同于股权转让，并认为原审判决适用法律错误，本院不予支持。优先购买权作为一种排斥第三人竞争效力的权利，对其相对人权利影响重大，必须基于法律明确规定才能享有，其发生要件及行使范围须以法律的明确规定为根据。《公司法》第34条明确规定了全体股东无约定的情况下，有限责任公司新增资本时股东优先认缴出资的权利以及该权利的行使范围以“实缴的出资比例”为限，超出该法定范围，则无所谓权利的存在。当然，有限责任公司的股东会有权决定将此类事项及可能引起争议的决断方式交由公司章程规定，从而依据公司章程规定方式作出决议，当然决议也可以包括股东对其他股东放弃的认缴出资有无优先认购权问题。但本案中B公司股东会对优先权问题没有形成决议，故应当依据公司法规范来认定。本案A公司已根据《公司法》第34条之规定按其实缴的出资比例行使了优先认购权，其对B公司享有的支配权和财产权仍维持在原有状态，不存在受到侵害的事实或危险。在公司法无明确规定有限责任公司新增资本时，部分股东欲将其认缴出资份额让与外来投资者且其他股东有优先认购权的情况下，A公司不能依据与增资扩股不同的股权转让制度行使《公司法》第72条所规定的股权转让过程中的优先购买权。

【参考裁判文书】最高人民法院（2010）民申字第1275号贵州捷安投资有限公司与贵阳黔峰生物制品有限责任公司等新增资本认购纠纷一案再审申请民事裁定书（《人民司法·案例》2011年第12期）。

（三）关于增资认购合同效力的裁判说理示范

【适用情形】增资认购人与标的公司签署了增资认购合同，标的公司增资决议被认定无效，增资认购合同并不因此当然无效。

【说理示范】A公司于2003年12月18日与a签订《入股协议书》，系A公司与该公司以外的第三人签订的合同，应适用合同法的一般原则及相关法律规定认定其效力。虽然A公司2003年12月16日作出的股东会决议部分无效，导致A公司达成上述协议的意思存在瑕疵，但作为合同相对方的a并无审查A公司意思形成过程的义务，A公司对外达成协议应受其表示行为的制约。上述《入股协议书》是A公司与a作出的一致意思表示，不违反国家禁止性法律规范，且a按照协议约定支付了相应对价，没有证据证明双方恶意串通损害他人利益。因此，该协议不存在《合同法》第52条所规定的合同无效的情形，应属有效。《入股协议书》对A公司新一届董事会的组成及董事长、总经理人选等公司内部事务作出了约定，但上述约定并未排除A公司内部按照法律和章程规定的表决程序作出决定，不导致合同无效。

【参考裁判文书】最高人民法院（2010）民提字第48号绵阳市红日实业有限公司、蒋某与绵阳高新区科创实业有限公司股东会决议效力及公司增资纠纷一案提审民事判决书（《最高人民法院公报》2011年第3期）。

（四）关于未在合理期间内主张优先认缴权的裁判说理示范

【适用情形】原股东仅以增资决议侵害其优先认缴权请求确认决议无效、涤除新增股东资格，但在合理期间内未主张优先认缴，参照股权转让优先购买权规则不予支持。

【说理示范】A公司增资10万元，a与b有权分别优先认缴该增资10万元中的9万元与1万元，《公司法》和A公司章程均未规定A公司其他股东a对于b放弃认购的增资1万元有优先认购权，故c有权认购b放弃认购的增资1万元。而且，参照《公司法司法解释（四）》第21条关于公司股权优先购买权的损害救济原则，a作为公司股东，仅主张c认缴新增资本无效及c股权登记无效，而不主张对新增资本的优先认缴权利，则对c认缴新增资本效力或股权登记变动的诉讼并无实际价值，反而浪费司法资源。且自2016年5月16日股权变更登记之日至本案起诉之日2018年4月已接近两年时间，超过了合理期间，股权变更登记是公司对外公示行为，a作为公司股东，应当知晓股权变更事项，a未在合理期间内提出异议并对1万元新增资本主张优先认缴权利，不利后果应当由a承担。故对于a关于c认缴新增资本行为无效及c不具备A公司股东资格的主张，本院不予支持。

【参考裁判文书】广东省深圳市中级人民法院（2018）粤03民终18609号苏某慈与章某鸣、王某及深圳市百岳泰投资发展有限公司新增资本认购纠纷一案二审民事判决书。

十三、关于公司减资的裁判说理示范

（一）关于减资决议效力的裁判说理示范

【适用情形】减资决议虽经代表三分之二以上表决权的股东通过，但公司未通知小股东参会，形成的不同比减资决议损害小股东利益，应为无效。

【说理示范】本案中，A公司未通知a参加股东会，直接作出关于减资的股东会决议，从形式上看仅仅是召集程序存在瑕疵，但从决议的内容看，A公司股东会作出的关于减资的决议已经违反法律规定，a可以请求确认该股东会决议无效。理由如下：（1）《公司法》规定，股东会会议作出减少注册资本的决议，必须经代表三分之二以上表决权的股东通过。该规定中“减少注册资本”仅指公司减少注册资本，并不涵盖减资在股东之间的分配。由于减资存在同比减资和不同比减资两种情况，不同比减资会直接突破公司设立时的股权结构，如果只要经三分之二以上表决权的股东通过就可以作出不同比减资的决议，实际上是以多数决的形式改变公司设立时经发起人一致决所形成的股权架构，故对于不同比减资，应由全体股东一致同意，除非全体股东另有约定。（2）在A公司对部分股东进行减资而未对a进行减资的情况下，不同比减资导致a持有的A公司股权从3%增加至9.375%，而从A公司提供的资产负债表、损益表看，A公司的经营显示为亏损状态，故a持股比例的增加实质上增加了a作为股东所承担的风险，损害了a的股东利益。（3）股东应当遵守法律、行政法规和公司章程，依法行使股东权利，不得滥用股东权利损害公司或者其他股东的利益。A公司召开的四次股东会均未通知a参加，并且利用大股东的优势地位，以多数决的形式通过了不同比减资的决议，直接剥夺了a作为小股东的知情权、参与重大决策权等程序权利，也在一定程度上损害了a作为股东的实质利益。因此，一审关于A公司相关减资决议无效的判决结果正确。

【参考裁判文书】江苏省无锡市中级人民法院（2017）苏02民终1313号陈某和与江阴联通实业有限公司决议效力确认纠纷一案二审民事判决书。

（二）关于减资未通知债权人效力的裁判说理示范

【适用情形】减资过程中未通知债权人并不当然导致减资行为无效，权益受损的债权人可要求减资股东和相关人员对其债权承担清偿责任。

【说理示范】决议是公司形成意思表示的法律行为。减资本质上属于公司内部行为，属于公司意思自治的范畴。一般情况下，减资行为按照法律和公司章程规定的程序作出即可成立有效。我国相关法律法规并未规定减资过程中未依法通知债权人构成减资无效。减资过程中未依法通知债权人构成瑕疵减资。瑕疵减资损害了对公司减资前的注册资本产生合理信赖利益的债权人权益，但并未损害所有债权人的合法利益，并不当然导致减资无效。若瑕疵减资导致减资当然无效，必然会影响公司的经营稳定和交易安全，也干涉了公司根据自己的经营需要作出调整注册资本的自治权力。……根据法律规定和减资公司及相关人员减资时出具的债务清偿声明，权益受损的债权人可以要求减资股东和相关人员对其债权承担清偿责任，其合法权益并非不可救济。故A公司以瑕疵减资、逃避债务为由要求确认减资决议无效，本院不予支持。一审法院判决驳回其诉讼请求正确，本院予以维持。

【参考裁判文书】北京市第三中级人民法院（2021）京03民终9223号北京趣游互动娱乐科技有限公司与天下众创（厦门）投资咨询有限公司等与破产有关的纠纷一案二审民事判决书。

（三）关于违法减资责任的裁判说理示范

【适用情形】公司减资时对已知或应知的债权人应履行通知义务，不能在未先行通知的情况下直接以登报公告形式代替通知义务。公司股东不能证明其在减资过程中对怠于通知的行为无过错的，当公司减资后不能偿付减资前的债务时，公司股东（包括减资股东与未减资股东）应就该债务对债权人承担补充赔偿责任。

【说理示范】根据A公司与被上诉人B公司在合同中约定的交货、验收、付款条款以及实际履行情况看，B公司与A公司的债权债务在B公司减资之前已经形成。A公司在订立的合同中已经预留联系地址及电话信息，且就现有证据不存在B公司无法联系A公司的情形，故应推定A公司系B公司能够有效联系的已知债权人。虽然B公司在《江苏经济报》上发布了减资公告，但并未就减资事项直接通知A公司，故该通知方式不符合减资的法定程序，也使得A公司丧失了在B公司减资前要求其清偿债务或提供担保的权利。

根据现行《公司法》之规定，股东负有按照公司章程切实履行全面出资的义务，同时负有维持公司注册资本充实的责任。尽管公司法规定公司减资时的通知义务人是公司，但公司是否减资系股东会决议的结果，是否减资以及如何进行减资完全取决于股东的意志，股东对公司减资的法定程序及后果亦属明知。同时，公司办理减资手续需股东配合，对于公司通知义务的履行，股东亦应当尽到合理注意义务。被上诉人B公司的股东就公司减资事项先后在2012年8月10日和9月27日形成股东会决议，此时上诉人A公司的债权早已形成，作为B公司的股东，被上诉人C公司和a应当明知。但在此情况下，C公司和a仍然通过股东会决议同意减资，且未直接通知A公司，既损害了B公司的清偿能力，也侵害了A公司的债权，故其应当对B公司的债务承担相应的法律责任。公司未对已知债权人进行减资通知时，该情形与股东违法抽逃出资的行为及其对债权人利益受损的影响，在本质上并无不同。因此，尽管我国法律未具体规定公司不履行减资法定程序导致债权人利益受损时股东的责任，但可比照公司法相关原则和规定加以认定。由于 B 公司减资行为存在瑕疵，致使减资前形成的公司债权在减资之后清偿不能，C 公司和 a 作为 B 公司股东应在公司减资数额范围内对 B 公司债务不能清偿部分承担补充赔偿责任。

【参考裁判文书】上海市第二中级人民法院（2016）沪 02 民终 10330 号上海德力西集团有限公司与江苏博恩世通高科有限公司、冯某、上海博恩世通光电股份有限公司买卖合同纠纷一案二审民事判决书（《最高人民法院公报》2017 年第 11 期）。

（四）关于减资程序中债权人身份认定的裁判说理示范

【适用情形】公司对减资决议作出后至工商变更登记前产生的债权人均负有通知义务；合同之债中，合同是债的发生原因，故合同签订之日即为债权人与债务人的债权债务关系发生之时，至于债权尚未到期或者债权数额尚未明确，均不影响其债权人的身份。

【说理示范】首先，A 公司与 B 公司之间的买卖合同分别于 2015 年 10 月 8 日、2015 年 11 月 11 日、2016 年 1 月 5 日签订，合同是债的发生原因，故上述买卖合同签订之日，即是 A 公司与 B 公司的债权债务关系发生之时。A 公司享有要求 B 公司支付货款的请求权，是 B 公司的债权人。至于债权尚未到期或者债权数额尚未明确，均不影响 A 公司作为债权人的身份。其次，A 公司的债权发生在 B 公司股东会的减资决议后、工商登记变更前，B 公司应否将其减资决定通知 A 公司，公司法对此并无明文规定。本院认为，减资是公司内部的重大行为，但同时也会影响到外部债权人的利益。公司法规定，公司应当自作出减少注册资本决议之日起十日内通知债权人，旨在保护债权人的信赖利益和知情权，以便债权人选择要求清偿债务或者提供债的担保。因此，认定公司对自股东会的减资决议作出后至注册资本变更登记前产生的债权人均负有通知义务，更符合公司法的立法目的。最后，根据公司法的规定，对已知、明确的债权人，公司必须以书面方式通知，对无法取得联系的债权人，则可通过报纸公告。本案中，A 公司是明确的债权人，B 公司不得以公告方式替代，而应以书面方式通知。

【参考裁判文书】上海市高级人民法院（2020）沪民再 28 号上海博达数据通信有限公司与杨某林、陈某兰买卖合同纠纷一案审判监督民事判决书。

（五）关于形式减资是否承担违法减资责任的裁判说理示范

【适用情形】公司在股东认缴的出资期限届满前，作出减资决议未依法通知债权人，免除了股东认缴但尚未届期的出资义务，损害债权人利益，债权人起诉请求股东对公司债务在减资范围内承担补充赔偿责任的，人民法院应予支持。

【说理示范】《公司法》在明确公司股东有限责任的同时，也明确应依法保护公司债权人的合法权益。公司注册资本既是公司股东承担有限责任的基础，也是公司的交易相对方判断公司财产责任能力的重要依据，公司股东负有诚信出资以保障公司债权人交易安全的责任，公司减资时对其债权人负有根据债权人的要求进行清偿或提供担保的义务。本案中，在A公司与B公司发生硅料买卖关系时，A公司的注册资本为2500万元，后A公司注册资本减资为500万元，减少的2000万元是a、b认缴的出资额，如果A公司在减资时依法通知其债权人B公司，则B公司依法有权要求A公司清偿债务或提供相应的担保，B公司作为债权人的上述权利并不因A公司前期出资已缴付到位、减资实际系针对出资期限未届期的出资额而受到限制。但A公司、a、b在明知A公司对B公司负有债务的情况下，在减资时既未依法通知B公司，亦未向B公司清偿债务，不仅违反了《公司法》第177条的规定，也违反了《公司法》第3条“有限责任公司的股东以其认缴的出资额为限对公司承担责任”的规定，损害了B公司的合法权益。而基于A公司的法人资格仍然存续的事实，原审判决A公司向B公司还款，并判决A公司股东a、b对A公司债务在其减资范围内承担补充赔偿责任，既符合上述公司法人财产责任制度及减资程序的法律规定，又与《公司法司法解释（三）》第13条第2款关于“公司债权人请求未履行或者未全面履行出资义务的股东在未出资本息范围内对公司债务不能清偿的部分承担补充赔偿责任的，人民法院应予支持”的规定一致，合法有据。

【参考裁判文书】江苏省高级人民法院（2015）苏商终字第00140号江苏万丰光伏有限公司与上海广力投资管理公司、丁某焜、丁某等分期付款买卖合同纠纷一案二审民事判决书（《最高人民法院公报》2018年第12期）。

（六）关于减资后又增资的裁判说理示范

【适用情形】公司先减资后增资，债权人未因公司增资行为获得清偿，违法减资股东仍应对债权人债权承担补充赔偿责任。

【说理示范】对于A公司上诉提出B公司在减资后又将注册资本增至37 000万元，未影响B公司偿债能力的问题。在公司注册资本实缴制的情况下，公司减资后又增资，确实没有导致公司清偿能力和责任财产的减损。但在公司注册资本认缴制的情况下，交易相对人对公司清偿能力和注册资本的信赖只能基于对股东的信赖，公司减资后又增资，导致公司股东发生了变化，对股东的信赖也就丧失了基础。本案系债权人以债务人违反法定程序减资导致债权实现受损为由主张的侵权赔偿之诉，根据执行法院（2016）沪 0230 执 1124 号执行裁定及其向一审法院出具的（2016）沪 0230 执 1124 号函，可以认定 B 公司名下无财产可供执行，且案涉多项担保均未得到实际履行，C 公司的债权未因 B 公司的增资和多个担保人提供担保而得到清偿，B 公司的增资行为未对 C 公司的债权实现产生影响，债权不能实现的损害结果已实际发生。故 A 公司提出 B 公司已将注册资本增至 37 000 万元、未影响公司偿债能力的上诉理由缺乏事实依据，不能成立，本院不予支持。作为减资股东，A 公司的不当减资行为违反了公司资本维持原则，导致 B 公司不能全面清偿其减资前所负债务，损害了债权人 C 公司的利益。A 公司主张其减资行为与 C 公司债权受损没有因果关系的上诉理由亦不能成立，本院亦不予支持。

【参考裁判文书】最高人民法院（2017）最高法民终 422 号中储国际控股集团有限公司与山西煤炭运销集团曲阳煤炭物流有限公司公司减资纠纷一案二审民事判决书。

（七）关于瑕疵减资中未减资股东责任的裁判说理示范

【适用情形】瑕疵减资中，瑕疵减资股东对债权人承担补充赔偿责任，未减资股东对此承担共同侵权责任。

【说理示范】A 公司股东在明知本公司已对 B 公司负有大额债务的情况下，仍然准予其股东减资，本身具有逃避公司债务的过错。同时，还存在对工商行政部门故意隐瞒真实情况以获得减资批准的行为，以及故意对其大额债权人 B 公司隐瞒减资真实情况的行为。作为公司的股东，a、b、c 应明知上述情况，但仍然同意 a 的减资请求，该行为必然导致 A 公司现在无法以自身的财产偿还所欠 B 公司全部债务的结果，三股东的行为侵害了 A 公司债权人 B 公司的利益。故 a、b、c 应在 a 减少注册资本的范围内，对 A 公司无法偿还 B 公司的债务承担赔偿责任。对于三股东 a、b、c 关于公司股东对公司债务承担有限责任、即以各股东的出资额为限对公司承担责任、不同意对 B 公司的债务承担责任的抗辩意见，因三股东本身存在前已述及的明知公司对 B 公司存在大额债务未偿还的事实，而仍然同意股东减少注册资本金，必然影响公司的偿债能力。并且，在整个减资过程中，采用隐瞒事实、并故意不通知 B 公司的方法和行为，以上不诚信行为直接导致了 A 公司现在无法全部偿还所欠 B 公司债务的结果发生，因此，三股东的侵害行为与 B 公司损失的发生存在因果关系，该关系属一般意义上的普通侵权之债，而不属于公司法中所规定的公司股东有限责任的范畴。故对于三股东 a、b、c 的该项抗辩，亦不予采信。判令 a、b、c 在 250 万元的范围内对于判决第一项确定的 A 公司对 B 公司所负债务承担补充赔偿责任。

【参考裁判文书】北京市第一中级人民法院（2011）一中民终字第 6388 号五矿钢铁有限责任公司与天津鸿锡商贸有限公司、冀某春、冀某文、顾某杰减资纠纷一案二审民事判决书（《人民司法·案例》2011 年第 16 期）。

第五节　判决主文规范表述

实务中，对于股东出资纠纷、新增资本认购纠纷及公司减资纠纷案件的判决主文表述，主要应注意以下五点：（1）承担责任的主体是否准确；（2）责任主体承担责任的范围是否明确，包括是否计算利息、利息起讫点及计算标准；（3）责任主体承担责任的形式是否具体，是承担补充赔偿责任还是连带责任，承担连带责任后可否在判决主文中直接写明追偿权；（4）各不同责任主体基于同一事实及请求权基础承担责任的，责任限额扣除表述是否清楚；（5）多个责任主体分别承担同一诉讼请求的情况下，要避免其合计承担的金额超过认定的债务总额。

另外，基于公司增资、减资产生的公司决议无效、可撤销、不成立之诉，适用公司决议效力纠纷案件的判决主文表述；基于公司增资、减资产生的变更股东名册记载请求权诉讼适用股东名册记载纠纷案件的判决主文表述；基于增资、减资产生的请求公司变更增减资后的股东、注册资本、持股比例等登记信息方面的诉讼，适用请求变更公司登记纠纷案件的判决主文表述。

一、股东出资纠纷

对于原告诉讼请求成立的判决主文规范表述，应根据法院判决支持的具体情况分别采用不同的表述方式。如全部支持，则仅按以下内容表述即可；如部分支持，则判项增加一项“驳回原告的其他诉讼请求”；如全部不支持，则判令“驳回原告的全部诉讼请求”。判项表述以原告的诉讼请求为限，如请求缴付或返还出资时原告未提出利息请求，则只须表述缴付或返还出资款本金即可。

（一）未出资或未全面履行出资情形

1. 公司（或公司清算组、管理人）请求未出资或未全面出资股东向公司缴付出资本息。判决主文为，被告 × 于本判决生效之日起 × 日内向原告缴付出资款（或增资款）× 元及利息（利息以 × 元为计算基数，自 × 年 × 月 × 日起按 × 标准计至实际付清之日止）。

2. 公司（或公司清算组、管理人）请求公司设立时的发起人与被告股东承担连带责任。判决主文为，被告 ×（公司设立时的发起人）对上述第一项判决所确定的债务承担连带责任；被告 ×（公司设立时的发起人）承担责任后，可以向被告股东追偿。

3. 公司（或公司清算组、管理人）请求公司董事、高级管理人员对未履行或未全面履行增资义务的被告股东承担相应责任。判决主文为，被告 ×（公司董事、高级管理人员）对上述第一项判决所确定的债务承担连带责任；被告 ×（公司董事、高级管理人员）承担责任后，可以向被告股东追偿。

4. 公司（或公司清算组、管理人）请求有过错的资产评估、验资或者验证机构在其评估或验资不实的范围内承担赔偿责任。判决主文为，被告 ×（有过错的资产评估、验资或者验证机构）在 × 元范围内（评估或证明不实的金额范围）对上述第一项判决所确定的债务承担补充赔偿责任。

5. 公司（或公司清算组、管理人）请求瑕疵出资股权受让人对转让人出资义务承担连带责任。判决主文为，被告 ×（明知瑕疵出资的股权受让人）对上述第一项判决所确定的债务承担连带责任。

6. 其他股东请求未出资或未全面出资股东向第三人公司缴付出资本息。判决主文为，被告 × 于本判决生效之日起 × 日内向第三人 × 公司缴付出资款（或增资款）× 元及利息（利息以 × 元为计算基数，自 × 年 × 月 × 日起按 × 标准计至实际付清之日止）。

7. 已按期足额出资的其他股东请求未出资或未全面出资股东承担违约责任。判决主文为，被告 × 于本判决生效之日起 × 日内向原告赔偿违约金 / 损失 × 元（违约金 / 损失以未出资的 × 元为基数，自 × 年 × 月 × 日起按 × 标准计至实际付清之日止；或直接判定违约金 / 损失数额）。

8. 债权人请求未出资或未全面出资股东在未出资本息范围内对公司债务不能清偿的部分承担补充赔偿责任。判决主文为，被告 × 于本判决生效之日起 × 日内在未出资 × 元本息范围内（利息自 × 年 × 月 × 日起按 × 标准计至实际付清之日止），对 × 号生效法律文书确定的 × 公司所负债务不能清偿的部分向原告承担补充赔偿责任（被告 × 在其他案件中已实际履行补充赔偿责任的部分，不再承担）。

9. 其他股东或债权人请求公司设立时的发起人、公司增资时的公司董事、高级管理人员、有过错的资产评估、验资或者验证机构对瑕疵出资股东责任承担相应责任，与公司（或公司清算组、管理人）请求上述被告承担责任的判项一致。

10. 债权人请求瑕疵出资股权受让人对转让人出资义务承担连带责任。判决主文为，被告 ×（明知瑕疵出资的股权受让人）对上述第一项判决所确定的债务承担连带责任。

未出资或未全面履行出资情形判决主文规范表述详见表 1。

表 1　未出资或未全面履行出资情形判决主文规范表述列表

序号	原告主体	被告主体	请求事项	裁判主文
1	公司（或公司清算组、管理人）	未出资或未全面出资股东	向公司缴付出资本息	被告 × 于本判决生效之日起 × 日内向原告缴付出资款（或增资款）× 元及利息（利息以 × 元为计算基数，自 × 年 × 月 × 日起按 × 标准计至实际付清之日止）
2	公司（或公司清算组、管理人）	公司设立时的发起人	与被告股东承担连带责任	被告 ×（公司设立时的发起人）对上述第一项判决所确定的债务承担连带责任；被告 ×（公司设立时的发起人）承担责任后，可以向被告股东追偿
3	公司（或公司清算组、管理人）	公司董事、高级管理人员	对未履行或未全面履行增资义务的被告股东承担相应责任	被告 ×（公司董事、高级管理人员）对上述第一项判决所确定的债务承担连带责任。被告 ×（公司董事、高级管理人员）承担责任后，可以向被告股东追偿
4	公司（或公司清算组、管理人）	有过错的资产评估、验资或者验证机构	在其评估或验资不实的范围内承担赔偿责任	被告 ×（有过错的资产评估、验资或者验证机构）在 × 元范围内（评估或证明不实的金额范围）对上述第一项判决所确定的债务承担补充赔偿责任

续表

序号	原告主体	被告主体	请求事项	裁判主文
5	公司（或公司清算组、管理人）	瑕疵出资股权受让人	对转让人出资义务承担连带责任	被告 ×（明知瑕疵出资的股权受让人）对上述第一项判决所确定的债务承担连带责任
6	其他股东	未出资或未全面出资股东	向第三人公司缴付出资本息	被告 × 于本判决生效之日起 × 日内向第三人 × 公司缴付出资款（或增资款）× 元及利息（利息以 × 元为计算基数，自 × 年 × 月 × 日起按 × 标准计至实际付清之日止）
7	已按期足额出资的其他股东	未出资或未全面出资股东	承担违约责任	被告 × 于本判决生效之日起 × 日内向原告赔偿违约金 / 损失（违约金 / 损失以未出资的 × 元为基数，自 × 年 × 月 × 日起按 × 标准计至实际付清之日止；或直接判定违约金 / 损失数额）
8	债权人	未出资或未全面出资股东	在未出资本息范围内对公司债务不能清偿的部分承担补充赔偿责任	被告 × 于本判决生效之日起 × 日内在未出资 × 元本息范围内（利息以 × 元为计算基数，自 × 年 × 月 × 日起按 × 标准计至实际付清之日止），对 × 号生效法律文书确定的 × 公司所负债务不能清偿的部分向原告承担补充赔偿责任（被告 × 在其他案件中已实际履行补充赔偿责任的部分，不再承担）

续表

序号	原告主体	被告主体	请求事项	裁判主文
9	其他股东或债权人	公司设立时的发起人、公司增资时的公司董事、高级管理人员、有过错的资产评估、验资或者验证机构	对瑕疵出资股东责任承担相应责任	与公司（或公司清算组、管理人）请求上述被告承担责任的判项一致
10	债权人	瑕疵出资股权受让人	对转让人出资义务承担连带责任	被告 ×（明知瑕疵出资的股权受让人）对上述第一项判决所确定的债务承担连带责任

（二）抽逃出资情形

1. 公司（或公司清算组、管理人）请求抽逃出资股东向公司返还出资本息。判决主文为，被告 × 于本判决生效之日起 × 日内向原告返还出资款（或增资款）× 元及利息（利息以 × 元为计算基数，自 × 年 × 月 × 日起按 × 标准计至实际付清之日止）。

2. 公司（或公司清算组、管理人）请求协助抽逃出资的其他股东、董事、高级管理人员或者实际控制人对此承担连带责任的。判决主文为，被告 ×（协助抽逃出资的其他股东、董事、高级管理人员或者实际控制人）对上述第一项判决所确定的债务承担连带责任。

3. 其他股东请求抽逃出资股东向第三人公司返还出资本息。判决主文为，被告 × 于本判决生效之日起 × 日内向第三人 × 公司返还出资款（或增资款）× 元及利息（利息以 × 元为计算基数，自 × 年 × 月 × 日起按 × 标准计至实际付清之日止）。

4. 债权人请求抽逃出资股东在抽逃出资本息范围内对公司债务不能清偿的部分承担补充赔偿责任。判决主文为，被告 × 于本判决生效之日起 × 日内在抽逃出资的 × 元本息范围内（利息以 × 元为计算基数，自 × 年 × 月 × 日起按 × 标准计至实际付清之日止），对 × 号生效法律文书确定的 × 公司所负债务不能清偿的部分向原告承担补充赔偿责任（被告 × 在其他案件中已实际履行补充赔偿责任的部分，不再承担）。

5. 其他股东或债权人请求协助抽逃出资的其他股东、董事、高级管理人员或者实际控制人承担连带责任。判决主文为，被告 ×（协助抽逃出资的其他股东、董事、高级管理人员或者实际控制人）对上述第一项判决所确定的债务承担连带责任。

抽逃出资情形判决主义规范表述详见表 2。

表 2　抽逃出资情形判决主文规范表述列表

序号	原告主体	被告主体	请求事项	裁判主文
1	公司（或公司清算组、管理人）	抽逃出资股东	向公司返还出资本息	被告 × 于本判决生效之日起 × 日内向原告返还出资款（或增资款）× 元及利息（利息以 × 元为计算基数，自 × 年 × 月 × 日起按 × 标准计至实际付清之日止）
2	公司（或公司清算组、管理人）	协助抽逃出资的其他股东、董事、高级管理人员或者实际控制人	承担连带责任	被告 ×（协助抽逃出资的其他股东、董事、高级管理人员或者实际控制人）对上述第一项判决所确定的债务承担连带责任
3	其他股东	抽逃出资股东	向第三人公司返还出资本息	被告 × 于本判决生效之日起 × 日内向第三人 × 公司返还出资款（或增资款）× 元及利息（利息以 × 元为计算基数，自 × 年 × 月 × 日起按 × 标准计至实际付清之日止）
4	债权人	抽逃出资股东	在抽逃出资本息范围内对公司债务不能清偿的部分承担补充赔偿责任	被告 × 于本判决生效之日起 × 日内在抽逃出资的 × 元本息范围内（利息以 × 元为计算基数，自 × 年 × 月 × 日起按 × 标准计至实际付清之日止），对 × 号生效法律文书确定的 × 公司所负债务不能清偿的部分向原告承担补充赔偿责任（被告 × 在其他案件中已实际履行补充赔偿责任的部分，不再承担）

续表

序号	原告主体	被告主体	请求事项	裁判主文
5	其他股东或债权人	协助抽逃出资的其他股东、董事、高级管理人员或者实际控制人	承担连带责任	与公司（或公司清算组、管理人）请求上述被告承担责任的判项一致

二、新增资本认购纠纷

公司请求新增资本认购人交付出资的，与股东出资纠纷的判决主文表述相同。

1. 新增资本认购人请求履行增资合同，将目标公司股权登记至其名下。判决主文为，被告 × 公司于本判决生效之日起 × 日内向公司登记机关办理新增股东登记，将原告认缴 × 公司新增注册资本 × 元及其所占 × 公司 ×% 的股权登记至原告名下。

2. 新增资本认购人请求解除增资合同，返还增资款本息。判决主文为，一、解除原告与被告 × 公司于 × 年 × 月 × 日签订的 × 合同（具体的增资合同名称）；二、被告 × 公司于本判决生效之日起 × 日内向原告返还增资款 × 元及利息（利息以 × 元为计算基数，自 × 年 × 月 × 日起按 × 标准计至实际付清之日止）。

3. 新增资本认购人与目标公司之间增资合同不成立、无效或可撤销，与其他合同不成立、无效或可撤销表述一致。

新增资本认购纠纷判决主文规范表述详见表 3。

表 3　新增资本认购纠纷判决主文规范表述列表

序号	原告主体	被告主体	请求事项	裁判主文
1	新增资本认购人	增资公司	履行增资合同，将目标公司股权登记至其名下的	被告 × 公司于本判决生效之日起 × 日内向公司登记机关办理新增股东登记，将原告认缴 × 公司新增注册资本 × 元及其所占 × 公司 ×% 的股权登记至原告名下

续表

序号	原告主体	被告主体	请求事项	裁判主文
2	新增资本认购人	增资公司	解除增资合同，返还增资款本息	一、解除原告与被告 × 公司于 × 年 × 月 × 日签订的 × 合同（具体的增资合同名称）；二、被告 × 公司于本判决生效之日起 × 日内向原告返还增资款 × 元及利息（利息以 × 元为计算基数，自 × 年 × 月 × 日起按 × 标准计至实际付清之日止）
3			增资合同不成立、无效或可撤销	与一般合同不成立、无效或可撤销表述一致

三、公司减资纠纷

1. 减资股东请求公司给付减资款。判决主文为，被告 × 公司于本判决生效之日起 × 日内向原告支付减资款 × 元。

2. 公司债权人请求违法减资股东在减少注册资本范围内对公司债务不能清偿的部分承担补充赔偿责任。判决主文为，被告 × 于本判决生效之日起 × 日内在减少注册资本的 × 元本息范围内（利息以 × 元为计算基数，自 × 年 × 月 × 日起按 × 标准计至实际付清之日止），对 × 号生效法律文书确定的 × 公司所负债务不能清偿的部分向原告承担补充赔偿责任。

3. 公司债权人请求协助违法减资的其他股东、董事、高级管理人员或者实际控制人承担连带责任。判决主文为，被告 ×（协助违法减资的其他股东、董事、高级管理人员或者实际控制人）对上述第一项判决所确定的债务承担连带责任。

公司减资纠纷判决主文规范表述见表 4。

表 4　公司减资纠纷判决主文规范表述列表

序号	原告主体	被告主体	请求事项	裁判主文
1	减资股东	公司	给付减资款	被告 × 公司于本判决生效之日起 × 日内向原告支付减资款 × 元

续表

序号	原告主体	被告主体	请求事项	裁判主文
2	公司债权人	违法减资股东	在减少注册资本范围内对公司债务不能清偿的部分承担补充赔偿责任	被告 × 于本判决生效之日起 × 日内在减少注册资本的 × 元本息范围内（利息以 × 元为计算基数，自 × 年 × 月 × 日起按 × 标准计至实际付清之日止），对 × 号生效法律文书确定的 × 公司所负债务不能清偿的部分向原告承担补充赔偿责任
3	公司债权人	协助违法减资的其他股东、董事、高级管理人员或者实际控制人	承担连带责任	被告 ×（协助违法减资的其他股东、董事、高级管理人员或者实际控制人）对上述第一项判决所确定的债务承担连带责任

第四章

股东知情权纠纷

第一节　类案纠纷审判概述

一、股东知情权概述

（一）股东知情权法律含义

知情权，是指对事物知悉情况的权利。股东知情权，主要是指法律赋予股东通过查阅公司财务报告资料、账簿等有关公司经营、决策、管理的相关资料以及询问上述有关问题，实现了解公司运营状况和公司高级管理人员业务活动的权利。①

1. 我国公司法关于股东知情权的规定

我国现行《公司法》历经五次修改，构建了以查阅权为核心兼顾均衡性的股东知情权体系，主要表现在《公司法》第 6 条（公司登记及提供查询服务）、第 33 条（有限责任公司股东的查阅、复制权）、第 97 条（股份有限公司股东的查阅、建议和质询权）、第 116 条（公司高管人员的报酬应向股东披露）以及第 165 条（财务会计报告应向股东公示）。② 股东知悉公司信息的内容既有公司经营方面的，也有财务方面的，同时还有决策方面的。前述法律规定共同保障股东全面了解公司运营状况和公司高级管理人员业务活动的权利。

2. 股东知情权的权能内容

一般来讲，我国公司法规定的股东知情权的权能包括以下几个方面：

其一，公司信息接收权。此即公司的强制信息披露义务，股东的该种权利主要体现在《公司法》第 165 条规定的公司送交、置备或公告财务会计报告制度。财务会计报告是指公司会计部门根据经过审核的会计账簿记录和有关资料，编制并对外提供的反映公司某一特定日期财务状况和某一会计期间经营成果、现金流量及所有者权益等会计信息的总结性书面文件。该法律规

---

① 参见景汉朝主编：《民事案件案由新释新解与适用指南》（第 2 版），中国法制出版社 2018 年版，第 900 页。

②《公司法（修订草案二次审议稿）》第 56 条、第 110 条对现行《公司法》股东知情权的相关内容作出了修改。

定的立法目的是向股东提供与公司财务状况、经营成果和现金流量等有关的会计信息，反映公司管理层受托责任履行情况，有助于股东作出经济决策。故我国《公司法》明确了公司应依法编制财务会计报告并向股东送交或公告之义务，如公司不履行上述法定义务，股东便可通过诉讼的方式行使该项知情权。

其二，查阅权。此即股东查阅公司特定文件权，股东的该种权利主要体现在《公司法》第33条规定的有限责任公司的股东有权查阅、复制公司章程、股东会会议记录、董事会会议决议、监事会会议决议和财务会计报告，还可以要求查阅公司会计账簿，以及《公司法》第97条规定的股份有限公司的股东有权查阅公司章程、股东名册、公司债券存根、股东大会会议记录、董事会会议决议、监事会会议决议、财务会计报告。因我国《公司法》仅要求公司主动向股东披露财务会计报告，但在很多情况下，股东仅凭财务会计报告难以明晰公司实际经营、决策的过程及结果，亦无法分辨财务会计报告是否为公司实际的经营、决策情况的真实反映。此时，《公司法》第33条及第97条所规定的股东主动查阅权则是公司信息披露制度的重要补充，也是股东行使知情权的主要方式，股东唯有通过主动充分行使查阅权的方式，才能全面掌握公司实际的经营、决策情况，以便股东作出正确的投资决定。

其三，质询权。此即股东就公司特定事项请求公司解释权，股东的该种权利主要体现在《公司法》第97条规定的股份有限公司的股东对公司的经营提出建议或者质询。建议权是指股东对公司提出有关经营管理方面的意见、改善措施、方案的权利；质询权是指股东对公司的决策失误、管理不当、高管人员的不尽职或失职行为提出质疑，要求其改正的权利。我国法律赋予的建议权、质询权最早体现在1997年由中国证监会发布的《上市公司章程指引》第35条第4项中，股东有权“对公司的经营行为进行监督，提出建议或者质询”。我国《公司法》明确股份有限公司股东的这一权利，旨在通过股东对公司的经营管理提出建议或者质询来改善公司的经营管理活动，督促公司董事、监事、高级管理人员谨慎、勤勉履行职责。

3. 股东知情权属性界定

从股权行使的目的和内容的角度，可将股权分为自益权和共益权，这是公司法理对股权所作的最基本的分类。[①] 对于股东知情权属性的界定，学界存有三种观点，共益权说、自益权说、共益权自益权兼具说。

共益权说认为，股东行使知情权客观上能使股东真实、具体地了解公司的经营情况和财务情况，增强公司经营管理的透明度，其直接目的在于加强

① 参见赵旭东主编：《公司法学》（第2版），高等教育出版社2006年版，第315页。

股东对于公司的监督，是为全体股东利益服务的。

自益权说认为，虽然股东知情权行使的直接目的仅为获得信息，即在客观上为自己、其他股东行使其他股东权利提供信息基础，但其最终目的仍是对自身利益的维护，故应被定性自益权。

兼具说则认为，股东对公司相关文件信息（如章程、会计账簿、股东会会议记录、董事会决议等）的获取，一方面是为了保护其自身的利益不受伤害，另一方面也在客观上维护了公司、其他股东的利益，因而可以认为股东知情权兼有自益权和共益权混合的特点。

股东知情权属性界定的分歧，归根到底是对划分共益权与自益权标准的理解差异，系因对“股东行使股权的目的”中的“目的”一词的解读产生了偏差。共益权说认为，“目的”一词理应是指股东行权的“直接目的”，股东知悉公司信息的直接意图便是亲自参与到公司的经营管理之中；自益权说的解读则相反，“目的”乃行权之“最终目的”，股东作为商事活动的参与者，“最终目的”是为自身牟利；兼具说认为，股东行使知情权具有双重目的，兼为公司以及股东自身之利益。但无论是共益权抑或自益权，行权的最终目的均为股东自身的利益。因此，共益权与自益权这一对立概念如能成立，只能将划分标准中的“目的”限缩为“直接目的”。股东行使知情权的直接目的是为公司（全体股东）的利益，故符合共益权定义。[①]

（二）股东知情权法理基础

股东知情权的法理基础源于现代公司的“两权分离”。公司的经营权一般归属于公司管理层，股东在通常情况下不参与公司的经营管理，公司管理层作为受托人与股东作为委托人之间存在着委托关系。为避免管理层的追求目标偏离股东的预期，我国公司法确立了股东对公司事务进行终极干预与控制的权利。股东对于公司事务的干预与控制正是以知情权的实现为基本前提，只有知情权的充分保障才能促使股东权利的合理、正当行使。[②] 因此，明悉股东知情权的法律基础对正确理解我国公司法中设立的知情权保障机制显得尤为重要。

1. 公司所有者理论——股东知情权权利来源

从公司的产生和发展的历史来看，公司是投资人合作营利的一种组织方式。根据《民法典》相关规定，公司属于营利性法人，具有法律关系主体、

---

① 参见李建伟：《股东知情权的共益权属性定位及其司法价值》，载《人民法院报》2021 年 8 月 12 日。

② 参见李建伟：《股东知情权研究：理论体系与裁判经验》，法律出版社 2018 年版，代前言第 1 页。

客体双重属性。对于股东来说，公司是一个“物”，公司的资产来源于股东，股东对公司享有所有权，我们称之为股权，股权可以作为买卖的客体。由于现代公司的所有权与经营权相分离，股东虽然对公司享有所有权，但董事会才是公司的经营决策机构，它由股东大会选举产生，代表公司的意志，本质上也是全体股东意志的集中体现。作为公司的所有权人，股东当然有权了解董事会对公司作出的经营、管理决策并查阅在此过程中的相关资料，股东知情权的相关权利由此而生。股东充分有效地行使股东知情权，能够对公司管理层作出有效监督，在督促管理层为公司利益最大化依法合理履职、防止管理层损害公司和股东的合法权益等方面有着非常积极的作用。

2. 信义义务理论——股东知情权义务来源

信托是一种发源于英国中世纪的财产转移和管理方式，是一种财产转移及管理手段，或者说是一种转移财产并加以管理的设计。典型的信托关系中，通常有委托人、受托人以及受益人三方主体。委托人基于对受托人的信任，将自己的财产转移给受托人，并要求受托人为受益人的利益或者特定目的管理和使用该信托财产。信义义务的概念来自衡平法中的核心内容——信义法，信义义务概括起来就是“忠诚”，其要求受信人（受托人）在自我利益和信托利益发生冲突时，优先考虑自己的义务，其次再考虑自己的利益。股东与公司之间的关系类似于信托关系，根据信托原理，设立公司的出资是信托财产，公司是受托人，股东既是委托人，又是受益人。[①] 在此信托关系中，公司应向股东承担信义义务，公司是法律拟制主体，其具体的决策、行为均离不开公司的管理层，故公司管理层是向股东承担信义义务的最终责任人，公司法中与公司信义义务对应的则是股东知情权的相关规定。

3. 信息不对称理论——股东知情权产生原因

现代公司中，委托代理关系普遍存在，全体股东、少数股东作为委托人，管理层、控股股东作为受托人负责公司经营管理。所有权与经营权的分离使得所有者和经营者之间存在信息差，直接导致两者之间存在信息不对称现象。所有权与控制权的分离亦使现代公司治理一般以资本多数决为原则，间接导致控股股东和中小股东之间存在信息不对称现象。

（1）所有者与经营者之间信息不对称。股东将公司的经营、管理权委托于公司管理层代为行使，两者之间形成委托代理关系。双方的利益与目的可能不尽相同，委托代理关系不尽稳定问题也由此而生。委托代理问题主要出现在道德层面，具体表现形式为不作为和不正当作为：不作为是指代理人置

---

① 参见张开平：《英美公司董事法律制度研究》，法律出版社 1998 年版，第 151~152 页。

委托人事项于不顾，不履行其受托事务及合同义务；不正当作为是指代理人未将委托人利益置于首位，未合理合法地履行合同义务，甚至为了自身利益去损害委托人利益。由于代理人控制着经营管理权，直接接触并制作经营信息，代理人倾向于利用信息不对称的优势，谋取私利。[①] 经营者信义义务意欲在道德层面降低风险，信息不对称的现象在客观上助长了道德风险的滋生，而消除信息不对称的有效途径就是借助股东知情权制度对股东的权利予以保障。

（2）控股股东和中小股东之间信息不对称。中小股东所能接受到的公司信息一般都经过了控股股东的筛选，无法全面且准确地了解到公司的实际经营管理情况，这种信息差导致控股股东单独或者联合管理层侵害中小股东利益的现象多有存在。如果法律不加以保障，中小股东的资金将会逃离公司，公司制度也就失去活力，进而影响我国经济发展。在公平原则的基础上，立法一般会对弱势一方倾斜保护以寻求一种动态平衡。股东知情权制度便是我国法律保障弱势股东并维护公司稳定运营的体现。

综上所述，股东知情权制度的设立，能够帮助股东及时发现公司经营管理中存在的问题，能与信义义务一并监督、规范公司管理层的行为，共同对经营者形成内外监督并存的强监督合力，从而从主观上降低道德风险，从客观上避免信息不对称的现象发生，保证在坚持资本多数决的原则下兼顾公司运营效率及弱势中小股东的合法权益，为公司良性发展、股东放心投资保驾护航。

（三）股东知情权的法律特征

股东知情权制度设立的目的是平等保护公司及中小股东的合法权益，知情权是一切股东权利的基础，在知情权得不到保障的情况下，股东其他权利无异于无源之水、无本之木。基于此，股东知情权呈现如下法律特征。

1. 基础性

股东知情权是全部股东权利范畴中具有基础地位的一类权利，股东知情权是其他股东权利有效实现的重要前提，是保护小股东合法权益免受控股股东的侵害、股东了解公司经营管理情况、参与公司决策、选择公司管理层、获得资本收益、实现公司顺畅发展以及股东间合作共赢的前提与基础，所以股东知情权是一项基础性权利。

2. 固有性

以股权受法律强制的程度为标准可以将股权分为固有权和非固有权。[②] 股

---

① 参见程恩富、胡乐民：《新制度经济学》，经济日报出版社 2005 年版，第 119 页。

② 参见赵旭东主编：《公司法学》（第 2 版），高等教育出版社 2006 年版，第 316 页。

东知情权是股东基于其股东身份所享有的一种固有的、法定的权利，未经股东同意，公司不得以章程或者股东会决议的形式剥夺或者限制股东知情权的行使，如果出现该种情形，则相关条款应当认定无效，股东可以采取相应的救济措施。

3. 独立性

股东知情权范围的界定包括义务性规范和权利性规范两个层面。对于权利性规范层面的股东知情权而言，股东知情权是一种法定的独立的股东权利；对于义务性规范层面的股东知情权而言，股东知情权是一种独立的股东权利还是其他股东权利的从权利问题，学界争论较大。将信息自行获取权利视为从权利最主要的原因在于，股东知情权是为了保障其他股东权的正当行使，学界广泛采用的划分方法带有明显地将股东权先验地分为经营管理权和财产权的路径依赖。[①] 但股东知情权毕竟可以不依附于其他股东权利而独立存在，可由股东独立行使并独自承担法律后果，从这一客观角度，将股东知情权归类为独立的股东权利较为可取。

4. 工具性

以权利行使的价值归属为标准，股东的权利分为工具性权利和目的性权利。在美国的相关著述当中，对股东的查阅权用“tools at hand”这个词组来替代，反映了股东知情权的工具性价值取向。股东其他权利的切实行使以股东知情权为前提条件，比如公司股东虽然享有表决权和诉讼提起权，但如果不能获得有关公司事务方面的信息，对公司事务的管理和业务的执行完全不知情，股东所享有的表决权和诉讼提起权就会受到严重损害，无法充分发挥应有的作用。因此，从该种程度上讲，股东知情权属于手段性权利，是实现股东其他权利的基础和前提。

（四）股东知情权分类

股东知情权可按照股东监督范围由浅入深、外部强制力由弱到强的逻辑顺序进行分类，主要可以分为三个层次：第一层次，权利行使方式表现为公司主动向股东送达、公开相应信息，属于私权范畴；第二层次，权利行使方式表现为股东主动请求公司提供文件供其查阅，属于私力救济；第三层次，权利行使方式表现为股东主动诉请法院允许其查阅文件，属于公力救济。[②] 从股权行使的主动性程度看，第一层次的知情权属于消极层面的知情权（股东接收信息具有被动性），第二、三层次的知情权属于积极层面的知情权（股东主动寻找信息）。

---

① 参见柯芳枝：《公司法论》，中国政法大学出版社2004年版，第163页。

② 参见蒋大兴：《超越股东知情权诉讼的司法困境》，载《法学》2005年第2期。

1. 被动行使获取

《公司法》第 116 条、第 165 条规定了公司应当定期或在法定期限内向股东披露公司相关信息的义务，系股东知情权被动行使的范畴。该类行权客体一般为公司对内公开的信息，包括董事、监事、高级管理人员从公司获得报酬的情况及公司财务会计报告等。

2. 主动行使获取

《公司法》第 33 条、第 97 条赋予了股东请求公司披露公司相关信息的权利，系股东知情权主动行使的范畴。该类行权客体包括部分不公开的资料，有些甚至涉及公司的商业秘密，如会计账簿及有关会计凭证。为保护公司的合法权益，在公司有理由认为股东查阅会计账簿具有不正当目的的情况下，可以拒绝股东查阅会计账簿的请求。主动行使的股东知情权可进一步分为绝对知情权和相对知情权。

（1）绝对知情权。《公司法》第 33 条第 1 款规定的“股东有权查阅、复制公司章程、股东会会议记录、董事会会议决议、监事会会议决议和财务会计报告”均属此类。[①] 绝对知情权有以下特征：①股东行权时无须说明查阅目的；②公司应无条件地根据股东的要求予以提供；③法律未设定司法救济的前置条件。

（2）相对知情权。《公司法》第 33 条第 2 款规定的股东查阅会计账簿的权利即属于此类。相对知情权有以下特征：①前置程序要求，股东应先向公司提出书面请求并说明理由；②行权形式受限制，股东对于会计账簿只能查阅，无权复制；③合法抗辩理由，公司有理由认为股东查阅会计账簿有不正当目的的，可以拒绝。

3. 司法救济获取

在股东通过行使查阅权、质询权遭到公司拒绝或无法满足信息需求时，可以启动公权力救济，股东便可以通过向法院提起诉讼的方式，借助人民法院的强制执行力保障股东的知情权，以达到监督公司运营、维护自身投资安全的目的。

二、股东知情权诉讼概述

股东知情权诉讼，是指股东的知情权受到侵害，其通过私力救济无法阻止侵害行为的继续或侵害后果的发生，股东通过司法途径特别是法院生效判

① 《公司法（修订草案二次审议稿）》第 56 条第 1 款将“股东名册”也纳入股东可查阅、复制的股东知情权客体范围。

决的强制执行，以保障自身合法权利的一种诉讼。我国现行《公司法》未就股东质询权、股东接受公司信息的利益遭受侵害引起的诉讼作出明确规定，故司法实践中的股东知情权诉讼主要是股东行使查阅权引发的相关诉讼。

（一）股东知情权纠纷界定

股东系公司的投资者和终极控制者，股东权利的正常行使直接关系到公司的顺利运转乃至生死存亡。公司本质上是股东谋利的载体和平台，公司的存在价值就在于实现股东利益的最大化。正因为如此，股东之间的利益冲突时有发生，控股股东控制与压制中小股东的现象普遍存在。而股东知情权是股东了解公司经营管理情况、参与公司决策、选择公司管理层、获得资产收益等诸项权利的基础性权利。如果没有知情权的保障，股东尤其是中小股东也就难以充分了解并掌握经营情况、财务状况等信息，其他权利也就难以实现。实证研究表明，控股股东压制中小股东的起点就是剥夺后者的知情权，而后者寻求反压制救济往往也是从知情权诉讼救济开始，[①] 此情形即为股东知情权纠纷之引发原因。

司法实践中，股东知情权纠纷通常是指股东依法享有的对公司运营状况和公司高级管理人员的业务活动知悉权被公司限制或剥夺所引发的纠纷。需要注意的是，并不是所有因股东行使知情权引发的纠纷都可以被纳入股东知情权纠纷。也即该纠纷的外延并不包括股东不当行使知情权引发的纠纷和股东不能实现知情权行使目的引发的纠纷。前者是指股东或其辅助人行使知情权后泄露公司商业秘密，导致公司合法利益受到损害，公司请求该股东或其辅助人赔偿相关损失的损害公司利益责任纠纷；后者是指公司董事、高级管理人员等未依法履行职责，导致公司未依法制作或保存公司文件材料，给股东造成损失，股东依法请求该公司董事、高级管理人员承担民事赔偿责任的损害股东利益责任纠纷。因此，实务中不宜对股东知情权纠纷的外延作扩张解释，否则容易与其他关联纠纷发生混淆，不利于股东知情权诉讼案件的有效审理。

（二）股东知情权诉讼目的

股东知情权诉讼的目的通常包括：（1）在公司存续期间，一些股东尤其是中小股东，不参与公司的实际经营，无法知晓公司的真实经营状况，故提起股东知情权之诉，以了解公司的具体经营情况；（2）当公司长期不公布财务状况、不分配利润时，股东通过知情权之诉了解公司的财务经营状况，进而请求公司分配利润；（3）当一方股东意图解散公司时，通过股东知情权之

① 参见李建伟：《股东知情权诉讼研究》，载《中国法学》2013 年第 2 期。

诉来了解公司的财务状况，进而为公司的清算做前期准备；（4）股东发现公司董事、高级管理人员存在违反忠实义务和注意义务的行为，通过股东知情权之诉来规范公司经理、董事等管理层的管理行为，进而为提起损害公司利益责任纠纷的股东代表诉讼做前期准备；（5）当原告股东未履行出资义务，希望通过股东知情权之诉以判决的形式明确其股东地位，为日后主张其他权利奠定基础。

（三）股东知情权诉讼性质

根据民事主体承担义务性质的不同，民事诉讼可分为合同之诉和侵权之诉。前者系指因相对方违反合同约定义务而产生的诉讼，后者系指因相对方违反法定义务而产生的诉讼。如前所述，股东知情权是法律赋予股东的固有性权利，公司负有配合股东行使知情权的法定义务，如公司拒绝履行该配合义务，则构成对股东知情权的侵害，故股东知情权诉讼从违反义务性质的角度应认定为侵权之诉。

此外，根据民事诉讼理论，诉的类型可以分为确认之诉、给付之诉、变更之诉（又称为形成之诉）。结合股东知情权诉讼的诉讼请求内容，股东提起知情权诉讼是因为其知情权受到侵害，为保障其权利实现，股东要求侵害股东知情权的公司履行相关职责，是一种要求对方为一定行为的诉讼，因此属于给付之诉。考虑到股东的诉讼请求并不是要求公司给付财物并转移财物的所有权，故该给付之诉的标的应认定为行为而非财物。

三、股东知情权纠纷法律规制

（一）法律规制沿革

1993 年我国首次颁布了《公司法》，其中关于有限责任公司股东知情权的规定在第 32 条，“股东有权查阅股东会会议记录和公司财务会计报告”；关于股份有限公司股东知情权的规定在第 110 条，“股东有权查阅公司章程、股东大会会议记录和财务会计报告，对公司的经营提出建议或者质询”。

在 1999 年及 2004 年《公司法》修正时，前述两条法律规定均未发生变化。

经 2005 年《公司法》修订后，关于有限责任公司的股东知情权规定在第 34 条，“股东有权查阅、复制公司章程、股东会会议记录、董事会会议决议、监事会会议决议和财务会计报告。股东可以要求查阅公司会计账簿。股东要求查阅公司会计账簿的，应当向公司提出书面请求，说明目的。公司有合理根据认为股东查阅会计账簿有不正当目的，可能损害公司合法利益的，可以拒绝提供查阅，并应当自股东提出书面请求之日起十五日内书面答复股东并说明理由。公司拒绝提供查阅的，股东可以请求人民法院要求公司提供查阅”。关于股份有限公司股东知情权的规定在第98条，“股东有权查阅公司章程、股东名册、公司债券存根、股东大会会议记录、董事会会议决议、监事会会议决议、财务会计报告，对公司的经营提出建议或者质询”。

在2013年及2018年《公司法》修正时，上述规定的内容均未发生变化，仅将条文序号由第34条改为第33条、由第98条改为第97条。①

2017年，最高人民法院发布的《公司法司法解释（四）》第7条至第12条对《公司法》第33条、第97条的内容进行了解释性规定，其中第7条对于股东提起知情权诉讼应具备股东资格或有初步证据证明在持股期间其合法权益受到损害予以明确；第8条主要列举了股东具有《公司法》第33条第2款规定的“不正当目的”的四种情形；第9条规定了公司章程、股东之间的协议等不得实质性剥夺股东知情权；第10条明确了人民法院支持股东查阅或复制请求的，应当在判决中明确时间、地点和特定文件材料的名录，并明确在该股东在场的情况下，可以由会计师、律师等辅助人进行；第11条则从平衡保护公司利益的角度，明确了股东行使知情权或辅助人查阅后泄露公司商业秘密导致公司合法利益受到损害，侵权人应向公司承担赔偿损失的法律后果；第12条从股东不能实现知情权行使目的的损害赔偿的角度，明确了公司董事、高级管理人员未依法履行职责应向股东承担民事赔偿责任。

2020年，最高人民法院经修正后发布的《公司法司法解释（四）》中，对前述规定的内容及条文序号均未作调整。

（二）立法完善期待

2005年修订的《公司法》对于股东知情权的保护虽较为完善，但随着这十多年来我国经济的腾飞，公司数量不断增加、规模持续扩大、经济形势愈发复杂，2018年《公司法》的修正又未对股东知情权相关规定的内容作出调整，现行《公司法》在平等保护股东知情权及公司合法权益方面已稍显吃力，结合实务中的法律适用问题，期待相关立法完善以下内容。

1. 股东查阅资料范围优化

《公司法》未规定是否允许股东查阅与会计账簿紧密相关的记账凭证、原始凭证、银行对账单等原始资料，建议《公司法》后续修订中对此予以明确。

2. 股东复制资料范围扩大

根据《公司法》第33条、第97条规定，大部分有限责任公司的特定材

---

①《公司法（修订草案二次审议稿）》将现行《公司法》第33条改为第56条，将现行《公司法》第97条改为第110条。

料可供股东查阅并复制，而有限责任公司的会计账簿及股份有限公司的特定材料则仅供查阅，股东作为普通人，一般不具备专业的财会知识，在有限的时间内识别并牢记会计账簿及股份有限公司的特定材料中所反映的公司财务问题，难度较大，即使在法律未禁止股东摘抄的情况下，在有限时间内识别并摘录所需信息亦增大了其维权难度，是否允许股东对前述仅供查阅的材料予以部分复制，有待进一步探究。

3. 股东知情权保护更为周全

《公司法》对知情权按照有限责任公司和股份有限公司的形式不同，分开规定在第 33 条和第 97 条中，因我国的股份有限公司从设立形式上可分为发起设立、私募设立与公募设立，其中前两类方式设立的股份有限公司在封闭性、人合性上更偏向于有限责任公司，故将有限责任公司和股份有限公司的股东知情权区分开来缺乏实质内涵，可能会导致多个层面上法律规范适用的偏差，对于股东知情权的保护周全性值得期待。

四、股东知情权纠纷审理理念

（一）坚持股东知情权法定原则

股东知情权法定原则是指股东知情权的权利主体、义务主体、行权客体、行权方式等内容完全由法律规定，且相关法律规定在性质上属于强制性规范，不能被限制或剥夺。该项原则是由股东知情权所具有的基础性、固有性、独立性和工具性等法律特征所决定的。就股东知情权的相关主体来说，权利主体仅限于股东，义务主体仅限于公司。就股东知情权的行权客体来说，仅限于《公司法》第 33 条、第 97 条规定的公司特定文件材料。就股东知情权的行权方式来说，仅限于查阅、复制两种行权方式，且查阅公司会计账簿必须遵循《公司法》第 33 条规定的前置程序要求。此外，股东知情权在本质上属于监督性的权利，是中小股东监督经营者的权利，而监督性质的权利在法律上应设定为强制性规范，而非任意性规范，故不能被公司章程、股东之间的协议、股东会决议或董事会决议予以限制或剥夺。

需要注意的是，司法实践中要正确把握股东知情权法定原则与根据公司章程规定行使股东知情权两者之间的关系。通常来说，股东依据公司章程规定行使知情权主要体现为两个方面：一是公司章程规定股东可查阅或复制法定行权客体之外的文件，例如经营合同、预算审核、项目资料等，以及股东可委托第三方会计师事务所对公司进行审计，该情形属于公司章程扩展股东法定知情权客体范围和行权方式的合理范畴，一般情况下法院可予支持；二是公司章程针对股东行使知情权的具体规则作出程序性细化规定，如明确查阅、复制公司特定文件的时间和地点，股东应遵循该规定。

（二）坚持股东知情权不得滥用原则

禁止权利滥用系民法的基本原则之一。股东行使知情权同样应遵循权利不得滥用的原则。该项原则主要体现为以下两个方面：一是对股东行使知情权设定目的限制。知情权虽然是股东的固有权利，但任何权利的行使均有一定的边界和限制，该边界和限制即为知情权的行使必须出于正当目的。因公司会计账簿为不公开的信息且可能涉及公司商业秘密，为防止股东利用股东知情权损害公司的合法权益，《公司法》明确规定了股东查阅公司会计账簿应当出于正当目的。据此，司法实践中要加强对股东查阅公司会计账簿的目的性审查，避免对公司的合法利益造成损害。二是股东滥用知情权损害公司合法利益的应承担赔偿责任。例如，《公司法司法解释（四）》明确规定，股东及其辅助查阅人行使知情权后，如泄露公司商业秘密，导致公司合法利益受到损害，应向公司赔偿相关损失。

（三）坚持股东权利与公司利益平衡保护原则

公平原则亦系民法的基本原则之一。利益平衡保护原则系公平原则在诉讼领域的重要体现。据此，股东知情权诉讼要坚持股东权利与公司利益平衡保护的原则。无可否认，股东行使知情权特别是查阅公司会计账簿及有关的会计凭证时，公司需要调取和准备大量的文件资料，工作量可能很庞大，很可能会打乱公司的正常经营秩序，付出很高的成本，这既加重公司的经营负担，也影响公司的经营效率。此外，公司会计账簿及有关会计凭证涉及公司经营和管理的秘密，具有保密性，在保护中小股东利益的同时，也不能忽视公司的整体利益。因此，司法实践中在审查股东行使知情权的行权客体及行权方式时，要注重中小股东合法权益、公司商业秘密、公司正常经营秩序的平衡保护，积极而又审慎地支持有限责任公司股东查阅公司会计凭证的请求，合理确定查阅或复制公司特定文件材料的时间、地点和时限。同时，在股东知情权纠纷案件中适用诉讼时效制度，促使股东及时行使自己的知情权，保证法律规定的股东知情权真正目的的实现，减轻公司永久保留陈年旧账的义务，维持公司的经营管理效率。

（四）坚持公司内部救济优先原则

公司内部救济优先原则是指，公司内部相关主体之间发生权利冲突时，要尽可能地通过公司内部治理结构来解决，即在穷尽公司内部救济后，权利仍然不能得到实现或者保护的，方可以通过诉讼程序来主张或者实现自己的权利。[1] 这是司法干预必要与有限原则在诉讼领域的重要体现。股东行使知情权涉及股东与公司之间的权利冲突，理应遵循公司内部救济优先原则。该项原则主要体现为《公司法》对有限责任公司股东要求查阅公司会计账簿引发的诉讼设定了前置程序，该前置程序在性质上属于诉讼前置程序。具体来说，股东提起该类诉讼时需提交已向公司提出书面请求及公司拒绝提供查阅的相关证据，否则法院应不予受理该类诉讼。

第二节　基本要素审理指引

一、立案要素审查

（一）主管要素

股东知情权是法律赋予股东的固有性权利，具有身份属性，如公司拒绝履行配合股东行使知情权这一法定义务，即构成对股东知情权的侵害。根据《民事诉讼法》第 3 条的规定，股东对公司提起知情权侵权之诉，属于人民法院的受理案件范围。

【规范依据】《民事诉讼法》第 3 条。

（二）管辖要素

股东知情权纠纷属于实行特殊地域管辖规定的与公司有关的纠纷，应当依据《民事诉讼法》第 27 条的规定确定管辖法院。《民事诉讼法》第 27 条规定，因公司设立、确认股东资格、分配利润、解散等纠纷提起的诉讼，由公司住所地人民法院管辖。《民事诉讼法司法解释》第 22 条规定，因股东知情权纠纷提起的诉讼，依照《民事诉讼法》第 27 条规定确定管辖。上述规定将股东知情权纠纷明确为由公司住所地管辖。

【规范依据】《民事诉讼法》第 27 条；《民事诉讼法司法解释》第 22 条。

（三）案由要素

《民事案件案由规定》在“与公司有关的纠纷”下规定了“股东知情权纠

① 参见吴庆宝主编：《公司纠纷裁判标准规范》，人民法院出版社 2009 年版，第 27 页。

纷”。与“股东知情权纠纷”相关的请求权基础规范主要包括:《民法典》第125条,《公司法》第33条、第97条、第116条、第165条,《公司法司法解释(四)》第7条至第10条。司法实践中,因行使股东知情权引发的纠纷除股东知情权纠纷外,还可能引发关联纠纷,如损害公司利益责任纠纷及损害股东利益责任纠纷,故应当注意三者之间的区别。

1. 注意与损害公司利益责任纠纷的区别

损害公司利益责任纠纷,是指公司股东滥用股东权利或者董事、监事、高级管理人员违反法定义务,损害公司利益而引发的纠纷。《公司法司法解释(四)》第11条规定,股东行使知情权后泄露公司商业秘密导致公司合法利益受到损害,公司请求该股东赔偿相关损失的,人民法院应当予以支持。根据本规定第10条辅助股东查阅公司文件材料的会计师、律师等泄露公司商业秘密导致公司合法利益受到损害,公司请求其赔偿相关损失的,人民法院应当予以支持。前述规定的股东行使知情权后泄露公司商业秘密的行为属于公司股东滥用股东权利的情形之一,根据该规定提起的诉讼应定性为损害公司利益责任纠纷。

2. 注意与损害股东利益责任纠纷的区别

损害股东利益责任纠纷,是指公司董事、高级管理人员违反法律、行政法规或者公司章程的规定,损害股东利益,应当对股东承担损害责任而与股东发生的纠纷。《公司法司法解释(四)》第12条规定,公司董事、高级管理人员等未依法履行职责,导致公司未依法制作或保存《公司法》第33条、第97条规定的公司文件材料,给股东造成损失,股东依法请求负有相应责任的公司董事、高级管理人员承担民事赔偿责任的,人民法院应当予以支持。前述规定的公司董事、高级管理人员等未依法履行职责的行为属于违反法律、行政法规或公司章程规定的情形之一,根据该规定提起的诉讼应定性为损害股东利益责任纠纷。

【规范依据】《民法典》第125条;《公司法》第33条、第97条、第116条、第165条;《公司法司法解释(四)》第7条至第10条。

(四)原告主体要素

股东知情权纠纷,顾名思义,提起股东知情权纠纷诉讼的前提是原告在起诉时应当具有公司股东资格。例外情形为,原告在起诉时不具有公司股东资格,但其有初步证据证明在持股期间其合法权益受到损害。对此,应对股东作有条件地扩张解释,既包括现在的股东,也包括退出公司的原股东在内,即赋予原股东享有其持股期间的公司特定文件材料的查阅权。实际审查时,常见的问题有:

1. 隐名股东不得行使股东知情权

公司的实际出资人在其股东身份未显名化之前，不具备股东知情权诉讼的原告主体资格，其已诉至法院的，应裁定不予受理或驳回起诉。但是，隐名股东已经或正在履行相应的显名手续，且公司和其他股东均认可其股东身份的，应当允许其行使股东知情权。

2. 名义股东享有股东知情权

名义股东只要符合公司股东的条件，即应享有股东知情权。因此，只要名义股东被记载于股东名册，就可以依据股东名册主张包括股东知情权在内的各项权利。

3. 继受股东享有股东知情权

继受股东对其加入公司前的公司信息也享有股东知情权。关于继受股东于何时享有股东知情权的问题，在股东知情权诉讼中，继受股东在被公司股东名册记载之前，应视为其尚不具有公司股东资格，公司可以提出其不具有股东资格的抗辩。换言之，继受股东在被记载于股东名册后才开始享有知情权，而不能凭股权转让协议向公司主张知情权。

4. 股东出资瑕疵不影响其行使股东知情权

股东知情权以股东资格为主体要件，股东出资瑕疵并不影响其获得股东身份，故出资瑕疵股东也享有股东知情权。但是，如果有限责任公司的股东未履行出资义务或者抽逃全部出资，经公司催告缴纳或者返还，在合理期间内仍未缴纳或者返还出资的，公司可以通过股东会决议解除其股东资格。司法实践中需要注意的是，如果原告起诉时已具有股东资格，即使在诉讼中被解除股东资格，该股东知情权诉讼仍可继续进行而不受影响。

5. 多个股东形成共同诉讼

司法实践中，公司侵犯股东知情权的情形并不限于一个股东，涉及多个中小股东乃是常态。若仅有其中一个或几个股东提起诉讼，判决的既判力仅限于原告股东，其他股东只能另行起诉，如此会出现重复审理，浪费司法资源，且有形成相互矛盾的裁判之风险，故设立股东知情权共同诉讼有其必要性。该共同诉讼应为普通的共同诉讼，且因有限责任公司的股东人数有 50 人的上限，再加上其封闭性及股东间的信任关系，所以该共同诉讼可适用人数确定的代表人诉讼制度。

6. 公司监事无权提起知情权诉讼

有限责任公司的监事会或不设监事会的公司监事，是依照法律规定和章程规定，代表公司股东和职工对公司董事会、执行董事和经理依法履行职务情况进行监督的机构。监事会或监事依照《公司法》第 54 条规定对公司经营异常进行调查，必要时可聘请会计师事务所等予以协助。其性质属于履行相关职务行为，系公司内部治理的范畴，该权利的行使与否并不涉及监事个人的民事权益，且《公司法》并未对监事会或监事行使权利受阻规定相应的司法救济程序，故司法不宜介入，应当由公司自治解决。因此，监事会或监事以其知情权受到侵害为由与公司发生纠纷，同样不具有可诉性，法院应不予受理；已经受理的，应当裁定驳回起诉。况且，监事的职务、职权及职责决定了他们可以因工作需要而直接查阅公司的特定文件材料，无须进行知情权诉讼。即使监事无法行使职权，也不导致监事自身利益的损失，根据权利义务一致的原则，其不应具有诉权。但是，如果不设监事会的公司监事，同时具备公司股东身份，法院应当向其行使释明权，若其同意以股东身份提起股东知情权纠纷诉讼，法院可准许其变更诉讼请求。

【规范依据】《公司法》第54条；《公司法司法解释（四）》第7条。

（五）被告主体要素

股东知情权诉讼系与公司有关的侵权之诉，公司为股东知情权客体的制作方与保存方，即提供相关资料供股东查阅或复制的义务人，故应列公司为被告。审查时应该注意以下四点。

1. 股东知情权的义务主体是公司

股东知情权的义务主体仅限于公司。公司具有独立人格，公司行为即使体现了控股股东、实际控制人和公司董事、高级管理人员的意志，但在法律上仍然是公司的行为。并且，在执行事务中，董事、高级管理人员与公司之间属于委托代理关系，其代理后果自应由公司承担。即使是公司其他股东、董事、监事或高级管理人员拒绝履行相关义务，导致股东知情权受到侵害，也应当由公司承担责任[①]。因此，控股股东、实际控制人和公司董事、高级管理人员均不宜作为知情权的义务主体，即不能在股东知情权诉讼中列为共同被告。

2. 其他经营主体可作为知情权义务主体

司法实践中，存在多种非公司类型的经营主体，如民办非企业单位、营利型民办学校、联营企业、合伙企业及个人合伙等，因该类经营主体皆以营利为目的，亦具有人合性，组织架构与公司相类似，其投资人如提出知情权请求，应以上述经营主体的法律、法规及其章程规定为基础，参照公司法中关于股东知情权的规定进行处理，故该类经营主体可作为知情权的义务主体。

3. 被吊销营业执照的公司不可作为知情权义务主体

公司被吊销营业执照后，股东提出知情权诉讼的，因查阅通知无法到达

---

① 参见张海棠主编：《公司法适用与审判实务》，中国法制出版社2009年版，第81页。

公司，继续审理的条件客观上已经不具备，应当驳回起诉，股东应待公司成立清算组之后另行主张权利。[①]

4. 股东对公司享有的知情权因公司注销而消灭

公司被依法注销后，公司的法人资格即消亡，股东对公司享有的股东权利也因公司的消亡而消灭，故股东如果要求对已被注销的公司行使知情权，没有法律依据。因此，在公司被依法注销的情况下，原公司股东以公司或其他股东、原法定代表人或高级管理人员为被告主张知情权诉讼的，法院应裁定不予受理或驳回起诉。

【规范依据】《公司法》第3条、第33条、第97条、第116条、第165条、第180条。

（六）第三人主体要素

在股东知情权诉讼中，如存在股权转让、代持股及需要其他股东参与诉讼以查明案件事实，可列利害关系人为第三人参加诉讼。

司法实践中，一些股东在提起知情权诉讼时，将会计师事务所作为第三人，请求法院判决公司向会计师事务所提供财务会计报告。公司财务会计报告应依法经会计师事务所审计，但该审计行为系公司与相关会计师事务所之间依据委托合同关系而产生，与股东对公司行使知情权属不同的法律关系，法院在股东与公司之间的知情权诉讼中，只需判决公司向股东提供公司财务会计报告即可。[②] 因此，不宜将会计师事务所列为第三人。

【规范依据】《民事诉讼法》第59条。

二、被告抗辩要素审查

（一）主体不适格抗辩

未经股东名册记载或公司登记机关登记的股东，提交公司其他文件或合同（公司章程、股东会决议、出资证明、股权转让合同等）等用以证明其股东身份，但该身份证明如与公司工商登记不一致，且公司不予认可，则说明股东身份存在争议，公司的该项抗辩理由可以成立。原告应先解决其股东身份，通过公司确认或司法确认其股东资格后，在其股东身份不存争议的情况

① 参见最高人民法院（2016）最高法民申3785号宁源国际有限公司与重庆中原房地产开发有限公司股东知情权纠纷一案再审审查民事裁定书。

② 参见张海棠主编：《公司法适用与审判实务》，中国法制出版社2009年版，第82页。

下再行使股东知情权。

（二）对象不适格抗辩

如股东以被吊销营业执照的公司作为被告或将公司的管理层、控股股东、实际控制人列为共同被告，被告主张对象不适格的抗辩理由成立。理由：其一，《公司法》第180条规定，“公司依法被吊销营业执照后应当解散”，该情形下的公司不能再开展经营活动，无法提供特定文件材料供股东查阅或复制；其二，公司具有独立人格，管理层与公司之间属于委托代理关系，其代理后果由公司承担，故该等人员作为知情权行权的对象主体亦不适格。

【规范依据】《公司法》第33条、第97条、第180条。

（三）查阅文件超出法定范围抗辩

公司以股东行使知情权要求查阅的特定资料（经营类合同、董事会会议记录、监事会会议记录等）范围超出法律规定（《公司法》第33条、第97条）及公司章程规定范围的抗辩理由成立。股东知情权制度的设立目的是保护股东合法权益并兼顾公司经营效率，故对股东请求查阅公司特定资料的范围予以限制具有必要性。

【规范依据】《公司法》第33条、第97条。

（四）未履行前置程序抗辩

公司法规定了有限责任公司的股东要求查阅公司会计账簿的前置程序，即股东需以书面形式向公司提出请求并说明目的，公司拒绝或自股东提出书面请求之日起15日内未予答复的，股东方能提起司法救济。此规定系鼓励股东先行私力救济再行公力救济，以提高行权效率，节约社会及司法资源。如股东未履行该前置程序，直接提起诉讼，公司以此为抗辩理由的，符合法律规定。

【规范依据】《公司法》第33条。

（五）不正当目的抗辩

此抗辩理由针对的是公司会计账簿的查阅问题，公司提出股东具有不正当目的抗辩理由的，应当符合《公司法司法解释（四）》规定的股东具有不正当目的的四种情形：同业竞争、利用会计账簿信息损害公司利益、三年内曾利用会计账簿信息损害公司利益、其他不正当目的。

【规范依据】《公司法司法解释（四）》第8条。

（六）客体不存在抗辩

公司主张股东要求查阅或复制的特定文件材料客观不存在且能够提供充分证据予以证明的，如存在失窃、失火并有处置记录的，或者相关材料根据法律规定不需要制备的，股东并无有效证据反驳公司的前述抗辩理由，应视为公司的抗辩理由成立。

（七）股东已知情抗辩

公司主张股东已知情，一般会提出如下理由：一是股东具有公司高管职务，在其履行职务过程中能够获取特定资料，知悉公司相关情况；二是股东已通过其他方式获取资料及相关信息，比如参加会议、听取汇报的方式等；三是公司在股东提起知情权诉讼之前已向股东提供过相关资料，并有交付证明。司法实践中通常认为，股东知情权为股东的法定固有权利，股东已知悉相关资料的事实并不妨碍股东再次主张知情权，故公司的上述抗辩理由不成立。

三、举证责任要素审查

根据《公司法》规定，有限责任公司与股份有限公司两种公司类型的股东可查阅的公司特定文件材料范围不尽相同，对股东行使查阅权的限制也存在区别，该等情形直接影响了股东知情权诉讼中双方当事人的举证责任分配与承担，故司法实践中难以用单一的标准来分配当事人的举证责任。具体来说，该类诉讼的举证责任分配应根据股东诉讼请求的不同内容作如下区分。

（一）原告股东资格举证责任分配

原告对其起诉时具有公司股东资格或者公司原股东资格负举证责任，所提供的证据须符合证据的形式要件要求，并能够初步证明原告具有被告公司的股东资格。

公司抗辩原告在起诉时不具有公司股东资格的，应当举证证明，且证明标准应高于原告对其股东身份的举证，即公司反驳性证据的证明力应当高于原告的起诉证据，如股东名册的日期晚于原告所提供的股东名册，或原告以股权转让协议及其他股东的证言来证明股东身份时，公司以晚于股权转让协议签订日期的股东会决议及股东名册予以反驳等。

（二）请求查阅、复制财务会计报告的举证责任分配

尽管《公司法》规定有限责任公司负有向股东主动送交财务会计报告的义务、股份有限公司负有置备或公告财务会计报告的义务，但该等公司文件的提供属于公司的法定义务，且消极事实无需举证证明，故只要原告股东主张其未收到或者未了解财务会计报告即可。

（三）请求查阅、复制章程、记录和决议的举证责任分配

因该等公司文件是公司正常运营过程中必须形成的，任何股东无须证明

其目的正当性均可以查阅、复制，故原告只需证明其系被告公司的股东即可。

（四）请求查阅公司会计账簿的举证责任分配

因《公司法》明确规定了查阅公司会计账簿的前置程序，故原告应举证证明：（1）原告系公司的股东；（2）原告已向公司提出书面请求并说明目的；（3）公司拒绝提供查阅或者公司未在股东提出请求之日起十五日内给予股东书面答复。原告提交的证据能够证明其已同时满足前述条件的，可以认定原告履行了法定前置程序。需要注意的是，立法仅要求股东说明查阅的目的，并未要求股东对其目的正当性进行举证。

公司如果拒绝提供查阅，则应由公司对股东查阅会计账簿有不正当目的进行举证，公司的证明标准仅需要达到"可能损害公司合法利益"的情形即可，而不需要达到"已对公司合法利益造成损害"的程度。

（五）请求查阅会计凭证的举证责任分配

从《会计法》的相关规定可以看出，会计凭证是制作会计账簿的源泉和基础，对公司经营状况的反映最直接，也最真实，根据"举轻以明重"的法律适用原则，应对股东要求查阅会计凭证设定比查阅会计账簿更为严格的要求。因此，从举证责任的角度说，原告请求查阅被告公司的会计凭证或者直接要求查阅原始凭证，应当由股东举证证明其请求查阅的正当目的。①

【规范依据】《民事诉讼法》第 67 条、第 68 条。

四、股东知情权客体要素审查

有限责任公司的股东有权查阅、复制公司章程、股东会会议记录、董事会会议决议、监事会会议决议和财务会计报告。该类客体的查阅、复制没有前置程序要求，法律亦未赋予公司合法抗辩理由；有限责任公司的股东可以要求查阅公司会计账簿，但股东要求查阅公司会计账簿有前置程序要求。②

股份有限公司的股东有权查阅公司章程、股东名册、公司债券存根、股东大会会议记录、董事会会议决议、监事会会议决议、财务会计报告，对公司的经营提出建议或者质询。

司法实践中需要注意两点：一是《公司法》未允许股东查阅或复制股东

---

① 参见杨路：《股东知情权案件若干问题研究》，载《法律适用》2007 年第 4 期。

②《公司法（修订草案二次审议稿）》第 56 条第 1 款将"股东名册"纳入有限责任公司股东有权查阅、复制的范围，第 2 款将"会计凭证"纳入有限责任公司股东有权查阅的范围。

会（股东大会）会议决议；二是对于股份有限公司，股东知情权的行使方式限于查阅、提出建议及质询，客体范围不包括公司会计账簿，无前置程序要求。[①]

（一）关于股东知情权客体构成

1. 财务会计报告构成

财务会计报告应当包括会计报表、会计报表附注、财务情况说明书。会计报表应当包括资产负债表、利润表、现金流量表及相关附表（损益表、财务状况变动表、利润分配表等）。[②] 司法实践中需要注意的是，所有者权益变动表并不在股东知情权的法定客体范围之列。

2. 公司会计账簿构成

公司会计账簿包括总账、明细账、日记账和其他辅助性账簿。[③]

3. 股东会（大会）会议记录构成

股东会（大会）决议是股东会根据其职权，就公司事项进行表决并通过后形成的书面文件。会议记录则是对股东及其他参会人员在会议中讨论的过程及表决的结果之客观记录。股东会（大会）会议记录一般包含了以下要素：会议时间、地点、议程、召集人、主持人、出席的董事、监事、高管、出席的股东或股东代理人、参会者所持股份总数及占公司的比例、议程中每一事项的逐项表决结果等。

4. 董事会会议决议构成

董事会会议决议是董事会根据其职权内容，将相关事项提起董事会表决并通过之后形成的书面文件，一般包含以下要素：会议时间、地点、出席会议董事及决议内容等。在会议程序符合章程规定的情况下，会议中的表决比例亦达到公司章程规定的最低表决比例时，可以形成董事会会议决议。

5. 监事会会议决议构成

监事会会议决议是监事会根据其职权内容，将相关事项提交监事会表决并通过之后形成的书面文件，一般包含以下要素：会议时间、地点、出席会

---

①《公司法（修订草案二次审议稿）》第 110 条第 2 款新增规定股份有限公司股东有权在必要范围内查阅公司会计账簿、会计凭证，并规定前置程序要求。

② 参见《企业财务会计报告条例》第 7 条规定："年度、半年度财务会计报告应当包括：（一）会计报表；（二）会计报表附注；（三）财务情况说明书。会计报表应当包括资产负债表、利润表、现金流量表及相关附表。"

③ 参见《会计法》第 15 条第 1 款规定，会计账簿登记，必须以经过审核的会计凭证为依据，并符合有关法律、行政法规和国家统一的会计制度的规定。会计账簿包括总账、明细账、日记账和其他辅助性账簿。

议的监事及决议内容等。决议应当经半数以上监事通过，表决事项实行“一人一票”原则。

6. 公司债券存根构成

公司债券存根是票据、证件开出后留底在公司的凭据，内容与票据、证件相同，留存备查之用。与之相对应的是公司债券存根簿，其是指依法记载债券持有人及债券有关事项的簿册，公司发行公司债券应当置备公司债券存根簿，它是公司发行公司债券的原始凭证，其设置及记载事项应当符合法律规定。①

（二）股东请求查阅公司会计凭证审查

我国《会计法》与《公司法》对会计账簿与会计凭证均明确予以区分，司法实践中不能当然认为会计账簿包括会计凭证。

司法实践中不宜对股东查阅会计凭证请求一概予以否定，而应在股东权利与公司正常经营秩序平衡保护的前提下，根据个案实际情况，有条件地支持股东查阅会计凭证：一是条件限制方面，在股东主张会计账簿不能真实反映公司经营状况，并明确指出会计账簿中存在的问题，说明要求查阅会计凭证的正当目的时，法院可从会计账簿的有效性、信息的真实性等角度予以审查，确实存在问题的，可以支持股东查阅会计凭证的请求；二是范围限制方面，股东可查阅的会计凭证范围应局限于与会计账簿记载内容有关的其持股期间的记账凭证、原始凭证。②

（三）公司章程对股东知情权客体的特殊规定审查

《公司法司法解释（四）》第7条第1款规定，股东可以依据公司章程的规定，起诉请求查阅或者复制公司特定文件材料。据此，股东提起知情权诉讼时，法院应审查股东行使知情权的客体是否符合公司章程对查阅程序和查阅范围作出的特殊规定。对于符合规定的，应当予以支持。如公司章程规定股东可查阅或复制经营合同、预算审核、项目资料文件等内容，审判实务中

---

① 参见《公司法》第157条规定：“公司发行公司债券应当置备公司债券存根簿。发行记名公司债券的，应当在公司债券存根簿上载明下列事项：（一）债券持有人的姓名或者名称及住所；（二）债券持有人取得债券的日期及债券的编号；（三）债券总额，债券的票面金额、利率、还本付息的期限和方式；（四）债券的发行日期。发行无记名公司债券的，应当在公司债券存根簿上载明债券总额、利率、偿还期限和方式、发行日期及债券的编号。”

②《公司法（修订草案二次审议稿）》第56条、第110条明确规定股东有权查阅会计凭证，但对有限责任公司股东查阅会计凭证时没有规定“在必要范围内”，而对股份有限公司股东则规定了“在必要范围内”。

可对股东提出查阅或复制此类文件请求予以准许。

（四）股东知情权客体不存在审查

股东知情权诉讼中，公司提交充分证据证明确实无法提供股东要求查阅的公司特定文件材料的，应当区分不同情况分别处理。

1. 依法不必制备的文件材料

有些有限责任公司仅设执行董事和监事各一名，依法不需要制备董事会会议决议和监事会会议决议。如董事会决议、监事会决议等特定资料客观自始不存在，应当判决驳回股东的该项诉讼请求。①

2. 依法必须制备的文件材料

公司依法必须制备的文件材料包括公司章程、财务会计报告及会计账簿等，这是公司经营过程中应尽的法定义务，公司不能以未进行制作和保存，即知情权客体不存在为由拒绝提供查阅。因此，对原告诉请查阅公司依法必须制备的文件材料，法院原则上应予支持。

3. 依法必须制备的文件材料灭失

公司特定文件材料原已制作并保存，但因不可抗力或意外事件灭失的，如公司档案库存在失窃、失火并有处置记录，股东并无充分证据反驳该抗辩的，应当驳回股东的该项诉讼请求。但在股东能够提交充分证据予以反驳时，则应支持股东的该项诉讼请求。

司法实践中需要注意的是，在案件审理过程中，如有证据证明公司存在毁损特定文件材料意图，可支持股东的诉讼保全申请对公司特定文件材料采取行为保全措施，以便于胜诉判决的有效执行。

（五）股东审计公司账目审查

公司章程规定股东可以委托第三方会计师事务所对公司账目进行审计，该内容属于扩展股东法定知情权行权方式的情形，理论上可将第三方审计作为股东知情权的行权方式。但司法实践中股东一般不能随意，应综合考虑个案具体情况予以判断：一是股东要求对公司账目进行审计必须有正当且迫切的理由，即股东通过了解公司主动披露的信息，行使公司法规定的查阅权、复制权，以及通过其派往公司任职的董事、监事、高级管理人员仍无法获取公司信息，必须通过审计了解公司真实财务信息；二是股东要限定审计范围，须将审计限定在股东要求查清的具体财务问题和具体时间段内，不能允许股东无限制地对公司账目进行全面审计。

① 参见深圳市中级人民法院（2021）粤 03 民终 6303 号民事判决书。

（六）股东请求查阅公司会计账簿审查

1. 前置程序审查

《公司法》第33条规定了有限责任公司的股东通过诉讼要求查阅公司会计账簿的前置程序，该程序要件为：一是股东向公司提出书面请求并说明目的；二是公司拒绝提供查阅或自股东提出书面请求之日起十五日内未书面答复。同时满足前置程序的前述要件，有限责任公司的股东方能提起诉讼要求查阅公司会计账簿。对前置程序的审查应注意以下两点：

（1）有限责任公司的股东向公司提出书面请求行为审查。对于经营地址确定的公司，股东向公司住所地寄送书面请求或者向公司常用的电子邮箱发送电子邮件，即使公司未实际签收邮件，因原告对公司未实际签收邮件不存在过错，此种情形应认定股东向公司提出了书面请求。对经营地址不确定的公司，即公司既不在注册登记地办公也没有其他固定办公地址，股东向公司的法定代表人提出书面请求，应视为股东向公司提出了书面请求。司法实践中需要注意的是，向公司提出书面请求行为不具有人身属性，股东可委托会计师、律师等通过上述方式向公司提出书面请求。

（2）公司拒绝提供查阅行为审查。公司在十五日答复期内书面拒绝股东的查阅请求，则完全符合法律所规定的情形，但司法实践中存在这样的情况：股东在起诉前向公司提出了书面查阅申请，但未等公司十五日书面答复期满就起诉。对于此种情况，建议作如下处理：一是法院未立案的，向原告释明待公司明确拒绝或公司十五日书面答复期满未予答复的，再向法院起诉；二是法院已立案的，可在诉讼过程中给公司留足十五日的书面答复期，如公司在该期限内书面拒绝并说明理由，法院可在案件审理中对公司的拒绝理由进行实质性审查。

司法实践中需要注意的是，在股东知情权诉讼中，法院经审查发现股东起诉前并没有向公司提出书面请求，或者不能认定股东已向公司提出书面请求，不应允许股东通过补充向公司提出书面请求的方式来弥补前置程序履行瑕疵，应当裁定驳回起诉。该前置程序履行瑕疵系特指原告在起诉前未向公司提出书面请求或者经认定不构成向公司提出书面请求的情形，与股东已提出书面请求但因不满十五日公司未书面答复而可弥补的情形有所不同。

2. 股东查阅目的审查

股东查阅行为目的是否正当，司法实践中可从以下三方面进行审查认定：（1）目的与股东利益具有关联性。下列情形可被推定为具有关联性：一是股东为了确定公司的财务状况、经营状况而查阅会计账簿；二是股东为了确定公司董事、监事、经理及其他高级管理人员的薪资待遇等信息而查阅会计账簿；三是为了提起股东代表诉讼搜集相关证据而要求查阅会计账簿等。（2）目的合理合法。不得无理由地反复要求公司查账，不得违反法律禁止性规定，不得侵犯公司或其他股东的合法利益。例如，不得利用会计账簿查阅权窃取公司商业秘密，损害公司利益等。（3）股东为维护其自身利益查阅公司会计账簿时，不应损害其他任何第三方的合法权益。

3. 股东查阅行为有不正当目的审查

《公司法司法解释（四）》第8条列举了股东查阅公司会计账簿不正当目的的常见情形，包括：股东自营或者为他人经营与公司主营业务有实质性竞争关系业务，但公司章程另有规定或者全体股东另有约定的除外；股东为了向他人通报有关信息查阅公司会计账簿，可能损害公司合法利益；股东在向公司提出查阅请求之日前的三年内，曾通过查阅公司会计账簿，向他人通报有关信息损害公司合法利益。司法实践中，审查股东是否具有不正当目的，应当注意以下两点：

一是关于同业竞争行为的认定。认定股东是否存在同业竞争行为，可从以下三方面进行考察判断：（1）区分股东投资行为与经营行为。股东同时向多个公司甚至是关联公司进行投资，属于正常的商业行为；（2）股东的经营行为必须体现为股东对其他公司有经营管理权，仅凭其他公司股东的身份或者与其他公司存在关联关系并不必然导致其丧失查阅权；（3）股东的经营行为必须与公司主营业务构成实质性竞争关系。主营业务是指企业为完成其经营目标而从事的日常活动中的主要活动。从形式上看，一般可以根据企业营业执照规定的主要业务即经营范围来确定其主营业务范围。从实质上看，则应当重点考虑该项业务对公司稳定利润的贡献，兼顾在营业收入中的比重。

二是股东有不正当目的的其他情形的认定。审判实务中，公司如有证据证明股东存在如下情形，也可认定股东有不正当目的：为公司的竞争对手攫取有关信息；索取公司股东名单后出售；为自己兼职的其他公司获取商业信息或秘密；为满足好奇心或者不必要干预公司商业经营；股东的配偶或直系亲属等与该公司业务有竞争关系；股东在特定期间内行使知情权次数过于频繁且不能说明合理原因等。总之，股东查阅行为构成或者极有可能构成对公司合法利益侵害的，即可认定其有不正当目的。

4. 辅助人辅助查阅会计账簿审查

辅助人辅助查阅公司会计账簿应当出于正当目的，公司有证据证明辅助人辅助查阅会计账簿有不正当目的，可能损害公司合法利益的，公司可以拒绝辅助人辅助查阅。对于辅助人是否具有不正当目的的认定，可参照前述股东有不正当目的的审查标准。

五、股东知情权诉讼时效要素审查

股东知情权诉讼中，公司如提出诉讼时效抗辩，应审查原告的起诉是否超过三年的诉讼时效期间。关于诉讼时效期间的起算，应区分原告诉请行使股东知情权的不同客体类型分别起算诉讼时效：

（1）请求公司提供查阅公司章程、股东会会议记录、董事会会议决议、监事会会议决议的，由于法律没有规定其具体的行使方式，股东有权在任何时候要求公司提供查阅，因此诉讼时效期间应当从股东请求公司提供查阅被拒绝之日起计算。

（2）对于财务会计报告，有限责任公司有义务向各股东送交公司的财务会计报告，交送的时间由公司章程规定，因此此类案件的诉讼时效期间应当从有限公司章程规定的递交期限届满之日起计算；股份有限公司为股东年会召开前第 20 日；公开发行股票的股份有限公司为法定的财务会计报告公告截止日。

（3）股东请求查阅公司会计账簿的，由于法律规定了股东提出书面请求并说明目的的要求，因此诉讼时效期间应当从公司拒绝股东请求或者 15 日内没有给予答复之日起计算。

司法实践中需要注意的是，诉讼时效的审查与股东知情权客体期限范围的审查属于不同范畴。前者涉及的是原告的诉请能否得到法院支持的问题，即原告提起的股东知情权诉讼能否得到司法保护的问题；而后者涉及的是原告的诉请得到法院支持后，其可享有的知情权客体具体范围的问题。

【规范依据】《民法典》第 188 条；《会计报告条例》第 7 条；《公司法》第 33 条、第 37 条、第 46 条、第 53 条、第 97 条、第 157 条、第 170 条；《会计法》第 14 条第 1 款、第 15 条第 1 款、第 20 条第 2 款；《公司法司法解释（四）》第 7 条第 1 款、第 10 条。

六、股东知情权执行要素审查

（一）公司会计账簿查阅行为界定

关于《公司法》第 33 条第 2 款规定的“查阅”行为的理解，实践中存在以下不同观点：

第一种观点认为，此处的“查阅”即是对公司会计账簿的查看和阅读，不包括摘抄和复印，且第 33 条第 1 款将“查阅”“复制”并列使用，可以证明立法对于“查阅”采狭义文义解释，所以其第 2 款规定的“查阅”一词也应当作如是解释。

第二种观点则认为，依目的解释，对“查阅”应作广义理解，即包括能够使股东了解会计账簿以实现知情权的各类手段，具体方式包括查看、摘抄、复印、扫描、拍照、摄像、记录等。因为公司会计账簿往往纷繁复杂，数据量大且技术性强，如仅允许股东查阅而绝对禁止记录、复制，很可能造成股东无法完整获取所需要的信息，最终使股东查阅沦为走过场。更重要的是，股东行使查阅权可能是为了获取公司高管、大股东违法行为的证据，以便提起其他诉讼，而如不允许制作副本，股东无法获得证据，就无法将其作为诉讼证据，与之相随的诉讼提起会遭遇法律障碍。因此，复制应为此处“查阅”的应有之义。故即使法院判决中只提到“查阅”，股东也不言而喻享有复制权。

前述两种观点均有失偏颇。事实上，《公司法司法解释（四）》就查阅公司会计账簿能否摘抄的问题持有的观点是，“对于民事判决主文所述的‘查阅’，执行时应准许权利人将之落实到包括查看、摘抄”。并且，《公司法》明确将“查阅”与“复制”区别对待，股东对公司会计账簿不享有复制权，故前述的摘抄应区别于“复制”。执行实践中，如就公司会计账簿进行复印、扫描、拍照、摄像等，则属于变相的“复制”，违反《公司法》的相关规定，建议公司在股东摘抄会计账簿的过程中，安排专门人员全程监督。

（二）辅助人辅助行使知情权审查

《公司法司法解释（四）》第10条规定，股东依据人民法院生效判决查阅公司文件材料的，在该股东在场的情况下，可以由会计师、律师等依法或依据执业行为规范负有保密义务的中介机构执业人员辅助进行。[①] 因此，股东知情权诉讼胜诉判决生效后，如何落实股东知情权辅助行使的问题是执行程序不可回避的实务问题。具体可从以下几方面进行重点审查：一是股东与辅助人之间是否签订委托合同，主要审查股东签订委托合同的目的、辅助人的执业资格、委托合同的具体内容；二是辅助人是否提交授权委托书，主要审查辅助人是否存在不正当目的；三是辅助人需根据公司的要求签订保密协议，否则法院可以拒绝其辅助股东行使知情权；四是告知辅助人不当行使权利泄露公司商业秘密的，应承担侵权赔偿责任；五是股东须在现场全程陪同辅助

①《公司法（修订草案二次审议稿）》第56条第3款、第110条第2款规定，股东查阅公司会计账簿、会计凭证，可以委托会计师事务所、律师事务所等中介机构进行。该规定系将《公司法司法解释（四）》第10条第2款的规定拟引入《公司法》，并做两处变更：（1）辅助查阅没有要求股东时股东无需在场；（2）删除了中介机构关于“依据执业行为规范负有保密义务”的限定。

人辅助行使，以便确定判决主文的执行到位情况。

（三）公司迟延履行判决义务民事责任审查

《民事诉讼法》第260条规定，被执行人未按判决、裁定和其他法律文书指定的期间履行其他义务的，应当支付迟延履行金。《民事诉讼法司法解释》第505条规定，被执行人未按判决、裁定和其他法律文书指定的期间履行非金钱给付义务的，无论是否已给申请执行人造成损失，都应当支付迟延履行金。已经造成损失的，双倍补偿申请执行人受到的损失；没有造成损失的，迟延履行金可以由人民法院根据案件具体情况决定。据此，当公司迟延履行判决义务时，应当向原告支付迟延履行金。执行实践中，执行法官可根据执行知情权的资料多寡、期限范围长短、公司是否故意拖延等具体情况决定迟延履行金的支付数额，切实提高该类纠纷判决的自动履行比例。

（四）对拒不履行判决的公司采取民事强制措施审查

《民事诉讼法司法解释》第494条规定，在执行中，被执行人隐匿财产、会计账簿等资料的，人民法院除可依照《民事诉讼法》第114条第1款第6项规定对其处理外，还应责令被执行人交出隐匿的财产、会计账簿等资料。被执行人拒不交出的，人民法院可以采取搜查措施。《民事诉讼法》第114条第1款第6项规定，拒不履行人民法院已经发生法律效力的判决、裁定的，人民法院可以对单位的主要负责人或者直接责任人员予以罚款、拘留；构成犯罪的，依法追究刑事责任。据此，在执行程序中，如公司拒不履行生效判决确定的义务，法院可根据公司对抗执行、拒不执行的相应情形采取对应的民事强制措施，切实保障申请执行人股东知情权的真正实现。

（五）公司未设置会计账簿法律责任审查

《会计法》第42条规定，不依法设置会计账簿，未按照规定填制、取得原始凭证或者填制、取得的原始凭证不符合规定，或者未按照规定保管会计资料，致使会计资料毁损、灭失等，由县级以上人民政府财政部门责令限期改正，可以对单位并处3000元以上5万元以下的罚款；对其直接负责的主管人员和其他直接责任人员，可以处2000元以上2万元以下的罚款；第43条规定，伪造、变造会计凭证、会计账簿，编制虚假财务会计报告，尚不构成犯罪的，由县级以上人民政府财政部门予以通报，可以对单位并处5000元以上10万元以下的罚款。执行实践中，法院如发现公司存在前述未设置会计账簿的情形，可以向财政部门发出司法建议，建议相关部门对公司违反规定的行为给予罚款的行政处罚。此外，法院可以告知申请执行人根据《公司法司法解释（四）》第12条规定，对未依法履行制作或者保存公司特定文件材料职责的公司董事、高级管理人员提起民事赔偿诉讼。

【规范依据】《公司法》第33条第2款；《会计法》第42条、第43条；《公司法司法解释（四）》第10条、第12条；《民事诉讼法》第114条第1款、第260条；《民事诉讼法司法解释》第494条、第505条。

第三节　实务难点裁判思路

一、关于退出公司的原股东是否享有股东知情权问题

法院在审理股东知情权诉讼时，应当对原告是否是股东知情权的权利主体进行审查。实务中，对于退出公司的原股东是否享有股东知情权，存在以下观点。

观点一：绝对有权说。该观点认为，股东在转让股权后，仍有权查阅公司的一切财务会计资料，既包括股权转让前公司置备的财务会计资料，也包括股权转让后公司继续经营期间所置备的财务会计资料。

观点二：绝对无权说。该观点认为，股东权是一种身份权，身份权的取得必须基于股东资格，获得股东资格是取得股东权的前提，失去股东资格即失去股东权，也就失去了参与公司经营管理权，包括知情权。

观点三：相对有权说。该观点认为，股东在转让股权后，如有证据表明公司隐瞒利润，应有权查阅其作为股东期间公司的财务状况。

对于上述实务分歧，相对有权说更符合公司法的立法规定和精神。主要理由包括：其一，绝对有权说无视股权转让后的原股东与公司之间股权法律关系消灭之事实，被赋予的知情权与现任股东的知情权并无二致，对其知情权的保护过于极端；而绝对无权说则过于拘泥于股东权的身份性质，忽略对股东知情权之目的性考察，亦失之偏颇。其二，公司的股东不是恒定不变的，随着公司股权的转让，会有新的股东产生，原有股东离去。股东与公司在时间上的共存特点使得股东有必要了解自己作为股东期间的信息，以便作出符合自己利益的行为。股东对公司享有自己作为股东之时段内的股东知情权，对退出公司后公司的经营和财务状况不再享有知情权。因此，股东即使退出公司，也享有对自己作为公司股东之时段内公司信息的知情权。其三，对退出公司的原股东知情权有条件地赋予，有助于原股东通过司法途径维护自己的合法权利，防范公司管理层或者控股股东通过隐瞒利益、排挤中小股东等

形式攫取其他股东本应享有的利益。其四,《公司法司法解释(四)》第7条第2款对退出公司的原股东是否享有股东知情权进行了明确规定，即原告在起诉时虽不具有股东资格，但有初步证据证明在持股期间其合法权益受到损害，也可提起股东知情权诉讼。该条款对退出公司的原股东是否享有股东知情权提供了基本的判断标准。

司法实践中需要注意的是，原股东在持股期间其合法权益受到损害事实的审查问题。该等事实在实践中通常体现为，原股东在转让股权后的合理期限内怀疑其股权转让价格可能受控制股东和公司经营管理层操纵公司财务活动影响，导致明显过低，或者股权转让以后发现公司隐瞒应该分配的利润、侵犯其盈余分配权，因而申请查阅其持股期间的公司会计账簿，进而决定是否对股权转让合同行使撤销权或者就盈余分配问题提起赔偿之诉。

二、关于新加入公司的股东对其加入公司前的公司信息是否享有股东知情权问题

公司运营实践中，公司经营具有连续性，而公司股东却因各种原因存在更替情况。实务中，对于通过股权转让或继承等方式取得股权的股东，能否查阅其加入前的公司信息的问题，实务存在不同看法：肯定观点认为，股东对其成为公司股东之前的公司信息也享有知情权。否定观点认为，股东对其成为公司股东之前的公司信息不享有知情权。

对于上述认识分歧，可从两方面来进行分析：一是从公司立法角度讲，我国《公司法》规定股东有权查阅公司财务会计报告、会计账簿等公司特定文件，但未限制该文件的时间范围。既无限制，自是许可。因此，股东可查阅公司自成立至注销期间所有可依法查阅的文件。二是从公司运营实践角度讲，公司运营是个持续的过程，股东加入前后的公司经营状况难以截然分开。如果拒绝公司的新股东查阅加入公司前的公司信息，可能导致股东获得的相关信息不完整，从而减损股东知情权的制度价值。因此，前述肯定观点更为可取。即对新加入公司的股东申请查阅其获得股权之前的公司信息，法院应当予以准许。

司法实践中还需要注意新股东于何时享有股东知情权的问题。新加入公司的股东被公司记载于股东名册往往有一个过程，二者之间存在时间差。以股权转让为例，股权转让合同生效后股权即发生转让，受让股东取得股权，但股东名册具有推定效力，在股东名册上记载为股东始被公司承认，未在股东名册上记载的受让人，公司可以拒绝承认其股东身份，这是债权变动与物

权变动区分原则在股权转让领域的具体体现。实践中，如果原股东已将股权转让，但股东名册尚未进行变更，此时原股东对公司事务已不再关注，而受让股东基于其现实需要能否凭股权转让协议向公司主张知情权，即受让股东于何时开始享有知情权，这一问题值得关注。因股东知情权的权利主体为公司股东，故该问题的解决有赖于受让股东于何时取得公司股东资格的判断。前述已指出，股东知情权诉讼性质上属于公司内部纠纷，原告是否具有股东资格应采纳实质判断标准。也即在股东知情权诉讼中，受让股东在被公司股东名册记载之前，应视为其尚不具有公司股东资格，公司可以提出其不具有股东资格的抗辩。换言之，受让股东在被记载于股东名册后才开始享有知情权，而不能凭股权转让协议向公司主张知情权。

关于继受股东在被记载于股东名册之前相关权益如何保护的问题。理论界有学者主张采用以下几种方法解决：一是继受股东有权向在册股东发出指令，指示其行使权利并决定行权的方式；二是继受股东有权要求在册股东授权其行使权利，也即在此情形下，继受股东可以在册股东代理人之身份行使权利；三是如在册股东拒不接受继受股东的指令、行使权利的方式违反指示或者在册股东拒绝授权，导致继受股东权利已经或者正在或者可能遭受损失，继受股东可以申请法院授权其直接行使权利。[①] 该方案具有一定的建设性与可操作性，有利于对新加入公司股东的知情权予以及时有效保护，可作为司法实践的重要参考。

三、关于原告在诉讼中丧失股东资格对股东知情权诉讼的影响问题

股东知情权的权利主体为公司的股东。《公司法司法解释（四）》第 7 条第 2 款规定，公司有证据证明原告在起诉时不具有公司股东资格的，人民法院应当驳回起诉。据此，原告在提起股东知情权诉讼时必须具有公司股东资格。但是，原告在诉讼中如果因某种原因丧失了股东资格，此时对股东知情权诉讼会产生何种影响呢？实务中对此存在不同看法：第一种观点认为，原告在诉讼中丧失股东资格，不影响股东知情权诉讼的进行。第二种观点认为，原告在诉讼中丧失股东资格，如起诉后即转让了所持股权，或者被公司以股东会决议解除股东资格等，此时原告须补充提交其持股期间合法权益受到损害的初步证据，该诉讼方可继续进行而不受影响。如果原告未能补充提交相关证据，则应视为原告的股东知情权随股东身份的丧失而丧失，法院应裁定

① 参见施天涛：《公司法论》（第 2 版），法律出版社 2006 年版，第 247 页。

驳回原告的起诉。当然，根据前述理由，原告如事后重新收集到其持股期间合法权益受到损害的相关证据，亦可另行提起股东知情权诉讼。

综合分析上述不同观点，实质上是二者对原告在股东知情权诉讼期间是否需持续保持股东资格存在不同认识。首先，从上述司法解释的文义解释来看，相关规定仅要求原告在起诉时具有公司股东资格即可，并未明确要求原告在整个诉讼期间需持续保持股东资格；其次，从上述司法解释的体系解释来看，相关规定要求原告提交其持股期间合法权益受到损害的初步证据，针对的情形是在起诉时不具有公司股东资格的原告，而非在起诉时具有公司股东资格的原告；最后，从上述司法解释的类推解释来看，相关规定赋予起诉时不具有公司股东资格的股东诉讼权利，即只要其提供持股期间合法权益受到损害的初步证据，即可提起股东知情权诉讼，根据举轻以明重的法律适用原则，原告在起诉时具有公司股东资格，即使后续因某种原因而丧失股东资格，对股东知情权诉讼更不应产生影响。鉴于此，原告在股东知情权诉讼期间并不需要持续保持股东资格，前述第一种观点比较符合立法原意。

四、关于股东知情权义务主体是否仅限于公司问题

《公司法》第 33 条对股东知情权的义务主体并未明确作出规定，但从该条第 2 款规定来看，股东请求查阅公司会计账簿的，应当“向公司”提出书面请求，由此可推知，股东知情权的义务主体应当为公司。《公司法司法解释（四）》第 7 条第 1 款规定：“股东依据公司法第三十三条、第九十七条或者公司章程的规定，起诉请求查阅或复制公司特定文件材料的，人民法院应当依法予以受理。”第 12 条规定：“公司董事、高级管理人员等未依法履行职责，导致公司未依法制作或保存公司法第三十三条、第九十七条规定的公司文件材料，给股东造成损失的，股东依法请求负有相应责任的公司董事、高级管理人员承担民事赔偿责任的，人民法院应当予以支持。”该司法解释对股东知情权的义务主体仍未作出明确规定，但规定了公司董事、高级管理人员的民事赔偿责任。

实务中，有观点认为，除公司本身外，股东知情权的义务主体还应包括控股股东、实际控制人和公司董事、高级管理人员等；控股股东、实际控制人或公司董事、高级管理人员妨碍股东行使知情权的，可以将其列为被告，要求其协助配合原告行使知情权。主要理由有二：其一，从股东与公司之间的关系看，公司负有依照法律规定向股东提供公司信息的义务。因公司的经营管理由公司的管理层执行，故公司的义务实际上变成公司董事、高管人员应当履行的义务。其二，从股东与股东之间的关系来看，股东知情权纠纷往

往发生在公司控股股东与中小股东之间。资本多数决原则使二者的利益冲突从形式上表现为公司与股东之间的冲突，而实质上却是控股股东与中小股东之间的冲突。故不能将控股股东排除在股东知情权的义务主体之外。

前述观点有失偏颇。首先，从公司法理论的角度看，股东知情权是股东对公司享有的权利，与此相对应，股东知情权的义务主体应当是公司而非其他主体。其次，从管理层与公司之间法律关系的角度看，公司具有独立人格，公司行为即使体现了管理层意志，但在法律上仍然是公司的行为；在执行事务中管理层与公司之间属于委托代理关系，其代理后果自应由公司承担。根据《公司法司法解释（四）》第 12 条规定，即使公司董事、高级管理人员存在未依法履行职责行为妨碍股东行使知情权的情形，股东也可要求其承担民事赔偿责任而非协助配合行使知情权的义务。从诉讼性质上讲，公司董事、高级管理人员是否承担民事赔偿责任属于损害股东利益责任诉讼的范畴而非股东知情权诉讼的范畴。最后，从控股股东与中小股东权利冲突的角度看，如果因控股股东滥用股东权利阻挠中小股东知情权实现且造成其损失，中小股东即可根据《公司法》第 20 条第 2 款规定提起损害股东利益责任纠纷诉讼，而非提起股东知情权诉讼。此外，控股股东如同时作为股东知情权的权利主体和义务主体，亦有悖法理。由此可见，在股东知情权诉讼中，法院不应将控股股东、实际控制人或公司董事、高级管理人员列为共同被告。

五、关于股东是否有权查阅公司会计凭证问题

会计凭证或者原始记账凭证，是会计账簿据以记账的基础性材料。由于《公司法》及《公司法司法解释（四）》并没有明确规定会计凭证属于股东有权查阅的范围，这一问题在理论和实务界始终存在较大争议，主要存在三种不同观点：

肯定观点认为，应允许股东查阅公司会计凭证。从审计实践的角度来看，只有在能够查阅原始记账凭证的情况下才能有效核对会计账簿的真实性，因此应当对《公司法》进行扩张性解释，即股东知情权的客体范围应包含会计凭证。会计原始凭证往往是发票、合同等会计账目发生的原始依据，其造假难度较大，会计账簿的真实性和完整性只有通过原始凭证才能反映出来，若不允许股东查阅公司的原始凭证，很难真正了解公司的实际情况。

否定观点认为，股东不享有查阅公司会计凭证的权利。首先，从会计专业的角度来看，会计账簿与会计凭证在概念上是彼此独立的、不同性质的会计资料。《会计法》第 14 条第 1 款规定，会计凭证包括原始凭证和记账凭证。第 15 条规定，会计账簿登记，必须以经过审核的会计凭证为依据，并符合有

关法律、行政法规和国家统一的会计制度的规定。会计账簿包括总账、明细账、日记账和其他辅助性账簿。易言之，会计凭证是会计账簿用以记账的具体依据。从概念上来判断，会计账簿理应区别于作为基础材料的会计凭证。其次，从公司立法的角度来看，《公司法》第 33 条并未明确提及会计凭证，而《公司法》第 170 条规定，“公司应当向聘用的会计师事务所提供真实、完整的会计凭证、会计账簿、财务会计报告及其他会计资料，不得拒绝、隐匿、谎报”。据此，从体系解释的角度分析，《公司法》第 33 条规定的会计账簿应不包括会计凭证。最后，从股东权利与公司利益平衡保护的角度看，会计凭证多与公司的商业秘密有关联，一旦泄露，势必对公司的经营和竞争产生不利影响；如果不对股东查阅权作出适当限制，可能会被一些股东滥用，使公司利益蒙受损失。故股东不得查阅公司会计凭证。

折衷观点认为，司法实践中不应一概不允许股东查阅会计凭证，股东的查阅范围可以有条件地包括会计凭证，在中小股东合法权益、公司商业秘密、公司正常经营秩序平衡保护的前提下，可以积极而又审慎地支持有限公司股东查阅公司会计凭证。

溯其本源，是否允许股东查阅公司会计凭证这一问题的背后，体现的是理论和实务界对于如何平衡股东权利和公司利益的进退不定。股东作为公司所有权人享有获取公司信息、了解公司情况的权利，但该等权利不应被滥用；公司作为享有独立法人人格的民事主体，其合法利益亦不应受到损害、正常经营秩序不应受到干扰。也即股东知情权制度应当在保护股东权利与公司正常经营秩序之间取得平衡。司法实践中，对此问题可以着重从三方面予以考虑：一是从立法价值取向看，股东知情权是股东享有对公司经营管理等重要情况或者信息真实了解和掌握的权利，是股东依法行使资产收益、参与重大决策和选择管理者等权利的基础性权利，其立法目的关键在于保护中小股东的合法权益。二是从《会计法》的相关规定看，会计凭证是会计账簿的源泉，也是会计账簿记录内容真实性得以验证的依据。三是从我国公司治理现状看，会计凭证作为公司经营情况最真实的反映，如果将中小股东查阅权的范围仅限于会计账簿，则难以确保其能了解到公司的真实经营情况，在现阶段我国公司会计账簿虚假记载仍大量存在的情况下，对股东知情权的保护力度会大为减弱。因此，司法实践中不宜对股东查阅会计凭证请求一概否定，而应在股东权利与公司正常经营秩序平衡保护的前提下，根据个案实际情况，有条件地支持股东查阅会计凭证。可见，前述折衷观点无疑是较为合理的。[①]

司法实践中还需注意对股东查阅会计凭证前提条件与查阅范围的正确把握。会计凭证较之会计账簿，记载更多的商业秘密。股东获取会计凭证后如不当使用，公司可能遭受商业秘密的损失。此外，大型公司每天都有大量的记账工作，动辄查阅会计凭证，查账工作量大，成本高，且会严重影响公司的正常经营秩序。据此，法院应坚持股东权利与公司利益平衡保护的审理理念，对股东查阅公司会计原始凭证、记账凭证课以条件与范围限制，以使股东与公司二者之间的利益趋于平衡。具体表现为：一是条件限制方面，根据《会计法》的相关规定，财务会计报告根据会计账簿编制，会计账簿又以会计凭证为依据，而会计凭证包括原始凭证和记账凭证，记账凭证应当根据经过审核的原始凭证及有关资料编制。可见，原始凭证、记账凭证、会计账簿、财务会计报告之间依次存在互为关联的会计流程关系。因此，法院应从确保所查阅会计账簿的有效性、信息的真实性等角度予以审查，当会计凭证对于会计账簿的查阅具有必要性和印证作用，或者会计账簿确实存在明显问题时，才可支持股东查阅会计凭证的诉请。二是范围限制方面，股东可查阅的会计凭证范围应局限于与会计账簿记载内容有关的其持股期间的记账凭证、原始凭证。据此，新加入公司的股东是无权查阅其成为公司股东之前的公司会计凭证的，这点在实务中需予以特别注意。

六、关于股东要求查阅的文件是否有期限限制问题

公司运营实践中，股东的持股期间一般要短于公司的存续期间，而公司特定文件的形成具有持续性，即公司自成立至注销期间都应依法制作和保存《公司法》规定的公司特定文件材料。由此，司法实践中产生股东要求查阅的文件是否有期限限制的不同看法：

第一种观点认为，《公司法》并未对股东知情权涉及的文件设置期限范围，股东可以查阅文件的时间范围应以满足股东合理目的为限，故理论上股东可以查阅公司自成立至注销期间所有依法可以查阅的文件。

第二种观点认为，股东查阅文件在时间上是否受限直接涉及公司为满足股东查阅权而付出成本的大小。若对股东查阅的资料一概不作时间限制，则可能会出现股东要求查阅公司自成立以来所有相关财务账簿的情形，给公司

① 《公司法（修订草案二次审议稿）》第56条第2款、第110条第2款规定，有限责任公司和股份有限公司的股东均有权查阅公司会计凭证，解决了理论界和实务界对该问题存在的争议。

带来不必要的负担；且资料过于久远，既与股东现实决策缺乏关联，又与股东权利救济于事无补。[①] 因此，参考《民法典》规定的三年诉讼时效，股东只能查阅三年内的资料。

第三种观点认为，我国《税收征收管理法实施细则》第29条明确规定，公司保存账簿、记账凭证、会计报表、完税凭证、发票、出口凭证及其他有关涉税资料的法定期限为10年，故股东可查阅会计账簿的期限也应限定为10年。

比较上述三种观点，第一种观点比较符合股东知情权的立法本意。法律设立股东知情权的立法本意是为了让股东充分掌握公司信息、管理活动及风险状况，从而监督公司管理层，保护股东的合法权益，只有股东对公司全部的运营状况充分掌握，对公司的历史全面了解，才能有效行使股东的其他权利并履行义务，故股东有权查阅了解公司自成立至存续整个期间依法可查阅的公司特定文件材料。至于股东该请求可能导致公司为满足股东查阅权而付出较大成本，并对公司正常经营造成影响，则可通过设置正当目的限制和诉讼时效限制等方式予以解决。此外，账簿查阅权与税收征收管理法的立法目的不同，账簿查阅权的目的在于为股东提供充分、真实、全面的公司经营信息，保护股东的知情权，监督公司的管理和经营，故即使会计账簿等资料经归档或过了法定保存期限，只要这些资料没有灭失，且能给股东提供充分、真实、全面的公司经营信息，就应当允许股东查阅，否则有悖于立法宗旨。当然，股东要求查阅法定保存期以外的账簿，公司能够提供相关证据证明其已经销毁，可以作为不提供查阅或不承担损害赔偿责任的有效抗辩。

司法实践中尚需注意两个问题：一是理论上股东知情权的客体不受期限限制，并不意味着主张股东可以查阅公司整个存续期间法律规定的所有文件材料。如前所述，新加入公司的股东对其加入公司前的公司信息享有知情权，故公司的现股东可以查阅加入公司前及其持股期间的公司特定文件。但是，对于退出公司的股东，因为其股东资格已经丧失，在其提交初步证据证明在持股期间其合法权益受到损害的情况下，只能依法查阅或复制其持股期间的公司特定文件。此外，在法院判决支持股东查阅公司会计凭证的情况下，所查阅的会计凭证范围也应以其持股期间产生的记账凭证、原始凭证为限。二是《公司法》并未限定股东必须按照书面请求载明之查阅期间行使查阅权，故股东在起诉前向公司提交书面请求后，在起诉时也可以根据实际情况合理调整查阅文件的期间，即股东查阅文件的期限截止时间应当以起诉状明确的

---

① 参见吴庆宝主编：《公司纠纷裁判标准规范》，人民法院出版社2009年版，第131页。

日期为准，但该期限不应超出书面请求所载查阅期间。

七、关于股东知情权客体不存在时如何处理问题

司法实践中，公司如果提出股东主张的公司特定文件材料已灭失或不存在的抗辩，法院应当如何作出处理？对此，法院应当结合当事人的陈述、举证及资料存在的客观合理性作出判决。公司有充分证据证明确实无法提供的，如存在失窃、失火并有处置记录的，或者相关材料根据法律规定不需要制备的，而股东并无充分证据反驳其主张，对股东的诉请可不予支持。如深圳市中级人民法院（2021）粤03民终6303号案件判决认定，公司依法履行文件制备义务，是股东知情权得以实现的前提。根据《公司法》第50条、第51条的规定，股东人数较少或者规模较小的有限责任公司，可以设一名执行董事，不设董事会，可以设一至二名监事，不设监事会。经查，公司仅设执行董事、监事各一名，客观上不存在董事会会议决议、监事会会议决议。一审判决公司将董事会会议决议、监事会会议决议提供给主张股东查阅、复制，认定事实和实体处理有误，应予以纠正。此外，关于一审判决公司提供给主张股东查阅或复制的其他资料，公司以没有制作和保存相关资料为由否定一审判决结果，理由不能成立，不予支持。

至于股东知情权客体不存在的情况下，法院能否直接判令公司重新制作或补充制作公司特定文件材料的问题。实务中有观点认为，公司具备依法或依公司章程之规定建立相关文件材料条件的，法院应当裁定公司在一定期限内建立相关文件材料，并在公司住所地或者双方协商确定的地点提供给股东查阅。对此，应从以下两方面进行分析：其一，公司是否具备重新制作或补充制作相关文件材料的条件，根据司法干预必要及有限原则，法院不宜强制介入并作出具体判断；其二，股东知情权诉讼案件要解决的是原告能否行使知情权、知情权如何行使、知情权客体如何确定等问题，而知情权的客体是否存在，属于股东知情权诉讼案件的判决履行或强制执行范畴，法院不宜裁定或判决公司限期建立相关文件材料。如果股东因知情权客体不存在被法院判决驳回其诉讼请求，导致其知情权不能实现或满足，股东由此造成相关损失的，其可依据《公司法司法解释（四）》第12条规定追究公司董事、高级管理人员的民事赔偿责任。据此，如果有充分证据证明股东知情权客体确实不存在，即使公司有重新制作或补充制作的条件，法院亦不宜判决其制作并提供给股东查阅。

八、关于股东查阅公司会计账簿是否存在不正当目的认定问题

我国《公司法》第33条第2款规定："公司有合理根据认为股东查阅会计账簿有不正当目的，可能损害公司合法利益的，可以拒绝提供查阅。"该"不正当目的"抗辩系股东知情权诉讼中公司常见的抗辩事由。不过，《公司法》并未就"不正当目的"进行解释，而是由《公司法司法解释（四）》对股东具有"不正当目的"的情形进行了列举性规定。该司法解释第8条规定："有限责任公司有证据证明股东存在下列情形之一的，人民法院应当认定股东有公司法第三十三条第二款规定的'不正当目的'：（一）股东自营或者为他人经营与公司主营业务有实质性竞争关系业务的，但公司章程另有规定或者全体股东另有约定的除外；（二）股东为了向他人通报有关信息查阅公司会计账簿，可能损害公司合法利益的；（三）股东在向公司提出查阅请求之日前的三年内，曾通过查阅公司会计账簿，向他人通报有关信息损害公司合法利益的；（四）股东有不正当目的的其他情形。"实务中，认定股东查阅行为是否有不正当目的仍存在如下难点。

（一）股东从事同业竞争行为的认定

《公司法司法解释（四）》列举的"股东自营或者为他人经营与公司主营业务有实质性竞争关系业务"的情形，实践中也称为同业竞争行为。审判实务中认定股东是否从事同业竞争行为，可从以下三方面进行考察判断：

一是区分股东投资行为与经营行为。我国《公司法》并没有禁止股东在投资目标公司之外再对其他公司进行投资，也即股东同时向多个公司甚至是关联公司进行投资，均属于正常的商业行为。

二是股东的经营行为必须体现为股东对其他公司行使经营管理权，即股东必须实际参与其他公司的经营决策或者担任其他公司的相关职务，仅凭其他公司股东的身份或者与其他公司存在关联关系并不必然导致其丧失查阅权。

三是股东的经营行为必须与公司主营业务构成实质性竞争关系。主营业务是指企业为完成其经营目标而从事的日常活动中的主要活动。从形式上看，一般可以根据企业营业执照规定的主要业务即经营范围来确定其主营业务范围；从实质上看，则应当重点考虑该项业务对公司稳定利润的贡献，兼顾在营业收入中的比重。所谓实质性竞争关系，是指股东和公司之间存在利益冲突。据此，并非主营业务范围相同或相似，就认定两者之间必然存在实质性竞争关系，进而认定股东行使知情权具有不正当目的。即经营范围仅作为判断是否构成实质性竞争关系的考量因素之一，法院还应审查经营的时间和区

域、商品和服务的可替代性、客户范围、公司市场地位和交易机会等因素，审查标准实质在于避免利益冲突而损害公司合法利益。如深圳市中级人民法院（2019）粤03民终29593号案件判决认为，主张股东所经营的案外人公司工商登记的经营范围虽有部分与公司的经营范围存在相同之处，但不足以证明案外人公司在实际经营中，与公司的主营业务在具体的经营项目上存在实质性竞争关系。公司另提交案外人公司的网页信息，拟证明该公司经营房屋出租业务，与公司的主营业务房屋出租、商铺出租存在实质性竞争关系。因该公司的工商登记经营范围并不包括房地产出租项目，而上述网页内容显示该信息平台的性质为"免费发布信息网"，不能证明该案外人公司实际的主营业务为房地产出租，更不能证明该二者在实际经营过程中存在实质性竞争关系，从而导致股东与公司之间存在利益冲突。

（二）股东存在不正当目的的其他情形

司法实践中，除《公司法司法解释（四）》规定的几种"不正当目的"情形外，公司如有证据证明股东存在如下情形，也可认定股东有不正当目的：（1）为公司的竞争对手攫取有关信息；（2）索取公司股东名单后出售；（3）为自己兼职的其他公司获取商业信息或秘密；（4）为满足好奇心或者不必要干预公司商业经营；（5）股东的配偶或直系亲属等与该公司业务处于竞争关系；（6）股东在特定期间内行使知情权次数过于频繁且不能说明合理原因。总之，股东查阅行为构成或者极有可能构成对公司合法利益造成侵害的，即可认定其有不正当目的。

（三）股东有不正当目的的举证责任

《公司法》第33条第2款规定："股东要求查阅公司会计账簿的，应当向公司提出书面请求，说明目的。公司有合理根据认为股东查阅会计账簿有不正当目的，可能损害公司合法利益的，可以拒绝提供查阅。"据此，在股东要求查阅公司会计账簿的知情权诉讼中，涉及两个方面的举证责任问题：一是股东要陈述说明查阅目的，即说明查阅行为系基于"正当目的"；二是股东查阅行为有"不正当目的"的举证责任。该两个问题的处理也是实务中的难点。

1. 股东查阅行为目的正当如何审查

股东查阅行为的正当目的可从以下三方面进行审查认定：

一是正当目的与股东利益具有关联性，即股东提出所要查阅的会计账簿与其查阅意图是有直接联系的，且此意图还涉及股东的利益。具体来说，在下列情形下，股东行使查阅权可以被推定为具有正当目的：（1）股东为了确定公司的财务状况、经营状况而查阅会计账簿；（2）股东为了确定公司董事、监事、经理及其他高级管理人员的薪资待遇等信息而查阅会计账簿；（3）为了提起股东代表诉讼搜集相关证据而要求查阅会计账簿等。

二是目的是合理合法的。股东查阅公司会计账簿的意图首先是善意的，合情合理的，并非出于好奇或无聊而恣意骚扰公司要求无理地频繁查账；其次是合法的，不违背公司或其他股东的合法利益，不违反法律禁止性规定，如不得利用会计账簿查阅权窃取公司商业秘密，损害公司利益等。

三是股东为了维护其自身利益查阅公司会计账簿时，不应损害其他第三方的合法权益，否则也不能被认定为具有正当目的。

2. 股东查阅行为存在不正当目的应如何举证

司法实践中有观点认为，正当目的的举证责任应当由股东来承担，当其不能证明其正当目的时，法院应对公司拒绝提供查阅的抗辩予以采纳。但是，股东在主张查阅会计账簿时，只要对目的加以说明即已尽到法律义务，就目的的正当性来说，股东并不需要承担举证责任。根据我国的立法和司法实务，股东会计账簿查阅权案件应当由公司对股东有不正当目的承担举证责任。理由如下：

一是立法目的的限制。股东会计账簿查阅权的立法目的就是为了保护股东的权益，尤其是中小股东的权益。股东会计账簿查阅权的行使主体主要是那些在公司中不担任重要职务的中小股东，他们在经济实力和信息享有等方面都处于弱势地位。因此，要求公司对股东有不正当目的承担举证责任更为合理。

二是法条解释的要求。根据《公司法》第33条规定，公司不但要有合理根据认为股东查阅会计账簿有不正当目的，而且必须在拒绝提供查阅时说明这一理由。可见，说明理由是公司的一项法定义务，既然在拒绝提供查询时要说明理由，那么在股东会计账簿查阅权纠纷进入诉讼程序时承担举证责任，也是顺理成章的。

九、关于公司章程对股东知情权存在特殊规定如何处理问题

公司章程，是指公司必备的、由公司股东或发起人共同制定并对公司和股东及董事、监事、高级管理人员具有约束力的、调整公司内部关系和经营行为的自治准则，也是以书面形式固定地反映全体股东共同意思表示的基本法律文件。[①] 如公司章程对股东知情权存在不同于公司法的特殊规定，该特殊规定的效力认定与司法适用是实务中的难点。

① 参见范健、王建文：《公司法》（第4版），法律出版社2015年版，第172页。

（一）公司章程是否可以扩展股东知情权的客体范围

关于公司章程是否可以扩展股东知情权客体范围的问题，实务中存在不同认识：

肯定观点认为，《公司法》第 11 条规定了公司章程对公司、股东、董事、监事、高级管理人员具有约束力，因此公司章程规定的股东知情权应受到尊重。公司有自治属性，公司章程是公司自治意思的载体，全体股东一致同意即是公司同意，因此公司利益即使受损也是其同意的结果，法院裁判时不应再考虑公司利益。

否定观点认为，《公司法》第 33 条、第 97 条分别规定了有限责任公司、股份有限公司的股东知情权客体范围，且上述条文并未列明公司章程可予例外规定，故该等规定是强制性规定。公司具有独立人格，如允许股东任意扩张法定知情权的客体范围，可能会影响公司正常经营秩序，损害公司利益。

事实上，前述争议本质涉及公司法的定性问题，即公司法究竟属于“自由公司法”还是“管制公司法”。如果系前者，则应肯定公司章程扩展股东法定知情权客体范围的效力；如果系后者，则应否定公司章程扩展股东法定知情权客体范围的效力。对此，主流观点倾向于公司法系“自由公司法”，即公司章程可以扩展股东法定知情权的客体范围。根本理由在于，“自由公司法”是公司法前进的方向。“自由公司法”可以更有效地促进经济发展和创新。“只有在充分尊重公司自由意志的前提下，才能最大限度地发挥公司的积极性和主动性，也才能更好地满足公司的盈利要求。从另一方面说，公司的盈利活动又会反过来促进整体利益的实现和社会效力的提高，而有效力的经济组织正是经济增长的关键之所在。”[①] 因此，在目前我国《公司法》中“自由公司法”条文与“管制公司法”条文并存的情况下，面对实务争议问题如何适用法律的情况，法院应贯彻较为先进的“自由公司法”理念。

司法实践中需要注意的是，基于公司章程可以扩展股东知情权客体范围的判断，如公司章程规定了股东可查阅或复制经营合同、预算审核、项目资料等文件内容的，该情形应视为公司章程扩展了股东法定知情权的客体范围。股东知情权诉讼中，主张股东如诉请查阅或复制该等公司日常经营资料，法院应予支持。《公司法司法解释（四）》第 7 条关于股东可依据公司章程的规定，起诉请求查阅或复制公司特定文件材料的规定，亦可为此提供相应的法律依据。

---

① 参见赵万一：《公司法修改的目标、理念及其实现路径》，载《人民司法·应用》2014 年第 5 期。

（二）公司章程是否可以扩展股东知情权行权方式

我国《公司法》明确规定了查阅、复制公司特定文件材料两种知情权行权方式。那么，公司章程可否扩展股东知情权的行使方式，如规定股东可以对公司账目进行审计，该问题在司法实践中争议较大。

第一种观点认为，股东知情权的客体为公司特定文件材料，行权方式为查阅、复制行为，审计不是公司法规定的知情权行使方式。此外，法院如判决支持股东行使审计权，该判项也难以强制执行，故不能允许股东对公司进行审计。

第二种观点认为，审计虽不是股东知情权行使的方式，但公司章程规定股东可以对公司财务进行审计，因此可以尊重，但股东审计诉请不能在股东知情权纠纷案件中处理，股东应另案起诉。

第三种观点认为，在公司章程有规定的情况下，可以认可审计作为股东知情权的行使方式。为了解公司是否存在财务造假，在股东知情权案件中可予以准许。

经对比分析，第三种观点更符合公司法立法旨意，即原则上公司章程规定的第三方审计可以作为股东知情权的行权方式。理由有四：一是与前面关于公司章程可以扩展股东知情权客体范围同理，司法也应认同公司章程可以扩展股东知情权的行权方式；二是法律允许股东委托会计师辅助行使股东知情权，股东委托会计师事务所对公司账目进行审计是对该权利的拓展与深化；三是法院判令公司配合股东行使审计权与判令公司提供特定文件材料供股东查阅、复制实质上并无差异，后者也可能面临难以强制执行的问题；四是股东行使审计权是股东行使知情权的方式之一，该诉请可在股东知情权诉讼案件中予以处理。

（三）公司章程实质性剥夺股东知情权的认定

《公司法司法解释（四）》第 9 条规定："公司章程、股东之间的协议等实质性剥夺股东依据公司法第三十三条、第九十七条规定查阅或者复制公司文件材料的权利，公司以此为由拒绝股东查阅或者复制的，人民法院不予支持。"如何认定公司章程规定构成实质性剥夺股东知情权是实务中的难点。对此，可以将公司章程限制股东知情权行使的合理性原则作为审查判断的标准。

一是公司章程对股东法定知情权进行合理限制的，应认定有效。公司法并不禁止公司章程对股东法定知情权予以合理限制，比如公司章程对股东行使知情权的具体规则作出程序性的细化规定，如明确查阅、复制公司特定文件材料的时间、地点和方式等，这些规定虽然也构成了对知情权的限制，但未实质增加股东行使知情权的难度，故应当承认其效力。

二是公司章程对股东法定知情权进行非合理限制的，应认定无效。股东知情权作为股东的固有权利，受法律明文保护，限制法律规定的行权主体、行权对象及行权范围均属于非合理限制，即实质性剥夺了股东该项权利。具体来说，《公司法》第 33 条规定股东享有查阅公司会计账簿的权利，而公司章程规定股东只能查阅公司的财务报告，此即为对法定知情权客体范围的实质性剥夺，应认定为无效；又如，某有限公司章程规定股东只能查阅 10 年以前的会计账簿，因法律并未限定股东可查阅的会计账簿范围，故该规定也可视为实质性剥夺了股东法定知情权而应认定无效。

司法实践中，关于股东知情权的限制还需要注意两个问题：一是对股东知情权进行限制的其他情形。公司运营实践中，除了公司章程可能会对股东的知情权进行限制外，还可能存在以股东之间的协议、股东大会决议、董事会决议等形式对股东知情权进行限制的情形。为穷尽其他限制方式，《公司法司法解释（四）》第 9 条通过“公司章程、股东之间的协议等”兜底性文字表述，将股东会决议、董事会决议等限制方式一并纳入规制范围，以此为股东行使知情权提供更加全面的保护。二是股东知情权能否由股东依据公司章程规定自愿放弃。因知情权系股东的基础性权利，如果受限或者丧失，股东会失去保障其他权利所需的必要信息。此外，知情权亦系股东监督公司经营管理的手段性权利，如果受限或丧失，不利于公司财务制度的建立和健全，股东利益、公司整体利益以及外部债权人利益的保护均会受到重大影响，故不宜由股东选择自愿放弃。

十、关于股东知情权辅助行使问题

（一）股东知情权可否委托他人辅助行使

我国《公司法》并未规定股东是否可以委托他人代为行使知情权。对于公司特定文件材料，如公司会计账簿，查阅的主体是否仅限于股东本人，对此问题，实务界存在两种不同观点：

第一种观点认为，鉴于会计账簿是公司的重要资料，涉及公司的经营运作和商业秘密，只能由股东行使会计账簿的查阅权。如果股东提出由他人代为查阅或者对公司账目进行审计等要求，应持审慎态度，原则上不宜支持。

第二种观点认为，由于大多数股东本身不懂财务知识，其查阅会计账簿无法达到知情的目的，因此应当允许股东委托他人代为查阅。

相比较而言，第二种观点更为可取。理由如下：其一，现实中，很多股东并不是会计专家或懂财务知识的人士，而财务会计知识的专业性很强，很多股东并不具有财务会计知识，其本人查阅不能起到应有的知晓公司经营和财务状况的作用，即便赋予股东会计账簿及会计凭证查阅权，也会因为其专业性使股东无法真正行使查阅权。[①]其二，法律赋予公司股东知情权，其目的就是让公司股东能够了解公司经营信息，更有效地加强对公司事务的监督，从而切实保护股东的合法权益。并且，知情权是股东的法定权利，《公司法》并未规定知情权必须由股东本人亲自行使，股东当然可以委托他人代为行使。因此，为了让股东知情权落到实处，真正实现股东知情权的立法目的，应当允许股东借助专业人士的知识背景实现其该项权利。值得一提的是，根据《公司法司法解释（四）》第10条第2款规定，股东依据人民法院生效判决查阅公司文件材料的，在该股东在场的情况下，可以委托专业人士辅助进行，此条款为股东知情权辅助行使提供了相应的法律依据。[②]

司法实践中需要注意的是，作为行使知情权的股东，有可能是自然人股东，也可能是法人股东。作为法人股东，行权时除了中介机构执业人员，其本身势必也要委托公司内部员工前往查阅，而作为法人股东，其本身在公司架构上也一定有财务部门。但司法解释对中介机构执业人员辅助查阅并未创设前提条件，故法人股东并不需要证明公司内部无专业查阅能力的人才可行权，这本身应是股东自由行使其知情权的方式之一。

（二）辅助人辅助行使知情权应否受限制

允许股东委托他人辅助行使知情权，并不意味着辅助人可以不受拘束地任意查阅。相反，其查阅不应妨碍公司的合法权利，辅助人和股东同样受正当目的的限制，即辅助人辅助查阅公司会计账簿应当出于正当目的。如果公司有证据证明辅助人辅助查阅会计账簿有不正当目的，可能损害公司合法利益的，公司可拒绝辅助人辅助查阅。司法实践中的辅助人有不正当目的认定与举证责任问题，可参照前述关于股东查阅公司会计账簿有不正当目的认定内容予以解决。

此外，辅助人辅助行使知情权，应当遵守保密义务。《公司法司法解释（四）》第10条规定行使知情权的辅助人限于会计师、律师等依法或者依据执业行为规范负有保密义务的中介机构执业人员。鉴于辅助人的身份并非股东，出于公司商业秘密或者其他经营信息保护的考虑，公司有权要求辅助人与其

---

① 参见李美云:《有限责任公司股东会计账簿查阅权诉讼问题研究》，载《中国检察官》2016年第6期。

②《公司法（修订草案二次审议稿）》第56条第3款、第110条第2款规定，股东查阅公司会计账簿、会计凭证，可以委托会计师事务所、律师事务所等中介机构进行。该规定已明确不再需要股东在场，更方便股东委托专业人士辅助行使知情权。

签订保密协议。在此情况下，如果辅助人不同意签订保密协议，公司可以拒绝其辅助股东行使知情权。[①]

（三）股东委托他人辅助行使知情权可否在判项中明确

《公司法司法解释（四）》第10条规定，股东依据人民法院生效判决查阅公司文件材料的，在该股东在场的情况下，可以由会计师、律师等依法或依据执业行为规范负有保密义务的中介机构执业人员辅助进行。在股东知情权诉讼实践中，主张股东通常会提出委托专业人士查阅公司特定文件材料的诉求。如果主张股东胜诉，该项诉求是否以及如何在判决主文中予以明确，值得研究。

从审判与执行相互区分的角度，股东知情权诉讼要解决的是股东是否享有股东知情权及公司要承担的义务范围的问题，即确定双方权利义务内容。而股东是否委托他人辅助行使知情权涉及的是股东知情权胜诉判决生效后的履行与执行问题，两者属于不同的范畴。但是，既然理论与立法均认可股东享有委托他人辅助行使知情权的权利，且主张股东提出该项诉求的行为也表明其有委托他人辅助行使知情权的客观需要，故从保障实现主张股东股东知情权诉讼目的的角度考虑，法院可在判决主文中明确股东可委托他人辅助行使知情权。如深圳市中级人民法院（2020）粤03民终22438号案件判决就包括了“A公司提供上述资料给陈某生查阅、复制的时间应不少于十个工作日（含第十个工作日）。在陈某生在场的情况下，陈某生可委托会计师、律师等依法或者依据执业行为规范负有保密义务的中介机构执业人员辅助进行”的内容，该表述内容可作为司法实践参考。

十一、关于股东知情权穿透行使问题

股东知情权的义务主体为公司，但该权利能否对公司的子公司或其他关联公司穿透行使，比如母公司的股东要求查阅其子公司的账簿记录时，是否应该同意母公司股东的请求。我国《公司法》与《公司法司法解释（四）》对此问题并没有明确的规定。实务中主要存在三种观点：

第一种观点认为，股东不能查阅子公司的账簿记录，因为股东知情权源

---

①《公司法（修订草案二次审议稿）》第56条第3款、第110条第2款规定，股东查阅公司会计账簿、会计凭证，可以委托会计师事务所、律师事务所等中介机构进行。该规定删除了中介机构关于“依据执业行为规范负有保密义务”的限定，解决了实践中中介机构要证明其具有负有保密义务的执业规范的义务，从而妨碍其接受股东委托协助其行使股东知情权的问题。

于股东身份，子公司是独立法人，即使其是全资子公司，但法人地位依然独立。母公司的股东不具有子公司的股东身份，因此，母公司的股东不能查阅子公司的账簿记录。

第二种观点认为，全资子公司之经营利益和后果完全归属于母公司，子公司的经营决策也受制于母公司，因此，作为母公司的股东应该有权了解其经营状况和财务状况。而且，允许母公司的股东查阅子公司的账簿记录，还能更好地保护弱势群体，更好地平衡公司利益与股东利益。

第三种观点认为，子公司虽具有独立法人地位，但并不妨碍母公司的股东根据母公司章程查阅子公司的账簿记录。并且在子公司为全资子公司的情况下，子公司利益与母公司利益具有高度一致性，不能以损害子公司利益为由否定母公司股东的知情权。

上述观点的分歧实质上是母公司股东是否享有双层知情权的认识问题，即母公司的股东是否可以既对母公司本身行使知情权，又可以对母公司控制的子公司行使知情权问题。对此，可从三方面进行分析：一是从确认双层知情权必要性与合理性的角度。否定母公司股东的双层知情权主要是存在子公司人格独立这一基本原则的障碍。但是，当母公司设立全资子公司，在母公司的业务就是管控子公司，并无其他业务的情形下，或者对子公司的控制达到足以否认子公司独立人格时，为了子公司的利益，进而为了母公司股东的个人利益，此时应当允许母公司股东查阅子公司的账簿记录。[①] 二是从防止母公司管理层权利滥用的角度。有的母公司管理层为了规避中小股东对公司业务的监督，特意将某些业务分离而设立子公司。这种情形下，母公司中小股东对特定业务的知情权被刻意剥夺了，此时应当允许母公司股东查阅子公司账簿记录。否则，阻碍了母公司中小股东知情权的行使，造成股东对公司的终极控制权被规避的后果。三是从公司章程可以扩展股东知情权客体范围的角度。子公司账簿记录的查阅权不属于母公司股东知情权的法定客体范围，母公司章程规定股东可查阅子公司账簿记录实际上系扩展了股东知情权的客体范围。特别是在子公司为全资子公司的情况下，子公司利益与母公司利益具有高度一致性，不会损害子公司利益，故该公司章程规定应为有效。可见，对于母公司是否享有双层知情权的问题不能一概予以否定，前述第三种观点较为合理。具体来说，母公司股东能否查阅子公司的账簿记录，可遵循如下处理原则：（1）一般情形下，母公司股东不得查阅子公司的账簿记录；（2）如果母公司控制子公司以至于可以否认子公司的独立人格，则母公司股东可以查阅子公司的账簿记录；（3）如果有证据表明母公司管理层存在分离业务而设

① 参见胡田野：《公司法律裁判》，法律出版社 2012 年版，第 385 页。

立子公司等欺诈行为，则母公司股东可以查阅子公司的账簿记录；（4）如果母公司章程规定股东可查阅子公司账簿记录，一般予以准许。

司法实践中，对母公司股东穿透行使知情权时需要注意两个问题：

一是知情权义务主体的确定问题。母公司股东查阅子公司账簿记录的权利对象即义务主体不能是子公司，而应该是母公司。若直接判决子公司向母公司股东提供有关资料，因子公司并未参加到诉讼中，则该判决不仅违反《民事诉讼法》的相关规定，而且违反子公司的独立法人地位。因此，母公司股东查阅子公司账簿记录的方式，应该是母公司查阅子公司账簿记录后，再提交给母公司股东。正如上海市第二中级人民法院（2013）沪二中民四（商）终字第S1264号案件判项所表述的“A公司应将该公司及分公司、子公司财务会计报告交由主张股东B公司查阅；将该公司及分公司、子公司的会计账簿、会计凭证、持有和曾经持有的所有林权证及交易合同、收付款记录、登记及报备文件，与系争1.96亿元农户补偿款相关的付款明细、合同、通信、银行凭证、银行对账单、收据、发票等备妥，供B公司查阅”，即知情权义务承担主体仍然是母公司而非子公司。

二是母公司股东查阅子公司账簿记录中子公司范围的确定问题。实务中争议较大的是孙公司和已注销的子公司能否纳入子公司的范围。我国《公司法》未明确子公司的内涵，但一般认为子公司指的是一级子公司，即母公司直接持有股权的下级公司。而公司间接持有股份的公司，即公司下级公司的下级公司，一般认为是孙公司，不是法律意义上的子公司。因此，司法实践中不能将孙公司也纳入子公司的范围。关于已注销的子公司，其虽已经注销，但因清算后的财产也归入母公司财产，了解注销子公司的信息有助于了解现存的母公司资产情况，故司法实践中可以允许母公司股东查阅注销子公司的资料。

十二、关于股东知情权诉讼保全问题

（一）股东知情权诉讼保全性质如何认定

众所周知，在股东知情权诉讼中，有可能发生被告公司的高管层或控股股东隐匿、转移、销毁涉案会计账簿、原始凭证等公司重要文件的情况。法院依原告请求有必要采取扣押、查封相关文件等保全措施，保障判决生效后得以顺利执行。对于这种保全措施的法律性质，实务界主要存在证据保全说与财产保全说两种观点。

持证据保全说的观点认为，证据保全是指在证据可能灭失或以后难以取得的情况下，法院根据当事人的请求或依职权采取措施，对证据加以固定和保存的制度。在股东知情权诉讼过程中，公司决议、会计账簿等属于知情权的客体范围，确实像证据一样，有灭失之虞，也有进行固定、保存之客观现实需要，故应视为证据保全。

持财产保全说的观点认为，财产保全是指法院在受理案件后诉讼终结前为保证将来发生法律效力的裁判能得到全部执行，对当事人的财产或争议的标的物采取的强制性措施。据此，股东知情权诉讼中的上述保全措施应属于财产保全，理由包括：（1）保全措施的对象包括会计账簿、原始凭证等在内的公司文件，正是股东胜诉后执行的对象，与财产保全对象针对特定的财产并无差异；（2）虽然会计账簿、原始凭证的载体是不具备流通功能、没有交换价值的纸张，但由于记载特定的公司信息，因而成了独特的“物”，对于特定利害关系人具有特定价值，因而成为执行程序中特定交付的对象；（3）采取保全措施的目的是保证生效判决得以顺利执行，这也符合财产保全的特性。

经综合分析，前述证据保全说与财产保全说均存在相应理论与逻辑缺陷：

一是证据保全说的不足之处。一方面，股东知情权诉讼为给付之诉，原告股东向法院起诉要求公司为一定行为——提供公司特定文件材料供其查阅、复制等，但公司决议、会计账簿等属于知情权客体范围的文件并非为了证明案件事实，而是被告公司在原告股东胜诉后应履行的行为所指向的标的物，与案件的待证事实之间没有直接关联性。另一方面，经法院保全的证据，最终要经过原、被告双方举证、质证，了解知悉其内容并发表意见，而股东知情权诉讼中原告股东所申请保全的公司决议、会计账簿等知情权客体范围的文件不必也不能经过庭审质证这一环节，否则会使得原告股东在诉讼程序尚未终结即实际获得了其诉讼请求的标的物，架空法院对知情权行使条件是否成就的实质审查权，影响法院对案件的实体争议进行裁判的权威性。此外，证据保全的申请时间原则上为举证期限届满前，而对公司决议、会计账簿等知情权客体范围的文件采取保全措施，并无时间限制。只要上述材料有被毁损、转移、藏匿、篡改、丢失之虞，即应准许采取保全措施。由此可见，在股东知情权诉讼中，原告股东申请对公司特定文件资料进行保全的，按证据保全采取措施存在理论缺陷。

二是财产保全说的不足之处。首先，股东知情权诉讼虽然为给付之诉，但其给付内容为提供资料予以查阅、复制的行为，并非给付金钱或者可以转化为给付金钱的行为，即使原告股东胜诉，最终的判决也不存在财产给付内容。其次，财产保全的对象是可以对其价值进行衡量的财产，而股东行使知情权的公司决议、会计账簿等，较难以一定的价值进行衡量。财产保全案件按照申请保全标的额收取保全费，在股东知情权诉讼中，若按财产保全处理，则较难确定财产保全申请费的收取数额。最后，基于善意文明执行的理念，在财产保全中，在法院就某一财产采取保全措施后，被保全人可以申请以其他等值财产置换保全标的物，法院在进行财产保全时也可以在被申请人的财产之间选择对其正常生产生活影响较小的财产采取保全措施。而在股东知情权诉讼中，不能以其他财产置换被保全的公司决议、会计账簿等知情权客体范围的文件。可见，在股东知情权诉讼中，原告股东对公司特定文件材料申请保全时，按财产保全采取措施，亦存在逻辑缺陷。

因此，前述证据保全说与财产保全说均不周全。事实上，诉讼保全除证据保全、财产保全之外，还存在行为保全这一类型。关于行为保全，《民事诉讼法》第 103 条对财产保全和行为保全进行一体化规定，即“人民法院对于可能因当事人一方的行为或者其他原因，使判决难以执行或者造成当事人其他损害的案件，根据对方当事人的申请，可以裁定对其财产进行保全、责令其作出一定行为或者禁止其作出一定行为；当事人没有提出申请的，人民法院在必要时也可以裁定采取保全措施”。据此，行为保全又可进一步细分为为一定行为的履行性行为保全和不得为一定行为的禁止性行为保全。从股东知情权诉讼的保全目的和行为保全适用条件的角度考虑，对股东知情权客体采取行为保全更为合理。

其一，原告股东申请保全的目的在于使公司决议、会计账簿等知情权客体范围的文件以某种方式固定下来，防止被毁损、转移、藏匿、篡改、丢失等，其实质是禁止公司及公司内部人员作出可能有损于原告实现股东知情权的行为。原告股东该申请保全的目的与行为保全中不得为一定行为的禁止性行为保全所要达到的目的不谋而合。

其二，原告股东申请对公司决议、会计账簿等知情权客体范围的文件进行保全的情形符合行为保全的适用条件。行为保全的适用条件为非金钱请求的民事案件且可能因当事人一方的行为或其他原因使判决难以执行或造成当事人的损害。首先，股东知情权诉讼为非金钱给付内容的民事案件，可以适用行为保全；其次，在公司及公司内部人员对公司决议、会计账簿等作出毁损、转移、藏匿、篡改、丢失等不当行为时，虽然其侵害行为并不直接指向股东自身的人身和具体财产，但对公司有关资料的加害行为，最终会影响股东知情权的实现并造成损失，故在股东知情权诉讼中，原告股东的权利有损害之虞，可以申请行为保全，由法院责令当事人不得从事毁损、转移、藏匿、篡改、丢失公司决议、会计账簿等行为，实现对原告股东知情权的保护；最后，《民事诉讼法》第 105 条规定，“保全限于请求的范围，或者与本案有关的财物”。公司决议、会计账簿等与股东知情权纠纷案件有着直接的关联，符合保全范围的规定。

其三，在股东知情权诉讼中，法院准许行为保全时可以采取的方式包括但不限于财产保全中所采取的保全措施和方式。行为保全通过责令被申请人为或不为一定行为来实现对申请人合法权益的临时保护，其保全措施和方式需要根据个案具体情况由法官酌情裁量确定，呈现多样化的特征。且《民事诉讼法》对行为保全的措施既未进行正面列举也未作反面限制性规定，故行为保全的具体措施与财产保全和证据保全的措施之间并非相互排斥关系，采取与证据保全和财产保全相同的措施并非一定就是证据保全或者财产保全，也可能是行为保全。在股东知情权诉讼中，通过行为保全裁定，禁止公司对原告股东诉请行使知情权的资料作出毁损、转移、藏匿、篡改、丢失等行为，具体可以采取查封、扣押、冻结、拍照、复制等财产保全和证据保全中所使用的保全措施。

（二）股东知情权诉讼行为保全如何审查

司法实践中，法院在决定对公司决议、会计账簿等知情权客体范围的文件采取行为保全时，应注意比例原则的适用。具体而言，法院要运用利益衡量的方法实现手段与目的之间的均衡，在是否采取行为保全以及采取何种行为保全措施的考量上，要从适当性、必要性、均衡性三个方面进行考量。

第一，适当性审查。适当性又称目的契合性，即所采取的手段或措施能够实现预定的目的。换言之，法院应当考虑通过采取行为保全及相应措施，能否达到防止公司及相关人员对原告股东诉请行使知情权的资料进行篡改、毁损、丢失等目的，只有在能够实现该目的的情况下，才有必要进行行为保全，否则并无行为保全之必要。

第二，必要性审查。必要性又称最小侵害原则，即所采取的行为保全措施在满足适当性要求的情况下，如存在多种措施可供选择，应采取对公司正常生产经营影响最小的措施。对于必要性的审查应以满足适当性为前提，在具体保全措施的选取上，应当充分考虑公司决议、会计账簿等知情权客体范围的文件的数量、置备存储情况、公司经营状况等诸多因素，尽可能地选择对公司正常生产经营影响最小的措施，如拍照、录像等措施，而非一概采取查封、冻结等措施。

第三，均衡性审查。均衡性又称狭义比例原则，不受所欲达到之目的的限制，是对采取的手段及其所追求的目的与因此而产生的弊害后果之间进行比较，唯有利大于弊时，方可采此项手段以实现目的。从这个意义上讲，在具体个案中，法院要对行为保全的利与弊进行整体衡量，只有在采取行为保全的利大于不采取行为保全的弊时，方得为之。

十三、关于股东知情权纠纷诉讼时效问题

（一）股东知情权纠纷应否受诉讼时效限制

关于股东知情权纠纷的诉讼时效问题，《公司法》与《公司法司法解释（四）》均未予明确规定，理论界与实务界研究较少，但司法实践中不时有公司提出原告诉请行使股东知情权超过诉讼时效的抗辩，实务中对该纠纷是否可适用诉讼时效制度存在较大的认识分歧，主要可归纳为三种观点。

第一种观点认为，若公司未向股东提供过相关知情权范畴的信息，属于对股东知情权的侵犯，且此种侵权行为是一种持续状态，[①] 故知情权诉讼时效应从侵权行为终了之日起计算。

第二种观点认为，股东行使知情权应受诉讼时效的限制。“公司应于每一财务年度终了时，置备财务会计报告和相关资料供股东查阅。股东应当于每一财务年度终了时查阅财务会计报告和相关资料，通过查阅来发现其权利是否受到侵害并决定采取的救济措施。若公司在每一财务年度终了之日不提供财务会计报告和相关资料，致使股东无法行使知情权，应当视为股东知情权受到侵害。因此，股东知情权的行使起点，应当是财务年度终了之时，自财务年度终了之日起诉讼时效期限内未行使，视为超过了诉讼时效。”[②]

第三种观点认为，股东的查阅权可以追溯到公司成立之日，且股东的知情权具有身份性质，其行使不受诉讼时效的限制。

综合分析上述观点，第一种观点与第二种观点实质上并无差异，均肯定股东知情权纠纷应受诉讼时效的限制，区别仅在于诉讼时效期间的起算时间不同。第一种观点法理上也称为“持续诉讼时效说”，其认为，股东知情权应当属于股东权利体系中的子权利，它以权利主体享有真实股东身份为前提，属于身份权的范畴，如果公司从没有向股东提供过知情权方面的信息，是对股东知情权连续状态的侵权，则该侵权行为终了之日，诉讼时效才开始起算；第二种观点法理上也称为“严格诉讼时效说”，其认为股东权本质上是资产利润分配权，以财产权为基础，为实现股东最终目标而设定的知情权，具有财产权的属性，应适用一般民事权利诉讼时效的规定，否则不利于保护股东的权益，也不利于体现权利应当及时行使的法律精神。由此可见，该两种观点与认为股东知情权纠纷不适用诉讼时效的第三种观点存在本质区别。

---

① 参见朱江、刘兰芳编：《新公司法疑难案例判解》，法律出版社 2009 年版，第 117 页。

② 参见吴庆宝主编：《公司纠纷裁判标准规范》，人民法院出版社 2009 年版，第 131~132 页。

事实上，从股东知情权诉讼的性质、股东权利与公司利益平衡保护、公平原则、防止股东知情权滥用等角度考虑，对股东知情权的司法救济适用诉讼时效予以限制，更为合理：

一是股东知情权诉讼的性质决定该纠纷应适用诉讼时效。股东知情权诉讼的目的在于通过法院判决强制公司履行特定的积极义务，以保证股东知悉相应公司信息的权利得以实现。判决内容表现为公司负有在特定期限内向股东提供相应信息的义务，故在诉的构成类型上属于给付之诉。同时，股东知情权诉讼系股东请求公司提供特定文件资料予以查阅、复制而被拒绝引发的诉讼，其性质属于侵权之诉，故存在适用诉讼时效的法理基础。

二是出于对股东知情权与公司运营效率平衡保护的需要。如果对知情权不加诉讼时效的限制，公司必然要为方便股东行使知情权而不得不永久保留一些陈年旧账，既加重公司的经营负担，也与公司追求经营效率与交易安全相背离。

三是促使股东及时向公司行使知情权，实现法律规定的股东知情权真正目的需要。如果不附条件地允许股东对陈年旧账进行查阅、复制，无疑会助长股东在权利上睡觉的惰性，不符合民法上的公平原则。

四是防止股东滥用知情权损害公司利益的需要。理论上，股东知情权的行使特别是查阅公司会计账簿及有关会计凭证，经常会触及公司的商业秘密，与公司利益存在一定的冲突，法院有义务保护股东的权利，但是也有义务保护公司的权利和合法利益。如果不规定诉讼时效，有可能导致公司利益受到损害。况且，股东知情权的行使，更多的是为了其自身的财产性利益，而财产性利益内容的请求权一般可类比为债权请求权，应当适用诉讼时效的规定。

（二）股东知情权纠纷诉讼时效期间起算问题

《民法典》第188条规定，向人民法院请求保护民事权利的诉讼时效期间为三年。诉讼时效期间自权利人知道或者应当知道权利受到侵害以及义务人之日起计算。但是，如何认定股东知道或者应当知道权利受到侵害是实务中的难点。

司法实践中，股东知情权有多种行使方式，公司侵权的表现也不尽一致，对应股东知情权纠纷的诉讼时效期间起算不应“一刀切”，应当对此进行区分：（1）请求公司提供查阅公司章程、股东会会议记录、董事会会议决议、监事会会议决议的，由于法律没有规定其具体的行使方式，股东有权在任何时候要求公司提供查阅便利，因此诉讼时效期间应当从股东请求公司提供查阅被拒绝之日起计算；（2）对于财务会计报告，有限责任公司有义务向各股东送交公司的财务会计报告，送交的时间由公司章程规定，因此此类案件的诉讼时效期间应当从公司章程规定的递交期限届满的次日起算；股份有限公司为股东年会召开前第20日；公开发行股票的股份有限公司为法定的财务会计报告公告截止日；（3）股东请求查阅公司会计账簿的，由于法律规定了股东提出书面请求并说明目的的要求，因此诉讼时效期间应当是以公司拒绝股东请求或者15日内没有给予答复之日起计算。

（三）诉讼时效限制与股东知情权客体不受期限限制的区别

司法实践中，容易将诉讼时效限制与股东知情权客体不受期限限制相混淆，认为既然承认股东知情权客体不受期限限制，即股东可以查阅公司整个存续期间依法可查阅的所有文件材料，那么股东知情权纠纷即不应受诉讼时效的限制。换言之，如果确认股东知情权纠纷应受诉讼时效的限制，则股东可查阅的公司特定文件材料范围应以起诉前的三年期间为限。实务中，被告公司常对原告股东要求查阅公司多年前的会计账簿以超过诉讼时效为由进行抗辩，例如，2022年1月原告股东起诉要求查阅被告公司2018年度的公司会计账簿，被告公司抗辩认为原告股东的起诉已超过诉讼时效，故不应得到支持。此种情况下，法院如以原告的起诉超过三年诉讼时效期间为由驳回原告诉请，则忽视了诉讼时效期间与股东知情权客体期限范围的区别。

事实上，诉讼时效期间与股东知情权客体期限范围的区别主要体现为：其一，两者所属权利性质不同。适用诉讼时效涉及的是原告诉请能否得到法院支持的问题，即股东知情权能否得到司法保护的胜诉权问题；而股东知情权客体期限范围涉及的是原告可享有知情权客体的具体范围问题，即股东知情权的实体权利内容。其二，两者针对对象不同。诉讼时效制度针对的是股东知情权的行使问题，即原告行使股东知情权能否得到司法保护的问题；而股东知情权客体期限范围针对的是股东知情权的行使对象问题。其三，两者法律后果不同。原告起诉超过诉讼时效则意味着原告诉请会被法院予以全部驳回；而股东知情权客体受期限限制，则意味着股东仅能查阅某期间的公司特定文件材料，如退出公司的股东仅可查阅或复制其持股期间的公司特定文件材料。因此，股东知情权纠纷受诉讼时效限制与股东知情权客体不受期限限制并不存在冲突，实务中要予以特别注意，并进行区分审查。

第四节 常见争点说理示范

一、关于股东知情权权利主体的裁判说理示范

（一）关于一般情形下确定股东知情权权利主体的裁判说理示范

1. 关于股东知情权是股东固有权利的裁判说理示范

【适用情形】股东知情权是股东享有的了解和掌握公司经营管理等重要信息的固有权利，不能与股东身份相分离。

【说理示范】股东知情权是指股东享有了解和掌握公司经营管理等重要信息的权利，是股东依法行使资产收益、参与重大决策和选择管理者等权利的重要基础。账簿查阅权是股东知情权的重要内容，《公司法》第 33 条第 2 款规定，“股东可以要求查阅公司会计账簿。股东要求查阅公司会计账簿的，应当向公司提出书面请求，说明目的。公司有合理根据认为股东查阅会计账簿有不正当目的，可能损害公司合法利益的，可以拒绝提供查阅，并应当自股东提出书面请求之日起十五日内书面答复股东并说明理由。公司拒绝提供查阅的，股东可以请求人民法院要求公司提供查阅”。可见，股东权具有社员权的性质，股东权利不能与其股东身份相分离。因此，股东知情权的权利主体只能为公司股东。在本案中，A 公司认为 B 某非公司股东，其原因在于公司董事会决议已经明确其持有的股权已转让给公司其他股东，B 某也在该决议上签字。同时，该决议内容已切实履行，B 某也收到了相应股权转让款项。但鉴于被告系中外合资经营公司，根据《最高人民法院关于审理外商投资企业纠纷案件若干问题的规定（一）》第 1 条第 1 款、第 2 条之规定，被告的股权转让属于应经外商投资企业审批机关批准的事项，否则相应的股权转让合同属于未生效的合同，进而不发生股权变更的法律后果。因涉案股权转让协议确未经过主管部门审批，B 某虽然在董事会决议中作出了向其他股东转让其股权的意思表示，但并无证据证明该转让内容经过了外商投资企业审批机关的批准，因此，即便 B 某与其他股东达成了转让公司股权的合意，该合意所属的股权转让合同也属于未生效的合同，不产生股权变更的法律后果。所以，B 某仍具备股东资格，有权主张知情权。

【参考裁判文书】四川省成都市中级人民法院（2016）川民终 567 号成都

普斯特电气有限责任公司与曾旭初股东知情权纠纷一案二审民事判决书。

2. 关于股东知情权不得被限制或剥夺的裁判说理示范

【适用情形】股东知情权不依附于其他股东权利而单独存在，也是股东实现其他股东权的基础性权利，公司不得限制或者剥夺股东此项权利，股东是否实际参与公司管理以及是否存在股权代持关系不影响其行使股东知情权。

【说理示范】根据《公司法》第 33 条规定，“股东有权查阅、复制公司章程、股东会会议记录、董事会会议决议、监事会会议决议和财务会计报告。股东可以要求查阅公司会计账簿。股东要求查阅公司会计账簿的，应当向公司提出书面请求，说明目的。公司有合理根据认为股东查阅会计账簿有不正当目的，可能损害公司合法利益的，可以拒绝提供查阅，并应当自股东提出书面请求之日起十五日内书面答复股东并说明理由。公司拒绝提供查阅的，股东可以请求人民法院要求公司提供查阅”。可见，股东知情权是法律赋予公司股东了解公司信息的权利，该权利是股东享有的一项重要、独立的权利，不依附于其他股东权利而单独存在，也是股东实现其他股东权的基础性权利，公司不得限制或者剥夺股东此项权利，股东是否实际参与公司管理不影响其行使股东知情权。在本案中，A 公司称 B 某为其名义股东，实际股东为其丈夫，并在审理期间提交了投资入股协议书复印件予以证明，据此主张 B 某无权提起股东知情权的诉讼，对此法院认为，B 某为 A 公司工商登记股东，依法享有股东权利，其与他人之间是否存在股权代持关系不影响其作为 A 公司的股东行使股东知情权，法院对 A 公司该项意见不予支持。同时，关于 A 公司提出的 B 某未提出查阅申请的意见，法院认为，B 某向 A 公司住所地邮寄《关于查阅、复制财务会计报告等资料的通知》，但 A 公司因自身原因未能收到邮件，且 A 公司的法定代表人在诉讼中亦表示其知晓 B 某查阅公司相关材料的要求，故应认定 B 某已履行了通知义务。关于 A 公司提出的 B 某查阅公司账目含有恶意的主张，法院认为，根据《民事诉讼法司法解释》第 90 条规定，即“当事人对自己提出的诉讼请求所依据的事实或者反驳对方诉讼请求所依据的事实，应当提供证据加以证明，但法律另有规定的除外。在作出判决前，当事人未能提供证据或者证据不足以证明其事实主张的，由负有举证证明责任的当事人承担不利的后果”。A 公司应就其该项主张承担举证责任，现其未能提交相应证据，故法院对其该项主张不予认可。

【参考裁判文书】北京市第一中级人民法院（2016）京 01 民终 349 号北京中盛环宇科技有限公司与连某红股东知情权纠纷一案二审民事判决书。

3. 关于股东丧失股东身份后不得行使股东知情权的裁判说理示范

【适用情形】原股东丧失股东身份后，其请求对公司行使知情权的权利也随之丧失。

【说理示范】投资主体是否具有股东资格的判定标准在时间节点上只能用“现在进行时”，而非“一般过去时”，这是因为公司是典型的社团法人，股东基于共同的意志成立或加入公司，成为该法人成员，因而取得社员权。社员权是一种独立类型的权利，包括财产权和管理参与权；社员权既不同于传统私法中纯粹的物权或债权，又不同于传统私法中纯粹的人格权或身份权；社员权谓之权利，其实更像一种资格或权限，其实质是团体中的成员依其在团体中的地位而产生的具有利益内容的权限。股东权本质上具有社员权的属性，其基础在于股东资格。股东权与股权不同，股东权是指股东基于股东身份而在法律上就其所持股份对公司享有的所有权和获取投资收益并参与公司经营管理的权利，包括股权和管理参与权两部分；股权本质上是股东对所持股份享有的所有权，具有财产权的性质，该权利可继承、可转让；而管理参与权是股东基于其身份即公司社员而享有的权利，管理参与权与股权相伴而生，股东享有股权是其享有管理参与权的前提和基础，丧失股东身份也就失去了行使股东参与权的条件。相对于股权而言，管理参与权是一种从权利，它与股东身份直接相关，不能直接继承和转让，只能与股权一并转让，继受人在取得股权具备股东身份后才能行使相应的管理参与权，而原股东丧失股权后因其股东身份的缺失，也就不能再行使该权利。知情权作为股东管理参与权中的一项基础性权利，同样具有社员权和从权利的性质，它是基于股东身份而产生的，所以行使知情权的适格主体只能是具有股东身份的自然人和法人。股东一旦因某种原因丧失了股东身份，便不再对公司享有股东权，其请求行使知情权的权利基础也随之丧失。由此可见，原股东无权行使其作为公司股东期间的知情权。在本案中，公司股东会决议以及同日公司章程的相应变更内容共同证明，B 某在提起本案诉讼之时已不具有股东资格，虽然当时公司的股权工商登记尚未变更，但工商登记仅具有对外证权性质而不具有设权功能。因此，B 某不再具有公司股东身份，亦未举证证明其在持股期间合法权益受到损害，B 某提起股东知情权之诉，主体不适格。

【参考裁判文书】广东省深圳市中级人民法院（2021）粤 03 民终 6980 号徐某明与深圳市美合源实业有限公司股东知情权纠纷一案二审民事判决书；上海市第二中级人民法院（2015）沪二中民四（商）终字第 1446 号上海宜昶实业发展有限公司与上海宝山亚东小额贷款股份有限公司股东知情权纠纷一案二审民事判决书。

（二）关于特殊主体股东知情权权利主体确定的裁判说理示范

1. 关于股权代持的显名股东有权行使股东知情权的裁判说理示范

【适用情形】股东代案外人持有公司的股权，不影响代持人作为公司股东的身份，其有权行使股东知情权。

【说理示范】我国《公司法》并未对显名股东享有股东知情权作出限制性规定，公司及其他股东是否认可显名股东与隐名股东的代持关系，不影响显名股东系公司股东这一事实，故显名股东依法享有股东知情权。在本案中，工商登记信息显示 A 公司股东为 B 某、C 某、D 某，上述公示信息足以认定 B 某的股东身份。即使 B 某系代案外人 E 某持有 A 公司的股权，但相关法律并未对显名股东享有股东知情权作出限制性规定，B 某与 E 某之间是否存在股权代持关系并不影响 B 某作为公司股东的身份，故 B 某有权行使股东知情权。

【参考裁判文书】广东省深圳市中级人民法院（2021）粤 03 民终 17640 号深圳市津田电子有限公司与韦某股东知情权纠纷一案二审民事判决书；广东省深圳市中级人民法院（2021）粤 03 民终 882 号深圳市嘉田峪照明艺术有限公司与张某雷股东知情权纠纷一案二审民事判决书。

2. 关于隐名股东一般不享有股东知情权的裁判说理示范

【适用情形】在一般情形下，隐名股东（实际出资人）不享有股东知情权。

【说理示范】关于隐名股东（股权代持关系中的被代持人）的知情权，因有悖于显名股东知情权原则且具有不特定性、非公示性，不宜直接认可隐名股东的知情权，隐名股东可以通过显名化程序后依法行使知情权。从本案事实看，B 某主张股东知情权的诉讼请求没有事实和法律依据，理由是：第一，B 某未在工商行政管理机关登记备案的公司名册以及企业注册登记资料中记载为公司股东，也不具备公司股东应有的外观特征；第二，B 某持有公司发放的股权证只能证明出资情况，不能证明其股东身份，本案 B 某的身份应为实际出资人；第三，《公司法司法解释（三）》第 24 条第 3 款规定："实际出资人未经公司其他股东半数以上同意，请求公司变更股东、签发出资证明书、记载于股东名册、记载于公司章程并办理公司登记机关登记的，人民法院不予支持。"B 某作为实际出资人，如要求变更相关登记并成为公司股东，可向公司主张权利，但需要经公司其他股东半数以上同意，否则不能作为公司的股东。综上，B 某并非公司法意义上的股东，其要求行使股东知情权没有法律依据，法院不予支持。

【参考裁判文书】湖南省高级人民法院（2017）湘民再 234 号湖南省航天卫星科技有限公司与胡某成等股东知情权纠纷一案再审民事裁定书。

3. 关于隐名股东在一定条件下享有股东知情权的裁判说理示范

【适用情形】特殊情形下，判断隐名股东的知情权应着眼于公司及其股东的认可度、行使权利的正当性及不动摇公司人合性、不损害第三人利益。

【说理示范】B某持有A公司《股份持有证明》，可以认定其为实际出资人。本案系股东行使知情权所引发的纠纷，对B某股东资格的认定，属于公司内部确认股东资格范畴。鉴于A公司工商登记的全体股东均与投资的全体实际出资人之间存在委托持股关系，因此对B某为行使股东知情权而作出的股东资格认定，并不涉及公司以外的第三人的利益，亦未破坏有限责任公司的人合性特征。故B某隐名出资并以股东身份行使知情权，法院对其主张应予支持。

判决认可隐名股东可以直接要求行使股东知情权，似与多数类案裁判观点不一致。但实际上，本案的特殊之处在于，B某的实际出资人身份此前得到了公司的承认，由公司向其出具了《股份出资证明》。因此，隐名股东可以借鉴本案当事人的做法，在与隐名股东签署代持协议后，要求公司通过出具股东会决议、出资证明书等方式对其实际出资人的身份予以认可。如有条件，还可以进一步约定实际出资人可直接享有股东权利。公司诉讼的谦抑性决定了司法活动对公司自治介入与干预的有限性，在我国法律对隐名股东行使“股东”知情权尚属阙如的情况下，司法判断应定位于公司多元主体之间利益冲突的平衡，着眼于公司及其股东的认可、行使权利的正当性并以不动摇公司人合性及损害公司以外第三人为审查边界，据此审慎地作出支持的裁判。

【参考裁判文书】福建省龙岩市中级人民法院（2015）岩民终字第12650号杨某耀等与福建省永安县西茅岐煤矿有限公司、第三人巫某平等股东知情权纠纷一案二审民事判决书。

4. 关于股份有限公司的股东确认其收取了相关材料仍提出重复查阅请求不应支持的裁判说理示范

【适用情形】股份有限公司的股东要求公司重复提供财务会计报告查阅的，增加了公司负担，不应支持。

【说理示范】依据《公司法》第97条规定，股份有限公司的股东有权查阅公司章程、股东名册、公司债券存根、股东大会会议记录、董事会会议决议、监事会会议决议、财务会计报告，对公司的经营提出建议或者质询。财务会计报告是指企业向财务会计报告使用者提供与企业财务状况、经营成果和现金流量等有关会计信息，反映企业管理层受托责任履行情况的书面报告，具体包括会计报表、会计报表附注和财务情况说明等。会计报表包括资产负债表、利润表、现金流量表、所有者权益变动表等。财务会计报告由企业按照会计法律、法规编制，而财务审计报告则是指具有审计资格的会计师事务所的注册会计师出具的关于企业会计的基础工作，即计量、记账、核算、会计档案等会计工作是否符合会计制度、企业内控制度是否健全等事项的报告，是对财务收支、经营成果和经济活动全面审查后作出的报告，相比财务会计报告，更具有专业性、权威性、公正性。本案中，双方当事人均认可B某已收到公司聘请的会计师事务所就2018年度公司经营及财务情况出具的审计报告，该审计报告包含B某所主张的包括资产负债表、利润表、现金流量表、附注等在内的财务会计报告的相关内容，B某仍要求公司继续提交，缺乏事实和法律依据。

【参考裁判文书】广东省深圳市中级人民法院（2021）粤03民终25306号邓某明与深圳市赛瓦特动力科技股份有限公司股东知情权纠纷一案二审民事判决书。

（三）关于特殊情形下确认股东知情权主体资格的裁判说理示范

1. 关于出资瑕疵的股东享有股东知情权的裁判说理示范

【适用情形】出资瑕疵的股东可以行使股东知情权。

【说理示范】B某在公司章程、股东名册等工商登记材料上均登记为股东，应当确认其具有A公司的股东资格；公司成立的发起人和实际经营人对B某出资的事实及其股东身份亦予认可。作为公司股东，理应享有股东对公司的知情权。股东知情权是股东行使其他股东权利的基础，只要具有股东资格，就应享有知情权。判决股东不能行使公司知情权必然影响股东在公司中其他权利的行使，不利于解决公司纠纷和保护股东权利，也不符合我国公司制度发展的价值取向，故B某有权对A公司成立以来的财务会计报告、财务账簿、各项财务凭证及资产和经营状况进行查阅。

在本案中，B某存在瑕疵出资事实，主要是其未全面履行出资义务。我国公司法一定程度上允许公司对瑕疵出资股东权利进行合理限制，如《公司法》第71条对瑕疵出资股东的分红权和优先认购权进行了限制，《公司法司法解释（三）》第16条又进一步允许公司根据公司章程或者股东会决议对瑕疵出资股东的利润分配请求权、新股优先认购权、剩余财产分配请求权等作出相应的合理限制。但是，知情权作为股东的固有权利，不得随意剥夺。瑕疵出资股东在未丧失股东资格之前，仍可按照公司法或章程的规定行使相应的股东权。作出如此判断的逻辑依据在于，具有股东资格即享有知情权，而瑕疵出资并不影响其股东资格的确认。也即，除非公司章程或股东与公司之间另有约定，否则即便股东出资存在瑕疵，也不能因此否定其享有知情权。

【参考裁判文书】江苏省徐州市中级人民法院（2006）徐民二终字第10号林某勇与江苏省徐州瑞丰食品工业有限公司知情权纠纷一案二审民事判决书。

2. 关于股东可向破产后的公司行使股东知情权的裁判说理示范

【适用情形】公司破产后股东不享有参与重大决策等权利，但仍享有监督知情权，可以请求查阅公司会计账簿及原始凭证，也有权请求查阅、复制债权申报材料、债权审核结果等资料。

【说理示范】公司进入破产程序，其民事行为能力限于清算目的范围之内，但是该公司的法人资格并不当然消灭，也不能据此否定相关股东的股东地位。公司股东依法享有资产收益、参与重大决策、监督知情权等权利，公司破产后，股东当然不享有参与重大决策等权利，但并非不能享有监督知情权。况且，现行有效的法律法规并无明文规定公司进入破产程序后，其股东不再享有股东知情权。所以，公司在进入破产程序后，其股东仍然享有股东知情权。

关于破产中股东行使知情权的范围是否包括查阅、复制与债权申报有关的材料问题。首先，公司在管理人管理期间仍然会产生清算目的范围之内的相关资料，如债权申报材料、债权审核依据资料、债权人会议表决记录等，由此，股东在公司破产期间有行使知情权的可能。其次，股东作为公司的投资人，其对公司的破产清算更加关注。而股东知情权是股东的固有权利，在公司破产程序中的体现就是股东对管理人基于清算目的形成的相关资料享有知悉的权利。所以，股东在公司破产期间有行使知情权的必要。最后，根据《最高人民法院关于审理企业破产案件若干问题的规定》第 99 条的规定，公司在破产程序期间形成的相关账册、文书等资料，在破产程序终结后应移交该公司的股东保存。也就是说，B 某作为公司的股东，其最终对上述相关资料享有知悉的权利，只是该条规定是股东在破产程序终结后的保管职责，而股东在破产程序中行使股东知情权，有利于在破产程序中平衡保护公司股东与债权人的合法权益，从而最大程度发挥破产程序的功能与价值。综上分析，应当支持 B 某查阅、复制相关债权审核、表决资料及相关的财务账簿的请求。

【参考裁判文书】安徽省高级人民法院（2019）皖民终 291 号汪某卫诉安徽大蔚置业公司股东知情权纠纷一案二审民事判决书。

3. 关于在诉讼过程中被公司解除股东资格的股东仍享有股东知情权的裁判说理示范

【适用情形】公司在股东进行股东知情权诉讼过程中形成的解除股东资格的决议，对于股东知情权诉讼的审理不产生影响。

【说理示范】本案是股东知情权所引起的纠纷。争议焦点之一是公司解除 A 股东资格的决议是否有效。首先，公司成立后，股东 A 称其以购买生产设备、租赁厂房、聘请员工及以其丈夫向公司出借资金等方式向公司投资。除此之外，双方均认可其未按《公司法》规定的程序向公司缴纳各自在章程中认缴的出资。其次，公司章程规定的股东出资时限届满之日为本案诉讼前，在此期间，公司并未向两名股东催缴出资，但公司及其法定代表人收到本案起诉状副本后，即向 A 发出催缴函，并在一审第一次庭审后通知召开临时股东会，在其缺席的情况下由法定代表人一人作出股东会决议解除其股东资格。公司及其法定代表人上述行为的目的在于通过剥夺 A 的股东资格、阻止其依法主张股东知情权，该行为的性质明显属于利用诉讼技巧逃避法律责任，违反了商事主体的诚实信用规则，也违反了诉讼当事人配合人民法院查明事实、甄别责任的诉讼义务，故无论上述行为是否符合《公司法》的规定，均不应得到人民法院的认可与支持。最后，公司章程规定，修改公司章程、增加或者减少注册资本的决议，以及合并、分立、解散或者变更公司形式的决议，必须经 2/3 以上代表权的股东通过。本案中，B 某持有公司 51% 的表决权，并在独自召开的临时股东会上通过解除 A 某股东资格的决议，将公司变更为一人有限责任公司，因上述决议不符合公司章程的规定，故不发生法律效力，法院确认 A 某仍为公司股东。争议焦点之二是 A 某查阅、复制公司财务资料的请求应否予以支持。根据《公司法》第 33 条规定，股东有权查阅、复制公司章程、股东会会议记录、董事会会议决议、监事会会议决议和财务会计报告；股东可以要求查阅公司会计账簿，但应当向公司提出书面请求，说明目的；公司有合理根据认为股东查阅会计账簿有不正当目的，可能损害公司合法利益的，可以拒绝提供查阅，并应当自股东提出书面请求之日起 15 日内书面答复股东并说明理由；公司拒绝提供查阅的，股东可以请求人民法院要求公司提供查阅。本案中，A 某作为公司股东，已按法律规定向公司提交了要求查阅相关资料的书面申请并说明了理由，而公司未在法定期限内予以答复，其已具备向法院起诉请求查阅公司相关材料的条件，公司负有对 A 某申请查阅是否存有不正当目的进行证明的举证责任。现公司未提交证据证明 A 某申请查阅存有不正当的目的，故法院认定其对公司的会计账簿和财务会计报告有查阅权。

【参考裁判文书】广东省高级人民法院（2018）粤民申 5288 号中山泰铭机械有限公司与杨某蓉股东知情权纠纷一案再审审查与审判监督民事裁定书。

4. 关于股东权利中的投资收益权转让不影响登记股东行使知情权的裁判说理示范

【适用情形】股东转让投资收益权但其身份未变更登记，不影响登记股东知情权的行使。

【说理示范】本案中的争议焦点为，由于公司现实经营过程中因某种原因，股东权利中部分权利发生转移，或者股东放弃部分权利，是否影响股东资格？此时，股东是否有权行使知情权？对此，法院认为，股东知情权通常被认为是股东的一项固有权利，是股东行使资产收益、参与公司重大事项决策、选择管理者等权利的基础，除非股东资格完全丧失或者股东行使权利具有不正当目的，否则公司不得拒绝股东行使知情权。股东权利包含具有身份性质的权利和财产性质的权利，将股权中与财产有关的权利转让，比如分红权、剩余财产分配权、新股优先认购权，不影响与股东身份有关的股东知情权。本案涉及的中外合资企业中，外方股东转让其在合资企业中的投资收益权，尽管该项权益的转让价款已经支付，但外方股东未对其在合资企业中享有的整体股权进行处理。同时，合资企业章程未变更股东，也未办理股东工商登记变更，即外方股东仍然是登记股东。在上述两个条件未发生变化的情况下，外方股东并未丧失股权和股东资格，仍有权行使知情权。

【参考裁判文书】最高人民法院（2019）最高法民申3021号武汉东升公路建设发展有限公司与香港盛达投资集团有限公司股东知情权纠纷一案再审审查与审判监督民事裁定书；湖北省高级人民法院（2018）鄂民终1026号香港盛达投资集团有限公司与武汉东升公路建设发展有限公司股东知情权纠纷一案二审民事判决书。

二、关于股东知情权义务主体的裁判说理示范

（一）关于一般情形下确定股东知情权义务主体的裁判说理示范

【适用情形】股东知情权的义务人系公司而非其他主体，具有特殊性和不可替代性。

【说理示范】根据《公司法》第33条的规定，股东知情权的义务人系公司而非其他主体，知情权的主要内容除了可以查阅、复制公司章程、股东会会议记录、董事会会议决议、监事会会议决议外，还包括股东在满足法定条件后可以查阅公司会计账簿、了解公司财务情况的权利。由此可知，股东知情权纠纷所指向的诉讼标的系公司应当履行而未履行的配合行为，该行为的履行主体和履行内容具有特殊性和不可替代性。本案中，负有配合股东行使知情权的协助义务人系A公司。因此，法院判令A公司将其历年的股东会议记录提供给股东B公司查阅，驳回了B公司要求本案第三人C公司履行该特定义务的诉讼请求，并无不当。

【参考裁判文书】最高人民法院（2016）最高法民申3785号宁源国际有限公司与重庆中原房地产开发有限公司股东知情权纠纷一案再审审查民事裁定书。

（二）关于特殊类型企业确定股东知情权义务主体的裁判说理示范

1. 关于营利性民办学校举办者的知情权类推适用《公司法》相关规定的裁判说理示范

【适用情形】营利性民办学校举办者主张行使知情权的，类推适用《公司

法》相关规定。

【说理示范】《民办教育促进法》未对举办者知情权的行使加以规定，鉴于本案的主要特征与股东知情权类似，可参照适用《公司法》的相关规定。理由如下：首先，举办者的知情权缺少法律规定，但不代表其不享有该权利。“合法权益”本身具有较大的包容性，对举办者的知情权应当依法予以肯定并加以保护。其次，民办学校具有法人资格，可参照适用《公司法》的有关规定。民办学校属于法人型民办非企业单位，“不以营利为目的”不能等同于不营利，法律规定举办者可以依学校章程的规定要求合理回报。可见，民办学校在法人资格和营利性质方面与公司非常类似，援引与其性质相类似的《公司法》相关规定予以适用，并无不可。最后，司法实践中对于民办学校举办者出资份额的转让，参照适用《公司法》相关规定，法人型民办非企业单位的破产清算，亦参照适用《企业破产法》等规定。因此，本案中，B 公司作为 A 学院的举办者，在知情权方面应当享有与公司股东同等或类似的权利，可参照《公司法》相关规定处理民办学校举办者知情权的行使。

现行《民办教育促进法》对民办学校举办者的合法权益是否包括知情权及知情权如何行使未明确规定，通过体系解释并结合利益衡量的方法，明确营利性民办学校举办者行使知情权，法院可类推适用《公司法》相关规定，从而树立该方面的裁判规则，对于《公司法》相关规定类推适用到营利法人，具有重要指导意义，对鼓励和引导民间资金进入教育领域，促进民办教育事业健康发展具有重要作用。

【参考裁判文书】上海市第一中级人民法院（2016）沪 01 民终 4642 号上海佳华企业发展有限公司与上海佳华教育进修学院股东知情权纠纷一案二审民事判决书。

2. 关于个人合伙的知情权参照适用《合伙企业法》《公司法》相关规定的裁判说理示范

【适用情形】个人合伙知情权，可参照适用《合伙企业法》《公司法》的相关规定进行处理。

【说理示范】个人合伙是一种人合性的经营模式，现有法律没有具体的制度予以规范。对于本案涉及的个人合伙知情权，其法律特征与合伙企业、有限责任公司的股东知情权类似，可参照适用《合伙企业法》《公司法》的相关规定。

【参考裁判文书】广东省广州市中级人民法院（2020）粤 01 民终 17730 号陈某丰与广州市番禺区佳兴旅店股东知情权纠纷一案二审民事判决书。

3. 关于有限合伙人的知情权行使应受《合伙企业法》《公司法》共同限制的裁判说理示范

【适用情形】有限合伙人行使知情权没有前置程序的要求，知情权的范围包括会计账簿、会计凭证和会计报表，但合伙人无权复制相关财务资料。

【说理示范】有限合伙人应在法律规定的范围内合理行使自己的权利。我国《合伙企业法》第 28 条对合伙人的知情权作了明确规定，合伙人为了解合伙企业的经营状况和财务状况，有权查阅合伙企业会计账簿等财务资料。由此可见，法律赋予合伙人的知情权仅限于查阅，而无复制权。我国《公司法》尚且对股东知情权范围中的复制权作出了相关限制，而合伙企业中的有限合伙人更有可能存在与合伙企业进行交易或产生同业竞争的情况，如任由有限合伙人复制合伙企业财务资料，可能损害合伙企业的正当利益，故在目前法律无明确规定合伙人可以复制相关财务资料的情况下，不应对法律规定随意进行扩大理解，B 某要求复制财务资料，缺乏法律依据，法院不予支持。

【参考裁判文书】上海市第二中级人民法院（2016）沪 02 民终 7051 号宋某川与上海灏漫企业管理咨询中心合伙企业纠纷一案二审民事判决书。

4. 关于联营企业的组建单位可对联营企业行使知情权的裁判说理示范

【适用情形】联营企业的组建单位要求对联营企业行使知情权，可参照适用《公司法》的相关规定进行处理。

【说理示范】B 公司作为联营一方主体，理应享有相应的知情权。理由如下：其一，从联营企业的设立角度而言，A 公司系独立法人，包括 B 公司在内的联营各方均以各自投资为限承担有限责任，与公司制度架构中的所有权与经营权分离相类似，此亦股东知情权最核心的理论基础；其二，从 A 公司的章程来看，“组建单位有权查阅公司有关财务报告，监督或质询公司的经营状况”，上述规定实质上是对联营各方享有知情权的表述，联营各方通过章程规定了各方享有知情权，A 公司作为联营体，应当受章程约束。因此，可以参照适用《公司法》及公司章程相关规定，认定组建单位 B 公司对联营企业 A 公司享有知情权。

【参考裁判文书】上海市第一中级人民法院（2014）沪一中民四（商）终字第 1218 号上海周浦商城投资发展总公司与上海浦东汇康实业总公司股东知情权纠纷一案二审民事判决书。

三、关于股东知情权客体的裁判说理示范

（一）关于股东知情权客体是否包括会计凭证的裁判说理示范

1. 关于会计账簿存在明显问题时可支持股东查阅会计凭证的裁判说理示范

【适用情形】当会计凭证对于会计账簿的查阅具有必要性和印证作用，或者会计账簿确实存在明显问题时，可支持股东查阅会计凭证的诉请。

【说理示范】对于股东查阅、复制公司财务会计报告的知情权，法律并未规定限制性条件或前置程序，B 某作为 A 公司股东，有权查阅、复制公司财务会计报告。B 某要求查阅会计账簿时已明确表明其目的是了解公司实际经营管理情况、会计核算情况、公司利润分配情况等，结合 A 公司已较长时间未召开股东会、B 某尚有部分红利未领取等事实，应视为 B 某已完成目的正当性的一般性说明义务。在此情形下，A 公司如拒绝查阅，应当证明 B 某行使知情权有不正当目的，但因其举证不能，故无权拒绝查阅。B 某要求查阅的记账凭证虽未列于《公司法》第 33 条规定中，但是根据会计准则，会计凭证是编制会计账簿的依据，应当作为会计账簿的附件入账备查，公司的具体经营活动、真实的财务状况只有通过查阅记账凭证才能知晓，且股东查阅会计账簿时一并查阅原始凭证不会过分加重公司义务。但是，B 某要求复制会计账簿、原始会计凭证的主张，缺乏法律依据，不应支持。

股东查阅会计账簿发现存在明显问题时，之所以可以要求查阅相关的会计凭证。一方面，根据《会计法》规定，会计账簿登记必须以经过审核的会计凭证为依据。因此，会计凭证是会计账簿的源泉，可以视为会计账簿的附件。另一方面，虽然《公司法》第 33 条第 2 款在规定股东可以查阅公司会计账簿时，对于能否一并查阅原始会计凭证未予明确。但是，基于原始会计凭证才是公司经营情况的真实反映，如果将中小股东查阅权的范围仅限于会计账簿，则难以确保其通过会计账簿了解公司的真实经营情况，在会计账簿虚假记载大量存在的情况下，造成股东知情权落空。

【参考裁判文书】浙江省丽水市中级人民法院（2019）浙 11 民终 242 号苏某明与青田申江服装设备制造有限公司、李某武、潘某如、林某龙股东知情权纠纷一案二审民事判决书。

2. 关于会计凭证是会计账簿的依据可予查阅的裁判说理示范

【适用情形】会计凭证是会计账簿记录内容真实性得以验证的依据，故在合理条件下可列入查阅范围。

【说理示范】股东知情权是股东享有对公司经营管理等重要情况或信息予

以了解和掌握的权利，是股东依法行使资产收益、参与重大决策和选择管理者等权利的基础性权利，其立法目的关键在于保护中小股东的合法权益。股东对公司经营状况的知悉，最重要的内容之一就是通过查阅公司账簿了解公司财务状况。《会计法》第9条第1款规定，各单位必须根据实际发生的经济业务事项进行会计核算，填制会计凭证，登记会计账簿，编制财务会计报告。第13条第1款规定，会计凭证、会计账簿、财务会计报告和其他会计资料，必须符合国家统一的会计制度的规定。第15条第1款规定，会计账簿登记，必须以经过审核的会计凭证为依据，并符合有关法律、行政法规和国家统一的会计制度的规定。会计账簿包括总账、明细账、日记账和其他辅助性账簿。依据上述规定，可以理解会计凭证是会计账簿的源泉，也是会计账簿记录内容真实性得以验证的依据，故应属可以查阅的范围之内。从我国公司治理现状看，会计凭证作为公司经营情况最真实的反映，如果将中小股东查阅权的范围仅限于会计账簿，难以确保其能了解到公司的真实经营情况。本案中，A公司亦未提交证据证明B某查阅会计凭证有不正当目的，可能损害公司合法利益。

【参考裁判文书】广东省深圳市中级人民法院（2020）粤03民终22438号深圳市繁兴科技股份有限公司与陈某生股东知情权纠纷一案二审民事判决书。

（二）关于股东知情权客体期限和范围的裁判说理示范

1.关于符合正当目的的情况下应当允许股东查阅其获得股东资格之前的公司财会资料的裁判说理示范

【适用情形】对于获得股东资格之前的公司财会资料，在坚持股东权利保护原则的前提下，只要符合正当目的，应当允许查阅。

【说理示范】股东查阅权是股东知情权的重要内容之一，公司对股东的不正当目的负有举证责任。公司经营是一个整体延续性的过程，公司现在的情况可能是以前运营的结果，若绝对地以身份论权利，股东不得查阅其取得股东身份之前的相关信息，势必导致股东权益保护的不完备。股东加入公司成为股东之后，对其成为股东之前的公司运营状况和财务信息予以了解和掌握，属于其正当行使股东知情权的范围。所以，股东取得股东身份后，其查阅范围不限于其加入公司成为股东之后的公司财务会计资料，故本案中B某有权要求查阅其加入A公司之前的公司会计账簿。

【参考裁判文书】江苏省常州市钟楼区人民法院（2012）钟商初字第555号王某峰与常州市三利精机有限公司股东知情权纠纷一案一审民事判决书；北京市第三中级人民法院（2018）京03民终1465号乐视影业（北京）有限

公司与北京思伟股权投资管理中心（有限合伙）股东知情权纠纷一案二审民事判决书。

2. 关于股东有权查阅、复制其加入公司之前相关资料的裁判说理示范

【适用情形】股东以出资额为限对公司债务承担责任，其中包括股东加入之前公司所负债务，从权利义务一致角度出发，股东亦应有权查阅、复制其加入公司之前的相关资料。

【说理示范】首先，《公司法》第 33 条明确了有限责任公司的股东有查阅、复制公司财务会计报告等文件和要求查阅公司会计账簿的权利，并未禁止公司股东查阅其成为股东之前的公司相关资料；其次，法律设立股东知情权的立法本意是为了让股东充分掌握公司信息、管理活动及风险状况，从而监督公司管理层，保护股东的合法权益。公司经营是一个整体、动态、延续的过程，公司所作的经营决策与之前已经发生的交易行为及各项决策密切相关，股东在对公司行使表决权时亦以对公司整体情况的了解为前提。并且，股东以出资额为限对公司债务承担责任，其中包括股东加入之前公司所负债务，因而从权利义务一致的角度考虑，股东亦应有权查阅、复制其加入之前的公司相关资料。

【参考裁判文书】广东省深圳市中级人民法院（2020）粤 03 民终 22438 号深圳市繁兴科技股份有限公司与陈某生股东知情权纠纷一案二审民事判决书。

（三）关于公司章程与股东知情权客体范围及行权方式关系的裁判说理示范

1. 关于股东可按照公司章程规定查阅超出法定范围资料的裁判说理示范

【适用情形】公司在章程中对股东知情权查询的范围有规定的，法院可依据公司章程规定，充分尊重公司的意思自治。

【说理示范】股东知情权有利于维护股东利益，特别是中小股东的合法权益，但是股东知情权的行使不是无限制的。司法实践中，除了按照《会计法》的规定对会计账簿的查询权限作了扩大解释外，对于股东会会议决议、董事会会议决议等查询须严格按照《公司法》第 33 条规定的范围行使。但是，当公司章程有特别规定时，由于公司章程是公司“宪章”，在不违反法律禁止性规定的情况下，股东原则上应依据公司章程的规定主张知情权。因此，本案中 A 公司章程特别规定公司应在指定时间内向各方股东提供详细的损益表、资产负债表、现金流量表、销售及其他收入的分析、预算审核、相应月份的收入和资本预算的核对结果以及当月的资金来源和应用的报表（董事会需要时），该规定的内容具体、明确，不违反法律法规禁止性规定，股东间的意思

自治与公司法的价值取向并不相悖。

【参考裁判文书】江苏省高级人民法院（2015）苏商外终字第00035号ROONEY LIMITED与常州雍康置业有限公司股东知情权纠纷一案二审民事判决书。

2. 关于公司章程赋予股东的知情权大于法定范围时应适用章程规定范围的裁判说理示范

【适用情形】当公司章程赋予股东的知情权大于《公司法》规定的范围时，该规定应当优于法律规定适用。

【说理示范】《公司法》第33条规定的股东知情权范围是股东法定知情权范围的最低标准，而公司章程作为公司的自治规范，其具体内容体现了股东的共同意志，当公司章程赋予股东的知情权大于《公司法》规定的范围时，该规定应当优先于法律规定适用。根据《公司法司法解释（四）》第9条的规定，公司章程不能剥夺或者限制股东知情权的范围，但对于公司章程扩大股东知情权的范围，并无禁止性规定，法院应予确认。

【参考裁判文书】北京市第四中级人民法院（2018）京04民初611号北京长信乐纯环保科技有限责任公司与以色列莱克斯坦有限公司（LextranLtd.）股东知情权纠纷一案一审民事判决书。

3. 关于公司章程规定股东可查阅法定范围之外的公司资料、子公司资料效力的裁判说理示范

【适用情形】公司章程规定股东可以查阅《公司法》规定之外的公司自身资料、子公司资料等，原则上有效。

【说理示范】公司章程是股东之间通过意思自治的方式就公司设立、组织形式、经营管理、股东、董事、监事、高级管理人员的权利义务等事项形成的准则性文件，是公司的“宪章”，在不违反法律禁止性规定的情况下，应认定章程规定有效，对公司、股东、董事、监事、高级管理人员等均具有约束力，股东有权依据公司章程的规定主张相应的知情权。公司法以列举方式对股份有限公司的股东知情权作出不同于有限责任公司的规定，有其特定的立法意图，目的在保证股东享有了解公司经营状况的途径的同时，将行使知情权可能对公司正常经营所造成的影响控制在合理范围之内。因此，对于股份有限公司的股东以公司章程为据主张的相关知情权利，应结合公司法的立法目的及该股份有限公司的个体情况综合考量。基于此，对于A公司在本案中的诉请作如下阐述。

关于B公司主张查阅A公司及其分公司自成立时起至判决生效之日止的财务会计报告和A公司的股东大会会议记录、董事会会议决议、监事会会议决议，因有《公司法》及公司章程的规定为依据，符合法律规定，法院予以支持。关于B公司主张查阅A公司子公司的财务报表以及A公司及其分公

司、子公司的会计账簿问题。从上述已查明的A公司章程第144条及第146条规定可知，章程载明A公司应向股东提交子公司的财务报表、股东享有检查公司及其子公司的会计账簿、记录和管理账目的权利。前述章程规定确已超过公司法列举的股东知情权内容，考虑到A公司虽为股份有限公司，但股东仅有5名，只要股东合理地行使知情权，一般不会对公司的经营造成重大影响，故前述公司章程的相关规定不宜认定无效。并且，B公司系因A公司申请上市过程中经审计发现存在财务问题才主张行使知情权，理由正当，故法院认为B公司请求查阅A公司子公司的会计报表并查阅A公司及其分公司、子公司的会计账簿，应获支持。需要指出的是，一般而言，子公司是指有一定比例以上的股份被另一家公司所拥有或通过协议方式受到另一公司实际控制的公司，鉴于A公司章程中未对子公司的范围作出明确界定，审理中当事人双方也未能就此达成一致意见，考虑到子公司本系依法独立享有民事权利、承担民事责任的法人，为避免可能损害子公司其他股东的权利，故法院将章程中所涉子公司界定为A公司的全资子公司。

关于B公司请求查阅的资料范围问题。公司章程有规定明确，且该规定未违反法律法规禁止性规定，亦无违反公司法立法目的及价值取向，股东有权在章程规定的范围内行使知情权。据此，B公司主张查阅与股东大会会议、董事会会议、委员会会议相关材料的诉讼请求，法院可予支持。

【参考裁判文书】上海市第二中级人民法院（2013）沪二中民四（商）终字第S1264号CROWN CANOPY HOLDINGS SRL与上海和丰中林林业股份有限公司股东知情权纠纷一案二审民事判决书。

4. 关于公司章程规定股东可以委托审计的方式行使知情权的裁判说理示范

【适用情形】公司章程赋予了股东对于特定财务问题自行委托审计的权利，对股东委托审计公司相关资料的诉讼请求应予支持。

【说理示范】关于会计凭证，因章程中已规定股东有权检查会计账簿、记录和管理账目，而会计凭证系佐证会计账簿记录是否正确的重要凭证，结合A公司章程赋予了股东对于特定财务问题自行委托审计的权利的事实，而审计中必然要审查会计凭证，故法院认为B公司请求查阅会计凭证的诉讼请求亦应予以支持。关于B公司主张查阅与林权证相关的资料，因已有证据表明在A公司申请上市期间，负责审计的公司认为与林业证相关的资金用度情况存在进一步核查的必要，故B公司请求查阅该部分资料，具有合理性，且有公司章程第146条规定为依据，故法院亦可支持。

【参考裁判文书】上海市第二中级人民法院（2013）沪二中民四（商）终字第S1264号CROWN CANOPY HOLDINGS SRL与上海和丰中林林业股份有

限公司股东知情权纠纷一案二审民事判决书。

（四）关于股东要求查阅法定范围外资料的裁判说理示范

【适用情形】有限责任公司股东要求查阅《公司法》第33条规定以外的文件资料，不应支持。

【说理示范】关于B某要求查阅股权转让协议文件及变更文件、期权协议文件及会计凭证问题。《公司法》第33条以明确列举的形式对股东知情权的范围进行了限定，系出于兼顾股东知情权及公司正常经营管理秩序之间利益平衡的需要。由于B某主张的上述文件并非股东知情权的范围，对于其要求查阅上述文件的诉讼请求应不予支持。

【参考裁判文书】广东省深圳市中级人民法院（2021）粤03民终30794、30796、30797号曲某阳、何某忠、王某英与深圳市霍尼卡姆机电设备有限公司股东知情权纠纷三案二审民事判决书。

四、关于股东行使知情权限制的裁判说理示范

（一）关于查阅会计账簿前置程序的裁判说理示范

1. 关于股东未履行前置程序则不应准许其查阅会计账簿的裁判说理示范

【适用情形】《公司法》规定的股东查阅公司会计账簿前置条件的，对其行权请求不予支持。

【说理示范】根据《公司法》第33条第2款规定，股东要求查阅公司会计账簿的，应在一定期限内向公司提出书面申请，说明目的。本案中，B某并未在起诉之前向A公司提出书面申请，虽B某认为其在起诉后向A公司送达了《关于请求公司如实履行相关义务的致函信》，要求查阅公司会计账簿，但B某的上述行为属于通过诉讼程序对其行使股东知情权的前置程序进行补救的行为，从立法目的看，《公司法》第33条第2款出于对公司利益保护而对股东权利进行了必要的限制，该必要限制应在股东提起股东知情权诉讼前予以满足。另外，股东向公司提出书面申请的前置程序设置，实际上应为公司在诉讼程序前对股东查阅请求享有自行审查和决定的权利，若允许以诉讼形式补救前置程序，实际是对公司自治权利的侵犯，会造成股东知情权前置程序形同虚设，亦与《公司法》第33条第2款的立法目的相违背。故B某在起诉后向A公司提出书面申请要求查阅公司会计账簿，不能视为其已向A公司履行了股东知情权的前置程序。综上，B某未履行股东知情权的前置程序，其要求查阅公司会计账簿的请求不能成立，法院不予支持。

【参考裁判文书】四川省成都市中级人民法院（2018）川01民终11304

号刘某与成都均达房地产评估事务所有限责任公司股东知情权纠纷一案二审民事判决书。

2. 关于股东以向公司邮寄律师函的方式要求查阅会计账簿可认定已履行前置程序的裁判说理示范

【适用情形】股东以向公司邮寄《律师函》的方式要求查阅公司会计账簿等资料，可以认定已履行书面请求及说明目的的义务。

【说理示范】股东知情权是股东参与公司管理与决策的基础性权利。依据《公司法》第 33 条规定，股东要求查阅公司会计账簿，须经过书面申请且目标公司经过 15 天拒不配合这一前置程序。本案中，作为 A 公司股东的 B 某以寄发《律师函》的方式向公司提出查阅公司会计账目的请求后，公司自收悉该函件之日起直至 B 某提起诉讼之日，均未就 B 某的委托行为提出疑问。在公司完全有能力且有条件向 B 某核实委托情况之下，其默示行为应视为对 B 某委托事项的认可，故 B 某履行股东知情权的前置程序已经成就。公司章程是公司投资人自我约束的文件，主要体现公司股东的意思和利益。对于公司重大事务的决定，章程以绝大多数人共同决定机制，约束利益各方的权责，矫正多数决议规则的滥用以及因大股东控制权及公司信息不对称而在具体场合下给公司或股东造成的损害，故在涉及公司内部程序的相关诉讼中，司法应以尊重当事人意思自治为原则，严格审慎对待公司章程所规定的程序性规范条款，而不应主动干预公司行为自治。因此，对于 A 公司章程未作前置程序限定股东查阅权，不宜仅以《公司法》第 33 条的规定来限制股东正当权益的行使，否则有悖于公司独立自主决定自己事务的自治权。综上，即便 A 公司因不清楚 B 某委托行为的真实性而未向行为人及时回复，在 A 公司章程未就股东查阅权予以限定的前提下，B 某在诉讼中提出查阅公司账簿的要求，亦未违背公司股东依其共同意思所形成的自我约束文件，法院也不宜对当事人意思自治行为予以干预。故对于 A 公司主张 B 某未完成行使股东知情权行使前置程序的观点，法院不予支持。

【参考裁判文书】浙江省丽水市中级人民法院（2019）浙 11 民终 242 号苏某明与青田申江服装设备制造有限公司、李某武、潘某如、林某龙股东知情权纠纷一案二审民事判决书；湖北省武汉市中级人民法院（2019）鄂 01 民终 12138 号湖北鑫鑫金铭农牧发展有限公司与张某华股东知情权纠纷一案二审民事判决书。

3. 关于公司不予答复股东书面申请时股东可查阅公司会计账簿的裁判说理示范

【适用情形】股东向公司提出书面申请并说明目的，公司不予答复的，视为拒绝股东行使知情权，股东可以请求行使股东知情权。

【说理示范】根据《公司法》第33条第2款的规定，股东享有公司会计账簿查阅权，但应当提出书面请求，书面申请一般应表明股东身份、写明请求查阅某个期间的账簿以及查阅目的。公司如果拒绝，应当在收到该请求之日起15日内书面答复股东并说明理由。可见，对于公司会计账簿，股东行使该项知情权需向公司提出书面申请并说明目的，提起该项知情权诉讼原则上应当以公司明确拒绝或15日内未答复为前提。在本案中，A公司已经超过15日未予答复，故B公司提起本案诉讼，符合前述法律规定的前置程序。

【参考裁判文书】重庆市高级人民法院（2016）渝民申1722号重庆蓝姆焊接设备有限公司与广州蓝姆汽车设备有限公司股东知情权纠纷一案申请再审民事裁定书。

（二）公司对股东知情权的行权请求无效抗辩事由的裁判说理示范

1. 关于公司不得以股东任职期间已获悉相关财务会计报告为由拒绝提供的裁判说理示范

【适用情形】公司以股东任职期间已获悉相应的财务会计报告为由拒绝提供的，该抗辩不应采纳。

【说理示范】根据我国《公司法》之相关规定，股东有权查阅、复制公司的财务会计报告，股东在此之前是否已经掌握该等材料在所不问，故A公司以B某任职期间已获悉相应时间段的财务会计报告为由拒绝提供，理由不成立，法院对该抗辩不予采纳。

【参考裁判文书】上海市第一中级人民法院（2020）沪01民终9470号上海云间房地产开发有限公司与陈某人股东知情权纠纷一案二审民事判决书；北京市第二中级人民法院（2019）京02民终7487号北京强佑房地产开发有限公司与李某强股东知情权纠纷一案二审民事判决书。

2. 关于公司不得以其未实际经营、系僵尸公司为由拒绝股东行使股东知情权的裁判说理示范

【适用情形】公司以其是未实际经营的空壳公司、僵尸公司为由，拒绝股东行使股东知情权的，该抗辩不应采纳。

【说理示范】任何公司成立后不管是否实际开展经营活动，均应按《公司法》及其他法律法规的规定形成相关公司文件和建立公司财务制度，A公司主张其未依法制作公司章程特定文件材料明显不具有合理性，因而不能成为其拒绝提供查阅的合法理由。据此，A公司主张其是未进行实际经营的空壳公司、僵尸公司，公司有权拒绝B某行使股东知情权，该抗辩理由缺乏法律依据，法院不予采纳。

【参考裁判文书】广东省深圳市中级人民法院（2021）粤03民终32559

号深圳市瀚帝装饰工程有限公司与李某等股东知情权纠纷一案二审民事判决书。

3. 关于公司不得以资料遗失为由拒绝股东行使股东知情权的裁判说理示范

【适用情形】公司不得以资料遗失为由，拒绝股东行使股东知情权。

【说理示范】我国《公司法》明确规定股东有权查阅、复制公司的章程、股东会会议记录和财务会计报告等文件及资料。股东向公司提出上述要求时，公司应当予以配合。对于公司而言，妥善地留存、保管上述材料，亦是公司依法应尽的义务。A公司现以资料遗失为由，拒绝B某行使部分知情权，有违其法定义务，亦缺乏相应的法律依据，法院不予支持。

【参考裁判文书】北京市第一中级人民法院（2018）京01民终1366号北京天信宇通电子技术有限公司与陈某股东知情权纠纷一案二审民事判决书；上海市第二中级人民法院（2017）沪02民终8602号上海康健建筑发展有限公司与陆某股东知情权纠纷一案二审民事判决书。

4. 关于公司不得以资料被案外人扣留为由对抗股东行使知情权的裁判说理示范

【适用情形】公司不得以资料被案外人扣留为由，对抗股东行使知情权。

【说理示范】本案中B某与A公司之间是否存在未了结的债权债务、A公司财务账簿等资料是否被案外人扣留的事实，均不影响本案的处理结果。A公司是相关财务账簿的保管义务人，不能以相关资料并非实际由其占有为由免除其法定义务。即便相关财务账簿客观上确实在他人占有之下，A公司作为账簿的所有权人，与实际占有人之间亦具备协调和主张权利的条件。

【参考裁判文书】上海市第一中级人民法院（2017）沪01民终3874号上海恒熠机电科技有限公司与张某凝股东知情权纠纷一案二审民事判决书。

5. 关于公司不得以股东已查阅、复制经营资料为由拒绝股东行使股东知情权的裁判说理示范

【适用情形】股东此前曾经查阅、复制经营资料的行为，并不必然导致之后对同一事项知情权的丧失。

【说理示范】本案中B某作为A公司的股东，有行使知情权的权利，A公司有保障股东知情权实现的义务。对于A公司自成立时起至2014年3月期间的财务会计报告等资料，A公司上诉称B某在成为股东前已查阅、复制公司所有经营资料，但对此并未提供任何证据予以证明。况且，即便A公司所言属实，由于所隔时间较长，B某此前曾经查阅、复制经营资料的行为，也不必然导致其之后对同一事项知情权的丧失。故对A公司该项主张，法院不予采信。

【参考裁判文书】上海市第一中级人民法院（2017）沪01民终7924号上

海盈辉农业发展有限公司与朴某珠股东知情权纠纷一案二审民事判决书。

6. 关于公司不得以其未依法履行文件置备义务为由拒绝股东行使股东知情权的裁判说理示范

【适用情形】当股东申请查阅特定文件，而公司以无相关文件抗辩时，如确无相关文件，股东可以根据《公司法司法解释（四）》第 12 条规定追究相关责任人的赔偿责任。

【说理示范】根据《公司法》第 33 条规定，有限责任公司有制作和保存公司章程、股东会会议记录、董事会决议、监事会决议、财务会计报告、会计账簿的法定义务。公司依法履行文件置备义务是股东知情权得以实现的前提，如果公司不履行文件置备义务，就会导致股东无法查阅、复制相关文件，对股东知情权造成根本性损害，甚至是剥夺。本案中，A 公司作为有限责任公司，应当依法规范经营，制作和保存法定的公司文件资料。现 A 公司以其没有制作和保存监事会决议、财务会计报告为由来否定 B 某的主张，其理由不能成立。如果 A 公司确实没有制作和保存《公司法》第 33 条所列举的公司文件资料，则属违反法律规定的文件置备义务，B 某作为股东，有权在其股东知情权遭到根本性侵害且因此遭受损失的情况下，依据《公司法司法解释（四）》第 12 条的规定请求 A 公司具体负责制作和保存公司有关文件资料的董事或者高级管理人员承担民事赔偿责任。

【参考裁判文书】上海市第一中级人民法院（2018）沪 01 民终 11186 号上海普涉文化传播有限公司与雷某股东知情权纠纷一案二审民事判决书。

7. 关于公司不得以股东曾经行使过知情权为由拒绝股东再次行使知情权的裁判说理示范

【适用情形】知情权是股东的固有权利，不因某段时间内股东行使过而归于消灭。

【说理示范】知情权是股东的固有权利，是一种与股东资格相联系的基础性权利，该权利贯穿于股东资格存续期间，并不因某段时间内股东行使过而归于消灭，故 A 公司所称 B 公司已经行使过 2014 年 12 月 31 日之前的股东知情权，该时间段内 B 公司的请求权已经消灭的主张不能成立。

【参考裁判文书】上海市第一中级人民法院（2017）沪 01 民终 13198 号内蒙古山路能源集团有限责任公司与中航光合（上海）新能源有限公司股东知情权纠纷一案二审民事判决书。

8. 关于公司不能以已经退资为由拒绝股东行使知情权的裁判说理示范

【适用情形】公司不能以已经退资为由拒绝股东行使知情权。

【说理示范】A 公司主张其已将股东的出资款尽数退回，B 某已不具备股东资格，但 A 公司在本案中并未提交有效证据证明 A 公司或他人与 B 某之间达成某种足以导致其股东资格丧失的合意。A 公司否认 B 某的股东身份，但没有提供确切证据，并不足以否认 B 某在本案股东知情权诉讼中的股东身份。同时，股东知情权纠纷一案与股东资格确认纠纷、股东出资纠纷均非同一法律关系，就股东资格是否存在，或股东对 A 公司是否存在收回出资的情形，均可通过其他的纠纷解决方式予以救济，但该类争议并不必然影响法院在现有证据的情况下对股东知情权进行审理，即在股东未丧失 A 公司股东身份之前仍可按照《公司法》或章程的规定行使相应的股东权，除非章程或股东与 A 公司之间另有约定。

【参考裁判文书】北京市第一中级人民法院（2018）京 01 民终 1627 号北京齐胜企业管理有限责任公司与叶某锋股东知情权纠纷一案二审民事判决书。

9. 关于公司不得以股东职务行为与行使股东知情权相重合为由拒绝股东行使知情权的裁判说理示范

【适用情形】股东同时担任公司行政职务，公司不得以其职务行为与行使股东知情权相重合为由拒绝。

【说理示范】A 公司主张 B 某曾担任公司副经理并协助处理公司财务工作，其对公司财务状况、会计报告、会计账簿一清二楚。对此，法院认为，在中小型有限责任公司中，股东参与公司经营管理活动的情形十分普遍。当股东在公司承担财务工作时，其具有公司职务与公司股东双重身份。基于公司职务，股东亦会获取公司的财务信息，包括公司的财务状况、会计报告、会计账簿等，但不能以此阻却股东知情权的行使。原因有三：首先，二者的权利基础不同。股东在担任公司行政职务过程中知悉、了解的公司情况源于其公司职务行为，具有职务行为的属性；股东知情权的权利基础则直接来源于股东的身份和法律规定，具有法定性。其次，二者的法律性质不同。前者基于公司职务而获得公司的信息，是其履行职责必备的权利，具有准公共权的性质；后者基于股东身份行使知情权而获得公司的信息，是股东维护自身权益的一种手段，具有私权的性质。最后，二者行使权利的条件不同，前者获得公司的信息属于其工作职责范围；后者须履行提出申请、说明目的等前置程序。基于以上不同，两者没有相互替代的空间和可能，即使职务行为的结果与行使股东知情权结果相重叠，亦不得以此阻却股东知情权的行使。所以，同时具备公司行政职务与公司股东双重身份，当职务行为的结果与行使股东知情权结果重叠，不得以此阻却股东知情权的行使。本案中，B 某虽具有股东与公司职务双重身份，该双重身份所具有的权利义务各不相同，行使权利、承担义务的条件亦不相同。股东知情权是股东的基本权利，只要 B 某具有股东身份，并符合行使股东知情权的条件，就应当有权行使相应权利，不能因为其基于职务身份知晓公司财务状况而阻却其作为股东应享有的股东知情权。综上，现有证据可以证明B某向公司提交了行使股东知情权的书面请求，说明了目的，符合我国《公司法》规定的行使股东知情权的法定条件。

【参考裁判文书】陕西省高级人民法院（2017）陕民申286号赵某红与陕西省西安市五星商贸有限公司股东知情权纠纷一案申请再审民事裁定书。

10.关于股东委派到公司的董事对公司财务状况是否知情不妨碍股东行使知情权的裁判说理示范

【适用情形】股东委派到合资公司的董事对公司财务状况是否知情并不妨碍股东对合资公司行使知情权，公司不得以此为由拒绝股东行使知情权。

【说理示范】首先，股东知情权是《公司法》规定的股东为获取公司经营、决策、管理的相关信息而享有的法定权利，包括对公司财务报告和公司账簿的查阅权。B公司作为A公司的股东，其应依法享有知情权，可查阅公司财务报告和会计账簿。其次，B公司向A公司委派董事的行为是其依据章程规定所享有的权利，C某作为B公司委派至A公司的董事，其履行的是作为A公司董事之义务，董事对公司财务状况是否知情并不妨碍公司股东行使查阅账目的权利，A公司关于B公司委派的董事C某在A公司已履行了董事职责，应已知晓A公司财务状况，B公司不再享有查阅财务资料的权利的抗辩理由依法不能成立。最后，根据法律规定，A公司拒绝股东行使查阅权需有合理根据认为股东查阅会计账簿有不正当目的，可能损害公司合法利益，A公司未能举证证明B公司查阅会计账簿有不正当目的，B公司要求查阅A公司的财务报告和会计账簿等财务资料的诉讼请求符合法律规定，法院予以支持。

【参考裁判文书】江苏省高级人民法院（2010）苏商外终字第0054号南京蓝大地房地产开发有限公司与业生有限公司股东知情权纠纷一案二审民事判决书。

（三）关于确定股东行使知情权行权目的不正当的裁判说理示范

1.关于股东近亲属经营的公司与股东所在公司存在竞争关系可认定股东有不正当目的的裁判说理示范

【适用情形】当股东近亲属经营的公司与股东所在公司存在竞争关系时，股东要求查阅公司会计账簿，可认定构成有不正当目的的情形。

【说理示范】B某作为A公司股东，是股东知情权的权利主体，可以依照法律有关规定行使股东知情权。此外，法院在判定股东行使知情权的具体程度时，既应当保障该权利的落实，也应当避免股东过度行使知情权而对公司经营活动及正当利益造成损害。B某虽然基于受让原股东的出资而成为公司股东，但考虑到公司之财务会计报告具有相当的公开性（需要向税务机关提交、参加企业年检时也需要向工商行政管理机关提交），且该财务会计报告仅能宏观上反映公司的总体经营状况，不会过于详细反映公司的交易细节，因此法院判定B某查阅公司之财务会计报告的行为严重损害公司的经营活动、经济利益、商业秘密的可能性可以排除。

此外，《公司法》第34条第2款规定，“公司有合理根据认为股东查阅会计账簿有不正当目的，可能损害公司合法利益的，可以拒绝提供查阅”，同样肯定了限制股东查阅公司会计账簿、将“有合理依据即可拒绝查阅”的权利赋予公司的观点。在衡量“股东可以要求查阅”与“公司有合理根据可以拒绝查阅”之权利冲突时，核心标准并不在于争议双方的强势与弱势及其对公司经营的控制力大小，甚至不在于股东是否了解公司的具体经营细节，而在于股东一旦行使上述权利是否（或者是否有可能）损害公司利益。在此过程中，保护公司的经营活动和与此有关的商业信息、商业秘密，相对于保护股东的知情权更为重要。一旦公司向法院提交证据的证明作用占据优势地位，法院即应当支持公司的拒绝查阅决定。就本案而言，B某的妻子、儿子、女儿、儿媳另行出资设立了与A公司的经营项目相近的另一B公司。上述人员作为B某的家庭成员和近亲属，无疑与B某具有共同的财产利益，并基于其与B某的亲属关系，B某完全有可能与B公司形成利益链。同时，A公司与B公司之间基于经营项目的相近性，在同一市场中形成竞争关系，B公司一旦获悉A公司的市场、客户和价格等具有商业秘密性质的信息，就会在与A公司的竞争中处于有利地位并相应损害A公司的利益。而A公司上述具有商业秘密性质的信息资料，在该公司的会计账簿中均有记载。基于以上分析，如果允许B某查阅公司的会计账簿，就有可能（并非绝对）造成A公司的竞争对手知晓公司的商业秘密，进而损害A公司的利益。对于上述可能发生的问题，法院应当通过判决予以防止。

可见，股东查阅公司财务会计报告的权利系法定权利，公司不得剥夺和限制，但股东查阅公司会计账簿的权利应有必要的限制，在公司有合理根据认为股东查阅会计账簿有不正当目的、可能损害公司合法利益时，可以拒绝股东查阅。特别在有证据证明股东的近亲属经营与股东所在公司同类的业务、且主营产品均由该股东设计、存在市场竞争关系时，股东要求查阅公司会计账簿，可以认定构成《公司法》规定的“有不正当目的，可能损害公司合法利益”的情形。

【参考裁判文书】北京市第一中级人民法院（2012）一中民终字第2247号张某与北京禄颖兰釉艺工艺品有限公司股东知情权纠纷一案二审民事判决书（《人民司法·案例》2014年第24期）。

2. 关于股东查阅公司会计账簿可能对公司利益造成损害时公司可拒绝查阅的裁判说理示范

【适用情形】股东行使股东知情权是否损害公司权益的审查标准应当界定为可能性审查而非现实性审查，在公司有合理理由相信股东查阅公司会计账簿会对公司利益造成损害时，公司可以拒绝其进行查阅。

【说理示范】本案的争议焦点在于A公司所主张的股东查阅公司会计账簿会损害公司利益的判断标准如何把握。对此，法院认为，股东知情权是法律赋予股东通过查阅公司包括会计账簿在内的有关公司经营、管理、决策的相关资料，实现了解公司的经营状况和监督公司高管人员活动的权利。股东知情权是法律规定的股东享有的一项重要的、独立的权利，但为了对公司商业秘密进行保护，避免恶意干扰公司的经营行为，对股东知情权的行使同样应当给予适当的限制。会计账簿记载公司经营管理活动，为了平衡股东与公司之间的利益，避免股东知情权的滥用，股东在查阅公司会计账簿时，应当以正当目的为条件，亦应当遵循诚信原则，合理地行使查阅权。在衡量“股东可以要求查阅”与“公司有合理根据可以拒绝查阅”之权利冲突时，核心标准是股东行使上述权利是否可能损害公司的权益。法院对股东行使股东知情权是否损害公司权益的审查为可能性审查，一旦公司向法院提交证据的证明作用占据优势地位，法院即应当支持公司的拒绝查阅决定。在公司有合理理由相信股东查阅公司会计账簿会对公司利益造成损害时，公司可以拒绝其进行查阅。需要说明的是，在《公司法》第33条第2款中，并未要求公司证明股东的查阅已实际产生了损害后果，公司只需证明股东一旦行使上述权利可能会产生损害公司利益的情形，即可拒绝查阅。本案中，A公司举证证明B某就职于B公司，即B某具有A公司股东及B公司职员的双重身份，其掌握的A公司的经营、管理、决策资料，意味着B公司的职员同时获取，而B公司与A公司在同一市场存在竞争关系，A公司的会计账簿所记载的客户信息、技术信息、产品价格、成本、生产数量等如被竞争对手知悉，可能会损害A公司的合法权益。因此，A公司在本案中确有合理理由认为股东行使知情权存在损害公司合法利益的可能，故A公司拒绝其查阅公司会计账簿有合理根据。

【参考裁判文书】湖北省武汉市中级人民法院（2016）鄂01民终7824号罗某文与武汉金牛经济发展有限公司股东知情权纠纷一案二审民事判决书（《人民法院案例选》2019年第7辑）；上海市第一中级人民法院（2017）沪01民终9268号王某与上海仁创机械科技有限公司股东知情权纠纷一案二审民事判决书。

（四）关于股东行使知情权行权目的不正当抗辩事由不存在的裁判说理示范

1. 关于“不正当目的”的内涵不宜过分扩大理解的裁判说理示范

【适用情形】公司抗辩股东查阅会计账簿具有不正当目的，该“不正当目的”的内涵不宜过分扩大解释。

【说理示范】保障股东知情权的行使要严格限制“不正当目的”的内涵。如何防止公司控股股东利用其对公司的控制地位实现其自身利益最大化并避免因此而造成中小股东合法权益的损害，是公司法的功能及其目标之一。有限责任公司以资本多数决为基本原则，公司常常由控股股东或大股东掌控，公司治理结构决定了公司的权力配置体系有利于大股东，中小股东的权力或者权利被置于相对较弱位置，导致中小股东对公司内部事务的知晓处于一种不确定状态。股东行使权利，须以获得充分信息为前提。赋予中小股东对公司经营管理活动的知情权，是保护中小股东合法权益的重要途径。股东知情权是指法律赋予股东通过查阅公司的财务会计报告、会计账簿等有关公司经营、管理、决策的相关资料，实现了解公司的经营状况和监督公司高管人员活动的权利，其价值即在于保障股东权利的充分行使。但任何权利皆有一定边界，股东知情权亦不例外，应当在权利平衡的机制下进行。从股东知情权权利行使主体的角度来讲，要求股东在享有权利的同时，必须遵循诚实信用的原则，出于正当目的，合理地行使知情权。对于股东查阅会计账簿以行使其知情权目的的认识，应当分为形式目的和实质目的两个层次。形式目的包括两个方面：一是股东确实提出书面请求，说明查阅目的；二是股东说明的目的从字面上理解不具有明显的不正当性，即使所说明的目的不具有完全合理性，亦不影响形式上目的的成立。相较于形式目的，实质目的的层次则更进一步，旨在透过形式直接探寻股东行使知情权的真正目的和动机。区分形式目的和实质目的的意义在于根据《公司法》的相关规定更加明晰地分配关于“不正当目的”的举证责任。根据《公司法》第 33 条规定，股东在查阅会计账簿时，需要说明目的，但对于该目的并无严格限制，应属形式上的目的，只需股东证明存在说明目的的行为，且该目的从字面上理解不具有明显的不正当性即可。股东没有证明自己目的正当性的义务，这与股东知情权属于股东固有的法定权利、不得轻易限制或剥夺的法理基础相一致。从股东知情权义务主体的角度来讲，公司有合理根据认为股东查阅会计账簿有不正当目的、可能损害公司合法利益的，可以拒绝提供查阅。虽然公司享有拒绝的权利，但该权利不得无限制地行使，为了防止公司恣意拒绝股东行使知情权，致股东知情权形同虚设，应当严格不正当目的的内涵。此处的目的，应属实质目的，公司若要拒绝提供查阅，必须证明股东行使知情权的真正目的具有不正当性。“不正当目的”的内涵应当限于股东行使知情权的实质目的为可能泄露公司的商业秘密、可能因与公司存在恶意竞争关系等利用股东知情权获知的信息损害公司利益的情形，而不宜作扩大理解。

本案中，B某提交了录音资料作为其向A公司书面请求查阅A公司财务会计报告、会计账簿、会计凭证及其查阅目的的证据，该份证据中包括查询财务会计报告、会计账簿的内容。但A公司称B某存在擅自以A公司名义发布召开股东会的虚假信息、强行撬开A公司和财务室门锁意图取走A公司公章、财务章等印章、撕毁A公司张贴的财务报告等行为，故其查询请求具有不正当目的。A公司上述抗辩内容虽能证明B某存在违反A公司规章制度的行为，但与股东行使知情权是否有正当性没有逻辑上的关联，不能因其行为在A公司制度层面的失当性而否定其行使知情权的合理性。同时，上述行为不符合我国《公司法》第33条第2款所规定的“不正当目的”的构成要件，不能成为A公司阻却B某行使股东知情权的合理抗辩，法院对该主张不予支持，亦无不当。综上，现有证据可以证明B某向A公司提交了行使股东知情权的书面请求，说明了目的，其符合我国《公司法》规定的行使股东知情权的法定条件。

【参考裁判文书】陕西省高级人民法院（2017）陕民申286号赵某红与陕西省西安市五星商贸有限公司股东知情权纠纷一案申请再审民事裁定书。

2. 关于公司单方面怀疑不构成股东具有“不正当目的”的裁判说理示范

【适用情形】股东要求查阅公司会计账簿，但公司怀疑股东查阅会计账簿的目的是为公司其他案件的相对方收集证据，并以此为由拒绝提供查阅的，不属于上述规定中股东具有不正当目的、可能损害公司合法利益的情形。

【说理示范】根据法律规定，股东要求行使知情权应不存在不正当目的。由于股东的知情权涉及股东和公司之间的利益冲突，在保护股东利益的同时，也应适当照顾公司的利益，使双方利益衡平，故知情权的行使应当符合一定的条件并有一定的限制。本案中，B某向A公司提出书面请求说明其行使知情权的目的是了解公司的实际经营现状，属于其作为有限责任公司股东应享有的知情权。A公司以B某有不正当目的为由拒绝其查阅，则应对B某是否具有不正当目的并可能损害其合法利益承担举证责任。本案中，A公司认为B某查阅会计账簿的目的是收集并向案外A公司提供对A公司不利的工程款纠纷证据，损害A公司及其他股东的合法利益。对此，法院认为，A公司所举证据不足以证明B某查阅公司会计账簿有不正当的目的，且可能损害A公司合法利益的情形。具体理由为：其一，B某合计持有A公司54%的股权，其与A公司的利益从根本上是一致的；其二，A公司主张B某在查阅公司会计账簿后可能会为B公司收集直接导致A公司在仲裁案件中多支付工程款的相关证据，但未明确证据的具体指向；其三，《公司法》第33条规定的公司拒绝查阅权所保护的是公司的合法利益，而不是一切利益。基于诚信原则，案件当事人理应对法庭或仲裁庭如实陈述，并按法庭或仲裁庭要求提供自己掌握的真实证据，以拒不出示不利于己的证据为手段而获得不当利益为法律所禁止。如A公司持有仲裁一案中应当提供而未提供的相关证据，则不能认定股东查阅公司账簿可能损害其合法利益。综上，股东知情权是股东固有的、法定的基础性权利，无合理根据证明股东具有不正当目的，则不应限制其行使。A公司拒绝B某对公司会计账簿行使查阅权的理由和依据不足，法院不予采信。

【参考裁判文书】江苏省宿迁市中级人民法院（2009）宿中民二终字第319号李某君、吴某等与江苏佳德公司股东知情权纠纷一案二审民事判决书。

（五）关于股东知情权行权目的不正当的举证责任分配

1. 关于股东查阅会计账簿的不正当目的由公司负举证责任的裁判说理示范

【适用情形】在股东查阅会计账簿存在不正当目的、可能损害公司合法利益时，公司可以拒绝股东查阅。从举证责任的角度看，公司应对股东查阅会计账簿有不正当目的负举证责任。

【说理示范】公司法既赋予了股东查阅公司会计账簿等权利，同时也要求股东应当基于正当理由行使该项权利，从而确保股东权利和公司利益实现平衡。根据我国《公司法》第33条的规定，股东有权查阅、复制公司章程、股东会会议记录、董事会会议决议、监事会会议决议和财务会计报告；股东可以要求查阅公司会计账簿，股东要求查阅公司会计账簿的，应当向公司提出书面请求，说明目的；公司有合理根据认为股东查阅会计账簿有不正当目的，可能损害公司合法利益的，可以拒绝提供查阅，并应当自股东提出书面请求之日起15日内书面答复股东并说明理由；公司拒绝提供查阅的，股东可以请求人民法院要求公司提供查阅。此外，与形成上述公司会计账簿有关的原始凭证和记账凭证，亦属于公司会计账簿的重要组成部分。本案中，B某作为A公司的股东，有权在上述法律规定的范围内，要求A公司提供相应的文件供其查阅或复制。对于A公司提出的主要抗辩主张，首先，A公司主张B某曾实际参与过A公司的股东会会议记录、董事会会议决议形成过程，故并无再行查阅、复制的必要。对此，股东知情权与股东表决权同系股东权的具体权能，二者在行使方面并无法律上的冲突。因此，A公司的上述抗辩主张，于法无据，法院不予支持。其次，对于A公司的财务会计报告，A公司主张B某作为A公司的法定代表人，知晓公司的年检报告内容，故B某没有必要再行查阅、复制。对此，股东知情权作为股东享有的法定权利，股东有权决定是否行使及何时行使该项权利，至于股东是否对公司财务状况有所了解，《公司法》并未将此作为股东行使知情权的除外情形。因此，A公司的上述抗辩，亦于法无据，法院不予支持。最后，对于A公司的会计账簿与原始凭证、记账凭证，根据B某提交的公证书记载内容，足以证明A公司的两名法人股东确曾就查阅上述文件向A公司提出过书面申请。同时，B某的书面申请中，对于要求查阅A公司会计账簿的原因、依据及相应查阅范围均已作出明确说明。A公司虽在回复函中称待其负责资料管理的人员返回后即提供相关文件以供查阅，但截至诉讼之日，A公司仍未提供公司会计账簿供B某查阅。在此情况下，A公司的上述行为已构成对股东会计账簿查阅申请的拒绝。此外，对于A公司主张B某提出上述申请存在不正当目的，根据举证责任的分配原则，A公司应就上述抗辩主张承担相应的举证责任。为此，A公司虽向法院提交了校情简介网页打印件，但结合该证据的内容判断，并无直接体现B某另行经营与A公司相竞争业务的相关内容，除此之外，A公司再未能就上述抗辩主张提供其他证据，结合本案其他现有证据，亦无法推断B某要求查阅会计账簿存在不正当目的的情形。因此，A公司的上述抗辩主张，证据不足，法院不予支持。

【参考裁判文书】北京市第一中级人民法院（2012）一中民终字第5887号北京北大附中教育投资有限公司与北京大学附属中学、北京北大依林公司股东知情权纠纷一案二审民事判决书（《人民法院案例选》2014年第3辑）。

2. 关于公司未能举证证明股东查阅会计账簿存在不正当目的法律后果的裁判说理示范

【适用情形】公司应举证证明股东查阅会计账簿存在不正当目的，否则应承担不利的法律后果。

【说理示范】关于公司股东知情权请求是否存在《公司法》第33条第2款规定的“不正当目的”，应依《公司法司法解释（四）》第8条规定的情形进行判断。本案中，A公司以股东自营或者为他人经营与公司主营业务有实质性竞争关系业务为由主张B某有不正当目的，应对此予以证明。在认定主营业务时应当主要考虑该项业务对公司稳定利润的贡献度，兼顾在营业收入中的比重。A公司作为渣浆泵生产企业，渣浆泵的生产为其主营业务。实质性竞争关系则是指股东和公司之间存在利益冲突，其情形需要根据案件事实综合认定。A公司的经营范围为研究、设计、生产渣浆泵、脱硫泵、疏浚泵、其他工业水泵及泵系统，生产耐磨机械部件、销售自产产品并提供咨询、维修等配套服务；B某的经营范围为泵件销售，在生产环节二者不存在竞争关系。在销售环节，合作初期，案外公司采购A公司的产品在北美地区销售，二者存在分工合作的关系。合资公司股东双方产生争议后，根据法院从海关调取的证据，A公司从其他公司购买过同类产品，但B某与A公司均属同一机构出资设立的公司，两公司之间不存在控股关系，以此认定B某的查阅要求存在不正当目的，理据不足。A公司主张B某系通过其控股的公司从事与A公司相同的销售业务，亦缺乏事实依据。A公司没有证据证明B某与A公司存在主体混同的情形，其以公司关联关系为由限制合资一方查阅会计账簿的权利，没有法律依据。综上，A公司并未提供有效证据证明B某查阅合资公司会计账簿有不正当目的。判决认定B某查阅合资公司会计账簿具有不正当目的，认定事实错误，再审法院予以纠正。

【参考裁判文书】最高人民法院（2020）最高法民再170号阿特拉斯设备有限公司与河北阿特拉斯设备制造有限公司股东知情权纠纷一案再审民事判决书。

（六）关于股东知情权行权目的正当性和不正当性竞合的裁判说理示范

【适用情形】当股东行使会计账簿查阅权的目的兼具正当性和不正当性时，股东的查阅范围应限制在正当目的之内，以不损害公司利益为限。

【说理示范】股东查阅目的正当与否是判定股东是否有权查阅公司会计账簿的基础之一。本案中，B某行使查阅权的主要目的在于调查公司与关联公司之间的交易是否损害公司利益，这种查阅具有目的正当性，应予支持，但除此之外的会计账簿和原始凭证，B某无权查阅。分析如下：首先，会计账簿和原始凭证包含公司的重大经营信息，一旦泄露，对公司会产生不利影响。其次，B某设立了经营范围与A公司重合的C公司，A公司与C公司间存在竞争关系，B某获知A公司经营信息后存在损害其合法利益的可能。综上，在B某设立了与A公司有直接竞争关系的C公司的情况下，如允许B某查阅A公司会计账簿和原始凭证，可能会损害A公司利益，A公司行使拒绝权，符合法律规定。

【参考裁判文书】江苏省苏州市中级人民法院（2013）苏中商外终字第0007号刘某与苏州华瑞腾航空设备有限公司股东知情权纠纷一案二审民事判决书（《人民司法·案例》2014年第24期）。

（七）关于股东知情权被实质性剥夺的裁判说理示范

1. 关于股东主动放弃知情权后仍可再度行使的裁判说理示范

【适用情形】知情权是股东的固有权利，即使股东曾以明示方式主动放弃，仍然可以行使知情权。

【说理示范】根据《公司法司法解释（四）》第9条的规定，公司不得以章程或者股东之间的协议等形式剥夺或者限制股东知情权的行使。本案中虽然A公司各股东一致同意A公司在约定期间内由股东C某承包经营，承包期间的利润由C某全部享有，但并未达成股权转让的合意，B某仍为A公司的股东，B某亦未在协议中明确放弃其享有的知情权。并且，股东对知情权的自由处分，仅限于股东是否实际行使，但其意思上的主动放弃并不能产生权利消灭的后果，即股东可以不行使或消极行使权利，但法定知情权既不能被剥夺、限制，也不能由股东通过协议约定放弃，否则无效，股东只要具备股东资格，仍可随时行使知情权。因此，B某可行使法定知情权，依法对C某承包经营期间的A公司章程、财务会计报告进行查阅、复制。

【参考裁判文书】浙江省嘉兴市中级人民法院（2020）浙04民终3189号嘉善鑫海精密铸件有限公司与凌某荣股东知情权纠纷一案二审民事判决书。

2. 关于公司章程对股东行使知情权限制前置程序属实质性剥夺知情权的裁判说理示范

【适用情形】股东行使知情权以取得董事会同意为条件，相当于实质性剥夺股东法定知情权。

【说理示范】公司的“前置程序”和“公司自治”，是要求B某查询会计账簿以书面申请为前提，并取得董事会的批准。但根据查明的事实，B某作为股东曾多次致函A公司要求查询公司账目，A公司均以公司章程规定为由未予安排。A公司章程规定，“经合作公司董事会同意，合作各方有权自费聘请注册会计师审查合作公司账簿，查阅时合作公司应提供方便”。A公司董事会成员分别由B某和另一股东两方委派，在各方因公路收费站被撤销发生争议的情况下，要求B某取得董事会同意方能查询公司会计账簿，无异于实质性剥夺了B某作为股东依据《公司法》规定查阅或者复制公司文件材料的权利，A公司以此为由拒绝B某行使股东知情权的主张，法院不应予以支持。

【参考裁判文书】湖北省高级人民法院（2019）鄂民终403号武汉华益路桥管理有限公司与长益资源路桥有限公司股东知情权纠纷一案二审民事判决书。

（八）关于股东知情权与公司合法利益平衡保护的裁判说理示范

【适用情形】司法实践中应以利益衡量原则为导向，合理认定股东行使知情权的目的，维护股东与公司之间的利益平衡。

【说理示范】关于应否允许作为股东的B某查阅公司会计账簿和会计凭证，分析如下：第一，B某在出资设立A公司之前与案外人签订了四方《合作协议书》，该协议明确约定在合作期间，非经其他方书面同意，合作各方及其近亲属（配偶、子女、父母）、各方的关联公司均不得与任何第三人或者独立以任何形式从事与A公司相竞合的业务，故各股东对同业竞争负有严格的禁止义务。第二，B某在出资设立A公司之后，又出资设立C公司，占股比例均为35%。根据四方《合作协议书》的约定，A公司的经营范围是为B某研发、生产和采购车载设备、互联网产品等，此范围与C公司的经营范围高度重合，A公司有理由相信两公司在业务上存在竞争关系，B某设立C公司存在占领A公司开发、销售市场，损害A公司合法利益的可能。第三，会计账簿包括记账凭证和原始凭证，其中会涉及A公司以往产品的销售渠道、客户群、销售价格等商业秘密，通过查阅A公司的会计账簿可了解该公司的商业秘密。C公司一旦获悉该商业秘密，就有可能在与A公司的竞争中处于优势地位并损害A公司的利益。第四，B某可以通过查阅会计报告等资料或者通过中间人审计的方式了解A公司的经营情况，实现其股东知情权。A公司为保障股东的知情权，已分10次向包括B某法定代表人在内的公司全体股东发送相关的财务会计报告，每份财务会计报告均包含资产负债表、损益表和现金流量表。此外，还向B某提供了A公司《审计报告》及《离任经济责任审计报告》，上述材料能在宏观上反映A公司的总体经营情况，又不会过于详细地反映交易细节，既为A公司股东了解公司的财务经营状况提供了有效途径，同时又不会造成A公司经济利益及商业秘密受到严重损害。第五，股东知情权应在利益平衡的基础上行使。经过利益衡量，禁止B某查阅A公司会计账簿可能对B某合法利益造成的损害小于允许B某查阅A公司会计账簿可能对A公司合法利益造成的损害。

【参考裁判文书】北京市第三中级人民法院（2016）京03民终3220号深圳市美赛达科技股份有限公司与北京车联天下科技有限公司股东知情权纠纷一案二审民事判决书。

（九）股东知情权行权限制的裁判说理示范

1. 关于股东的红利分配权与股东知情权不宜同案主张的裁判说理示范

【适用情形】因股东主张的红利分配权与股东知情权诉讼系两个不同性质的独立诉权，故该两个诉权不应在同一案件中合并主张。

【说理示范】首先，判断公司股东行使知情权的“正当性”，应根据股东查询请求的原因、目的和范围，结合案件实际情况综合确定。本案中，B某虽曾委托律师用律师函方式向A公司提出查阅A公司账簿的申请，但A公司收到的律师函中，B某并未随信附有授权委托书，亦无B某签字，A公司无法判断该律师函真实性及合法性，且该律师函亦未说明查阅账簿的原因、目的和范围，A公司不能据此确定B某查阅A公司账簿行为是否会损害其合法利益，故A公司对B某律师函中所提查阅请求未予答复，并不违反《公司法》的相关规定。其次，A公司红利由董事会根据A公司章程规定，结合A

公司可分配利润、实际运营和资金状况等拟定分配方案，经决议以现金方式按出资比例向全体股东发放，股东无权要求单独分配。有可分配利润是A公司分配红利的前提条件之一，具体分配时间、方式和数额受限于A公司的经营战略、资金状况，并由董事会决议通过。即使董事会决议本年度不分配红利，亦不影响股东按出资比例在可分配利润中享有的相应权利。B某混淆了可供投资者分配利润（即投资者收益）与红利概念，忽视了应由董事会行使的收益分配权，且本案无证据表明A公司侵害了B某收益分配权。另外，B某主张红利分配权与知情权是两个不同性质的独立诉权，虽然两者均由公司法调整，但红利分配权系以知情权为基础，B某只有通过主张知情权，了解A公司经营状况，是否存在可供投资者分配的利润，才能提请红利分配，两个诉权不能在同一案件中合并主张，故B某要求A公司按出资比例支付红利诉请，法院亦不予支持。

【参考裁判文书】天津市河东区人民法院（2008）东经初字第416号王某福与天津人立骨科器械有限公司确认股东资格及知情权纠纷一案一审民事判决书。

2. 关于股东重复行使知情权不为法律所禁止的裁判说理示范

【适用情形】股东重复行使知情权不为法律所禁止，应为允许。

【说理示范】股东知情权是股东固有的、法定的基础性权利，本案B某作为公司的股东行使知情权，其目的是了解公司经营情况，如果A公司认为B某行使知情权有“不正当目的”，应当承担举证责任。《公司法》仅规定股东享有知情权，对于股东是否可以重复行使知情权并无规定。鉴于知情权是行使其他股东权利的基础和前提，根据法无禁止即自由的原则，即使公司已将相关会议记录和财务会计报告送达给股东，但股东说明自己查阅的目的后，仍可以再次要求查阅、复制股东会会议记录、董事会会议决议、监事会会议决议和财务会计报告。

【参考裁判文书】四川省成都市中级人民法院（2012）成民终字第21号邹某春与四川金本广告传媒有限公司股东知情权纠纷一案二审民事判决书。

（十）关于股东知情权前置程序的裁判说理示范

【适用情形】股东要求查阅公司会计账簿的通知无法送达情形的处理。

【说理示范】根据《公司法》第33条的规定，股东知情权的义务人系公司而非其他主体，知情权的主要内容除了查阅、复制公司章程、股东会会议记录、董事会会议决议、监事会会议决议外，还包括查阅会计账簿、了解公司财务情况的权利。为防止股东损害公司利益，《公司法》对查阅会计账簿还设置了提前书面通知并说明合理理由的前提条件。据此，股东知情权纠纷一案所指向的诉讼标的系公司应当履行而未履行的配合行为，该行为的履行主体和履行内容具有特殊性和不可替代性。本案中，负有配合股东行使知情权的协助义务人A公司的经营期限届满、实际歇业多年且已被行政主管部门吊销营业执照，符合《公司法》第180条规定的法定解散条件。因此，法院认定A公司意思自治的正常治理结构已经解体、B某查阅会计账簿的通知无法送达，故本案继续审理的条件客观上已不具备，并据此驳回B某的起诉并无不当。

【参考裁判文书】最高人民法院（2016）最高法民申3785号宁源国际有限公司与重庆中原房地产开发有限公司股东知情权纠纷一案再审审查民事裁定书。

（十一）关于股东知情权行权客体不存在情形的裁判说理示范

【适用情形】公司有证据证明其自始并未制备相关资料且不具备制备相关资料客观条件的，应依法不予支持股东的查阅、辅助请求。

【说理示范】A公司上诉主张其仅制备《现金出纳账》，没有会议纪要及财务资料可供查阅。对此，首先，根据《公司法》第33条、《会计法》第9条第1款的规定，有限责任公司有制作和保存公司章程、股东会会议记录、董事会会议决议、监事会会议决议和财务会计报告、会计账簿、会计凭证的法定义务。公司依法履行文件制备义务，是股东知情权得以实现的前提。本案中，A公司作为有限责任公司，应当依法规范经营，制作和保存法定的公司文件资料。其次，根据《公司法》第50条、第51条的规定，股东人数较少或者规模较小的有限责任公司，可以设1名执行董事，不设董事会，可以设1~2名监事，不设监事会。经查，A公司设执行董事、监事各1名。可见，A公司不存在董事会会议决议、监事会会议决议，故一审判决A公司将董事会会议决议、监事会会议决议提供给B某查阅、复制，认定事实和实体处理有误，法院予以纠正。最后，关于一审判决A公司提供给B某查阅或复制的其他资料，A公司以没有制作和保存相关资料为由否定一审判决结果，理由不能成立，法院不予支持。

【参考裁判文书】广东省深圳市中级人民法院（2021）粤03民终6303号深圳市龙胜堂投资有限公司与李某德股东知情权纠纷一案二审民事判决书。

（十二）关于股东知情权的行权方式裁判说理示范

1. 关于股东知情权的查阅方式包括摘抄的裁判说理示范

【适用情形】摘抄应属于查阅的范围，股权知情权的查阅方式包括摘抄。

【说理示范】鉴于会计账簿包含大量的数据信息，特别是本案涉及长达数年的会计账簿，允许股东采取摘抄的方式辅助进行查阅，方能保障其知情权得以实现。如果仅允许股东查看会计账簿而不允许其摘抄，则胜诉判决确认其股东查阅权目的可能落空，故摘抄应属于查阅的范围。

【参考裁判文书】北京市高级人民法院（2019）京执复239号东峰企业有限公司与北京倍爱康生物技术有限公司股东知情权纠纷执行一案复议执行裁定书。

2. 关于股东知情权的诉讼请求范围可超出其向公司提出书面申请范围的裁判说理示范

【适用情形】股东知情权的诉讼请求范围可以不限于其之前向公司提出的书面申请的范围。

【说理示范】股东要求查阅会计账簿，应当向公司书面申请。但股东最终查阅的范围可以不限于书面申请的范围。B公司虽于本案诉讼前书面要求查阅的是A公司自2011年起的会计账簿，但《公司法》第33条规定侧重于股东诉讼要求查阅公司账簿必须先行提出书面申请，并未限制股东最终要求查阅的范围只能限于该书面申请的范围，股东可查阅公司会计账簿的范围关键在于申请查阅范围的合理性等。本案中，并没有证据显示B公司要求查阅自2010年起的会计账簿超出了合理范围，法院判决支持B公司查阅自2010年起的会计账簿并未超出其诉讼请求范围，不存在法律适用错误。股东的书面申请应当提前向公司提出，但诉讼中股东补充提出、公司拒绝的，法院可以支持股东关于知情权的相关诉讼请求。

【参考裁判文书】最高人民法院（2019）最高法民申5859号扬州熙城房地产开发有限公司与荣威国际发展有限公司股东知情权纠纷一案再审审查民事裁定书。

五、关于股东委托辅助人辅助行使知情权的裁判说理示范

（一）关于股东可委托律师、会计师辅助其行使知情权的裁判说理示范

【适用情形】股东可以委托律师、会计师辅助其行使股东知情权。

【说理示范】《公司法司法解释（四）》第10条第2款规定，“股东依据人民法院生效判决查阅公司文件材料的，在该股东在场的情况下，可以由会计师、律师等依法或者依据执业行为规范负有保密义务的中介机构执业人员辅助进行”。股东行使知情权所涉的公司文件材料，如会计账簿等，具有较强的专业性，没有专业人员的辅助，普通人通常难以独立完成。股东查阅公司文件资料时，允许具备专业知识的会计师、律师等第三人辅助股东行使知情

权，既能够有效保障股东合法权利的行使，亦不损害公司的利益，应系公司法设置知情权条款以保障股东权利的应有之义。因此，B某要求其委托的律师、会计师辅助其行使股东知情权，具有事实和法律依据，法院应予支持。

【参考裁判文书】上海市第二中级人民法院（2016）沪02民终3392号郭某梅与富居网络科技（上海）有限公司股东知情权纠纷一案二审民事判决书。

（二）关于股东签署保密协议不影响其要求辅助人辅助查阅的裁判说理示范

【适用情形】股东签署的保密协议与其聘请第三方机构参与查阅并不冲突。

【说理示范】关于B某签署的保密协议能否排除其聘请第三方机构参与查阅的问题。根据法律规定，股东依据人民法院生效判决查阅公司文件材料的，在该股东在场的情况下，可以由会计师、律师等依法或者依据执业行为规范负有保密义务的中介机构执业人员辅助进行，故B某在查阅时依法有权聘请会计师、律师予以协助。因法律亦将辅助查阅的第三人限定为负有法定保密义务的中介机构执业人员，同时还特别规定了辅助股东查阅的第三人对公司的侵权赔偿责任，故A公司的权益可以依法得到保障。也即，B某与A公司签署的保密协议，与其行使股东知情权的方式并不冲突。

【参考裁判文书】广东省深圳市中级人民法院（2021）粤03民终16708号李某岸与深圳市绘锦恒科技有限公司股东知情权纠纷一案二审民事判决书。

六、关于原股东行使股东知情权的裁判说理示范

（一）关于原股东知情权行权条件的裁判说理示范

【适用情形】公司原股东要求查阅或复制其持股期间的公司特定文件，应证明其持股期间合法权益受到损害。

【说理示范】《公司法司法解释（四）》第7条规定："股东依据公司法第三十三条、第九十七条或者公司章程的规定，起诉请求查阅或者复制公司特定文件材料的，人民法院应当依法予以受理。公司有证据证明前款规定的原告在起诉时不具有公司股东资格的，人民法院应当驳回起诉，但原告有初步证据证明在持股期间其合法权益受到损害，请求依法查阅或者复制其持股期间的公司特定文件材料的除外。"本条结合诉的利益原则，明确规定了股东就《公司法》第33条、第97条规定享有的诉权，并规定了公司原股东享有的有限诉权。上述司法解释规定中的"除外"对应的应是前文的"驳回起诉"，即原股东有初步证据证明在持股期间其合法权益受到损害的，法院不应驳回起

诉，应依法予以受理，该条规定解决的是原股东在特殊情况下的诉权问题。但“诉权”不等同于“胜诉权”，“初步证据”不等同于“实质证据”，赋予原股东诉权，并非当然地支持原股东的诉讼请求。在受理案件后，应审查原股东的证据是否能够证明在持股期间其合法权益受到损害。

【参考裁判文书】河南省高级人民法院（2020）豫民终 126 号中原银行股份有限公司与河南中汇实业集团有限公司公司盈余分配纠纷一案二审民事判决书。

（二）关于原股东请求查阅或者复制其持股期间的公司特定文件材料的“除外情形”判断标准的裁判说理示范

1. 关于原股东已证明股权转让价格明显低于实际股权价值的裁判说理示范

【适用情形】证明股权转让价格明显低于实际股权价值——关于原股东初步证据证明在持股期间其合法权益受到损害的证明标准。

【说理示范】知情权是股东的固有权利，当股东行使知情权受阻时，有权获得司法救济。股东行使知情权，应当以具备股东资格为前提条件，但《公司法司法解释（四）》第 7 条第 2 款规定了起诉时已经丧失股东资格的公司原股东提起股东知情权纠纷诉讼的起诉条件。现 B 某已不具有公司的股东资格，其向法院提起诉讼，要求查阅公司特定文件材料，需要符合上述司法解释中规定的两个条件。首先，B 某要求查阅或复制的是否是其持股期间的文件材料。本案中，B 某提交的证据足以证明在其主张查阅的期间持有公司股权，系公司原股东。其次，B 某是否提供了在其持股期间合法权益受到损害的初步证据。本案中，B 某提交的会计师事务所出具的审阅报告载明 B 某持有的股权价值与其实际转让的股权价值相差巨大，且 A 公司尚存有未分配的利润。在双方对该审阅报告真实性予以确认的前提下，其效力虽然低于审计，但可以说明 A 公司大致经营状况，且 A 公司未提供足以反驳该审阅报告的证据。根据上述审阅报告，可以证明本案中可能存在 A 公司向 B 某隐瞒关键信息或向 B 某提供了错误的信息导致其低价转让股权，从而丧失 A 公司股东资格且未获得公司利润分配的情形。在司法实践中，起诉条件不等同于胜诉条件，初步证据同样不应当适用实质证据的证明标准加以判断。在 B 某丧失 A 公司股东身份的情况下，其在本案中提交的证据可以认定为其持股期间合法权益受到损害的初步证据。综上所述，B 某的起诉符合《民事诉讼法》第 122 条、《公司法司法解释（四）》第 7 条第 2 款规定的起诉条件。

【参考裁判文书】内蒙古自治区呼伦贝尔市中级人民法院（2019）内 07 民终 532 号王某与呼伦贝尔市中天房地产开发有限责任公司股东知情权纠纷

一案二审民事裁定书。

2. 关于原股东通过公司部分财务资料已初步证明其股东权益受侵害的裁判说理示范

【适用情形】通过公司部分财务资料初步证明股东权益受侵害——关于原股东初步证据证明在持股期间其合法权益受到损害的证明标准。

【说理示范】本案中，B 某自 A 公司成立时起即成为股东，依法享有股东知情权。A 公司认为 B 某已转让其持有的公司股权，B 某已失去股东身份，故不再享有股东知情权，但依据《公司法司法解释（四）》第 7 条规定，股东依据《公司法》第 33 条、第 97 条或者公司章程的规定，起诉请求查阅或者复制公司特定文件材料的，人民法院应当依法予以受理。公司有证据证明前款规定的原告在起诉时不具有公司股东资格的，人民法院应当驳回起诉，但原告有初步证据证明在持股期间其合法权益受到损害，请求依法查阅或者复制其持股期间的公司特定文件材料的除外。依据该规定，B 某作为 A 公司的原股东行使股东知情权，需要提供初步证据证明其在持股期间合法权益受到损害，该初步证据并非证明其利益受损的充分证据，只要能够初步证明其利益受损或存在重大风险即可。本案审理期间，B 某提供的利润表、现金收入、支出汇总表、公众号文章截图、《工会第二届会员大会选举结果的批复》、网上银行电子回单、支付证明单足以初步证明其在持股期间的合法权益受到损害，符合《公司法司法解释（四）》第 7 条的规定，B 某依法对 A 公司享有其持股期间的财务会计报告、会计账簿、会计凭证的查阅权。现 A 公司无证据证明 B 某查阅财务会计报告、会计账簿及会计凭证有不正当目的，可能损害公司合法利益，A 公司拒绝其查阅上述文件的理由不成立，法院不予支持。

【参考裁判文书】广东省佛山市中级人民法院（2018）粤 06 民终 5366 号佛山市南海鸿钢裁断机制造有限公司与章某股东知情权纠纷一案二审民事判决书。

七、关于股东知情权行使的其他裁判说理示范

（一）关于股东持股比例对股东知情权行权影响的裁判说理示范

【适用情形】一般情况下，股东持股比例对股东知情权行使范围不会产生影响，但对持股比例非常低的股东，允许公司章程或股东间另行约定其行使股东知情权的范围。

【说理示范】股东知情权是股东的法定权利、固有权利，是行使其他权利的前提和基础。从法律规定上看，具有股东资格的大小股东行使知情权范围应无差异。但实践中，小股东尤其是持股比例非常低的小股东在行使知情

权时受阻较大，一方面是因为小股东通常不掌握公司的控制权，甚至不参与公司的经营管理；另一方面是因为小股东与公司利益的关联度较小，公司出于对其经营情况和商业秘密的信息保护，更易排斥小股东对公司特定文件材料的查阅或复制权。在此情况下，为更好兼顾公司和股东利益，立法或司法上应允许公司通过章程或股东间的协议对股东知情权例外行使进行约定，针对持股比例非常低的股东，区分不同公司文件类型，设置不同的知情权行使范围。

【参考裁判文书】辽宁省抚顺市中级人民法院（2020）辽04民终542号抚顺裕民商贸有限公司与孟某富股东知情权纠纷一案二审民事判决书。

（二）关于股东行使知情权应否受诉讼时效限制的裁判说理示范

【适用情形】关于股东知情权的诉讼时效认定。

【说理示范】根据法律规定，诉讼时效从当事人知道或者应当知道权利被侵害之日起计算。对于股东的信息接收权而言，诉讼时效期间应当从公司怠于披露法定信息之日起计算；对于股东的查阅权而言，应当从公司拒绝股东的查阅请求之日起算。公司行为发生之后，只要股东尚未提出查阅请求，诉讼时效期间即尚未开始计算，公司不得以股东长期未提出请求为由拒绝股东的查阅请求。纵观本案证据，A公司未能提供证据证明B某早于2016年2月18日就知道或应当知道其权利受到侵害，相反，A公司还在原审中提供了邮件发送截屏复印件，以证明其定期向B某发送或邮寄公司年度财务报表的事实，虽然该证据因缺乏其他证据而未被认定，但不可否认A公司一直认为其未曾侵害过B某的权利，故B某知道或者应当知道其权利受到侵害之日应为2016年2月18日，本案未过诉讼时效。

【参考裁判文书】浙江省绍兴市中级人民法院（2016）浙06民终2111号王某广与绍兴王朝大酒店有限公司股东知情权纠纷一案二审民事判决书。

（三）关于特殊公司类型股东知情权行使的裁判说理示范

【适用情形】股份合作制企业股东并不能享有《公司法》意义上的股东知情权。股份合作制企业股东行使知情权，应当符合企业章程中对股东知情权范围、行使方式的规定。

【说理示范】本案的争议焦点是B某作为股份合作制企业的股东，是否享有《公司法》第43条规定的股东知情权。股份合作制企业兼有合作制和股份制两种经济形态，是实行劳动合作和资本合作相结合的新型共有经济组织形式。由于股份合作制是我国特定历史条件下的一种过渡性企业形式，在设立机制、治理结构、分配方式、股东身份及人数限制等方面与有限责任公司、股份有限公司均存在较大差异，股东享有的股东权利属性及范围也有所不同。

股东知情权作为股东通过查阅公司经营、管理、决策的相关资料，了解公司的经营状况和监督高管人员活动的一项法定权利，其行使方式和权利范围均由法律规范明确规定，而迄今为止我国立法机关尚未制定规范股份合作制企业的组织和行为的法律、法规，《公司法》也未将股份合作制企业纳入调整范畴，在现有法律法规没有明确规定股份合作制企业股东享有知情权范围的情况下，A公司章程明确规定其股东知情权的范围仅限于股东大会会议记录以及财务会计报告，该章程作为全体发起人就企业的设立和经营管理达成的协议，对全体发起人、股东、董事会、监事会以及高级管理人员具有法律效力，B某也应受该章程的约束。因此，B某要求A公司提供从成立至今已产生的股东大会会议记录以及财务会计报告以供查阅，符合A公司章程的相关规定，且不违反法律法规的禁止性规定。同时，B某提出的其应当参照《公司法》享有股东知情权的理由，缺乏法律和事实依据，法院不予采信。

【参考裁判文书】四川省成都市中级人民法院（2010）成民终字第217号龚某天与四川省成都长途汽车运输（集团）公司股东知情权纠纷一案二审民事判决书。

（四）关于确定查阅地点的裁判说理示范

【适用情形】人民法院审理股东请求查阅或者复制公司特定文件材料的案件，虽然法律未明确规定查阅地点，但原则上应确定为公司住所地或股东与公司协商确定的其他地点。

【说理示范】股东知情权作为手段性权利，其实现方式有别于一般的债权请求权，需要公司为股东在查阅、复制相关公司资料时提供各种事务性的配合。《公司法司法解释（四）》第10条第1款规定，人民法院审理股东请求查阅或者复制公司特定文件材料的案件，对原告诉讼请求予以支持的，应当在判决中明确查阅或者复制公司特定文件材料的时间、地点和特定文件材料的名录。虽然该条未明确规定查阅地点，但原则上应确定为公司住所地或股东与公司协商确定的其他地点。A公司上诉称其无办公场所，与其在二审期间变更住所地的事实不符，法院不予采信。一审法院在A公司抗辩要求驳回B某诉讼请求的情况下，确定公司办公场所为查阅地点，并无不当。

【参考裁判文书】广东省深圳市中级人民法院（2021）粤03民终6303号深圳市龙胜堂投资有限公司与李某德股东知情权纠纷一案二审民事判决书。

第五节 判决主文规范表述

司法实践中，股东知情权纠纷案件的被告公司败诉后自动履行判决确定义务的情形比较少见，即股东知情权纠纷案件的胜诉判决通常会面临法院强制执行的问题。因此，原告胜诉判决的主文如何规范表述，以方便和有利于法院强制执行，显得极为重要。

《公司法司法解释（四）》第 10 条第 1 款规定，人民法院审理股东请求查阅或复制公司特定文件材料的案件，对原告诉讼请求予以支持的，应当在判决中明确查阅或复制公司特定文件材料的时间、地点和特定文件材料的名录。该条第 2 款规定，股东依据人民法院生效判决查阅公司文件材料的，在该股东在场的情况下，可以由会计师、律师等依法或者依据执业行为规范负有保密义务的中介机构执业人员辅助进行。据此，在股东知情权纠纷案件的胜诉判决中，法院应明确如下四个问题。

一、关于股东行使查阅权或复制权的时间问题

从公司法原理来讲，只要在公司的营业时间内，股东可以随时行使该项权利，管理层不得无故拒绝。但是，考虑到股东实际行使知情权时也会给公司正常经营带来一定的负面影响，基于权利不得滥用原则和利益平衡保护原则，故判决中也应根据个案具体情况明确限定股东查阅或复制文件的相应时间长短，避免加重公司的义务负担或影响公司的正常经营秩序。

二、关于股东行使查阅权或复制权的地点问题

考虑到公司为提供查阅或复制的义务承担主体，故股东知情权的行使应在履行义务一方所在地即公司住所地进行。

三、关于股东行使查阅权或复制权的特定文件材料问题

法院应当在原告诉请查阅或复制的范围内，明确支持原告查阅或复制的

文件范围，包括文件的具体名称、期限范围和相应权限。

四、关于股东查阅权或复制权的辅助行使问题

为胜诉判决强制执行提供明确具体的执行依据，在股东提出委托专业人士进行查阅或复制特定文件材料诉请的情况下，判决应明确载明辅助行使知情权的相关内容。

综上所述，该类纠纷胜诉判决的主文应明确载明被告公司履行判决义务的时间、地点、内容，原告股东行使权利的具体期限以及原告可委托中介机构执业人员辅助行使知情权。司法实践中，针对有限责任公司和股份有限公司股东知情权客体与行使权限的不同情况，该类纠纷胜诉判决的主文有如下表述方法，详见表1。

表1　关于主张股东胜诉判决主文表述表

类型	有限责任公司	股份有限公司
关于支持查阅（复制）公司章程等的表述	被告A公司应于本判决生效之日起×日内在被告A公司的住所地向原告B某提供自×年×月×日起至×年×月×日止的公司章程、股东会会议记录、董事会会议决议、监事会会议决议和财务会计报告供其查阅、复制（具体文件名称和数量详见判决书附表）	被告A公司应于本判决生效之日起×日内在被告A公司的住所地向原告B某提供自×年×月×日起至×年×月×日止的公司章程、股东名册、公司债券存根、股东大会会议记录、董事会会议决议、监事会会议决议、财务会计报告供其查阅（具体文件名称和数量详见判决书附表）
关于支持查阅会计账簿的表述	被告A公司应于本判决生效之日起×日内在被告A公司的住所地向原告B某提供自×年×月×日起至×年×月×日止的公司会计账簿（和会计凭证）供其查阅	公司法未赋予股份有限公司股东会计账簿查阅权

续表

类型	有限责任公司	股份有限公司
关于行权时间及辅助行使的表述	原告B某查阅、复制上述资料应在被告A公司的营业时间内进行，且时间连续不得长于 × 个工作日；在原告B某在场的情况下，原告B某可委托会计师、律师等依法或者依据执业行为规范负有保密义务的中介机构执业人员辅助进行	原告B某查阅上述资料应在被告A公司的营业时间内进行，且时间连续不得长于 × 个工作日；在原告B某在场的情况下，原告B某可委托会计师、律师等依法或者依据执业行为规范负有保密义务的中介机构执业人员辅助进行

第五章

公司决议纠纷

第一节　类案纠纷审判概述

公司是现代社会最典型和最普遍的商事主体，活跃于社会经济的各个领域。作为公司进行重大决策的主要形式，公司决议的作出需要严格遵守法律、行政法规以及公司章程的规定，任何一个环节的违规都有可能导致决议效力受到质疑，继而引发公司决议无效、不成立或撤销纠纷。在现有法律规则的框架下，如何在公司决议纠纷中平衡其背后隐藏的股东与股东之间、股东与公司之间的利益和意志冲突，引导、促进公司健康运行，维护股东的根本利益，是司法实践亟须解决的问题。

一、公司决议概述

（一）公司决议法律含义

公司法理论中，公司以所有权与经营权相分离为其特征，公司的投资人通过放弃对投入财产的所有权为代价换取股东权利，在所有权向股东权嬗变过程中自然衍生出来的股东权利主要体现为享受公司盈利分配和控制公司经营的权利。[①] 股东放弃投入财产的所有权后，已无法直接支配和控制这些投入公司的财产，其股东权利的实现有赖于其基于股东身份而享有的表决权在股东会、董事会的行使，股东会、董事会决议对于股东、公司而言具有重大意义。在资本多数决原则下，为了保证公司决议真实反映持有优势股权股东的意志，进而约束公司和全体股东，《公司法》及其司法解释规定了严格的会议召集和表决制度，保障股东平等参与股东会议和按比例表决的权利。这种在资本多数决原则下，依法律或公司章程规定的表决程序，由公司机关作出的决议即为公司决议，包括股东会（含股东大会）、董事会和监事会的决议。

公司决议作为一种社团决议，属于一种集体意思形成的行为，即使成员存在相反的意思表示，只要同意的人数符合法律规定，决议即可成立，与契

---

① 参见栗鹏飞：《股东会决议瑕疵法律问题探析——公司决议中冒名（伪造签名）案件的实证分析》，载《中国政法大学学报》2019 年第 1 期。

约须全体当事人意思一致并不相同。[①] 公司决议还是一种集体决策，公司决议本身并不规范决议表决权人相互之间的权利义务关系，决议的目的乃是形成表决权人全体的共同权义范畴或者公司本身的权义范畴。[②]

1. 公司决议的性质

原《民法总则》第 134 条规定“民事法律行为可以基于双方或者多方的意思表示一致成立，也可以基于单方的意思表示成立。法人、非法人组织依照法律或者章程规定的议事方式和表决程序作出决议的，该决议行为成立”，《民法典》也延续了这一规定。由此，我国立法将公司决议的法律性质明确为民事法律行为。

公司决议属于民事法律行为，其成立与生效应遵循民事法律法规关于民事法律行为的规定及基本原理，但与传统民事法律行为又不完全相同，公司决议有其自身的独特性。

2. 公司决议的特征

公司组织乃自然人与资本之结合团体，属法律上拟制的人格主体，因此，公司组织意思表示之构造源于自然人又超越自然人。其源于自然人的一面体现在，公司内部意思的形成须借助自然人方可作出；其超越自然人的一面体现在，公司组织的意思形成具有更强的“可视性”，无论是股东会决议，还是董事会决议，均以书面形式显示、固化，自然人意思表示构造中的神秘主义色彩，在公司组织意思形成过程中被打破或被淡化。[③] 相比自然人意思表示而言，公司决议具有独特性：

其一，公司决议具有社团性。（1）公司决议是由多个股东或董事的意思复合而成，具有复数性；（2）股东或董事的意志是发生在公司组织体当中的，原则上仅适用公司内部事项；（3）股东或董事的意思借助公司机关，依据法律规定，最终集合成为公司的集体意志，反映公司意志。

其二，公司决议具有程序性。公司组织的意思形成与股东、董事的意思表示相分离，为了保证公司意思机关的意思表示真实与自由，避免参与主体之间的争议，需要借助特定的程序。《民法典》第 134 条第 2 款规定：“法人、非法人组织依照法律或者章程规定的议事方式和表决程序作出决议的，该决议行为成立。”由此可知，程序性是公司决议成立与否的决定性因素，程序合

---

① 参见叶林：《股东会会议决议形成制度》，载《法学杂志》2011 年第 11 期。

②［德］卡尔·拉伦茨：《德国民法通论》，王晓晔等译，法律出版社 2003 年版，第 433 页。

③ 参见蒋大兴：《公司组织意思表示之特殊构造——不完全代表 / 代理与公司内部决议之外部效力》，载《比较法研究》2020 年第 3 期。

法是公司决议正当、合理的前提。如果决议的程序存在瑕疵，则公司决议的效力就会受到合理的质疑。

其三，公司决议具有双阶结构。[①] 公司决议形成的过程通常是：会议召集人将会议时间、地点、决议事项提前通知表决权人，在通知的时间和地点召开会议时，表决权人对提交决议的事项进行表决；根据《公司法》和公司章程确定的规则，确定公司意思表示，形成公司决议。由此可以看出，公司决议行为结构中包括两个层面：第一个层面，即股东、董事等表决权人个体所作出的意思表示，该意思表示只是公司决议的构成要素，不能直接引起民事权利和义务的发生、变更和消灭，不具有法律效力；第二个层面，根据议事规则形成公司决议，该公司决议可能与个别股东、董事的意思不一致，但是对全体表决权人以及公司内部成员具有拘束力。《公司法》未对第一个层面中的表决权人意思表示瑕疵作单独规定，而是通过召集程序、表决方式瑕疵等制度对第二个层面中的公司决议进行整体评价。

（二）公司决议与相关概念区别

审理公司决议纠纷案件，有必要确定当事人诉争的“公司决议”是否为公司决议瑕疵诉讼中讨论的公司决议，为此，需要明确公司决议与公司章程、股东协议、会议记录的区别。

1. 公司决议与公司章程的区别

《公司法》第 11 条规定，设立公司必须依法制定公司章程。公司章程对公司、股东、董事、监事、高级管理人员具有约束力；第 23 条规定，股东共同制定公司章程；第 25 条规定，股东应当在公司章程上签名、盖章。由此可知，公司章程具有两个特点：一是由设立公司的股东共同制定；二是对公司、股东、高管具有约束力。关于公司章程的属性，当前学者主要有合同说、自治法规说以及折衷说三种：合同说认为，章程是公司与股东之间以及股东之间所订立的一份“长期性关系合同”；自治法规说认为，章程是公司自己的法律，是国家法律秩序之内的次级秩序；折衷说认为，章程的法律属性根据内容而定，有些具有合同属性，有些则具有自治法规属性，有些须根据个案确定。此外，还有观点认为，章程具有决议的法律属性。[②]

从《公司法》行文可知，公司章程与公司决议并不属于同一概念，至少包括以下区别：（1）制定主体和时间不同。章程是公司成立之初由发起人共

---

① 参见王滢：《公司决议行为的双阶构造及其效力评价模式》，载《当代法学》2021 年第 5 期。

② 参见吴飞飞：《论公司章程的决议属性及其效力认定规则》，载《法制与社会发展》2016 年第 1 期。

同制定的，而公司决议是在公司成立后由相关表决权人共同制定。（2）内容不同。《公司法》明确规定章程内容应当包括公司名称、住所、经营范围、注册资本、股东姓名或者名称、股东的出资方式、公司法定代表人等，对公司决议内容则没有要求。（3）地位不同。章程是公司的自治规范，在公司内部管理中居于最高地位，公司决议的作出需要遵循章程规定。（4）监管不同。《公司法》规定公司章程是公司的必备文件，在申请设立登记时应向公司登记机关报送，对公司决议则没有此项要求。

2. 公司决议与股东协议的区别

望文生义，股东协议的性质为合同，是平等主体的自然人、法人、其他组织之间设立、变更、终止民事权利义务关系的协议，为一般意义上的民事法律行为。股东会决议与股东协议，因作出主体均为股东，容易发生混淆，实际上二者之间至少包括以下区别：（1）主体要求不同。股东会决议要求全体股东参与，股东协议没有作此要求。（2）程序要求不同。股东会决议的作出必须遵循法律法规及公司章程规定的各项程序性要求，股东协议只需要当事股东协商一致即可，没有程序上的要求。（3）构造不同。股东会决议具有双阶构造，与会股东个人意思表示与股东会决议不一致的情况较为普遍，而股东协议内容与股东个人意思表示在正常情况下是一致的。（4）拘束范围不同。公司决议对于公司、股东、高管均具有约束力，而股东协议一般情况下只对协议的当事股东具有约束力。

值得注意的是，股东协议与公司决议、公司章程并非必然割裂，由全体股东就公司治理相关事宜协商一致达成的协议，其法律效力可能等同于股东会决议甚至公司章程。上海市第二中级人民法院在（2013）沪二中民四（商）终字第851号上海产联电气科技有限公司与曾某决议撤销纠纷一案中认为，“即便章程中缺少前述约定内容，也不能即据此否定创始股东曾某的特别权利。公司为资合与人合的统一体，其实质为各股东间达成的一种合作意向和合作模式，仅为通过公司这个平台得以反映并得到规范的指引和运作。故无论是股东协议抑或章程均应属于各股东的合意表示……只要股东间的协议体现了各股东的真实意思表示，且不违反法律、法规以及与公司章程相冲突，即应当与公司章程具备同样的法律效力。基于本案系争增资扩股协议中关于曾某的创始股东特别权利是当时各股东达成的合意，约定亦不违法，且公司章程中亦未对此特权予以否定，故曾某的特别权利应属合法有效，并当然适用于股东会职权。故涉案股东会决议的内容因违反上述股东间的协议而应当予以撤销”。

3. 公司决议与会议记录区别

会议记录是对会议过程的记录，应当具有真实性、完整性。会议记录与公司决议存在重大区别：（1）制作要求不同。根据《公司法》第41条第2

款、第48条第2款的规定，股东会、董事会应当对所议事项的决定作成会议记录，出席会议的股东、董事应当在会议记录上签名。会议记录反映会议的全过程，证明召开会议的事实和经过。然而，召开股东会、董事会，制作了会议记录，未必能形成决议，即使形成决议也不一定制作决议文件。（2）效力不同。公司决议是公司的意思表示，对公司内部具有约束力，而会议记录是会议过程的记录文件，准确的会议记录有助于理解公司决议。

根据二者之间的对比可知，会议记录瑕疵不等同于会议决议瑕疵。实践中，会议记录或者是缺失的，或者是作为证明会议决议正当性和合法性的证据提交。

二、公司决议瑕疵诉讼概述

公司是由股东出资组建的资本企业，股东是公司的最终所有人和受益人，公司存在的主要目的是追求股东利益最大化，公司制度亦围绕股东权利平衡和利益保障为中心而设计。[①] 资本多数决原则作为股份平等、资本民主的体现，成为了历史的必然选择，但资本多数决原则也有其缺陷：在形成股东决议时，少数股份的意思被多数股份的意思所吸收，导致持有多数股份的股东的有效持股为100%，而持有少数股份的股东的有效持股等于0，从而导致事实上的不平等。股权平等也就局限于形式上的平等，实质上股权是不平等的。为了减轻多数决的这种负面作用和防止多数决原则的滥用，法律采取了一些措施予以预防和纠正，以保护少数股东的利益，[②] 公司决议瑕疵诉讼就是法律规定的其中一项措施。

（一）公司决议瑕疵诉讼主要类型

根据《公司法》及相关司法解释的规定，公司决议瑕疵诉讼中的公司决议，仅指股东会、董事会决议。之所以未将监事会决议列入公司决议瑕疵诉讼的审查对象，是因为监事会是监督机构，不是公司权力中心，不负责公司的经营管理，不是决策斗争的焦点，实践中也罕有仅就监事会决议产生争议需要司法介入的情况。

公司决议瑕疵诉讼需先区分决议是否成立。若决议不成立，则衍生出公司决议不成立之诉；若公司决议成立，则根据相关情形衍生出公司决议无效和公司决议可撤销之诉。具体情形见图1。

---

① 参见朱慈蕴：《资本多数决原则与控股股东的诚信义务》，载《法学研究》2004年第4期。

② 参见施天涛：《公司法论》，法律出版社2018年版，第331页。

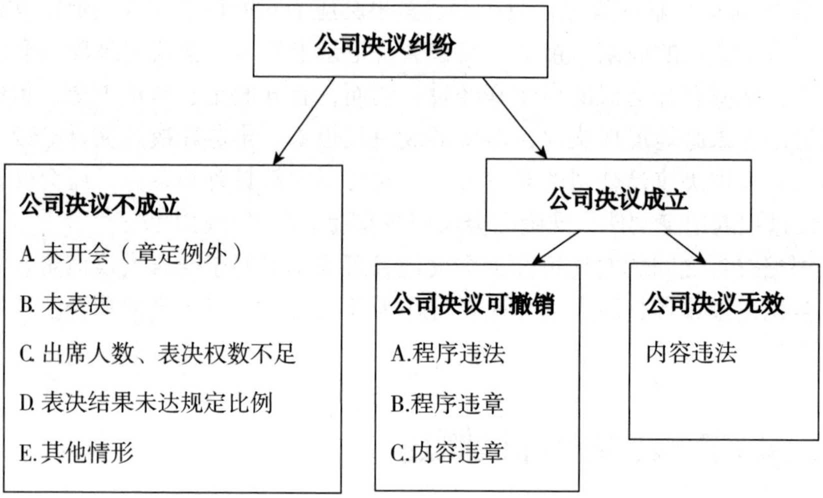

图 1　公司决议纠纷具体情形

1. 公司决议不成立之诉

根据《公司法司法解释（四）》第 5 条规定，导致公司决议不成立的事由是严重违反法律或者章程规定的议事方式或表决程序，具体为：（1）公司未召开会议的，但依据《公司法》第 37 条第 2 款或者公司章程规定可以不召开股东会或者股东大会而直接作出决定，并由全体股东在决定文件上签名、盖章的除外；（2）会议未对决议事项进行表决的；（3）出席会议的人数或者股东所持表决权不符合《公司法》或者公司章程规定的；（4）会议的表决结果未达到《公司法》或者公司章程规定的通过比例的；（5）导致决议不成立的其他情形。

如前所述，公司决议具有双阶构造。在一定意义上，股东以成员身份参加股东会，是一种物化（资本化）的身份或者主体，因其持股比例或多或少但不完整地体现其个人意思，并最终汇合而成为公司的意思。可以说，在公司法下，公司决议中的个人及其意思是受到遮蔽的，甚至是可以被忽略不计的。那么，在这种情况下，公司决议的成立更多是因遵守了法定和章定的程序，而非因尊重了成员及其个人意志。因此，判断公司决议的成立不是说其是否充分表达了有关成员的意思，而是其应有的形式和程序。[①] 因此，尽管公司决议的法律性质为民事法律行为，但与传统的民事法律行为成立要件有重

① 参见徐强胜编著：《最高人民法院公司法司法解释精释精解（增订版）》，中国法制出版社 2019 年版，第 421 页。

大区别。

《民法典》第 134 条规定："民事法律行为可以基于双方或者多方的意思表示一致成立，也可以基于单方的意思表示成立。法人、非法人组织依照法律或者章程规定的议事方式和表决程序作出决议的，该决议行为成立。"该条规定对于一般民事法律行为和社团决议行为的成立要件作了区分：一般民事法律行为的成立要件是"双方或者多方的意思表示一致成立"或者"单方的意思表示成立"，即民事法律行为不成立的构成要件应该为没有意思表示或者意思表示不足以引起民事法律关系；公司决议的成立要件是"依照法律或者章程规定的议事方式和表决程序作出"，即公司决议不成立的构成要件应该为议事方式和表决程序存在重大瑕疵。

2. 公司决议可撤销之诉

根据《民法典》第 85 条、《公司法》第 22 条第 2 款、《公司法司法解释（四）》第 4 条规定，导致公司决议撤销的事由包括以下两种情形：一是股东会、董事会的会议召集程序、表决方式违反法律、行政法规或者公司章程规定，但会议召集程序或者表决方式仅有轻微瑕疵，且对决议未产生实质影响的除外；二是决议内容违反公司章程规定。

对于可撤销事由，《公司法司法解释（四）（征求意见稿）》曾经作过较为详细的规定："公司法第二十二条第二款所称的'召集程序'和'表决方式'，包括股东会或股东大会、董事会会议的通知、股权登记、提案和议程的确定、主持、投票、计票、表决结果的宣布、决议的形成、会议记录及签署等事项。修改公司章程的有效决议不属于公司法第二十二条第二款所规定的'决议内容违反公司章程'。"虽然在正式版本中该条规定未被纳入，但可作为司法实践的参考。

《民法典》第 147 条至第 151 条规定的民事法律行为可撤销事由包括欺诈、胁迫、重大误解和显失公平，与公司决议可撤销事由明显不同。前者更加侧重于个体意思表示真实，后者更强调决议的程序价值。

3. 公司决议无效之诉

根据《公司法》第 22 条第 1 款规定，公司决议无效的事由为：公司股东会、董事会的决议内容违反法律、行政法规。

如何确定公司决议内容违反法律和行政法规，《公司法》第 22 条没有进一步规定，理论界和实务界也没有统一标准。司法实践中，常见的导致公司决议无效的事由包括：（1）侵犯股东的优先认缴权；（2）侵犯股东的分红权；（3）违法解除股东资格；（4）非法变更股东出资额和持股比例；（5）侵犯公司利益；（6）侵犯公司债权人利益；（7）不具有股东（董事）资格的主体作出的决议；（8）决议内容的合同基础不存在；（9）选举的董事、监事、高管不具有任职资格；（10）违反禁售期的规定转让股权；（11）未经财务核算分配公司资产；（12）侵犯股东的经营管理权。[①]

上述司法实践部分来源于“二分法”时期的裁判意见，部分属于决议不成立事实，但可以看出《公司法》第22条第1款中的“法律、行政法规”与《民法典》第153条“违反法律、行政法规的强制性规定的民事法律行为无效。但是，该强制性规定不导致该民事法律行为无效的除外”中的“法律、行政法规”并不完全等同，更多地体现了《公司法》作为团体法的性质和要求。

（二）公司决议瑕疵纠纷类型区分

1. 决议不成立和决议可撤销的区别

决议不成立和可撤销的事由均包括议事方式、召集程序或表决程序违反法律法规或公司章程规定，极易混淆，但二者存在以下区别：

（1）瑕疵程度不同。决议不成立是由严重程序瑕疵所致，事由包括未开会、未表决，即决议不存在，或者出席人数、决议通过人数不足，属于严重违反程序正义原则导致未能形成公司意志的程序瑕疵。决议可撤销的事由是开了会但召集程序不对，表决了但表决方式不对，其程序瑕疵严重程度弱于决议不成立。可撤销意味着公司意志已形成，决议已成立，但程序上存在一些瑕疵，可以被补正。

（2）瑕疵原因不同。不成立的事由仅限于议事方式或表决程序瑕疵；可撤销的事由除了程序瑕疵外，还包括决议内容违反公司章程。

（3）诉讼主体不同。决议可撤销之诉的起诉主体仅为股东；决议不成立之诉的起诉主体还包括公司董事、监事及与决议内容有直接关系的其他利害关系人。

（4）法律效果不同。不成立的公司决议自始不存在，不产生任何效力；可撤销的公司决议在被撤销前是有效的，除非股东行使了撤销权。

（5）制度价值不同。决议成立与否是事实确认问题，属于有无的确认范畴，而决议可否撤销是法律价值选择问题。如果一项决议缺乏基本的成立要件，则未发生相应的法律事实，也就无所谓效力评价问题。而可撤销的决议，是已经发生了相应的法律事实，在权利人行使撤销权之前，该决议是成立并合法存在的。

2. 决议不成立与决议无效的区别

（1）决议不成立与决议无效的区别主要在于瑕疵原因不同。后者的事由

---

① 参见唐青林、李舒主编：《公司法25个案由裁判综述及办案指南》，中国法制出版社2018年版，第408~415页。

是决议内容违反法律和行政法规，为内容瑕疵；前者的事由是决议程序不符合法律或章程的规定，欠缺成立要件，以致无法形成决议，为程序瑕疵。

（2）决议不成立与决议无效的瑕疵出现阶段不同。前者的瑕疵出现在决议成立阶段，后者的瑕疵出现在决议成立后的效力判定阶段，公司决议依法成立方产生决议生效与否的问题。但二者均自始不发生法律约束力，法律后果相同。

3. 决议可撤销与决议无效的区别

可撤销决议与无效决议的区别主要在于：第一，瑕疵原因不同。决议可撤销的事由主要是程序瑕疵；决议无效的事由主要是内容瑕疵，决议内容为法律明令禁止，因而不能形成有效的公司意志。第二，诉讼主体不同。决议可撤销之诉的诉讼主体仅为股东，决议无效之诉的诉讼主体还包括公司董事、监事等。第三，效力不同。导致决议无效的属于最严重的瑕疵，决议无效是自始无效，不能事后治愈；决议被撤销后发生与决议无效相同的法律后果，但若法定期限内没有撤销权人申请撤销或者撤销申请未能得到支持，则决议有效。第四，价值理念不同。决议的无效由法律直接作出否定性评价，与当事人意志无关，侧重于保护交易安全；决议的撤销须由当事人主动提起，法律不主动干预，撤销决议的目的是保护受到不公正待遇方的利益。

（三）我国公司决议瑕疵诉讼的立法发展沿革

公司决议瑕疵诉讼制度是指公司决议在形成过程中出现程序性瑕疵或作出内容存在瑕疵时，允许利害关系人通过诉讼的方式请求对决议的效力进行否定，从而进行权利救济的制度。公司决议瑕疵诉讼制度具有司法救济功能。公司决议瑕疵诉讼制度虽然是事后救济，但能够通过诉讼介入或者案例示范的方式为公司自治设定边界，增加股东、董事通过资本多数决谋取不正当利益的风险成本，一定程度上起到预防侵害行为发生、引导企业合法经营、促进市场经济健康发展的作用。

2005 年修订的《公司法》第 22 条规定，“公司股东会或者股东大会、董事会的决议内容违反法律、行政法规的无效。股东会或者股东大会、董事会的会议召集程序、表决方式违反法律、行政法规或者公司章程，或者决议内容违反公司章程的，股东可以自决议作出之日起六十日内，请求人民法院撤销”，自此确立了公司决议瑕疵诉讼制度。当时《公司法》规定了公司决议无效之诉和公司决议撤销之诉两种救济方式，采纳了“二分法”。

此后十余年的司法实践及学界研讨对于公司决议有了更新更深入的了解：公司决议是一种法律行为，法律行为的成立和生效是两个不同的概念，因此，股东会决议的成立和生效也理应与法律行为的理论相吻合。法律行为欠缺成立要件时，称为法律行为不成立；同理，当公司决议欠缺成立要件时，应称为“决议不成立”。依此推论，公司决议必须符合成立要件，方有必要进一步探究有无无效或可撤销的事由。[①]“二分法”在适用上虽然简单明了，但其缺陷在于决议的撤销或无效，都是以决议成立为前提的，是对已经存在的决议进行法律价值评判。“二分法”无法将决议不存在的情形包含进去，公司决议不存在具有其独立存在的价值。

与司法实践、学界研讨的观念更新相适应，我国 2017 年 9 月 1 日施行的《公司法司法解释（四）》第 5 条在无效、可撤销两种决议瑕疵的基础上，新增了“决议不成立”这一瑕疵类型，“二分法”转变为“三分法”。该解释还规定了公司决议瑕疵诉讼主体资格、诉讼法律后果等，弥补了此前公司决议瑕疵诉讼制度的空白和不足，减少司法实践中公司决议瑕疵诉讼裁判标准的不统一及不确定性。

三、我国公司决议纠纷法律规制梳理

现如今，组织成为社会的主要组成部分，很多民事行为以决议的方式作出，如业主大会决议、公司决议。公司决议行为作为组织决议的一种，需要遵从民事法律行为的一般规定，这从《民法典》将决议置于第六章“民事法律行为”当中可见一斑。《民法典》第 134 条第 1 款规定“民事法律行为可以基于双方或者多方的意思表示一致成立，也可以基于单方的意思表示成立”，说明立法认为决议行为与单方行为、双方行为、多方行为共同构成民事法律行为，四种行为具有共性。同时，该条第 2 款专门规定决议行为，强调决议是依据法律或者章程规定的议事方式和表决程序作出，体现了决议行为与单方行为、双方行为、多方行为的不同。除此之外，《民法典》还有 4 个条文涉及决议，包括第 69 条“法人解散的情形”、第 72 条“清算中法人地位、清算后剩余财产的处理和法人终止”、第 85 条“决议的撤销”、第 95 条“非营利法人终止时剩余财产的处置”。

《民法典》有关决议的内容简单且不成体系，也没有就公司决议制订特殊的规则，司法实践更多地援引《公司法》作为认定公司决议效力的依据。《公司法》第 1 条规定：“为了规范公司的组织和行为，保护公司、股东和债权人的合法权益，维护社会经济秩序，促进社会主义市场经济的发展，制定本法。”公司决议为公司作出的行为，对其效力的认定理应适用《公司法》。《公

① 参见李建伟：《公司决议效力瑕疵类型及其救济体系再构建——以股东大会决议可撤销为中心》，载《商事法论集》2008 年第 2 卷（总第 15 卷）。

司法》中，“决议”两字共出现65次，决议在公司行为中的重要性可想而知。《公司法》及其司法解释中，除直接规定公司决议效力判断标准的条文外，还涉及公司组织生活中的各个方面，而这些方面的内容与有关公司治理结构、公司机关运行机制等内容共同构成公司决议效力判断的有机整体，如《公司法》第二章“有限责任公司的设立和组织机构”的第二节“组织机构”以及第四章“股份有限公司的设立和组织结构”中“股东大会”规定了公司决议成立的要件，包括有会议召开的事实、具备会议召集程序和决议程序，而《公司法司法解释（四）》第5条规定的公司决议不成立则相应地包括决议不存在（会议未召开）、未形成有效决议（召集程序和决议程序严重瑕疵）。

公司决议为民事法律行为，《民法典》关于民事法律行为的一般规定是否能够适用于公司决议效力的认定，此前颇有争议。实际上，这个问题涉及《公司法》与《民法典》的关系与适用问题。在《民法典》出台之前，最高人民法院发布《民商审判会议纪要》，就原《民法总则》与《公司法》的关系与适用问题作了回应，简要可以概括为以下几点：第一，二者之间的关系为一般法与商事特别法的关系；第二，原《民法总则》有关法人的一般规定基本提炼于《公司法》，二者规定一致的可选择适用，二者规定不一致的原则上适用《公司法》；第三，原《民法总则》规定的有益修正条款以及新增内容条款，应当予以适用。基于原《民法总则》与《民法典》的特殊关系，上述三点意见也同样适用于《公司法》与《民法典》的关系与适用问题，在公司决议纠纷案件的审理中可遵照适用。

四、公司决议纠纷审判原则

公司决议纠纷案件近年来不断增多，且呈现主体多元、牵扯利益错综复杂、适用法律难度较大等特点。在审理公司决议纠纷案件时，既要充分维护少数意见方的正当利益，又需防止小股东随意使用手中权利影响公司的稳定和交易秩序，以实现股东利益与公司利益的和谐发展。为了实现这一目的，公司决议纠纷案件的审理原则应包括以下四个方面。

（一）坚持尊重公司自治原则

公司自治是现代公司法的灵魂，也是现代市场经济发展的要求。公司自治的核心是尊重公司的商业判断，尊重公司依法作出的自主选择。对于公司内部事务，应由公司根据章程独立作出决定，只要公司自治无损于交易安全、社会稳定，即应承认其自治的效力。尽管诉讼是对公司自治机制失灵时的一种公力救济手段，但是通过诉讼方式处理公司决议，极有可能产生高额成本，不符合公司利益，而且确认公司决议无效、不成立或撤销公司决议，有可能无法根本解决问题。尊重公司自治原则主要体现在以下三个方面：

1. 竭尽公司内部救济。人民法院在介入公司内部法律关系时，应当首先判断当事人提出的公司决议瑕疵是否可以通过公司自治的方式解决，譬如对于因召集程序瑕疵引发的公司决议撤销之诉，可以提倡鼓励表决权人重新召开会议，撤销原瑕疵公司决议，作出新的决议，达到补救的目的。

2. 不得对公司决议的内容加以变更。人民法院对公司决议纠纷案件的判决原则上限于确认决议无效、不成立或撤销，不能替代股东会或董事会变更决议内容。理由是公司决议是多数人意志的程序化产物，是公司内部管理的重要方式，法院一般不应加以干涉。如果允许人民法院根据当事人的请求对公司决议内容加以变更，则意味着公权力对私权利的过度介入，这会动摇公司继续经营的信心。

3. 原则上不予调解。首先，公司决议纠纷案件的主体一般是公司中的某一位股东、董事、监事与公司，这些主体之间的和解协议不能代表公司机关的意志，不具备对公司决议相关事项的处分权，因此，审理公司决议纠纷案件不适用和解或者调解。其次，调解不可避免地对实体法律关系进行处分，这种处分会对诉讼当事人以外的其他人利益产生影响，在人民法院无法为相关利害关系人提供程序保障的情况下，不宜调解。

（二）坚持合法性审查原则

合法性审查原则是指人民法院只就公司决议的召集、通知、表决等会议程序以及决议内容的合法性进行审查，对合理性一般不予审查。只要决议形成的程序及其内容未违反法律、行政法规和公司章程，一般都应当依法认定该决议有效。当然，以合法性审查为原则不代表完全排斥合理性原则，合理性审查是公司决议纠纷审查的例外。如果存在股东滥用权利损害他人利益，可以在尊重商业判断的基础上，对决议的合理性进行适当审查。

之所以如此，是因为厘清干预公司决议行为的边界，对合法范围内的公司意思自治予以充分的尊重，保障公司在市场经济活动中的自由度，是司法优化营商环境的应有之义，而公司决议的合理性和妥当性，属于商业判断范畴，要求法官模拟表决权人作出决策时的认知水平、能力状态等进而作出决议是否合理的判断，实际上是要求法官越俎代庖，这对于法官、公司乃至整个商业社会来说都不是一件好事。

（三）坚持利益均衡原则

从广义来说，公司治理是股东、董事等各方利益整合发展的平台，同时也不可避免地要发生利益的碰撞和冲突。在充分尊重私权利的当代社会，司法介入公司治理，就是要在复杂的利益格局中公平合理地平衡参与公司治理各方的合法利益，特别是妥善处理大股东与中小股东、股东与公司、公司与交易相对方之间的利益关系。[①]

利益均衡原则要求人民法院在审理公司决议纠纷案件时，要研究围绕公司的各种利益关系，评估诸多关系对公司目标实现乃至于对经济、社会的影响程度，平衡股东、职工、债权人和其他社会公众的利益，避免对某一利益的过度保护。

（四）坚持内外有别原则

处理公司内部和外部关系时，应当按照内外有别的原则进行。《公司法司法解释（四）》第6条规定，“股东会或者股东大会、董事会决议被人民法院判决确认无效或者撤销的，公司依据该决议与善意相对人形成的民事法律关系不受影响”，该条即为内外有别原则的体现。公司决议本质上属于公司内部关系，如果违反法律、行政法规和公司章程的规定，应当依法认定该决议无效或撤销该决议，但是依据该决议与其他市场主体之间形成的民事法律关系，则通常不能认定为无效或者可撤销。反之，认定公司决议效力时，也只能把外部交易作为考量的因素之一，而不能迁就于外部交易。

在处理公司内外部关系的问题上，之所以要坚持内外有别的原则，主要目的是维护我国的社会主义市场交易秩序，保证各种类型的市场主体能在良好的营商环境下有序地开展活动。在市场经济条件下，商品的价值只有通过交易才能最终实现。因此，如何保证交易安全、提高交易效率、降低交易成本，是任何一个国家在营造良好的营商环境时都要考虑的问题。在市场交易过程中，如果赋予交易相对方过重的审查公司内部行为合法性的义务，势必造成交易成本的提高和交易效率的降低。[②]

---

① 参见杜万华：《谈谈〈公司法司法解释（四）〉的若干理念》，载《中国审判》2017年第26期。

② 参见杜万华：《谈谈〈公司法司法解释（四）〉的若干理念》，载《中国审判》2017年第26期。

第二节 基本要素审理指引

一、程序要素审查

（一）主管要素

《民事诉讼法》第 3 条规定："人民法院受理公民之间、法人之间、其他组织之间以及他们相互之间因财产关系和人身关系提起的民事诉讼，适用本法的规定。"公司决议瑕疵诉讼争议的实体法律关系为民事关系，属于民事诉讼主管范围。

实践中，常常有公司在其章程中规定仲裁条款，如"凡因执行本章程所发生的或与本章程有关的一切争议，各方应通过友好协商解决。若无法协商解决，则任何一方有权将该争议提交某仲裁委员会仲裁解决"，此时若相关利益方就公司决议效力发生纠纷，依照《民事诉讼法》第 127 条第 2 项规定，应由仲裁机构主管，理由如下：

1. 章程规定的仲裁条款对于公司决议纠纷争议各方均具有约束力。《公司法》第 11 条规定："设立公司必须依法制定公司章程。公司章程对公司、股东、董事、监事、高级管理人员具有约束力。"

2.《民事诉讼法》规定的有关公司诉讼的管辖条款不属于专属管辖，不能排除当事人的协议管辖约定。《民事诉讼法》第 34 条规定的专属管辖情形不包括与公司有关的诉讼，故对该法第 27 条规定的"因公司设立、确认股东资格、分配利润、解散等纠纷提起的诉讼，由公司住所地人民法院管辖"应当理解为特殊地域管辖的规定，并不排除当事人的协议管辖约定。

3. 公司决议属于民事法律行为，仲裁机构对决议效力进行评判不违反相关法律规定。《民法典》第 147 至第 151 条明确规定，有权对民事法律行为的效力作出评判的机构为法院和仲裁机构。《仲裁法》第 2 条规定："平等主体的公民、法人和其他组织之间发生的合同纠纷和其他财产权益纠纷，可以仲裁。"第 3 条规定："下列纠纷不能仲裁：（一）婚姻、收养、监护、扶养、继承纠纷；（二）依法应当由行政机关处理的行政争议。"公司决议纠纷，系公司治理和运营中产生的纠纷，不属于不能仲裁的范围。

【规范依据】《民事诉讼法》第 3 条、第 127 条第 2 项；《民事诉讼法司法解释》第 215~216 条。

（二）案由要素

《民事案件案由规定》将公司决议纠纷列为第三级案由，依据《公司法》第22条规定，股东会或者股东大会、董事会决议的瑕疵分为内容瑕疵和程序瑕疵。相应地，在该第三级案由下，又有公司决议效力确认纠纷与公司决议撤销纠纷两个第四级案由。

对公司决议的程序及实体进行审查之前，首先需要审查原告诉请的“公司决议”性质，只有该“公司决议”符合第一章规定的内涵，即是公司依据法律或公司章程规定的表决程序作出的决议，才是公司法意义上的公司决议，有进行下一步审查的必要。如北京市第三中级人民法院在（2019）京03民终5740号郎某凯诉北京英迈特矿山机械有限公司公司决议效力确认纠纷案中认为，A公司形成了免除a担任B公司董事的董事会决议，并通知B公司。之后，B公司按照公司章程规定通知了a。由此可见，免除a董事职务的决定是A公司作出的，并非B公司通过自己的决策机构、表决程序等形成，a所诉A公司作出的免除董事决定并非B公司作出的公司决议，故对于a直接起诉B公司要求确认公司决议无效，不属于公司法意义上的决议，法院不予支持。

（三）原告主体要素

根据《公司法司法解释（四）》第1条规定，提起确认公司决议效力之诉以及确认公司决议不成立之诉的主体包括公司股东、董事、监事以及与股东会或者股东大会、董事会决议内容有直接利害关系的其他人。根据《公司法司法解释（四）》第2条规定，提起公司决议撤销之诉的主体为公司股东，且应当于起诉时具备股东资格。①

之所以界定的主体范围不同，是因为这三类纠纷代表的价值属性及法律后果不同。决议无效和不成立之诉的目的不在于权利义务的实现，而在于使诉争决议效力状态得以确认，防止纠纷进一步发展，性质上属于确认之诉，因此，只要存在诉讼利益，任何人都可以提起。决议撤销之诉的性质属于形成之诉，撤销的法律后果是将瑕疵远小于无效或不成立且实质已发生法律效力的决议归于无效，为了维护公司相关法律关系的稳定，有必要对公司决议撤销之诉的原告作出更为严格的限定。

1. 根据《公司法司法解释（四）》第1条规定，公司决议效力纠纷的诉讼主体一般是指起诉时具有股东、董事、监事资格的人。起诉时不具备资格的原股东、董事、监事以及公司以外的第三人是否享有诉权，主要判断依据

---

①《公司法（修订草案）》一次审议稿将公司决议撤销之诉的主体扩大为“股东、董事、监事”，但在二次审议稿再次进行了修改，将决议撤销之诉的原告仍限于公司股东，不包括董事、监事。

是，原告对其所提诉讼请求是否具有诉的利益。如决议内容本身即为剥夺股东资格，被剥夺资格的股东对该决议提出瑕疵诉讼的，应当认定该被剥夺资格的股东对决议有诉的利益，具有决议撤销之诉的诉权。

与股东会或者股东大会、董事会决议内容有直接利害关系的其他人主要是指公司高级管理人员、职工和债权人。这三类人员与公司之间存在劳动合同关系或债权债务等合同关系，一般情况下适用合同法等相关法律制度就可以保护其利益，而公司决议通常被认为社团内的行为，是由多位表决权人的意思表示复合形成的公司意志，因此，应当将公司与这三类人员之间的一般合同争议情形排除在外。这三类人员能否成为决议效力纠纷的适格原告，需要在个案中以"直接利害关系"作为标准进行审查，常见的"直接利害关系"，如公司决议为公司与第三人之间法律关系的成立或生效要件；公司对股东过度分配利润导致债权事实上无法清偿；银行依据与公司的贷款协议对公司的重大资本变动决议事项有否决权等。

2.《公司法司法解释（四）》第 2 条强调的是原告在起诉时须具有股东资格，至于决议作出时是否具有股东资格、是否具有表决权、持股比例不在考虑之列。

原告在公司决议撤销之诉审理过程中丧失股东资格的，遵循《民事诉讼法司法解释》第 249 条有关当事人恒定及诉讼承继原则处理。具体而言，股东提起公司决议撤销之诉后，将股权全部转让的，不影响其主体资格和诉讼地位，人民法院作出的发生法律效力的判决、裁定对股权受让人具有拘束力。受让人申请参加诉讼的，或者申请替代原股东承继诉讼权利义务的，因该诉讼并不存在有损国家、集体、第三人利益的情形，可予准许。

3. 当事人提起公司决议撤销之诉的，应当提交工商登记、股东名册等能够证明股东身份的证明文件。

在认缴资本制度下，股东资格并不以已经实际缴纳出资作为必要条件，故对于出资存在瑕疵，但明确认缴注册资本，并记载于股东名册、工商登记者，应当认定其具备股东资格。

虽未办理过户手续，但生效判决已经确认其股东资格的，因该生效判决对公司具有约束力，亦应当认定其具备股东资格。

因客观原因不能提交有效证明文件证明其股东资格，或者股东资格存有争议的，应当先行提出确认股东资格之诉。待其股东资格确认后，方可援引《公司法》第 22 条及《公司法司法解释（四）》第 2 条之规定，作为提起公司决议撤销之诉的请求权基础。

【规范依据】《公司法》第 22 条第 2 款；《公司法司法解释（四）》第 1 条、第 2 条、第 3 条第 2 款。

（四）被告主体要素

公司决议纠纷案件应列公司为被告。只有公司才是公司决议纠纷案件的适格被告，其他主体不是适格被告，理由是：尽管公司决议由表决权人共同作出，但作出后就成为公司的意志，体现公司利益。未将公司列为被告的，应告知原告变更被告，如原告坚持不变更，则裁定不予受理或驳回起诉。既列公司为被告，又列其他股东、董事等公司以外的其他主体为被告的，应当告知原告将其他主体变更为第三人。原告拒绝变更的，应当驳回其对公司以外的其他主体的起诉。

【规范依据】《公司法司法解释（四）》第3条第1款。

（五）第三人主体要素

对决议涉及的其他利害关系人，可以依法列为第三人。在一审法庭辩论终结前，利害关系人可申请加入公司决议纠纷诉讼。对于准许参与诉讼的利害关系人，应视其诉求是否与原告一致，而将其列为共同原告或第三人。在一审法庭辩论终结后，利害关系人再申请加入公司决议纠纷诉讼的，可告知其另行起诉。

【规范依据】《公司法司法解释（四）》第3条第1款。

（六）诉讼请求要素

诉讼请求是当事人向法院提出的实体权利请求，诉讼请求必须具体、明确。公司决议纠纷案件诉讼请求要素是否具体、明确，判断标准如下：

1. 效力要素判断标准。确认之诉和形成之诉均不存在履行或强制执行问题，其诉讼请求是否具体、明确，取决于两个因素：一是是否明确定性，即明确其是请求确认决议不成立、确认决议无效还是请求撤销决议；二是是否明确对象，即明确其请求定性的决议是否具体化。

2. 责任要素判断标准。公司决议纠纷中，原告常常基于公司决议效力请求而提出附加请求，要求交付某项财物或者为一定的行为，如返还款项、撤销变更登记等。由于责任要素的具体标准相对比较抽象，且责任形式不同、责任内容不同，判断诉讼请求具体化的标准也不相同，因此无法一一进行分析。大致而言，判断责任要素是否具体、明确，可从履行或强制执行的角度考察：若原告所提诉讼请求能够得到法院支持，义务人可以准确无误地履行，或者法院可以顺利地强制执行。

【规范依据】《民事诉讼法》第55条、第122条。

（七）管辖要素

1. 地域管辖

《民事诉讼法》第27条规定："因公司设立、确认股东资格、分配利润、解散等纠纷提起的诉讼，由公司住所地人民法院管辖。"《民事诉讼法司法解释》第22条规定："因股东名册记载、请求变更公司登记、股东知情权、公司决议、公司合并、公司分立、公司减资、公司增资等纠纷提起的诉讼，依照民事诉讼法第二十七条规定确定管辖。"据此，公司决议纠纷应由公司住所地人民法院管辖。根据《民事诉讼法司法解释》第3条规定，公司住所地是指公司主要办事机构所在地，公司主要办事机构所在地不明确的，由其注册地人民法院管辖。

2. 级别管辖

根据《诉讼费用交纳办法》，财产案件和非财产案件的案件受理费缴纳标准不同，是否属于非财产案件系确定案件受理费的依据，而非确定案件级别管辖的依据，所以公司决议纠纷案件也会涉及级别管辖的问题。在具体案件中，要结合《关于调整管辖一审民事案件的通知》（法发〔2019〕14号）及《最高人民法院关于调整中级人民法院管辖第一审民事案件标准的通知》（法发〔2021〕27号）进行认定。如在最高人民法院作出的（2012）民二终字第125号案件中，最高人民法院认为，人民法院应依据案件的影响、案件的性质、案件的复杂程度、诉讼标的金额的大小等确定案件的级别管辖……江苏高院可管辖诉讼标的额在1亿元以上且当事人一方住所地不在本辖区的第一审民商事案件。本案系公司决议效力纠纷，各方当事人对该决议涉及的增资数额为2亿元并无异议，故本案确认之诉的诉讼标的额为2亿元，A公司、B公司住所地不在江苏高院辖区，且本案不属于法发〔2008〕10号文件规定一般应由基层人民法院管辖的婚姻、继承、家庭、物业服务、人身损害赔偿、交通事故、劳动争议等案件以及群体性纠纷案件。故本案的确认之诉部分应由江苏高院作为第一审民商事案件审理。

除此之外，根据《民事诉讼法》第19条规定，中级法院管辖重大涉外案件、在本辖区有重大影响案件以及最高人民法院确定由中级人民法院管辖的第一审民事案件。由此可见，公司决议纠纷也可能出现除了因标的以外的其他因素而被提级至中院管辖的情况。

【规范依据】《民事诉讼法》第19条、第27条；《民事诉讼法司法解释》第22条。

二、实体要素审查

（一）举证要素审查

《公司法》及相关司法解释未对公司决议效力纠纷案件的举证责任作出特

别规定，故应根据《民事诉讼法》第67条的规定，实行“谁主张，谁举证”的举证责任分配原则。“谁主张，谁举证”不能机械理解为当事人对自己提出的所有主张都有责任提供证据。《民事诉讼法司法解释》第91条规定：“人民法院应当依照下列原则确定举证证明责任的承担，但法律另有规定的除外：（一）主张法律关系存在的当事人，应当对产生该法律关系的基本事实承担举证证明责任；（二）主张法律关系变更、消灭或者权利受到妨害的当事人，应当对该法律关系变更、消灭或者权利受到妨害的基本事实承担举证证明责任。”该规定第1项规定的内容在学说上称为“主观举证责任”，其举证责任的负担随着诉讼程序的展开有可能在当事人之间转移，且此种转移主要根据当事人对举证必要性的主观认知而发生；第2项规定的内容在学说上被冠以“客观举证责任”之称，一般根据民事法律实体规范在诉讼前或纠纷发生之前已经被“客观”地确定下来，且只能由当事人的一方承担而不会同时分配给双方。[①]

关于证明标准，我国《民事诉讼法》及相关司法解释对于不同证明对象或案件事实规定了不同的证明标准，构建了多元化证明标准体系。（1）通常证明标准——高度盖然性。根据《民事诉讼法司法解释》第108条前两款规定，负有举证证明责任一方的举证证明标准应达到使法院确信待证事实的存在具有高度可能性的标准，对方的反驳证据应达到使待证事实处于“真伪不明”状态的程度。（2）特殊证明标准——排除合理怀疑。《民事诉讼法司法解释》第109条规定：“当事人对欺诈、胁迫、恶意串通事实的证明，以及对口头遗嘱或者赠与事实的证明，人民法院确信该待证事实存在的可能性能够排除合理怀疑的，应当认定该事实存在。”

公司决议瑕疵诉讼中，常见的主张及对应举证责任列举如下。

1. 决议的举证

原告作为否定决议效力的一方，应当对决议存在的事实承担举证责任，常见证据如决议文件、会议记录、会议视频等。

2. 瑕疵的举证

公司决议瑕疵诉讼为否定性确认之诉，其待证事实绝大部分是消极的事实，[②]故举证责任相应地由作为被告的公司承担。如，若原告主张公司决议因会议未召开而不成立，公司抗辩决议成立的，应由公司举证证明会议实际召

---

① 参见王亚新：《举证责任如何分配》，载微信公众号“高杉LEGAL”2019年11月28日。

② 陈贤贵：《论消极事实的举证证明责任——以〈民诉法解释〉第91条为中心》，载《当代法学》2017年第5期。

开或者无需召开会议的事实，常见证据如会议记录、会议视频、参会人员证人证言等；若原告主张有关股东提前出资的公司决议无效，公司抗辩决议有效的，应由公司举证证明其要求股东提前出资具有合理性、紧迫性，常见证据如财务会计报告、交易合同等。公司决议瑕疵诉讼也存在待证事实为积极事实的情形，例如，若原告主张公司决议因伪造签名而不成立，公司对此不予认可，则原告应对伪造签名的事实承担举证责任，常见的举证方式是申请笔迹鉴定；若原告主张公司决议因违反公司章程可撤销，应先证明公司章程内容，常见证据为公司章程、股东协议等。

尽管消极事实的举证难度较大，但在司法实践中有必要根据“武器平等、证据接近、诚实信用、协力义务”等原则[①]进行个案解释或裁量，不能因此完全免除主张消极事实一方的责任。

【规范依据】《民事诉讼法》第 67 条；《民事诉讼法司法解释》第 91~94 条、第 108~109 条；《最高人民法院关于民事诉讼证据的若干规定》第 30~31 条、第 48 条、第 95 条。

（二）公司决议不成立之诉审查要素

决议行为作为一种民事法律行为，与单方或双方民事法律行为存在明显区别，不需要各方主体均具有完全一致的意思表示，只需要多数人意思表示一致就可以成立，并且对少数意见成员也具有拘束力。这种“多数决”的正当性就在于程序正义，即决议必须依据一定的程序作出。根据《公司法司法解释（四）》第 5 条之规定，股东会、董事会决议不成立的情形有以下几种。

1. 决议不存在

包括两种情形：一是公司未召开会议，但依据《公司法》第 37 条第 2 款或者公司章程规定可以不召开股东会而直接作出决定，并由全体股东在决定文件上签名、盖章的除外；二是会议未对决议事项进行表决。

2. 未形成有效决议

包括两种情形：一是出席会议的人数或者股东所持表决权不符合《公司法》或者公司章程规定；二是会议的表决结果未达到《公司法》或者公司章程规定的通过比例。

3. 兜底情形

兜底情形，即上述情形之外的其他情形。如何判断公司决议是否为不成立事由中的“其他情形”，需要具体情况具体分析。《公司法司法解释（四）（征求意见稿）》规定了“决议上的部分签名系伪造”“决议内容超越股东会

① 参见姜世明：《举证责任与证明度》，我国台湾地区新学林出版股份有限公司 2008 年版，第 24 页。

或股东大会、董事会的职权”两种决议不成立的情形，但未列入正式的司法解释之中，主要原因是：决议不成立规制的是程序性瑕疵，而决议内容是否超越职权属于决议成立后对决议效力的判断；伪造签名的表决权数被扣除后，决议仍然可能成立并生效，伪造签名本身不足以成为决议不成立的单独事由。李建伟在《公司诉讼类型化专题24讲（一）》一书中指出，《公司法司法解释（四）》之前的审判实践中，裁判认可或（且）涉及的决议不成立事由共计十三种，包括召集权人未依法作出召集决定、无召集权人召集、未履行召集通知义务、召集通知未载明决议事项、未实际召开会议、不足出席数、主持人瑕疵、无会议记录、无表决权人表决、议案未经表决、未达多数决比例、无权代理表决、伪造签名。上述十三种事由涵盖了《公司法司法解释（四）》第5条规定的“决议不存在”和“未形成有效决议”四种不成立事由，其余九种事由中，无召集权人召集、未履行召集通知义务两种程序瑕疵可认定为决议不成立的新增事由，无会议记录与决议成立与否无关，剩余的六种并非必然导致决议不成立。①

考虑到不成立制度的严厉法律后果，从商事交易效率和稳定的角度考虑，不应对决议不成立条款适用的范围和类型随意扩大，应当谨慎适用兜底条款。对于司法实践中可能出现的其他不成立事由，应当先尝试通过法条解释和案情解释的方法，解释为“决议不存在”或“未形成有效决议”两种情形，从而适用《公司法司法解释（四）》第5条第1至4项规定的相关情形。当然，在判断决议是否成立时，也要注意与决议无效加以区分。

（三）公司决议撤销之诉审查要素

1. 公司决议可撤销事由

《公司法》第22条第2款规定：“股东会或者股东大会、董事会的会议召集程序、表决方式违反法律、行政法规或者公司章程，或者决议内容违反公司章程的，股东可以自决议作出之日起六十日内，请求人民法院撤销。”②

（1）公司决议会议召集程序违反法律、行政法规或公司章程。召集程序是股东会或股东大会、董事会会议的起点，也是公司会议的一项重要程序。

---

① 参见李建伟：《公司诉讼类型化专题24讲（一）》，法律出版社2021年版，第80~81页。

②《公司法（修订草案）》一次审议稿在原基础上增加了“未被通知参加股东会、董事会会议的股东、董事自知道或者应当知道股东会、董事会决议作出之日起六十日内”亦可请求法院撤销的规定。在二次审议稿中将“知道或者应当知道”的主体进行了限缩，即只有“未被通知参加股东会的股东自知道或者应当知道股东会决议作出之日起六十日内”可以请求法院撤销。

《公司法》第40条规定："有限责任公司设立董事会的，股东会会议由董事会召集，董事长主持；董事长不能履行职务或者不履行职务的，由副董事长主持；副董事长不能履行职务或者不履行职务的，由半数以上董事共同推举一名董事主持。有限责任公司不设董事会的，股东会会议由执行董事召集和主持。董事会或者执行董事不能履行或者不履行召集股东会会议职责的，由监事会或者不设监事会的公司的监事召集和主持；监事会或者监事不召集和主持的，代表十分之一以上表决权的股东可以自行召集和主持。"《公司法》第41条规定："召开股东会会议，应当于会议召开十五日前通知全体股东；但是，公司章程另有规定或者全体股东另有约定的除外。股东会应当对所议事项的决定作成会议记录，出席会议的股东应当在会议记录上签名。"

结合上述规定可知，召集程序主要包括股东会或者股东大会、董事会会议的通知、登记、提案和议程的确定等事项。召集程序在股东会与董事会之间有所不同，甚至在有限责任公司与股份有限公司之间也有差别。召集程序违反法律、行政法规主要包括召集权人的召集权存在瑕疵和召集通知程序瑕疵两种情形。

（2）决议的表决方式违反法律、行政法规或公司章程。公司决议作为一种团体意思，其形成依赖于多数决原则。《公司法》第42条规定："股东会会议由股东按照出资比例行使表决权；但是，公司章程另有规定的除外。"第43条规定："股东会的议事方式和表决程序，除本法有规定的外，由公司章程规定。股东会会议作出修改公司章程、增加或者减少注册资本的决议，以及公司合并、分立、解散或者变更公司形式的决议，必须经代表三分之二以上表决权的股东通过。"实践中，《公司法》第22条第2款规定的表决方式通常包括股东会或者股东大会、董事会会议就有关投票、计票、表决结果的宣布、会议记录及签署等事项。

可能导致公司决议被撤销的表决方式瑕疵，一般认为包括：无表决权人参与相关决议的表决；会议的主持人无主持权；表决事项瑕疵；表决权计算错误。

（3）公司决议内容违反公司章程。与决议内容违法的情形不同，决议内容违反公司章程属于对公司股东之间合意的违背。此时应当考虑到公司章程作为规范公司内部关系的自治性规则的性质，处理时更要尊重公司自治和股东自治。因此，在决议内容仅违反公司章程的情况下，公司法的处理原则是赋予股东撤销权，由股东自行选择是否要求否定公司决议的效力。

2. 可撤销决议裁量驳回制度

《公司法司法解释（四）》第4条规定了可撤销之诉的酌情判决驳回撤销决议诉讼请求的制度，即公司法学上的裁量驳回制度。该制度通过赋予法院一定范围内的自由裁量权，对于存在某些非实质性程序瑕疵的决议，继续维持其效力。

裁量驳回的构成要件有三项：（1）仅针对会议召集程序或者表决方式方面的程序瑕疵；（2）上述程序方面仅有轻微瑕疵；（3）对决议未产生实质性影响，需要对个案的具体情况进行判断，一般指程序瑕疵不具有影响决议结果的可能性，即该程序瑕疵的存在不改变公司决议的原定结果。上述要件（2）（3）应当同时具备，即使程序上的瑕疵完全不影响决议的结果，但只要该程序瑕疵属于对股东程序权利的重大损害，法院也不得驳回原告的诉讼请求。

（四）公司决议无效之诉审查要素

《公司法》第22条第1款规定，"公司股东会或者股东大会、董事会的决议内容违反法律、行政法规的无效"，即判定公司决议有效或无效的标准在于决议内容是否违反了法律和行政法规。按照民商法理，很多违反法律和行政法规的行为未必无效，只有那些违反了法律和行政法规禁止性规定才可能无效。之所以规定不同，是因为公司法本身为团体法，公司法中有许多条文是为了维护公司稳定、实现公司人格独立而作出，如果适用民商法中合同无效的规定，则会导致公司的非公司化，损害公司存在的理论基础，继而危害经济秩序以及社会发展。

如何确认公司决议内容违反法律和行政法规而无效，《公司法》第22条没有进一步规定，最高人民法院司法解释也没有进一步明确。2016年4月公布的《公司法司法解释（四）（征求意见稿）》第6条规定："股东会或者股东大会、董事会决议存在下列情形之一的，应当认定无效：（一）股东滥用股东权利通过决议损害公司或者其他股东的利益；（二）决议过度分配利润、进行重大不当关联交易等导致公司债权人的利益受损；（三）决议内容违反法律、行政法规强制性规定的其他情形。"该条款虽然在正式发布的《公司法司法解释（四）》中予以删除，但可以作为判断公司决议效力的参考。

司法实践中常见的认定公司决议无效所援引的具体法律条文有：

1. 关于滥用股东权利损害公司、其他股东或债权人利益被认定无效的法律依据。《公司法》第20条第1款规定："公司股东应当遵守法律、行政法规和公司章程，依法行使股东权利，不得滥用股东权利损害公司或者其他股东的利益；不得滥用公司法人独立地位和股东有限责任损害公司债权人的利益。"

2. 关于侵害股东知情权被认定无效的法律依据。《公司法》第33条规定："股东有权查阅、复制公司章程、股东会会议记录、董事会会议决议、监事会会议决议和财务会计报告。股东可以要求查阅公司会计账簿……"

3. 关于侵害股东分红权、公司增资优先认缴权被认定无效的法律规定。《公司法》第 34 条规定："股东按照实缴的出资比例分取红利；公司新增资本时，股东有权优先按照实缴的出资比例认缴出资。但是，全体股东约定不按照出资比例分取红利或者不按照出资比例优先认缴出资的除外。"

4. 关于所选监事违反任职资格被认定无效的法律规定。《公司法》第 51 条第 2 款规定："监事会应当包括股东代表和适当比例的公司职工代表，其中职工代表的比例不得低于三分之一，具体比例由公司章程规定。监事会中的职工代表由公司职工通过职工代表大会、职工大会或者其他形式民主选举产生。"

5. 关于侵害股东对股权基本处分权被认定无效的法律规定。《公司法》第 71 条第 1 款规定："有限责任公司的股东之间可以相互转让其全部或者部分股权。"

6. 关于违法解除股东资格被认定无效的法律规定。《公司法司法解释（三）》第 17 条第 1 款规定："有限责任公司的股东未履行出资义务或者抽逃全部出资，经公司催告缴纳或者返还，其在合理期间内仍未缴纳或者返还出资，公司以股东会决议解除该股东的股东资格，该股东请求确认该解除行为无效的，人民法院不予支持。"

7. 关于违反禁售期规定转让股权被认定无效的法律规定。《公司法》第 141 条规定："发起人持有的本公司股份，自公司成立之日起一年内不得转让。公司公开发行股份前已发行的股份，自公司股票在证券交易所上市交易之日起一年内不得转让。公司董事、监事、高级管理人员应当向公司申报所持有的本公司的股份及其变动情况，在任职期间每年转让的股份不得超过其所持有本公司股份总数的百分之二十五；所持本公司股份自公司股票上市交易之日起一年内不得转让。上述人员离职后半年内，不得转让其所持有的本公司股份。公司章程可以对公司董事、监事、高级管理人员转让其所持有的本公司股份作出其他限制性规定。"

8. 关于违法分配公司利润被认定无效的法律规定。《公司法》第 166 条规定："公司分配当年税后利润时，应当提取利润的百分之十列入公司法定公积金。公司法定公积金累计额为公司注册资本的百分之五十以上的，可以不再提取。公司的法定公积金不足以弥补以前年度亏损的，在依照前款规定提取法定公积金之前，应当先用当年利润弥补亏损。公司从税后利润中提取法定公积金后，经股东会或者股东大会决议，还可以从税后利润中提取任意公积金。公司弥补亏损和提取公积金后所余税后利润，有限责任公司依照本法第三十四条的规定分配；股份有限公司按照股东持有的股份比例分配，但股份有限公司章程规定不按持股比例分配的除外。股东会、股东大会或者董事会违反前款规定，在公司弥补亏损和提取法定公积金之前向股东分配利润的，股东必须将违反规定分配的利润退还公司。公司持有的本公司股份不得分配利润。”

9. 关于违规借款被认定无效的法律依据。《公司法》第 115 条规定：“公司不得直接或者通过子公司向董事、监事、高级管理人员提供借款。”

10. 其他法律规定。如《民法典》第 153 条规定：“违反法律、行政法规的强制性规定的民事法律行为无效。但是，该强制性规定不导致该民事法律行为无效的除外。违背公序良俗的民事法律行为无效。”

需要说明的是，并非违反上述法律规定的公司决议一概无效。法官在具体案件办理过程中，既要识别决议限制和剥夺的权利类型，又要确定该种限制和剥夺是否属于“滥用”资本多数决原则的情形，进而判断决议的效力。

如何对公司决议效力作出科学合理的评判，目前学界和司法界都没有统一的操作模式，建议参照行政法上的比例原则对个案所涉及的各方利益进行衡量，只有当决议本身有失公允，确认决议无效可以保护更高利益，且此种更高利益无法通过对决议课以否定评价之外的其他方式予以保护，或者虽有其他保护方式但成本过高的情况下，才考虑确认公司决议无效。

【规范依据】《公司法》第 20 条第 1 款、第 22 条第 1 款、第 33~34 条、第 51 条第 2 款、第 71 条、第 115 条。

（五）诉讼时效或除斥期间要素

1. 公司决议撤销之诉除斥期间

《公司法》第 22 条明确规定，股东诉请撤销公司决议，应当在决议作出之日起 60 日内行使，该期间不得中止、中断与延长。《最高人民法院关于适用〈中华人民共和国公司法〉若干问题的规定（一）》第 3 条规定：“原告以公司法第二十二条第二款、第七十四条第二款规定事由，向人民法院提起诉讼时，超过公司法规定期限的，人民法院不予受理。”因此，在公司决议撤销之诉中，首先应当审查原告提起诉讼是否超过除斥期间。

实践中常见的争议有，小股东可能不知道相关公司决议，待小股东得知公司决议时，已经超过了《公司法》规定的提起决议撤销之诉的期间。有观点认为，为了避免小股东的程序权利被变相架空，应当将《公司法》第 22 条理解为“知道或应当知道决议作出之日起六十日”。对此，“决议作出之日起六十日”的除斥期间是《公司法》的明文规定，前述理解超过了《公司法》规定的范畴，并且，对于公司这种组织体而言，与决议相关的公司内外部法律关系相比普通民事法律关系要更为复杂，如果以“知道或应当知道决议作出之日起六十日”作为决议撤销的除斥期间，会导致决议效力长期处于可能受挑战的状态，与公司法追求的宗旨不符。至于此种情况下股东的权利如何保护，一般来说，股东不知道相关决议的存在，都是因为会议在召集、通知时蓄意遗漏了股东。这种情况属于公司决议在程序上的重大瑕疵，可以通过决议不成立之诉的相关制度予以解决。如果公司的决议已经执行完毕，股东再提起决议撤销之诉已没有意义，在此情况下，公司股东可以根据《公司法》第 20 条、第 21 条的规定提起诉讼，请求赔偿损失，没有必要再纠结于股东是“知道或者应当知道”决议什么时候作出。

2. 公司决议无效、不成立之诉不适用诉讼时效

法律行为无效、不成立为客观事实，不因时间的经过而发生任何变化，因此公司决议无效、不成立之诉不应适用诉讼时效。

（六）瑕疵诉讼转化与释明要素

实务中公司决议瑕疵五花八门。有时当事人争议的某个瑕疵，很难界定是公司决议不成立事由、可撤销事由，还是无效事由。有时当事人争议的某几个瑕疵，可能分别导致公司决议不成立或无效。当前形势下，要求当事人准确分辨瑕疵的性质，正确适用法律，否则驳回其诉讼请求，告知当事人另诉，标准过于严苛，也不利于节约诉讼成本。考虑到公司决议撤销之诉、公司决议无效之诉以及决议不成立之诉的目的均是为了否定公司决议，遵循民事诉讼中当事人主义原则，应允许当事人在不同诉的种类之间进行转换和合并。

如果存在无效原因而原告请求撤销公司决议或确认公司决议不成立，法官可行使释明权，询问原告是否愿意变更诉讼请求。如果原告同意变更，则按无效请求审理，如原告不同意变更则驳回其诉讼请求。

如果公司决议存在撤销原因，而股东请求确认决议无效或不成立，须审查是否在决议作出之日起 60 日内提起诉讼，如已超过此期限，则驳回其诉讼请求。如在此期限内，应向其释明并告知其变更诉讼请求，原告同意变更则按撤销请求审理，原告不同意变更则驳回其诉讼请求。

如果当事人已经就决议属于无效、撤销或不成立进行了充分的辩论，应允许法官根据案件查明的事实，认定决议是否符合无效、撤销或不成立的构成要件，并作出相应的判决。

（七）合并审理审查要素

在公司决议纠纷诉讼中，原告除请求确认某份公司决议效力外，往往还提出了其他有牵连的诉讼请求，要求法院合并审理：有些诉讼请求是并列的，如要求确认另一份公司决议效力；有些诉讼请求是附带的，一般与履行公司决议有关，如股东资格确认、撤销变更登记等；有一些诉讼请求是预备性的，即原告首先希望法院支持前一个诉讼请求，如果前一个诉讼请求不被

支持，则希望法院支持后一个诉讼请求。合并审理牵连诉讼请求，一般应符合以下条件：第一，必须诉讼主体一致、事实一致；第二，对这些诉讼请求，受诉法院必须都具有管辖权；第三，必须适用同一诉讼程序；第四，必须能够达到合并审理的目的，如果合并审理会使得案件复杂化、给审理或判决造成困难、降低审判效益，则不应合并审理。司法实践中常见的合并审理情形为，原告在公司决议瑕疵诉讼中，基于公司决议瑕疵而同时请求撤销工商变更登记，依据为《公司法》第 22 条，该条第 4 款规定“公司根据股东会或者股东大会、董事会决议已办理变更登记的，人民法院宣告该决议无效或者撤销该决议后，公司应当向公司登记机关申请撤销变更登记”。不予合并审理的情形，如山东省高级人民法院在（2015）黔高民商终字第 61 号周某与裕某投资控股集团有限公司、吕某涛等公司决议效力确认纠纷一案中认为：原告的第一项诉讼请求，即确认被告公司关于公司注册资本变更的股东会决议无效，系确认之诉的内容；第三项诉讼请求，即判令其他被告股东连带赔偿原告经济损失 1 亿元，系给付之诉的内容。根据《民事诉讼法》第 55 条第 1 款之规定，“当事人一方或者双方为二人以上，其诉讼标的是共同的，或者诉讼标的是同一种类、人民法院认为可以合并审理并经当事人同意的，为共同诉讼”。本案确认之诉与给付之诉二者不是必要的共同诉讼，山东省高级人民法院不予合并审理，原告可以另行提起损害赔偿之诉。本案立案时确定的损害股东利益责任纠纷案由应依法变更为公司决议效力确认纠纷。

此外，对于同一个公司决议而言，不应同时存在不成立、撤销、无效或有效中的两种以上情形。不同当事人就同一个公司决议分别提起不成立、撤销或无效之诉，为了防止同一决议的效力出现不同的裁判结果，可以合并审理，但是在合并判决时对各个瑕疵是否成立应作出独立的认定。合并审理后的当事人列置问题，虽然各原告的诉讼请求不同，但诉讼目的均是否定既有决议的效力，故可列为共同原告。[①]

（八）公司决议瑕疵法律后果要素审查

公司决议被确认无效或撤销后，涉及以该决议为基础形成的法律关系如何处理的问题，即溯及力问题。公司决议被判决确认无效或撤销后，该判决自始无效，而判决的效力不仅及于案件当事人，也可能涉及第三人，具有对世效力。关于无效或被撤销决议对于公司内部的效力，《公司法》第 22 条第 4 款规定，“公司根据股东会或者股东大会、董事会决议已办理变更登记的，人民法院宣告该决议无效或者撤销该决议后，公司应当向公司登记机关申请撤销变更登记”，与之相应，公司内部因履行该无效或被撤销决议而涉及的其他

① 参见最高人民法院（2019）最高法民再 152 号民事裁定书。

法律关系回归到公司决议作出之前的状态也是应有之义。关于无效或被撤销决议的对外效力，普遍认为，公司决议具有团体法上行为的性质，判决的对世效力必须符合公司法律关系的整体性、稳定性的基本要求。就是说，公司决议无效或者撤销判决之溯及力，不能简单适用民法上法律行为被判决撤销、无效而具有溯及既往的效力。因为以公司决议为基础的公司行为如被溯及无效，将产生公司法律关系的混乱，不利于对善意第三人的保护。因此，公司法在对待以瑕疵决议为基础的行为时并不当然将瑕疵决议的效力溯及既往，而应视具体情形尊重既成事实，承认其对善意第三人的法律效力，维护交易的安全。[①]《民法典》第85条[②]、《公司法司法解释（四）》第6条[③]采纳了该观点。据此，关于公司决议被确认无效或撤销后的法律后果，我国确立的是内外有别、保护善意相对人合法利益的原则。

至于公司决议不成立的溯及力问题，《公司法》及司法解释并无规定。2017年8月，最高人民法院发布《公司法司法解释（四）》并回答记者提问时，时任最高人民法院审判委员会专职委员杜万华大法官回答："我国《公司法》第二十二条规定了确认决议无效和撤销决议之诉，均系针对已经成立的决议，未涵盖决议不成立的情形。我们认为，从体系解释出发，不成立的决议当然不具有法律约束力，应是公司法的默示性规定。"可见，《公司法司法解释（四）》第5条规定决议不成立之诉，并非是对决议不成立进行单独立法，而是填补《公司法》第22条的漏洞。不成立的民事法律行为不具有法律效力，属于法律的基本逻辑，公司决议不成立的法律后果与公司决议无效或撤销的法律后果并无不同。

（九）公司决议瑕疵法律责任要素审查

《公司法》第20条第1~2款规定："公司股东应当遵守法律、行政法规和公司章程，依法行使股东权利，不得滥用股东权利损害公司或者其他股东的利益；不得滥用公司法人独立地位和股东有限责任损害公司债权人的利

---

① 参见李晓锋：《公司瑕疵决议效力的法律判断及其影响》，载陕西法院网，chinacourt.gov.cn，最后访问日期：2022年3月5日。

②《民法典》第85条规定，营利法人的权力机构、执行机构作出决议的会议召集程序、表决方式违反法律、行政法规、法人章程，或者决议内容违反法人章程的，营利法人的出资人可以请求人民法院撤销该决议。但是，营利法人依据该决议与善意相对人形成的民事法律关系不受影响。

③《公司法司法解释（四）》第6条规定，股东会或者股东大会、董事会决议被人民法院判决确认无效或者撤销的，公司依据该决议与善意相对人形成的民事法律关系不受影响。

益。公司股东滥用股东权利给公司或者其他股东造成损失的，应当依法承担赔偿责任。”第 149 条规定：“董事、监事、高级管理人员执行公司职务时违反法律、行政法规或者公司章程的规定，给公司造成损失的，应当承担赔偿责任。”第 152 条规定：“董事、高级管理人员违反法律、行政法规或者公司章程的规定，损害股东利益的，股东可以向人民法院提起诉讼。”因此，股东会、董事会决议损害公司或股东利益的，公司或受到损害的股东可以要求对决议瑕疵负有责任的股东或董事赔偿损失，协商不成的，可以向法院起诉。

公司决议瑕疵法律责任诉讼与公司决议瑕疵诉讼的主体不同，法律关系不同，公司决议瑕疵法律责任诉讼应在公司决议瑕疵诉讼之后再行提起，在此不予赘述。

第三节　实务难点裁判思路

一、关于涉及名义股东、隐名股东的公司决议瑕疵诉讼主体资格问题

公司股东取得完整的股东资格和股东权利，必须符合实质要件和形式要件：实质要件是指认缴（实缴）出资，或者依法受让（继受）股权，实际享有股东权利；形式要件是公司章程、股东名册记载以及工商部门登记。在存有股权代持的情况下，隐名股东和名义股东不兼备上述要件，而《公司法》及司法解释未对此种情形下是由名义股东还是隐名股东享有公司决议效力诉讼主体资格作出规定，因此需要明确何人能够提起公司决议纠纷诉讼。

支持隐名股东可以作为原告提起公司决议纠纷诉讼的观点认为，在处理公司法范畴的问题时要遵循“双重标准，内外有别”的原则，公司决议纠纷诉讼不涉及第三人，属公司内部纠纷，应注重实质审查，因而认可隐名股东具有提起公司决议纠纷诉讼的原告资格，而名义股东因未实际出资，与公司决议内容没有直接利害关系，因此不能提起公司决议纠纷诉讼。

支持名义股东享有原告诉讼主体资格的观点认为，名义股东为登记在册的股东，有权依据公司法行使股东权，提起公司决议纠纷诉讼；而隐名股东在经法律程序成为显名股东之前，提起公司决议纠纷诉讼的请求，难以得到法院支持。

除上述两种观点外，还有第三种观点认为，隐名股东与名义股东之间的协议在不违背法律规定的情况下合法有效，但该协议对公司及其他股东不具有效力，因此原则上应该由名义股东提起公司决议纠纷之诉，但隐名股东作为实际投资人已被公司和其他股东知晓并且认可，特别是诉争的公司决议列明隐名股东身份的，隐名股东亦可以作为适格原告提起公司决议诉讼，即名义股东、隐名股东均可以提起公司决议纠纷诉讼。

综合分析以上观点分歧，第二种观点更符合公司法立法原意。未登记于股东名册的隐名股东不能提起公司决议纠纷诉讼，理由是：（1）《公司法》第32条第2款规定“记载于股东名册的股东，可以依股东名册主张行使股东权利”，由此可见，登记于股东名册上的股东为公司法意义上的股东，该股东根据《公司法》第4条的规定，享有资产收益、参与重大决策和选择管理者等权利，当然也就包括了公司决议瑕疵诉讼的诉权；（2）根据《公司法司法解释（三）》第24条规定，实际出资人直接受到法律保护的仅是投资权益，且该等权益应向名义股东而不是向公司主张，“隐名股东”与“显名股东”两个概念是基于双方之间的委托代持股关系而言，主要解决的是二者之间的内部关系；（3）根据《公司法司法解释（三）》第25~26条规定，善意第三人与名义股东签订的处分登记股权的合同为有效合同，公司债权人有权请求名义股东在未出资本息范围内承担补充赔偿责任。这意味着，对于普通公众而言，并不存在“隐名股东”与“显名股东”之分，如果允许隐名股东提起公司决议瑕疵诉讼，则商事主体外观不值得信赖，商事活动的安全和效率无法得到保障。

二、关于对决议投赞成票的股东是否有权提起公司决议瑕疵诉讼问题

参加了股东会并且对决议事项投了赞成票，能否提起公司决议瑕疵诉讼，实务中存在不同观点：

第一种观点认为，对于会议的程序瑕疵问题，股东并非能够在表决之时即已全部明确知晓；对于决议内容是否违反章程规定的问题，因股东并非以公司经营为常业，亦未必能够在会议表决之时作出明确判断。在现行《公司法》未就此种情形作出特别限定的情况下，作为一种共益权，应从宽把握，故对决议投赞成票的股东仍应有权提起决议撤销之诉。

第二种观点认为，要区分不同的情形。在会议当时不知道决议形成过程和内容存在瑕疵因而客观上不能够提出异议的股东，如果不允许其提起公司

决议瑕疵诉讼，有失公允。但在表决时明知存在影响决议效力的瑕疵但并没有提出的，事后也不应该允许其提起公司决议瑕疵诉讼。

第三种观点认为，如果允许对决议投赞成票的股东事后提起公司决议瑕疵诉讼，则违背了“禁止反言”原则或者诚信原则，可能会导致交易秩序的混乱。

综合对比分析，第三种观点更符合诚信原则。股东在会议上投赞成票的行为，是一项民事行为，一经作出即具有法律上的意义，自然应约束于本人，由本人承担法律后果。已对决议投赞成票的股东，嗣后若以相反主张提起诉讼，违反诚信原则，司法不宜认同。若司法对其相反主张予以支持，无异于鼓励当事人反复无常的行为，在法律效果和社会效果上均毫无益处。

至于第一、二种观点考虑的股东对瑕疵不知情的问题。根据《公司法》第20条规定，公司股东应当遵守法律、行政法规和公司章程，依法行使股东权利，虽然该条后续内容是股东不得滥用股东权利损害公司、其他股东和公司债权人的利益，但股东勤勉谨慎地对待自己的投票权乃属于当然之义。在股东会上不经了解、不加判断，径行对决议投赞成票，属于未依法依规行使股东权利的行为，相应的法律后果应由其自身承担。

三、关于无表决权股东能否成为公司决议瑕疵诉讼适格原告的问题

根据我国现行法律法规，对股东表决权的限制主要有以下几种情况：（1）公司持有的本公司股份没有表决权。《公司法》第103条第1款规定：“股东出席股东大会会议，所持每一股份有一表决权。但是，公司持有的本公司股份没有表决权。”（2）公司为股东或者实际控制人提供担保的，该股东或实际控制人支配的股东没有表决权。《公司法》第16条第2~3款规定：“公司为公司股东或者实际控制人提供担保的，必须经股东会或者股东大会决议。前款规定的股东或者受前款规定的实际控制人支配的股东，不得参加前款规定事项的表决。该项表决由出席会议的其他股东所持表决权的过半数通过。”（3）未履行或者未全面履行出资义务或者抽逃出资股东的表决权限制。《公司法司法解释（三）》第16条规定：“股东未履行或者未全面履行出资义务或者抽逃出资，公司根据公司章程或者股东会决议对其利润分配请求权、新股优先认购权、剩余财产分配请求权等股东权利作出相应的合理限制，该股东请求认定该限制无效的，人民法院不予支持。”（4）优先股股东的表决权限制。根据中国证券监督管理委员会《优先股试点管理办法》规定，优先股股东参

与公司决策管理等权利受到限制，除非修改公司章程中与优先股相关的内容、一次或累计减少公司注册资本超过10%、发行优先股等情形，其无权参与表决。（5）公司章程规定的股东表决权排除规则。《公司法》第43条第1款规定："股东会的议事方式和表决程序，除本法有规定的外，由公司章程规定。"据此，公司章程可对利害关系股东的表决权予以合理限制或者排除。

无表决权股东对于其享有表决权的股东会决议有权提起诉讼，实务中并无争议，对其没有表决权的股东会决议是否有权提起诉讼，实务中少有涉及，但无论是各国公司法理论还是立法，对此均存在争议。德国通说认为，诉权不是表决权的附属物或要素，是与表决权不同的股东权，无表决权股东享有决议撤销权；意大利民法典规定表决权受到限制的股东可提起决议撤销之诉；日本通说则认为，无表决权股东不能提起决议撤销之诉，因为无表决权股东不是股东大会召集通知的对象，自然不享有决议撤销权；韩国学者也认为，享有表决权是取得决议撤销权的前提条件，无表决权股东不享有撤销权，自然不能提起决议撤销之诉。[①]

根据我国《公司法》及司法解释，无表决权股东应属于公司决议瑕疵诉讼的适格原告。《公司法司法解释（四）》对公司决议瑕疵诉讼的适格原告作出规定，提起确认公司决议效力之诉以及确认公司决议不成立之诉的主体包括公司股东、董事、监事以及与股东会、董事会决议内容有直接利害关系的其他人，提起公司决议撤销之诉的主体为股东，其中并未区分股东是否应当享有表决权。《公司法》第42条规定："股东会会议由股东按照出资比例行使表决权；但是，公司章程另有规定的除外。"根据《公司法》第33条、第36条、第41条规定，所有股东均享有知情权，也有权参与股东会，不论该股东是否具有表决权。可见，在我国立法上，无表决权股东只是不享有表决权而已，并不影响其享有受到召集通知以及在会议上质询的权利等其他股东权利，也不能排除决议对其股东利益的不利影响，无表决权股东与普通股东一样承担公司经营失败的风险。即使是在对诉讼主体资格更为严格的公司决议撤销之诉中，因我国公司决议撤销之诉主要承担监督公司决议的功能，具有公益或共益性，所以即使是无表决权股东，也应当认定具备公司决议撤销之诉的诉讼主体资格，遑论公司决议无效之诉与公司决议不成立之诉。

---

① 参见杨心忠等：《公司纠纷裁判精要与规则适用》，北京大学出版社2014年版，第135页。

四、关于是否受理确认公司决议有效之诉问题

实践中，当事人向法院提起诉讼请求确认公司决议有效的案件不少，且呈逐年增长趋势。2016 年 4 月 12 日最高人民法院向社会公布了《公司法司法解释（四）（征求意见稿）》，该意见稿第 1 条明确，公司股东、董事等依据《公司法》第 22 条第 1 款起诉请求确认决议无效或者有效的，应当依法受理。该意见稿影响到全国许多法院，受理并判决确认决议有效的案件增量呈现上升趋势。然而，2017 年 8 月 25 日最高人民法院发布《公司法司法解释（四）》却删除了征求意见稿第 1 条中确认公司决议有效之诉的规定。确认公司决议有效之诉是否能够受理，各法院所持观点并不统一。

第一种观点认为，法院不能受理确认公司决议有效之诉，理由是：（1）《公司法》及其他法律法规均未规定股东有权提起确认公司决议有效之诉；（2）有争议才有诉因，无人对股东会决议效力提出质疑时，决议自然有效，诉因并不存在，不存在判决的必要性和实效性；（3）公司决议有效是公司管理或决策的常态，是请求履行之诉发生的前提，而不是核心。

第二种观点认为，法院可以受理确认公司决议有效之诉，理由是：（1）法律未明确规定将确认公司决议有效之诉排除在受理范围之外，确认公司决议有效之诉具有民事诉讼的一般特征，法院无权拒绝受理；（2）对公司决议效力有无分歧，不以提出异议之诉为标准，不予履行或者怠于履行决议内容也是异议的一种方式；（3）请求履行之诉不能涵盖确认之诉，原告提起确认公司决议有效之诉具有诉的利益。

从司法实践角度来看，受理确认公司决议有效之诉，是对现实需求的回应，也是司法服务经济社会的必然要求，但是允许就公司决议的有效性提起诉讼，并不意味着凡是确认公司决议有效之诉法院均应受理。特别是对于提起无争议的确认之诉以规避法律法规的案件，应引起重视并加以防范。

具体到个案，是否受理确认决议有效之诉，需要依据《民事诉讼法》第 122 条的规定判断，同时考虑个案中原告对于所诉内容是否具有诉的利益。诉的利益，就是当事人向法院提出的诉讼请求，具有必须通过法院审理并作出判决予以解决的必要性和实效性。诉的利益不能单纯以法律法规是否有明确规定作为衡量标准，而应根据个案案情作出判断。在决定是否受理个案中，需要考虑以下因素：（1）有无必要性，即有无必要通过判决解决当事人之间的纠纷。如果原告的现实或将来利益，由于他人之否认或其他原因的存在，处于不安状态，则有必要通过诉讼将此该不安状态除去，反之则没有诉讼的必要。（2）有无实效性，即通过本案判决能否使纠纷获得实质性解决。如果当事人具备诉的利益，但是因为某些事情的发生，使得当事人的诉请实质上

没有必要或者没有可能通过诉讼得到实质性解决，则不应予受理。

五、关于新老法定代表人争议情形中公司诉讼代表人确定问题

在新老法定代表人之争中，司法实践采取“内外有别，区别对待”的标准决定有权代表公司参与诉讼的主体，即对于公司与股东之间因法定代表人任免发生的内部争议，应当以有效的股东会决议、董事会任免决议为准，公司有效决议产生的新法定代表人有权代表公司，老法定代表人丧失法定代表权；对于公司以外的第三人因公司代表权产生争议，应当以工商登记为准，老法定代表人仍具有代表权，公司不得以公司内部决议已变更法定代表人为由，对抗善意第三人。

对于性质为内部争议的公司决议纠纷，如果原告是对任免法定代表人决议本身提起效力诉讼，或者任免法定代表人决议效力诉讼尚在另案审理中，如何确定公司诉讼代表人，在实践中做法差异很大，目前也没有统一的认识。可以明确的是，若允许原告以法定代表人身份代表公司诉讼，排斥其他利害关系人的参与，则实质上系支持诉讼一方的同谋，不但不利于纠纷的解决，还有可能进一步激化各方冲突。为确保审理的公平公正，原告不得在诉讼中同时代表公司参加诉讼，公司应当另行确定诉讼代表人，建议按以下步骤进行处理：

1. 要求争议方召开股东会另行选任代表参加诉讼。股东会是公司的最高权力机关和决策机关，在公司与法定代表人发生纠纷时，由股东会委派原法定代表人及新法定代表人之外的其他人员代表公司参加诉讼，符合公司内部治理原则。委派代表在参加诉讼时须持有股东会的相关决议。

2. 若公司无法推选新的诉讼代表人，则引导争议方协商确定由其中一方担任或推选公司诉讼代表人，其他方担任或推选代表作为案件第三人参与诉讼。无法协商的，由法院指定其中一方担任或推选诉讼代表人，将其他方或其他方推选的代表列为第三人。

3. 裁判文书中应载明公司诉讼代表权问题的处理过程以及处理结果，同时明确：在任免法定代表人决议效力未明之前，无论由争议哪一方代表公司参加诉讼，均不代表法院确认该方为法定代表人，以体现案件处理的程序合法性以及实体公正性。

六、关于公司决议纠纷诉讼保全问题

诉讼保全包括财产保全、证据保全和行为保全。财产保全的目的在于保障人民法院未来生效判决的顺利执行，证据保全的目的在于保证诉讼活动的顺利进行，而行为保全的目的在于阻断侵害行为的发生或继续。

公司决议纠纷诉讼在性质上属于确认之诉或变更之诉，而非给付之诉，并不存在未来生效判决的执行问题，因此，无财产保全的适用空间。当然，如果在公司决议纠纷诉讼中，原告还提出其他需要合并审理的诉讼请求，则可能需要采取财产保全措施，此时应个案分析。

对于证据保全，根据《民事诉讼法》第 84 条的规定，“在证据可能灭失或者以后难以取得的情况下，当事人可以在诉讼过程中向人民法院申请保全证据，人民法院也可以主动采取保全措施”。由于公司决议瑕疵诉讼与普通民事诉讼同样存在运用证据证明案情的需要，因此可以允许。

至于行为保全，《民事诉讼法》第 103 条第 1 款规定：“人民法院对于可能因当事人一方的行为或者其他原因，使判决难以执行或者造成当事人其他损害的案件，根据对方当事人的申请，可以裁定对其财产进行保全、责令其作出一定行为或者禁止其作出一定行为；当事人没有提出申请的，人民法院在必要时也可以裁定采取保全措施。”公司决议瑕疵诉讼未被排除在行为保全制度外，在符合一定条件下可以适用行为保全制度。关于公司决议行为保全的构成要件，《公司法司法解释（四）(征求意见稿）》第 10 条规定：“股东会或者股东大会、董事会决议存在实施后不能恢复原状或者使当事人、利害关系人的合法权益受到难以弥补的损害等情形的，可以依据原告的申请禁止实施有关决议。人民法院采取前款规定的行为保全措施，可以根据公司的申请或者依职权责令原告提供相应担保。原告提供相应担保的，应当禁止实施有关决议。人民法院经审查认为，原告的申请存在恶意干扰或拖延决议实施情形的，应当驳回申请。”该规定在正式颁布时被删除，说明公司决议行为保全的规则目前尚需进一步论证。

公司决议瑕疵诉讼中的行为保全应秉持审慎原则。首先，行为保全制度的功能要求审慎。行为保全的功能在于给予债权人预防性的紧急权利保护。从功能定位出发，诉讼行为保全应满足“紧急性”和“难以弥补的损害”这两项要件。[①] 其次，公司决议瑕疵诉讼本身要求审慎。公司是追求利润最大化的营利主体，商机稍纵即逝，不当的行为保全，如禁止新股发行、禁止交易

---

① 参见周翠：《行为保全问题研究——对〈民事诉讼法〉第 100~105 条的解释》，载《法律科学（西北政法大学学报）》2015 年第 4 期。

等，可能会对公司或利害关系人造成难以挽回的损失。另因公司决议涉及的利益错综复杂，行为保全可能会被作为股东博弈的手段，脱离保护公司和股东利益的初衷。

行为保全决定可能是错误的，因此而造成的损害将不可弥补，法院应尽量降低这种可能性。在司法适用公司决议行为保全时，应以“审慎性”为目标，将申请人适格、决议的实施会造成难以弥补的损害、申请人存在胜诉可能性、利益衡量的结果倾向于支持申请人四个方面作为公司决议行为保全的构成要件。在四个要件的适用体系上，各个要件均为必要而非充分条件，不得进行动态体系的调整，即四个要件缺一不可。同时，也不得用申请人提供担保来补充构成要件的不足，以适当提高公司决议行为保全的标准，避免其成为控制权争夺的工具。就该四个要件，简要说明如下：（1）申请人适格。申请人不仅应具备诉讼主体资格，主观上也应该是善意的，不存在恶意干扰或拖延决议实施的情形。（2）决议实施会造成难以弥补的损害。申请人需要证明决议实施所造成的损害正在或者即将发生，如果不立即禁止，会在最终裁判之前造成难以弥补的损害，即行为保全具有“紧急性”和“难以弥补性”。（3）胜诉可能性。申请人应证明公司决议存在瑕疵且可能胜诉。（4）利益衡量的结果倾向于支持申请人。法院需进行各方的利益衡量，只有当立即禁止决议实施所引起的损害小于允许决议实施所引起的损害，方能作出行为保全。① 原告请求权成立的可能性越低，原告就越需要证明其行为利益远高于被告的实施利益，反之亦然。②

七、关于公司决议瑕疵诉讼中滥诉股东的担保责任问题

在瑕疵诉讼领域，诉讼担保是为防止公司决议瑕疵之诉被滥用而损害公司利益，经被告公司申请由原告提供的担保。③ 设置担保规则的国家并不多见，我国公司决议瑕疵诉讼中诉讼担保的规定借鉴了日韩相关立法，见于《公司法》第22条第3款，具体内容为：“股东依照前款规定提起诉讼的，人民法院可以应公司的请求，要求股东提供相应担保。”根据该规定，诉讼担保以公

---

① 参见陈彦晶：《公司决议行为保全构成要件的确定》，载《当代法学》2019年第5期。

② 参见丁勇：《公司决议瑕疵诉讼担保制度检讨及立法完善》，载《法学》2014年第5期。

③ 参见衣小慧：《可撤销决议诉讼救济之检视与完善——以决议撤销之诉的主体和程序为对象》，载《山东社会科学》2021年第1期。

司申请为前提，但提供担保的情形、数额，不能提供担保的后果等在该条款中并未明确，交由法院在司法实践中自由裁量。[①]

关于要求提供担保的情形及拒不提供担保的后果。首先，考虑到诉讼担保制度设计初衷在于防止股东滥诉，对为了公司利益而提起公司决议撤销之诉的兼有董事、监事等身份的股东，应与一般股东作区分处理。《韩国商法典》第377条第1款、第380条规定，如果提起诉讼的股东为公司的董事或者监事，则可以免于承担提供担保的义务。在《日本公司法》中，除了上述两种条件外，如果股东为公司的执行官、清算人或者在公司设立时担任董事或监事，也可以免于承担提供担保的义务。[②] 其次，一般股东是否均应被告公司申请提供担保，由于担保义务的施加必将影响原告股东起诉的积极性，甚至架空瑕疵诉讼制度，理论和多数司法实践中均认可应以被告公司证明原告恶意起诉为前提，这在日韩立法中亦有体现。[③]《日本公司法》第836条，《韩国商法典》第377条、第380条规定，法院可应公司的请求要求股东提供相应担保，前提是公司须得证明股东提起诉讼系出于恶意，即证明股东明显以故意为难公司为目的提起诉讼。股东拒不提供的，由法院裁定驳回其起诉。[④] 此外，从历史解释的角度，最高人民法院2016年4月12日发布的《公司法司法解释（四）（征求意见稿）》第10条对诉讼担保制度适用情形进行了相对细化的规定，其中写道："人民法院采取前款规定的行为保全措施，可以根据公司的申请或者依职权责令原告提供相应担保。原告提供相应担保的，应当禁止实施有关决议"，即担保义务的发生以原告申请行为保全为前提。[⑤] 在《公司法司法解释（四）》正式施行前，实践中亦有参考上述征求意见稿进行裁判的案例。例如，在"宝万之争"事件过程中，A公司两位小股东起诉A公司，

---

① 根据现行《公司法》规定，股东提起公司决议纠纷诉讼的，人民法院可以应公司的请求，要求股东提供相应担保。《公司法（修订草案）》一次审议稿修改为"股东、董事、监事依照前款规定提起诉讼，公司能够证明该股东、董事、监事有不正当目的的，人民法院可以应公司的请求，要求其提供相应担保"。在二次审议稿中，关于要求提供担保的内容被全部删除，实际上降低了股东提起撤销之诉的门槛，无需提供担保。

② 参见衣小慧：《可撤销决议诉讼救济之检视与完善——以决议撤销之诉的主体和程序为对象》，载《山东社会科学》2021年第1期。

③ 参见蔡宇：《公司决议撤销诉讼制度滥用问题研究》，华东政法大学2018年硕士学位论文。

④ 参见丁勇：《公司决议瑕疵诉讼担保制度检讨及立法完善》，载《法学》2014年第5期。

⑤ 参见尹琳：《股东会决议瑕疵诉讼制度研究》，华东政法大学2016年硕士学位论文。

请求判令撤销2016年6月17日A公司第十七届董事会第十一次会议通过的十二项董事会决议（主要涉及B公司注资A公司）。[①] 对此，A公司向法院申请要求两位小股东合计提供12亿元的诉讼担保金。法院认为，原告并未向法院提出禁止实施与保全申请，仅申请合法诉权，故原告行权未给被告造成损害，不予准许A公司提出的12亿元诉讼担保金要求。[②]

关于诉讼担保的数额。学界主要有两种观点：一种观点认为，该项担保原则上是诉讼费用担保，即与公司参加诉讼所需承担的直接成本相适应。[③] 原因有二：一是公司决议瑕疵诉讼是形成之诉，不是给付之诉，股东的诉讼请求与公司资产的总额无关；二是如果将该项担保认定为对公司资产总额的担保，则该项担保通常都会超越股东的担保能力，从而在事实上扼杀了公司决议撤销之诉的积极价值，有违保护中小股东权益的初衷。[④] 另一种观点则认为，决议瑕疵诉讼通常以非财产案件为标准收费，诉讼费用及相应的担保义务将极为有限，根本无法起到对抗滥诉的目的；诉讼担保“是要担保因提起诉讼而公司受到或将要受到的损害，其价格以公司将要遭受的不利益为标准，由法院裁量决定”。可见，在对抗滥诉和维护正当诉讼之间存在的紧张关系使得现行法中的诉讼担保在担保对象的确定上颇为尴尬。[⑤]

我们认为，诉讼担保制度设计初衷在于防止股东滥诉，正因如此，担保适用前提在于公司举证证明股东提起诉讼存在明显恶意，否则无意打破股东与公司在此间诉讼中的平等诉讼地位。在此情形下，法院事实上已对该股东起诉是否构成滥诉，公司会否产生损害赔偿请求权形成基本判断。此时对股东加以一定的担保责任，要求股东提供与公司将要遭受的不利益相当的担保，可以形成“吓阻”效果，可以维护公司正常运转，又不减损中小股东的合法权益。

---

① 一审案号：（2016）粤0308民初896号。

② 参见周学：《股东会或者股东大会、董事会决议可撤销》，载搜狐网，https：//www.sohu.com/a/564747415_121265960，最后访问日期：2022年7月20日。

③ 参见韩帅：《瑕疵公司决议侵犯中小股东权益之司法救济》，载网易网，https：//www.163.com/dy/article/H5DRS27R05389ZHO.html，最后访问日期：2022年7月20日。

④《公司决议效力之诉的诉讼担保》，载陕西法制网，https：//baijiahao.baidu.com/s?id=1701871022897334549&wfr=spider&for=pc，最后访问日期：2022年7月20日。

⑤ 参见丁勇：《公司决议瑕疵诉讼担保制度检讨及立法完善》，载《法学》2014年第5期。

八、关于公司决议撤销之程序瑕疵判定问题

我国公司法中将公司决议瑕疵划分为决议内容瑕疵和决议程序瑕疵。根据《公司法》第22条规定，凡是内容违反法律、行政法规的决议均无效，凡是程序上（召集程序、表决方式）违反法律、行政法规和公司章程或内容上违反公司章程的决议，是可撤销决议。决议内容违法，为实质瑕疵，其法律后果是该决议自始无效，从决议形成之日起就不具有法律效力，但是对公司决议内容的妥当性进行商业判断一般属于公司内部的决策自由，法律不宜过多地干预，一项公司决议如果完全遵守了公司法或者章程的程序规定而作出，则难谓决议瑕疵，除非此决议已经在内容上严重违反了法律、行政法规强制性规定。但对公司决议的程序瑕疵判断却应属于司法审查的范畴。因此，对于公司决议效力之争的焦点问题已越来越多地集中在程序瑕疵方面。

公司决议召集程序是指公司在召开股东（大）会或者董事会时，应当遵循的召集、通知等程序性规则与标准。召集程序在股东（大）会与董事会之间有所不同，甚至在有限责任公司与股份有限公司之间也有差别。关于召集权人，股东大会应由具备召集权的人召集。《公司法》第39条、第40条对此作出明确规定，在法律已就召集权人及主持人等有明确规定的情形下，任何违反规定的操作，均无疑属于程序瑕疵。关于召集通知、通知程序等在《公司法》中已有规定。例如，有限责任公司召开股东会会议，应当于会议召开15日前通知全体股东；除非公司章程另有规定或者全体股东另有约定。对有限责任公司董事会的通知程序，《公司法》没有作出明确规定，但根据公司法原理，召开董事会显然也要提前通知董事，以便董事对议题有所准备，以达到开会目的，有效、正确、及时解决公司面临的种种问题，《公司法》将有关会议通知事项留由公司章程规定。对于股份有限公司，《公司法》作出了更为明确的规定。如召开股东大会会议，应当将会议召开的时间、地点和审议的事项于会议召开20日前通知各股东；临时股东大会应当于会议召开15日前通知各股东；发行无记名股票的，应当于会议召开30日前公告会议召开的时间、地点和审议事项。对于董事会会议召集通知的规定，则要求董事会每年度至少召开两次会议，每次会议应当于会议召开10日前通知全体董事和股东。关于会议通知，还有一个必须注意的问题是，通知内容必须明确具体，尤其是会议将要讨论的议题必须准确告知，因为未在会议通知中列明的议题原则上均不得临时提交会议讨论，否则属于突袭议题，对此未经通知的议题所作的决议均不应获得法律的承认。不然的话，任何通知期限、通知方式、通知对象等要求，皆会因通知内容的不明确、通知议题与会议议题的不一致而变得毫无意义。实践之中，通知程序违法一般表现为以下几种形式：（1）公告

或通知中对召集权人记载有瑕疵；（2）未进行召集股东会的通知或公告；（3）开会的通知或公告未遵守法定期间；（4）对部分股东遗漏通知；（5）通知形式违法，如对记名股东采取公告；（6）召集通知或公告记载违法；（7）不适当的开会时间或开会地点等。

关于公司决议表决方式，公司决议作为一种团体意思，其形成依赖于多数决原则。《公司法》第22条第2款规定的表决方式通常包括股东会和股东大会、董事会会议就有关提案的投票、计票，表决结果的宣布，会议记录及签署等事项。可能导致公司决议被撤销的表决方式瑕疵，一般认为包括：（1）无表决权人参与相关决议的表决；（2）会议的主持人无主持权；（3）表决事项瑕疵；（4）表决权计算错误，如公司章程规定决议通过所需的比例为"半数以上赞成票通过"，而在统计时将期票直接计入赞成票等。

九、关于个别股东行使表决权意思表示被撤销时股东大会决议效力认定问题

股东大会决议是在股东行使表决权意思表示的基础上，按照议事规则和表决程序，以多数决原则确定的团体意思决定。[①] 据此，股东大会决议具有双层构造，同时蕴含民法与团体法的法律逻辑。一般认为，个别股东意思表示瑕疵并不必然影响股东大会决议的效力，除非该瑕疵动摇了多数决基础，致使决议行为效力存疑。换言之，在决议中，个别股东意思表示瑕疵只能借助"多数决规则"这一转介机制才能阻却决议之效力。[②]

个别股东行使表决权的意思表示被撤销时，对该部分瑕疵表决应予扣除。如其所持表决权数对多数决造成了影响，则该决议不成立；如其所持表决权数在被扣除后，表决权数仍能达到决议所需的必要多数，则该决议为有效决议。[③] 例如，股东会通过一项决议的表决数为出席会议股东所持表决数的1/2，决议当时经3/4支持表决权通过，会后持有出席会议1/5表决数的股东以受欺诈为由主张撤销表决，扣除该部分表决数后，计算出支持表决数为出席会议

① 参见袁碧华：《伪造股东签名之公司决议行为效力的区分认定》，载《国家检察官学院学报》2022年第2期。

② 参见吴飞飞：《伪造股东签名决议效力之判别——兼论意思表示瑕疵规则与公司决议瑕疵规则的适用对接》，载《南大法学》2020年第3期。

③ 参见杨心忠等：《公司纠纷裁判精要与规则适用》，北京大学出版社2014年版，第132页。

表决数的11/20，达到决议所需的1/2，故该股东会决议为有效决议。[①]

值得注意的是，有时股东意思表示瑕疵会与程序瑕疵、内容瑕疵等多种瑕疵相牵连、并存。此时应先依据各瑕疵的严重程度，对瑕疵事项进行排序分类，严重瑕疵的违法性将吸收轻微瑕疵的违法性，对决议效力的认定应以重瑕疵为准；再综合考量效果同质性及司法效率，根据导致相同法律后果的瑕疵事项，从中选择更便捷方式认定决议效力，而无须再适用意思表示瑕疵规则扣减表决权数进行判断。[②]

十、关于裁量驳回制度适用问题

《公司法司法解释（四）》第4条对裁量驳回制度进行了规定，即可撤销决议中，会议召集程序或者表决方式仅有轻微瑕疵，且对决议未产生实质影响的，人民法院不予撤销。可见，适用裁量驳回制度需符合三个要件，分别是“会议召集程序或者表决方式”“轻微瑕疵”“对决议未产生实质影响”，且上述要件应同时成立。实践中，争议多集中于“轻微瑕疵”的认定。

“轻微”是对瑕疵程度的描述。按照对决议效力的影响，涉及公司决议撤销诉讼的程序瑕疵可以分为三类：（1）《公司法司法解释（四）》第5条规定的“严重瑕疵”导致决议不成立；（2）《公司法司法解释（四）》第4条但书前规定的“一般瑕疵”导致决议可撤销；（3）《公司法司法解释（四）》第4条但书规定的“轻微瑕疵”不影响决议效力。从体系上看，裁量驳回制度是用于平衡轻微瑕疵与决议稳定之间的利益冲突，是瑕疵决议撤销制度中的例外规定，对其适用应遵循审慎原则。[③] 在实践中，在认定“轻微”瑕疵时，应以不实质损害股东表决权和知情权为标准，即以轻微瑕疵是否会导致公司各股东无法公平参与多数意思的形成以及获取对此所需的信息为判定标准。

在司法实践中，轻微瑕疵涉及的召集程序瑕疵常表现为通知时间、通知内容、召集主体及召集对象瑕疵；表决方式瑕疵常表现为签字瑕疵。“轻微瑕疵”认定标准应衡平公平价值和效率价值的冲突，在实务判断中，不能出于对效率的追求，而轻易地将有损股东权益的瑕疵归属于“轻微瑕疵”范畴，

① 参见赵心泽：《股东会决议效力的判断标准与判断原则》，载《政法论坛》2016年第1期。

② 参见吴飞飞：《伪造股东签名决议效力之判别——兼论意思表示瑕疵规则与公司决议瑕疵规则的适用对接》，载《南大法学》2020年第3期。

③ 参见中国应用法学研究所：《股东会议召开程序轻微瑕疵标准的界定》，载《人民法院案例选》2020年第7辑（总第149辑）。

只有未实质损害中小股东的权益瑕疵才属于“轻微瑕疵”。[①] 因此，单凭瑕疵的类型，很难作出绝对认定，而应将对表决结果的实质影响和对股东权利的实质影响结合起来进行判断。例如，在召集时间方面，不符合提前 15 天通知，如提前 14 天通知股东一般认定为“轻微瑕疵”，但若会议讨论事项重大，需要较长的时间供股东作出准备，或者会议地点通行艰难导致股东来不及参会，如果提前了 14 天通知，则不宜认定为“轻微瑕疵”。在召集主体方面，如果召集主体违反了《公司法》第 40 条规定的前置顺位，一般认为不属于轻微瑕疵，但若有证据显示在前序位的召集主体怠于履行职责的，也可考虑驳回撤销的诉请。

十一、关于公司决议瑕疵撤回和追认问题

《民法典》第 134 条规定：“民事法律行为可以基于双方或者多方的意思表示一致成立，也可以基于单方的意思表示成立。法人、非法人组织依照法律或者章程规定的议事方式和表决程序作出决议的，该决议行为成立。”决议行为属于团体上的多方民事法律行为，适用民事法律行为的各项规则。在没有相反规定的情况下，法律行为成立即生效，并发生当事人所期待的效力。但若行为人意思表示有瑕疵、违反强行规定或者公序良俗时，则不能发生预期效果，相应的法律行为效果一般有三种：无效、可撤销和效力待定。目前，我国《公司法》及其司法解释对于“决议无效”和“决议可撤销”的情形都有所规定，但关于“决议效力待定”的规定则还是空白。

关于瑕疵决议的撤回，现行法律虽未对此作出规定，但由于无效决议和决议不成立为自始就不发生效力，所以仅可在可撤销决议范围内讨论决议的撤回。要撤回一项决议，从法律行为理论上来说，在未以决议为基础发生任何法律关系前，原则上可以撤回，但必须通过相同方式的决议对瑕疵决议进行撤回，对于存在瑕疵的普通决议的撤回须通过普通决议予以撤回，对于存在瑕疵的特别决议的撤回须通过特别决议予以撤回，只有这样才能避免别有用心的人借助撤回的手段规避特别决议的法定数要求，才能使“多数决原则”的应有价值得以实现。瑕疵决议被撤回后即丧失法律效力。需特别指出的是，如果公司尚未依该决议与股东及第三人发生任何法律关系，那么公司就可以主动撤回瑕疵决议；如果公司已经基于该决议与股东、第三人发生法律关系，那么公司就不能单方撤回该瑕疵决议，因为公司此时对决议的撤回已不能使

---

① 参见中国应用法学研究所：《股东会议召开程序轻微瑕疵标准的界定》，载《人民法院案例选》2020 年第 7 辑（总第 149 辑）。

法律关系恢复到原始状态，如果公司仍拥有自由确认撤销权是否存在的权利，必然会危及交易安全。①

关于瑕疵决议的追认，民法与公司法中都有关于追认的规定，二者含义不同。公司法上的追认仅限于股东会决议的效力治愈理论，即以非诉讼方式补正效力瑕疵。其中，追认指股东会作出新的决议，承认此前的可撤销决议有效，以此除去此前决议的效力瑕疵。虽然我国《公司法》未作规定，但根据公司法理论，一般认为追认应具备以下条件：第一，原股东会决议具有可撤销事由，但尚未被撤销；第二，追认由股东会作出；第三，追认以决议的方式进行，即股东会作出一个新决议，承认原决议有效；第四，新决议是有效决议，如果新决议是不成立、无效或被撤销的瑕疵决议，则不能补正原决议的效力。追认决议一旦作出后，原决议自始发生效力。一般理论认为，股东会不能对不成立、无效的决议进行追认，理由是不成立的决议欠缺成立要件，无法通过新决议补正，而无效决议的合法性受到法律强制否定评价，不属于公司自治的范畴。

十二、关于表决行为是否为股东真实意思表示的认定问题

如前所述，公司决议纠纷的审理应遵循公司决议行为双层构造原理，即一般不适用民法一般规则对表决权人意思作单独评价，除非表决权人个体意思表示瑕疵导致决议存在召集程序、表决方式等严重违法情形，致使决议行为合法性存疑。在公司决议瑕疵诉讼中，股东意思表示是否真实的争议一般存在于伪造签名决议和代签名决议两种情形之中。

《公司法司法解释（四）(征求意见稿）》将“决议上的部分签名系伪造”规定为决议不成立的情形，但在正式发布时予以删除。伪造签名决议的法律效力，司法实践理解不一，主要有无效说、可撤销说、不成立说三种观点。

事实上，从公司决议的特性可知，股东、董事个人意志不等同于公司意志，股东、董事个人意志上升为公司意志需满足诸多条件和程序，因此在伪造的签名决议中，被伪造签名的表决权人个人意思表示瑕疵，不必然导致公司决议瑕疵。对于伪造签名决议的效力应区分不同情形，不能一概而论：

1. 若股东会实际召开并且形成决议，且构成该决议的多数意见并非伪造，被伪造的股东意思对决议的结果不产生影响，则该决议行为应是成立的。但

---

① 参见杨心忠等：《公司纠纷裁判精要与规则适用》，北京大学出版社 2014 年版，第 133 页。

若参会股东对伪造签名一事明知且放任甚至希望，存在侵权的共同意思，伪造签名行为和其他股东的表决行为相互联系，参会股东的行为构成共同侵权，股东会决议应属无效。[①] 理由在于，即使剔除被伪造签名的股东表决权数，决议仍然满足最低通过规定比例，此时伪造签名行为对于公司以及被伪造签名的成员均未产生实际加害后果，如果仅因伪造签名的行为而否定决议效力，则过度夸大了单个股东意思表示对公司决议的影响，否定公司决议行为双层构造原理，将公司决议行为等同于民事法律行为。北京市第三中级人民法院在（2019）京 03 民终 11528 号刘某华与北京德某特电力系统自动化有限公司公司决议纠纷一案中认为，2018 年 6 月 20 日《A 公司股东会决议》载明同意 A 公司成立清算组，上述协议内容属公司内部的自治行为，a 上诉主张协议中“a”签名并非其本人所签，并据此主张该份协议存在恶意串通、损害他人合法权益的情形，对此，虽然该份决议上“a”的签名并非其本人签署，但该份决议的内容不存在违法之处，且 a 在 A 公司持股 9.6%，A 公司其他股东均同意决议事项，故决议事项的表决通过比例亦不违反《公司法》的规定，a 签字的形式问题亦不构成恶意串通、损害他人合法权益的情形，故案涉决议中“a”签字并非本人所签不足以否认该份股东会决议的效力，本院对 a 的该项上诉主张不予采信。另外，针对 a 关于案涉决议未召开会议，系代办公司制作，故应确认无效的上诉主张，本院认为，a 的该项上诉主张并不属于否认公司决议效力的法定事由，故本院对 a 的该项上诉主张亦不予支持。

2. 若股东会没有召开或虽然召开但并没有形成决议，而行为人伪造其他股东签名以形成决议的书面文件，或者股东会召开后形成决议所需的多数系因伪造他人意思表示而导致，此时股东会决议因欠缺成立的形式要件而不成立。[②] 深圳市中级人民法院在（2018）粤 03 民终 23175 号（香港）某国际商务公司与达某房地产发展（深圳）有限公司、宁波某投资合伙企业（有限合伙）公司决议纠纷二审案中认为，涉案股东会决议的形成未召开股东会，形成该决议时施行的 A 公司章程也没有规定任免董事可以不召开股东会而直接作出决定，A 公司的股东亦未以书面形式一致表示同意可以不召开股东会会议而直接作出决定并由全体股东在决定文件上签名、盖章。故该股东会决议作出程序不符合法律规定。2017 年 6 月 16 日该股东会决议上加盖的 B 公司印章，已由 B 公司于 2017 年 1 月 18 日在南方都市报刊登声明停止使用并作

---

① 参见《公司决议纠纷 7 问 7 答》，载微信公众号“最高人民法院司法案例研究院”2022 年 4 月 22 日。

② 参见《公司决议纠纷 7 问 7 答》，载微信公众号“最高人民法院司法案例研究院”2022 年 4 月 22 日。

废，决议上B公司代表人“a”的签字非其本人所写，亦无证据表明是a授权他人代为签字，故该股东会决议上加盖的B公司印章及“a”签字均不能视为B公司的意思表示，不具有法律效力。故应认定该股东会决议不成立，A公司依据该股东会决议进行的工商变更登记事项，应由该公司向工商部门办理撤销登记。

3. 伪造签名决议的效力瑕疵可能因为某些特殊原因而消失或补正。如会议记录、签到表、会议录像、其他参会人员证言等证据证明该股东在决议形成过程中进行了表决，且表决内容与股东会决议记载内容一致，再如该股东事后履行股东会决议内容。广州市中级人民法院在（2017）粤01民终522号李某会与张某达、苏某民等损害股东利益责任纠纷二审案件中认为，上述股东会决议上“a”的签名并非a本人所签。由此可见，该股东会的会议召集程序及表决方式违反了2015年3月27日的A公司章程载明“股东会会议执行股东一致同意通过表决制度”的内容，侵害了a作为股东的权利，a作为股东，可以向人民法院提起公司决议撤销之诉，请求人民法院撤销该股东会决议，但必须自决议作出之日起60日内提出。该期间属于除斥期间，一旦期间经过后，撤销权人就丧失了实体法上的撤销权。纵观本案，a要求撤销的股东会决议于2015年9月28日形成，以此推算，a应在决议作出之日起60日内提出，而a于2016年1月22日提起诉讼，超过了60日，a丧失了实体法上的撤销权。因此，对a提起的本案诉讼，原审法院依法予以驳回。

对于代签名决议的效力问题，首先应明确代签行为本身的效力。如果代签是表决权人事先授权、明知代签而默认或事后追认，则该代签名为表决权人的真实意思表示，表决权人事后以代签为由提出异议，法院不应予以支持；如果代签是表决权人不知情的情况下作出，表决权人事后不予追认，则与前述伪造签名决议一样，根据不同情形对其效力作出相应的评价。

十三、关于股东除名决议问题

《公司法司法解释（三）》第17条第1款规定：“有限责任公司的股东未履行出资义务或者抽逃全部出资，经公司催告缴纳或者返还，其在合理期间内仍未缴纳或者返还出资，公司以股东会决议解除该股东的股东资格，该股东请求确认该解除行为无效的，人民法院不予支持。”根据该条款，有效的除名决议应满足以下条件：一是作出主体，限于有限责任公司；二是除名对象，限于未履行出资义务或者抽逃全部出资的股东；三是前置程序，须经公司催告后在合理期间内仍未缴纳或者返还出资。

该条款中规定的除名对象限于未履行出资义务或者抽逃全部出资的股东，

那么对未全面履行出资义务或者抽逃部分出资的股东作出的除名决议，是否有效？实务中普遍认为，如果公司章程对此种情形作了明确规定，且不违反法律强制性规定和民法、公司法基本原则，未侵害股东的固有权利，则按公司章程规定处理即可。但如果公司章程对此种情形未作规定，实务中存在以下两种不同观点：

第一种观点认为，该除名决议无效。理由是，从《公司法司法解释（三）》的行文用词逻辑来看，最高人民法院对于“未履行出资”和“未全面履行出资”两种情形作了明显区分。根据《公司法司法解释（三）》第17条第1款规定，解除股东资格是最严厉的处罚措施，只适用于严重违反出资义务的情形，即未履行出资义务或者抽逃全部出资这两种情形，未完全履行出资义务和抽逃部分出资不应包括在内。

第二种观点认为，该除名决议有效。理由是，虽然《公司法》对未全面履行出资义务或者抽逃部分出资的股东是否可以被部分解除股东资格的问题没有明确规定，但是，从公司法的整体框架考虑，应遵循立法原则及立法目的进行综合判断。股东享有权利的前提是承担股东义务，向公司缴纳出资是股东最重要最基本的义务。股东未全面履行出资义务却享有完全的股东权利，违反民事活动中的权利义务对等原则。

从最高人民法院司法解释角度看，第一种观点更具合理性。《公司法司法解释（三）》第13条规定债权人可以请求逾期出资股东在未出资本息范围内对公司债务不能清偿的部分承担补充赔偿责任的，明确列明请求对象为未履行或者未全面履行出资义务的股东；第16条规定公司对股东权利作出相应的合理限制时，亦明确限制对象为未履行或者未全面履行出资义务或者抽逃出资的股东。该两个条文用词明显区分了“未履行出资”和“未全面履行出资”两种情形。从该行文用词的逻辑角度分析，《公司法司法解释（三）》第17条规定的除名对象亦应限定为“未履行出资义务”和“抽逃全部出资”两种情况，“未全面履行出资义务”和“抽逃部分出资”不应是除名的法定条件。从立法目的来说，《公司法司法解释（三）》第17条旨在督促股东尽快出资，保证公司资本的确定和充实。股东除名决议的后果是使股东丧失股东资格，这种严厉的措施只适用于严重违反出资义务的情形。

需要注意的是，虽然对于未完全履行出资义务和抽逃部分出资的股东，公司对其作出的除名决议因违反法律规定而无效，但公司可取消未出资或抽逃出资部分的相应股权。（2016）最高法民申237号尹某庆、王某等与日某君泰房地产（集团）有限公司股东资格确认纠纷再审一案中，最高人民法院认为，a抽逃增资款事实存在，在公司催讨后并未补足，公司股东会可以解除其相应股权，故公司股东会决议的效力应予认可。现a没有证据证明涉案股东会程序以及决议内容存在法律法规禁止性规定的情形，故其相应主张本院亦不予支持。

十四、关于比例原则在公司决议无效之诉中的探索适用问题

如前所述，并非所有限制或剥夺他人权益的决议都会被认定为无效。司法实践对同种类型的决议作出不同的评判结果，其原因除了法律条文原则性、法官认知理解不同外，还有可能是对个案利益衡量的结果。如（2016）最高法民申334号夏某中与贵州省黔某交通运输联合有限公司、何某阳、潘某华公司决议效力确认纠纷再审一案中，最高人民法院认为，股东会作出的关于增加注册资本以及修改公司章程的股东会决议内容，没有经过当时仍持有公司93.33%股权的a的同意，也没有证据证明a就公司的该次增资已知悉并明确放弃了优先认缴权，故上述决议内容违反了《公司法》关于股东有权优先按照实缴的出资比例认缴出资的规定，侵犯了a认缴增资的合法权益，应认定无效。而（2019）京02民终3289号徐某诉北京某水泥有限公司公司决议效力确认纠纷一案中，北京市第二中级人民法院认为，侵害股东优先认缴权的公司增资决议的效力认定，应当从股东优先认缴权和公司决议的性质两个层面进行法律评价，决议内容未违反法律、行政法规的强制性规定，且公司增资具有正当目的，决议已经履行、恢复原状成本较高的，对股东确认增资决议无效的诉讼请求，应当不予支持。该两个案例中，第一个案例并未明确《公司法》关于股东享有公司增资优先认缴权的规定是否为强制性规定，因此无法得出两份判决相矛盾的结论，考虑到两案原告所持股份比例、决议履行等具体情况的不同，结论不同更有可能是利益衡量的结果。

为了更好衡量公司决议所涉多方利益，对公司决议效力作出更为科学合理的评判，有必要在司法实践中引入比例原则。比例原则起源于行政法领域，是为了保护公民的基本权利而发展起来的，其基本理念是，只有符合以下情况，才能对个人自由及私法自治进行干预：此种干预相对于一个更高的利益而言是必要的；干预必须适合于达成所欲求之目的；而且要采用最和缓的手段来实现此目的。[①] 比例原则包括三项分支原则，即妥当性、必要性与均衡性。妥当性原则，又称适当性原则，它是指公权力行为的手段必须适当，能够促进所追求目标之实现；必要性原则，又称最小损害原则，它要求公权力

---

① Karl Larenz, Manfred Wolf. Allgemeiner Teil des B ü rgerlichen Rechts, C. H. Beck Press, 2004.S.2.

行为者所运用的手段是必要的，即手段对行政相对人造成的损害应当降至最低；均衡性原则，即狭义比例原则，它要求公权力行为的手段所增进的公共利益与其所造成的损害成比例。[①]就其对司法的拘束而言，法官在个案中需要根据比例原则审慎权衡为实现目的所采取的限制基本权利的手段是否为必要，有无更为和缓的替代性措施，该和缓性措施所造成的不利益与所追求的目的之间是否相均衡，从而认定对基本权利之干预是否正当。[②]

在公司决议纠纷案件审理中引入比例原则，有助于法官从更加客观的角度衡量各方利益，界定资本多数决在具体个案中是否越过边界，构成滥用。具体操作步骤如下：

1. 利益分析。即分析公司决议内容损害哪些利益，公司决议内容可能损害部分股东个人利益，也可能损害公司利益，甚至可能损害外部人员利益、社会公共利益。有些决议内容表面上损害的是部分股东个人利益甚至未损害任何人利益，但实质损害的是现代公司治理结构的基本支撑，触及公司治理法律关系中的基本道德底线，危及公司作为法定形态市场主体的同质性，此时无论相关利害关系人是否同意，均应认定为损害社会公共利益，如改变股东大会和董事会的法定职权、限制和剥夺股东知情权、参会权、代表公司诉讼权，在监事会中排除职工代表，违反禁售期的规定转让股权等。

2. 利益衡量。具体依据公司决议所损害的利益类别区别处理：损害外部人员利益、公司利益和社会公共利益的决议，如无法通过其他途径救济或者有其他途径救济但成本过高的，决议无效；如果有合理救济途径的，不宜轻易认定决议无效。特别是对外部人员而言，考虑到如果外部人员动辄以利益受损为由请求法院介入，公司的正常经营将存在巨大的风险，因此对外部人员提起的公司决议效力纠纷诉讼应当严加审查。至于何为合理救济途径，以公司决议减资为例，如果公司决议减资未实际减损公司资产，此时权益受损的债权人无权起诉请求确认公司决议无效，因为债权人可以要求减资股东及相关人员对其债权承担相应的责任。

损害公司股东个人利益的公司决议，根据比例原则进行以下分析：第一，该公司决议的目的是否正当；第二，该公司决议是否有助于保护该正当目的；第三，是否还有其他措施能够达到该正当目的；第四，对股东个人利益所造成的损害是否超过保护该正当目的所必要的限度。如果上述四个问题的回答中有一项是否定的，那么该决定应认定为无效。

---

① 参见潘璐：《比例原则的起源及特点》，载《人民法院报》2020 年 10 月 30 日。

② 参见郑晓剑：《比例原则在民法上的适用及展开》，载《中国法学》2016 年第 2 期。

十五、关于公司决议无效、不成立是否适用诉讼时效的问题

不同于公司决议撤销之诉，《公司法》及司法解释对于公司决议无效、不成立之诉并未规定相应的时效期间，因此在司法实践中产生了该两种诉讼是否应适用诉讼时效的争论。第一种观点认为应适用诉讼时效；第二种观点认为不应适用诉讼时效；第三种观点认为不应适用诉讼时效，但相关利害关系人怠于行使权利的，对其诉讼请求应予驳回。

从无效、不成立决议的性质与诉讼时效的立法宗旨而言，公司决议无效、不成立之诉不适用诉讼时效：第一，法律行为无效、不成立为客观事实，不因时间的经过而发生任何变化。如果适用诉讼时效，意味着违法行为经过一段时间便可得到法律保护，显然不符合立法宗旨和目的。第二，诉讼时效的目的在于督促权利人及时行使权利，因此仅有请求权能够适用诉讼时效的规定。公司决议无效、不成立之诉为确认之诉，当事人是就决议是否存在及其效力产生争议，对应的实体权利并非请求权。第三，上述第一、三种观点都存在不妥当之处。第一种观点出于稳定市场秩序的目的而主张适用诉讼时效，但公司决议对内和对外的效力本身就存在区别，公司决议效力对于外部交易行为的影响是极为有限的。如果采取第三种观点，要求利害关系人及时行使权利，将涉及利害关系人行使权利的期间如何界定的问题，这个问题无法通过司法解决。

十六、关于公司依据决议与善意相对人业已形成的民事法律关系是否受到决议无效或撤销影响的问题

《公司法司法解释（四）》第6条规定："股东会或者股东大会、董事会决议被人民法院判决确认无效或者撤销的，公司依据该决议与善意相对人形成的民事法律关系不受影响。"《民法典》第85条规定："营利法人的权力机构、执行机构作出决议的会议召集程序、表决方式违反法律、行政法规、法人章程，或者决议内容违反法人章程的，营利法人的出资人可以请求人民法院撤销该决议。但是，营利法人依据该决议与善意相对人形成的民事法律关系不受影响。"

民商事法律关系中，公司作为行为主体实施法律行为的过程可以划分为两个层次：一是公司内部的意思形成阶段，通常表现为股东会或董事会决议；二是公司对外作出意思表示的阶段，通常表现为公司对外签订合同。第二个

层次中，公司对外签订的合同，应适用合同法一般原则及相关法律规定认定其效力。出于保护善意第三人和维护交易安全的考虑，在公司内部意思形成过程存在瑕疵的情况下，只要对外的表示行为不存在无效的情形，公司就应受其表示行为的约束。即使嗣后相关公司决议被课以否定性评价，也只是在公司内部发生效力，对公司与善意第三人业已形成的民事法律关系没有溯及效力，公司依据该决议与善意相对人形成的民事法律关系不受影响。最高人民法院在（2012）最高法民二终字第35号某材料科技股份有限公司与中国农业银行股份有限公司某县支行、三门峡某有限责任公司、辽宁某集团实业有限公司保证合同纠纷一案中指出，公司法人依据法定和公司章程规定的程序作出的决策，如无相反证据证明，应属于其真实意思表示，依法应当自行承担由此带来的投资收益与风险，不得对抗善意第三人。当事人依公司章程形成董事会决议并出具担保函，在无其他证据证明其违反意思自治原则的情况下，应认为属于公司真实意思表示，不能因此影响担保合同的效力。

如何判断相对人是否善意，司法实践中存在不同的做法。第一种观点认为，决议对公司内部人有约束力而不能约束外部人，唯当外部法律行为构成法定的无效行为时，才应认定无效。第二种观点认为，相对人的善意是由法律推定的，相对人无须举证自己的善意，如果公司主张相对人恶意，应负举证责任。第三种观点认为，如果公司决议存在瑕疵，则相对人应自证其善意，否则推定为恶意。第四种观点认为，相对人的审查标准随交易情境的不同而不同，应具体案件具体分析。建议参照《民商审判会议纪要》第18条规定的公司为他人提供担保情形下相对人善意的认定标准以及第19条无须机关决议的例外情况进行认定，即按照外部交易行为给公司所设义务的轻重及是否带来利益，相应地减轻或加重相对人的善意标准，但最高注意义务限于对股东会决议或董事会决议的形式审查。

第四节　常见争点说理示范

一、针对是否具有确认公司决议效力纠纷之诉的利益的裁判说理示范

【适用情形】股东对确认股东会决议有效的请求具有诉的利益，其有权提

起确认股东会决议有效之诉。

【说理示范】公司法上的确认公司决议无效或者不成立之诉是民事诉讼法上一般确认之诉的特别类型，其并不排除当事人在符合条件时提起民事诉讼法上的一般确认之诉，即不能因《公司法》及《公司法司法解释（四）》仅规定了确认公司决议无效或者不成立之诉及公司决议撤销之诉就当然否定当事人提起的确认公司决议有效之诉。股东会决议属于公司自治范畴事项，通常情况下，股东会作出的决议，对全体股东均具有拘束力，其有效性毋需通过司法确认加以确定。考察司法是否有必要介入公司治理，应主要考量个案中股东确认股东会决议有效的请求是否具有可诉性，是否有必要以司法裁判的形式给当事人以救济，即股东对此是否有诉的利益。本案中，2017 年 2 月 16 日形成的《甲公司关于变更执行董事的股东会决议》载明：解除 a 的 A 公司执行董事职务；由 b 担任 A 公司执行董事，并根据公司章程由其担任法定代表人。因 a 与 b、c 对该股东会决议的效力存在争议，致无法变更公司执行董事和法定代表人的登记，该股东会决议作出后实际未得到及时、有效履行，故认可该决议的 b、c 要求 A 公司及 a 按照该股东会决议协助履行办理工商变更登记手续的义务，需以请求确认该股东会决议有效为前提。鉴此，b、c 对确认 2017 年 2 月 16 日股东会决议有效的请求具有诉的利益，其提起确认股东会决议有效之诉，属于人民法院受理案件范围。

【参考裁判文书】广东省深圳市中级人民法院（2018）粤 03 民终 11880 号全某、周某康与深圳市梧桐会投资发展有限公司、苗某学公司决议效力确认纠纷一案二审民事裁定书。

二、针对公司决议瑕疵诉讼适格原告认定的裁判说理示范

（一）关于公司是否具备提起公司决议瑕疵诉讼资格的裁判说理示范

【适用情形】公司决议效力案件只有公司才是适格被告，公司不具有提起公司决议效力诉讼的主体资格。

【说理示范】首先，具有诉的利益是当事人行使诉讼权利的要件，也是法院进行民事实体裁判的前提。本案中，A 公司的股东并未提起相应诉讼，应视为案涉决议不存在争议，也就不具有通过民事诉讼予以救济的必要性和实效性，故 A 公司无需请求法院对于该决议的效力进行确认。其次，A 公司通过股东会决议形式解除了 a 股东资格是公司内部的自治行为，依照法律或公

司章程规定的议事方式和表决程序作出的决议，自作出时生效，只有存在效力阻却事由时才会导致效力瑕疵，而依照我国现行《公司法》和相关司法解释的规定，该效力阻却事由包括股东、董事、监事提起“公司决议无效、可撤销或不成立”之诉，但并未将确认公司决议有效之诉列为人民法院民事案件的受理范围。最后，《公司法司法解释（四）》第 3 条第 1 款规定“原告请求确认股东会或者股东大会、董事会决议不成立、无效或者撤销决议的案件，应当列公司为被告”，故涉及公司决议效力的案件只有公司才是适格被告，而本案中 A 公司作为原告起诉，其诉讼地位亦不符合上述司法解释的规定，故 A 公司不具有提起该诉的主体资格，A 公司提起的公司决议效力确认之诉也不属人民法院审理范围。河南省高级人民法院（2018）豫民终 645 号民事裁定关于 A 公司提起的公司决议效力确认之诉属于人民法院审理范围的认定不当，本院予以纠正。

【参考裁判文书】最高人民法院（2019）最高法民再 335 号王某宣与付某雨、禹州市方山镇付家门村新型建材有限公司第三人撤销之诉一案再审民事裁定书。

（二）关于隐名股东是否具备提起公司决议瑕疵诉讼资格的裁判说理示范

【适用情形】隐名股东不具有提起公司决议效力诉讼的主体资格。

【说理示范】a 对于 A 公司工商登记及公司章程均未记载其为公司股东的事实并无异议，根据《公司法》第 32 条 2 款规定，“记载于股东名册的股东，可以依股东名册主张行使股东权利”。因此，a 并非公司法意义上的合法股东，据此，咸阳市中级人民法院（2012）咸民终字第 00058 号民事判决认定 a 不享有参加股东会的权利，无权对公司股东会决议提出异议并无不当。因为 a 虽然对公司进行了实际出资，但其出资份额由 A 公司合法股东予以代表，其仅为 A 公司的隐名出资人。所以，其无权对公司股东会决议提出异议。

【参考裁判文书】陕西省高级人民法院（2014）陕民二申字第 00082 号刘某忠与咸阳红旗商场有限公司公司决议效力确认纠纷一案再审民事裁定书。

（三）关于股权归属存在争议的登记股东是否具备提起公司决议瑕疵诉讼资格的裁判说理示范

【适用情形】股权归属存在争议，不足以成为否认股东提起公司决议撤销之诉的理由。

【说理示范】A 公司以 a 并非其实际股东为由向本院申请再审，并提交了《股东出资协议》《本人关于放弃 A 公司名义股东的声明》《验资报告》及 b 的证人证言，以证明 a 并未对 A 公司出资，实际上是代 b 持有股权，其无权提起撤销公司决议的诉讼。对此，本院认为，《公司法司法解释（四）》第 2 条规定，依据《公司法》第 22 条第 2 款请求撤销股东会或者股东大会、董事会决议的原告，应当在起诉时具有公司股东资格。本案中，a 在起诉时已被登记为 A 公司股东，即使如 A 公司所称 a 未实际出资，但在认缴资本制下，a 仍具有公司法意义上的股东身份，有权依据《公司法》第 22 条第 2 款的规定，提起公司决议撤销之诉。A 公司提交《股东出资协议》《本人关于放弃 A 公司名义股东的声明》《验资报告》及 b 的证人证言，但 a 对上述证据予以否认，能够说明双方对 a 持有股权的归属存在争议，该争议应当通过股东资格确认进行解决，不足以成为否认 a 具有提起本案诉讼权利的理由。

【参考裁判文书】河南省信阳市中级人民法院（2020）豫 15 民终 3064 号河南中智电烨电力科技有限公司与周某伦公司决议撤销纠纷一案二审民事判决书。

（四）关于进行福利投资的出资员工是否具备提起公司决议瑕疵诉讼资格的裁判说理示范

【适用情形】员工出资属于公司福利投资行为，仅享有财产性利益，不具有提起撤销公司决议诉讼的主体资格。

【说理示范】本案中，a 请求撤销 A 公司董事会及股民代表会议决议，依法应在起诉时具有 A 公司股东资格，否则不符合本案起诉条件。判断 a 是否是 A 公司股东，应结合 A 公司章程、股东名册、工商登记信息、出资情况以及 a 是否实际行使股东权利等情形予以综合认定。经查明，A 公司成立时由吴某某等四人作为发起人提交公司设立申请、签署公司章程并进行股东登记，但 a 未参与公司设立及章程制定，亦不在 A 公司历次的工商登记股东名单中。A 公司于 1998 年组织 a 等人“入股集资”，在相关交款通知中明确该集资系“为尽快收集资金开展公司正常业务”，集资人员主要为 B、C、D 等单位公务人员。该集资活动与一般股东为公司设立或增资而出资的行为有明显区别，集资对象亦有明显的单位职工身份属性。自参与集资时起至本案起诉前十余年间，a 除领取 A 公司定期向其个人银行账户汇入的固定款项外，未向 A 公司提出确认其股东身份或行使参与公司重大决策、选择管理者等股东基本权利的要求。综合考虑以上情形，a 向 A 公司的出资属于公司福利投资行为，仅享有财产性利益。A 公司虽在《入股人员名册》《股权证》等文件中将 a 列为“股东”，并使用“股权”“认股数”“原始股”等用语，但并非公司法意义上的股东及股权，故 a 不是 A 公司股东，不具有提起撤销公司决议诉讼的主体资格。

【参考裁判文书】最高人民法院（2020）最高法民申 1255 号杨某明与贵

州省黔东南州金凯有限责任公司公司决议撤销纠纷一案再审审查与审判监督民事裁定书。

三、针对公司决议是否成立的裁判说理示范

（一）关于未达到规定最低比例的董事会决议不成立的裁判说理示范

【适用情形】董事会决议形成的表决结果因未达到公司章程规定的通过比例，因此可认定该决议不成立，自始没有法律效力。

【说理示范】本案中 b 提起的董事会决议不成立之诉实质在于要求否定董事会决议法律行为的成立，要求确认无决议存在之法律事实，即要求确认第 39 次董事会决议自始没有法律效力，是一种确认之诉。对于 A 公司董事会的议事规则，A 公司章程第 11 条表决权分 5 个款项对公司不同事项的表决方式进行了规定，其中对于合营公司章程的修改、解散、合并、增资等事项须经出席会议董事一致投票通过，对于任何不在年度计划内超过 10 万美元公司财产的处置、超过 5% 总年度预算的债务的产生、批准年度生产计划等事项须经出席会议的至少 9 名董事投票通过，董事会其他决议采取简单多数赞成票通过。通过章程的上述规定可以看出，A 公司对于公司事项的决议通过是按照事项本身的重要程度而采取不同的表决方式。现 a 与 b 双方对于本案所涉的成本优化方案本身的性质各执一词，是属于应由 9 人以上投票通过（以下简称绝对多数决）的事项甚至全票通过的事项，还是应由 7 人以上投票通过（以下简称简单多数决）的事项，双方也各执一词。在此情况下，本院认为，在 A 公司章程中对于任何不在年度计划内的超过 10 万美元的合营公司财产的处置都规定为重大事项，而本案所涉《成本优化方案》虽未明确列明属于重大事项，但却涉及 A 公司 200 多名员工的裁减，亦可能涉及高达 690 万欧元的补偿，在双方对此有争议的情况下，a 以该成本优化方案应属于简单多数决事项，以董事会 7 名董事投赞成票为由主张董事会决议已成立并生效，与 A 公司章程规定的议事规则不符，为保证 A 公司各股东的利益及公司的正常经营发展，在双方对于成本优化方案的性质有争议，且合营合同及章程对此无明确规定的情况下，原审法院判决该董事会决议不成立的法律后果系自始没有法律效力，结果并无不当，本院依法予以维持。但该事项确未在 A 公司的合资合同及章程中作出明确规定，导致本案双方对于成本优化方案是否属于绝对多数决事项或全票通过事项，以及应以何种票决方式通过产生争议，而对于此争议，应属于公司内部自治的范畴，应由公司通过内部救济途径予以

确定。综上，a 的上诉请求不能成立，本院不予支持，原审判决的结果并无不当，本院依法予以维持。

【参考裁判文书】山东省青岛市中级人民法院（2016）鲁 02 民终 2137 号青岛市企业发展投资有限公司与青岛朗讯科技通讯设备有限公司公司决议纠纷一案二审民事判决书。

（二）关于股东成员签名是否完备不影响决议成立的裁判说理示范

【适用情形】股东会决议成立与否应以会议的召集、议事方式、表决程序是否符合公司章程规定，以及决议内容是否符合法律规定为判断依据，股东成员签名是否完备不影响决议的成立。

【说理示范】本案为公司决议纠纷。本案二审的争议焦点为涉案《A 公司股东会决议》是否成立。首先，按照《公司法》第 41 条、第 42 条的规定，公司召开股东会议后，应形成股东会议决议及会议记录。其中，会议记录是对股东会所议事项的决定的一种记录，可以理解为一种文书和载体，是一种形式；而股东会决议，是股东会对所议事项通过的一项决定，是一种实质性的内容。会议记录是对股东讨论过程的记录，可能包括不同的观点；股东会决议则是对股东会讨论议题最后结果的记录。本案中，《A 公司股东会决议》明确记载了股东会决议的内容，应属于股东会决议，原审法院适用《公司法》第 41 条关于会议记录的规定，认为《A 公司股东会决议》应由出席股东签名才成立，明显不当。其次，《公司法》第 43 条规定，股东会的议事方式和表决程序，除本法有规定的外，由公司章程规定。股东会会议作出修改公司章程、增加或者减少注册资本的决议，以及公司合并、分立、解散或者变更公司形式的决议，必须经代表 2/3 以上表决权的股东通过。涉案股东会决议的事项并非有关公司资本或合并等重大事项，而是关于人事调整及财务审计的事项，根据《A 公司章程》的规定，涉案决议事项应由股东按照出资比例行使表决权。根据原审查明事实可知，a 占 A 公司 70% 的股份，且 a 已经在涉案股东会决议上签名同意该决议结果。按照资本多数决的表决原则，《A 公司股东会决议》已经成立。股东会决议作为一种特殊的民事法律行为，应按照《公司法》关于成立的规定予以调整。原审法院根据原《民法通则》第 55 条的规定，认定涉案决议并非股东的真实意思表示，没有成立，显属不当。可见，从性质上看，公司决议为公司的意思表示，股东会的行为都被拟制为公司的行为。当然，公司的意思表示不能机械地理解为全体股东的一致意思表示，更非完全一致的共同行为。为照顾多数表决者的意思表示，并兼顾公司决策的效率，股东会决议不能遵循一致决议的原则。根据原审查明事实，b 已于 2014 年 9 月 17 日出席了股东会，并对有关议决事项作出表态，在股东会内容及程序均符合《公司法》规定的情形下，本院依法确认《A公司股东会决议》成立。原审法院认定《A公司股东会决议》不成立，明显不当，依法予以纠正。

【参考裁判文书】广东省广州市中级人民法院（2015）穗中法民二终字第138号赵某菊与孙某芬、广州新创博文具有限公司公司决议纠纷一案二审民事判决书。

（三）关于未经全体股东一致同意的定向减资决议不成立的裁判说理示范

【适用情形】除公司章程或者全体股东另有约定以外，公司通过定向减资导致的股权结构变化，须经全体股东一致同意，否则构成《公司法司法解释（四）》规定的决议不成立的情形。

【说理示范】减资存在同比减资和不同比减资两种情况，《公司法》第43条规定的"减少注册资本"应当仅仅指公司注册资本的减少，而非涵盖减资后股权在各股东之间的分配。不同比减资会直接突破公司设立时的股权分配情况，若只需经2/3以上表决权的股东通过即可作出，实际上是以多数决形式改变公司设立时经发起人一致决所形成的股权架构，故对于不同比减资，除全体股东或者公司章程另有规定外，应当由全体股东一致同意。本案中，A公司的股东中仅有B公司进行减资，不同比的减资导致a的股权比例从24.47%上升到25.32%，该股权比例的变化并未经a的同意，违反了股权架构系各方合意结果的基本原则。A公司的财务报表显示，A公司出现严重亏损状况，a持股比例的增加在实质上增加了a作为股东所承担的风险，故一定程度上损害了a的股东利益。A公司股东会决议符合《公司法司法解释（四）》第5条第5项规定的"导致决议不成立的其他情形"，即应认定案涉股东会决议不成立。

【参考裁判文书】上海市第一中级人民法院（2018）沪01民终11780号华某伟与上海圣甲虫电子商务有限公司决议纠纷一案二审民事判决书。

（四）关于实际控制公司的股东虚构的股东会决议不成立的裁判说理示范

【适用情形】对公司享有实际控制权的股东个人利用控制公司的便利作出的个人决策不能代替股东会议，由此形成的股东会决议不成立。

【说理示范】有限责任公司的股东会议，应当由符合法律规定的召集人依照法律或公司章程规定的程序，召集全体股东出席，并由符合法律规定的主持人主持会议。股东会议需要对相关事项作出决议时，应由股东依照法律、公司章程规定的议事方式、表决程序进行议决，达到法律、公司章程规定的表决权比例时方可形成股东会决议。有限责任公司通过股东会对变更公司章程内容、决定股权转让等事项作出决议，其实质是公司股东通过参加股东会议行使股东权利、决定变更其自身与公司之间民事法律关系的过程，因此公司股东实际参与股东会议并作出真实意思表示，是股东会议及其决议有效的必要条件。本案中，虽然被告 a 享有被告 A 公司的绝对多数的表决权，但并不意味着 a 个人利用控制公司的便利作出的个人决策过程就等同于召开了公司股东会议，也不意味着 a 个人的意志即可代替股东会决议的效力。根据本案事实，不能认定 2004 年 4 月 6 日 A 公司实际召开了股东会，更不能认定就该次会议形成了真实有效的股东会决议。A 公司据以决定办理公司变更登记、股权转让等事项的所谓“股东会决议”，是当时该公司的控制人 a 所虚构，实际上并不存在，因而当然不能产生法律效力。

【参考裁判文书】江苏省南京市玄武区人民法院（2006）玄民二初字第 1050 号张某娟诉江苏万华工贸发展有限公司、万某、吴某亮、毛某伟股东权纠纷一案一审判决书（《最高人民法院公报》2007 年第 9 期）。

（五）关于会议未实际召开的股东会决议不成立的裁判说理示范

【适用情形】公司发出股东大会会议召集通知，但会议未实际召开，由此形成的股东大会决议不成立。

【说理示范】虽然被告 A 公司在全国股份转让系统指定信息披露平台上披露了召开股东大会会议的通知，但根据 c 的陈述及 c 与被告董事会秘书 b 的通话录音，能够证明案涉股东大会并未实际召开，仅由各股东在股东大会会议记录及会议决议签字页上签名。根据被告 A 公司章程的规定，股东如需委托他人代为参加股东大会并表决，除在授权委托书上载明代理人姓名外，还应载明对各议案是否享有表决权及对各议案的表决指示等，但 A 公司提供的原告 a 对 c 的授权委托书并不符合上述公司章程的规定，且被告 A 公司在审理中亦未提供其他证据证明原告对案涉股东大会相关议案出具的具体表决意见，故 A 公司依据案涉授权委托书通知 c 代原告签署股东大会会议记录及会议决议签字页，并按 A 公司自己的意思记录原告 a 的表决意见，该行为侵害了原告 a 行使股东表决权的权利。故原告 a 要求确认案涉股东大会决议不成立的诉讼请求，本院依法予以支持。

【参考裁判文书】江苏省扬中市人民法院（2020）苏 1182 民初 1876 号张某与江苏海天微电子股份有限公司公司决议效力确认纠纷一案一审民事判决书。

四、涉及股东利益的决议效力的裁判说理示范

（一）关于股东会决议通过多数决提前小股东出资期限而无效的裁判说理示范

【适用情形】公司通过多数决所形成的提前小股东出资期限的股东会决议内容无效。

【说理示范】本案的争议焦点在于A公司通过多数决所形成的提前小股东出资期限的股东会决议内容效力如何。对此，本院分析如下：首先，股东出资的内容包括出资金额、出资方式、出资时间等，股东依据公司章程规定的出资时间享有相应的期限利益。A公司章程明确规定，三名股东的出资时间均为2039年12月31日前。在此之前，包括a在内的股东均无出资义务，即便b、c均已提前实缴出资，亦无法推定a即构成拖延出资。其次，涉案变更股东出资期限的决议内容系仅针对小股东a，依据查明事实，b与c系一致行动人，在案证据无法证明其已实缴出资，在b、c与a享有同等出资期限利益、且目前同未实缴的情形下，b与c利用股东会多数决原则通过仅针对a、剥夺a一人出资期限利益的决议，构成股东滥用权利损害其他股东的利益，违反了《公司法》的强制性规定，应属无效。

【参考裁判文书】上海市第二中级人民法院（2021）沪02民终8430号上海潮旅商务咨询有限公司与倪某言公司决议效力确认纠纷一案二审民事判决书。

（二）关于公司股东滥用控股地位损害其他股东出资期限利益的决议无效的裁判说理示范

【适用情形】公司股东滥用控股地位，以多数决方式通过修改出资期限决议，损害其他股东期限权益，其他股东请求确认该项决议无效的，法院应予支持。

【说理示范】根据《公司法》相关规定，修改公司章程须经代表全体股东2/3以上表决权的股东通过。本案临时股东会决议第2项系通过修改公司章程将股东出资时间从2037年7月1日变更为2018年12月1日，其实质系将公司股东的出资期限提前。而修改股东出资期限，涉及公司各股东的出资期限利益，并非一般的修改公司章程事项，不能适用资本多数决规则。理由如下：

首先，我国实行公司资本认缴制，除法律另有规定外，《公司法》第28条规定“股东应当按期足额缴纳公司章程中规定的各自所认缴的出资额”，即法律赋予公司股东出资期限利益，允许公司各股东按照章程规定的出资期限缴纳出资。股东的出资期限利益，是公司资本认缴制的核心要义，系公司各

股东的法定权利，如允许公司股东会以多数决的方式决议修改出资期限，则占资本多数的股东可随时随意修改出资期限，从而剥夺其他中小股东的合法权益。

其次，修改股东出资期限直接影响各股东的根本权利，其性质不同于公司增资、减资、解散等事项。后者决议事项一般与公司直接相关，但并不直接影响公司股东之固有权利。如增资过程中，不同意增资的股东，其已认缴或已实缴部分的权益并未改变，仅可能因增资而被稀释股份比例。而修改股东出资期限直接关系到公司各股东的切身利益，如允许适用资本多数决，不同意提前出资的股东可能因未提前出资而被剥夺或限制股东权益，直接影响股东根本利益。因此，修改股东出资期限不能简单等同于公司增资、减资、解散等事项，亦不能简单地适用资本多数决规则。

最后，股东出资期限系公司设立或股东加入公司成为股东时，公司各股东之间形成的一致合意，股东按期出资虽系各股东对公司的义务，但本质上属于各股东之间的一致约定，而非公司经营管理事项。法律允许公司自治，但需以不侵犯他人合法权益为前提。公司经营过程中，如有法律规定的情形需要各股东提前出资或加速到期，系源于法律规定，而不能以资本多数决的方式，以多数股东意志变更各股东之间形成的一致意思表示。故此，本案修改股东出资期限不应适用资本多数决规则。

一般债权具有平等性，但司法实践中，具有优先性质的公司债权在一定条件下可以要求公司股东提前出资或加速到期。如公司拖欠员工工资而形成的劳动债权，在公司无资产可供执行的情况下，可以要求公司股东提前出资或加速到期以承担相应的法律责任。而本案并不属于该种情形，本案当事人对上诉人A公司是否继续经营持不同意见，且双方均确认《合作协议书》的合作目的已无法实现，目前也并无证据证明存在需要公司股东提前出资的必要性及正当理由，因此，一审判决认定本案要求股东提前出资不具有合理性且不符合常理，并无不当。b、c、d等股东形成的临时股东会决议，剥夺了被上诉人a作为公司股东的出资期限利益，限制了股东a的合法权益。一审判决确认该项决议无效，于法有据，予以认可。

【参考裁判文书】上海市第二中级人民法院（2019）沪02民终8024号姚某城与鸿人（上海）投资管理有限公司、章某等公司决议纠纷一案二审民事判决书（《最高人民法院公报》2021年第3期）。

（三）关于不能证明必要性的提前出资决议无效的裁判说理示范

【适用情形】公司未举证证明其存在经营严重困难，若不加速出资公司经营已难以为继的情形，其通过的股东会决议中关于股东加速出资的内容系占股多数的股东滥用多数表决权的行为，应属无效。

【说理示范】《公司法》第22条第1款规定：“公司股东会或者股东大会、董事会的决议内容违反法律、行政法规的无效。”《公司法司法解释（三）》第17条第1款规定：“有限责任公司的股东未履行出资义务或者抽逃全部出资，经公司催告缴纳或者返还，其在合理期间内仍未缴纳或者返还出资，公司以股东会决议解除该股东的股东资格，该股东请求确认该解除行为无效的，人民法院不予支持。”本案中，A公司于2019年5月28日通过股东会决议解除a的股东资格，该内容违反上述规定，应属无效，主要理由如下：

1. A公司主张上述股东会决议中出资期限的调整是对《合资协议》中约定的股东义务的催请和明确，与事实不符。

2. 2019年5月24日股东会决议载明调整出资比例、时间的理由是“公司运营情况及研究院备案要求”，但其一，A公司在设立过程中对于自身运营所需资金情况应已有预判，但其章程仍将股东出资期限设置为2024年3月29日；其二，A公司提交的其据以备案的申报预通知载明注册资金不少于300万元，可3年内到位，并未要求2019年5月27日之前到位50%。因此，A公司在其设立后1个多月形成的2019年5月24日股东会决议中要求股东在2019年5月27日前缴纳50%出资的理由不成立。

3. 即使A公司2019年5月24日股东会决议中关于股东出资期限的内容合法有效，但该决议将股东出资分为三期，同时规定“如任一期未按时出资到位，在三日内一次性全额出资到位”，该内容实系剥夺股东后两期出资的期限利益，不属于法定出资瑕疵的责任形式，且解除股东资格仅适用股东未履行全部出资义务或抽逃全部出资的情形，故A公司股东会于2019年5月28日解除股东a的股东资格，不符合《公司法司法解释（三）》第17条第1款的规定。

4. 2019年5月24日股东会决议决定“不按时足额出资，在催告后三日内仍不出资的，可以按照《公司法司法解释（三）》第17条的规定，解除该股东的股东资格”，但在该决议所载第一期出资到期即2019年5月27日后，A公司并未向股东a进行催告，而是于次日即2019年5月28日即召开股东会解除股东a的股东资格，于法无据。

【参考裁判文书】江苏省南京市中级人民法院（2020）苏01民终5188号南京科津新材料研究院有限公司与李某公司决议效力确认纠纷一案二审民事判决书。

（四）关于严重损害股东对股权基本处分权的章程条款无效的裁判说理示范

【适用情形】公司章程限制股东对外转让股权的同时，未规定任何救济途径，严重损害了股东对其股份对应财产权的基本处分权，该限制条款无效。

【说理示范】2011 年 10 月 28 日《股东会决议》和《章程修正案》中涉及股权转让规则的调整，即将公司章程 21 条内容变更为："公司的股东之间可相互转让其全部或者部分股权；本公司股东持有的股权不允许对外转让，对外转让行为无效，但经本公司持有股权 100% 比例同意的除外；《中华人民共和国公司法》第七十一条第二、三款的规定不适用于本公司，即不对本公司股权转让发生法律效力。"针对 A 公司对该章程内容的变更，本院认为，《公司法》第 71 条第 4 款虽然规定有限责任公司章程对股权转让另有规定的，从其规定，但章程规定不能违反法律规定，损害股东的合法权利。股权就其性质而言具备股东财产权性质，因此股权对应的财产权利依法应当保护。《公司法》虽然基于有限责任公司人合性的因素赋予了公司章程对股权转让的特殊规定权，但如果章程规定违反法律规定侵害到股东合法权益，则应当认定无效。A 公司 2011 年 10 月 28 日股东会对公司章程第 21 条修订内容仅规定了除非公司 100% 股东同意，否则禁止公司股东对外转让股权，但对于无法达到 100% 股东同意而被禁止转让股权的股东，并未规定任何救济途径，严重损害了股东对其股份对应财产权的基本处分权。况且，在形成该项内容时，本案股东 a 并未参加股东会表决，事后也未进行追认。因此，该条款因违反法律规定、损害股东合法权利而无效。

【参考裁判文书】云南省昆明市中级人民法院（2017）云 01 民终 2233 号赵某与昆明仟龙营养食品科研开发有限公司、李某华、赵某颖、付某童公司决议效力确认纠纷一案二审民事判决书。

（五）关于公司在清算阶段对此前未实缴出资股东的剩余财产分配请求权予以限制的决议有效的裁判说理示范

【适用情形】股东于公司预备解散清算阶段补足全部出资，公司按照股东补足前的实缴出资比例对股东剩余财产分配请求权进行限制具有合理性，股东会作出的公司剩余财产分配决议合法有效。

【说理示范】依据《公司法》第 186 条第 2 款规定，公司清算后的剩余财产由有限责任公司的股东按照各自的出资比例分配。A 公司章程第 52 条第 3 款亦规定，公司剩余财产按照股东的出资比例分配。出资比例应指实缴出资比例而非认缴出资比例，A 公司历年分配红利均以各股东实缴出资比例为分配基准，各方均无异议，故涉案股东会决议第 3 条、第 4 条中股东先行收回各自实际投资款项再按照实缴出资比例分配剩余财产的内容，并不违反《公司法》及A公司章程的规定。同时，根据《公司法司法解释（三）》第16条规定，股东未全面履行出资义务的，公司根据股东会决议对其剩余财产分配请求权等作出合理限制，人民法院应予支持。本案中，股东a抗辩其在收到A公司发给各股东要求补足认缴出资款的通知后及时补足出资，故即便公司在几日后予以清算，其仍应按全额认缴出资比例的分配标准来分配公司剩余财产，对此法院认为，股东a如在2002年3月认缴出资后的合理期限内及时补足出资，与其在公司已预备清算阶段的2011年12月再行补缴的性质差异及后果不言而喻。股东a虽已按要求补足了认缴出资，但因其补缴的出资款项并未实际用于公司的运作并为公司产生利润，其仍无权获得以认缴出资比例分配公司剩余财产的权利。

【参考裁判文书】上海市第二中级人民法院（2013）沪二中民四（商）终字第1009号戴某元诉上海捷仁建设有限公司公司决议效力确认纠纷一案二审判决书（《人民司法·案例》2015年第2期）。

（六）关于非全体股东一致通过的差额减资决议无效的裁判说理示范

【适用情形】差额减资决议非经全体股东一致通过，该决议无效。

【说理示范】从决议的内容看，A公司股东会作出的关于减资的决议已经违反法律，股东a可以请求确认该股东会决议无效。理由如下：（1）《公司法》规定，股东会会议作出减少注册资本的决议，必须经代表2/3以上表决权的股东通过。该规定中减少注册资本仅指公司减少注册资本，并不包括减资在股东之间的分配。由于减资存在同比减资和不同比减资两种情况，不同比减资会直接突破公司设立时的股权分配情况，如果只要经2/3以上表决权的股东通过就可以作出不同比减资的决议，实际上是以多数决的形式改变公司设立时经发起人一致决所形成的股权架构，故对于不同比减资，应由全体股东一致同意，除非全体股东另有约定。（2）在A公司仅对部分股东进行减资，而未对股东a进行减资的情况下，不同比减资导致股东a持有的A公司股权从3%增加至9.375%，而从A公司提供的资产负债表、损益表看，A公司的经营显示为亏损状态，故股东a持股比例的增加在实质上增加了其作为股东所承担的风险，损害了股东a的股东利益。（3）股东应当遵守法律、行政法规和公司章程，依法行使股东权利，不得滥用股东权利损害公司或者其他股东的利益。而A公司召开的四次股东会均未通知股东a参加，并且利用大股东的优势地位，以多数决的形式通过了不同比减资决议，直接剥夺了股东a作为小股东的知情权、参与重大决策权等程序权利，也在一定程度上损害了股东 a 作为股东的实质利益。

【参考裁判文书】江苏省无锡市中级人民法院（2017）苏 02 民终 1313 号陈某和与江阴联通实业有限公司公司决议效力确认纠纷一案二审民事判决书（《人民司法·案例》2018 年第 35 期）。

（七）关于在罚款标准不明确情况下过度处罚股东的决议无效的裁判说理示范

【适用情形】公司章程在赋予股东会对股东处以罚款职权时，应明确规定罚款的标准、幅度，股东会在没有明确标准、幅度的情况下处罚股东，属于法定依据不足，相应决议无效。

【说理示范】1. 有限公司的股东会无权对股东处以罚款，除非公司章程另有约定。《公司法》第 36 条规定，有限责任公司股东会由全体股东组成，股东会是公司的权力机构，依照本法行使职权。该法第 37 条规定，股东会行使下列职权：（1）决定公司的经营方针和投资计划；（2）选举和更换非由职工代表担任的董事、监事，决定有关董事、监事的报酬事项……（10）修改公司章程；（11）公司章程规定的其他职权。由上可见，有限公司的股东会作为权力机构，其依法对公司事项所作决议或决定是代表公司的行为，对公司具有法律约束力。股东履行出资义务后，其与公司之间是平等的民事主体，相互之间具有独立的人格，不存在管理与被管理的关系，公司的股东会原则上无权对股东施以任何处罚，这从《公司法》第 37 条第 1~10 项所规定的股东会职权中不包含对股东处以罚款的内容中亦能得到体现。因此，在公司章程未另行作出规定的情况下，有限公司的股东会并无对股东处以罚款的法定职权，如股东会据此对股东作出罚款的决议，则属超越法定职权，决议无效。

《公司法》第 11 条规定，设立公司必须依法制定公司章程。公司章程对公司、股东、董事、监事、高级管理人员具有约束力。第 20 条规定，公司股东应当遵守法律、行政法规和公司章程，依法行使股东权利。由此可见，公司章程是公司自治的载体，既赋予股东权利，亦使股东承担义务，是股东在公司的行为准则，股东必须遵守公司章程的规定。本案中，原告 A 公司章程第 36 条虽主要是关于取消股东身份的规定，但该条第 2 款明确记载有“股东会决议罚款”，根据章程本身所使用的文义进行解释，能够得出在出现该条第 1 款所列八种情形下，A 公司的股东会可以对当事股东进行罚款。鉴于上述规定是 A 公司的全体股东预设的对违反公司章程股东的一种制裁措施，符合公司的整体利益，体现了有限公司的人合性特征，不违反《公司法》的禁止性规定，被告股东 a 亦在章程上签字予以认可，故包括股东 a 在内的所有股东都应当遵守。据此，A 公司的股东会依照《公司法》第 37 条第 11 项之规定，享有对违反公司章程的股东处以罚款的职权。

2. 有限公司的公司章程在赋予股东会对股东处以罚款职权的同时，应明确规定罚款的标准和幅度，股东会在没有明确标准和幅度的情况下处罚股东，属法定依据不足，相应决议无效。被告股东 a 在原告 A 公司和 B 公司委托记账合同关系停止后，仍作为 B 公司的经办人向税务部门申请取消一般纳税人资格业务，该行为属于《A 公司同业禁止规定》第 1 条及公司章程第 36 条第 1 款第 6 项规定的范畴，应认定股东 a 违反了公司章程，A 公司股东会可以对股东 a 处以罚款。A 公司章程第 36 条第 2 款所规定“罚款”是一种纯惩罚性的制裁措施，虽与行政法等公法意义上的罚款不能完全等同，但在罚款的预见性及防止权力滥用上具有可比性。而根据我国《行政处罚法》的规定，对违法行为给予行政处罚的规定必须公布；未经公布的，不得作为行政处罚的依据，否则该行政处罚无效。本案中，A 公司在修订公司章程时，虽规定了股东在出现第 36 条第 1 款的八种情形时，股东会有权对股东处以罚款，但未在公司章程中明确记载罚款的标准及幅度，使得股东 a 对违反公司章程行为的后果无法事先做出预料，况且，A 公司实行“股东身份必须首先是员工身份”的原则，而《A 公司员工手册》的《奖惩条例》第 7 条所规定的五种处罚种类中，最高的罚款数额仅为 2000 元，A 公司股东会却对股东 a 处以 5 万元的罚款，已明显超出了股东 a 的可预见范围。故 A 公司临时股东会所作的对股东 a 罚款决议明显法定依据不足，应认定为无效。

【参考裁判文书】江苏省南京市鼓楼区人民法院（2010）鼓商初字第 174 号南京安盛财务顾问有限公司与祝某股东会决议效力确认纠纷一案一审民事判决书（《最高人民法院公报》2012 年第 10 期）。

（八）关于剥夺小股东优先认购权的决议无效的裁判说理示范

【适用情形】股东会在小股东已就股权转让争议提起诉讼且小股东均未参与的情况下召开，公司并无证据证实该增资扩股系股东的真实意思且小股东已就该增资扩股放弃优先权利，应认定决议无效。

【说理示范】案涉 A 公司 2013 年 11 月 5 日的股东会决议及 2013 年 11 月 22 日的股东会补充决议主要涉及的是 A 公司增资扩股事宜。本案二审判决已查明，a 等四人增资的 7600 万元在汇入 A 公司的第二日即从 A 公司转回至汇入账户。而且该两次股东会是在 b、c 已就股权转让争议提起诉讼之后且 b、c 均未参与的情况下召开，在 A 公司并无证据证明该增资扩股系 a、d 等四人真实意思且 b、c 已就该增资扩股放弃优先权利的情形下，二审判决认定该两次股东会决议无效，并无不当。

【参考裁判文书】最高人民法院（2021）最高法民申 38 号郑州鑫德亿实

业有限公司与焦某莉等公司决议效力确认纠纷一案再审审查与审判监督民事裁定书。

（九）关于侵害股东优先认缴权但未违反法律强制性规定的决议有效的裁判说理示范

【适用情形】《公司法》第 34 条关于股东享有增资优先认缴权的规定是否属于效力性强制性规定。侵害股东优先认缴权的公司增资决议的效力认定，应当从股东优先认缴权和公司决议的性质两个层面进行法律评价，决议内容未违反法律、行政法规的强制性规定，且公司增资具有正当目的，决议已经履行、恢复原状成本较高的，对股东确认增资决议无效的诉讼请求，法院应当不予支持。

【说理示范】《公司法》第 22 条第 1 款的含义，应理解为只有决议内容违反了效力性强制性规定，才属无效。那么，《公司法》第 34 条关于股东享有增资优先认缴权的规定是否属于效力性强制性规定。

第一，就形式识别而言，判断标准在于立法是否允许各方当事人对增资的优先认缴权另行予以约定。对于典型的任意性规定，立法者会以标示性语言来表明其性质，比如“可以”“依照公司章程的规定”“全体股东约定的除外”等，对此类规定，当事人可以做出不同于法律规定的安排，当事人的自由意志可以优先于立法者的意志。根据上述标准，《公司法》第 34 条属于任意性规定而非强制性规定。

第二，就实质识别而言，违反规定将损害国家利益或社会公共利益的，应当认定该规定系效力性强制性规定。a 与公司之间关于股东会决议效力的争议，属于公司内部纠纷，影响的是股东个人利益，不涉国家利益或社会公共利益。因此，《公司法》第 34 条不属于效力性强制性规定。

此外，从利益衡量的视角，该项决议内容亦不宜认定为无效，原因在于：

第一，此次增资具有正当目的。案涉北京地区的水泥行业当时所面临的发展形势较为严峻，结合其他股东的证言可知，此次增资是从公司的整体利益出发，以便筹集资金，提升环保技术，应对市场变化，配合政府管理，履行社会责任。在当时的情势下，股东及管理层及时作出相应的经营判断和决策，是合理的，不存在部分股东在无增资必要的情况下，滥用资本多数决原则，故意稀释小股东持股比例的情形。

第二，维护商事活动安全系审理公司诉讼案件的原则之一。无效是对法律行为最为严厉的否定性评价，股东会决议的效力关系到公司、股东、债权人等多方主体的利益，若将所有违反法律规定的决议效力一概认定为无效，会使市场交易主体丧失对交易安全的信任，影响交易效率，不但不能实现立法目的，反而可能造成新的、更大的不公平。对于违法行为，法律赋予相关主体法定期间内的撤销权、损失赔偿等若干救济途径，股东可通过其他途径，对其受损权利予以救济。基于平衡维护交易稳定、节约社会资源和股东权利救济等多项利益之间的冲突、实现社会效益最大化的考量，不应否定此项决议的效力。

【参考裁判文书】北京市第二中级人民法院（2019）京02民终3289号徐某与北京立马水泥有限公司公司决议效力确认纠纷一案二审民事判决书。

五、关于公司利益的决议效力的裁判说理示范

（一）关于变相分配公司利益的决议无效的裁判说理示范

【适用情形】变相分配公司利益的决议无效。

【说理示范】本案的焦点问题即上述决议的效力问题。

首先，关于决议内容所涉款项的来源，A公司认为分配的款项来源于其公司账面余额，但无法明确系利润还是资产。我国公司法采取的是法定公积金分配准则，即公司在未补亏以及未留存相应比例公积金的情况下，所获利润不得用于分配。A公司有责任提供证据证明其是否按照法律规定弥补亏损并提取了法定公积金，但A公司未提交证据证明。

其次，关于款项的性质，A公司辩称分配的款项系福利性质。本案中，决议内容明确载明发放对象系每位股东；从发放内容看，决议内容为公司向每位股东发放40万元，发放款项数额巨大，不符合常理。因此，A公司关于发放款项为福利的辩解没有事实和法律依据，本院不予采信。若A公司向每位股东分配公司弥补亏损和提取公积金后所余的税后利润，则应当遵守《公司法》第34条的规定，即股东按照实缴的出资比例分取红利；但是，全体股东约定不按照出资比例分取红利或者不按照出资比例优先认缴出资的除外。本案中，在全体股东未达成约定的情况下，不按照出资比例分配而是对每位股东平均分配的决议内容违反了上述规定。

最后，本案所涉股东会决议无论是以向股东支付股息或红利的形式，还是以股息或红利形式之外的、以减少公司资产或加大公司负债的形式分发款项，均是为股东谋取利益、变相分配公司利益的行为，该行为贬损了公司资产，使得公司资产不正当流失，损害了部分股东的利益，更有可能影响债权人的利益。

综上，本案所涉股东会决议是公司股东滥用股东权利形成，决议内容损害公司、公司其他股东等人的利益，违反了《公司法》的强制性规定，应为无效。

【参考裁判文书】安徽省合肥市中级人民法院（2014）合民二终字第00036号谢某、刘某祥与安徽兴达化工有限责任公司公司决议效力确认纠纷一案二审民事判决书。

（二）关于无正当理由撤回有利害关系诉讼的决议无效的裁判说理示范

【适用情形】公司依法对债务人、损害公司利益的高管提起诉讼后，与涉诉案件有利害关系的股东提议召开股东会并利用控制人地位，在无正当理由撤诉的情况下通过撤诉决议，并要求代表公司起诉的法定代表人承担赔偿责任的，该决议因损害公司合法利益而无效。

【说理示范】本案中，A公司2016年4月5日的股东会决议内容有三项。其中，第一项和第二项决议内容为要求A公司撤销对B公司、a的诉讼，授权公司董事会和监事会具体负责撤诉事宜。

首先，A公司基于解决纠纷的需要，已就不同的纠纷分别起诉B公司和a，B公司、a是否损害A公司利益，是否应对A公司承担法律责任，应当由法院审理确定。在不能及时、有效解决纠纷的情况下，公司股东会决议撤回对a和a独资控股的B公司的诉讼，损害了A公司的诉讼利益。

其次，A公司诉B公司借款合同纠纷一案诉讼中，A公司已经提起财产保全，法院已经对B公司采取了保全措施。现a一方股东以召开股东会并形成股东会决议的方式，由A公司撤回诉讼。A公司撤诉将导致解除对B公司的财产保全。故该决议存在损害公司、股东、公司债权人的权利的可能性，并使A公司面临因为提起保全而致被诉讼之风险，也直接侵害了A公司作为民事主体的利益。

最后，表决同意通过该次股东会的股东为a一方股东，决议内容涉及a及a独资控股的B公司，在A公司与a和B公司存在纠纷的情形下，a一方股东未说明和证明其作出的决议具有正当、合理的理由，且如果股东会决议实施，将阻止A公司通过合法方式维护公司利益。

综上，a一方股东作出的与a本人及其独资控股的B公司相关的股东会决议，可能会损害A公司的利益。根据《公司法》第21条第1款的规定，公司的控股股东、实际控制人、董事、监事、高级管理人员不得利用关联关系损害公司利益，a一方股东作出的决议应属无效。

对于决议的第三项内容，A公司提起对B公司、股东a的诉讼系公司行为，即使该行为由公司法定代表人b主导，亦代表公司意志。在未征得b的同意或有其他合法依据的情况下，股东会决议要求b个人承担损失，于法无据，应属无效。

【参考裁判文书】北京市朝阳区人民法院（2016）京0105民初22774号张某与北京外贸新创经贸发展有限公司公司决议撤销纠纷一案一审民事判决书。

（三）关于将绝大部分流动资金免息出借给股东的决议无效的裁判说理示范

【适用情形】股东会决议将绝大部分流动资金以免息借款的形式出借给股东，该决议属于滥用股东权利损害公司利益的情形，应认定无效。

【说理示范】《公司法》第20条第1款规定："公司股东应当遵守法律、行政法规和公司章程，依法行使股东权利，不得滥用股东权利损害公司或者其他股东的利益；不得滥用公司法人独立地位和股东有限责任损害公司债权人的利益。"该法第22条第1款规定："公司股东会或者股东大会、董事会的决议内容违反法律、行政法规的无效。"本案中，根据A公司2005年6月20日《临时股东大会决议》，A公司将其当时绝大部分流动资金以免息借款的形式出借给现金出资的股东，现金出资的股东根据其出资比例确定借款数额，在其借走2100万元资金后，A公司基本没有其他流动资金，被迫实行最小化经营。A公司的全体股东出席了该次股东大会，所有现金出资股东同意该决议，a则"持保留意见"。由此可见，A公司的现金出资股东作出《临时股东大会决议》的行为显然属于滥用股东权利，损害了A公司及b的利益，该决议亦因其内容违反法律规定而无效。

【参考裁判文书】北京市第二中级人民法院（2014）二中民（商）终字第11391号深圳北大双极高科技股份有限公司与杨某昌股东会或者股东大会、董事会决议效力确认纠纷一案二审民事判决书。

（四）关于违规分配公司利润决议无效的裁判说理示范

【适用情形】在税费未缴清、法定公积金未提取情况下，对公司利润进行分配的决议，因损害公司债权人利益，应认定无效。

【说理示范】《公司法》第20条第1款规定："公司股东不得滥用股东权利损害公司或者其他股东的利益，不得滥用公司法人独立地位和股东有限责任损害公司债权人的利益。"第22条第1款规定："公司股东会或者股东大会、董事会的决议内容违反法律、行政法规的无效。"第166条规定，公司分配当年税后利润时，应当提取利润的10%列入公司法定公积金，公司的法定公积金不足以弥补以前年度亏损的，应当先用当年利润弥补亏损。公司弥补亏损和提取公积金后所余税后利润，有限责任公司依照本法第34条的规定分配。股东会、股东大会或者董事会违反上述规定，在公司弥补亏损和提取法定公积金之前向股东分配利润的，股东必须将违反规定分配的利润退还公司。

本案被告股东大会在未缴清税费、未提取法定公积金的情况下，决议对公司股东“补发价值7500元的电脑一台”。虽然被告公司股东和职工身份混同，但该决议的内容明确是针对“股东”作出的，并非针对职工，因此实质为股东分配利润。该决议损害了公司债权人的利益，违反了法律规定，应属无效，原告的诉讼请求应予支持。因本案审理的是争议的股东大会决议是否合法，即对股东大会决议内容的合法性从形式上进行审查，而关于原告是否应该向被告公司返还电脑，以及争议的股东大会决议的实际履行情况，均系另外的法律关系，本案不予处理，当事人可以通过合法途径另行解决。

【参考裁判文书】重庆市南岸区人民法院（2008）南法民初字第290号陈某鸣与重庆长旭商贸有限责任公司股东大会决议效力确认纠纷一案一审民事判决书。

六、关于高管任职的决议效力的裁判说理示范

（一）关于在职权范围内聘任高管人员的董事会决议有效的裁判说理示范

【适用情形】聘任公司经理及选任董事长的决议事项均在董事会的职权范围内，不违反《公司法》的规定，决议内容合法有效。

【说理示范】《公司法》第22条第1款规定：“公司股东会或者股东大会、董事会的决议内容违反法律、行政法规的无效。”第44条第3款规定，董事长、副董事长的产生办法由公司章程规定；第46条第9项规定，董事会有决定聘任或者解聘公司经理的职权。本案中，根据A公司章程第30条的规定，董事长由B公司推荐，董事会选举通过。案涉董事会决议内容为：（1）聘任a为公司总经理；（2）b担任公司董事长（法定代表人），c不再担任公司董事长（法定代表人）。因此，聘任公司经理及选任董事长的决议事项均在董事会的职权范围内，不违反《公司法》的规定，决议内容合法有效。

【参考裁判文书】重庆市秀山土家族苗族自治县人民法院（2020）渝0241民初1694号姬某辉、张某宏与国药控股秀山县医药有限公司公司决议效力确认纠纷一案一审民事判决书。

（二）关于任命职工代表监事违反强制性规定的决议无效的裁判说理示范

【适用情形】公司股东会作出任命职工代表监事的决议，如果该被任命监事并非本公司职工，或该被任命监事的产生程序、代表比例违反《公司法》第51条规定的，该部分决议内容应属无效。

【说理示范】与公司签订劳动合同或者存在事实劳动关系是成为职工代表监事的必要条件，上诉人a并不具备担任A公司职工代表监事的资格，理由如下：第一，职工代表大会是协调劳动关系的重要制度，职工代表须与公司存在劳动关系。参考国资委、中华全国总工会等部门制定的《企业民主管理规定》第23条的规定，“与企业签订劳动合同建立劳动关系以及与企业存在事实劳动关系的职工，有选举和被选举为职工代表大会代表的权利。依法终止或者解除劳动关系的职工代表，其代表资格自行终止”。本案中，a于系争股东会决议作出时已不在A公司任职，亦未在A公司领取工资，即与A公司不存在劳动关系，故a不具备作为职工代表的资格。第二，职工代表监事应通过职工代表大会、职工大会等形式，从职工代表中民主选举产生。《公司法》第51条第2款规定了监事会应包括公司职工代表，说明职工代表资格是成为职工代表监事的前提。本案中a并非职工代表，因此不具备担任A公司职工代表监事的资格。另外，《公司法》第51条第2款亦规定监事会中职工代表的比例不得低于1/3，该比例系《公司法》的效力性强制性规定，本案中a不具备职工代表资格，另外两名监事系股东代表，职工代表比例为零，该情形显然违反前款规定。故一审法院认定系争股东会决议中任命a为A公司职工代表监事的条款无效，并无不当，二审予以支持。至于两上诉人认为选举职工代表监事程序合法、签字职工均有表决资格的主张，因a不具备职工代表资格，无论签字职工是否具有表决资格，均无法改变监事会中无职工代表的事实，亦无法补正系争股东会决议相关条款的效力，故对于上诉人的该项主张，二审法院亦不予采纳。

【参考裁判文书】上海市第二中级人民法院（2017）沪02民终891号上海江阳水产品批发交易市场经营管理有限公司、魏某礼与上海保翔冷藏有限公司、上海长翔冷藏物流有限公司公司决议效力确认纠纷一案二审民事判决书（《最高人民法院公报》2019年第11期）。

七、涉及公司债权人利益的决议效力的裁判说理示范

（一）关于在公司严重亏损情况下通过减资向股东返还投资款的决议无效的裁判说理示范

【适用情形】在公司处于严重亏损的情形下未经弥补亏损，通过减资程序向股东返还投资款，将导致公司净资产减少，损害公司股东和其他债权人利益，应认定为无效。

【说理示范】公司减资不仅涉及公司减少注册资本数额，还包括减少公司

的资产。通常而言，公司的减资方式包括减少股份总数、降低每股金额、退还股东实缴资本和免除股东未缴资本等。从公司净资产流出与否，可分为形式性减资和实质性减资。形式性减资只减少公司的资本额，但不将净资产向外流出；实质性减资是公司在减少注册资本的同时将一定的金额返还给减资股东，从而导致公司净资产的减少。两者的目的和内涵不尽相同。形式性减资是在公司严重亏损时使得公司的资本额与实有资产水平接近，不产生公司资产的流动，有利于真实显示公司的信用状况，从而有利于交易安全；而实质性减资则产生公司资产的流动，导致公司的净资产减少，直接影响到公司信用和偿债能力的减弱，实质上是将股东的出资予以退还，从而使得公司的责任财产减少，其实质等于股东优先于债权人回收所投入的资本。本案中，A公司在决议进行减资的同时决议将减资股东B公司的投资款500万元予以返还，如果该项决议实施，必然会导致A公司的净资产减少500万元，即构成上述的实质性减资行为。由于减资行为不仅会造成股东之间的利益冲突，还会影响公司债权人的利益保护。但目前我国《公司法》仅仅对减资的程序和议事规则进行规定，并未就减资的条件和效力作出规定，司法实践中法院认为，在对减资决议进行司法审查时应当区分不同形式的减资，并结合案件事实作出正确的认定。对于形式性减资而言，由于其并不导致公司资产的减少，不会减弱公司的偿债能力和信用担保，因此并未违反公司的资本维持原则，在符合法定程序的情形下应当认定为有效。而对于实质性减资决议而言，为了保护公司债权人的利益，公司进行实质性减资之前应先弥补公司亏损、补足公积金，在对债务进行清偿或者提供担保之前禁止向股东返还资本。由于公司是企业法人，具有独立的法人财产。股东向公司投入资金，成为公司的股东并由此享有权利和承担义务。股东将投资款投入公司之后，其出资就转化为公司的资产，必须通过股权的方式来行使股东权利而不能直接请求将投资款予以返还。随着股东投入到公司的资金用于公司经营行为，股东持有的股权对应的价值会发生变化，因此在股东减资时亦不能直接主张减资部分对应的原始投资款归自己所有。根据资本维持原则的要求，在公司存续过程中，应当维持与其资本额相当的实有资产，切实维护交易安全并保护债权人利益。《公司法》第22条规定："公司股东会或者股东大会、董事会的决议内容违反法律、行政法规的无效。"在公司亏损的情况下，如果允许公司向股东返还减资部分股权对应的原始投资款，实质是未经清算程序通过减资变相向个别股东分配剩余资产，不仅有损公司其他股东的利益，还严重损害公司债权人的利益，应属无效。本案中，A公司的财务报表显示，该公司2018年2月至10月间处于严重亏损状况，公司决议作出之时的净资产为842万余元，到同年10月份的净资产仅为230余万元。如果允许A公司向B公司返还500万元投资款，将使得公司的净资产为负值，直接导致公司资产规模大幅度减少，必将损害公司其他股东和公司债权人利益。因此，应认定A公司的第二项决议即向B公司返还500万元投资款的决议内容损害了公司股东和债权人的利益，确认该项决议内容无效。

【参考裁判文书】上海市第一中级人民法院（2018）沪01民终11780号华某伟与上海圣甲虫电子商务有限公司公司决议效力确认纠纷一案二审民事判决书。

（二）关于瑕疵减资决议不当然无效的裁判说理示范

【适用情形】瑕疵减资损害了对公司减资前的注册资本产生合理信赖利益的债权人权益，但并未损害所有债权人的合法利益，并不当然导致减资无效。

【说理示范】本案的争议焦点为股东会作出的涉案减资决议是否无效。

《民法典》第134条规定："法人、非法人组织依照法律或者章程规定的议事方式和表决程序作出决议的，该决议行为成立。"《公司法》第22条规定："公司股东会或者股东大会、董事会的决议内容违反法律、行政法规的无效"；第177条规定："公司需要减少注册资本时，必须编制资产负债表及财产清单。公司应当自作出减少注册资本决议之日起十日内通知债权人，并于三十日内在报纸上公告。债权人自接到通知书之日起三十日内，未接到通知书的自公告之日起四十五日内，有权要求公司清偿债务或者提供相应的担保。"

根据上述法律规定可知，首先，决议是公司形成意思表示的法律行为。减资本质上属于公司内部行为，属于公司意思自治的范畴。一般情况下，减资行为按照法律规定和公司章程规定的程序作出即有效。我国相关法律法规并未规定减资中未通知债权人构成减资无效。其次，减资中未通知债权人构成瑕疵减资。瑕疵减资损害了对公司减资前的注册资本产生合理信赖利益的债权人权益，但并未损害所有债权人的合法利益，并不当然导致减资无效。若瑕疵减资导致减资当然无效，难免影响公司的经营稳定和交易安全，也干涉了公司根据自己的经营需要作出调整注册资本的自治权力。再次，A公司上诉主张根据破产法原理，先减资、后破产足以证明涉案决议系为逃避公司债务，但其并未提供相关证据加以证明，故其仅以减资、破产发生的时间顺序主张涉案决议系以逃避债务为目的，依据不足，本院不予采纳。最后，根据法律规定和减资公司及相关人员减资时出具的债务清偿声明，权益受损的债权人可以要求减资股东和相关人员对其债权承担清偿责任，其合法权益并非不可救济。故A公司以瑕疵减资、逃避债务为由要求确认减资决议无效，本院不予支持。一审法院判决驳回A公司的诉讼请求正确，本院予以维持。

【参考裁判文书】北京市第三中级人民法院（2021）京 03 民终 9223 号北京趣游互动娱乐科技有限公司与天下众创（厦门）投资咨询有限公司等与破产有关的纠纷一案二审民事判决书。

八、公司决议程序瑕疵认定的裁判说理示范

（一）关于表决方式是否构成程序瑕疵的裁判说理示范

【适用情形】表决方式虽然不符合章程规定，但异议股东在同一次股东大会上对同类议案投赞成票的行为应视为其对表决方式的认可，不构成对公司章程的实质违反。

【说理示范】A 公司对同类议案投赞成票的行为视为对表决方式的认可。涉案股东大会对诉争的《林某议案》和 A 公司提议免去 a 独立董事职务并增补 b 为独立董事的议案适用了同样的表决方式，A 公司对自己的议案投了赞成票，可见其已以行为表明对本次股东大会中与独立董事任免相关的表决方式予以认可并遵照执行，故而不应当允许其在投票结果非其所愿时又以此为由提出异议，这种任意反复的行为有违诚信原则，不应得到支持。

【参考裁判文书】江苏省无锡市中级人民法院（2017）苏 02 民终 273 号深圳市开元国际物业管理有限公司与周某芬、陆某峰等物业服务合同纠纷一案二审民事判决书。

（二）关于瑕疵出资股东进行表决是否构成程序瑕疵的裁判说理示范

【适用情形】瑕疵出资股东行使表决权不构成程序瑕疵。

【说理示范】本案中，虽然 A 公司的股东之间就出资问题存在纠纷，但我国《公司法》及 A 公司章程均没有规定股东应按照实缴出资比例行使表决权。并且，按照我国《公司法》的有关规定，股东未按规定缴纳出资依法应承担的责任是向其他按期足额出资的股东承担违约责任，因此，一审法院判决以股东之间存在出资纠纷问题为由认定股东的表决权比例无法确定，从而认定该股东会决议表决方式违法，没有法律依据，不能成立。

【参考裁判文书】北京市第二中级人民法院张某甲、张某乙、李某与某航空公司股东会决议撤销纠纷一案二审民事判决书。

（三）关于仅在公司公告栏通知召开股东会是否构成程序瑕疵的裁判说理示范

【适用情形】仅在公司公告栏通知召开股东会，属召集程序违法。

【说理示范】从公司法的精神来看，设计股东会会议通知制度的目的在于成功地向股东通知开会事宜，股东会会议通知是股东得以参加股东会并行使其干预权的前提，尤其是在经营者和控股股东合二为一的情况下，股东会已成为小股东要求大股东解决其政策并提出反对意见的唯一场所。不论采用何种通知形式，成功地通知股东始终是通知制度应实现的第一位目标，而提高通知效率、节约通知成本只能作为第二位的附属目标。A 公司召开股东会，仅在其单位的公告栏内张贴公告，并未通过多种途径通知股东，不能使所有权利人都得到通知，因此，a 等股东获得通知的权利事实上被剥夺。因其通知的方式存在瑕疵，从而导致股东会会议召集程序违法，故 A 公司股东会作出的决议应予撤销。

【参考裁判文书】江苏省徐州市中级人民法院（2007）徐民二终字第 504 号刘某兰与新沂市恒大机械有限公司与公司有关的纠纷一案二审民事判决书。

（四）关于邮寄送达股东会召集通知是否构成程序瑕疵的裁判说理示范

【适用情形】邮寄送达《股东会召集通知》，即使进行了公证，但是并未在邮件说明中注明是股东会通知，股东拒收邮件后并没有看到《股东会召集通知》所记载的内容，该通知并未到达股东。

【说理示范】股东会会议通知有效送达股东是股东得以参加股东会并行使其表决权的前提。依照《公司法》第 41 条第 1 款之规定和 A 公司章程之规定，A 公司召开股东会，应在股东会召开 15 日前通知全体股东。A 公司虽然向 a 邮寄了《股东会召集通知》，并进行了公证，但是并未在邮件说明中注明是股东会通知，a 拒收邮件后并没有看到《股东会召集通知》所记载的内容。因此，即使《股东会召集通知》是真实、客观的，A 公司也不能证明 a 实际收到了股东会召开的通知，该通知并未到达 a。A 公司称其亦通过电话询问 a 能否参加 2011 年 6 月 15 日股东会，但 A 公司无法证明该电话通知是否在股东会召开 15 日前，也无法证明其通过电话向 a 通知了股东会召开的具体时间、地点等内容，故即便电话通知的事实存在，也不符合《股东会召集通知》的一般形式要件。一审法院认为，A 公司并没有证据证明其在股东会召开 15 日前有效通知了股东 a，因此，A 公司 2011 年 6 月 15 日召开的股东会的召集程序违反了《公司法》和 A 公司章程的规定。a 起诉要求撤销 A 公司于 2011 年 6 月 15 日作出的股东会决议，符合法律规定，应予支持。

【参考裁判文书】北京市第二中级人民法院刘某与某自动化有限公司公司决议撤销纠纷一案二审民事判决书。

（五）关于通知仅列议题，未列审议事项等具体议案内容是否构成程序瑕疵的裁判说理示范

【适用情形】有限公司会议通知仅列议题，未列审议事项等具体议案内容，不构成程序瑕疵。

【说理示范】《公司法》第102条对于股份有限公司召开股东大会仅规定应当将审议事项通知各股东，而对有限责任公司召开股东会的通知并未强调要列明审议事项，据此列明审议事项并非有限责任公司召开股东会通知的法定要求。同时，在A公司的章程中也未规定此项要求。故从通知的适当性考虑，A公司在涉讼通知中记载了股东会待审议议题，且事后股东会会议作出的决议也未超出该通知所载明的议题范围，该情形不违反法律、行政法规或者公司章程规定，应当认为A公司尽到了必要的通知义务。故a以A公司在涉讼通知中未提供具体议案内容为由主张通知存在瑕疵的理由不能成立。本院对原审判决关于A公司此项主张不能构成涉讼股东会决议撤销事由的认定予以确认。

【参考裁判文书】浙江省宁波市中级人民法院（2014）浙甬商终字第1130号华城地产集团有限公司与宁波开元华城置业有限公司等公司决议纠纷一案二审民事判决书。

（六）关于通知用语模糊是否构成程序瑕疵的裁判说理示范

【适用情形】董事会召集通知应列明事由及议题，仅列明会议议题为“规范公司管理，改善公司现状”，违反法律及公司章程规定，亦违反诚信原则。

【说理示范】董事会的召集程序应符合《公司法》及公司章程的规定，A公司章程规定，董事会会议通知应包括“事由及议题”，而本次临时董事会会议通知中，仅列明会议议题为“规范公司管理，改善公司现状”，用语模糊，内容空泛，接通知董事无法掌握具体议题，更无法作出准备。同时，《公司法》及A公司章程均规定“经理列席董事会会议”，A公司章程还规定“监事列席董事会会议”，并且召开本次临时董事会的事由是公司目前管理混乱，而经理、监事因职责关系，对公司的现状更为清楚，因此，经理、监事参加此次目的为解决公司目前管理问题而召开的临时董事会就更为必要。无证据表明该次临时董事会召集人通知经理、监事参加，且从会议记录中也能推断出会议召集人并未通知经理、监事参加。因此，本次临时董事会的召集程序违反了《公司法》以及A公司章程的规定。董事会的召集程序还应该根据诚实信用的原则，充分保障董事能充分表达意见，行使表决权。a、b、c、d共同推举c为临时董事会召集人，在决定召开临时董事会时，并未将推举情况告知e，使e知道c有权召集本次临时董事会，在e以召集程序违反章程规定，从而表

示拒绝参加时，也未给予解释，而是置之不理，径行召开。况且，会议通知于6月12日传真至e处，6月14日即在重庆召开临时董事会，而重庆远距临淄2000余公里，e即使愿意参加该次会议，一是在如此短的时间内赶到重庆确有很大困难；二是不知具体的会议议题，无法有针对地进行准备，从而不能充分表达意见，有效地行使董事的权利。因此，本次临时董事会议召集也违反了诚信原则。

【参考裁判文书】山东省淄博市中级人民法院（2007）淄民四终字第33号淄博市临淄区公有资产经营公司与山东齐鲁乙烯化工股份有限公司等公司决议纠纷一案二审民事判决书（《人民司法·案例》2008年第12期）。

（七）关于表决清点人员安排上的瑕疵是否构成程序瑕疵的裁判说理示范

【适用情形】表决清点人员安排上的瑕疵属于“表决方式违反公司章程”。

【说理示范】关于股东大会的表决投票问题。申请再审人的《公司章程》第62条规定：“每一审议事项的表决投票，应当至少有两名股东代表和一名监事参加清点。”申请再审人2011年股东大会表决结果报告单、选举公司第四届董事会董事结果报告单、选举公司第四届监事会监事结果报告单的监票员栏签名均为“a”“b”。a、b均不是申请再审人的监事。申请再审人2011年股东大会表决清点工作总人数和监事人员安排上都不符合《公司章程》第62条规定。根据《公司法》第22条规定，“公司股东会或者股东大会、董事会的决议内容违反法律、行政法规的无效。股东会或者股东大会、董事会的会议召集程序、表决方式违反法律、行政法规或者公司章程，或者决议内容违反公司章程的，股东可以自决议作出之日起六十日内，请求人民法院撤销”。对于该点的争议主要集中在“表决方式”的理解上，表决清点人员安排是否属于表决方式的内容。股东会表决方式的主要内容是一股一表决权、普通事项简单多数决、特别事项绝对多数决、累积投票制。但是作为表决事项的一部分，表决清点工作直接影响最终的表决结果。而且，根据法律对公司治理结构的安排，公司设置监事对表决清点结果监督是为了维护股东和公司的合法利益，是公司存在与发展的基础。因此，表决清点人员安排上的瑕疵属于“表决方式违反公司章程”，应属于可撤销的事由。

【参考裁判文书】广西壮族自治区高级人民法院（2013）桂民提字第154号广西洁宝纸业投资股份有限公司与卢某章、杨某乔公司决议撤销纠纷一案再审民事判决书。

（八）关于拟被除名股东未进行表决是否构成程序瑕疵的裁判说理示范

【适用情形】拟被除名股东要遵守表决权回避制度，而且其所拥有的表决权数也不应计入特定多数的总表决权之内。

【说理示范】A 公司章程关于股东资格自动丧失的规定属于公司自治的体现，未违反法律、行政法规的强制性规定，应属有效。关于股东资格的丧失应经股东会作出除名决议并将该决议送达被除名的股东时才发生法律效力，即 a 的股东资格自公司除名决议送达之时丧失。拟被除名股东要遵守表决权回避制度，而且其所拥有的表决权数也不应计入特定多数的总表决权之内。本案所涉两份股东会决议的同意比例已经达其余股东人数和所持股权比例的 75%，符合公司章程确定的表决比例，故表决程序并无不当。

【参考裁判文书】上海市第一中级人民法院（2013）沪一中民四（商）终字第 926 号黄某与上海上审工程造价咨询有限公司决议撤销纠纷一案二审民事判决书。

九、公司决议撤销诉讼中针对是否违反公司章程的裁判说理示范

【适用情形】股东会决议不构成对公司章程的实质违反。

【说理示范】首先，从文义来理解，公司章程的第 17 条第 2 款和第 3 款分别规定了须经全体股东同意的情形，即公司增加或减少注册资金、变更组织形式及公司合并、分立、解散，股本向股东以外的人转让等情形，第 3 款中的“修改公司章程”不属于一种独立的情形，该条的重点应在“股本向股东以外的人转让”这种可能对公司人合性产生影响情形的特别规定。其次，涉案股东会决议的内容是公司经营期限是否延续，关系到公司经营实体是否存在，以及出资者是否愿意继续以股东身份行使权利及承担义务。× 中级人民法院民事调解书确认 A 公司解散。A 公司目前处于解散清算程序中，其在二审庭审中明确表示，“如 B 公司的经营期限修改为长期将导致 A 公司在 B 公司的投资无法收回，使 A 公司的清算工作无法进行，损害 A 公司股东及债权人利益”。所以 A 公司对 B 公司章程修改的意见表达，目的是退出公司。即使不发生 B 公司经营期限到期情形，A 公司处于解散清算状态，在其明确收回投资的目的后，仍然会主张退出 B 公司。是否修改公司章程，不是 A 公司提起诉讼主张权利的目的所系，修改公司章程本身也不是 A 公司的利益关切所在。现行《公司法》中涉及修改公司章程的事项很多，但不是所有事项

都必须全体股东一致同意。否则，“资本多数决”原则将失去存在的意义。最后，B 公司的继续存在不必然影响 A 公司权利的实现，A 公司可以与 B 公司达成股权收购协议，与股东协商转让股权，若无法与 B 公司达成股权收购事宜等，也可依法采取法律途径解决。B 公司目前尚正常经营，若经营期限无法正常延续，必将影响 B 公司债权人的合法利益，对社会关系的稳定造成更大破坏。

【参考裁判文书】安徽省安庆市中级人民法院（2019）皖 08 民终 271 号安庆市鑫基置业发展有限公司与安庆市顺达房地产开发有限责任公司公司决议撤销纠纷一案二审民事判决书（《人民法院案例选》2020 年第 6 辑）。

十、公司决议撤销之诉的裁量驳回的裁判说理示范

（一）未通知股东参加会议，是否属于轻微瑕疵

【适用情形】未通知股东参加股东会议，不属于程序轻微瑕疵。

【说理示范一】《公司法》第 4 条规定：“公司股东依法享有资产收益、参与重大决策和选择管理者等权利。”本案中，A 公司 × 年 × 月 × 日的股东会议，并未通知股东 a 参会，剥夺了 a 作为公司股东的参会权、议事权和表决权，属于程序重大瑕疵。

【参考裁判文书】四川省成都市中级人民法院（2021）川 01 民终 19820 号胡某兵与成都市鹏程运业集团有限公司公司决议撤销纠纷一案二审民事判决书。

【说理示范二】《公司法司法解释（四）》第 4 条规定：“股东请求撤销股东会或者股东大会、董事会决议，符合民法典第八十五条、公司法第二十二条第二款规定的，人民法院应当予以支持，但会议召集程序或者表决方式仅有轻微瑕疵，且对决议未产生实质影响的，人民法院不予支持。”本院认为，前述规定中的“轻微瑕疵”应限于对股东行使股东权利未造成实质影响的形式或程序瑕疵。本案中，A 公司未提交证据证明其通知 B 公司参加股东会，而未通知股东参加股东会进行表决，损害的是股东参与公司治理的表决权，对股东权利造成实质损害，不属于对决议未产生实质影响的“轻微瑕疵”，故一审法院判决撤销涉案股东会决议，并无不当。

【参考裁判文书】北京市第二中级人民法院（2021）京 02 民终 11622 号永安馨（北京）母婴护理有限公司与登尚富（北京）企业管理有限公司公司决议撤销纠纷一案二审民事判决书。

【说理示范三】现有证据不足以证明 A 公司曾向 B 公司发出将于 2018 年

8月3日召开股东会会议的通知，即A公司上述股东会会议未召集全体股东，存在召集对象上的瑕疵，而召集对象上的瑕疵属于严重的程序瑕疵，对股东会决议的成立有根本性影响，理由有三：首先，股东会决议的成立需经正当程序，召集对象上的瑕疵直接导致会议无法形成有约束力的决议。决议行为与单方或多方民事法律行为不同，决议行为一般不需要所有当事人意思表示一致即可成立。这种“多数决”的正当性就在于程序正义，即决议必须依一定的程序作出。《民法典》第134条第2款即规定“法人、非法人组织依照法律或者章程规定的议事方式和表决程序作出决议的，该决议行为成立”，其中，股东会召集程序体现了股东会会议发起的正当性和合法性，提供了使股东意思归属于公司的前提基础，不存在召集就不存在股东的集会和表决，也就不存在决议行为。而召集对象上的瑕疵直接导致部分或者全部股东无法获知股东会会议的召开信息，对该部分股东而言即不存在股东会会议的召集，故而也不可能形成能够约束全体股东的股东会决议。其次，未通知股东参会的行为与诸如提前通知不足法定期间、表决方式未按章程规定等股东会召集、表决过程中的一般程序瑕疵明显不同，其后果并非影响股东表决权的行使，而是从根本上剥夺了股东行使表决权的机会和可能。特别对于小股东而言，虽然其所持表决权占比低，不足以实质性改变股东会决议结果，但其依然可能通过在股东会会议上的陈述等影响其他股东的表决行为，不能因为其表决权占比低就忽视其行使表决权的权利。最后，未通知股东参会也使得相关股东因不知晓股东会决议的存在而无法及时主张权利救济。在未向全体股东发出股东会会议召开通知时，如认为股东会决议依然成立，则未获通知的股东只能基于《公司法》第22条第2款规定，自决议作出之日起60日内，请求人民法院撤销该决议。但上述60日的期间并无中止或中断之可能，且既然有股东未获股东会会议召开的通知，则其很可能亦无渠道及时获知已有股东会决议作出，难以苛求其在60日内提起相应诉讼。故而，如此时仍认为股东会决议成立，会不合理地限制未获通知的股东寻求救济的权利。综上所述，2018年8月3日A公司的股东会会议因存在召集程序上的严重瑕疵，根据《公司法司法解释（四）》第5条第5项的规定，系争股东会决议不成立。

【参考裁判文书】上海市第一中级人民法院（2019）沪01民终10925号上海康浦码头装卸有限公司与上海福集建筑材料有限公司公司决议效力确认纠纷一案二审民事判决书。

（二）关于未提前15天通知股东参加会议，是否属于轻微瑕疵

【适用情形】未提前15天通知股东参加股东会议，属于轻微瑕疵，且未对决议产生实际影响。

【说理示范一】根据《公司法司法解释（四）》第4条规定，股东请求撤销股东会或者股东大会、董事会决议，符合《公司法》第22条第2款规定的，人民法院应当予以支持，但会议召集程序或者表决方式仅有轻微瑕疵，且对决议未产生实际影响的，人民法院不予支持。本案中，公司虽然没有依照公司章程提前15日通知召集股东会，但监事a在微信群表示，受股东A公司委托召集股东会，并通知会议召开时间是2021年1月18日12时30分，B公司的法定代表人b知情且提议将时间改在当日14时，后股东会作出决议，故本次股东会召集程序存在瑕疵，但该瑕疵没有妨碍股东公平地参与多数意思的形成和获知对其作出意思表示所需的必要信息，亦不具有影响决议结果的可能性，故本院对B公司的诉讼请求不予支持。

【参考裁判文书】北京市东城区人民法院（2021）京0101民初9248号上海摩之玛栖梦文化传播股份有限公司与东方悦途（北京）文化产业发展有限公司公司决议撤销纠纷一案一审民事判决书；北京市第二中级人民法院（2021）京02民终13417号上海摩之玛栖梦文化传播股份有限公司与东方悦途（北京）文化产业发展有限公司公司决议撤销纠纷一案二审民事判决书。

【说理示范二】关于会议召集程序问题。A公司于2017年12月14日向B公司发出通知，决定于2017年12月24日召开临时股东会，且就会议议题及召开地点等内容予以了明确。《公司法》第41条第1款规定："召开股东会会议，应当于会议召开15日前通知全体股东；但是，公司章程另有规定或者全体股东另有约定的除外。"A公司虽没有依法于会议召开15日前通知股东B公司，但B公司派出代表按时参加了临时股东会，并就会议议题进行了表决，故应认定系全体股东共同约定于2017年12月14日召开会议。且B公司亦未于参会之前就会议召开时间提出异议，也不具有因召开时间不符合《公司法》规定而影响其正常表达股东意见的正当理由。一审判决认定股东会议在召集程序上存在瑕疵错误，依法予以纠正。

【参考裁判文书】安徽省安庆市中级人民法院（2019）皖08民终271号安庆市鑫基置业发展有限公司与安庆市顺达房地产开发有限责任公司公司决议撤销纠纷一案二审民事判决书。

【说理示范三】本案中，2015年12月25日上午，A公司召开股东代表大会，有53名代表（含部分注册股东）参加会议，a、b、c作为股东代表均参加了此次会议。关于召集该次股东会议的通知时间及通知方式问题，认定公司决议是否属于轻微瑕疵的实质要件在于该瑕疵是否实质性地剥夺了股东的参与表决权。尽管召开此次股东会议的通知时间少于《公司法》第41条规定的15日，通知的方式采用张贴公告和打电话的方式，但并未实质性地剥夺上诉人a、b、c在公司治理中的参与表决权。因此，召开本次股东会议的通知时间及通知方式的瑕疵应认定为轻微瑕疵。

【参考裁判文书】贵州省高级人民法院（2017）黔民终510号高某久、何某友、邓某木与道真自治县茂源电力服务有限责任公司公司决议撤销纠纷一案二审民事判决书。

【说理示范四】基于对公司股东特别是中小股东或者弱势股东的权益保护，《公司法》第22条第2款规定，股东会的会议召集程序、表决方式违反法律、行政法规或者公司章程，或者决议内容违反公司章程的，股东可以自决议作出之日起60日内，请求人民法院撤销。该规定仅赋予公司股东对存在瑕疵的股东会决议可以通过诉讼请求撤销的诉权，而不应理解为只要股东会决议存在瑕疵，就必须被撤销。而从股东会决议的性质看，股东会决议一经有效作出，即被拟制为公司意思，对全体股东和公司具有拘束力，并随之影响公司的经营，产生一系列法律关系。如随意撤销，不仅会造成相关损失，也不利于法律秩序的稳定。因此，当股东会决议存在瑕疵时，应兼顾公平与效率原则，衡平相关主体之间的利益，确定股东会决议是否有必要予以撤销。如所存在的瑕疵显著轻微，对所作决议无影响或对利害关系人并无实质损害，则该股东会决议应无撤销之必要。《公司法》第41条及A公司的章程均规定，召开股东会会议，应当于会议召开15日前通知全体股东。上述会议通知期间的确定，是认定A公司在会议通知时间上是否存在瑕疵的前提。从平衡股东与公司的利益角度考虑，本院认为，上述法条和章程规定的15日期间，应以A公司发出通知时间为基准，在计算上，从公司发出通知之次日起算至开会前一日，满足上述15日期间。按此方式，A公司确未于会议召开15日前通知B公司（与规定期间相差1日），故B公司所主张的此项程序瑕疵成立。但是，该程序瑕疵情节轻微，且B公司已派员参加股东会，并无证据证明其对通知时间提出过异议。在此情况下，原审判决关于该股东会决议瑕疵未对B公司股东权利产生实质影响，该瑕疵尚不能构成涉讼股东会决议撤销事由的认定并无不妥。

【参考裁判文书】浙江省宁波市中级人民法院（2014）浙甬商终字第1130号华城地产集团有限公司与宁波开元华城置业有限公司等公司决议纠纷一案二审民事判决书。

【说理示范五】原告a之妻b于12月4日签收通知，从签收次日至股东会召开日仅14日，通知时限确与《公司法》的规定有所不符。但从《公司法》关于通知时限的本义分析，其目的是保障股东有足够的时间对股东会审议的事项进行相应准备，确保股东有效行使权利。本案中，对系争股东会审议的相关事项，公司其他股东于2005年12月即开始不断提出，在原告a拒绝召集股东会的情况下，通过监事召集临时股东会议的方式进行审议。因此，

a对审议的事项应属明知，通知时限短少1日并不影响其对审议事项进行准备，也不影响其股东权利的实际行使。从公司治理的效率原则以及股东行使权利应遵循诚信原则出发，《公司法》规定的通知时限，不能成为股东拒绝参加股东会议的当然理由。如a认为该通知时限过短，影响到其对审议事项的准备，应当向公司明示异议，并提出合理的理由。a以收到通知距股东会召开之日不满15日为由，要求撤销股东会决议，不符合诚信原则。系争股东会的召集程序、表决方式及决议内容等并不违反公司章程及《公司法》的实质规定，原告主张撤销股东会决议的诉求缺乏依据。

【参考裁判文书】上海市黄浦区人民法院（2007）黄民二（商）初字第1198号陈某新与上海国电实业有限公司公司决议撤销纠纷一案一审民事判决书（《人民司法·案例》2008年第12期）。

（三）关于股东会决议中股东成员签名不完备是否属于轻微瑕疵

【适用情形】股东会决议中股东成员签名是否完备，不必然影响公司决议效力。

【说理示范】首先，按照《公司法》第41条、第42条的规定，公司召开股东会议后，应形成股东会议决议及会议记录。其中，会议记录是对股东会所议事项的一种记录，可以理解为一种文书和载体，是一种形式；而股东会决议，是股东会对所议事项通过的一项决定，是一种具有实质性内容的公司文件。会议记录是对股东讨论过程的记录，可能包括不同的观点；股东会决议则是对股东会讨论议题最后结果的记录。本案中，《A公司股东会决议》明确记载了股东会决议的内容，应属于股东会决议，原审法院适用《公司法》第41条关于会议记录的规定，认为《A公司股东会决议》应由出席股东签名才成立，明显不当。其次，《公司法》第43条规定："股东会的议事方式和表决程序，除本法有规定的外，由公司章程规定。股东会会议作出修改公司章程、增加或者减少注册资本的决议，以及公司合并、分立、解散或者变更公司形式的决议，必须经代表三分之二以上表决权的股东通过。"涉案股东会决议的事项并非有关公司资本或合并等重大事项，而是关于人事调整及财务审计的事项。根据《A公司章程》的规定，涉案决议事项应由股东按照出资比例行使表决权。根据原审查明事实可知，a占A公司70%的股份，且a已经在涉案股东会决议上签名同意该决议结果，按照资本多数决的表决原则，《A公司股东会决议》已经成立。股东会决议作为一种特殊的民事法律行为，应由《公司法》关于成立的规定予以调整。原审法院根据原《民法通则》第55条的规定，认定涉案决议并非股东的真实意思表示，没有成立，显属不当。可见，从性质上看，公司决议为公司的意思表示，股东会的行为都被拟制为公司的行为。当然，公司的意思表示不能机械地理解为全体股东的一致意思表示，更非完全一致的共同行为，为照顾多数表决者的意思表示，兼顾公司决策的效率，股东会决议不能遵循一致决议的原则。根据原审查明事实，b 已于 2014 年 9 月 17 日出席了股东会，并对有关议决事项作出表态，在股东会内容及程序均符合《公司法》规定的情形下，本院依法确认《A 公司股东会决议》成立。原审法院认定《A 公司股东会决议》不成立，明显不当，本院依法予以纠正。

【参考裁判文书】广东省广州市中级人民法院（2015）穗中法民二终字第 138 号赵某菊与孙某芬、广州新创博文具有限公司公司决议效力纠纷一案二审民事判决书（《人民法院案例选》2017 年第 8 辑）。

十一、公司决议撤销诉讼中针对瑕疵治愈的裁判说理示范

（一）关于召集程序的治愈

【适用情形一】未于会议召开 15 日前通知全体股东，但股东接到通知后协商变更了会议时间，并且参加了会议，会议通知时间上存在的瑕疵已得到治愈。

【说理示范一】关于临时股东会会议没有提前 15 天通知。依据《公司法》第 41 条规定，召开股东会会议，应于会议召开 15 日前通知全体股东。a 于会议召开前两天通知 b，在通知时间上存在瑕疵。但是，b 接到通知后，和 a 协商变更了会议时间，并且双方均参加了会议，会议通知时间上存在的瑕疵已得到治愈。

【参考裁判文书】北京市第一中级人民法院（2009）一中民终字第 929 号刘某与科普诺（北京）科技发展有限公司撤销股东会决议纠纷一案二审民事判决书。

【适用情形二】股东会会议在通知召开地点时虽存在一定的程序瑕疵，但该股东会决议中涉及的各项内容，在此后召开的股东会会议的表决过程中再次得以确认和体现，此前的瑕疵因被追认而得以补救。

【说理示范二】关于被告能否追认程序瑕疵决议的问题。股东会决议是一种法律行为，程序存在瑕疵的股东会决议有被补救的可能，可以通过撤回和追认的方式得以治愈。尽管诉讼是救济的一种手段，但通过诉讼方撤回的方式“治愈”股东会决议，可能产生高昂的成本，不符合公司经营管理利益最大化的要求。而公司机关对程序瑕疵决议的撤回和追认，一方面体现了公司自治，另一方面也有利于维护公司效率和交易安全，应当予以认可。本案中，

A公司于2013年5月6日在其十二楼会议室召开股东会会议，虽然按公司章程规定提前向a发送了通知，但因a到达会场后要求“要记录的话，公证处的人要在场公证”未获准，会议未能进行下去。A公司随后将股东会会议地点改在其十七楼b办公室，尽管b述称已电话通知a更改会议地点，但并未提供充分证据证明已履行通知义务，a亦不认可收到更改会议地点的通知，故应认定作为会议召集人和主持人b未履行会议更改地点的通知义务，A公司5月6日股东会会议存在召集程序的瑕疵。该次股东会会议虽存在一定的程序瑕疵，但该股东会决议中涉及的各项内容，在A公司此后于2013年9月27日召开的股东会会议表决过程中再次得以确认和体现，A公司5月6日股东会决议因被追认而得以补救。

【参考裁判文书】广西壮族自治区南宁市中级人民法院（2014）南市民二终字第155号虞某皆与广西鹏景大酒店有限公司、林某辉、蔡某杰公司决议撤销纠纷一案二审民事判决书。

（二）关于签字瑕疵的治愈

【适用情形】股东对签字不真实的股东会决议的追认。

【说理示范】虽然A公司《第一届第三次股东会决议》中的签字不是a本人所签，但该决议作出之后，a在原章程规定的公司营业期限已届满的情况下，仍签署《第一届第四次股东会决议》，同意变更公司住所地继续经营，且在长达9年的时间内一直未提出异议。a的行为应视为对《第一届第三次股东会决议》的追认，故法院对其请求确认决议不成立的诉讼请求不予支持。

【参考裁判文书】北京市第二中级人民法院（2021）京02民终3541号葛某萍与北京赛都广告有限责任公司等公司决议纠纷一案二审民事判决书。

十二、公司决议撤销诉讼中针对除斥期间的裁判说理示范

（一）关于隐名股东显名后，针对隐名期间的决议行使撤销权的起算时间

【适用情形】代持股东在股东会决议中作出的意思表示，应视为隐名股东的授权行为，对其具有拘束力。因此，隐名股东在显名后请求撤销股东会决议的期限，亦应当自决议作出之日起60日内完成。

【说理示范】根据《公司法》的规定，股东会或者股东大会、董事会的会议召集程序、表决方式违反法律、行政法规或者公司章程，或者决议内容违反公司章程的，股东可以自决议作出之日起60日内，请求人民法院撤销。而

在本案中，原告向被告披露其实际出资人的身份是2014年12月26日，在此之前被告对原告的身份并不知情，当然无法直接将股东会决议事项告知原告，但原告通过股东a向A公司实际出资，其参与公司的管理及重大事项的决议，是通过名义股东a完成的，即a在股东会决议中作出的意思表示，应视为原告的授权行为，对原告具有拘束力。因此，原告请求撤销股东会决议的期限，亦应当自决议作出之日起60日内完成，但本案起诉时，股东会决议已经作出两年时间，明显超过《公司法》规定的时效期间。

同时，通常在公司实际经营过程中，实际出资人往往并不参与公司的经营及重大事项的决策，而是通过名义股东行使其权利。在本案中，原告系通过股东a实际出资，名义股东应当向实际出资人披露公司经营过程中的重大事项，a在股东会决议上签字确认，表明其赞同并接受股东会决议内容，该决议对原告亦产生拘束力。故对原告以对股东会决议不知情，且侵害其合法权益的主张，法院不予采信。

【参考裁判文书】江苏省泗洪县人民法院（2015）洪商初字第00157号孙某高与江苏景天置业有限公司公司决议撤销纠纷一案一审民事判决书。

（二）关于《公司法》修订前，股东会决议撤销权期间的认定

【适用情形】因2005年修订的《公司法》实施前有关民事行为或者事件发生纠纷起诉到人民法院的，如当时的法律法规和司法解释没有明确规定，可参照适用2005年修订的《公司法》的有关规定。

【说理示范】《公司法》第22条规定，公司股东会或者股东大会、董事会的决议内容违反法律、行政法规的无效；股东会或者股东大会、董事会的会议召集程序、表决方式违反法律、行政法规或者公司章程，或者决议内容违反公司章程的，股东可以自决议作出之日起60日内，请求人民法院撤销。《公司法》在2005年10月27日修订之前无此规定。《最高人民法院关于适用〈中华人民共和国公司法〉若干问题的规定（一）》第2条规定，因2005年修订的《公司法》实施前有关民事行为或者事件发生纠纷起诉到人民法院的，如当时的法律法规和司法解释没有明确规定时，可参照适用2005年修订的《公司法》的有关规定。本案中，b等人的诉讼请求为要求确认A公司于2000年8月11日形成的股东会决议无效，该决议形成于2005年修订的《公司法》施行之前，故本案可以参照适用2005年修订的《公司法》第22条的相关规定。从该决议的内容来看，并无违反法律、行政法规的情形，b等人认为该决议无效的主张不能成立。b等人主张决议无效的理由包括召集程序、表决方式不当，此两种情形均属于2005年修订的《公司法》规定的行使撤销权的事由，但即使从2005年修订的《公司法》施行之日起，即从2006年1月1

日起计算 60 日的撤销权行使期间，b 等人于 2011 年 1 月 27 日提起本案诉讼，对会议召集程序、表决方式提出异议，也已超过法律规定的 60 日期限。

【参考裁判文书】江苏省高级人民法院（2013）苏商申字第 562 号包某红等 74 人、朱某华等 8 人与南通斯材佳建材有限公司公司决议效力确认纠纷再审复查与审判监督民事裁定书。

十三、公司决议撤销诉讼中针对司法审查范围的裁判说理示范

【适用情形】聘任和解聘总经理是公司董事会的法定职权，只要董事会决议在程序及内容上不违反法律、行政法规和公司章程的规定，即应认定为有效。

【说理示范】聘任和解聘总经理是公司董事会的法定职权，只要董事会决议在程序及内容上不违反法律、行政法规和公司章程的规定，即应认定为有效。法院对董事会决议中的解聘事由是否属实不予审查和认定，因为其对董事会的决议效力亦不构成影响。本案中“a 不经董事会同意私自动用公司资金在二级市场炒股，造成巨大损失”这一理由仅是董事会就解聘 a 总经理职务所作的解释，该解释本身并不违反公司章程，其真实与否也不影响董事会决议的效力。因此，一审法院以解聘理由失实为依据判令撤销被告 A 公司所形成的董事会决议，不符合《公司法》第 22 条第 2 款的规定，属于法律适用错误，应予改判。故对 a 一审诉请不予支持。

【参考裁判文书】上海市第二中级人民法院（2010）沪二中民四（商）终字第 436 号李某军诉上海佳动力环保科技有限公司公司决议撤销纠纷一案二审民事判决书。

第五节　判决主文规范表述

判决主文即裁判结果，是人民法院对当事人之间权利义务关系作出的实体性处理决定，是裁判文书最核心的内容，其表述应当正确、规范。根据最高人民法院《人民法院民事裁判文书制作规范》关于裁判主文的要求，结合公司决议瑕疵诉讼的具体情况，公司决议纠纷民事判决书中判决主文的表述

应注意以下两点：（1）以当事人诉讼请求为基础。判决主文应对应当事人的诉讼请求，不遗漏，也不超出；（2）主文表述应明确、具体、严谨，建议一个判项对应一个决议事项。对于一个决议中部分事项作肯定评价、部分事项作否定评价，两部分事项可以拆分的，在表述上应特别注意，避免“误伤”。

具体表述可参照表1。

表1　公司决议纠纷判决主文规范表述列表

裁判类型	裁判事项	裁判主文
不成立之诉	确认决议不成立	确认×年×月×日被告A第×届第×次股东（大）会/董事会决议第×条关于×的内容不成立
	确认决议成立	驳回原告a的诉讼请求
撤诉之诉	确认撤销决议	撤销×年×月×日被告A第×届第×次股东（大）会/董事会决议第×条关于×的内容
	确认决议不可撤销	驳回原告a的诉讼请求
无效之诉	确认决议无效	确认×年×月×日被告A第×届第×次股东（大）会/董事会决议第×条关于×的内容无效
	确认决议有效	驳回原告a的诉讼请求
特殊类型	撤销变更登记	被告A于本判决生效之日起×日（一般是30日）内向公司登记机关申请撤销依据上述股东（大）会/董事会决议内容所作的工商变更登记

第六章

请求变更公司登记纠纷

第一节　类案纠纷审判概述

公司是现代企业的典型形态，是现代社会最重要、最活跃的市场主体。公司登记在本质上属于民商事主体的登记，属于对民商事主体进行调整和规范的法律范畴。公司登记对外具有公示公信的效力，对保护市场秩序和交易安全有着重要的作用。

司法实务中，自 2014 年商事制度改革要求放宽市场准入条件以来，全国因工商登记引发的民事、行政诉讼案件的数量逐年递增。其中，民事诉讼主要为因公司法定代表人、董事、监事、高级管理人员及股东请求公司或股东进行工商变更登记引发的纠纷；行政诉讼则主要为工商登记机关未予受理或未予变更、撤销申请人提出的工商登记变更申请引发的纠纷。请求变更公司登记纠纷属于民事诉讼案由，本编重点讨论民事诉讼中请求变更公司登记纠纷。对于该类纠纷，人民法院需要对当事人主张变更（涤除）诉请的基础关系是否成立及是否存在无法变更的阻却性事由进行审查。因请求公司变更股东登记与股东名册记载纠纷均涉及股东身份的变更登记，对于股东资格尚未明确的情况下一并请求变更公司登记纠纷案件的处理，可参阅股东资格确认纠纷、股东名册记载纠纷的类案审理指南。①

需要说明的是，因股份公司之股东登记与有限公司完全不同，非公众型

---

① 股权变动应当同时具备基础关系和公司认可两个条件，即“基础关系 + 公司认可 = 取得股权”。一般来说，具备基础关系后，好比获得了一张成为公司股东的“入场券”；权利人向公司主张认可其股东身份、正式成为公司股东，好比凭着“入场券”要求“入场”，此时公司有权对是否存在基础关系不成立、无效或基础关系合法有效但因违反《公司法》、公司章程等规定不能实际得以履行等阻却性事由进行审查，好比对“入场券”的真伪、效力等进行“验券”。如经过审查发现不存在阻却性事由，公司则应当认可其股东身份，就好比“验券”通过后允许“入场”，由此产生获得股权、成为股东的法律效果即实质要件成就，好比正式“入场”。如存在阻却性事由，则公司有权拒绝认可其股东身份，由此产生的后果权利人可依据基础关系向相关方主张。公司未在合理期限内就是否存在阻却性事由作出审查和回应，则视为公司认可。有关实质要件是否具备的问题实际上就是股东资格确认之诉要解决的问题，因此，股东名册记载纠纷和股东资格确认之诉密切相关。在实质要件成就后，公司应当及时进行股东名册记载、工商登记等方式对外予以公示，赋予形式要件，产生相应的对抗效力，从而取得完整无瑕疵的股东身份。

股份公司的非发起人股东的身份确定依据股票之持有与有效转让，不需要进行工商登记；公众型股份公司（即上市公司）的股票转移依托于股份交易系统，非发起人股东之身份不以工商登记为要件。鉴于股份公司股东与有限公司不同，本篇章所探讨的公司变更股东登记纠纷的案件，不包括股份公司股东和股份公司发起人的变更登记。

一、公司登记法律含义

（一）公司登记内涵

公司登记，是指公司在设立、变更、终止时，由申请人依法在公司注册登记机关提出申请，经登记管理机关审查无误后予以核准并记载法定登记事项的行为。公司登记是广义商事登记的一种，但又具有独立的意义。[①] 由于现代社会公司地位的高度重要、公司制度的高度发达以及各国公司立法日益走向独立，我们注意到公司登记已当之无愧地成了商事登记中最为重要、最为典型的登记，甚至已经出现了公司登记脱离传统商事登记而独立的趋向。[②]

（二）公司登记制度的产生

公司登记制度的形成与发展，是与公司的产生、公司制度的发展以及各国商事立法、公司立法的不断推进密切关联的。法学界一般认为，公司起源于中世纪时期的欧洲，特别是地中海地区。[③] 最早的公司形式是基于家族合伙的无限公司，至15世纪出现了股份两合公司，近代资本主义时期，公司制度迅速发展，出现了股份有限公司，但直到19、20世纪，随着法人制度的确立和现代化大生产的发展，真正现代意义的公司制度才最终得以确立。股东的有限责任、公司的独立法人人格、完整的公司治理机制等已成为现代各国公司立法的基本规定。与此相适应，公司登记的实践也可以追溯到欧洲中世纪时期。自12、13世纪以后，欧洲地中海地区商业繁荣起来，该地区普遍形成了城市自治和商业行业自治，各商业行会为了对加入本行业的商人进行控制和管理，相继建立了自己的行业“名录簿”，登载该行业的商人信息并予以

---

① 参见石慧荣：《商事制度研究》，法律出版社2003年版，第1页。商事登记可以分为广义和狭义两种。狭义的商事登记与公司登记相对应，仅适用于合伙、独资和个人商；广义的商事登记则不仅适用于合伙、独资和个人商，也适用于公司，即广义的商事登记包含公司登记。

② 参见李金泽、刘楠：《我国商业登记法制的反思与前瞻》，载《法律科学》1999年第6期。

③ 参见范健、蒋大兴：《公司法论（上）》，南京大学出版社1997年版，第3~8页。

公示，即所谓中世纪的“商人登记制度”。[①] 早期在该地区出现的无限公司也要遵循该商人登记规则进行登记。这可以看成是公司登记的开始。17、18 世纪，欧陆各国相继制定了自己的商事法律，如 1666 年的《法兰克福贸易法典》、1673 年的《法国陆上商事条例》，其中有关商事登记（包括公司登记）方面，基本上沿袭了中世纪时期的商人登记规则，只是将其成文化而已。真正现代意义的公司登记制度是从 1861 年《普通德意志商法典》开始的。[②] 该法典在第一编中较系统、详细地对商事登记的有关问题作了规定，并规定该编适用于公司的登记。德国将公司登记置于商法典中规定的做法，开启了一种立法例，对世界很多国家产生了深远影响，日本就是仿效这种立法例的代表。当然，德国后来根据形势发展的需要，又制定了《德国股份法》和《德国有限责任公司法》，对公司登记作了一些补充规定。法国在其 1804 年的商法典中没有规定公司登记及其他商事登记，直到 1919 年才以单行法的形式，制定了《法国关于商事及公司登记的法令》，对商事登记及公司登记进行了规定，此外，有关公司登记的规定还集中体现在其《法国商事公司法》中。法国的做法，作为另一种立法例，也影响了不少国家或地区。在英国，与其判例法传统有所出入的是，其公司法体现出明显的单行成文化的特点，有关公司登记的规定集中在其公司法中。如 1844 年的《英国合股与公司法》，明确规定凡超过 25 个成员的公司必须进行登记，设立公司只需登记注册即可，公司的一切均须公开。1845 年的《英国公司条款统一法》对注册公司的标准作了较系统的规定。[③] 我国最早的公司登记出现于清末，但直到 1937 年国民政府颁布商业登记法，才建立现代公司登记制度。中华人民共和国成立后至今，我国经历了从计划经济到有计划的商品经济再到社会主义市场经济的转变和发展，我国的公司登记制度从无到有，从不成熟到逐渐走向成熟，1986 年颁行了《民法通则》，1988 年制定了《企业法人登记管理条例》，1994 年制定了《公司法》，同年颁行了《公司登记管理条例》，2021 年公布了《市场主体登记管理条例》，这些立法构建了我国公司登记法律制度的基本框架。

（三）公司登记的内容与类型

公司登记可依不同标准作不同分类。以公司的国籍为标准，公司登记可分为本国公司的登记与外国公司的认许登记。本国公司的登记，是指公司设立人在本国设立公司及分支机构，或本国已成立的公司进行变更登记事项或注销公司的登记事项；外国公司的认许登记，是外国的公司旨在申请东道

---

① 参见董安生等编著：《中国商法总论》，吉林人民出版社 1994 年版，第 163 页。

② 参见谢非：《德国商业登记法律制度的沿革》，载《德国研究》2000 年第 3 期。

③ 参见朱慈蕴：《公司法人格否认法理研究》，法律出版社 1998 年版，第 9~10 页。

国认许其公司法人资格并许可在东道国设立分支机构而进行的登记。以登记对象是本公司还是分公司为标准，公司登记可分为本公司的登记与分公司的登记。本公司的登记，是对本公司的设立、注销或登记事项的变更在本公司所在地的登记机关所为的登记；分公司的登记，是对分公司的设立、注销及登记事项的变更在分公司所在地的登记机关所为的登记。以公司的形式为标准，公司登记可分为有限公司的登记、股份公司的登记、无限公司的登记与两合公司的登记。在西方主要资本主义国家的公司立法中，如法、德、日本等，基本都肯定和区分了这四种公司的形式，并相应对其登记作出了较为详细的规定。我国《公司法》只肯定了有限公司和股份公司两种公司形式，并相应对这两种公司的登记的有关特殊问题作出了规定，如登记申请人的不同，登记审核的条件不同，应登记的事项也有所区别。以国家对公司登记的政策态度为标准，公司登记可分为强制公司登记与任意公司登记。强制公司登记采登记要件主义，非经登记，不产生登记之效力（如非经设立登记，公司不成立）。英国公司法和德国商法即规定实行强制登记，我国《公司法》及《公司登记管理条例》亦采强制登记的法律政策；任意公司登记采登记对抗主义，即登记并非必须，但非经登记，不具有对抗第三人的效力。比利时和日本采任意公司登记法律政策。[①] 以公司登记的具体内容为标准，公司登记可分为设立登记、变更登记与注销登记。这种分类是各国通行的公司登记分类，也是我国《公司登记管理条例》立法的主要依据。设立登记，是登记机关应公司设立人之申请，旨在成立公司、取得企业法人资格的登记。世界大多数国家均对公司设立登记采登记要件主义，非经设立登记，不成立公司；变更登记，是公司成立后，因公司名称、住所、注册资本、经营范围、法定代表人等法定应登记事项发生变化，由公司向登记机关申请变更部分登记事项的登记；注销登记，亦称解散登记，是公司因破产、解散、被撤销、被吊销营业执照等原因而终止时，依法向登记机关申请办理的消灭公司企业法人资格的登记。

我国《公司法》规定的登记种类包括设立登记、变更登记、注销登记。此外，2022 年 3 月 1 日起施行《市场主体登记管理条例》也对设立登记、变更登记、注销登记三种登记类型予以规定。公司变更登记是指公司改变名称、住所、法定代表人、经营范围、企业类型、注册资本、营业期限、有限责任公司股东或者股份有限公司发起人的登记。公司变更登记事项应当向原公司登记机关申请。未经核准变更登记，公司不得擅自变更登记事项，否则应当承担相应的法律责任。本指南所论述的请求变更公司登记纠纷是指公司的法定代表人、董事、监事、高级管理人员或股东请求公司对公司工商登记记载

---

① 参见梁宇贤：《公司法论》，我国台湾地区三民书局 1980 年版，第 60 页。

的事项予以变更而产生的纠纷，其中以法定代表人及有限责任公司股东请求公司进行变更引发的纠纷最为常见。

（四）公司登记法律性质

对于公司登记行为的性质，世界各国的公司登记立法均没有明确规定。而在学界亦是众说纷纭，目前学界争论的观点，以“公法行为说”“私法行为说”和“公私法行为兼具说”三种学说比较具有影响。

公法行为说，具体是指公司登记是一种行政行为，目前学界以该说为主流观点。公法行为说认为，公司登记究其本质是国家公权力干预商事活动的行为，是一种公法上的行为，是商法私法公法化的最集中体现。[①]公司登记是一种行政确认行为，是公司登记机关对公司法人主体资格和营业能力进行审查、确认、证明并予以宣告的确权性行政行为。换一个角度来说，公司登记是一种公法行为，是公司登记机关依相对人申请而进行的行政行为，公司登记制度的核心是公司登记机关的审查行为，登记机关代表国家依职权进行审核，具有公法性质，区别于商主体以意思表示为要素的民商事行为，其主要体现的是国家意志。而对该说持批评意见的学者认为，公法行为说片面强调了公司登记法律行为的公法性，忽视了公司登记中实际上是依当事人的申请而展开的行为，也忽视了公司登记制度总体上归属于民商事法律规范的事实。

私法行为说认为，商法理论所要阐述的，乃是作为商事法律行为的商业登记。[②]对于具有商事法律行为意义的商业登记与具有国家监管意义上的商事登记应当有明确的分界。前者归属于私法范畴，而后者则归属于公法范畴。而在当下公司登记立法普遍采用准则主义的背景之下，公司登记机关在公司登记申请人符合法定要求的情况下并不具有自由裁量权，其与公司登记申请人地位的平等性十分突出。[③]而从公司登记行为的法律后果来看，民事法律行为的目的在于产生私法上的效果，公司登记的效果是使公司取得私法人资格，应当被界定为一种私法行为。私法行为说强调了公司登记的私法效果，将公司登记行为界定为一种服务行为，其结果是对商主体的主体资格及其变动状况的确认。

此外，有学者将公司登记法律行为界定为一种私法行为与公法行为相统一的复合行为。因为它兼具私法性质和公法性质。公司登记制度包括了两个方面的含义：一方面是国家的监督、管理措施，即国家为对商事活动实施行政管理而统一采取的登记措施；另一方面是当事人的民事法律行为，即为了

---

① 参见范健主编：《商法》，高等教育出版社 2000 年版，第 8 页。

② 参见寇志新主编：《商法学》，法律出版社 1996 年版，第 64 页。

③ 参见蒋大兴：《公司法的展开与评判》，法律出版社 2001 年版，第 376 页。

公司的成立，筹办营业的自然人或行将营业的组织体为取得商事人格，以及为了商事营业的变更、终止等应登记事项而向登记主管机关实施的商事法律行为。本指南论述的民事诉讼中请求变更公司登记恰好体现了公司内部自治的私法性质，而行政诉讼中请求工商行政部门办理或者撤销工商登记则更契合公法性质。

（五）公司登记制度价值

商事登记制度源自商法制度，其基本价值要素自然是效率。而作为一项公权力介入相当广泛的制度，安全因素也是其必须关注的价值要素之一。而目前学界中的理论成果，基本上也都将商事登记的基本价值定位于效率与安全。[①] 在此基础之上，我们认为，商事登记法律制度实际上也是将商主体与经营相关的重要事项，在商事登记簿上予以登记并加以公示的程序性规定。该程序固然旨在提高市场交易效率、保障交易安全。但更重要的是通过该程序使商主体取得主体资格，进而实现商主体的经营自由。因此，商事登记法律制度的基本价值取向应该包括实现经营自由、保障安全与促进效率。而公司登记制度属于商事登记制度的下位概念。公司登记之所以作为商事登记中一个非常特殊的存在，是因为公司具有其他商主体都不具备的一个特点——有限责任制度。公司制度在现代企业制度中处于核心位置，若论及现代公司诸项制度中的基石性规定，则非有限责任制度莫属。有限责任制度的理念，无论对西方国家的经济发展，还是对我国现代企业制度的建立，均具有重大的理论价值。在很多公司法的学者看来，有限责任制度是自 19 世纪以来人类进行商事活动而衍生出来最为有效的法律上的“发明”。该制度旨在通过对股东责任的限定，明确了股东的投资风险，刺激了股东的投资积极性，从而真正促成了公司所有权与经营权的分离，提高了公司的运营效率。

公司作为以营利为目的的市场主体，其存在的根本目的和最重要的社会功能之一，就是帮助公司股东实现利润的最大化，而经营自由则是实现上述目标的重要基础。公司以获得收益为存在目标，其以效率作为价值取向自无疑问。而真正地实现效率又离不开一个平稳安全的市场环境，因此安全也应当是公司法律制度的价值取向。公司法的立法目的在于，通过对公司及其参与人组织与行为的规范，吸引社会资金的投入，实现公司繁荣，并且同时兼顾债权人的权益，平衡公司内外利益相关者的利益冲突。[②] 公司登记制度是一

---

① 参见冯果、柴瑞娟:《我国商事登记制度的反思与重构——兼论我国的商事登记统一立法》，载《甘肃社会科学》2005 年第 4 期。

② 参见赵旭东:《公司法修订的基本目标和价值取向》，载《法学论坛》2004 年第 6 期。

项私法公法化非常明显的制度，体现着浓重的公权力影响的色彩，其注重作为市场经济主体的公司在取得主体资格时的程序性。因此，公司登记制度的价值取向应当是促进交易效率、保障交易安全。同时，所有与公司登记相关的制度设计，也应当在该价值基础上相应地进行。因此，我们认为，公司登记制度最重要的两个价值为保障交易安全和促进交易效率。

我们之所以在法的价值讨论中，不能够忽视安全这一因素，是因为只有安全才能够给各种法的价值发挥提供一个稳定而有秩序的外部环境。虽然安全价值的作用需要依附于其他价值而发挥，但如果没有安全，人们的自由、平等、效率等诸项价值都难以稳定并持久地存在下去。[①] 作为对市场经济主体的准入以及变动进行程序控制的重要法律规范，公司登记制度与市场经济交易安全息息相关。所以说，必须为市场交易者的交易提供指南并为国家的经济管理行为提供依据。而为了维护市场交易的公平秩序，公司登记制度具有公示性和强制性的特点，这些特点也反映了公司登记制度所具有的安全这一价值取向。市场经济的自发性和市场主体的自利性容易影响和干扰市场经济的正常秩序，扩大市场经济的风险。因此，需要政府的宏观调控来应对这些不足，从而保障市场经济稳定有序地运行，维护市场交易的安全、有效，并最终满足市场经济秩序的需要，实现经济社会的繁荣与稳定发展。公司登记制度要求公司及时准确地提供有关信息并予以审核和公示，这样无疑提高了公司的信用程度，有助于交易相对人对公司的资信和资质等与交易相关的信息的了解，降低交易成本，便于对特定交易的风险进行预测，提升交易的安全程度。

对于公司而言，效率无疑是实现公司利益最大化的根本属性和必然要求；对于设立公司的股东而言，效率更是其实现在市场中获取利益所不可或缺的。与此同时，效率的提高也有利于社会自由和公平的真正实现，确保社会的全面健康发展。公司登记制度作为一种程序法，其本身需要采取对当事人权利义务实行最优配置的制度设计，以期实行登记程序的方便、快捷与高效。效率作为公司登记制度的价值取向的同时，也要求公司登记机关在履行登记职责时提高其行政效率，减少市场主体在申请公司登记中的成本支出，并作为体现我国政府向服务型政府转变的具体实践。而站在公司的交易相对人角度，公司登记制度客观上要求公司在登记过程中，及时准确地提供各种信息并通过登记等公示手段帮助交易相对人及社会公众可以平等、快捷地取得公司信息，以对公司的重要事项有清晰的了解，减少当事人在为避免信息不对称所

---

① 参见［美］博登海默：《法理学：法律哲学与法律方法》，邓正来译，中国政法大学出版社 2004 年版，第 318 页。

付出的调查成本，提高了社会的总体效率。

（六）公司登记法律效力

关于公司登记的效力，无疑是公司登记制度的核心。公司登记有设立登记、变更登记和注销登记的不同种类。不同种类的登记因其内容不同而效力状况不尽一致。但各种登记在效力上也有其共同之处，公司登记主要有以下三方面效力。

1. 公信效力

公司登记的公信效力，是指法定应予公司登记事项一经法定机关登记并公示，便推定其真实、合法，任何善意第三人根据登记与登记公司发生的交易，均应受到法律的保护，即使事实证明登记有瑕疵，对于信赖登记而与登记公司发生交易的第三人，法律仍应承认其具有与真实、合法登记相同的法律效果。公司登记的公信效力是商法外观主义原则的体现和要求。法律赋予登记以公信效力的目的是通过推定登记真实、合法且有效，保障交易善意第三人的外观信赖利益，从而保障交易的秩序和交易的安全。

公司登记内容体现了国家对于商事主体公示登记信息的确认，也是保障商事主体有序、安全地进行商事活动的重要支撑。在商事交易中，未向公司登记机关办理股权变更登记的，不得对抗善意第三人。

2. 对抗效力

公司登记的对抗效力，是指公司登记事项一经登记，其效力及于公司及第三人，应对第三人形成对抗效力，公司因此而获得免责效力。[①] 公司登记的对抗效力主要有两个方面：一是消极的对抗效力。消极的对抗效力是指法定应予登记事项（包括设立登记、变更登记和注销登记的法定应登记事项）未经登记公告，不具有对抗第三人的效力。如设立公司而未经设立登记的，不得以公司已成立且具有法人资格对抗第三人；公司法定代表人变更但未办理变更登记的，公司不得以变更的法定代表人对抗第三人。在第三人主张原法定代表人为公司代表人时，法律应支持第三人的主张并为其提供保护；公司因各种原因而终止，但在未办理注销登记之前，公司及其股东不得以公司已经终止的事实对抗第三人。二是积极的对抗效力。积极的对抗效力是指法定应予登记事项经登记公告即具有对抗第三人的效力。如公司经设立登记公告便可以公司已成立并具有法人资格对抗第三人。积极的对抗效力是公司登记公信力的体现，我国现行有关立法对此尚无明确的规定。但由于我国是采取登记要件主义，因此学界推定我国实际上肯定公司登记的积极对抗效力。

---

① 参见王明远、唐英：《公司登记效力探讨》，载《中国法学》2003 年第 2 期。

3. 证明效力

公司登记的证明效力是指公司登记对登记对象的状况（公司主体资格状况、公司营业能力状况、公司经营管理状况等）在法律上的证明效力。公司登记的证明效力，是公司登记作为一项法律制度的特殊价值功能的要求和体现。如果说登记不具有法律上的证明效力，则任何登记法律制度包括公司登记法律制度就没有存在的价值。就公司登记而言，无论设立登记、变更登记还是注销登记，都具有一定的证明效力。因此，证明效力应当是公司登记的一般效力。

根据公司登记证明的目的不同，公司登记的证明效力可分为公司实体状况证明效力和诉讼、仲裁证据证明效力。公司实体状况证明效力是在公司经营管理过程中公司登记对公司状况的证明效力。如公司与第三人进行交易时，公司可以公司登记证书证明其法人资格及营业范围、营业地址等。诉讼、仲裁证据证明效力则是在公司涉诉讼或仲裁时，法院或仲裁机构认可公司登记属于证据之一并具有证明公司状况的证据效力。在诉讼或仲裁中，除非有确凿的事实证据证明公司的现实状况与公司登记状况不一致，否则，公司登记是公司状况的权威证据。因此，公司登记对于诉讼的证据意义巨大。而公司登记的公示证明效力也是处理请求变更公司登记纠纷所依托的重要原则。

二、变更公司登记纠纷概述

（一）变更公司登记纠纷释义

《民事案件案由规定》中规定的“请求变更公司登记纠纷”属于二级案由“与公司有关的纠纷”项下的三级案由。本章主要探讨变更公司登记中的民事纠纷，并对变更登记中的民事诉讼与行政诉讼的界限与区分予以明确。关于变更登记引发的行政纠纷诉讼，则应适用行政诉讼的审理规则和有关规定。

（二）变更公司登记纠纷的常见纠纷类型

在民事诉讼中，因变更公司登记引发的纠纷主要有六种类型。

1. 法定代表人变更纠纷诉讼

从纠纷发生的原因进行区分，主要包括：

（1）公司作出变更法定代表人的股东会决议后，新任法定代表人请求公司变更登记，公司或原法定代表人不配合办理的，新任法定代表人可以向人民法院起诉要求公司办理变更登记。实践中，有限责任公司章程通常规定法定代表人由执行董事担任，当公司决定变更执行董事，但法定代表人一直未变更的，原执行董事可向人民法院起诉要求变更法定代表人。

（2）被冒名登记或挂名的法定代表人请求公司变更（涤除）登记，公司不配合办理的。被冒名登记的法定代表人若能提供证据证明其系被冒用身份信息登记为公司法定代表人，可以向人民法院起诉要求办理涤除法定代表人的登记事项。与之类似，挂名法定代表人提供证据证明自己并未参与公司实际经营，可以向人民法院起诉要求公司办理涤除法定代表人的登记事项。

（3）法定代表人任期届满且从公司离职后请求公司变更（涤除）登记，公司不配合办理的。公司法定代表人的变更虽为公司自治范畴，但当法定代表人并非公司股东时，其无法通过召集股东会等方式就法定代表人变更事项进行协商并作出决议，在当事人无法通过公司自治途径维护自身权益时，应赋予其诉讼的权利。另外，法定代表人任期结束并未连选连任，且与公司劳动关系已经解除，亦非公司股东，在此情况下，已无其他救济途径，可向人民法院起诉要求公司办理变更（涤除）登记。

2. 董事变更纠纷诉讼

从纠纷发生的原因进行区分，主要包括：

（1）股东会表决通过新的董事人选决议，引起新旧董事之间的变更公司登记纠纷。实践中，执行董事与法定代表人常常为同一人，当事人诉请变更董事登记一般与变更法定代表人登记在同一诉讼中一并提出。

（2）任期届满不再担任董事并请求公司变更（涤除）登记，公司不配合办理的。对于当事人申请涤除董事登记，因董事具备召开股东会的权利，人民法院应当审查董事有无先行通过内部救济手段向公司主张涤除董事身份登记。此外，董事任职期限是否届满也是审查能否涤除董事登记的考量因素。

3. 监事变更纠纷诉讼

从纠纷发生的原因进行区分，主要包括：

（1）股东会表决通过新监事的人选决议，引起新旧监事之间的变更公司登记纠纷。监事有权向法院起诉要求公司及原监事办理变更登记事项。

（2）任期届满不再担任监事并请求公司变更（涤除）登记，公司不配合办理的。对于当事人申请涤除监事登记，因监事同样具备召开股东会的权利，人民法院应当审查监事有无先行通过内部救济手段向公司主张涤除监事身份登记。此外，监事任职期限是否届满也是审查能否涤除董事登记的考量因素。

4. 高级管理人员（总经理）变更纠纷诉讼

鉴于高级管理人员的纠纷类型与法定代表人、董事类似，在此不再重复论述。

5. 股东变更纠纷诉讼

从纠纷发生的原因进行区分，主要包括：

（1）转让、受让股权的股东请求公司、股东变更登记。在股权转让引起的请求变更公司登记纠纷中，转让股东、受让股东均有权提起诉讼，且股权受让人可在诉讼中一并确认其受让后的股权比例。

（2）实际出资的股东主张代持有效、要求显名和变更登记。经公司其他股东过半数同意，在股权代持协议解除后，实际出资人或股权代持人有权请求公司变更股东登记。

（3）被冒名登记的股东请求公司变更登记。被冒名登记股东证明股权转让协议并非其真实意思表示，可请求公司及冒名人办理股东变更登记。

（4）继承股权的股东请求公司及其他继承人变更登记。因股东死亡引发的股权继承案件，公司章程未作排除股权继承的规定，股东的继承人有权请求公司办理变更登记。

6. 公司其他事项变更纠纷诉讼

实践中，请求变更公司其他事项登记的纠纷相对前几种发生较少，主要的纠纷是基于原股东会决议被生效文书撤销后，相关权利人或股东请求恢复公司的原登记事项。

三、请求变更公司登记纠纷审理理念

（一）区分请求权基础，准确界定行政与民事审理范围

根据当事人申请变更主体、诉讼请求及适用法律的不同，由此衍生进入的诉讼程序也不同。法院需要做好因变更登记引发的民事诉讼与行政诉讼的区分和引导。对于当事人要求工商登记机关作出或撤销工商登记的，引导当事人通过行政诉讼程序解决纠纷；对于当事人要求公司或股东变更登记的，则通过民事诉讼程序化解纠纷。

（二）坚持商事裁判原则，维护商事登记的公信效力

现代商事活动中，随着交易标的额增大、经济形势日益复杂、交易风险日益加大，维护交易安全、调动交易积极性是商事审判的基本原则。变更公司登记属于变更商事主体的公示公信信息，必须考虑到商事主体存续的稳定，确保任何善意第三人根据公示的登记信息与登记公司发生的交易，均受到法律保护，公信效力是对于交易第三人外观信赖利益的保护。因此，在判决变更公司登记时应考虑到变更公司登记之后的执行衔接问题，防止发生判决变更登记后引发执行不能与执行回转等问题。

（三）尊重商事主体意思自治，引导商事主体先行内部救济

在案件审理中，应坚持尊重商事主体的意思自治、司法审慎介入原则，注意审查商事主体工商登记档案关于公司登记及法定代表人等人员任期及变

更的相关规定，在尊重公司内部自治的前提下审慎主动变更公司的登记信息。此外，应当引导当事人优先使用内部救济程序向公司主张变更或者涤除相关登记信息，只有在当事人内部救济未果的情况下，再由法院依照相关法律进行审理并作出裁判。

（四）运用穿透式审判思维，坚持纠纷处理经济效益性原则

近年来，司法实务中的变更公司登记纠纷案件类型呈现多样化、复杂化的趋势。除了传统、典型的法定代表人及董监高变更登记外，在股东变更登记纠纷中出现了“隐名股东”要求显名及“显名股东”要求“隐名股东”显名的新型案件纠纷，该类案件系基于一个法律事实产生的两个法律关系，要解决股东变更登记纠纷的前提往往需要确定代持协议的效力。因此，人民法院对该类案件审理应当坚持纠纷处理经济效益性原则，向当事人释明相关法律关系，正确界定纠纷法律关系属性，运用穿透性审判思维，对于同一法律事实延伸出的两个法律关系在一个案件中一并解决，从而更好地维护当事人的合法权益，实现政治效果、法律效果和社会效果的有机统一。

第二节　基本要素审理指引

一、立案要素审查

针对请求变更公司登记纠纷，在立案审查环节，应结合纠纷特点并依照《民事诉讼法》《行政诉讼法》的相关规定，注重以下几个要素审查。

（一）主管要素

1. 民事诉讼与行政诉讼范围界定

《民事诉讼法》第 3 条规定：“人民法院受理公民之间、法人之间、其他组织之间以及他们相互之间因财产关系和人身关系提起的民事诉讼，适用本法的规定。”这一规定是法院民事诉讼主管范围界定标准，即以发生争议的实体法律关系是否属于民事关系为标准划定民事诉讼主管范围。

《行政诉讼法》第 2 条规定：“公民、法人或者其他组织认为行政机关和行政机关工作人员的行政行为侵犯其合法权益，有权依照本法向人民法院提起诉讼。前款所称行政行为，包括法律、法规、规章授权的组织作出的行政

行为。”第 12 条、第 13 条规定了行政诉讼具体收案范围。其中第 12 条第 1 款第 3 项规定：“申请行政许可，行政机关拒绝或者在法定期限内不予答复，或者对行政机关作出的有关行政许可的其他决定不服的。”区分公司登记纠纷的界限范围既可以解决法院内部民事诉讼与行政诉讼职能分工，也有利于当事人自行选择通过何种诉讼程序进行救济。

司法实务中，常见当事人主张公司登记机关记载的公司情况与真实权利状态不符，请求办理公司变更登记，由于此类纠纷的实质是确认民事法律关系的内容和状态，故属于民事诉讼的主管范围。

法院可通过民事判决结果直接或间接地促使有关行政行为作出变更，这些行政行为应仅限于程序性或形式性行为，如备案、登记等行为。涉及行政审批职能行为，如中外合资经营企业的股权变更须经有关部门审批，并应根据审批结果确定股东身份。由于审批行为属实质性行政行为，不能通过民事诉讼程序和民事判决予以变更。

2. 有关商事登记的行政诉讼可以合并处理涉股权变更登记的民事纠纷

（1）当事人一致同意涉股权变更的民事争议在行政诉讼中一并解决的，经法院准许，由受理行政诉讼的法院管辖。

（2）法院在审理涉股权变更登记的行政诉讼中一并受理、审理股权转让纠纷的，股权转让纠纷应单独立案，由同一合议庭审理。

【规范依据】《民事诉讼法》第 3 条；《行政诉讼法》第 2 条；《最高人民法院关于适用〈中华人民共和国行政诉讼法〉的解释》第 138 条第 1 款、第 140 条。

（二）管辖要素

《民事诉讼法》第 27 条规定：“因公司设立、确认股东资格、分配利润、解散等纠纷提起的诉讼，由公司住所地人民法院管辖。”

《民事诉讼法司法解释》第 22 条规定：“因股东名册记载、请求变更公司登记、股东知情权、公司决议、公司合并、公司分立、公司减资、公司增资等纠纷提起的诉讼，依照民事诉讼法第二十七条规定确定管辖。”

根据上述规定，请求变更公司登记纠纷的案件由公司住所地人民法院管辖。

【规范依据】《民事诉讼法》第 27 条；《民事诉讼法司法解释》第 22 条。

（三）案由要素

司法实务中，人民法院审查能否变更公司登记，应重点审查原告主张变更的基础关系是否成立及是否存在无法变更的阻却性事由。对于请求变更法定代表人、董事、监事或高级管理人员的纠纷，通常不会与其他案由存在竞合。对于请求变更股东登记的纠纷，通常会与股东资格确认、股权转让、股东名册记载等纠纷相结合，对于原告诉讼请求涉及上述多个案由的，可以参见股东名册记载纠纷中的案由论述。[1] 人民法院应根据案件的不同情况分别处理，主要有以下三种情况：（1）如原告请求确认股东资格并一并诉请办理股东变更登记，应以股东资格确认纠纷为主案由，吸收请求变更公司登记纠纷，在案件中对股东资格纠纷与公司变更登记纠纷一并审理；（2）如原告诉请办理工商登记但未诉请确认股东资格，法院应当向原告释明，由原告决定是否增加确认股东身份诉讼请求。如原告增加该请求，则应以股东资格确认纠纷为主案由，同时应按照股东资格确认纠纷案由所确定的诉讼股权价值标的确定级别管辖和诉讼费收取标准；如当事人拒不增加确认股东资格请求，仍要求进行审理的，但双方对其股东资格又存在实质争议，法院应驳回原告的诉讼请求。（3）对于原告诉请法院判决公司将其股权记载于股东名册，并在登记机关登记的，应以股东名册记载纠纷为案由，吸收或并列变更公司登记纠纷。

（四）原告主体要素

在请求变更公司登记纠纷案件中，原告是对请求变更登记有直接利害关系的民事主体，主要包括以下几种：（1）法定代表人；（2）董事、监事、高级管理人员；（3）股东。对于以上三类原告主体资格的审查包含以下情形：

1. 原告请求变更（涤除）公司法定代表人、董事、监事、高级管理人员或股东的，应审查其是否为公司工商登记在册的上述人员，或者是与登记在册的上述人员有利害关系的民事主体。

2. 原告请求变更公司登记事项的，应审查其是否具备公司的法定代表人、董事、监事、高级管理人员或股东身份。

---

① 实践中，股东名册记载纠纷通常会同股东资格确认、股权转让、请求变更公司登记等纠纷结合在一起，单纯提起股东名册记载纠纷的较少。因此，在股东名册记载纠纷中，往往包含对股东身份的确认，此时股东名册记载只是手段而非目的，实务中往往是以并列案由或仅列其他主要纠纷案由的方式处理。如原告在诉讼请求中要求确认股东资格，同时要求签发出资证明书、记载于股东名册、在登记机关进行登记，应以确认股东资格所涉及的纠纷作为案由，吸收或并列股东名册记载纠纷和变更公司登记纠纷；如原告诉讼请求中要求法院判决公司将其股份记载于股东名册，并在登记机关登记，则以股东名册记载纠纷作为案由，吸收或并列变更公司登记纠纷。对于仅提起股东名册记载纠纷的案件，如果股东身份并不明确且双方存在争议，原告仅起诉要求公司在股东名册中进行记载，法院应当向原告释明，增加确认股东资格作为独立诉讼请求。如原告拒不增加，法院可驳回其诉讼请求；如原告增加，则案由应并列确定为股东资格确认纠纷、股东名册记载纠纷，并应按照股东资格确认所对应的股权价值标的确定级别管辖和诉讼费收取标准。

【规范依据】《公司法》第13条、第32条第3款；《市场主体登记管理条例》第24条。

（五）被告主体要素

原告请求变更公司法定代表人、董事、监事及高级管理人员的，公司是承担变更登记的义务主体，具体注意以下情形：

1. 原告请求涤除公司法定代表人、董事、监事及高级管理人员登记的，以公司作为被告，公司是承担变更登记的义务主体。

2. 原告请求变更公司法定代表人、董事、监事及高级管理人员的，以公司作为被告，以主张变更的主体作为第三人，公司是承担变更登记的义务主体，第三人有义务协助办理法定代表人、董事、监事及高级管理人员的变更登记。

3. 原告请求变更公司登记股东的，公司是承担变更登记的义务主体，具体注意以下情形：

（1）原告通过股权受让取得股东资格的，根据其诉请的不同确定股权转让方的主体身份。如股权转让方在履行股权转让协议过程中，怠于履行转让协议中约定的通知公司或协助公司办理股东变更登记等合同义务的，股权受让方基于股权转让协议提起变更登记纠纷诉讼，请求公司办理股东变更登记、股权转让方协助办理股东变更登记的，股权受让方与股权转让方和公司之间存在利益对立性，原告有权以公司及股权转让方为共同被告；如股权转让方已经履行了股权转让协议约定的义务，但公司未办理股东变更登记的，可以公司作为被告，以股权转让方为第三人，公司是承担变更登记的义务主体，股权转让方作为第三人，负有协助原告办理股权变更登记的义务。

（2）原告作为隐名股东起诉请求确认其股东资格并要求公司办理变更登记的纠纷。按照民事诉讼证据规则，隐名股东此时应负担证实名义股东缺乏出任股东的真实意思表示、并非真正意义股东的证明责任。此时，名义股东与隐名股东是诉讼利益相对立的两方当事人，名义股东符合被告诉讼地位的特征，故相关纠纷应将公司和名义股东列为共同被告。此外，依据《公司法司法解释（三）》第24条的规定，需要经公司其他股东过半数同意，因此可以追加公司其他股东作为第三人。

（3）原告以其被冒名登记为由请求公司变更登记的，应以公司作为被告，可以将有利害关系的股东作为第三人参加诉讼。此外，被冒名的股东也可以通过提起行政诉讼申请工商登记部门撤销登记。

（4）原告通过继承取得股权，公司及其他继承人不配合办理股权变更登记的，可根据诉讼请求将公司及其他法定继承人作为共同被告一并起诉。

【规范依据】《公司法》第 32 条、第 71~73 条、第 75 条、第 139~140 条；《公司法司法解释（三）》第 23~24 条、第 27 条；《民法典》第 311 条。

（六）诉讼请求要素

原告诉讼请求是否具有可诉性。对于原告主张变更登记公司法定代表人、董事、监事、高级管理人员或股东的，一般分为变更类和涤除类两种。对于诉请为变更类的，诉请中应当明确变更前及变更后的相关人员。如原告主张变更类诉请但无法明确变更后主体的，应当向其释明是否将诉请变更为涤除，如果原告坚持变更的，但无法明确变更后的主体，对于上述诉讼请求，法院不予支持其变更的诉讼请求。对于诉请为涤除类的，应当审查原告主张涤除的事实是否成立，如果经审查原告主张的涤除事实成立，应当判决涤除。[①]

（七）诉讼费确定标准

诉讼费确定标准以诉讼标的为基础，如在请求变更公司登记纠纷中只主张公司变更法定代表人、董事、监事或高级管理人员，则应按件收费。如果既请求确认股权和股东资格，又请求公司变更股东登记，一般按股权价值标的收费。

二、被告抗辩要素审查

（一）关于基础关系的抗辩

被告通常会以确认或变更法定代表人、董事、监事、高级管理人员、股东身份的基础关系不成立、无效为由进行抗辩，主张不具备变更公司登记的前提条件。具体而言，主要包括两种类型：

1. 基础关系不成立或无效，如基础关系违反法律、行政法规强制性规定而无效。

2. 基础关系合法、有效但履行条件不成就，即原告未履行基础关系赋予的义务，而该义务的履行是原告变更法定代表人、董事、监事、高级管理人员、股东身份的前提条件，如原告作为法定代表人、董事、监事、高级管理人员有无向公司提出有效的辞职申请；原告作为法定代表人、董事、监事、股东有无先行进行内部救济等。

（二）关于存在阻却性事由的抗辩

关于被告抗辩存在阻却性事由的，通常以基础关系合法、有效但履行不

---

①《公司法》二次审议稿新增第 34 条，新增内容为：公司登记事项发生变更的，应当依法办理变更登记。公司登记事项未经登记或者未经变更登记，不得对抗善意相对人。

能，即原告请求变更登记的主体因违反《公司法》等规定不能担任公司变更后法定代表人、董事、监事、股东，人民法院需要对原告自身是否存在无法变更的阻却性事由进行审查。具体而言，主要包括三种情况：

1. 原告有无担任法定代表人的阻却事由。原告是否存在《市场主体登记管理条例》第 12 条规定的情形，如果原告具备上述情形之一，符合被告提出的阻却性事由抗辩意见。

2. 原告有无担任董事、监事的阻却事由。原告是否存在《公司法》第 146 条规定的情形，如果原告具备上述情形之一，人民法院应采纳被告提出的阻却性事由的抗辩意见。

3. 原告有无变更股东的阻却性事由。如在隐名股东要求显名时，未经过其他股东过半数以上同意。如部分股权转让协议中，受让方有相应的主体限制，即其资格存在以下法律障碍：一是中国公民个人不能作为中外合资（合作）有限公司的股东；二是属于国家禁止或限制外资企业准入行业公司的股权，禁止或限制向外商转让；三是法律、法规、政策规定不得从事营利性活动的主体，不得受让公司股权成为公司股东，例如各级国家机关的领导。

（三）关于超过诉讼时效的抗辩

诉讼时效制度适用的权利范围为债权请求权，请求变更公司登记纠纷不属于债权请求权之诉，因此不受诉讼时效的限制。

三、举证要素审查

对于请求变更公司登记纠纷举证要素审查，应当依据《民事诉讼法》第 67~68 条，《民事诉讼法司法解释》第 90~96 条，《最高人民法院关于民事诉讼证据的若干规定》第 1~10 条、第 51~57 条等关于当事人提供起诉证据的义务、举证责任的分配、无须举证的事实、人民法院依职权调取证据的范围和条件、自认规则、举证期限等进行审查和处理。结合请求变更公司登记纠纷诉讼的特点，注意以下五个问题。

（一）举证责任分配原则

请求变更公司登记纠纷与其他普通民商事诉讼一致，实行“谁主张，谁举证”举证责任分配原则。

原告应举证证明具备确认或变更的实质要件、公司怠于履行变更登记等事实。不作为的侵权，具备作为的条件未作为即存在侵权行为和过错，未办理公司变更登记即损害后果，承担的责任是履行公司变更登记的作为义务。被告应举证证明是否存在阻却性事由。双方如否定对方举证存在的事实，则应当承担相应的举证责任。具体而言，原告应承担举证证明存在合法、有效的基础关系且依据基础关系请求变更的条件已经成就；被告则应承担举证证明基础关系不成立、无效或存在无法履行的事实等阻却性事由。

（二）证明法定代表人、董事、监事、高级管理人员存在基础关系变更的证据

主要包括：

1. 股东会决议、董事会决议；

2. 股东名册，公司的任命书等；

3. 另案生效的裁判文书。

（三）证明法定代表人、董事、监事、高级管理人员解除委托关系的证据

主要包括：

1. 离职证明、离职申请书，变更（涤除）法定代表人、董事、监事、高级管理人员的申请或说明。对于离职的员工，需要提供请求公司解除法定代表人、董事、监事、高级管理人员的申请书或说明。

2. 劳动合同、社保记录、工商登记信息。对于离职的员工，需要提供与公司并未实际关联，事实上不再具备委托关系的材料。

3. 报警记录、公安机关的受理回执、遗失声明。对于主张被冒名登记的法定代表人、董事、监事、高级管理人员，应当提供身份证遗失后的报警记录、公安机关的受理回执，证明其在遗失身份信息后有积极避免身份信息被冒用的行为。

4. 工商档案材料的签名鉴定结果。对于主张被冒用身份信息进行公司登记的，可以申请对工商档案中的材料进行鉴定，证明其并未签署上述登记材料。

（四）证明股东存在基础关系变更的证据

可参见股东名册记载纠纷的部分，主要包括：

1. 具备确认股东资格的生效文书；

2. 股东之间或者股东与公司之间的书面协议，如发起人协议、出资协议、增资扩股协议；

3. 公司章程、出资证明书、资产评估报告、验资报告；

4. 出让或接收股权（出资）的证据，如给付、接收转让股款，公司出具的出资证明书、股东名册，转让方将公司的管理权转移给受让方的证据等；

5. 对于因赠与或继承方式取得股权的，赠与协议、继承的公证书或者遗

产分割协议。

（五）证明公司其他登记事项基础关系变更的证据

主要包括：

1. 股东会决议。原告主张公司办理其他登记事项变更的，同样应当提供有效的股东会决议，公司的股东会决议是法院能否支持变更公司其他登记的前提。

2. 另案生效判决。司法实务中，请求变更公司其他登记事项的纠纷较少，主要类型为原股东会决议被另案判决确认无效后，公司股东诉请公司将公司登记事项恢复到原来状态。

四、变更法定代表人要素审查

（一）基础关系要素审查

1. 对于原告主张变更法定代表人，基础关系审查的重点为是否具备合法、有效变更法定代表人的股东会决议。法定代表人登记是公司的法定义务，《公司法》第 13 条对此明确规定："公司法定代表人依照公司章程的规定，由董事长、执行董事或者经理担任，并依法登记。公司法定代表人变更，应当办理变更登记。"《市场主体登记管理条例》第 24 条规定："市场主体变更登记事项，应当自作出变更决议、决定或者法定变更事项发生之日起 30 日内向登记机关申请变更登记。"

法定代表人的变更由公司章程规定，因法定代表人由董事长、执行董事或者经理担任，而公司的董事由股东会选举产生，故法定代表人一般由公司的股东会决议选任。人民法院应当审查股东会决议的表决程序是否合法、作出表决的股东是否有权表决。如股东会的参加主体、股权的比例是否一致，决议有无全体参会股东签名以及签名人员与股东会会议记载的人员是否一致等。因法定代表人的变更不属于《公司法》规定的重大事项变更，只需要经 1/2 以上有表决权的股东作出合法、有效的股东会决议即可。

对于部分公司将法定代表人的姓名记载在公司章程，主张依据《公司法》第 43 条规定变更法定代表人登记属于修改公司章程，须经股东会 2/3 以上表决权的股东通过的意见，我们认为，从立法本意分析，只有对公司经营造成特别重大影响的事项才需要经代表 2/3 以上表决权的股东通过。法定代表人登记虽属公司章程中载明的事项，但对法定代表人名称的变更在章程中体现出的仅是一种记载方面的修改，形式多于实质，且变更法定代表人时是否需修改章程是工商管理机关基于行政管理目的决定的，而公司内部治理中由谁担任法定代表人应由股东会决定，只要不违背法律法规的禁止性规定就应认定有效。此外，从公司治理的效率原则出发，在公司未有明确约定需要2/3以上表决权的股东通过的情况下，倘若对于公司章程制订时记载的诸多事项的修改、变更均需代表2/3以上表决权的股东通过，则反而导致大股东权利被小股东限制，有悖资本多数决原则。

此外，对于分支机构的负责人，由于分支机构没有独立的法人地位，分支机构的负责人变更参照法定代表人的变更程序处理，是否变更需由总公司股东会决议确定。

2. 原告主张涤除法定代表人登记的，基础关系审查的重点为委托关系是否解除，原告是否已经不具备代表公司的权利外观。法定代表人是基于公司委托担任职位，与公司之间成立委托关系，公司基于委托关系授权法定代表人代表公司履行相应事务。原告主张涤除法定代表人登记，主要有以下两种情形：一是担任公司法定代表人的员工离职后主张涤除法定代表人身份，应当审查原告是否向公司提出变更或涤除法定代表人身份的申请，即有无做出解除委托关系的意思表示；二是主张未参与公司经营但被登记为法定代表人或被冒名登记为法定代表人，重点审查原告是否仍然具备代表公司的权利外观，即原告有无实际代表公司履行法定代表人的权利与义务，是否参与公司经营。

（二）阻却性事由要素审查

对于原告主张变更法定代表人，阻却性事由的审查重点为是否存在履行不能的事实，比如是否违反《市场主体登记管理条例》第12条的规定，根据该条规定："有下列情形之一的，不得担任公司、非公司企业法人的法定代表人：（一）无民事行为能力或者限制民事行为能力；（二）因贪污、贿赂、侵占财产、挪用财产或者破坏社会主义市场经济秩序被判处刑罚，执行期满未逾5年，或者因犯罪被剥夺政治权利，执行期满未逾5年；（三）担任破产清算的公司、非公司企业法人的法定代表人、董事或者厂长、经理，对破产负有个人责任的，自破产清算完结之日起未逾3年；（四）担任因违法被吊销营业执照、责令关闭的公司、非公司企业法人的法定代表人，并负有个人责任的，自被吊销营业执照之日起未逾3年；（五）个人所负数额较大的债务到期未清偿；（六）法律、行政法规规定的其他情形。"只有在原告不具有上述规定情形的前提下，才具备担任公司法定代表人的资格。

此外，原告起诉后公司注销的，公司客观上已不具备履行的可能，也符合上述阻却性事由的情形。

【规范依据】《公司法》第 13 条[①]、第 43 条；《市场主体登记管理条例》第 12 条、第 24 条。

五、变更董事、监事要素审查

（一）基础关系要素审查

1. 原告主张变更董事、监事的，基础关系审查的重点为是否具备合法、有效的变更董事、监事的股东会决议。根据《公司法》第 37 条第 2 项规定，“股东会行使下列职权：（二）选举和更换非由职工代表担任的董事、监事，决定有关董事、监事的报酬事项”。董事与监事均是经公司股东会选举产生，董事与监事的变更同样不属于《公司法》规定的重大事项变更，只需经 1/2 以上有表决权的股东作出合法、有效的股东会决议即可。主张变更董事、监事，与主张变更法定代表人的情形类似，人民法院应当审查股东会决议的表决程序是否合法、作出表决的股东是否有权表决等。如股东会的参加主体、股权的比例是否一致，决议有无全体参会股东签名以及签名人员与股东会会议记载的人员是否一致等。

2. 原告主张涤除董事、监事的，基础关系审查的重点应为委托关系是否解除。董事、监事是基于公司委托担任上述职位，与公司之间系委托关系，公司基于委托关系授权董事、监事代表公司履行相应事务。原告主张涤除董事、监事登记，主要有以下两种情形：一是担任公司董事、监事的员工离职后主张涤除董事、监事身份，应当审查原告是否向公司提出变更或涤除董事、监事身份申请，即有无作出解除委托关系的意思表示；二是主张未参与公司经营但被登记为董事、监事或被冒名登记为董事、监事，重点审查原告有无实际代表公司履行董事、监事的权利与义务，如是否参与公司经营，有无参加股东会或董事会行使权利等。

（二）阻却性事由要素审查

1. 对于原告主张变更董事、监事登记，阻却性事由要素审查的重点为是否存在履行不能的事实，比如是否违反《公司法》第 146 条规定，该条规定：“有下列情形之一的，不得担任公司的董事、监事、高级管理人员：（一）无民事行为能力或者限制民事行为能力；（二）因贪污、贿赂、侵占财产、挪用财产或者破坏社会主义市场经济秩序，被判处刑罚，执行期满未逾五年，或

① 《公司法》二次审议稿中将第 13 条变更为第 10 条，内容变更为：公司的法定代表人按照公司章程的规定，由代表公司执行公司事务的董事或经理担任。

者因犯罪被剥夺政治权利，执行期满未逾五年；（三）担任破产清算的公司、企业的董事或者厂长、经理，对该公司、企业的破产负有个人责任的，自该公司、企业破产清算完结之日起未逾三年；（四）担任因违法被吊销营业执照、责令关闭的公司、企业的法定代表人，并负有个人责任的，自该公司、企业被吊销营业执照之日起未逾三年；（五）个人所负数额较大的债务到期未清偿。公司违反前款规定选举、委派董事、监事或者聘任高级管理人员的，该选举、委派或者聘任无效。董事、监事、高级管理人员在任职期间出现本条第一款所列情形的，公司应当解除其职务。”

2. 对于原告主张涤除董事、监事，阻却性事由要素审查应为董事、监事任职期限是否届满。根据《公司法》第 45 条规定：“董事任期由公司章程规定，但每届任期不得超过三年。董事任期届满，连选可以连任。董事任期届满未及时改选，或者董事在任期内辞职导致董事会成员低于法定人数的，在改选出的董事就任前，原董事仍应当依照法律、行政法规和公司章程的规定，履行董事职务。”第 52 条规定：“监事的任期每届为三年。监事任期届满，连选可以连任。监事任期届满未及时改选，或者监事在任期内辞职导致监事会成员低于法定人数的，在改选出的监事就任前，原监事仍应当依照法律、行政法规和公司章程的规定，履行监事职务。”因此，被告对于主张涤除董事、监事身份，可以提出董事、监事任期尚未届满的履职期限抗辩。在董事、监事任职期限尚未届满前，即便原告提出了解除委托关系的申请，是否准许涤除仍需根据公司章程及相关法律规定等作进一步审查。

【规范依据】《公司法》第 37 条、第 45 条、第 52 条、第 146 条。

六、变更高级管理人员要素审查

（一）基础关系要素审查

原告主张变更高级管理人员，基础关系审查的重点为是否具备合法、有效的变更高级管理人员的董事会决议或股东会决议。实践中，对于有限责任公司，高级管理人员（总经理）常常由执行董事兼任。根据《公司法》第 49 条规定：“有限责任公司可以设经理，由董事会决定聘任或者解聘。”对于有限责任公司的经理，由董事会或董事任命，变更需要经过董事会决议；第 50 条第 1 款规定：“股东人数较少或者规模较小的有限责任公司，可以设一名执行董事，不设董事会。执行董事可以兼任公司经理。”对于没有设立董事会的公司，高级管理人员（总经理）由执行董事兼任，变更高级管理人员的基础法律关系参照董事的变更程序处理；对于有董事会的公司，高级管理人员由董事会表决任命，原告主张变更高级管理人员的，人民法院应当审查董事会决议的表决程序是否合法、作出表决的董事是否有权表决等，如变更的董事会决议有无全体参会董事的签名、签名人员与董事会决议记载的人员是否一致等。

（二）阻却性事由要素审查

对于原告主张变更高级管理人员登记，阻却性事由要素审查应为是否存在履行不能的事实，比如是否违反《公司法》第146条规定，该条规定："有下列情形之一的，不得担任公司的董事、监事、高级管理人员：（一）无民事行为能力或者限制民事行为能力；（二）因贪污、贿赂、侵占财产、挪用财产或者破坏社会主义市场经济秩序，被判处刑罚，执行期满未逾五年，或者因犯罪被剥夺政治权利，执行期满未逾五年；（三）担任破产清算的公司、企业的董事或者厂长、经理，对该公司、企业的破产负有个人责任的，自该公司、企业破产清算完结之日起未逾三年；（四）担任因违法被吊销营业执照、责令关闭的公司、企业的法定代表人，并负有个人责任的，自该公司、企业被吊销营业执照之日起未逾三年；（五）个人所负数额较大的债务到期未清偿。公司违反前款规定选举、委派董事、监事或者聘任高级管理人员的，该选举、委派或者聘任无效。董事、监事、高级管理人员在任职期间出现本条第一款所列情形的，公司应当解除其职务。"

【规范依据】《公司法》第49~50条、第146条。

七、变更股东要素审查

（一）基础关系要素审查

对于股权的取得，主要有原始取得和继受取得两种途径。

1. 对于原始取得股权并请求变更股东登记，需审查的主要内容为原告是否具有股权性出资或增资合意，具体包括股东之间或者股东与公司之间是否存在基础性书面协议，如发起人协议、出资协议、增资扩股协议等以及协议内容是否明确具体、是否为当事人真实意思表示、是否存在效力瑕疵或无效情形、是否符合法律有关公司设立或增资的规定。

2. 对于继受取得股权并请求变更股东登记，需审查的主要内容为因股权转让或赠与方式取得股权的基础关系是否合法有效。具体包括是否存在股权转让或股权赠与的真实意思表示，以排除名为转让实为让与担保等其他法律关系，同时审核协议效力、是否违反股票禁售期的规定等；因继承取得股权的，则需审查继承方式、继承人及人数、遗嘱效力、遗产分割是否清晰明确等。

（二）阻却性事由要素审查

1. 原始取得股东身份的阻却性事由审查，主要包括是否认缴或实缴出资、是否违反法律法规强制性规定。同时审查当事人之间对出资或增资行为的效力是否存在争议。

2. 继受取得股东身份的阻却性事由审查，主要包括股东身份的取得是否违反法律、行政法规的禁止性规定和公司章程的规定，应重点审查公司章程有无对股权转让、继承等作出特殊安排，是否符合法律和章程规定等。法律对某些特定类型公司的股东资格以及特定主体成为公司股东有具体限制的，应当严格遵照执行，不符合法律规定的主体不能获得相应的股东资格，也不能进行相应的股东变更。

八、内部救济前置程序要素审查

《公司法》本质上属于私法，公司章程、股东会决议等具有承载公司意思自治功能，除法律强制性规定之外，可依据公司实际进行规定，故公司的变更登记属于公司自治的范畴，司法不宜强加管辖，应保持司法审判的谦抑性原则。因此，对于原告诉请变更（涤除）法定代表人、董事、监事或高级管理人员登记的，人民法院应当先行审查原告是否穷尽内部救济手段进行救济，只有在内部救济未果的情况下，法院方可介入公司的内部自治。

对于原告是否穷尽内部救济手段，需要根据原告不同的身份区别审查：

1. 对于原告系公司董事、监事或具有 1/10 表决权的股东的，原告有权通过召开股东会请求公司变更或涤除法定代表人、董事、监事或高级管理人员登记。如果原告具备上述其中一种身份的，却未提请公司召开股东会进行变更（涤除）而直接向法院起诉，法院通过审查认定原告未穷尽内部救济途径，依法应当驳回原告的诉请。

2. 对于原告不是公司董事、监事或具有 1/10 表决权的股东，因其不具备要求召开股东会的权利，对于认定其穷尽内部救济的标准应当适当降低，即原告在向公司提出要求变更或涤除其身份未果后，即可认定其已经履行了内部救济手段，公司在原告通知或催告后未履行变更或涤除登记的，视为原告已经穷尽了内部救济途径，原告有权向法院起诉。

九、对于公司经营异常状态要素审查

实践中，当公司出现经营异常或者负债后，存在公司法定代表人或股东试图通过请求变更公司登记，从而变更（涤除）其特定身份，进而逃避债务或执行的情况。因此，对于陷入经营异常的公司，原告诉请变更有关登记事项，人民法院应当审慎审查，注意防范当事人通过恶意诉讼的方式逃避相应的法律责任。

根据相关规定，公司工商登记经营状态一般分为八种：存续、在业、吊销、注销、迁入、迁出、停业、清算。其中，存续与在业表示公司正常经营；迁入是指企业登记主管机关的变更，迁入某主管机关；迁出同样属于企业登记主管机关的变更，指迁离某主管机关；注销是指公司企业已不复存在，丧失法人资格，自然也不具备变更的条件。除上述五种状态外，吊销、停业、清算一般被认为是公司处于经营异常的三种状态。对于公司处于经营异常状态，原告主张变更公司登记的，人民法院应当审慎审查原告主张变更基础关系的真实性与合法性，尤其针对变更股权登记，更应从以下三个方面从严进行审查：

1. 公司实际经营情况。对于公司的实际经营状况，应当结合公司工商登记状态及实际经营现状进行判断，需要考虑的因素包括公司是否负债、公司是否成为被执行人、公司是否仍继续经营，工商登记的注册地址能否送达、能否正常联系公司的其他股东及法定代表人等。

2. 转让股东是否已经履行了出资义务。在公司已经成为被执行人的情况下，股东未履行出资义务即转让股权的，根据《民商审判会议纪要》第 6 条关于股东出资加速到期的规定，应当认定转让股东有逃避出资义务的故意。

3. 转让的股权对价是否合理。受让人与转让人之间是否存在恶意，是否以明显低价转让股权。对于公司已经经营异常的，转让股东以明显低价转让股权的，很可能存在股权转让方与股权受让方之间恶意串通，通过股权转让的方式损害第三人或债权人的合法利益，帮助股权转让方逃避股东的出资义务或逃避公司的债务。

实务中，也有观点认为，公司陷入经营异常，特别是吊销后，基于工商管理部门的工商登记规则，直接判决变更相应的公司登记事项缺乏操作性。

【规范依据】《公司法》第 180 条第 1 款第 4 项、第 183 条；《企业信息公示暂行条例》第 17 条第 1 款第 1 项。

第三节 实务难点裁判思路

一、关于请求变更公司登记的民事诉讼与行政诉讼程序区分与执行衔接问题

（一）请求变更公司登记中民事诉讼与行政诉讼程序区分

司法实务中当事人主张公司登记机关记载的公司情况与真实权利状态不符，请求公司办理变更登记的情形较为常见。由于此类纠纷的实质是确认民事法律关系的内容和状态，故属于民事诉讼主管范围。关于民事诉讼与行政诉讼的区分，主要从以下三方面进行审查。

1. 当事人请求变更或者撤销登记的主体不同

民事诉讼中，个人、公司（商主体）因公司或股东不配合办理公司变更登记引发的纠纷，当事人请求履行变更、撤销的义务主体是公司或股东，应以公司、股东作为被告。

行政诉讼中，申请人（商主体）向工商登记机关（行政主体）申请撤销或变更登记，因工商登记机关不予受理或不予变更，原告对上述作为或不作为的登记行为有异议而引发的纠纷，当事人请求履行变更、撤销的义务主体是工商登记机关，应以工商登记机关作为被告。

2. 适用诉讼程序和受理范围不同

民事诉讼适用《民事诉讼法》的相关规定，是两个商主体之间的纠纷，当事人提起诉讼的前提是公司、股东的不作为或者错误作为。因此，如果当事人的请求是确认公司登记、股权登记、审批行为违法或撤销以上具体行政行为，则明显不属于民事诉讼的处理范围。当事人在股东资格确认或请求公司变更登记纠纷中，一并主张确认行政部门有关公司登记、股权登记、审批行为违法或撤销登记、审批等具体行政行为的，人民法院应当告知其不属于民事诉讼的处理范围，应通过行政诉讼程序解决，并裁定驳回该项起诉。

行政诉讼适用《行政诉讼法》的相关规定，是商主体与行政主体之间纠纷。当事人提起行政诉讼的前提是行政机关对当事人的申请未予受理或未予处理，是基于行政机关先前作出的行政行为、行政许可或具有普遍约束力的

决定、命令而提起的诉讼。

3. 当事人的诉讼请求不同

民事诉讼中，当事人的诉请为请求公司变更（涤除）公司法定代表人、董事、监事、高级管理人员或股东的工商登记。此外，在股东身份未经生效裁判文书或仲裁裁决等文书确认的情况下，当事人申请变更股东登记的，需要先行审查能否确认其股东身份。

行政诉讼中，当事人的诉请主要是基于其向工商登记部门申请办理、变更工商登记信息，但工商登记部门未予受理或未予变更、撤销，从而针对工商登记部门的不作为行为或错误作为的行为提起诉讼，上述行政诉讼案件根据诉讼请求不同主要有以下两种类型：

（1）工商登记机关不予受理变更纠纷诉讼。此纠纷类型主要为工商登记机关在受理阶段即对申请材料提前进行审查，并以不予受理决定代替本应经过实体审查后才能依法作出的不予变更登记决定。当事人对于工商登记机关作出上述不予受理决定不服的，可以提请行政诉讼。通常情况下，当事人的变更登记材料齐备且符合法定形式，工商登记机关应予以受理。①

（2）工商登记机关不予变更、撤销公司登记纠纷诉讼。此类纠纷主要源于工商登记机关在公司设立审查时未尽到审慎义务，致使当事人的身份被冒用，当事人因此要求工商登记机关纠正先前作出的设立登记行为，并据此提起工商行政登记诉讼。

（二）关于经营异常的企业的审慎审查和从严把握变更的问题

司法实务中，不少企业陷入经营异常后，经常衍生一系列变更（涤除）股东、法定代表人、董事、监事、高级管理人员的纠纷。对于该类纠纷的处理，实务中，存在以下观点分歧：

有观点认为，在原告未提交公司章程、股东名册、股东登记的变更决议且公司处于经营异常的情况下，若支持原告提出的变更股东或者法定代表人的申请，可能存在法定代表人、股东为了逃避责任，通过虚假诉讼达到逃避

---

① 如上海铁路运输法院（2017）沪 7101 行初 161 号行政判决认为，当公司章程的先后规定存在冲突时，登记机关在审查过程中是否可以直接作出判断？从案件查明事实看，其公司章程第 21 条第 2 款与第 53 条有关章程修改的规定明显存在冲突。按照私法自治原则及公司登记审查的规定，立法并未赋予登记机关享有对上述冲突进行判断的职责权限。因此，对于公司章程出现的冲突，登记机关可向当事人释明自行协调或通过其他途径寻求救济，不宜直接作出判断。综上所述，原告要求法院判决被告受理其经营期限变更登记申请的诉讼请求于法有据，法院予以支持。被告应在受理后对原告的申请登记事项进行审查，依法决定是否准许变更登记。

出资义务或公司债务的目的，因此应当驳回原告的变更申请。该观点认为，根据《企业信息公示暂行条例》第17条第1款第1项规定，企业未按照规定的期限公示年度报告或者未按照工商行政管理部门责令的期限公示有关企业信息的，由县级以上工商行政管理部门列入经营异常名录，通过企业信用信息公示系统向社会公示，提醒其履行公示义务；情节严重的，由有关主管部门依照有关法律、行政法规规定给予行政处罚；造成他人损失的，依法承担赔偿责任；构成犯罪的，依法追究刑事责任。标的公司在工商登记系统处于异常状态，须先向工商部门申请解除非正常户和证件失效户并转成正常企业，才能办理有关变更登记。

但也有观点认为，无论企业处于何种状态，人民法院审查的重点应当是原告主张变更的基础关系是否真实、合法、有效，在企业未被注销的情况下，若经过审查，可以确认变更事实，即便公司处于吊销状态，也可以支持原告主张变更（涤除）股东或者法定代表人、董事、监事、高级管理人员的事项。

分析上述分歧观点，第二种观点更能保障当事人的权利。而对于处于经营异常状态的公司出现的股东、法定代表人、董事、监事、高级管理人员变更登记纠纷，人民法院应当把握以下审查原则：

1. 原告主张变更基础关系的真实性与合法性。对于原告主张变更的诉请，特别是主张变更股东登记的，应当结合公司经营状况，包括是否有负债，公司是否已成为被执行人；原告是否实际参与公司经营；转让的对价是否合理，是否以明显低价转让股权；转让股权的时间；转让股东是否已经履行了出资义务等因素综合判断股权转让及其他变更事宜的基础关系是否真实、合法、有效。

2. 是否存在恶意串通或者虚假诉讼的可能。股权转让方与股权受让方是否善意，有无通过股权转让的方式损害第三人或债权人的合法利益，转让股东是否通过转让股权逃避其出资义务或公司债务。特别要注意的是，在公司成为被执行人后，当事人签订股权转让协议并主张变更股东登记，如果足以认定股权转让方和受让方存在恶意串通、逃避公司债务的恶意，对其提出的变更股东登记请求，应当不予支持。[①]

①《民商审判会议纪要》第6条规定，在注册资本认缴制下，股东依法享有期限利益。债权人以公司不能清偿到期债务为由，请求未届出资期限的股东在未出资范围内对公司不能清偿的债务承担补充赔偿责任的，人民法院不予支持。但是，下列情形除外：（1）公司作为被执行人的案件，人民法院穷尽执行措施无财产可供执行，已具备破产原因，但不申请破产的；（2）在公司债务产生后，公司股东（大）会决议或以其他方式延长股东出资期限的。

若经过审查，上述转让、变更的协议或决议真实、有效，且能够排除合理怀疑，不存在虚假或者恶意诉讼，在当事人已穷尽所有内部救济途径未果的情况下，可以考虑支持其提出的变更登记诉请。

（三）法院执行变更登记与工商登记部门协助执行的问题

1. 公司营业执照吊销后，能否办理公司登记事项的变更问题。实践中，关于公司进入经营异常后（特别是吊销状态），法院能否支持当事人的变更登记请求及其判决执行问题，在各地也有不同的做法。依据《公司法》第 180 条第 1 款第 4 项关于“公司因下列原因解散：（四）依法被吊销营业执照、责令关闭或者被撤销”及第 183 条关于“公司因本法第一百八十条第（一）项、第（二）项、第（四）项、第（五）项规定而解散的，应当在解散事由出现之日起十五日内成立清算组，开始清算”的规定，此时公司应依法解散，并在 15 日成立清算组进行清算。在此情况下，是否还存在公司登记事项变更的问题，法律并无明确规定，司法实践亦有不同认识。

肯定说认为，现行法律并未规定被吊销营业执照的公司不能进行股权变更。否定说则认为，《公司法》对于公司登记机关在吊销公司营业执照的情况下是否能够办理法定代表人变更登记的情形，虽没有明确的规定，但《市场主体登记管理条例》第 28 条规定，市场主体变更登记涉及营业执照记载事项的，登记机关应当及时为市场主体换发营业执照。该法律条文明确企业营业执照中的事项变更的，公司登记机关必须为企业换发营业执照，而企业被吊销营业执照后，法律明确规定不能再换发营业执照，自然就不能为其变更营业执照记载的法定代表人。

对此争议，应当兼顾考虑《公司法》的规定及各地工商登记机关的相关规则，妥善予以处理。但肯定说本质上更契合法无禁止即自由的法律精神。一方面，在符合法律规定的情况下，当事人可以自由转让股权，这是股东的私权利。在进行股权转让过程中，即使公司被吊销营业执照，只要股权转让协议没有无效的法定事由，股权转让协议即有效，工商登记机关也就应当为股东办理股权变更登记手续，这是股东私权利行使的当然结果。但是，司法实践中，法院也要做好与工商登记机关的协调、解释工作，在法院认定能够进行股东、法定代表人、董事、监事、高级管理人员变更并作出生效裁决的情况下，工商登记机关应协助法院执行，进行相应的变更登记。

对于公司登记为清算状态的，应审查公司是否已经实际进行清算，如果能够认定公司已经进行清算程序，不应当再行判决变更公司上述人员的登记事项。

2. 关于法定代表人、董事、监事涤除后的工商登记问题。司法实务中，针对法定代表人、董事、监事任期届满且明确表示不再继续担任法定代表人、董事、监事或提前辞职的情形，法院是否应当判令公司（变更）涤除董事、监事登记事项，也存在两种观点。

一种观点认为，公司变更（涤除）属于公司内部自治，在没有股东会决议作为（变更）涤除的前提下，直接判令公司办理涤除登记，部分地区存在执行衔接不畅通的问题。在法院作出涤除公司法定代表人、董事、监事的判决进入执行程序后，工商登记管理部门往往认为工商登记信息缺失，不配合办理上述人员的涤除登记，导致执行不能。

另一种观点认为，工商登记信息系工商登记部门的行政管理范畴，法院能否认定涤除法定代表人、董事、监事属于司法裁判权范畴，二者之间并不存在冲突。对于执行法院判决公司涤除法定代表人、董事、监事登记涉及的公司工商登记信息缺失问题，应由工商登记部门对公司进行提醒、限期改正或者处罚。工商登记部门也应该配合法院的执行工作，在工商登记信息中对上述涤除信息进行登记备注。

我们认同第二种观点，在法院认定符合涤除法定代表人、董事、监事条件的情况下，不应当过分考虑部分地区的工商登记机关能否配合执行的问题。事实上，工商登记信息中的登记信息缺失问题可以由工商登记机关予以规制和处理，客观上不存在无法涤除的障碍。

二、关于当事人内部救济与司法介入之间的界限问题

各地法院在处理请求变更公司登记纠纷案件过程中，最大分歧在于原告是否已经穷尽内部救济程序。实践中，董事、监事、高级管理人员在提交辞呈或在任期届满后经常被迫继续履职，无法办理涤除登记手续。司法实务中，针对董事、监事任职期满且明确表示不再担任董事、监事或董事、监事提前辞职的情形，法院是否应董事、监事之诉请判令公司涤除董事、监事登记事项，存在肯定与否定说的争议：

否定说认为，根据《公司法》的私法属性判断，公司章程、股东会决议等具有承载公司意思自治的功能，除法律强制性规定之外，可依据公司现实进行规定。公司的变更属于公司自治的范畴，司法不宜强加管辖，应保持司法审判的谦抑性原则，因此，作为涤除董事、监事登记事项必要前提的公司决议（决定）属于公司内部自治范畴，法院对此亦应保持谦抑性，应以此类案件不属于民事纠纷受案范围或不符合起诉条件为由，裁定不予受理或驳回起诉。其将涤除董事、监事登记事项视为纯粹的公司内部自治范畴，担心裁判权介入会损害公司内部治理秩序，主张裁定不予受理或驳回原告起诉。该

观点的初心是尊重公司自治，但实际效果是对公司治理失灵现象袖手旁观，并未保持中立态度，该观点存在明显漏洞。

肯定说认为，涤除董事、监事登记事项虽然属于公司内部自治，但在内部救济未果的情况下，法院应当介入裁判。对于原告诉请变更（涤除）董事、监事及高级管理人员的登记，人民法院应先行审查原告有无通过内部救济手段进行救济，在内部救济未果的情况下，法院可以介入公司的内部自治，作出裁判。

对于上述观点分歧，我们应汲取各自的合理部分，在审理请求变更公司登记纠纷案件过程中，应当先行对原告是否进行了内部救济进行实体审查。只有在原告穷尽了内部救济手段未果的情况下，才能支持其涤除董事、监事等登记事项的主张。至于原告具体是否穷尽了内部救济手段，主要可从以下两个方面进行审查。

（一）原告是否具备自行救济的资格

《公司法》第40条规定："有限责任公司设立董事会的，股东会会议由董事会召集，董事长主持……有限责任公司不设董事会的，股东会会议由执行董事召集和主持。董事会或者执行董事不能履行或者不履行召集股东会会议职责的，由监事会或者不设监事会的公司的监事召集和主持；监事会或者监事不召集和主持的，代表十分之一以上表决权的股东可以自行召集和主持。"可见，有限责任公司有权召开股东会的主体是执行董事、监事及代表1/10表决权的股东。如果原告具备上述其中一种身份，即表明其具备自行救济的条件，应当先行通过提请召开股东会、要求公司作出变更（涤除）法定代表人、董事、监事的决议。如果原告未履行上述内部救济程序直接起诉的，以其未穷尽内部救济途径为由，驳回其诉讼请求。

对于原告不具备公司董事、监事身份或者不持有1/10以上表决权，特别是仅为公司一般员工而被公司登记为法定代表人，考虑到其无权主动召开股东会，客观上并不具备通过提请召开股东会进行救济的资格，可仅要求其通过书面通知公司及股东的方式进行内部救济即可。[①]

（二）原告的内部救济形式

关于原告内部救济的形式，需要根据原告在公司担任的不同职务分别认定。对于原告本身具备董事、监事身份或者持有1/10以上表决权的股东，其具备自行救济的资格，相应的内部救济形式为：向公司发出书面通知，请求

---

① 参见上海市奉贤区人民法院（2021）沪0120民初6434号民事判决书、广东省深圳市中级人民法院（2021）粤03民终10299号民事判决书。

公司召开股东会对其申请事项进行表决。根据《公司法》第100条规定，单独或者合计持有公司10%以上股份的股东请求或者董事会认为必要时以及监事会提议召开时，公司应当在2个月内召开临时股东大会。因此，公司在收到原告通知后60日内未召开股东会的，可以认定原告已经穷尽内部救济的义务，有权直接向法院起诉。

对于原告不具备公司董事、监事身份或者不持有1/10以上表决权，特别是仅为公司一般员工而被公司登记为法定代表人，其内部救济形式为：通过书面形式向公司要求变更（涤除）其法定代表人身份。公司在收到通知30日内仍未变更的，可认定原告已经穷尽了内部救济途径，有权直接向法院诉请要求变更（涤除）法定代表人。需要注意的是，对于从公司离职的员工，无论是离职时还是离职后向公司提出申请，都应当明确提出要求公司变更（涤除）法定代表人的申请，如果仅提出了离职而未提及要求公司变更（涤除）法定代表人，应认定其未履行先行通知的义务，没有穷尽内部救济途径。[①]

关于监事、董事及高级管理人员的通知义务，因监事和董事本身具备提请召开股东会的权利。因此，在具备上述人员身份的当事人诉请法院要求变更或者涤除登记事项，应当举证证明其已经提请公司召开股东会讨论变更或涤除登记事项。否则，可认定上述人员并未穷尽内部救济途径。关于高级管理人员的通知义务，司法实务中，通常和法定代表人的身份一样，由同一人担任，可以参照法定代表人的救济途径进行处理。

三、关于被限制高消费的法定代表人能否变更（涤除）身份登记的问题

对于被限制高消费的法定代表人能否变更（涤除）身份，应当区分以下两种情况。

（一）属于公司实际控制人的原法定代表人请求变更（涤除）其身份登记

对于能够确认原法定代表人属于公司实际控制人或者是影响债务履行的直接责任人员，且其请求或者变更法定代表人的目的为规避执行，应不支持其变更（涤除）法定代表人登记的申请。如最高人民法院在（2020）最高法执监督320号执行决定中认为，“虽然孟某某在上海三中院采取限制消费措施时已不是斯坦福公司的法定代表人，但其作为发生争议时斯坦福公司、酒井

① 参见上海市第二中级人民法院（2022）沪02民终696号民事判决书。

公司的法定代表人及大股东，同时参与了案件调解过程，案件执行过程中仍是本案主债务人斯坦福公司的监事，根据该公司章程显示，公司仅设有执行董事和监事，综合本案事实，可以认定孟某某对本案债务履行仍负有直接责任……故在斯坦福公司未履行生效法律文书确定的还款义务前提下，上海三中院对孟某某采取限制消费措施并无不当”。①

（二）与公司解除委托关系的原法定代表人请求涤除其身份登记

对于能够确认原法定代表人不属于实际控制人或影响债务履行的直接责任人员，且有证据证明原法定代表人已经与公司解除委托关系的，可以支持原告涤除法定代表人登记的申请。法定代表人是基于与公司之间的委托关系成为公司的代表，当公司未能清偿债务时，法院基于法定代表人代表公司的权利外观，对其采取了失信、限制高消费措施。当法定代表人与公司解除委托关系后，其实际上不具备继续代表公司承受权利、义务的资格。如果法院经过审理，认定公司现有的法定代表人符合涤除条件，应当判决涤除其法定代表人身份登记。如甘肃省高级人民法院在（2020）甘执复93号执行裁定中认为，“《最高人民法院关于限制被执行人高消费及有关消费的若干规定》第三条第二款规定：‘被执行人为单位的，被采取限制消费措施后，被执行人及其法定代表人、主要负责人、影响债务履行的直接责任人员、实际控制人不得实施前款规定的行为。’结合《最高人民法院关于在执行工作中进一步强化善意文明执行理念的意见》（法发〔2019〕35号）五、严格规范纳入失信名单和限制消费措施第17条第（2）项规定，单位被执行人被限制消费后，其法定代表人、主要负责人确因经营管理需要发生变更，原法定代表人、主要负责人申请解除对其本人的限制消费措施的，应举证证明其并非单位的实际控制人、影响债务履行的直接责任人员。人民法院经审查属实的，应予准许，并对变更后的法定代表人、主要负责人依法采取限制消费措施”。②

通过以上案例可知，法定代表人与公司之间系基于委托而衍生出来的权利、义务承受关系。法定代表人是公司的代表，当公司在执行阶段不能清偿债权人债务时，法院基于督促公司履行债务，将公司采取的失信、限制高消费的措施一并对其法定代表人实施。当法院经过审理认定目前登记的法定代表人应当涤除其身份时，法定代表人就丧失了继续代表公司的权利基础，与之相对应的，由其继续承受因公司怠于履行债务而采取的执行措施，同样丧失了实施的基础。因此，不能在符合涤除法定代表人条件的情况下，仅因为法定代表人被采取限制高消费措施，直接驳回原告主张涤除法定代表人身份

---

① 参见最高人民法院（2020）最高法执监督320号执行决定书。

② 参见甘肃省高级人民法院（2020）甘执复93号执行裁定书。

的诉请。

四、关于变更法定代表人登记认定中的难点问题

（一）请求变更登记但无接任主体的问题

原告主张变更登记法定代表人、董事、监事或高级管理人员，需要有明确的变更登记主体，并将变更后的登记主体列为案件第三人。如果无法明确变更登记之后主体，在公司未作出变更的股东会决议之前，法院直接判令变更公司登记，会造成无法执行的窘境，因此，部分法院会驳回原告的变更登记申请。如上海市第一中级人民法院（2020）沪01民终9099号民事判决认为，“首先，依据现行公司登记管理条例第九条和第三十条的规定，法定代表人为公司必须登记事项。公司登记具有公示公信之效力，公司法定代表人具有代表公司对外表意的职权，关涉公司正常运营和保障社会经济关系稳定，公司法定代表人的登记不得空缺。其次，我国公司法第十三条规定，公司法定代表人依照公司章程规定由董事长、执行董事或经理担任，并依法登记。按公司法有关组织机构的规定，公司法定代表人的任命均需经公司决议或决定。公司相应决议或决定系法律上委任行为，通常还需作为出任法定代表人的个人同意才能生效。法定代表人可以申请登记或变更登记的行为作为同意接受委任的意思表示。再次，在本案中，凯霆公司股东会作出决议由沈某某担任执行董事并出任法定代表人，现沈某某未提供有效的公司决议证明其已经被免去法定代表人一职。根据公司法规定，法定代表人应当由特定人员担任，作为公司机关的一部分，系公司治理结构中的重要组成部分。现沈某某既未举证证明凯霆公司已经形成有效决议，免去其法定代表人身份，也未提供相应证据证明其存在不适合担任法定代表人的情形，沈某某现仍为公司执行董事，属于担任法定代表人的适格人员。最后，本院注意到，一审法院已组织双方当事人对证据材料进行了质证，充分保障了沈某某的诉讼权利，一审审理程序并无不当。故沈某某的上诉理由，缺乏事实和法律依据，本院不予认可”。

由此可见，在审理此类案件时，对于原告并未明确变更后的法定代表人、董事、监事、高级管理人员，应当向当事人释明，要求其提供明确的变更主体，或者是变更诉讼请求为请求公司涤除法定代表人、董事、监事、高级管理人员的登记事项。

（二）法定代表人涤除登记认定中的难点

1. 被冒名登记为法定代表人的救济途径

司法实务中，发现被冒名登记为法定代表人的当事人，可以通过行政诉讼或者民事诉讼两种途径救济。当事人通过行政诉讼进行救济的，以登记机关为被告，主要诉请是要求行政机关撤销原登记行为。

通过民事诉讼的，应当以公司作为被告，如果知道实际冒名者，以冒名者为第三人，诉请公司变更或者涤除法定代表人。

2. 离职后法定代表人涤除登记纠纷中的审查细则

法人性质上属于法律拟制人格，其对外开展民事活动主要通过法定代表人进行。根据《民法典》第 61 条、《公司法》第 13 条的立法宗旨，法定代表人作为代表公司法人进行经营活动的负责人，理应实际参与公司经营管理。原告诉请涤除法定代表人登记，审查的重点应为：

（1）原告是否为公司员工。如果原告已经从公司离职，公司是否出具了相应的离职证明；原告离职后是否在其他单位就职，有无相应的社会保险缴费记录。

（2）原告是否为公司的股东，有无继续参与公司的管理和经营。

（3）在原告提供了初步证据证明未参与公司经营与管理后，如果被告（公司）没有提供相应的证据证明，可以认定原告已不具备继续担任公司法定代表人的条件。

3. 涤除分公司负责人需要注意的事项

分公司负责人的变更与涤除与法定代表人的变更与涤除处理基本相同，但需要注意的是，分公司并没有权利直接变更其负责人，原告要求变更分公司负责人的，应当将总公司一并列为被告，要求总公司与分公司一起履行变更义务。如北京市第二中级人民法院（2021）京 02 民终 14558 号民事判决认为，“根据《中华人民共和国公司法》第十四条第一款、《中华人民共和国公司登记管理条例》第四十五条、第四十六条第一款的规定，公司可以设立分公司，分公司是指公司在其住所以外设立的从事经营活动的机构，分公司不具有企业法人资格，分公司负责人属于公司登记事项。而分公司负责人负责分公司的经营管理，应当与分公司具有紧密的实质性联系。但本案中，根据查明的事实，2020 年 3 月起，郭某即已不再负责珂兰北分公司，而目前由林强负责珂兰北分公司的日常工作，而且，无论是珂兰公司还是珂兰北分公司，均已不再向郭某发放工资，也不再为郭某缴纳社会保险费，珂兰北分公司、珂兰公司也没有提交证据证明郭某与珂兰北分公司还存在实质性联系，具有担任珂兰北分公司负责人的事实基础，在此情况下，郭某关于涤除其作为珂兰北分公司负责人登记事项的主张，本院予以支持”。

五、关于董事、监事少于法定人数是否构成阻却判决涤除董事、监事的问题

在其他涤除条件都具备的情况下，能否仅以公司涤除登记后董事、监事低于法定最低人数为由直接驳回原告涤除董事、监事的诉讼请求。

1. 关于《公司法》第 45 条、第 52 条不低于法定人数的理解把握。虽然《公司法》第 45 条第 2 款规定，“董事任期届满未及时改选，或者董事在任期内辞职导致董事会成员低于法定人数的，在改选出的董事就任前，原董事仍应当依照法律、行政法规和公司章程的规定，履行董事职务”。第 52 条第 2 款规定：“监事任期届满未及时改选，或者监事在任期内辞职导致监事会成员低于法定人数的，在改选出的监事就任前，原监事仍应当依照法律、行政法规和公司章程的规定，履行监事职务。”司法实务中，部分法院对上述条文的理解过于机械，认为涤除后公司的董事、监事少于法定最低人数的，不符合《公司法》的规定要求，从而直接驳回了原告的诉请。我们认为，上述人数要求主要是基于公司内部治理的需要、组织架构的稳定及相应决议效力的合法性考虑，在不影响公司治理、架构稳定及决议效力的情况下，如果经过审查，原告涤除董事或监事的诉请，在其他条件都具备的情况下，不能仅仅因为判决涤除后公司董事、监事少于上述法律要求的最低人数直接驳回原告的涤除申请。

2. 关于涤除后公司董事、监事少于法定最低人数的审查标准，通过对比实践中的司法案例，可以参照以下三个要素考虑：

（1）董事、监事的任期是否届满。在董事、监事的任期届满前，原告主张涤除其董事、监事身份的，不符合涤除的条件，应当予以驳回。此外，如果原告在诉讼中主张涤除的期限自任期届满之日开始，考虑到原告未在任期内辞职以及公司未涤除原告的董事、监事身份前，原告仍为公司监事身份，仍负有按照法律、行政法规和公司章程的规定履行公司董事、监事的义务，故涤除的时间仍应以判决认定后的时间为准。

（2）公司经营是否异常。司法实务中，有部分法院裁判认为，在公司已经经营异常或者公司未到庭参加诉讼的情况下，直接作出涤除董事、监事的判决，是过分干预公司内部自治的行为，且可能会导致执行不能的情况。绝大多数法院裁判认为，公司经营异常并不影响作出涤除少于法定人数的判决。对于公司已经经营异常（如工商登记显示为吊销、连续几年未进行工商登记

申报），且公司经法院依法送达仍未到庭参加诉讼，即便公司的董事、监事人数达到法定要求，公司的决议机构仍然无法启动，或者说无法通过决议机构作出合法、有效的决议。因此，公司董事、监事少于法定最低人数，并不当然成为法院作出涤除董事、监事判决的阻碍。此外，工商登记仅仅是工商管理部门的登记事项，在法院作出涤除董事、监事的判决后，工商登记管理部门同样可以在工商登记中对公司涤除董事、监事的事项予以记载公示，上述涤除的判决并不会导致执行不能或者工商登记不能的情况。而对于公司处于正常经营且参加应诉的情况下，正是因为原告通过公司内部救济请求涤除未果，才诉请法院主张涤除。在法院作出涤除董事、监事的判决后，公司可以通过再次召开股东会决议，选任新的董事、监事。即便公司后续未及时选举、登记新的董事或监事，工商登记管理部门同样可以通过行政手段对公司怠于履行登记事项的行为予以规制或者处罚。①

（3）原告是否具备继续担任公司董事、监事的基础。关于能否涤除原告董事、监事的身份，我们应当重点考虑原告是否仍然具备继续担任公司董事、监事的资格。如果原告已经从公司离职，且董事、监事的任期实际已经届满，董事、监事的身份均是基于公司的委托而取得，在原告已经离职并提出辞去董事、监事的申请后，其已不具备继续代表公司的资格，客观上丧失了委托关系的基础，则应当支持原告涤除董事、监事的诉请。关于《公司法》规定的在改选新的董事、监事前，原董事、监事仍应继续履行相应义务，上述过渡期间应当理解为合理期间，如果原告能够证明其提出辞去公司董事、监事的申请后，公司在合理期间未变更或者涤除其董事、监事身份，倾向于支持原告的涤除申请。②

六、关于股东变更登记认定的难点问题

（一）关于同时提起请求变更公司登记和确认股东资格之诉如何处理的问题

在未被确认为公司股东之前，能否通过提起请求变更公司登记纠纷之诉一并请求法院确认其股东身份，司法实践中存在争议。一种做法是对于原告是否属于公司股东这一事实存在实质争议，则需另寻其他途径确认股东资格

① 参见江苏省无锡市中级人民法院（2021）苏02民终4231号民事判决书。

② 参见江苏省无锡市中级人民法院（2021）苏02民终4820号民事判决书、广东省深圳市福田区人民法院（2021）粤0304民初25774号民事判决书。

后再提起请求变更公司登记纠纷诉讼；另一种做法是即使对原告是否为公司股东存在实质争议，在请求变更公司登记纠纷中也应直接对其是否具备股东资格一并进行审查，如经审查确定具有股东身份，则支持变更股东登记诉请，否则驳回原告的诉讼请求。

对此，应当根据原告在提起请求变更公司登记诉讼时有无明确将确认股东资格、股权转让等单独作为一项诉请，分别作出处理。

1. 同时提起请求变更公司登记和确认股东资格之诉

在请求变更公司登记纠纷中往往会包含对股东身份的确认。因此，请求变更[①]公司登记纠纷通常会与股东资格确认、股权转让、股东名册记载等纠纷结合在一起。实践中，大量涉及请求变更公司登记纠纷的案件并列或包含在股东资格确认之诉中，当事人在提起股东资格确认之诉时往往会一并主张公司将其记载于股东名册并进行工商登记。

对于上述多个诉讼请求是否一并审理的问题。由于股东名册、工商登记是取得股东身份的外在表现，股东资格确认之诉与股东名册记载纠纷之诉以及请求变更公司登记纠纷之诉具有较强的关联性和一致性，因此，为了便于当事人诉讼，减少当事人诉累，应当一并审理。不能以原告应当先提起股东资格确认之诉，在确认其股东身份后，再通过公司内部救济手段去实现股东名册记载和变更公司登记，且只有在穷尽公司内部救济手段后才能以再另行提起股东名册记载纠纷和请求变更公司登记纠纷之诉为由，驳回原告的诉讼请求。

2. 确认股东资格之诉包含于请求变更公司登记纠纷之中

在实践中，对于仅提起请求变更公司登记纠纷的案件，则需做进一步审查。如果股东身份并不明确且双方存在争议，原告起诉要求公司办理变更公司登记，法院不能径直以股东身份不明、要求权利人通过其他法律途径先确认股东资格为由，驳回原告的诉讼请求。而应当进行释明，告知原告因其股东身份不明确，需另外增加确认股东资格的诉讼请求。如原告增加该项请求，则按照第一种情形即同时存在请求变更公司登记和确认股东资格之诉的方式处理。如原告不同意增加该项请求，则可能因股东身份不明确、双方有争议，不具备记载的前提而被驳回诉讼请求。

经上述释明后，原告仍不增加的，则法院按照请求变更公司登记纠纷继续审理，此时主要围绕原告主张其具备股东身份的证据是否明确、充分进行

---

①《公司法》二次审议稿中第 86 条新增内容为：股东转让其股权的，应当书面通知公司，请求变更股东名册，需要办理变更登记的并请求公司向公司登记机关办理变更登记，公司无正当理由不得拒绝。公司拒绝或者在合理期限内不予答复的，转让人、受让人可以依法向人民法院提起诉讼。

审查。如证明具有股东身份的证据明确、充分，相对方公司并无异议或未提出反驳或举出足以推翻的证据，则可直接支持原告的诉讼请求。如不明确，相对方公司提出异议，亦提供了积极的反驳或足以推翻的证据，且需要通过其他方式才能确定其股东身份，则应以原告是否属于公司股东这一事实存在实质争议、原告提起请求变更公司登记事项的前提条件不明确、请求变更公司登记实质上包含了股东资格确认之诉，且经法院释明后，原告拒不增加相应诉讼请求为由，驳回原告的诉讼请求。采取上述做法的理由是，如原告的股东身份并不明确且双方存在争议，允许原告仅通过提起请求变更公司登记纠纷之诉来实现股东资格确认的诉讼目的，并仅以请求变更公司登记纠纷按件收费计收诉讼费，实际上架空了股东资格确认之诉及对应的诉讼费收取标准，从而产生重大的诉讼漏洞，为当事人规避诉讼费提供了路径，同时变相否定了股东资格确认之诉存在的意义。因此，在审查请求变更公司登记纠纷之诉时，为方便原告诉讼，可允许其将股东资格确认之诉作为一项单独诉讼请求并在案件中一并解决。

（二）关于隐名股东要求显名登记问题

在代持股份情况下，如隐名股东请求变更公司登记，该如何处理，是实践中的难题。产生隐名的原因主要包括规避法律目的和非规避法律目的。根据《公司法司法解释（三）》第 24 条第 3 款关于“实际出资人未经公司其他股东半数以上同意，请求公司变更股东、签发出资证明书、记载于股东名册、记载于公司章程并办理公司登记机关登记的，人民法院不予支持”的规定，隐名股东（实际出资人）请求变更公司登记，未经公司其他股东半数以上同意的，人民法院不予支持。对于上述“其他股东半数以上”中的股东如何确定问题，应以当事人请求变更登记时相关工商登记的股东为准。如未获得现有股东半数以上同意，则隐名股东请求将其登记在工商登记簿册的条件不成就，人民法院应不予支持。至于其他股东半数以上以书面形式一致表示同意的，可以不召开股东会会议，直接作出决定，并由全体股东在决定文件上签名、盖章。对于隐名股东因未能取得公司其他股东过半数的同意，不能显名化，对其提出的变更登记诉请不予支持，但隐名股东可依据与显名股东之间的代持协议主张投资收益。

（三）关于冒名股东请求涤除工商登记问题

冒名登记，是指冒名人在他人不知情的情况下，冒用他人名义进行出资并登记股东身份，从而行使股权的行为。冒名登记与借名登记概念相似，其本质差别在于名义股东是否知情。《公司法司法解释（三）》第 28 条对冒名登记情形下的被冒名人和冒名人的责任承担作了具体规定，但该条对股东资格的审查认定尚未形成明确意见。

实践中，被冒名登记的股东起诉请求确认其不享有股东资格并主张涤除其工商登记的情形多有发生。主张被冒名登记的股东一般作如下抗辩：（1）冒名人据以办理工商登记使用的被冒名人身份证系伪造或变造，工商登记机关核验有误；（2）冒名人在工商登记机关出示的身份证系被冒名人遗失的真实身份证；（3）被冒名人提供身份证委托他人代办其他事宜期间被冒用。

对于冒名股东请求涤除工商登记问题的处理，与冒名股东要求涤除股东名册记载的处理方式类似，考虑到本书第二章已有论述，本章对此部分不再赘述。

七、关于判决变更、涤除的期限问题

司法实务中，对于判令公司办理变更登记的期限，各地法院的裁判并不统一，有判决公司应于10日、15日、30日内办理变更登记；也有判决公司应于30日内办理变更登记，如公司未办理，公司应于45日内办理涤除登记事项。对于该类案件中办理变更登记的期限，需要一个相对统一的标准。

我们认为，在确定相对统一的期限应当考虑到以下两个因素：

1. 公司自行办理变更登记的正常履行期限。对于判令公司办理涤除登记事项，公司需要召开股东会对新任的人员进行选举，客观上需要给予公司一定的履行期限。

2. 不同地区工商登记部门办理变更登记时间的快慢。公司召开股东会决议后，需要向工商登记部门提交齐备的变更登记材料并预约办理变更登记，考虑到不同地区营商环境存在差异，司法裁判硬性统一办理变更期限，可能会与各地的实践操作存在一定的冲突。因此，本指南最终确定的期限是基于深圳地区办理工商变更登记的时间作出的建议。结合上述两个因素，我们倾向认为，给予公司30日的办理期限是一个相对合理的履行期限。

此外，公司是否实际应诉可作为一个例外因素区别考虑。如公司在一、二审中均未到庭参加诉讼，公司均是通过公告送达，在判决中再行给予公司30日的办理期限已无必要，为了方便当事人尽快办理涤除登记手续，也可判令公司自判决作出之日办理涤除登记手续。

第四节　常见争点说理示范

一、关于变更法定代表人登记纠纷的裁判说理示范

（一）关于公司未作出股东会变更决议直接请求法院变更法定代表人的裁判说理示范

【适用情形】在公司尚未委任新法定代表人（分公司负责人）的情况下，即便原告已不具有担任被告公司法定代表人（分公司负责人）的事实基础，原告无权主张变更公司法定代表人（分公司负责人）登记，但其有权主张涤除法定代表人的登记事项。

【说理示范】根据《公司法》第 14 条第 1 款规定，公司可以设立分公司，分公司不具有法人资格。其负责人属于公司登记事项。而分公司负责人负责分公司的经营管理，应当与分公司具有实质性联系。本案中，根据查明的事实，2020 年 3 月起，B 公司分公司负责人 A 已不再负责 B 公司分公司，目前由案外人 C 负责 B 公司分公司的日常工作，而且，无论是 B 公司还是 B 公司分公司，均已不再向 A 发放工资，也不再为 A 缴纳社会保险费，B 公司及 B 公司分公司也没有提交证据证明 A 与 B 公司分公司还存在实质性联系、具有担任 B 公司分公司负责人的事实基础，在此情况下，A 关于涤除其作为 B 公司分公司负责人登记事项的主张，本院予以支持。但根据第三人 D 的陈述，其已从 B 公司分公司离职，且确定分公司负责人的人选属于公司内部自治范畴，B 公司分公司及 B 公司经本院询问，未明确其已选任的符合规定的 B 公司分公司负责人。在此情况下，A 关于将 B 公司分公司负责人登记为第三人 D 的主张，缺乏依据，本院不予支持。

【参考裁判文书】北京市第二中级人民法院（2021）京 02 民终 14558 号郭某与上海珂兰商贸有限公司北京分公司、上海珂兰商贸有限公司、林某及孙某祥请求变更公司登记纠纷一案二审民事判决书。

（二）关于不具备股东身份的法定代表人、执行董事、总经理任期届满后请求涤除上述身份登记事项的裁判说理示范

【适用情形一】不具备股东身份的人员担任公司法定代表人、执行董事、总经理，如其任期已经届满，可主张涤除法定代表人、董事、总经理的身份

登记。

【说理示范一】本案为请求变更公司登记纠纷。由谁担任公司的法定代表人、执行董事和总经理属于B公司内部事务，不属于法院审理范畴，且B公司法定代表人A上诉时明确表示仅主张涤除其作为被告B公司法定代表人、执行董事和总经理的登记事项，故对是否由案外人C担任公司法定代表人、执行董事和总经理的请求，本院不予审查。关于A是否有权主张不再登记为公司的法定代表人、执行董事和总经理，本院认为，首先，A受B公司的委托担任公司的法定代表人、执行董事和总经理，双方之间为委托合同关系。根据《合同法》相关规定，受托人有权要求解除双方之间的委托关系。其次，根据公司章程规定，法定代表人、执行董事和总经理的任期为3年，现在3年期满，公司股东未作出由A继续担任上述职务的决定。再次，现在B公司处于经营异常状态，唯一的股东案外人C无法联系，A并非公司股东，无法通过行使股东权利而变更法定代表人、执行董事和总经理。故此，A通过诉讼途径请求B公司涤除其在登记机关登记的法定代表人、执行董事、总经理的事项于法有据，本院予以支持。

【参考裁判文书】广东省深圳市中级人民法院（2021）粤03民终10299号周某红与深圳市中楷金属制品有限公司请求变更公司登记纠纷一案二审民事判决书。

【适用情形二】原告并非公司股东，未实际参与公司经营，虽然其在执行案件中已被采取失信、限制高消费措施，但其担任公司法定代表人的任期已经届满，且公司实际股东、控制人失联，可主张涤除法定代表人身份。

【说理示范二】本案二审的争议焦点为，B公司法定代表人A以诉讼方式请求不再担任B公司法定代表人有无事实和法律依据？

本院认为，A的诉求应当得到支持。具体理由如下：（1）A提起本案诉讼具有可诉性。根据《公司法》第13条规定，“法定代表人依照公司章程的规定，由董事长、执行董事或者经理担任，并依法登记。公司法定代表人变更，应当办理变更登记”。A的请求是不再担任B公司法定代表人，公司法定代表人应依法登记，变更法定代表人应当办理变更登记。原则上，变更法定代表人属于公司内部治理事项，一般情况下不会诉请法院变更。但是，本案中B公司无法召开股东会并形成股东会决议，公司大股东和实际控制人已失联，A通过登报及向工商部门申请涤除其法定代表人身份登记均未果，进而寻求司法途径，保护其自身合法权益，并提起本案诉讼，不违反民事诉讼规则。（2）变更法定代表人属于内部事务，但通过股东会决议的方式处理内部事务，需以能够召开股东会为前提。B公司章程规定，执行董事为公司的法定代表人，任期3年，由股东选举产生，任期届满，连选连任。现A的法定代表人任期已经届满，且B公司已歇业并被吊销营业执照，大股东失联、公司治理机构停摆，公司已处于破产清算边缘，要求公司以内部机构运转的方式实现内部治理，已无现实可能性。（3）现有证据能够证明A已经不具备继续担任法定代表人的事实和法律基础。首先，结合A向一审法院提交的案外人C公司会计D的情况说明，证明其系案外人C公司的司机，在B公司仅是挂名，未参与过公司经营，也未履行过相应职权。其次，案外人C公司员工E及F均证明A系案外人C公司的司机，在B公司仅为挂名，该陈述与案外人D的陈述相一致，具有可信性。最后，对于案外人E及F的陈述，H也予以确认。因此，上述证据能够证实A仅是应G之要求挂名B公司法定代表人。（4）综合在案证据及相关事实分析，A并不实际经营B公司，无论B公司现状如何，公司法定代表人由不参与实际经营的人员担任，对公司走向无益。法定代表人应能够代表公司对外从事经营活动，且以其自身行为对公司负责。虽然在B公司涉诉的个别案件中，法院注明A是法定代表人，但其本人并未到庭应诉，无法证明A实际管理公司事务。因此，A请求涤除其在B公司法定代表人身份登记的诉讼请求应予支持。

【参考裁判文书】江苏省扬州市中级人民法院（2020）苏10民终1625号鞠某军与江苏常扬联合钢铁销售有限公司及徐某、石某请求变更公司登记纠纷一案二审民事判决书。

二、关于变更董事、监事及高级管理人员纠纷登记裁判说理示范

（一）关于未经前置程序请求涤除监事身份登记不予支持的裁判说理示范

【适用情形】原告主张涤除其监事身份登记，应当穷尽内部救济途径，先行向公司提请召开股东会要求变更或涤除。

【说理示范】《公司法》第51条规定："有限责任公司设监事会，其成员不得少于三人。股东人数较少或者规模较小的有限责任公司，可以设一至二名监事，不设监事会。监事会应当包括股东代表和适当比例的公司职工代表，其中职工代表的比例不得低于三分之一，具体比例由公司章程规定。监事会中的职工代表由公司职工通过职工代表大会、职工大会或者其他形式民主选举产生。监事会设主席一人，由全体监事过半数选举产生。监事会主席召集和主持监事会会议；监事会主席不能履行职务或者不履行职务的，由半数以上监事共同推举一名监事召集和主持监事会会议。董事、高级管理人员不得

兼任监事。”本案中，依据《公司法》第37条、第51~52条规定，可知《公司法》对监事会或监事的设立及人数的规定属强制性规定，而选举和更换监事的权限属于有限责任公司股东会，属于公司自治管理的范围，由公司在符合《公司法》强制规定的基础上自主决定，并在决定作出之后向原公司登记机关进行登记备案。本案中，B公司设监事一人即A，A虽曾向B公司提出变更监事工商登记的单方意思表示，且其任职期限已经届满，但根据《公司法》及B公司《公司章程》的相关规定，A作为B公司的唯一监事，其上述行为并不必然导致公司监事的变动，B公司办理监事变更登记手续应以该公司股东会决定更换监事为前提。由于A并未进一步提供证据证明B公司发生了监事变动，故其主张变更监事的诉请缺乏相应的事实根据和法律依据，本院不予采纳。

【参考裁判文书】浙江省平湖市人民法院（2020）浙0482民初1290号赵某杰与平湖市春晟汽车饰件有限公司、袁某宇、奚某杰请求变更公司登记纠纷一案一审民事判决书。

（二）关于监事穷尽内部救济手段后请求公司涤除监事登记应予支持的裁判说理示范

【适用情形】原告从公司已经离职，并非公司员工或股东，且其担任监事期限已经届满，可主张涤除监事身份。

【说理示范】公司治理结构中设置监事机构，旨在对公司财务状况、董事及高级管理人员的行为进行监督，防止董事会、经理滥用职权，损害公司及股东利益。本案中，根据监事A提供的证据及其庭审陈述，能够证明A未实际履行监事职责，现其监事任期届满，A可以辞任监事职务，并且，B公司股东发生变化，A亦自B公司原股东处离职，在A既非B公司股东，又非B公司员工的情况下，由A继续担任B公司名义上的监事一职，难以发挥监督职能，也背离了《公司法》关于监事规定的立法宗旨，不利于B公司的良性发展。因此，本院对于A诉请要求涤除其监事职务的诉讼请求予以支持。B公司未到庭参加诉讼，且未发表答辩意见，视为其放弃答辩权利，对此产生的法律后果，应自行承担。

【参考裁判文书】上海市松江区人民法院（2021）沪0117民初12955号荣某与上海异亮世明净化科技有限公司请求变更公司登记纠纷一案一审民事判决书。

（三）关于支持涤除董事登记事项的裁判说理示范

【适用情形】原告担任公司董事任期已经届满，且已书面通知公司变更董事登记事项，其主张解除与公司之间的委托关系，在其辞职后公司董事不低于法定要求最低人数的，可支持其涤除董事身份主张。

【说理示范】依据《公司法》第45条规定，“董事任期由公司章程规定，但每届任期不得超过三年。董事任期届满，连选可以连任。董事任期届满未及时改选，或者董事在任期内辞职导致董事会成员低于法定人数的，在改选出的董事就任前，原董事仍应当依照法律、行政法规和公司章程的规定，履行董事职务”。即《公司法》明确规定董事在任期内可以辞职，如辞职后董事会成员没有低于法定人数，公司董事有权辞去董事职务。同时《公司法》第44条规定，有限责任公司设董事会，其成员为3~13人；但是，本法第50条另有规定的除外。依据上述规定，原董事A、B辞职后，被告C公司在任董事会成员还有董事长D，董事E、F共3人，并没有低于最低法定人数。

原告A于2017年7月将其所持C公司股权转让，自此不再具有C公司股东的身份，A、B于2016年5月10日起登记为公司董事，任期3年，在任期届满后，无证据证明C公司继续委任A、B担任董事。A、B接受C公司及其股东会的委派担任C公司的董事、从事被告公司管理工作，双方建立了委托关系，A、B有权随时依法解除委托关系，辞去董事职务。且A、B亦明确表示其不愿意继续担任C公司的董事，并通过诉讼途径要求变更其董事身份。依照民法自愿原则，A、B辞去C公司董事职务，不违反C公司的公司章程以及相关法律规定，C公司应及时到市场监督管理部门涤除A、B任职被告B公司董事登记事项。

【参考裁判文书】广东省深圳前海合作区人民法院（2021）粤0391民初7885、7886号邱某、周某明与深圳市前海高仓国际汽车物流园有限公司请求变更公司登记纠纷一案一审民事判决书。

（四）关于支持涤除董事登记后公司董事低于法定最低人数的裁判说理示范

【适用情形】原告担任公司董事期限届满，已从公司离职并通知公司解除董事身份的，在公司已长时间不正常经营的情况下，即便涤除原告董事身份后被告公司董事低于法定最低人数，原告仍可主张涤除董事身份。

【说理示范】本案的争议焦点为董事A辞去董事职务，致B公司董事低于法定最低人数，在B公司不正常经营的情况下，其辞职是否即发生法律效力。

依据《公司法》第45条第1款规定，“董事任期由公司章程规定，但每届任期不得超过三年。董事任期届满，连选可以连任”。A自2015年12月14日被B公司的股东委派为B公司的董事，至今已经超过3年，董事任期届满后，B公司股东已经出具情况说明，明确A已从B公司离职，不再担任B公司董事。因此，A不再具备连任B公司董事的资格。

从A及B公司股东发给B公司的函件可以得知，A早在2016年8月31日即向B公司提出辞去董事职务。因公司与董事之间属于委任关系，在法律和公司章程没有相反规定的情况下，公司董事辞职一般于董事辞职书送达公司董事会时发生法律效力。虽然《公司法》第45条第2款规定："董事任期届满未及时改选，或者董事在任期内辞职导致董事会成员低于法定人数的，在改选出的董事就任前，原董事仍应当依照法律、行政法规和公司章程的规定，履行董事职务。"B公司仅3名董事，A辞职后确实会出现公司董事低于法定最低人数的情形，被告B公司也有权要求原告A在提出辞职后的过渡期间继续履行董事职务。但是，上述过渡期间应当合理。从A提出辞职至今已五年多，B公司未进行新董事的改选，拖延办理A的董事辞职事项。且一、二审过程中B公司无人签收诉讼文书，只能公告送达，据此可以看出B公司已经营不正常，不可能再行通过股东会完成董事补选。故A的辞职，发生法律效力。

B公司无正当理由拒不到庭应诉，应视为其放弃对A所主张之事实和证据进行辩驳的权利，由此产生的不利法律后果，应由B公司自行承担。

【参考裁判文书】江苏省无锡市中级人民法院（2021）苏02民终4231号单某臣与无锡洲汇商业发展有限公司请求变更公司登记纠纷一案二审民事判决书。

三、关于股东变更登记的裁判说理示范

（一）关于转让股权被冻结能否变更的裁判说理示范

【适用情形】转让股权被司法机关冻结，股权变更条件未成就的，原告主张股东变更登记的诉讼请求不能得到支持。

【说理示范】A公司与C公司签订的《股权转让协议书》系双方当事人的真实意思表示，相关内容不违反法律、行政法规的强制性规定，当事人均应依约履行合同义务。C公司未按照约定付款时间履行给付股权转让款的义务，应当按照协议约定，将B公司32%股权返还给A公司，但目前C公司所持有的B公司股权已被法院采取保全措施，在该保全措施解除前，无法办理工商变更登记，故A公司的诉讼请求目前不具备履行条件，本院不予支持。C公司未出庭应诉，不影响本院根据现有证据查明事实依法作出判决。

【参考裁判文书】北京市朝阳区人民法院（2020）京0105民初52554号海南新资源投资控股有限公司与中国京安信用担保有限公司及京安时代投资

控股有限公司请求变更公司登记纠纷一案一审民事判决书。

（二）关于股权转让协议合法有效转让方要求公司办理变更登记的裁判说理示范

【适用情形】股权转让协议被生效法律文书认定为合法、有效，原告主张公司办理股东变更登记但公司怠于办理，原告可向法院主张公司办理股东变更登记。

【说理示范】关于A公司请求办理股权变更登记的诉讼请求。生效仲裁裁决已认定A公司与C公司之间的股权转让协议有效，并裁决B公司为C公司办理相应的股权变更登记。据此，应认定A公司所持有的B公司30%股权已转让给C公司，B公司的股权结构实际上已发生变化。《公司法》第32条规定："有限责任公司应当置备股东名册，记载下列事项：（一）股东的姓名或者名称及住所；（二）股东的出资额；（三）出资证明书编号。记载于股东名册的股东，可以依股东名册主张行使股东权利。公司应当将股东的姓名或者名称向公司登记机关登记；登记事项发生变更的，应当办理变更登记。未经登记或者变更登记的，不得对抗第三人。"《公司法司法解释（三）》第23条规定："当事人依法履行出资义务或者依法继受取得股权后，公司未根据公司法第三十一条、第三十二条的规定签发出资证明书、记载于股东名册并办理公司登记机关登记，当事人请求公司履行上述义务的，人民法院应予支持。"根据上述规定，B公司作为目标公司，在其股东发生变动时，有义务办理相应的股权变更登记。A公司请求B公司办理股权变更登记手续，于法有据，本院予以支持。

【参考裁判文书】广东省深圳市中级人民法院（2021）粤03民初3729号天津金融博物馆与深圳市前海智青春投资有限公司请求变更公司登记纠纷一案一审民事判决书。

（三）关于股权代持协议解除后隐名股东要求公司办理变更登记的裁判说理示范

【适用情形】隐名股东与显名股东之间股权代持协议被确认有效，隐名股东有权主张解除与显名股东之间的代持协议并要求公司办理股东变更登记事项。

【说理示范】对于A诉请解除其与C之间的《股权代持协议》并要求B公司协助办理变更股东的登记手续，对此，本院综合考虑A提供的证据以及B公司和C的自认，A所主张的其代C持有B公司×%的股份之待证事实存在高度可能性，而《公司法》第32条规定公司应当将股东的姓名或者名称向公司登记机关登记，当公司股权发生变动时，公司应及时办理变更登记。现

A和C均确认解除前述股权代持关系，故A已非B公司的股东，与现有登记记载的内容不一致，现A要求根据有B公司股权的实际情况变更工商登记，具有法律和事实依据，本院予以支持。

【参考裁判文书】上海市浦东新区人民法院（2020）沪0115民初5012号王某与上海立本投资管理有限公司及上海升纽资产管理有限公司、秦某龙请求变更公司登记纠纷一案一审民事判决书。

（四）关于股权受让方主张变更股东登记的裁判说理示范

【适用情形】有限责任公司的股东向股东以外的受让方转让股权，股权转让方通过邮寄、登报公示等方式告知其他股东的，原告作为股权受让方，有权向公司主张变更股东登记。

【说理示范】有限责任公司股东向股东以外的人转让股权，应当经其他股东过半数同意；股东应就其股权转让事项书面通知其他股东征求同意，其他股东自接到书面通知之日起满30日未答复的，视为同意转让。本案中，A公司与C公司签订的《股权转让协议》合法有效，C公司依法通过邮寄、登报公示等方式告知D公司及其法定代表人e（同时亦为B公司法定代表人）相关股权转让事宜，D公司在C公司发出通知后超过法定期限未作答复，应当视为其同意C公司将股权转让给A公司。A公司已按约向C公司支付股权转让对价，该股权转让协议已履行完毕。有限责任公司的股东发生变更的，有限责任公司应当向公司登记机关办理变更登记。当事人依法继受取得有限责任公司股权后，有限责任公司应当为其办理登记。因此，在A公司依法继受取得B公司股权后，B公司应当及时为其办理登记。A公司要求B公司办理股权变更登记手续，将C公司持有的B公司×%的股权变更登记至A公司名下，合法有据，本院予以支持。B公司及D公司经本院合法传唤无正当理由拒不到庭，应视为其自动放弃答辩、质证等诉讼权利，对此应承担相应的法律后果。

【参考裁判文书】上海市嘉定区人民法院（2020）沪0114民初16208号北京优百泰科技有限公司与融钰仟邦（上海）科技有限公司及北京融钰科技有限公司、上海仟邦资都金融服务有限公司请求变更公司登记纠纷一案一审民事判决书。

第五节 判决主文规范表述

一、类案判决主文的表述问题

裁判文书主文即裁判结果，是人民法院针对当事人的诉讼请求依法进行审理，根据认定的事实和援引的法律，对当事人之间权利义务关系作出的实体性处理决定。司法裁判的主要功能和目的在于依法分配利益，解决纠纷，保护当事人的民事权益。裁判主文是人民法院整个裁判的落脚点和文书最重要的核心内容，依法、正确、规范地表述判决主文非常必要。

司法实务中，变更公司登记纠纷案件判决主文存在的主要问题，是有关变更（涤除）判项的表述不统一，目前主要有以下几种：

1. 仅判决办理变更登记，但未明确变更主体。如被告 B（目标公司）应于本判决生效之日起 30 日内向公司所在地登记机关申请办理法定代表人、执行董事变更登记，将执行董事、法定代表人 A 变更为其他人员。

2. 判决指定期限内办理变更登记，未在指定期限内办理，视为不再担任原职务。如被告 B（目标公司）应于本判决生效之日起 30 日内办理法定代表人变更登记，若逾期未变更，视为原告 A 从本判决生效之日起不再担任被告 B（目标公司）的法定代表人。

3. 直接判决涤除原登记人员。如被告 B（目标公司）及其分公司应于本判决生效之日起 30 日内涤除 A 作为 B（目标公司）分公司负责人的登记事项。

4. 判决指定期限办理变更登记，未在指定期限内变更，判决涤除。如被告 B（目标公司）应于本判决生效之日起 30 日内至公司登记机关申请变更法定代表人登记，原告 A 应予以配合，如被告 B（目标公司）届时未申请办理，则被告 B（目标公司）应于本判决生效之日起 45 日内至该公司登记机关涤除原告 A 作为被告 B（目标公司）法定代表人的登记事项。

5. 分项判决：（1）确认原告 A 于 × 年 × 月 × 日起不再担任被告 B（目标公司）法定代表人、执行董事、总经理；（2）被告 B（目标公司）应于本判决发生法律效力之日起 30 日内到公司登记机关涤除原告 A 作为被告 B（目标公司）法定代表人、执行董事、总经理的登记事项。

我们认为，对于请求变更（涤除）法定代表人、董事、监事、高级管理人员、股东登记纠纷案件的判决主文表述，如判决变更，则需要明确变更的主体；如判决涤除登记事项，不需要在判决涤除之前先行判决目标公司进行变更。其理由在于：一是上述判决并未明确变更主体，实际上无法强制执行；二是若目标公司在法院作出要求变更判决后未履行，法院可以直接在执行阶段委托工商登记机关对上述人员进行涤除，并不存在无法涤除的情况；三是若法院认为给予30日的办理涤除期限过短，可以直接给予45日的涤除期限。目标公司在法院给予足够的时间内仍未办理变更登记，导致工商登记信息缺失的，工商登记机关也可以对标的公司怠于履行的行为进行处罚。

二、支持涤除登记事项的规范表述

针对当事人请求涤除登记事项的诉讼请求，判决主文的规范表述方式如下：被告B（目标公司）应于本判决生效之日起30日内向公司登记机关办理涤除原告A作为被告B（目标公司）法定代表人（负责人）、董事、监事、总经理、股东的登记事项。

三、支持变更法定代表人、董事、监事及高级管理人员登记的规范表述

针对当事人请求变更法定代表人、董事、监事及高级管理人员登记的诉讼请求，实践中已经有比较统一的表述，判决主文规范表述方式如下：

被告B（目标公司）应于本判决生效之日起30日内向公司登记机关办理变更登记手续，将被告B（目标公司）的法定代表人、董事、监事、总经理变更登记为原告A（新任法定代表人、董事、监事、总经理），第三人C（原法定代表人、董事、监事、总经理）应予以配合。

四、支持办理股权变更登记的规范表述

依据《公司法》第32条规定："有限责任公司应当置备股东名册，记载下列事项：（一）股东的姓名或者名称及住所；（二）股东的出资额；（三）出资证明书编号。记载于股东名册的股东，可以依股东名册主张　使股东权利。"受让人通过有效的股权转让合同取得股权后，有权要求公司进行股东变更登记。公司根据《公司法》及其章程规定进行审查，经审查股权转让符合规定，同意将受让人登记股东名册后，受让人才取得公司股权，成为公司认

可的股东，这是“股权变更”。股东名册仅仅是公司内部资料，不具有对世性，只有在公司依照《市场主体登记管理条例》规定到工商管理部门完成股东变更登记后，股东才因宣示性的登记取得对抗第三人的法律效果，这就是“股权变更登记”。上述股权变更与股权变更登记两个不同法定程序均需要转让方与目标公司的参与和配合才能完成。对此问题判决主文有以下几种规范表述方式：

1. 被告 B（转让方股东）、第三人 / 被告 C（目标公司）应于本判决生效之日起 30 日内将登记在被告 B 名下的第三人 / 被告 C（目标公司）×% 的股权变更登记至原告 A 名下。

2. 被告 C（目标公司）应于本判决生效之日起 30 日内向公司登记机关办理变更登记手续，将第三人 B（转让方股东）持有被告 ×% 股权变更登记至原告 A 名下，第三人 B（转让方股东）应予以配合。

五、不支持办理变更、涤除登记的规范表述

驳回原告 A 的诉讼请求。

请求变更公司登记纠纷判决主文规范表述详见表 1。

表 1　请求变更公司登记纠纷判决主文规范表述列表

裁判类型	裁判事项	裁判主文
支持办理变更登记	变更法定代表人、董事、监事、高级管理人员登记	被告 B（目标公司）应于本判决生效之日起 30 日内向公司登记机关办理变更登记手续，将被告 B（目标公司）的法定代表人、董事、监事、总经理变更登记为原告 A（新任法定代表人、董事、监事、总经理），第三人 C（原法定代表人、董事、监事、总经理）应予以配合
	办理股权登记	被告 B（转让方股东）、第三人 / 被告 C（目标公司）应于本判决生效之日起 30 日内将登记在被告 B 名下的第三人 / 被告 C（目标公司）×% 的股权变更登记至原告 A 名下
		被告 C（目标公司）应于本判决生效之日起 30 日内向公司登记机关办理变更登记手续，将第三人 B（转让方股东）持有被告 C×% 股权变更登记至原告 A 名下，第三人 B（转让方股东）应予以配合
	变更股东会决议登记	被告 B（目标公司）应于本判决生效之日起 30 日内向公司登记机关申请撤销其 × 年 × 月 × 日的变更登记

续表

裁判类型	裁判事项	裁判主文
支持办理涤除登记	请求涤除法定代表人、董事、监事、高级管理人员、股东登记事项	被告B（目标公司）应于本判决生效之日起30日内向公司登记机关办理涤除原告A作为被告B（目标公司）法定代表人（负责人）、董事、监事、总经理、股东的登记事项
不支持办理变更、涤除登记	驳回原告A的诉讼请求	

第七章

公司证照返还纠纷

第一节　类案纠纷审判概述

公司证照是公司人格之证明，是公司开展经营活动必备的资料，同时也是每个公司独有之财产，其对公司的稳健运行至关重要。2020 年 4 月“当当网”公章之争引发公众广泛关注，该次公章之争系当当网创始人之间就公司控制权展开的争夺，如果处理不当，必然对“当当网”的经营管理造成困难，甚至可能导致公司僵局，因此，市场主体普遍重视公司证照的管理。由于公司证照管理系公司内部问题，故司法实践中出现的公司证照返还纠纷多数源于公司经营过程中内部管理的失序和混乱；少数公司证照处于公司外部主体长期或短期控制之中，当外部主体丧失控制之基础时，公司证照应归还公司，相关主体拒绝返还，继而引发纠纷。公司证照作为公司人格之证明，比如公司印章，在公司日常经营管理中，具有代表公司意思之能力，若被无权占有人控制，可能对公司造成极大的损害后果。当公司自力救济不成时，应当及时寻求司法救济，此时的司法介入有助于帮助企业尽快恢复正常经营秩序，避免不必要的损失。

一、公司证照概述

公司作为一种拟制主体，需以相关证照证明其主体资格并开展日常经营活动。从字面理解，公司证照包括公司证件及公司印章，但从公司实际经营实践来看，公司经营过程中会产生大量会计账簿、财产凭证、档案资料等文件资料。因此，公司证照应作广义理解，即包括上述文件和资料。

（一）公司证照内容

1. 公司证件

我国商事主体实行成立要件主义，商事登记系商事主体成立的必要要件，未经登记便不能取得商事主体资格。公司领取营业执照并取得法人资格后，便可办理组织机构代码证、税务登记证、银行开户许可证、社保登记证等公司证件。我国法律对于部分商事主体，比如中外合资企业、中外合作企业，规定设立之前须经审批，取得批准之后方可向登记机关申请商事登记，这些商事主体经审批取得相关批准文书，这些批准文书亦属公司证件。我国法律还对部分经营范围规定须在办理商事设立登记之前或之后取得行政许可部门的批准，方可开展相应的经营活动，经批准后商事主体会取得特许经营执照，这些执照亦属公司证件。为行文方便，下文将上述批准文书及特许经营执照统称为各类资格证书。

2. 公司印章

公司印章通常包括公司公章、合同专用章、财务专用章、发票专用章、法定代表人名章；部分公司因日常经营需要，还会刻制项目专用章、部门印章等。公司印章具有效力，其中，公章对外可代表公司，加盖公章即代表公司意志；合同专用章，用于签订合同；财务专用章，用于办理银行业务及与财务有关的其他业务；发票专用章，用于开具发票；项目专用章，常用于建设工程领域，由指定项目部在采购、施工等工作中使用；法定代表人名章，其因公司管理需要，为法定代表人履行职务之便利而刻制，系法定代表人签字的替代之物，应属公司印章，通常由公司保管。

3. 公司其他文件及资料

公司因日常经营而产生财务原始凭证，因财务管理而产生财务账册、会计凭证等，因银行业务、付款需要而产生支票本、银行 U 盾等，因资本积累而购置房产、土地，从而持有房产证、土地使用证等，因注册或购买商标而取得商标注册证，因开发计算机软件而取得相应著作权登记证书，因发明专利而取得发明专利证书，因员工管理而产生员工档案，因业务开展而产生业务档案、商业机密文件等，以上文件及资料均属公司财产。这些文件及资料被无权占有人占有时，公司有权要求无权占有人返还，所引发的纠纷亦属公司证照返还纠纷的审理范围。

（二）我国独具特色的公司证照法律制度

我国《公司法》第 7 条第 1 款规定，依法设立的公司，由公司登记机关发给公司营业执照。公司营业执照签发日期为公司成立日期。由此可知，我国不但采用商事登记要件主义，同时要求取得营业执照方能取得商事主体资格，可见公司证照对我国商事主体极为重要。世界各国基本不以取得营业执照作为商事主体成立之要件。比如美国，公司是否成立，仅以其组织章程是否获得州务秘书归档认可为标志，至于营业执照或注册证书之类，可由公司在成立之时或之后自由决定是否申请。再如法国，其《法国商事公司法》第 5 条规定，商事公司自在商业和公司注册簿登记之日起享有法人资格。该规定以设立登记为公司成立之要件，但未将取得营业执照作为公司成立之要件。

1. 我国公司证照法律制度形成历史背景

公司证照除了作为公司人格之证明，其中的印章还是公司权力的象征。

回顾历史，印章作为执政者的信物，一直发挥着重要作用，我国自古以来一直对印章极为重视。封建社会皇权的重要象征为玉玺，兵权的代表则为兵符，各级朝官、各级地方行政长官、各级机构品官均有相应官印。古代印章主要为国家机关的印章，国家机关的印章代表国家机关的权力，在各自的权限范围发号施令。

中华人民共和国成立后，特别是改革开放之后，我国经济发生了巨大变化，印章在市场经济活动中也发挥着重要作用。我国《公司法》一直未对公司印章作出明确规定，但早在 1994 年，国务院颁布的《公司登记管理条例》第 22 条便规定“公司凭公司登记机关核发的《企业法人营业执照》刻制印章”，可见我国相关法律规范很早就对公司印章作出了规定。

2. 我国公司证照制度发展

如前文所述，公司证件与执照种类繁多，核发机关涉及工商管理部门、组织机构代码登记部门、税务部门、社保局等多个部门。企业经营需要办理的证件越多，所花费的时间精力就越多，给商事主体设置的障碍便越多，商事主体的活力便越低。为简化手续，激发市场主体活力，2012 年 11 月 14 日深圳通过了《深圳经济特区商事登记若干规定》，其中第 23 条在全国率先提出“推行营业执照、组织机构代码证和税务登记证三证合一的登记制度”；2014 年 6 月 4 日，《国务院关于促进市场公平竞争维护市场正常秩序的若干意见》（国发〔2014〕20 号文）在“（四）改革市场准入制度”中提出“简化手续，缩短时限，鼓励探索实行工商营业执照、组织机构代码证和税务登记证‘三证合一’登记制度”，各地纷纷响应。2014 年 12 月 1 日起，深圳在全国率先推行营业执照、组织机构代码、税务登记和刻章许可“四证合一”登记新模式，将原来商事主体营业执照、组织机构代码证、税务登记证和刻章许可证分别由商事登记部门、组织机构代码登记部门、税务部门和公安部门办理的模式，改由商事登记部门统一受理、审核，四个部门之间信息互认、档案共享，在组织机构代码登记部门实现四证同发、企业一次性领取“四证”的高效办证目标。2015 年 7 月 1 日，浙江在全国率先实行营业执照、组织机构代码证、税务登记证、社会保险登记证和统计登记证“五证合一”登记制度。2016 年 6 月 30 日，国务院办公厅发布《关于加快推进“五证合一、一照一码”登记制度改革的通知》（国办发〔2016〕53 号文），从 2016 年 10 月 1 日起，全国范围内实施“五证合一”“一照一码”登记，各地将在原有的工商营业执照、组织机构代码证、税务登记证“三证合一”改革基础上，整合社会保险登记证和统计登记证，推进“五证合一”改革。

除以上措施外，我国还积极推行“证照分离”改革。2015 年 12 月 16 日，我国决定在上海浦东新区率先开展“证照分离”改革。2018 年 2 月，国家工商总局决定在全国推行“证照分离”改革，推动“照后减证”，大幅减少行政审批，着力解决“准入不准营”问题。“证照分离”是指工商部门颁发的营业执照和各相关行业主管部门颁发的经营许可审批证件进行分离，具体措施包括对涉企经营许可事项进行清单管理，按照直接取消审批、审批改为备案、实行告知承诺、优化审批服务等四种方式分类推进审批制度改革，以期建立简约高效、公正透明、宽进严管的行业准营规则，大幅提高市场主体办事的便利度和可预期性。

（三）公司证照法律功能

如前文所述，公司证照系公司人格之证明，亦为公司权力之象征。具体而言，公司取得营业执照方能取得主体资格，营业执照犹如公司之“身份证”，系公司人格之证明。公司各类资格证书，则为公司准入某行业的许可证，取得这些资格证书方能进入这些行业，取得经营资质。公司各种证件，比如税务登记证、银行开户许可证、社保登记证，则为办理税务、银行业务、社保业务所需，在各自领域发挥作用。公司各种印章亦有其各自功能，前文已作说明，不再赘述。公司各种财产之凭证及各种文件档案，则根据不同材料，分门别类，分别发挥作用，此处亦不再详述。

二、公司证照返还纠纷概述

（一）公司证照返还纠纷案由释义

公司证照返还纠纷系公司经营中产生的纠纷，最高人民法院《民事案件案由规定》将其作为三级案由，列于“与公司有关的纠纷”项下。除了公司公章、财务章、营业执照等印章、证件之外，公司证照的范围还包括文件和资料等，即对该案由中的证照作广义上的理解。[①] 公司经营过程中，公司法定代表人、公司股东、工作人员等可根据公司授权管理公司证照，其他人员，乃至公司之外的第三人亦有可能接触公司证照，这些持有公司证照的人员若拒绝向公司返还，公司作为公司证照的所有权人，可以提起公司证照返还之诉，请求无权占有人返还公司证照。

（二）公司证照返还纠纷的性质

私法对物权的保护，包括物权法上的救济和债法上的救济。物权请求权属物权法上的救济，是指物权人于其物权受到侵害或妨害或有被侵害的危险

---

① 杨万明主编：《最高人民法院新民事案件案由规定理解与适用》，人民法院出版社2021年版，第756页。

时，基于物权而请求侵害人为一定行为或不为一定行为，使物权恢复到原有状态或侵害危险产生之前的状态的权利，[①] 包括物的返还请求权、排除妨害请求权、消除危险请求权以及恢复原状请求权。公司系公司证照的所有权人，公司基于对公司证照所享有的物权而提出公司证照返还请求，公司证照返还纠纷的权利基础系物权请求权。当无权占有公司证照之人占有公司证照之时，公司作为物权人，有权要求无权占有人返还公司证照。至于无权占有的发生原因如何，期间长短，占有人善意或恶意，有无过失，均在所不问，[②] 均无损公司的证照返还请求权。

有学者提出，因物权请求权通常适用于各种持续性侵害行为，因此物权请求权难以适用诉讼时效。[③] 公司证照返还请求权系物权请求权，《民法典》第 196 条第 2 项“不动产物权和登记的动产物权的权利人请求返还财产”规定的请求权，不适用诉讼时效。基于对交易安全的考虑，该规定未适用于未登记的动产，但公司证照之于公司，不仅仅具有动产财产权的属性，其还是公司人格的证明，有关证件的取得须经相关部门备案或批准。因此，基于公司证照返还请求的物权请求权属性以及公司证照本身的特殊属性，公司证照返还请求权不应适用诉讼时效的规定。

（三）公司证照返还常见纠纷类型

最高人民法院《民事案件案由规定》在第八部分“与公司、证券、票据有关的民事纠纷”之“二十一、与公司有关的纠纷”项下列举了第三级案由“272. 公司证照返还”。司法实践中，公司证照返还纠纷有以下四种类型。

1. 公司证照管理人员发生变更而引发的公司证照返还纠纷

公司日常经营活动中，常常发生法定代表人、股东、董事、监事的变更以及工作人员的变动，这些人员若具有管理证照的职权，其职务发生变动后，通常便失去了管理证照的职权，此时，这些人员若拒绝向公司交还公司证照，公司经营活动将会受限，且证照流失在外，极易产生脱离公司控制的法律风险，因此常常发生纠纷。

2. 公司股东或管理层之间出现分歧而引发的公司证照返还纠纷

公司股东作为公司经营的最终受益方，享有权利的同时亦承担相应义务。公司经营过程中，股东之间常常发生分歧。作为公司人格象征的公司证照经

---

① 参见崔建远：《中国民法典释评 · 物权编（上卷）》，中国人民大学出版社 2020 年版，第 192 页。

② 参见王泽鉴：《民法物权 · 通则 · 所有权（总第 1 册）》，我国台湾地区三民书局有限公司 2003 年版，第 167 页、第 169 页。

③ 参见王利明：《物权法论》，中国政法大学出版社 1998 年版，第 154 页。

常成为股东与管理层争夺的对象，由此引发纠纷。

3. 因公司股东或其他证照管理人员去世而引发的公司证照返还纠纷

公司股东或其他公司证照管理人员去世后，其所管理的公司证照极易落入继承人的控制之中，此时相关继承人主张公司证照作为可继承财产之一，认为基于股权的继承或其他理由有权管理公司证照，由此引发纠纷。

4. 因公司与其他主体之间经济往来而引发的公司证照返还纠纷

公司经营过程中，常常因融资或扩大经营规模等需要而与其他主体之间发生交易，交易相对方为实现对公司经营的监管控制，可能要求公司根据协议安排将公司证照交由其管理，公司有关控股股东或管理层同意协议安排时，公司证照会相应地交付相对方管理。后续合作过程中，因种种原因双方合作终止的，公司证照便须归还公司，相对方拒绝返还，由此引发纠纷。

三、公司证照返还纠纷审理原则

公司系经济生活的重要成员，公司的良好运营不仅有关公司大小股东、管理层之合法权益，甚至影响公司员工基本生活，影响整个经济生态的良性发展。世界各国均给予公司高度的经营自治权，司法并不轻易介入公司内部经营管理问题，公司证照管理问题即为公司内部经营管理问题之一。但是，公司证照的管理对公司至关重要，比如公司印章的管理。在我国，公司印章系公司意思表示的重要部分，加盖印章通常即可推定为公司之意思，因此，公司印章的管理一旦失序，公司就有可能遭受极严重之利益损失。通常，公司证照返还纠纷发生之时，公司内部管理已经失序，此时的司法介入极有必要。

公司证照返还的请求权基础系返还原物请求权，因此，审理公司证照返还纠纷，首先，应适用《民法典》物权编中有关返还原物请求权的规定。其次，有关诉讼主体资格问题，则应依据《民法典》《民事诉讼法》《民事诉讼法司法解释》及《公司法》有关公司股东会、董事会及法定代表人的职权、新旧法定代表人有关代表权以及股东代表诉讼的相关规定进行判断。最后，公司证照返还纠纷中涉及的公司决议效力问题，应依据《公司法》及公司法司法解释的规定进行审查。结合以上法律适用的内容，司法实务在审理公司证照返还纠纷时应当有针对性地确定相应的裁判思路。

（一）尊重公司自治与司法适度介入相结合

公司证照的管理系公司内部管理问题。实践中，公司可通过公司章程规定，制定专门的证照管理制度，或者由股东会或董事会作出决议的方式对公司证照管理进行明确规范。公司证照为公司日常经营所必需，必须有公司具体人员进行管理，管理人员出现更迭或者矛盾之时，公司证照常常成为公司管理层或股东争夺的对象，一旦出现争夺，纠纷便由此而生。此时，公司可凭借自身的管理规范先行自力救济，自力救济不成时，便可寻求司法之救济。当原告提起公司证照返还纠纷之诉后，法院应及时受理并尽快就公司证照的管理作出司法判断，以最大限度地减少公司证照的混乱而造成有关当事人的损失，或产生不必要的经济纠纷。

（二）坚持商事外观主义与探求公司内部真实意思表示并重

公司作为拟制主体，其主体资格须经过工商登记确认。根据《民法典》及《公司法》的相关规定，商事登记具有公示效力，公司公章及公司法定代表人均可代表公司意思，但在公司实际经营过程中，公司公章与法定代表人意志出现矛盾的情形屡有发生。比如最高人民法院审理的（2018）最高法民申 51 号金域食府公司、华龙公司股东资格确认纠纷一案中，公司以加盖公司公章的文件向法院申请再审，但在法院审查阶段，公司的法定代表人和大股东又分别向法院提交撤诉申请，称再审申请书加盖的公章并非公司真实意思，公司申请撤诉，[①] 从而出现了公司意思表征不一的问题。对此，应当采用内外区分，效力有别的原则。工商登记的意义在于对社会公示公司意志代表权的基本状态，当公司与外部主体之间的争议涉及公司代表权审查时，通常应以工商登记为准；当涉及公司证照返还等公司内部争议时，则应以有效的公司决议文件为准，有效的公司决议代表公司真实意思表示。

（三）坚持穿透式审判思维与当事人诉辩主张双重审查

公司证照返还请求权是公司证照的所有权人要求无权占有人返还原物的权利，从其表层逻辑看，与一般的原物返还纠纷并无区别。但从公司治理及公司证照功能的角度看，公司证照返还纠纷产生的深层原因往往系公司控制权的争夺。因此，审理公司证照返还纠纷必须坚持穿透式审判思维，穿过原物返还的表层逻辑，直击公司控制权的判断，从公司治理的角度对公司的真实意思表示以及公司证照的权属作出司法判断。当然，公司证照返还请求权的本质仍为物权返还请求权，对公司控制权作出判断后，还需回到诉辩双方的具体意见，审查被告行为是否构成无权占有，并就被告是否应当向原告返还公司证照作出司法判断。

---

① 参见唐青林、李舒主编：《公司控制权争夺战——公司治理与诉讼实战指引》，中国法制出版社 2020 年版，第 119~120 页。

第二节　基本要素审理指引

一、立案要素审查

在立案审查环节，应结合公司证照返还纠纷特点，并依照《民事诉讼法》第 122 条之规定，注重进行以下五个要素审查。

（一）主管要素

《民事诉讼法》第 3 条规定，人民法院受理公民之间、法人之间、其他组织之间以及他们相互之间因财产关系和人身关系提起的民事诉讼，适用本法的规定。公司证照返还纠纷的权利基础为返还原物请求权，系物权所有人与无权占有人之间的纠纷，属于人民法院受理民事案件的范围。公司证照返还纠纷的争议各方一般不会达成仲裁协议，故该类纠纷一般不属于仲裁机构的主管范围。

【规范依据】《民事诉讼法》第 3 条。

（二）管辖要素

1. 地域管辖

公司证照返还纠纷的产生缘于无权占有行为。无权占有是指占有人没有法律上认可的原因占有某一财产，损害财产所有人权益的行为，其性质为侵权行为。公司证照返还纠纷系《民事案件案由规定》第八部分“二十一、与公司有关的纠纷”项下的一个三级案由，但《民事诉讼法》第 27 条及《民事诉讼法司法解释》第 22 条规定的公司住所地法院管辖的案件范围并未包含公司证照返还纠纷。据此，各地法院普遍将公司证照返还纠纷定性为侵权责任纠纷，根据《民事诉讼法》第 29 条之规定，应由侵权行为地或被告住所地法院管辖，侵权行为地包括侵权行为实施地及侵权结果发生地，公司住所地通常被认定为侵权行为地，因此公司住所地法院有管辖权。

【规范依据】《民事诉讼法》第 28 条。

2. 级别管辖

公司证照返还纠纷案件的诉讼请求为返还公司证照，通常不涉及金钱给付的内容，根据《民事诉讼法》第 18~21 条之规定，一般由基层人民法院管辖。

【规范依据】《民事诉讼法》第 18~21 条。

（三）原告主体要素

公司证照返还纠纷的原告应当是有权持有公司证照的主体，公司是公司证照的所有人，解决纠纷的关键在于确定谁能代表公司进行诉讼。

1. 当公司持有公章时，加盖公章作为公司作出意思表示的一种方式，在诉状上盖章即可代表公司提起诉讼，由此也可知公章的重要性。

2. 当公司不持有公章时，法定代表人签名亦可代表公司提起诉讼。根据《民法典》第 61 条及《民事诉讼法》第 51 条之规定，公司的法定代表人系依照法律或者公司章程的规定代表公司从事民事活动的负责人，公司由其法定代表人进行诉讼。因此，公司的法定代表人签名可代表公司。如公司已作出相关决议，对法定代表人进行变更，但尚未进行工商变更登记，因公司证照返还纠纷系公司内部管理事项，应以公司作出的有效决议作为确定公司法定代表人的标准，无须以工商登记变更为要件。

3. 公司股东作出的《股东会决议》或公司董事会作出的《董事会决议》可作为公司的意思表示，亦可以此代表公司提起诉讼。股东会系公司最高权力机关和决策机构，董事会系公司决策执行机构，股东会或董事会作出的意思表示可视为公司的意思表示。

4. 公司股东可以作为原告提起股东代表诉讼。根据《公司法》第 151 条之规定，有限责任公司的股东、股份有限公司连续 180 日以上单独或者合计持有公司 1% 以上股份的股东，就公司证照返还事宜可以书面请求监事会、不设监事会的有限责任公司的监事或者董事会、不设董事会的有限责任公司的执行董事向法院提起诉讼，当被请求人未提起诉讼，或情况紧急，或无法履行前述前置程序时，前述符合条件的股东可以直接以自己的名义提起股东代表诉讼，诉讼的利益应归于公司。

5. 清算组负责人可以代表公司提起诉讼。根据《公司法司法解释（二）》第 10 条之规定，公司依法清算结束并办理注销登记前，有关公司的民事诉讼，应当以公司的名义进行；公司成立清算组的，由清算组负责人代表公司参加诉讼。

【规范依据】《民法典》第 61 条；《公司法》第 36~37 条、第 46 条、第 151 条；《民事诉讼法》第 51 条；《公司法司法解释（二）》第 10 条。

（四）被告主体要素

公司证照返还纠纷的被告是无权但实际持有公司证照的主体。通常作为被告的主体有：

1. 公司原法定代表人。公司通过发起人协议、股东会决议、董事会决议、公司章程或有关规章制度规定由法定代表人管理公章，或公司未有相关证照管理规定，但根据实际经营管理需要推定由法定代表人管理公司证照的情况下，若法定代表人发生变更，原法定代表人未及时交接公司证照，经公司通知后仍拒绝返还的，公司可起诉原法定代表人，要求返还公司证照。

2. 公司已离职的证照管理人员或被取消证照管理授权的人员。公司设置有专门管理公司证照的部门或人员，或者公司授权有关人员管理证照的，这些人员从公司离职或被取消证照管理授权后，应当向公司交还所管理的公司证照，怠于返还或经要求拒绝返还的，公司可起诉这些人员返还公司证照。

3. 公司股东或其他高管人员。公司日常经营过程中，需要使用公司证照的情形颇多，公司股东或其他高管人员均有机会接触公司证照，未有相关规定或授权时，仅凭股东身份并不当然具有管理公司证照的权限，当这些人员持有公司证照后未及时返还，经公司通知后仍拒绝返还时，公司可起诉这些人员返还公司证照。

4. 其他利害关系人。公司经营过程中，与其他主体发生经济往来，或股东之间进行股权转让等交易时，有关主体通过协议安排或授权取得公司证照后，在交易过程中不再具有管理公司证照之权限时，应当向公司返还公司证照，其拒绝返还的，公司可起诉这些主体返还公司证照。

【规范依据】《民法典》第 235 条、第 238 条。

（五）诉讼请求要素

诉讼请求必须具体、明确。公司证照返还纠纷的诉讼请求为要求被告返还所持有的公司证照，原告须列明公司证件、印章或公司文件资料的具体名称。

【规范依据】《民法典》第 179 条；《民事诉讼法》第 122 条。

二、被告抗辩要素审查

（一）关于原告主体不适格的抗辩

1. 公司已将法定代表人变更，但尚未进行工商变更登记时，被告常常以该法定代表人无权代表公司为由提出抗辩。

2. 公司虽未作出变更公司法定代表人的相关决议，但公司章程明确规定了法定代表人的任职条件，若原法定代表人已被公司免除相关职务，可以推定其不再符合担任公司法定代表人的条件，此时针对被告所作抗辩应进行审查。

【规范依据】《公司法》第 13 条；《民事诉讼法》第 51 条；《民事诉讼法司法解释》第 50 条。

（二）关于未持有公司证照的抗辩

根据《民事诉讼法》第 67 条第 1 款之规定，当事人对自己提出的主张，有责任提供证据。原告要求被告返还公司证照，应当举证证明被告占有公司证照，若原告举证不能，应当承担举证不能的法律后果。根据原告举证，被告系公司证照的原管理人员，但被告抗辩称其已将公司证照交由公司其他人员或公司外人员占有并管理，而这些人员亦认可实际占有并管理公司证照的，则这些占有人员的行为构成无权占有，公司有权要求无权占有人返还公司证照。前述原管理人员未及时向公司交还公司证照，却将公司证照交付无权占有人占有的行为构成无权处分行为，亦侵犯了公司对公司证照的所有权，同样不能免除其证照返还义务。

【规范依据】《民事诉讼法》第 67 条第 1 款。

（三）关于有权持有公司证照的抗辩

公司证照的保管系公司自治事项，通常由公司自行决定公司证照的保管机构或人员。

1. 公司章程。当公司章程明确规定公司证照的保管事项时，通过该规定即可判断被告是否有权持有公司证照。

2. 相关协议或决议。当公司章程未有相关规定时，公司发起人协议、股东会决议、董事会决议、有关规章制度如有相关约定或规定，也可据以判断被告是否有权持有公司证照。因前述文件及公司章程均可能对公司证照的保管问题进行规定，若上述文件内容发生冲突，应当按照以下原则进行处理：

首先，根据文件的出具时间先后，当文件内容均有效，均体现公司的真实意志时，出具时间在后的文件为公司最新的意思表示，以该文件为准。

其次，根据文件的效力，股东会系公司最高权力机构，股东会决议系公司最高意志，当其他内部文件与股东会决议冲突时，以股东会决议为准。事实上，公司发起人协议及股东会决议亦为公司股东意志的体现，这些文件发生冲突时，则按出具时间先后，出具时间在后的文件为公司最新的意思表示。

最后，应当注意，公司内部规章制度涉及公司证照管理问题的，应当审查该规章程度的作出机关是否具有相应权限，表决是否有效，如未超出权限且有效，则可予以认定。

3. 原告依据公司决议主张被告不具有管理公司证照的权限，要求被告返还证照时，被告辩称公司决议无效、不成立或应当撤销时，如已有另案生效裁判文书对该决议的效力进行了审查的，可以直接作出认定；若无，则应当一并对该公司决议的效力进行审查，被告应当根据《公司法》第 22 条及《公司法司法解释（四）》第 2 条、第 4~5 条的规定进行举证；如未有证据材料证明公司决议不成立、无效或被撤销，则应当认定公司决议有效。若当事人已就公司决议的效力另行提起诉讼且另案尚未作出生效裁判文书，基于本案应以另案审理结果为依据，本案应中止审理，待另案作出生效裁判文书后再恢复审理；司法实务中，若另案等待时间较长，短期内无法取得生效裁判文书，从审判效率出发，可以引导当事人撤回本案起诉或撤回本案相应的诉讼请求，待另案作出生效裁判文书后另行起诉。

4. 原告公司与案外人或公司股东等之间签订了有关合作协议或其他协议，协议约定被告有权取得原告证照或者协议约定被告取得原告公司的经营管理权限的，司法实务中，法院通常认为，公司有权自行决定公司证照管理事项，上述有关协议约定并未违反法律、行政法规的强制性规定，应认定为当事人真实意思表示，被告主张其有权持有原告公司证照，应予以认可。

5. 被告认为原告公司法定代表人或其他管理人员不能审慎履行职责，存在损害公司股东或其他利害关系人合法权利的情形，主张为避免上述人员损害公司或股东的合法权利，其有权持有公司证照。鉴于公司证照返还纠纷的产生多数源于公司经营权的争夺，司法实践中，大量公司证照返还纠纷案件中，被告提出公司其他股东未履行足额出资义务、公司法定代表人或其他股东、董事、监事、高级管理人员存在损害公司利益的行为等主张，据此认为其不应向原告返还公司证照。因被告这些主张与公司证照返还纠纷并非同一法律关系，各法院一般对上述抗辩不予采信，并告知被告另循法律途径解决。

【规范依据】《公司法》第22条、第25条；《公司法司法解释（四）》第2条、第4~5条。

（四）关于公司证照已经注销或遗失的抗辩

被告确认曾经持有公司证照，但主张相关证照已经注销或遗失的，应当举证证明其主张，主张已经注销的，应有相关部门确认注销的证据材料；主张已经遗失的，应当举证证明遗失后采取的挂失措施，并及时向公司报告遗失情况。若被告未采取上述措施，其所谓公司证照遗失的主张极可能系规避返还义务的借口，法院可以不予采信。[①] 经查实公司证照确已灭失或注销的，

---

① 江苏省连云港市中级人民法院审理的（2019）苏07民终4850号王某淅与江苏美圣酒业有限公司公司证照返还纠纷案、江苏省南京市中级人民法院审理的（2020）苏01民终4030号徐某桦与南京天地禾广告制作有限公司公司证照返还纠纷案、上海市金山区人民法院审理的（2021）沪0116民初5556号上海盛约投资管理有限公司与李某公司证照返还纠纷案，三案中，被告均提出公司证照已经遗失的抗辩，但未提交证据佐证，法院未予采信，仍判令被告返还［其中（2020）苏01民终4030号法院未采信被告关于部分公司证照已经遗失的主张，采信了其他公司证照已经遗失的主张］。

可认定已实际无法返还，进而驳回原告关于要求被告返还该部分公司证照的诉讼请求，[①] 但原告可另行向被告主张损害赔偿。比如，上海市浦东新区人民法院审理的（2020）沪 0115 民初 77559 号上海满竹科技有限公司与孟某峰公司证照返还纠纷一案，法院对被告主张公司证照已经遗失的主张不予采信，并认定如其无法返还，则权利人可向义务人另案主张赔偿。再如，江苏省徐州市鼓楼区人民法院审理的（2020）苏 0302 民初 81 号徐州金烁工程机械有限公司与周某、赵某庆公司证照返还纠纷一案，被告辩称其已不再占有原告原公章，基于此，法院认为，如被告确无法返还诉争公章，则被告之后也不得再以诉争公章自行办理相关手续，如因被告擅自使用原公章造成原告损失的，原告可另行主张。

【规范依据】《民事诉讼法司法解释》第 90~91 条。

（五）关于公司证照已被更新的抗辩

公司证照虽然已重新办理，但原证照仍为公司财产，公司证照已重新办理并非被告拒绝返还原证照的正当理由，被告有关抗辩应不予采信。公司证照作为公司主体资格的证明，重新办理后，原公司证照并不必然失去效力，持有人可以凭借原公司证照开展经济活动，交易相对方难以得知公司证照的更新情况，这些交易极可能给公司带来损失，因此，公司有权要求持有人返还原证照。

【规范依据】《民法典》第 235 条。

（六）关于诉讼时效的抗辩

被告认为原告要求返还公司证照的请求已经超过诉讼时效，主张无需返还公司证照。公司证照系公司之财产，公司证照返还纠纷实质为物的返还纠纷，根据《诉讼时效规定》第 1 条之规定，诉讼时效抗辩只适用于债权请求权。原告起诉要求被告返还公司证照系基于公司对公司证照所享有之物权，其所行使的权利系物权请求权，不受诉讼时效的限制，被告有关原告之请求已超过诉讼时效的抗辩应不予采信。

【规范依据】《诉讼时效规定》第 1 条。

---

① 江苏省南京市中级人民法院审理的（2020）苏 01 民终 4030 号徐某桦与南京天地禾广告制作有限公司公司证照返还纠纷案，被告主张部分公司证照已经遗失，提交了证人证言、寻物广告、微信截屏等证据予以佐证，法院认为上述证据形成证据链，足以使法院采信这些公司证照已遗失的事实具有高度可能性，进而确认原告的该部分诉请已客观履行不能，依法应予驳回。

三、举证要素审查

（一）关于举证责任的分配原则

《民事诉讼法》第 67 条第 1 款规定，当事人对自己提出的主张，有责任提供证据。公司证照返还纠纷的审查核心为被告是否实际控制公司证照，确定此问题后方能讨论被告是否存在返还公司证照的可能性与必要性。根据前述法律规定，原告负有证明被告实际持有公司证照的举证责任，在原告已完成初步举证的情况下，被告若对此予以否认，则应就反驳事实进行举证。

【规范依据】《民事诉讼法》第 67 条第 1 款。

（二）关于原告的举证责任

1. 关于原告诉讼主体资格的举证

原告持有公章时，为证明其诉讼主体资格，应当在相关材料中加盖公司公章；原告未持有公章时，应当提交经公司法定代表人签字确认的文件材料，公司法定代表人应该经过工商登记或者经公司相关决议文件所指定；原告以公司相关决议文件作为主体资格证明时，应当提交相关决议文件的签字盖章材料，且应提交其他证据材料如公司章程等证明该决议文件系公司意志的体现；股东提起代表诉讼时，应当提供证据材料证明其系符合条件的股东，且已经过前置程序，或者前置程序实际无法进行。

2. 关于被告持有公司证照的举证

原告要求被告返还公司证照的前提为被告实际持有公司证照。公司在章程或有关管理制度中明确指定由被告管理公司证照的，可直接确定被告持有公司证照；公司未就证照的管理进行专门规定，日常经营过程中，由法定代表人或财务或行政人员管理的，可确定这些人员持有公司证照；原告有证据证明被告在另案中自认持有公司证照，或在另案中或其他行为中使用过公司证照的，可确定被告持有公司证照。

公司证照返还纠纷的请求权实际系返还原物请求权，公司证照作为公司之财产，公司理应妥善保管，被告若实际持有公司证照，则必有相应依据或痕迹。比如，公司对证照的使用进行了相应登记，登记内容反映公司证照最后流向了被告，亦可证明被告持有公司证照，否则，原告应承担举证不能的相应后果。深圳市中级人民法院审理的（2021）粤 0304 民终 8526 号深圳市德欣电器有限公司（以下简称德欣公司）与付某莲证照返还纠纷案中，德欣公司主张付某莲曾系其财务人员，离职后仍非法占有公司公章等证照、法人财务账簿、记账凭证以及采购订单、对账单等业务资料。但在案件审理过程中，德欣公司未能提供证据证明付某莲任职财务岗位的时间、具体工作内容，上述公司证照及业务资料是否由付某莲保管且对工作中获取的有关业务信息具有保密义务等，亦未有证据证明付某莲离职后拒绝向其移交涉案凭证、资料等。据此，法院认为，现有证据不足以证明付某莲存在德欣公司主张的非法占有行为，德欣公司应当承担举证不能的法律后果，据此判决驳回德欣公司的诉讼请求。

3. 关于被告不具有管理公司证照权限的举证

被告通过公司章程或有关管理制度取得管理公司证照的权限，如果公司通过修订公司章程、修改有关管理制度取消了被告的管理权限，则可以确定被告不再具有管理公司证照的权限；被告为公司法定代表人、财务或行政人员，基于公司日常经营需要而管理证照时，其已被免除法定代表人职务或离职的，可确定被告不具有管理公司证照的权限；被告系偶发使用公司证照，未有相关管理权限的，可确定被告不具有管理公司证照的权限。

公司治理中，尤其是规模较大、管理较规范的公司，通常制定有公司规章制度。公司规章制度是公司内部事务运作的具体规范，是公司日常经营管理和商业活动的基本指南。[①]公司规章制度若对公司证照管理进行了专门规定，则应审查该规章制度的作出机构是否有相应权限以及规章制度的制定程序是否合法，总之，应审查规章制度是否代表公司真实的意思表示。审查的原因是，当公司经营管理出现控制权争夺的情况时，公司规章制度之间、规章制度与公司章程或股东会决议的内容可能存在冲突，此时，应当就公司各个文件的效力进行审查。

【规范依据】《民事诉讼法》第 67 条第 1 款。

（三）关于被告的举证责任

针对原告的举证，被告可以提供证据进行反驳，当被告提供的证据足以推翻原告举证时，法院应采信被告的主张；当原告的证据仅达到一般证明标准，而被告的反驳证据足以使原告的举证处于真伪不明状态时，应由原告承担举证不能的后果。深圳市中级人民法院审理的（2020）粤 0304 民终 21575 号泉发木制品（深圳）有限公司（以下简称泉发公司）与黄某明证照返还纠纷案中，泉发公司依据与黄某明之间的微信聊天记录中的黄某明信函主张其实际控制了公司证照。法院经审理查明，泉发公司所主张的信函提到“黄某明留存的公司资料，全部交接给公司”，黄某明解释信函所提到的公司资料，仅指其保留的公司某时间段的财会报表复印件，并提交了该材料复印件，法院据此认定泉发公司举证不足以证明黄某明实际控制了泉发公司的证照，进

① 参见安凤德主编：《公司案件疑难问题裁判精要》，法律出版社 2021 年版，第 325 页。

而驳回了泉发公司的诉讼请求。

【规范依据】《民事诉讼法司法解释》第108条。

四、侵权构成要件要素审查

根据侵权行为的归责原则理论，侵权行为分为一般侵权行为和特殊侵权行为。一般侵权行为是指行为人基于过错致人损害而应承担民事责任的行为，通常需满足四个构成要件：一是行为人实施了违法行为；二是造成了损害事实；三是行为人的违法行为与损害事实之间存在因果关系；四是行为人主观上存在过错。特殊侵权行为无须以行为人主观过错为要件，只要具备前述一般侵权行为的前三个要件，就应当承担侵权责任。综上，侵权行为需要满足其构成要件才能追究其侵权责任，公司证照返还请求权的基础系无权占有，该行为系一般侵权行为，应当满足前述四个构成要件。

（一）侵权行为要素审查

公司系公司证照的所有权人，公司证照应由公司法定代表人或公司指定的其他人员保管，不具有管理公司证照权限的人员持有公司证照，便构成无权占有行为，该行为侵害了公司的所有权，构成侵权。实践中，无权占有公司证照的侵权行为主要包括以下几种：（1）失去管理公司证照权限的人员未按要求及时履行返还义务。（2）偶发使用公司证照的人员未及时返还公司证照。（3）从公司证照原管理人员处取得公司证照后拒绝向公司返还。（4）非法抢夺公司证照。

【规范依据】《民法典》第235条。

（二）过错要素审查

从上述无权占有公司证照的侵权行为各种情形看，无权占有人明明不具有控制公司证照的权限，却实际控制了公司证照，其无权占有行为本身即包含过错。

【规范依据】《民法典》第1165条。

（三）损害结果要素审查

损害结果既是侵权行为所导致的后果，也是追究行为人侵权责任的前提。无权占有公司证照的侵权行为侵害了公司的所有权，第一，所有权受到侵害本身就是侵权的一种损害结果；第二，因公司证照被非法占有，严重影响日常经营，导致公司重新办理证照产生相应费用，这些费用也是侵权的一种损害结果；第三，非法占有公司证照的人员持相关证照与善意相对人实施民事法律行为，公司对外可能承担相应法律后果，由此给公司造成的损害也是侵权的一种损害结果。

【规范依据】《民法典》第 1165 条。

（四）因果关系要素审查

从公司的返还原物请求权角度，无权占有公司证照的侵权行为必然侵害公司的所有权，此时无须就侵权行为与损害结果的因果关系进行认证，便可直接判定无权占有人的返还义务。从公司的损害赔偿请求权角度，鉴于公司证照的功能，比如公司印章具有对外代表公司的权限，一方面，公司经营离不开印章，公司若重新办理印章，则办理所需费用系无权占有行为所导致的直接损害结果，二者存在因果关系。另一方面，无权占有公司印章的人员以所控制的公司印章对外实施民事法律行为，导致公司承担相应不利法律后果的，这些后果产生的原因系无权占有人的无权处分行为，即无权占有行为与公司的损害后果之间存在因果关系。

【规范依据】《民法典》第 1165 条。

五、侵权责任要素审查

《民法典》第 238 条规定，侵害物权，造成权利人损害的，权利人可以依法请求损害赔偿，也可以依法请求承担其他民事责任。根据《民法典》第 179 条的规定，承担民事责任的方式包括停止侵害、返还财产、赔偿损失等。公司证照返还纠纷作为一种侵权责任纠纷，其责任承担方式主要有返还财产和赔偿损失两种，两种方式可以单独适用，也可以合并适用。

（一）返还财产

返还财产是指无权占有人非法侵占他人财产时，被侵权人所享有的请求侵权人返还财产的请求权。返还财产请求权广泛适用于合同纠纷、侵权责任纠纷和不当得利纠纷中，所返还的标的财产可以是无权占有的原物，也可以是货币等种类物。根据《民法典》第 235 条的规定，无权占有不动产或者动产的，权利人可以请求返还原物。该法律规定系公司证照返还请求权的主要法律依据。公司证照作为特定之物，系公司的合法财产，他人无权占有公司证照时，公司作为权利人，当然具有请求无权占有人返还原物的权利。返还原物请求权是一种物权保护方法，该请求权无须考虑无权占有人是否存在过错，只要构成无权占有，权利人便可请求返还。

【规范依据】《民法典》第 179 条、第 235 条。

（二）赔偿损失

赔偿损失是指因行为人的违约行为或侵权行为等造成对方财产或人身权

利受损时，被损害方所享有的要求行为人赔偿损失的请求权。赔偿损失请求权同样广泛适用于合同纠纷、侵权责任纠纷等大量民事纠纷中。针对不同的纠纷，赔偿损失请求权的适用条件不尽相同。在合同纠纷中，赔偿损失请求权通常适用于一方存在违约行为的情形，该种情形中，无论违约方是否存在过错，只要存在违约行为，并导致了非违约方的损失，便应当承担赔偿损失的法律责任。而侵权纠纷则不同，一般侵权行为中，受害人除了须证明加害人实施了侵权行为，以及侵权行为与受害人的损失存在因果关系外，还须证明加害人存在过错，否则无法追究加害人的责任。

公司证照返还请求权系基于无权占有人的侵权行为，据此，公司证照返还请求权所衍生的赔偿损失请求权基础亦为侵权行为。下面主要就公司证照返还请求权中赔偿损失责任应遵循的原则、赔偿的损失范围及损失如何计算问题进行探讨。

1. 赔偿损失的责任范围

侵权责任中的赔偿损失责任应遵循填平原则，即赔偿的损失与受害人所受的损失大致应相等。受害人所受的损失包括直接损失和间接损失。直接损失是指财产的直接损失，如财产的灭失、损毁所导致的直接财产损失；间接损失是指可得利益的损失，是因加害人的侵权行为导致受害人在一定范围内与财产相关的未来利益的损失，如生产工具被损毁，导致无法从事生产经营而导致的损失。

公司证照返还纠纷中，公司证照作为财产，因无权占有人的侵权行为导致毁损、灭失的，公司的直接损失包括重新办理证照的费用、因无法控制银行账户信息而迟延支付有关费用而导致的赔偿以及证照被无权占有人或其他第三方非法使用所导致的公司承担责任方面的损失等。间接损失则表现为公司因失去对公司证照的控制而错过交易机会所导致的机会利益损失。

2. 损失的计算

《民法典》第 1184 条规定，侵害他人财产的，财产损失按照损失发生时的市场价格或者其他合理方式计算。该规定明确了侵权损害赔偿中损失的计算方法。具体到公司证照返还纠纷中，公司证照本身并不存在市场价格，其直接损失的赔偿主要表现为重新办理证照的费用，若毁损、灭失的财产系公司财务账簿等资料，则其损失系重新制作的费用，以及无法重新制作时，因无法提供财务账簿而导致的其他损失。上述损失费用应限于合理范畴，超出合理支出的部分应不予支持。

关于间接损失，侵害人承担损失赔偿的前提为损失与侵权行为之间存在因果关系。由于间接损失并非直接损失，其因果关系审查标准应更为严格。第一，时间标准上，公司所具有的交易机会应在公司证照被合理规范管理期间获得，若其获得交易机会之时公司证照已经处于被无权占有的状态之下，则公司对交易机会的丧失应有一定预期，不能据此要求无权占有人承担法律责任；第二，公司证照虽然被无权占有，但公司尚有自力救济途径，可以通过重新办理的方法及时解决公司证照的更新问题，因此，公司主张间接损失应限定合理期间范围，若公司怠于自力救济而导致相应损失，应当减轻无权占有人的赔偿责任；第三，公司证照被无权占有后，公司应积极行使物权请求权，要求无权占有人返还公司证照，若因公司怠于请求返还而导致公司交易机会的丧失，同样应当减轻无权占有人的赔偿责任。

【规范依据】《民法典》第179条、第1165条、第1173条、第1178条、第1184条；《民事诉讼法》第67条第1款；《民事诉讼法司法解释》第90~91条。

第三节　实务难点裁判思路

一、关于公司代表权认定中的难点问题

（一）关于新旧法定代表人冲突情形下公司代表权问题

根据《民法典》第61条及《民事诉讼法》第51条之规定，公司由其法定代表人代表公司从事民事活动。公司经营中，常出现法定代表人变更的情形，若未及时办理工商变更登记，便可能出现新旧法定代表人公司代表权的争夺，即通常所称的“人人冲突”。关于该问题，学界及司法实践普遍认为，对新旧法定代表人公司代表权的判断，主要取决于所涉纠纷的性质，若为公司与外部主体之间的纠纷，则应尊重商事登记的对外公示效力，未办理工商变更登记的法定代表人无权代表公司；若为公司内部纠纷，则应尊重公司内部意志，认可变更后的法定代表人之代表权。《民事诉讼法司法解释》第50条规定，公司的法定代表人以依法登记的为准，但法律另有规定的除外。法定代表人已经变更，但未完成登记，变更后的法定代表人要求代表法人参加诉讼的，人民法院可以准许。据此，鉴于公司证照管理系公司内部管理事项，公司证照返还纠纷若起因于公司内部管理问题，则公司已决议变更法定代表人但未进行工商变更登记时，变更后的法定代表人可以代表公司提起诉讼。

司法实践中，还存在一种情况，即公司未作出决议变更公司法定代表人，

但公司章程明确规定了法定代表人的任职条件，原法定代表人已被公司免除相关职务，公司已就该职务作出新的任命时，可以推定原法定代表人不再符合担任公司法定代表人的条件，公司新任命的人员应推定为公司新的法定代表人，可以代表公司提起诉讼。

（二）关于法定代表人与公章分离情形下公司代表权问题

公司公章系公司对外作出意思表示的重要外在表现，加盖公章可推定为公司行为，即公章与法定代表人的意志均可代表公司，公司正常经营时，二者意志比较一致。当公司公章脱离公司的控制而由第三人掌控时，而法定代表人的意志与公章控制人的意志不一致时，便会出现通常所说的“人章冲突”现象。此时，通说认为，公章作为一种物，其本身并无意志，加盖公章系控制公章的人所作的行为，因此，判断公章是否代表公司意志应从公章背后找到控制公章的人，该人员若具备公司意志的授权，则加盖公章行为可以认定为公司意志，否则公章并不能代表公司意志。而公司法定代表人的公司代表权来源于法律的明文规定，若无充分证据否定法定代表人的公司代表权，应认定法定代表人的公司代表权优先于公章的公司代表权。

（三）关于法定代表人的意志与股东会意志不一致的问题

股东会系公司最高权力机关和决策机构，股东会有权决定公司的经营管理等重大事项，当公司法定代表人的意志与公司股东会的意志出现矛盾，而法定代表人持有公司证照时，公司无法通过加盖公章或由法定代表人签名的方式证明其有权代表公司提起诉讼，此时，可以股东会作出的决议认定其有权代表公司意志。

公司类型中，还有一种特殊形态，即一人有限责任公司，一人有限责任公司的法定代表人代表公司提起诉讼，要求公司股东返还公司证照，因一人有限责任公司仅有一名股东，该股东持有公司100%的股权，系公司的实际控制人，法定代表人要求一人股东返还公司证照，反映出二者之间意志相左。此时，应当审查该一人有限责任公司的实际经营状况，若该公司实际由一人股东负责日常经营，法定代表人并不参与公司经营，那么一人股东有权决定公司证照管理事宜，该法定代表人无权代表公司提起诉讼，要求股东返还公司证照。

二、关于公司股东能否提起股东代表诉讼要求返还公司证照的问题

股东代表诉讼，又称派生诉讼、股东代位诉讼，是指当公司的合法权益

受到不法侵害而公司却怠于起诉时公司的股东以自己的名义起诉、所获赔偿归于公司的一种诉讼制度。现代公司管理中，股东大会常常赋予董事会和公司管理层大量权力，股东权利往往得不到保护。为了预防公司权利被损害，进而导致全体股东权利被损害，也为了对公司及全体股东的权利进行救济，股东代表诉讼制度应运而生。我国《公司法》第151条就股东代表诉讼作出了明确规定，即公司的合法权益受到董事、监事、高级管理人员或他人的侵害，而公司拒绝或者怠于向侵权人追究责任时，股东可以以自己的名义提起诉讼，要求侵权人承担法律责任。公司对公司证照享有所有权，公司董事、监事、高级管理人员或他人无权占有但实际控制公司证照时，公司利益即已受到侵害。但《公司法》第151条规定适用于“公司董事、监事、高级管理人员存在本法第一百四十九条规定的情形”或“他人侵犯公司合法权益，给公司造成损失的”两种情况，诉讼请求为要求上述侵权人承担赔偿责任，而公司证照返还纠纷的请求权基础为返还原物请求权，据此，有观点认为公司证照返还纠纷不应适用股东代表诉讼制度，即股东无权以自己的名义提起诉讼要求返还公司证照。

上述观点值得商榷。公司证照作为公司之财产，若公司董事、监事、高级管理人员或他人无权持有公司证照却实际控制公司证照，这些人员的行为本身已侵害公司的所有权，当公司怠于向上述无权占有人要求返还公司证照时，极有可能损害公司利益，并进而损害股东利益。返还原物请求权虽然与损害赔偿请求权有差异，但《公司法》第151条规定的立法目的系为保障公司合法权益，不应拘泥于请求权性质，据此，应当允许公司股东就公司证照返还提起股东代表诉讼。上海市第二中级人民法院审理的健康解决方案（国际）有限公司与程胜求公司证照返还纠纷一案体现了上述观点。[①]

值得注意的是，股东代表诉讼需满足《公司法》第151条规定的前置程序，且证照应返还于公司。虽然公司对证照享有所有权，但公司作为拟制主体，实际持有并管理公司证照的人员通常为具体的某个自然人。因此，公司证照返还纠纷的股东代表诉讼与其他股东代表诉讼明显不同，其实际法律效果存在以下情形：第一，当公司证照由公司以外的人员非法占有时，股东依法提起股东代表诉讼，判决将公司证照返还公司，其实际法律效果符合股东预期。第二，当公司章程或公司规章制度明确规定了公司证照的管理人员，而公司证照脱离了这些人员的控制，实际由公司某股东、董事、监事或高级管理人员非法占有时，股东提起股东代表诉讼，判决将公司证照返还公司时，

---

① 参见（2014）沪二中民四（商）终字第S543号健康解决方案（国际）有限公司与程某某公司证照返还纠纷案。

实际执行时可直接交还该管理人员，相应法律效果亦符合股东预期。第三，当公司没有明确规定公司证照的管理人员时，一方面，公司某股东、董事、监事或高级管理人员可能被推定具有管理公司证照的权限，此时股东代表诉讼的相应诉求将被驳回；另一方面，即便认定公司某股东、董事、监事或高级管理人员没有管理证照的权限，进而判决将公司证照返还公司，实际执行时，因公司未指定管理证照的具体人员，公司证照仍可能落入某股东、董事、监事或高级管理人员的控制之中，股东代表诉讼将不具有实际意义。基于以上情形，股东应自行斟酌相应法律后果，并决定是否提起股东代表诉讼，或者寻求其他自力救济措施。

三、关于公司证照无权占有认定标准中的难点问题

（一）公司证照管理人或持有人去世后其继承人占有公司证照的情形

司法实践中，常常出现一种情形，即公司证照由公司股东管理，或公司证照由该股东临时取用，未及时返还公司，该股东突然去世，公司证照便落入其继承人的控制之中。基于股东所持有的公司股权除了分红等财产权利，同时还有表决权等社员权利，而公司证照作为公司人格之象征，控制公司证照便在一定程度上控制了公司的日常经营。因此，股东去世后除其股权之外，公司证照也可能被视为股东财产之一被竞相争夺。

继承权是一项重要的民事权利，是继承人依法享有的、能够无偿取得被继承人遗产的权利。继承权本质上是一种财产权利，通常并不包括管理权利，对公司证照的管理权明显不属于继承权的范围。此外，公司的日常经营离不开对公司证照的使用，而继承涉及继承人、遗产范围、继承方式等确定问题，通常较为复杂。因此，公司证照的管理问题必须从继承问题中剥离出来，否则不利于公司的正常经营。

公司作为公司证照的所有权人，有权决定公司证照的管理事项。事实上，无论是公司股东还是公司其他人员，其对公司证照的管理权限均来源于公司的授权，公司有权随时改变这些授权。公司起诉要求股东之继承人返还公司证照，可以从以下两点进行分析：第一，股东去世后，其继承人并不必然取得公司股东资格；第二，作为公司证照原管理人员的股东去世后，便不再具有管理证照的资格。公司作为证照的所有人，有权决定公司证照由谁管理，即使已去世股东的继承人取得股权，也不当然取得公司证照的管理权限，公司股东的继承人对公司证照的占有构成无权占有。据此，公司请求去世股东

之继承人返还公司证照的，应当予以支持。

（二）关于推定占有标准把握问题

《民事诉讼法司法解释》第108条规定，对负有举证证明责任的当事人提供的证据，人民法院经审查并结合相关事实，确信待证事实的存在具有高度可能性的，应当认定该事实存在。对一方当事人为反驳负有举证证明责任的当事人所主张事实而提供的证据，人民法院经审查并结合相关事实，认为待证事实真伪不明的，应当认定该事实不存在。上述规定明确规定了民事诉讼中可以适用高度盖然性的证明原则。高度盖然性，即根据事物发展的高度概率进行判断的一种认识方法，是人们在对事实的认识达不到逻辑必然性条件时不得不采用的一种认识手段。高度盖然性原则的适用符合诉讼效益原则，适用该规则要求相关证据能相互印证，形成完整的证据链，足以达到使法官确信待证事实真实存在的程度。由于高度盖然性系指待证事实的发生存在高度可能性，因此相对方的反驳证据仅需达到使待证事实真伪不明即可，即只要相对方的反驳证据足以使待证事实回归到真伪不明状态，本证方便须承担举证不能的不利后果。

深圳市中级人民法院审理的（2020）粤03民终6673号深圳市盛世远景营销策划有限公司（以下简称盛世远景公司）与付某公司证照返还纠纷案中，法院根据双方当事人的陈述以及《股东会决议书》的内容，认定公司在某时间段由付某承包经营并推定该期间公司由付某控制，进而推定该期间公司的财务资料由付某控制，据此认定原告主张相应的财务资料由付某占有具有高度盖然性，并判令付某返还该期间的公司财务资料。关于其余时间段内财务资料，法院认为，付某并未在该时间段承包经营该公司，并非公司该时间段的大股东、实际控制人、法定代表人，虽然该期间公司的账务由付某安排人员负责，但盛世远景公司提供的电子邮件显示，负责做账的财务人员在该期间多次通过电子邮件将相关账目发送给刘某审阅，由此可见，刘某亦参与了该期间公司的财务管理。据此，法院认为，盛世远景公司提供的证据不足以使法院确信上述期间的公司财务资料现由付某占有，该待证事实处于真伪不明的状态，相应的不利后果应由负有举证证明责任的原告即盛世远景公司承担。

四、关于公司证照返还纠纷案件中有关公司决议效力审查问题

公司证照返还纠纷通常产生于公司内部控制权争夺，相关争夺导致公司

法定代表人、股东、董事、监事等人员变动，相关变动常常依托于公司的有关决议。正因存在争夺与矛盾，公司相关利害关系人经常对公司有关决议的效力提出异议，而公司决议的效力直接影响诉讼主体资格的判断及公司证照应否返还的实体审查。司法实践中，有大量公司证照返还纠纷涉及公司决议效力的审查。

（一）关于是否应当在公司证照返还纠纷中对公司决议的效力进行审查的问题

公司证照返还纠纷涉及的公司决议主要包括与原告诉讼主体资格有关的决议以及涉及公司证照管理权限内容的公司决议。对原告的诉讼主体资格进行审查是案件进行实体审理的前提，因此，原告基于有关公司决议主张其诉讼主体适格的，法院有必要对公司决议的效力进行审查。

公司证照保管属于公司内部自治范畴，公司证照具体由何人保管、如何保管，均应遵从公司的意志，公司可以通过公司决议的方式确定公司证照的保管人和保管方式。公司证照返还纠纷中，双方当事人就公司证照管理的公司决议效力产生争议的，法院应当对该公司决议的效力进行审查，否则无法确定被告应否向原告返还公司证照。

（二）关于公司证照返还纠纷中公司决议效力的审查方法

公司证照返还纠纷案件中，无论是关于原告诉讼主体资格的公司决议，还是关于公司证照管理权限的公司决议，对公司决议效力的审查方法主要取决于当事人的举证。若被告未对公司决议的效力提出异议，或虽提出异议，但未就其异议进行举证时，法院可仅对公司决议的效力作形式审查。比如，深圳市中级人民法院审理的（2020）粤 03 民终 22466 号深圳市聚影动力影业有限公司（以下简称聚影动力公司）与陈某谦公司证照返还纠纷一案，法院以被告未及时提起决议撤销之诉或确认决议内容无效之诉，目前并无证据推翻临时股东会决议内容有效性为由认定该决议具有法律效力。又如，浙江省嘉兴市中级人民法院审理的（2021）浙 04 民终 1558 号嘉兴瑞嘉服装有限公司与林某伟公司证照返还纠纷一案，法院认为，林某伟虽对案涉董事会决议的效力提出异议，但因其未能举证证明该董事会决议在召集、表决等程序方面存在因违反我国香港特别行政区法律以致无效的情形，因此，法院对该决议的效力予以确认。再如，上海市第一中级人民法院审理的（2020）沪 01 民终 12727 号卫心医院投资管理（上海）有限公司（以下简称卫心公司）与林某坤公司证照返还纠纷一审中，法院以林某坤并未提供我国香港特别行政区 A 公司依据香港特别行政区高等法院命令作出的董事决议已被推翻的证据为由，认定我国香港特别行政区 A 公司作为卫心公司的独资法人股东，其授权签署人依据卫心公司章程签署的股东决定具有相应的法律效力。

若被告对公司决议提出异议且提交了实质性证据，则法院应对公司决议的效力进行实质性审查。比如，深圳市中级人民法院审理的（2021）粤03民终569号深圳市深惠创电子科技有限公司与何某公司证照返还纠纷一案，法院对案涉临时股东会的召集程序及该股东会决议的表决程序均进行了审查，最终认定该股东会召集程序不符合《公司法》的规定，表决程序亦不符合《公司法》及公司章程的规定，认定该股东会决议系公司某股东单方形成，不能代表公司真实意思，据此认定，公司无权要求何某返还公司证照。又如，北京市第二中级人民法院审理的（2020）京02民终11687号北京好礼物食品文化有限责任公司与郑某淳公司证照返还纠纷一案，法院认为，虽股东代表刘某璟、庞某、葛某兵曾通过《说明》对公司印章事宜作出安排，但庞某此后于2018年6月5日组织召开了临时股东会会议，会议第三项议题即为关于决定郑某淳将公司公章移交于庞某的议案。此次股东会会议虽仅有庞某一人出席并进行表决，但会议召开通知已提前送达各股东，决议的作出也符合公司法及章程规定的通过比例，目前尚未有相关主体主张该决议存在无效、可撤销或不成立的情形。

应当注意的是，若当事人已就公司决议效力问题另案提起诉讼，且尚未作出生效裁判文书，公司证照返还纠纷应当如何处理？司法实践中做法不尽相同。

通过对实践中具体案例的分析，我们发现，诉讼主体资格的判断对案件审理至关重要。当双方争议的公司决议内容为有关公司诉讼主体资格的内容时，若当事人已就该决议的效力另案提起诉讼，则公司证照返还纠纷一案中不宜直接进行审查，而应以另案审理结果为依据，具体有两种处理办法：一是本案中止审理，等另案有审理结果时再恢复审理；二是本案驳回原告起诉，等原告诉讼主体资格确定后另行起诉。比较而言，驳回原告起诉更为妥当，理由如下：第一，公司证照返还纠纷的请求权基础为返还原物请求权，本案驳回起诉并未否定原告对公司证照所享有的实体权利，且物上请求权并不适用诉讼时效制度，因此，驳回起诉不会损害原告的实体权利；第二，公司证照的管理系公司内部管理事项，应尽量引导当事人通过内部自力救济的方法解决证照管理问题，中止审理将导致案件长期悬而不决，不利于当事人寻求其他方式解决问题。

当双方争议的公司决议内容为有关公司证照管理权限时，该决议的内容直接决定被告是否应当向原告返还证照，其效力系公司证照返还纠纷应审查的重点问题，若当事人已另案提起诉讼，且另案尚未审结，则因本案必须以另案的审理结果为依据，根据《民事诉讼法》第153条的规定，本案应中止诉讼，等另案有审理结果时再恢复审理。但是，中止诉讼的处理方式会导致案件审限相应延长，司法实践中，为解决案件审限问题，可以考虑以下路径灵活处理：与当事人充分沟通，告知当事人鉴于两案均涉及公司决议的审查，为避免审查结果相互冲突，询问当事人是否同意撤回另案诉讼，或撤回本案诉讼，或撤回本案或另案中有关公司决议效力审查内容的诉求，等本案或另案有审理结果后再提起相关诉讼。应当注意的是，如果本案涉及重复诉讼，则应按重复诉讼的标准审查后驳回原告起诉。

（三）被告就公司决议效力提出反诉如何处理的问题

《民事诉讼法》第143条规定，原告增加诉讼请求，被告提出反诉，第三人提出与本案有关的诉讼请求，可以合并审理。《民事诉讼法司法解释》第232条规定，在案件受理后，法庭辩论结束前，原告增加诉讼请求，被告提出反诉，第三人提出与本案有关的诉讼请求，可以合并审理的，人民法院应当合并审理；第233条第2款规定，反诉与本诉的诉讼请求基于相同法律关系、诉讼请求之间具有因果关系，或者反诉与本诉的诉讼请求基于相同事实的，人民法院应当合并审理。根据上述规定，被告可在法庭辩论终结前提出反诉，被告的反诉请求符合上述规定时，法院应当将被告的反诉与本诉进行合并审理。我们通过搜索中国裁判文书网发现，公司证照返还纠纷中，原告基于公司决议要求被告返还公司证照，被告对公司决议的效力提出异议，并提出反诉，请求撤销公司决议的，法院通常对该反诉予以受理，详见江苏省徐州市中级人民法院审理的（2020）苏03民终7573号董某道、丁某桂等与张某萍、徐州天翔华裕商贸有限公司公司证照返还纠纷一案及深圳市中级人民法院审理的（2020）粤03民终26831号深圳市莲花山庄自管家园物业服务有限公司与雷某元等公司证照返还纠纷一案民事判决书。

基于上述分析，当原告基于公司决议要求被告返还公司证照时，被告若对公司决议的效力提出异议，该异议构成其抗辩意见，法院应当依法对公司决议的效力进行相应审查；若被告对公司决议的效力提出独立的反诉请求，法院受理其反诉亦无不可。

五、关于公司证照返还纠纷中能否一并提出损害赔偿请求的问题

根据《民法典》第179条的规定，返还财产及赔偿损失均为承担民事责任的方式之一，可以单独适用，也可以合并适用。公司证照返还请求权的基础为被告无权占有公司之证照，其无权占有行为致使原告产生实际损失的，

无权占有人除了返还公司证照之外，还应赔偿原告损失。我们通过搜索中国裁判文书网发现，在公司证照返还纠纷案件中一并请求赔偿损失的案例并不鲜见。比如，广东省广州市中级人民法院审理的（2020）粤 01 民终 19726 号广州勇慧模具技术有限公司与田某平公司证照返还纠纷一案，湖南省益阳市中级人民法院审理的（2021）湘 09 民终 109 号兰某国与湖南天行房地产开发有限公司、中国工商银行股份有限公司益阳银城支行等公司证照返还纠纷一案，广东省广州市中级人民法院审理的（2019）粤 01 民终 24651 号刘某儿、危某亮与广州市达威餐饮有限公司公司证照返还纠纷一案，吉林省长春市中级人民法院审理的（2021）吉 01 民终 701 号长春科技大市场创业投资有限公司与王某公司证照返还纠纷一案，山东省济南市中级人民法院审理的（2021）鲁 01 民终 3446 号山东瑞境置业有限公司与刘某华、张某敏公司证照返还纠纷一案，广东省中山市中级人民法院审理的（2021）粤 20 民终 1294 号中山市迪科尔电器有限公司与郭某等公司证照返还纠纷一案，福建省福州市中级人民法院审理的（2021）闽 01 民终 6162 号马某与中高建设集团有限公司等公司证照返还纠纷一案，湖南省长沙市中级人民法院审理的（2021）湘 01 民终 15659 号长沙大宇文化传播有限公司与李某波公司证照返还纠纷一案，一审原告均在要求一审被告返还公司证照的同时提出了赔偿损失的请求。从上述案件的审理结果看，（2021）湘 09 民终 109 号案件中，法院根据一审原告举证，认定一审被告作为公司员工，未按公司指示审核付款，导致公司欠税后未能及时缴纳税款，从而产生滞纳金，故支持一审原告的赔偿损失请求，并结合公司是否采取积极措施防止损失扩大，最终酌情判令一审被告赔偿损失金额为 6000 元。（2019）粤 01 民终 24651 号案件中，因一审被告未按一审原告要求返还公司证照，导致一审原告因补办公司证照产生了代理费、登报费、刻章备案费等，据此，法院判令一审被告赔偿一审原告上述费用损失。其余案件或因原告的诉讼主体不适格，或因原告举证不足以证明其已产生损失，或因被告行为并未违反忠实义务，原告有关赔偿损失的请求均未获得支持。

公司证照作为公司人格之证明，尤其是公司印章，其对外具有代表公司的表象，无权占有公司证照的人员若在控制公司证照期间通过加盖公章的方式签署相关合同或作出其他民事行为，基于公司印章的对外公示效力，若相对方系善意第三人，有关合同合法有效，公司即须承担相应的合同义务。若因这些行为给公司造成损失，无权占有公司证照的人员应当承担相应的赔偿责任。另外，如前文所述，公司证照若系基于公司与外部商事主体的协议安排交由外部商事主体管理，外部商事主体若未按合同约定及时归还公司证照，则其行为构成违约，应当承担相应的违约责任，其中便可能包括赔偿损失的责任。

关于赔偿损失请求的举证责任，根据民事诉讼“谁主张，谁举证”的基本原则，原告基于公司证照返还请求进而主张赔偿损失，则首先应举证被告持有公司证照构成无权占有，并举证证明该无权占有行为给其造成了损失。

六、关于非公司主体提起的证照返还纠纷问题

合伙企业、个体工商户、集体所有制企业等主体对其证照享有所有权，证照的管理系其内部经营管理问题，因这些主体并非公司，有关证照返还纠纷的审理可参照公司主体证照返还纠纷的裁判理念，在法律适用上若有相应法规，可直接适用，如《合伙企业法》；没有相应法规的，可参照适用《公司法》的规定。比如，北京市第一中级人民法院审理的（2020）京01民终8056号北京创新致远科技发展中心（有限合伙）与易某芬公司证照返还纠纷一案中，对于合伙企业的证照所有权归属问题，该院认为，《合伙企业法》第8条规定，合伙企业及其合伙人的合法财产及其权益受法律保护。企业的证照、公章、财务资料从性质上属于企业的合法财产，合伙企业对其享有所有权。关于上述物品由何人保管的问题，该院认为，该事项属于企业内部经营管理问题，应由企业内部自行决定，一般通过制定合伙协议或召开合伙人会议等能够明确代表全体合伙人意思的场合和方式予以确定。原《民法总则》第102条（《民法典》第102条）规定，非法人组织是不具有法人资格，但能够依法以自己的名义从事民事活动的组织。无论发起人设立目的为何，在合伙协议或合伙人决议未予以明确约定或有相应控制权安排的情况下，均不能以发起人意思替代合伙企业的意思。易某芬关于接收并保管证照完全是服从中广上洋公司的工作安排，而非创新致远中心或执行事务合伙人吴某强的授权的上诉理由，并不能成为其拒绝返还创新致远中心相关物品的合法抗辩事由。又如，上海市第二中级人民法院审理的（2020）沪02民终1917号上海好和事茶坊（以下简称好和事茶坊）与褚某公司证照返还纠纷一案，该院根据好和事茶坊的营业执照，认定好和事茶坊系集体所有制企业。关于原告的诉讼主体资格，该院认为，好和事茶坊系集体所有制企业，根据其章程的规定，其出资者即经营部有选择管理者的权利。因此，经营部将好和事茶坊的法定代表人变更为黄某符合章程规定，亦未违反有关法律规定，故应认定黄某有权作为好和事茶坊法定代表人提起本案诉讼。关于集体企业证照的所有权归属问题，该院认为，集体企业的财产及合法权益受国家法律保护，与企业经营相关的证、照、章等经营资料及物品等均属企业所有，应按照企业章程或内

部相关管理规定交由企业授权的人员妥善保管，现好和事茶坊章程并未涉及由何人、何部门保管上述物品，故好和事茶坊有权决定上述经营资料由何人保管。褚某确认持有上述系争物品，但其已不再担任好和事茶坊的法定代表人，故其再持有好和事茶坊证照、公章等缺乏依据，理应返还好和事茶坊。以上案件的审理理念与本文所论述的公司证照返还纠纷审理理念保持一致。

第四节　常见争点说理示范

一、关于公司证照返还纠纷管辖的裁判说理示范

【适用情形】公司证照返还纠纷性质及管辖法院的确定。

【说理示范】本案系公司证照返还纠纷。《民事诉讼法》第 27 条就公司诉讼管辖所作出的特殊地域管辖规定适用于有关公司组织行为的诉讼，公司证照返还纠纷不符合公司组织诉讼的特征，应适用《民事诉讼法》关于地域管辖的一般规定。公司证照返还纠纷属侵权纠纷，根据《民事诉讼法》第 29 条的规定，侵权行为地或者被告住所地人民法院对本案均有管辖权。本案原告公司住所地作为侵权行为地，位于本院辖区 / 被告住所地位于本院辖区，故本院作为侵权行为地法院 / 被告住所地法院，对本案具有管辖权。依照《民事诉讼法》第 29 条、第 157 条第 1 款第 2 项的规定，裁定如下：驳回被告对本案管辖权提出的异议。

【参考裁判文书】广东省深圳市中级人民法院（2021）粤 03 民辖终 1351 号黄某与陈某元等公司证照返还纠纷一案二审民事裁定书。

二、关于原告诉讼主体资格的裁判说理示范

【适用情形】被告对原告诉讼主体资格提出抗辩的情形。

（一）关于法定代表人具有诉讼代表权的裁判说理示范

【说理示范一】《民事诉讼法》第 51 条第 2 款规定，法人由其法定代表人进行诉讼。据此，法定代表人具有诉讼代表权，有权直接代表本单位向人民法院起诉和应诉，其所进行的诉讼行为就是本单位的诉讼行为，直接对本单

位发生法律效力。本案中甲系公司的法定代表人，在不与公司章程规定冲突的情况下，其有权代表公司就本案提起诉讼。

【参考裁判文书】江苏省南京市六合区人民法院（2019）苏0116民初5495号南京高正农用化工有限公司与汪某杰公司证照返还纠纷一案一审民事判决书。

【说理示范二】本案中公司已作出决议将法定代表人变更为甲，该决议不违反法律、行政法规的规定，未有证据显示该决议存在不成立、无效或被撤销的情形，该决议合法有效。根据该决议，该公司法定代表人由甲担任，而乙已不再担任法定代表人。虽然该公司未作工商变更登记，但公司证照返还纠纷系公司内部管理而产生的纠纷，因此，未作工商变更登记并不影响上述公司决议的效力。故公司新任的法定代表人甲有权代表公司提起诉讼。

【参考裁判文书】浙江省杭州市中级人民法院（2020）浙01民终1217号朱某阳与浙江天台永超房地产开发有限公司公司证照返还纠纷一案二审民事判决书。

（二）关于清算组具有诉讼代表权的裁判说理示范

【说理示范】《公司法司法解释（二）》第10条规定，公司依法清算结束并办理注销登记前，有关公司的民事诉讼，应当以公司的名义进行。公司成立清算组的，由清算组负责人代表公司参加诉讼。本案中，A公司已经进入清算程序，并由甲担任清算组负责人。甲有权签署起诉状代表公司提起本案诉讼，要求被告返还公司相关印章、证照和财务账册等。

【参考裁判文书】江苏省南京市中级人民法院（2020）苏01民终4030号徐某桦与南京天地禾广告制作有限公司公司证照返还纠纷一案二审民事判决书。

（三）关于公司董事会/执行董事、监事会/监事具有诉讼代表权的裁判说理示范

【说理示范】根据《公司法》第151条之规定，监事有本法第149条规定的情形的，前述股东可以书面请求董事会或者不设董事会的有限责任公司的执行董事向人民法院提起诉讼；而《公司法》第149条规定，董事、监事、高级管理人员执行公司职务时违反法律、行政法规或者公司章程的规定，给公司造成损失的，应当承担赔偿责任。本案被告作为原告A公司的股东及监事，擅自私占公司印章、证照等公司财产，拒不返还公司，该行为显然侵犯了原告A公司的利益，可能给原告A公司造成损失，故甲作为原告A公司的执行董事，依法有权以原告A公司名义向被告（公司监事）提起诉讼。

【参考裁判文书】上海市金山区人民法院（2021）沪0116民初5556号上

海盛约投资管理有限公司与李某公司证照返还纠纷一案一审民事判决书。

（四）关于股东能否提起股东代表诉讼的裁判说理示范

【说理示范一】本案系公司证照返还纠纷。关于原告的诉讼主体资格问题，本案系一起股东代表诉讼案件，根据《公司法》对股东代表诉讼的规定，股东提起派生诉讼应当具备两个前提条件：一是公司合法权益遭受侵害；二是公司本身怠于行使诉权。具体至本案，首先，公司的公章、经营证照及财务账册资料属公司所有的财产，公司对其合法财产享有排他的支配权，除公司及其授权机关和人员外，其他民事主体均无权持有或控制上述财产，否则即侵害了公司对这些财产的所有权权益。因此，公司在其物权权利遭受侵害的前提下，依法有权主张相对人返还财产。需要指出的是，根据股东代表诉讼的立法目的及原理，股东以自己的名义代表公司对侵害人提起的诉讼，一旦诉请得到支持，侵害人应当承担的法律责任既包括赔偿损失，也包括停止侵害行为、利益返还等形式。其次，根据《公司法》的规定，股东提起代表诉讼必须具备相应条件并履行一定的前置程序，包括对股东持股比例的要求及向监事会或者监事请求遭拒绝的事实前提。本案中，A 公司未设监事会或监事机构，其工商登记的法定代表人甲已离职，且表示不愿意代表公司提出诉讼；A 公司的另外两名股东 B 公司、C 公司已分别被破产清算及自动清盘，且 A 公司本身也处于吊销未注销、停止营业的状态。在这种情况下，公司通过召开股东会变更法定代表人或者再次指定授权机关主张权利客观上存在障碍，也不利于及时、有效地维护公司的合法权益。综合上述情况，甲作为 A 公司持股 25% 且唯一现存的股东，在公司利益受损而公司又怠于行使诉权时，其作为原告提出本案诉讼，符合我国法律规定的股东代表诉讼中的原告主体资格，其要求无权占有人向公司返还财产亦于法无悖。

【参考裁判文书】上海市第二中级人民法院（2014）沪二中民四（商）终字第 S543 号健康解决方案（国际）有限公司与程某求公司证照返还纠纷一案二审民事判决书。

【说理示范二】本案系公司证照返还纠纷。《公司法》第 151 条规定了股东代表诉讼制度，公司董事、监事、高级管理人员以及他人侵害公司合法权益的，公司股东有权向人民法院提起诉讼，但要遵循前置程序的要求，即股东应书面请求监事会或者不设监事会的有限公司的监事、董事会或执行董事提起诉讼；监事会、监事或者董事会、执行董事收到书面请求后拒绝提起诉讼，或者自收到请求之日起 30 日内未提起诉讼，或者情况紧急、不立即提起诉讼将会使公司利益受到难以弥补的损害的，股东有权为了公司的利益以自己的名义直接向人民法院提起诉讼。该前置程序是一项法定的强制性义务，除非存在情况紧急不立即诉讼公司就会受到不可弥补的损害的情形，才可免除前置程序。本案中，甲代表A公司请求原执行董事返还证照，但未履行股东代表诉讼的法定前置程序，其无充分证据证明本案存在免除前置程序的例外情形，A公司关于本案不适用前置程序的主张缺乏事实和法律依据，本院不予支持。据此，本案应依法裁定驳回原告A的起诉。

【参考裁判文书】最高人民法院（2015）民申字第2767号正源中国地产有限公司与富某斌公司证照返还纠纷一案申诉、申请再审民事裁定书。

三、关于原告系公司证照所有权人的裁判说理示范

【适用情形】公司证照所有权人的确定。

【说理示范】本案系公司证照返还纠纷。依照《公司法》第3条的规定，公司系企业法人，有独立的法人财产，享有法人财产权。本案中，A公司公章、合同专用章、财务专用章、发票专用章、法定代表人章、项目专用章、部门印章、营业执照正副本、资格证书、税务登记证正副本、银行预留印鉴、银行卡、U盾及密码、税控软件及财务开票付款工具、发票、支票、财务账册、会计原始凭证、审计报告、财务会计报告、人事档案资料、业务合同、合同档案资料、会议文件及档案资料、房产证、土地使用证、商标注册证、著作权登记证书、发明专利证书等均属A公司的合法财产，A公司对其证照的所有权受法律保护，任何单位和个人不得侵犯，其他人占有或控制A公司的证照应当有公司的授权，当A公司的证照由他人无权控制、占有时，A公司有权要求返还。

【参考裁判文书】广东省深圳市中级人民法院（2020）粤03民终21920号深圳市二乘三数字口腔有限公司与史某等公司证照返还纠纷一案二审民事判决书。

四、关于被告是否实际持有公司证照的裁判说理示范

【适用情形】双方当事人就公司证照是否由被告实际占有、控制产生争议的情形。

（一）公司证照确由被告占有、控制的裁判说理示范

【说理示范一】根据本院查明的事实，发生法律效力的判决已经认定，甲认可A公司的公章、合同专用章、财务专用章、发票专用章、法定代表人章、项目专用章、部门印章、营业执照正副本、资格证书、税务登记证正副本、

银行预留印鉴、银行卡、U盾及密码、税控软件及财务开票付款工具、发票、支票、财务账册、会计原始凭证、审计报告、财务会计报告、人事档案资料、业务合同、合同档案资料、会议文件及档案资料、房产证、土地使用证、商标注册证、著作权登记证书、发明专利证书在其处保管，甲虽在本案中仅自认持有A公司公章、合同专用章、营业执照正本及副本，对生效判决认定其持有的其他证照不予认可，但其并未提供相反证据，故本院认定甲持有A公司的公章、合同专用章、财务专用章、发票专用章、法定代表人章、项目专用章、部门印章、营业执照正副本、资格证书、税务登记证正副本、银行预留印鉴、银行卡、U盾及密码、税控软件及财务开票付款工具、发票、支票、财务账册、会计原始凭证、审计报告、财务会计报告、人事档案资料、业务合同、合同档案资料、会议文件及档案资料、房产证、土地使用证、商标注册证、著作权登记证书、发明专利证书。

【参考裁判文书】北京市第二中级人民法院（2021）京02民终962号丁某琪与北京荣安善康医疗科技有限公司公司证照返还纠纷一案二审民事判决书。

【说理示范二】根据《公司法》第49条的规定，公司经理主持公司的生产经营管理工作，组织实施董事会决议；组织实施公司年度经营计划和投资方案；拟订公司内部管理机构设置方案；拟订公司的基本管理制度；制定公司的具体规章；提请聘任或者解聘公司副经理、财务负责人；决定聘任或者解聘除应由董事会决定聘任或者解聘以外的负责管理人员；董事会授予的其他职权。可见，公司经理全面主持公司的生产经营管理工作，对公司经营管理、公司财务等生产经营性事项均具有掌控权利及相应的职责。甲主张在被罢免A公司总经理职务之后即离开公司，未参与公司管理，相关材料在甲离开时依然在公司各相关人员手中，甲并未实际占有。但甲原系A公司总经理，全面负责公司生产经营管理，A公司所有与公司生产经营相关的证照、业务资料、账务账册等公司财物均由其掌控，或由其安排的工作人员具体保管，现其不再担任公司总经理，应当向公司移交，但其并未提供充分证据证明其已将与公司生产经营相关的证照、业务资料、账务账册等公司财物进行过移交，或者要求经其指派具体负责保管职责的工作人员进行过移交。特别是甲曾未经公司董事会同意，对公司经营场所进行过搬迁，公司的相关资料也一并进行了迁移，双方因公司控制权发生矛盾后，甲并未办理公司经营场所的移交手续，放置在该经营场所的公司资料亦未进行过移交。故本院认为，被告甲实际占有并控制原告公司上述公司证照。

【参考裁判文书】浙江省宁波市中级人民法院（2020）浙02民终4119号宁波市东望智能系统工程有限公司与顾某也公司证照返还纠纷一案二审民事判决书。

【说理示范三】本案庭审过程中，甲多次陈述A公司一直由其实际经营，公司印章、证照、财务账册等均在其雇用的会计手中，其不同意返还公司公章、法人章、财务章、营业执照正副本。由此可见，甲认可其实际占有控制A公司印章、证照和财务账册等，本院对此予以确认。

【参考裁判文书】江苏省高级人民法院（2020）苏民终26号周某与无锡思尔科技有限公司公司证照返还纠纷一案二审民事判决书。

【说理示范四】关于原告主张的营业执照正、副本及公章，被告辩称依照公司内部规定上述证照由专人保管，被告个人从未拥有和掌握这些证照。但被告在×年×月×日已被免去A公司董事、总经理、法定代表人职务之后，仍向×市场监督局提供原告营业执照及公章，并在一系列工商备案材料上加盖原告公章。由此可知，原告上述公司证照仍由被告占有、控制，被告上述抗辩无事实依据，本院不予采信。

【参考裁判文书】上海市浦东新区人民法院（2020）沪0115民初75580号上海点点乐信息科技有限公司与汪某俊公司证照返还纠纷一案一审民事判决书。

（二）原告举证不足以证明被告实际占有、控制公司证照的裁判说理示范

【说理示范一】关于原告要求被告返还公司财务会计账簿、凭证、报表的主张，本院认为，首先应当认定案涉财务资料是否由被告掌控。A公司主张被告甲在担任公司会计期间负有保管案涉财务资料的职责，并主张被告甲在担任公司总经理期间管控案涉财务资料，但其未能举证证明A公司就案涉财务资料的管理使用问题作出过相应规定，且二被告均否认其工作岗位有保管公司财务资料的职责，故A公司主张二被告在任职期间实际掌控财务资料，缺乏事实依据。A公司另外主张二被告存在藏匿、霸占财务资料的行为，但未能提供充分的证据予以证实。事实上，三方当事人于×年×月×日约定共同保管的公司物件中并未包括案涉财务资料。在此情况下，A公司提供的证据不足以证明案涉财务资料由二被告实际占有或控制，故A公司对此应当承担举证不能的法律后果。

【参考裁判文书】广东省江门市中级人民法院（2021）粤07民终4772号江门市奥斯龙机械有限公司与冯某忠等公司证照返还纠纷一案民事二审民事判决书。

【说理示范二】A公司起诉要求甲向其返还公司公章、法定代表人名章、财务章、合同专用章、营业执照，即应举证证明甲持有上述物品，且系无权占有。但A公司提交的《交接清单》载明甲为办理交接的见证人而非接收人，

A公司提交的照片并未显示甲接收并持有A公司的公司公章、法定代表人名章、财务章、合同专用章、营业执照。证人乙与A公司法定代表人丙有亲属关系，其证言的证明力较低，不能与其他证据相互印证，因此本院对乙的证人证言不予采信。故在甲对持有A公司的公司公章、法定代表人名章、财务章、合同专用章、营业执照不予认可，而A公司又未能提交充分证据证明甲持有上述物品的情况下，本院不能确认甲持有上述物品，故对A公司的全部诉讼请求不予支持。

【参考裁判文书】北京市海淀区人民法院（2020）京0108民初41465号天地民生河南医疗器械有限公司与徐某照公司证照返还纠纷一案一审民事判决书。

五、关于被告是否有权持有公司证照及应否、能否返还公司证照的裁判说理示范

【适用情形】双方当事人就被告是否有权持有公司证照及应否、能否返还公司证照存在争议的情形。

（一）被告作为原法定代表人、公司证照原管理人员、公司股东或其继承人，不（再）具有管理公司证照的权限，应向原告返还公司证照的裁判说理示范

【说理示范一】A公司的股东即B公司已于×年×月×日作出董事会决议、于×年×月×日作出股东会决议，免去甲的A公司执行董事及法定代表人职务，委派乙为A公司执行董事兼董事长。虽然工商登记的A公司法定代表人未由甲变更为乙，但《公司法》第13条规定“公司法定代表人变更，应当办理变更登记”[①]的意义在于向社会公示公司意志代表权的基本状态，而对于公司内部争议，则应以有效的任免决议为准，并在公司内部产生法定代表人变更的法律效果。因此，A公司原法定代表人甲已无权占有公司印章、证照等。甲提交了第×号股东会决议及×年×月×日《工作交接表》，主张A公司的股东B公司等于×年×月×日召开股东会并决议选举丙出任A公司董事长、法定代表人，甲将A公司印章、证照等移交给丙。对此，甲已于×年被免去A公司董事长、法定代表人职务；本院于×年×月×日作出的（×）粤×民终×号判决确认B公司于×年×月×日转让其持有的

①《公司法（修订草案）》一次审议稿及二次审议稿均将“公司法定代表人变更，应当办理变更登记”的内容删除。

A 公司股权等证明 B 公司不再是 A 公司全资子公司等证据，均系甲利用职权在 B 公司于 × 年 × 月 × 日作出临时董事会决议之后制作的文件；本案一审已判决甲应返还印章、证照等，另案一审已判决 × 公司等向 × 公司返还股权。在上述情形下，甲将 A 公司印章、证照等转交他人，有明显恶意，甲以此为由主张本案诉由不存在，本院不予采纳。

【参考裁判文书】广东省深圳市中级人民法院（2019）粤 03 民终 31467 号深圳市布吉文体中心运营管理有限公司与黄某涛公司证照返还纠纷一案民事二审民事判决书。

【说理示范二】本案为公司证照返还纠纷，本案争议焦点为 A 公司是否有权要求股东甲返还公司公章。公司印章属于公司财产，公司公章对外代表公司意志，是公司的表征，对公司经营管理具有特殊的意义，故有关公司公章在公司内部由谁保管、持有及使用程序的问题非常重要，应由公司章程加以规定或者通过公司内部相关机构予以规定或授权。本案各方当事人均认可 A 公司成立后，除了甲、乙和丙三位股东外，并无其他员工，而乙为法定代表人、总经理，丙为监事。章程中未对公章保管制度作出规定，公司内部也没有制定关于公章保管方面的规范性文件。在此情况下，虽然《公司法》并没有具体规定是否只能由公司法定代表人或执行董事掌管公司印章，而其他股东不能掌管公司印章，但根据《公司法》第 44 条、第 46 条、第 50 条的相关规定，董事会、执行董事为公司的日常决策机构，对内掌管公司事务，对外代表公司经营决策。因此，在法律及公司章程、内部规范性文件都未对公章由谁保管作出规定时，对公司公章的保管及持有应属董事会或执行董事的职权范围。本案中，乙为公司法定代表人，任公司执行董事兼总经理，不仅有权持有公章或指定相关人员保管公章，且一定程度上对公司印章的保管和管理负有责任和义务。虽然甲是从公司另一股东兼监事丙处取得的公章，证明之前公司公章也非法定代表人乙保管，乙有权委托丙保管，但其并没有委托甲保管，甲主张公司三名股东曾口头约定公章由其保管，未有证据予以支持，本院不予采信。尽管本案 A 公司股东之间存在矛盾，甲作为公司股东，担心公司的权益受到侵犯并提起了公司解散诉讼，但本案各方均认可 A 公司公章之前由丙保管，× 年 × 月 × 日，丙委托甲办理公司其他业务使用公章过程中，甲私自扣留公章不还，违反了《公司法》的相关规定及公司法的基本原则，侵犯了公司的经营管理秩序，破坏了公司印章管理的基本逻辑，不应受到法律鼓励，其应将公司印章返还给公司及公司有法定保管权利及职责之人。如甲认为公司法定代表人及执行董事乙持有公章侵害了自己或公司利益，可另寻法律途径解决，而不得采用破坏规则私自截留的方式进行救济。综上，原告 A 公司要求被告甲返还 A 公司公章，本院予以支持。

【参考裁判文书】广东省深圳市中级人民法院（2018）粤03民终14533号深圳前海珙桐资本投资管理有限公司与贺某公司证照返还纠纷一案二审民事判决书。

【说理示范三】公司作为企业法人，具有独立的法人财产，享有法人财产权。与公司经营相关的证、照、章等经营资料及物品，包括财务印章、会计账簿、银行卡等均属公司所有，应按照公司章程或内部相关管理规定交由公司授权的人员妥善保管。根据本院查明的事实，A公司的公章、财务专用章、法人章、企业法人营业执照等物品现均由甲保管，但甲并非A公司法定代表人，也不是股东会或公司章程授权持有公司印章的人员，其持有公章等案涉物品侵犯了公司财产权，甲应当向A公司返还其持有的上述物品。甲称其系原告股东乙的配偶，作为乙的继承人有权保管公司印章等案涉物品，但乙死亡后，其继承人并不当然成为公司股东，更无权以继承人身份为由占有公司印章及财物，否则既不利于公司经营的稳定，也不利于公司股权的顺利继承。退一步而言，即便乙的股权完成继承，甲继承了乙所持A公司×%的股权，其对公司印章及公司财物如何分配及使用，仍应当通过公司机关形成有效的公司意志，由公司指定公司印章及财物是否交由甲管理控制。因此，甲目前无权占有A公司案涉印章及财物，原告要求被告返还上述公司证照，本院予以支持。

【参考裁判文书】上海市第二中级人民法院（2020）沪02民终10232号上海迎福新墙体材料有限公司与高某娟公司证照返还纠纷一案二审民事判决书。

（二）关于被告有权占有、控制公司证照的裁判说理示范

【说理示范一】原告公司章程虽未约定公章及证照由谁保管，但原告公司聘用甲担任总经理，被告担任运营总监，原告公司实际经营由被告与甲主要负责，并由被告掌控公司公章、证照等事项，系原告公司现有全体股东在2018年8月受让股权之初达成的特别约定，故被告合法占有公章及相关证照，并无不当。原告要求被告返还公司公章及相关证照，缺乏法律依据，本院不予支持。

【参考裁判文书】上海市嘉定区人民法院（2020）沪0114民初22642号衡晰商务咨询（上海）有限公司与陆某峰公司证照返还纠纷一案一审民事判决书。

【说理示范二】印章及公司物品的保管应遵照公司章程约定，如公司章程没有规定，提起公司证照返还之诉应以存在非法占有公司证照、印章为前提。本案中，原告A公司的公司章程对于证照保管和占有未作约定，但被告基于

其与原告另一股东B公司签订的《×项目合作框架协议》《关于合作经营×项目合作协议》以及之后签订的《协议书》，取得管理经营A公司的权利，继而获得A公司相关印章及财务物品，被告系合法占有上述印章及财务物品。原告主张因被告管理问题导致A公司存在劳动仲裁纠纷，并不影响对被告上述合法权利的认定，在无有权机关决议取消上述权利的情况下，原告要求被告返还公司证照，无事实和法律依据，应不予支持。

【参考裁判文书】江苏省淮安市中级人民法院（2021）苏08民终4337号淮安青创企业管理有限公司与淮安大长江家居广场经营管理有限公司公司证照返还纠纷一案民事二审民事判决书。

（三）关于公司证照已挂失，被告应否返还旧公章等公司证照的裁判说理示范

【说理示范】A公司原有公章、营业执照虽然已因挂失而失效，但其所有权仍归A公司所有，且原有公章、营业执照流失在外对A公司也存在法律风险，故A公司有权要求甲返还原有公章、营业执照。

【参考裁判文书】江苏省常州市中级人民法院（2021）苏04民终4009号江苏高齿传动机械有限公司与樊某江、樊某威等人公司证照返还纠纷一案二审民事判决书。

（四）关于公司证照是否已遗失，被告应否、能否返还的裁判说理示范

【说理示范一】《民事诉讼法司法解释》第108条第1款规定，对负有举证证明责任的当事人提供的证据，人民法院经审查并结合相关事实，确信待证事实的存在具有高度可能性的，应当认定该事实存在。本案中，甲主张其原持有的A公司公章、财务专用章、法定代表人名章已于×年×月×日遗失，并提交证人证言、寻物广告、微信截屏等证据予以佐证，前述证据相互印证，能够形成证据链，足以使本院确信前述印章已遗失的事实具有高度可能性，应予确认。鉴于甲已遗失A公司公章、财务专用章、法定代表人名章，A公司要求其返还的诉请已客观履行不能，依法应予驳回。

对于除前述印章外其他证照、财务资料、合同专用章等，甲主张在A公司2013年搬迁时已丢失。本院认为，营业执照、组织机构代码证、合同专用章及财务资料等属于A公司经营的必需品，若丢失势必影响A公司正常经营活动，但甲在提交的关于清点物品不全的报告中并未提及前述物品丢失情况，也未要求B公司归还前述物品，其后亦未就此进行报案，且A公司在其后多年内仍持续经营，故甲上述主张缺乏事实根据，本院不予支持。因甲已被免除A公司法定代表人职务，其无权继续管理和占有前述证照、印章和财务资

料，应当将前述公司证照、印章和财务资料返还 A 公司。

【参考裁判文书】江苏省南京市中级人民法院（2020）苏 01 民终 4030 号徐某桦与南京天地禾广告制作有限公司公司证照返还纠纷一案二审民事判决书。

【说理示范二】被告表示其保管的公司证章一直放在家里，× 年 × 月因其搬家导致公司公章、财务专用章、法定代表人名章遗失。对此，首先，被告保管的证章属于公司财产，如若遗失，被告作为保管人员，理应及时向公司反映，或采取登报挂失等相应措施，但被告直至本案诉讼前都未告知公司有关证照遗失的情况，亦未采取挂失等其他措施，显然不符合常理；其次，被告表示直至收到本案诉讼材料才发现证章遗失的情况，但在甲于 × 年 × 月 × 日发送微信要求被告返还公司证章，以及在被告收到本案应诉材料后的 × 年 × 月 × 日 × 公安局 × 分局向被告询问公司公章、法人一证通等公司证章在哪里时，被告均未提及证章遗失的情况。因此，对被告表示相关证照已遗失的抗辩意见，本院难以采信。

【参考裁判文书】上海市崇明区人民法院（2020）沪 0151 民初 1374 号上海乔俏服装设计有限公司与蒋某雯公司证照返还纠纷一案一审民事判决书。

【说理示范三】本案在审理过程中，经 A 公司申请诉讼保全，本院已裁定甲应在裁定送达之日起 5 日内将 A 公司公章送交本院扣押，但甲始终未能履行交付义务，为此，本院采取了多种执行手段，包括最后对甲采取罚款等民事制裁措施，但仍未能执行到位。甲为此提出了其没能控制公章的各种理由及证据，而 A 公司经核实认为其所述虚假，属于拒不交出公章的行为。对此，本院认为，要求甲交付 A 公司公章的裁定属于已发生法律效力的法律文书，在法律文书执行过程中已有足够理由相信甲无法履行。由于公章属于特定物品，在当事人已明确不能交付的情况下仍然判决其交付，于情于理于法均不适当，也无法达到较好的法律效果和社会效果。A 公司完全可以依法向公章刻制部门申请补刻公章，并根据实际情况变更相应诉请，要求甲赔偿因无法交付公章给其带来的经济损失。鉴于（×）× 民初 × 号生效民事裁定的相关事项是要求甲交付 A 公司公章，不宜再重复判决甲返还公章，因此本院对 A 公司诉请甲交付公章的诉请不予支持。如 A 公司有证据证明甲仍持有其公章，可随时依据生效民事裁定向一审法院申请执行，并可以向人民法院主张甲没有返还财产给其造成的损失。

【参考裁判文书】广东省深圳市中级人民法院（2016）粤 03 民终 819 号深圳市慧简服饰有限公司与梁某利、李某峻公司证照返还纠纷一案二审民事判决书。

六、关于双方存在的其他争议是否影响公司证照返还义务及案件中止审理的裁判说理示范

【适用情形】被告主张双方存在其他争议，不应向原告返还公司证照，或者本案应以另案争议审理结果为依据，应中止审理的情形。

（一）被告主张的股东资格确认之诉、继承纠纷等法律关系与本案无关，不影响本案审理，本案不应中止审理的裁判说理示范

【说理示范一】被告甲认为乙系原告A公司名义股东，被告甲系A公司股东并参与公司实际经营，现甲已另案提起股东资格确认之诉，该案审理结果直接影响本案审理，故本案应中止审理。对此，本院认为，本案系A公司提起的公司证照返还之诉，即便甲与乙对股东资格产生争议并提起相关诉讼，也不影响本案A公司法定代表人的认定以及A公司作为独立的法人主体主张相应权利，故被告甲关于本案应中止审理的主张理据不足，本院不予准许。

【参考裁判文书】浙江省绍兴市中级人民法院（2020）浙06民终3923号季某炯与诸暨市中融进出口有限公司公司证照返还纠纷一案二审民事判决书。

【说理示范二】被告关于应待继承案件处理之后再行审理本案的主张，本院认为，继承权纠纷解决的问题系被告是否有权通过继承取得公司股权，与本案公司证照返还纠纷不具有关联性，故本院对其中止审理申请不予准许。

【参考裁判文书】江苏省连云港市中级人民法院（2019）苏07民终4850号王某淅与江苏美圣酒业有限公司公司证照返还纠纷一案二审民事判决书。

（二）被告主张的原告公司股东或管理人员未履行出资义务等损害公司利益行为与本案无关，不影响本案审理

【说理示范一】被告在本案中主张A公司股东或管理人员未履行出资义务、存在损害公司利益行为，原告的起诉对其造成侵权等主张，因本案系公司证照返还纠纷，被告前述主张与本案并非同一法律关系，不足以证明其有权持有公司证照，其前述主张可另循法律途径解决。

【参考裁判文书】北京市第二中级人民法院（2021）京02民终2472号王某琳与北京中谊文化有限责任公司公司证照返还纠纷一案二审民事判决书。

【说理示范二】被告主张A公司在另案中与其他主体存在纠纷，若将公司证照交还原告A公司，会导致另案纠纷无法进行，因此本案应中止审理，本院认为，公司证照系公司经营的必要资料，其所有权归公司所有，公司证照应由公司进行规范管理，根据被告上述意见，另案中原告系作为其中之一方诉讼主体，相应诉讼权利和义务均由公司享有和承担，公司证照交还公司

后并不会导致公司的另案诉讼无法进行，被告上述主张无事实依据，对其中止审理申请本院不予准许。

【参考裁判文书】浙江省宁波市中级人民法院（2020）浙02民终592号陈某珠与陈某亚公司证照返还纠纷一案二审民事判决书。

七、关于是否应对案涉公司决议效力进行审查以及应如何审查的裁判说理示范

【适用情形】公司证照返还纠纷中涉及公司决议效力判断或被告对案涉公司决议效力提出抗辩、反诉的情形。

（一）公司证照返还纠纷中涉及公司决议，被告未提出相应抗辩，或虽提出抗辩但未进行相应举证的，法院对公司决议效力进行审查的裁判说理示范

【说理示范一】关于被告主张的程序问题，如被告认为案涉临时股东会存在召集程序或决议内容违法等情形，其应当在法律规定的期限内及时提起决议撤销之诉或确认决议内容无效之诉，以维护自身合法权益。但截至目前，被告并未提供其已提起相关诉讼的证据。鉴于本案审理的是证照返还诉讼，并非决议撤销或确认无效的诉讼，故临时决议的程序或内容的合法性问题不属于本案的审理范围。在目前并无证据推翻临时股东会决议内容有效性的情况下，该决议所形成的要求被告向公司返还证照的公司意志具有法律效力。

【参考裁判文书】广东省深圳市中级人民法院（2020）粤03民终22466号陈某谦与深圳市聚影动力影业有限公司公司证照返还纠纷一案二审民事判决书。

【说理示范二】原告于×年×月×日作出的股东决议已经免去了甲的法定代表人、总经理、执行董事职务，该决议并不违反法律规定和公司章程规定，应为有效决议。依据该决议，甲已经丧失了继续担任原告法定代表人职务的权利，其应当依法执行股东决议，及时移交原告的公章、证照、账册等相关材料。

【参考裁判文书】江苏省高级人民法院（2019）苏民终1736号张某雄与香港大益通商贸有限公司公司证照返还纠纷一案二审民事判决书。

（二）被告对公司决议的效力提出异议或提起反诉的裁判说理示范

【说理示范一】首先，涉案《股东会决议》虽无A公司股东B公司以及C公司盖章，但出席股东会议的甲为B公司的法定代表人，乙为C公司的实际

控制人，A 公司有理由相信上述人员可以代表其所在公司参与此次股东会议；其次，A 公司已经根据涉案《股东会决议》的内容将公司的法定代表人变更为甲，甲对此并无异议；最后，A 公司对涉案《股东会决议》并未提出异议，且在《履行监事职责通知书》中确认涉案《股东会决议》的内容。因此，《股东会决议》的内容符合 A 公司的意思表示。故涉案《股东会决议》合法有效，甲应当按照涉案《股东会决议》的决议将相关证照返还公司。

【参考裁判文书】广东省深圳市中级人民法院（2021）粤 03 民终 14096 号深圳市蜘蛛网汽车服务有限公司与何某公司证照返还纠纷一案二审民事判决书。

【说理示范二】首先，关于临时股东会召集程序问题。根据双方微信聊天记录，在甲提出召开股东会后，乙同意并要求律师参加，甲拒绝，要求另定日期召开。乙于 × 年 × 月 × 日通知甲召开临时股东会，并于 × 年 × 月 × 日自行召开会议，不符合《公司法》第 41 条关于召开股东会应当于会议召开 15 日前通知全体股东的规定。同时，乙未提交证据证明在甲拒绝召集临时股东会后，其已要求监事丙召集股东会，亦不符合《公司法》第 40 条关于股东会召集程序的规定。

其次，关于股东会决议表决程序。案涉股东会决议内容为变更公司执行董事、法定代表人，属于修改公司章程，依据《公司法》第 43 条第 2 款之规定，必须经代表 2/3 以上表决权的股东通过。工商登记显示乙持有 60% 股权，并不符合法律规定的持股比例，故该股东会决议在内容上亦不符合《公司法》及公司章程的相关规定。因此，该股东会决议不成立。乙单方形成的股东会决议，无法代表 A 公司的真实意思，A 公司要求甲返还公司证照，证据不足，不能成立。

【参考裁判文书】广东省深圳市中级人民法院（2021）粤 03 民终 569 号深圳市深惠创电子科技有限公司与何某公司证照返还纠纷一案二审民事判决书。

【说理示范三】被告甲是否需要返还 A 公司所主张的公司证照，其关健在于案涉临时股东会决议中有关罢免甲作为法定代表人、执行董事及经理与选举乙作为法定代表人、执行董事及经理的决议内容是否成立。对此，本院分析如下：

首先，关于被告甲所主张的临时股东会通知书所载议案内容与所表决的议案内容不一致的问题。《公司法》第 41 条规定，有限责任公司“召开股东会会议，应当于会议召开十五日前通知全体股东”。《公司法》对有限责任公司只规定了提前 15 天通知全体股东，没有要求不得对通知中未列明事项进行表决。本案中，改选法定代表人、执行董事及经理的议案已提前通知，临时股东会上变更了选举新任执行董事及经理的候选人，全体股东均参与了该临时股东会，并未对候选人变更提出异议。且新的候选人乙系A公司股东，基于有限责任公司的人合性特点，各股东之间具有一定的了解，亦难以认定该变更对决议的形成造成了实质性影响，故被告甲的此项抗辩意见不能成立。

其次，关于被告甲主张的临时股东会会议通知时间不符合“应当于会议召开十五日前通知全体股东”之法律规定的问题。根据查明的事实，丙于×年×月×日通知各股东涉案临时股东会于×月×日召开。法律和公司章程并未规定股东会会议通知必须通过书面邮寄的形式送达。并且，全体股东事实上均已知晓临时股东会召开的时间、地点及议程，亦未对此提出异议，且全体股东均实际参加了股东会，就会议内容行使了相应的表决权并形成了股东会决议。该召集程序符合法律规定，并未侵害股东的知情权和表决权，亦未导致各个股东无法公平参与多数意思的形成以及获取对此所需的信息。因此，案涉临时股东会召集程序符合法律和章程规定。

再次，关于被告甲主张的丁和戊自始至终不认可该临时股东会的召开，其并非弃权的问题。前文已经阐述，案涉临时股东会召集程序合法，乙作为代表1/10以上表决权的股东，其提议召开临时会议，根据法律规定应当召开临时会议。丁和戊自始至终不认可该临时股东会的召开，并不影响会议召开。案涉临时股东会表决时，丁、戊未明确表达反对，亦未在表决票中表明意见，故案涉临时股东会决议载明其二人为弃权，并无不当。退一步讲，无论丁、戊对议案弃权还是反对，均不影响表决结果。

最后，A公司章程规定，执行董事由股东会选举产生，对股东会负责。章程并未对股东会罢免执行董事的职权作出限制，也未规定股东会罢免执行董事必须要有一定的理由，该章程内容未违反《公司法》的强制性规定，应认定有效。尽管执行董事任期未满3年，股东会作为公司最高权力机关，有权通过股东会决议的形式任免执行董事。案涉临时股东会召集程序、表决程序及决议内容均符合《公司法》规定及A公司章程规定。司法应当尊重公司自治，原执行董事任期是否届满、有无过错，罢免的理由是否成立，以及是否需要变更法定代表人，不属于司法审查的范围。

综上，×年×月×日形成的《A公司×年第一次临时股东会会议决议》有效，根据其内容，A公司的法定代表人及执行董事已变更为乙，乙有权代表A公司提起本案诉讼。A公司章程并未规定公司证照及财务资料应由谁进行保管或控制，案涉临时股东会决议作出后，甲在A公司所任职务已被解除，无权占有A公司的证照，其目前仍占有A公司的证照，A公司有权要求其返还。

【参考裁判文书】浙江省宁波市中级人民法院（2022）浙02民终814号宁波华宿酒店管理有限公司与华某权等公司证照返还纠纷一案二审民事判决书。

【说理示范四】本案争议焦点为案涉股东会决议能否撤销以及被告甲是否应向A公司返还公司公章。《公司法》第22条第2款规定，股东会或者股东大会、董事会的会议召集程序、表决方式违反法律、行政法规或者公司章程，或者决议内容违反公司章程的，股东可以自决议作出之日起60日内，请求人民法院撤销。该款规定了公司决议可撤销的情形。甲在本案反诉中提起的是股东会决议撤销诉讼，应审查作出该项决议的股东会的会议召集程序、表决方式是否违反法律、行政法规或者公司章程，或者决议内容是否违反公司章程。

本案中，首先，从召集程序看，根据《公司法》第39~40条以及A公司的章程规定，公司监事提议召开临时股东会议的，应当召开临时会议；执行董事不能履行或者不履行召集股东会会议职责的，由监事召集和主持。乙作为A公司监事，于×年×月×日向执行董事即被告甲提议召开股东会，甲则应召集。甲复函表示将根据侦查机关侦查情况，适时提出召开股东会议，实质上是拒绝召集股东会，乙有权召集和主持。关于乙收到被告甲关于《召开股东会会议的建议》的复函的时间，A公司提交的乙与其代理律师丙之间微信聊天记录可以证明被告甲已于×年×月×日复函乙，不存在被告甲提出的乙在未收到其复函之前即召集股东会的情形。乙在该次股东会前15日已通知各股东，告知了会议时间、地点、会议主题，故案涉股东会的会议召集程序符合A公司章程的规定，也不违反相关法律、行政法规的规定。其次，从表决方式看，A公司章程规定股东会会议作出的决议须经代表2/3以上表决权股东通过，案涉股东会决议经代表80%表决权的股东通过，表决方式符合章程规定，也没有违反相关法律、行政法规的规定。再次，从决议内容是否违反公司章程来看，A公司章程规定选举和更换执行董事是股东会的职权之一，乙等人虽被公安机关以涉嫌职务侵占立案侦查，但现有证据并不能证明符合因贪污、贿赂、侵占财产、挪用财产或者破坏社会主义市场经济秩序被判处刑罚、执行期满未逾五年，或者因犯罪被剥夺政治权利、执行期满未逾5年的情形，本案不存在《公司法》第146条规定的禁止担任公司董事、监事、高级管理人员的情形，故该次股东会选举丁为执行董事、选举乙继续担任监事，并无违反法律、行政法规或者公司章程。因此，案涉股东会决议的内容并未违反公司章程。

综上，案涉股东会决议不存在可撤销事由，根据决议，丁因此取代被告甲任A公司的执行董事、法定代表人。A公司章程对公司公章的掌管并无特别安排，故应由法定代表人掌管。现被告甲已非公司法定代表人，已丧失掌管公司公章的依据，故应将公司公章交回公司。

【参考裁判文书】广东省广州市中级人民法院（2019）粤01民终7030

号广州市石恒水电工程有限公司与黎某茹公司证照返还纠纷一案二审民事判决书。

（三）当事人已就公司决议效力问题另案提起诉讼且该决议的效力事关原告主体资格的裁判说理示范

【说理示范一】本案为公司证照返还纠纷。原告A公司提起诉讼的授权委托人是×年×月×日股东会决议选举的法定代表人甲，但甲并未在市场监督管理部门登记为A公司的法定代表人，甲提交的×年×月×日临时股东会决议中免除乙执行董事、总经理、法定代表人职务，选举其为新任执行董事、法定代表人，但乙并不认可该临时股东会决议的效力，并于×年×月×日起诉要求撤销该股东会决议，该案目前尚在审理中。本案并不涉及公司以外的第三人因公司代表权而产生的外部争议，而是公司与股东之间因法定代表人任免而产生的内部争议，应以有效的股东会任免决议为准，在该事实未决的情况下，无法认定甲的起诉行为系A公司的意思表示，据此，本案应依法裁定驳回原告A公司的起诉。

【参考裁判文书】广东省深圳市中级人民法院（2021）粤03民终16798号汇峰达清洁服务（深圳）有限公司与何某平公司证照返还纠纷一案二审民事裁定书。

【说理示范二】依照法律或者法人章程的规定，代表法人从事民事活动的负责人，为法人的法定代表人。法定代表人以法人名义从事的民事活动，其法律后果由法人承受。甲以A公司法定代表人的名义代表A公司向本院提起本案诉讼，但本院（×）粤×民初×号民事判决已确认A公司于×年×月×日形成的×年第一次临时股东会决议中关于"选举甲为公司董事、董事长、法定代表人"的内容无效，并判令A公司向公司登记机关办理撤销甲为A公司董事、董事长、法定代表人的变更登记，且A公司于×年×月×日召开股东会，形成了"选举乙为公司董事长兼法定代表人"的股东会决议，故虽然（×）粤×民初×号民事判决尚未生效，但A公司于×年×月×日形成的股东会决议已产生新的法定代表人。在无其他证据推翻A公司×年×月×日股东会决议的前提下，应认定该股东会决议关于A公司法定代表人的变更属于A公司意志的变更。据此，本院认为，甲不具有以A公司法定代表人身份代表A公司提起本案诉讼的主体资格，本案应依法裁定驳回原告A公司的起诉。A公司可以以公司股东会决议新产生的法定代表人为公司诉讼代表人，另循法律途径主张其权利。

【参考裁判文书】广东省深圳市中级人民法院（2021）粤03民终1822号深圳市中核兴业实业有限公司与黄某海公司证照返还纠纷一案二审民事裁

定书。

八、关于被告提出诉讼时效抗辩的裁判说理示范

【适用情形】被告主张原告诉讼请求已超过诉讼时效的情形。

【说理示范】原告的返还原物请求权不受诉讼时效的限制。根据《民法典》第235条规定，无权占有不动产或者动产的，权利人可以请求返还原物。本案原告作为公司证照的所有权人，有权要求被告返还。根据《诉讼时效规定》第1条规定，当事人可以对债权请求权提出诉讼时效抗辩。因此，诉讼时效抗辩仅适用于债权请求权。原告起诉要求被告返还公司证照系基于公司对公司证照所享有之物权，其所行使的权利系物权请求权，不受诉讼时效限制，被告有关原告之请求已超过诉讼时效的抗辩应不予采信。

【参考裁判文书】江苏省高级人民法院（2017）苏民申3393号徐某庆与南京建邺再生资源利用有限公司公司证照返还纠纷一案申诉、申请再审民事裁定书。

九、关于原告诉请赔偿损失的裁判说理示范

【适用情形】原告提出公司证照返还请求的同时要求被告赔偿损失的情形。

（一）原告有关赔偿损失的请求应予支持的裁判说理示范

【说理示范一】关于原告要求被告赔偿税收滞纳金×元的请求。经查，×年×月×日，原告提请从其×银行账户转账×元至×银行账户，原告陈述该笔款项系用于缴纳所欠税款，但由于被告未复核，致使该款未转出。×年×月×日，税务局向原告发出税务事项通知书，通知限期缴纳税款×元，并从税款滞纳之日起按日万分之五收取滞纳金。法院认为，被告作为原告的员工，应按公司制度认真履行工作职责，现其不按公司指示审核付款，实属不当。原告欠缴税款，系其公司自身行为，即使被告不正常履行工作内容，公司亦应采取积极措施防止损失扩大，其防止损失扩大的合理期限酌情确认为×天。至此，被告应以×元为基数，按日万分之五的标准计算×天，向原告赔偿损失，金额为×元。

【参考裁判文书】湖南省益阳市中级人民法院（2021）湘09民终109号兰某国与湖南天行房地产开发有限公司、中国工商银行股份有限公司益阳银城支行等公司证照返还纠纷一案二审民事判决书。

【说理示范二】关于A公司所主张的因补办营业执照正副本、公章、财务章、法人章、发票章、银行开户许可证、信用机构代码证而产生的代理费2300元、登报费300元、刻章备案费300元。A公司提交了《代理服务协议》《遗失声明》及相应的收据、发票，且甲于×年×月×日、×年×月×日通过微信向乙发送了《通知函》，要求其交还A公司的文件、物品及与财务有关的物件，并提供了具体的交还地址，乙提交的证据不能证明其已经按照A公司的要求及时交接前述公司证照。实际上，前述公司证照于本案庭审时才由乙交接给A公司，由此产生的代理费、登报费、刻章备案费是因为乙的不当行为造成，故原告要求被告乙赔偿A公司代理费2300元、登报费300元、刻章备案费300元，有事实及法律依据，应予以支持。

【参考裁判文书】广东省广州市中级人民法院（2019）粤01民终24651号广州市达威餐饮有限公司与刘某儿、危某亮公司证照返还纠纷一案二审民事判决书。

（二）原告有关赔偿损失的请求不应得到支持的裁判说理示范

【说理示范一】A公司主张甲控制公司证照拒不归还的行为给A公司造成损失，并要求甲赔偿×元。对此，本院认为，A公司要求甲赔偿损失，理应承担相应的举证责任，但A公司在本案中并未提供充足的证据证明其具体损失数额，应当承担举证不能的法律后果。此外，A公司在本案中也表示公司于×年年底后没有再租赁场地进行经营，故A公司要求甲赔偿损失×元，理据不足，本院不予支持。

【参考裁判文书】广东省广州市中级人民法院（2020）粤01民终19726号广州勇慧模具技术有限公司与田某平公司证照返还纠纷一案二审民事判决书。

【说理示范二】关于原告要求被告赔偿损失的主张。首先，被告甲原任A医院院长，是A医院《医疗机构执业许可证》登记的主要负责人，甲原保管A医院《医疗机构执业许可证》，符合其职权范围。被告甲提交的证据可以证实A医院因欠薪等问题被政府相关部门介入，被告甲已不能随便进出案涉A医院办公室，客观上无法及时交出保管的A医院《医疗机构执业许可证》；在被告甲要求原告清理其使用的院长办公室时，甲配合清理交还；在原告发函催告归还时，甲亦及时归还。在上述事实发生之前，原告并无证据证明其曾要求归还《医疗机构执业许可证》而甲拒不归还，故认定甲存在恶意占有拒不归还《医疗机构执业许可证》的主观故意证据不足，本院不予确认。其次，原告已经明确A医院一直未开展经营活动，且根据前述查明的证据可以证实其因欠薪而被相关政府部门介入，被法院冻结账户、股权、查封机器设备，可见，A 医院客观上停止经营的结果与 A 医院《医疗机构执业许可证》被甲拿走之间并不具有因果关系。最后，除了租赁合同及电费发票，原告主张的各项损失仅是其单方统计，并无相应证据予以佐证，本院亦不予确认。综上，原告 A 医院要求甲赔偿损失的请求，没有事实基础和法律依据，本院不予支持。

【参考裁判文书】广东省广州市番禺区人民法院（2018）粤 0113 民初 9309 号广东康慈医疗管理有限公司与张某公司证照返还纠纷一案民事一审民事判决书。

第五节 判决主文规范表述

对于公司证照返还纠纷，实务中判决主文表述主要有如下两种类型。

一、支持原告诉讼请求的规范表述

1. 若被告应返还的公司证照内容较少，可直接列明应返还的证照名称和种类；若证照内容较多，则应归纳证照类型、数量，将详细证照内容列于附表之中，规范表述为：被告 × 应于本判决发生法律效力之日起 10 日内向原告 × 公司返还 × 公司印章 × 枚、资格证书 × 份、银行印鉴 × 份、发票 × 本、财务账册 × 册、审计报告 × 本、档案 × 份、证书 × 张（详见表 1）。

表 1　被告 × 应返还的证照列表

序号	证照内容
1	印章：公章、合同专用章、财务专用章、发票专用章、法定代表人章、项目专用章、部门印章
2	营业执照正副本
3	资格证书（列明具体证书名称）
4	税务登记证正副本
5	银行预留印鉴、银行卡、U 盾及密码、税控软件及财务开票付款工具、发票、支票

续表

序号	证照内容
6	财务账册（自 × 年 × 月 × 日起至 × 年 × 月 × 日止）、会计原始凭证（自 × 年 × 月 × 日起至 × 年 × 月 × 日止）、审计报告（ × 年度）、财务会计报告（ × 年度）
7	人事档案资料（自 × 年 × 月 × 日起至 × 年 × 月 × 日止）、业务合同（自 × 年 × 月 × 日起至 × 年 × 月 × 日止 × 公司与 × 公司之间的业务合同）、合同档案资料（自 × 年 × 月 × 日起至 × 年 × 月 × 日止）、会议文件及档案资料
8	房产证、土地使用证、商标注册证、著作权登记证书、发明专利证书等

2. 被告 × 应于本判决发生法律效力之日起 10 日内向原告 × 公司赔偿损失 × 元。

二、驳回原告诉讼请求或驳回起诉的规范表述

具体可分为三种情形：（1）驳回原告 × 的全部诉讼请求；（2）驳回原告 × 的其他诉讼请求；（3）驳回原告 × 的起诉。判决主文规范表述见表 2。

表 2　判决主文规范表述列表

序号	适用情形	裁判主文
1	支持原告诉讼请求	1. 被告 × 应于本判决生效之日起 10 日内向原告 × 公司返还 × 公司印章 × 枚、资格证书 × 份、银行印鉴 × 份、发票 × 本、财务账册 × 册、审计报告 × 本、档案 × 份、证书 × 张（详见附表）。 2. 被告 × 应于本判决发生法律效力之日 10 日内赔偿原告 × 公司损失 × 元
2	不支持原告诉讼请求	驳回原告 × 的诉讼请求
3	原告主体不适格	驳回原告 × 的起诉

第八章

公司解散纠纷

第一节　类案纠纷审判概述

公司自治是公司发展并实现效率的内在要求,《公司法》作为兼具组织法和活动法双重性质的私法规范，赋予了公司很大的自治权，但并不意味公司管理权利无任何限制，国家公权力为了保障私权利不被股东滥用，适当地介入公司自治具有正当性和必要性。由于有限责任公司股权的封闭性以及公司法传统的“资本多数决”“资本三原则”等制度的固有不足，公司自治矛盾[①]会不可避免地发生。因此，司法解散制度的价值对有限责任公司显得尤为重要，[②]有较强的现实必要性。由于公司司法解散制度以公司消亡为代价实施权利救济，属于最严厉的公权力干预手段，相关规则确立及适用应当秉持维护公司自治与股东权益救济相统一的原则。

一、公司司法解散的法律含义

公司解散可分为自愿解散和非自愿解散，非自愿解散又包括行政解散和司法解散。司法解散，是指在公司出现僵局或其他严重问题时，经相关当事人申请，由司法机关依据适格主体的请求依法裁决解散公司的一种程序。司法解散有广义、狭义之分，广义的司法解散包括命令解散和判决解散；狭义的司法解散特指判决解散。[③]

对公司司法解散制度进行学理层面探究，有利于认识其制度本质、遵循的原则及应然规则。通过分析司法解散程序启动方式、条件及裁判结果，司法解散公司具有以下法律特征：

1. 被动性。与其他诉讼案件一样，相关程序由有利害关系的股东启动，司法机关秉持“不告不理”原则。

2. 法定性。司法解散申请事由具有严格法定性。市场经济的法治性要求

---

① 如公司僵局、大股东常年压制小股东等。

② 股份有限公司的股东在股东之间纠纷不能得到解决之时，尚可退出公司。

③ 最高人民法院民二庭编著:《最高人民法院关于公司法司法解释（一）、（二）理解与适用》，人民法院出版社 2015 年版，第 137 页。

公司一旦成立即具有独立法人人格，除具备法定事由外，不能肆意解散公司。

3. 终局性。经过审查，法院认定公司符合法定解散事由并依法作出解散公司裁决，公司即丧失独立的法人人格，主体归于消灭。

4. 穷尽性。司法解散公司客观上会产生市场商事主体消亡、员工失业、股东投资失败，乃至经济链条断裂等法律后果，故对判决公司解散应当持审慎态度，只有在穷尽其他一切救济途径无果的情况下，才能解散公司。因此，在作出解散公司裁判前，应尽量寻找替代性救济方式。

二、公司司法解散的制度价值

公司司法解散功能是公司的一种救济机制，是基于股东矛盾不可调和现实的特殊需要。一方面，因公司自治具有“人合性”与“资合性”两面性，如股东之间“人合性”丧失，公司内部自治失去信赖基础，则公司僵局无法自行解决，公司实现运营已没有可能。在此情况下，股东内部无法自行解决公司僵局，通过司法介入路径解决成为必然的选择。[①] 另一方面，公司司法解散制度是公司内部出现股东纠纷，采用其他处理手段不能平息矛盾，允许中小股东退出公司的一种法定机制，可以更好地保护中小股东的利益，使其免受大股东的欺压。

公司司法解散制度源于 19 世纪中叶英国衡平法院创设的“公正合理清盘令”制度，这一制度逐渐得到认同和效仿，并发展出多种理论。英美法系司法解散理论基础包括：（1）期待利益落空理论。该理论源于公司契约理论，[②] 最初由英国提出，后被美国公司法发展为支持股东起诉理论。[③] 该理论认为，公司解散是合同解除理论在公司法中的延伸，司法解散与合同法定解除相似，当出现法定解散事由时，期待利益落空股东可以行使解除权，终止合同的权利与义务。（2）信托义务理论。该理论依据是受托人应忠实为受益人谋求利益的普通法原则以及受托人不得利用其身份谋求私利的衡平法原则。最初是规定高管对公司的信托义务，后发展为控股股东对公司的信托义务，再后

---

① 苏昊、吴利嫦：《浅论公司自治与司法介入的平衡》，载《时代金融》2012 年第 3 期。

② 公司契约理论把公司本体看成是股东通过协商达成的一个契约，股东就是订立这个契约的当事人，就设立公司、享有权利和承担义务等内容进行商讨，公司章程可以说是公司这个契约的表现形式。

③ [加] 布莱恩 R. 柴芬斯：《公司法：理论、结构和运作》，法律出版社 2001 年版，第 32 页。

发展为股东之间负有信托义务。[①] 封闭公司股东之间必须相互负有严格信托义务，倘若有股东违背信托义务，受害股东穷尽私力救济无果时，可以要求司法介入。（3）社会责任理论。公司负有保护公司外部利害关系人信赖利益的社会责任。[②] 当公司内部经营管理出现困难，导致公司财产不停地损耗和流失，违背其应承担的社会责任时，司法机关应该介入。大陆法系司法解散理论基础是“救济先于权利理论”。德国学者迪特尔·梅迪库斯（Dieter Medicus）指出，“承认主体享有权利，并不意味着权利人就可以亲自去实现与该权利相适应的状态。在通常情况下，实现这种状态必须请求国家的帮助”。[③] 有权利必有救济是法制社会基本原则，没有相应诉讼程序救济的权利形同虚设。私权利行使应严守不损害他人利益和社会公共利益的界限，当公司内部出现僵局或者股东压迫时，对应股东的利益会受到侵害，公权力有必要介入解散不能继续存续的公司。

三、公司司法解散纠纷的主要类型

从世界立法和司法案例来看，根据引发原因的不同，公司解散的主要类型有公司僵局、股东压迫、公司资产被明显不当掠夺和浪费以及公司实施违法行为而危害公共利益等。

（一）公司僵局

“公司僵局”一词是舶来品，我国《公司法》并没有使用“公司僵局”这一概念。公司僵局指的是股东或董事之间出现意见分歧，各方均不妥协，严重影响公司决策，对公司持续经营造成阻碍。[④]《公司法司法解释（二）》将公司司法解散的主要适用范围限定在公司僵局，第 1 条前 3 项所列情形均明确指向因股东内部冲突导致公司权力机构或执行机构无法正常运作而影响公司经营的“公司僵局”形态。

---

① Donahue v. Rodd Electrotype Co. of New England Inc.，367 Mass.578，328 n. E.2d 505（Mass.1975）. 转引自朱伟一：《美国公司法判例解析》，中国法制出版社 2000 年版，第 227~235 页。

② 刘俊海：《公司的社会责任》，法律出版社 1999 年版，第 6~7 页。

③［德］迪特尔·梅迪库斯：《德国民法总论》，邵建东译，法律出版社 2000 年版，第 121 页。

④ 孙宏义：《公司司法解散制度研究》，载《法制与社会》2019 年第 11 期。

（二）股东压迫

在公司治理机构中，大股东、实际控制人滥用优势地位，掌控公司股东大会、董事会和高级管理人员，通过股东会决议等形式压制其他小股东，完全排除小股东的股东权利，本质上属于对小股东的压迫。[①] 从境外立法和司法案例看，司法解散起源于英国的最初事由就是大股东对小股东的压迫。此类情形作为司法解散的事由主要存在于英美等国，大陆法系国家包括德国、日本、韩国等国家并没有明文将股东压迫作为公司司法解散的理由。有学者一直呼吁将"股东压迫"明确规定为公司司法解散的事由，构建公司僵局与股东压制的二元化格局。[②] 也有法官认为司法实践中实际存在该公司解散事由，仅用公司僵局的法定标准难以妥善解决股东压迫问题，法律应对此类型规定明确裁判规则。[③]

（三）公司资产被明显不当掠夺和浪费

当公司的业务经营或其财产被明显不当滥用、掠夺和浪费时，股东可以向法院请求解散公司。在英美法系与大陆法系的立法例中有类似规定，如《美国示范公司法》（修正本）第 14 章第 30 节（2）规定，"在股东提起的诉讼中，如果能证实：……（4）公司的资产正在被不当地滥用或浪费"；《纽约州商事公司法》第 1104–a 条为其股份不在证券交易所公开上市或在店头市场报价交易的公司规定了司法解散的特别情形，即"……（2）公司资产被董事、管理人员或那些控制公司的人所掠夺、浪费或为非公司的目的而被转移等"；《日本公司法典》第 833 条第 1 款规定，"在下列情形下，有不得已事由的，持有法律或章程规定比例的股东可以诉讼方式请求解散公司：……股份公司的财产管理或处分显著失当，且危及该股份公司的存立时"；《韩国商法典》规定，股份有限公司和有限责任公司股东可以提起解散之诉，请求判决解散的情形有二：一是公司业务持续处于显著的停顿状态而产生无法恢复的损害时或者有产生损害可能性时；二是因公司财产的管理或者处分显著失策，危及公司存立时。

（四）公司实施违法行为而危害公共利益

公司实施违法行为而危害公共利益是指大股东、实际控制人、董事等利用其对公司的控制权，借用公司的名义从事非法活动，有充分证据证明公司

---

① 张学文：《有限责任公司股东压制问题研究》，法律出版社 2011 年版，第 98 页。

② 李建伟：《司法解散公司事由的实证研究》，载《法学研究》2017 年第 4 期。

③ 周成：《公司司法解散制度实证研究——基于 100 份公司解散纠纷裁判文书的分析》，载《人民司法 · 应用》2020 年第 31 期。

实质经营活动违反法律、公共秩序和善良风俗，导致公司彻底沦为非法活动的工具。尽管《公司法》及其司法解释对此类情形没有具体规定，参考《德国有限责任公司法》第 62 条关于“一个公司因股东作出违法决议或故意放任董事的违法行为而危害公共利益的，其可以解散，行政法院可以作出解散判决”的规定，以及美国各州、英国等公司法及判例确认的“董事们或那些控制公司者已经或正在或将会以非法的、压迫的或者欺诈的方式而行事的情况下，符合条件的股东可以请求法院解散公司”规则，部分案例[①]和学者认为在此情况下公司符合解散条件，股东也可以提起公司解散诉讼。

由于我国《公司法》第 182 条[②]的规定较为原则，2008 年 5 月公布的《公司法司法解释（二）》第 1 条[③]又主要是针对股东申请解散公司的四种因股东僵局或董事僵局导致的公司僵局情形所作的细化规定，因此，我国司法实践中公司司法解散纠纷主要集中在公司僵局类型，对于司法实践中股东压迫、公司资产被明显不当掠夺和浪费、公司实施违法行为而危害公共利益等解散类型，法院是否可以适用《公司法司法解释（二）》第 1 条第 1 款第 4 项的兜底条款予以审查受理，并无明确结论。

四、我国公司司法解散法律法规梳理

股份有限公司的股东在面临矛盾不可调和时，可以利用二级市场交易等方式退出公司，但对有限责任公司而言，则需要公司司法解散制度发挥作用。由于有限责任公司的股权流动性差，公司陷入僵局、大股东常年霸凌小股东

---

① 参见北京市昌平区人民法院（2008）昌民初字第 8488 号民事判决书。

② 该条规定，公司经营管理发生严重困难，继续存续会使股东利益受到重大损失，通过其他途径不能解决的，持有公司全部股东表决权百分之十以上的股东，可以请求人民法院解散公司。

③《公司法司法解释（二）》第 1 条规定：“单独或者合计持有公司全部股东表决权百分之十以上的股东，以下列事由之一提起解散公司诉讼，并符合公司法第一百八十三条规定的，人民法院应予受理：（一）公司持续两年以上无法召开股东会或者股东大会，公司经营管理发生严重困难的；（二）股东表决时无法达到法定或者公司章程规定的比例，持续两年以上不能做出有效的股东会或者股东大会决议，公司经营管理发生严重困难的；（三）公司董事长期冲突，且无法通过股东会或者股东大会解决，公司经营管理发生严重困难的；（四）经营管理发生其他严重困难，公司继续存续会使股东利益受到重大损失的情形。股东以知情权、利润分配请求权等权益受到损害，或者公司亏损、财产不足以偿还全部债务，以及公司被吊销企业法人营业执照未进行清算等为由，提起解散公司诉讼的，人民法院不予受理。”

等管理自治矛盾不可避免会发生。2005 年修订的《公司法》第 183 条顺应理论和现实需求确定了司法解散公司的规则。为适应审判实践需要，2008 年 5 月公布的《公司法司法解释（二）》第 1 条第 1 款对于股东申请解散公司的四种因股东僵局或董事僵局导致的公司僵局情形作了细化规定。最高人民法院于 2012 年发布指导案例 8 号“林某清诉常熟市凯莱实业有限公司、戴某明公司解散纠纷案”[①] 以指导性案例的形式指导司法实践。2018 年修正的《公司法》第 182 条完整保留了 2005 年修订的《公司法》第 183 条的规定。上述规范为公司司法解散确立了依据和规则。详情见表 1。

表 1　公司司法解散相关法律演变及历史沿革详情表

序号	法律 / 文件名称	公司司法解散的法律规定	说明
1	1994 年 7 月 1 日施行的《公司法》	无	
2	1999 年 12 月 25 日修正的《公司法》	无	
3	2004 年 8 月 28 日修正的《公司法》	无	
4	2005 年 10 月 27 日修订的《公司法》	第 181 条规定：“公司因下列原因解散：（一）公司章程规定的营业期限届满或者公司章程规定的其他解散事由出现；（二）股东会或者股东大会决议解散；（三）因公司合并或者分立需要解散；（四）依法被吊销营业执照、责令关闭或者被撤销；（五）人民法院依照本法第一百八十三条的规定予以解散。” 第 183 条规定：“公司经营管理发生严重困难，继续存续会使股东利益受到重大损失，通过其他途径不能解决的，持有公司全部股东表决权百分之十以上的股东，可以请求人民法院解散公司。”	首次确立公司司法解散规则

① 该案裁判要点：判断公司经营管理是否发生严重困难，应从公司组织机构的运行状态进行综合分析。公司虽处于盈利状态，但其股东会机制长期失灵，内部管理有严重障碍，已陷入僵局状态，可以认定为公司经营管理发生严重困难，判决公司解散。

续表

序号	法律 / 文件名称	公司司法解散的法律规定	说明
5	2008年5月19日起施行的《公司法司法解释（二）》	第1条规定："单独或者合计持有公司全部股东表决权百分之十以上的股东，以下列事由之一提起解散公司诉讼，并符合公司法第一百八十三条规定的，人民法院应予受理：（一）公司持续两年以上无法召开股东会或者股东大会，公司经营管理发生严重困难的；（二）股东表决时无法达到法定或者公司章程规定的比例，持续两年以上不能做出有效的股东会或者股东大会决议，公司经营管理发生严重困难的；（三）公司董事长期冲突，且无法通过股东会或者股东大会解决，公司经营管理发生严重困难的；（四）经营管理发生其他严重困难，公司继续存续会使股东利益受到重大损失的情形。股东以知情权、利润分配请求权等权益受到损害，或者公司亏损、财产不足以偿还全部债务，以及公司被吊销企业法人营业执照未进行清算等为由，提起解散公司诉讼的，人民法院不予受理。"	进一步详细规定
6	《民事案件案由规定》	将公司解散纠纷列为第八部分与公司有关的纠纷第三级案由。	明确案由
7	最高人民法院2012年发布8号指导性案例"林某清诉常熟市凯莱实业有限公司、戴某明公司解散纠纷案"	裁判要点：《公司法》第182条将"公司经营管理发生严重困难"作为股东提起解散公司之诉的条件之一。判断"公司经营管理是否发生严重困难"，应从公司组织机构的运行状态进行综合分析。公司虽处于盈利状态，但其股东会机制长期失灵，内部管理有严重障碍，已陷入僵局状态，可以认定为公司经营管理发生严重困难。对于符合《公司法》及相关司法解释规定的其他条件的，人民法院可以依法判决公司解散。	以指导性案例的形式指导实践

续表

序号	法律 / 文件名称	公司司法解散的法律规定	说明
8	2018年10月26日修正的《公司法》	第180条规定："公司因下列原因解散：（一）公司章程规定的营业期限届满或者公司章程规定的其他解散事由出现；（二）股东会或者股东大会决议解散；（三）因公司合并或者分立需要解散；（四）依法被吊销营业执照、责令关闭或者被撤销；（五）人民法院依照本法第一百八十二条的规定予以解散。" 第182条规定："公司经营管理发生严重困难，继续存续会使股东利益受到重大损失，通过其他途径不能解决的，持有公司全部股东表决权百分之十以上的股东，可以请求人民法院解散公司。"	继续保留未作修改和补充

虽然《公司法司法解释（二）》第1条内容仅作为受理条件规定，但是，从我国审判实践来讲，《公司法司法解释（二）》第1条第1款规定的前三种"公司僵局"情形是人民法院受理股东请求解散公司诉讼的主要理由。这三种僵局情形在实践中相对比较容易确认，我国理论界和实务界对将这三种公司僵局作为解散公司的理由基本持肯定意见，其他国家立法和审判亦普遍确认上述三种解散公司的理由。

五、公司司法解散的实质构成要件

《公司法》第182条和《公司法司法解释（二）》第1条第1款为股东诉请解散公司的标准提供了法律依据，最高人民法院指导性案例、最高人民法院公报案例、学术观点对于公司司法解散标准的认识基本一致，均认可应遵守公司解散的三个实质要件，即从"经营管理严重困难""继续存续会使股东利益受到重大损失""通过其他途径不能解决"三个构成要件进行实质性审查。

（一）经营管理严重困难

"经营管理严重困难"构成要件是公司的运行机制完全失灵，股东（大）会、董事会包括监事会等权力机构和管理机构无法正常运行、对公司的任何事项均无法作出决议，公司的一切事务处于瘫痪的经营管理困难状态，这种状况的持续会使股东利益在僵持中逐渐耗竭，在公司不能形成解散决议的情况下，当事人只能寻求司法救济。

（二）继续存续会使股东利益受到重大损失

“继续存续会使股东利益受到重大损失”构成要件是指经营管理严重困难导致公司继续存续会使股东利益受到重大损失，两个条件均具备才符合公司解散的法定要求，这是《公司法》第 182 条和《公司法司法解释（二）》第 1 条明确规定的条件，表明立法者对公司解散的慎重态度及对公司利益与股东利益的妥善平衡，故也属于公司解散的构成要件之一。倘若公司僵局的持续时间很短，或者虽然公司僵局持续的时间较长，但对股东利益并未造成重大损失，法院仍不能解散公司。此处的“重大损失”是相对于一般损失、轻微损失而言，且不单指股东利益已经实际受到重大损失，也包括有充分证据证明的将来股东的利益会遭受重大损失。

（三）通过其他途径不能解决

“通过其他途径不能解决”构成要件是指只有异议股东穷尽其他替代性救济措施均无法解决问题时，法院作为公权力才能介入公司解散纠纷，即鼓励当事人尽量先通过内部救济方式，包括采取对内或对外转让股份，由公司回购股份等救济措施解决公司僵局，而非简单地径行判决解散公司。

国外立法例的替代性救济措施较为明确。美国公司法规定异议股东可以申请法院发布禁令、任命临时董事或管理人，或者要求多数股东买断其股权；德国设立了“除名”和“退股”两种替代性救济措施。我国《公司法》没有明确规定公司司法解散的替代性救济措施，但是在公司法中有相应的救济制度，司法实践中可以参考前述替代性救济措施的具体方法，保证异议股东可以优先利用《公司法》规定的解决途径缓和股东矛盾，使公司得以存续。

六、公司司法解散纠纷的裁判原则

由于法律规定的抽象性与现实中公司股东矛盾的复杂性，确认公司司法解散裁判规则，除了要遵守《公司法》第 182 条所规定的公司解散的三个实质构成要件之外，还应当遵守公司司法解散的基本原则。公司司法解散的裁判原则包括以下四种。

（一）审慎适用原则

公司司法解散是对股东实施救济的最终方式。由于是以公司主体消亡为代价实现对股东的权利救济，属于最严厉的公权力干预手段。如果少数异议股东提起公司司法解散诉讼，在适用司法解散制度时应当考虑司法介入公司治理的谦抑性，尽可能维持公司自治，谨慎判决公司司法解散。公司司法解散制度不以解散公司为唯一目的，而是给予受到压制的少数股东寻求法院判决公司解散的救济途径，只有在同时符合“经营管理严重困难”“继续存续会使股东利益受到重大损失”“通过其他途径不能解决”三个构成要件方能解散公司。

（二）注重调解原则

调解原则是民事诉讼的基本原则。在公司司法解散案件中坚持调解原则，积极协调当事人通过内部协商方式，包括公司或者其他股东收购股份、公司减资等多种方式解决股东与公司之间的纠纷，使公司得以存续。公司司法解散制度的主要目的是化解公司僵局，为权益受到损害的股东提供一种救济措施，并非为了惩戒公司、大股东和董事、监事等高级管理人员。调解作为一种非诉纠纷解决方式，具有灵活、降低对抗性等天然优势。因此，作为民事诉讼案件的公司司法解散案件，自然也应当注重调解，将诉讼作为纠纷解决的终极措施。从法律层面来说，相比周期漫长的诉讼程序，调解可以高效地解决双方当事人之间的纠纷，提供双方都比较能够接受的纠纷解决方案，节省司法裁判资源；从现实层面来说，调解可以从情感上缓和当事人之间的关系，解开双方的心结，缓和纠纷双方的矛盾冲突，以谋求公司继续存续并保持良好发展。因此，《公司法司法解释（二）》第5条明确规定，人民法院审理解散公司诉讼案件，应当注重调解。

（三）公司维持原则

公司维持原则指的是公司成立后尽量维持公司法人格存续，保证公司治理结构稳定运行。尽管公司司法解散制度有一定的理论和现实需求，但只有尽可能地保证公司维持并继续发展，才能更好地促进经济发展、维持稳定的社会经济关系。公司司法解散是一种不可逆转的程序，公司解散后无法“死而复生”，故对判决公司解散应当十分慎重，必须以穷尽其他一切救济方式仍不能解决公司矛盾为前提。公司作为营利性主体，遭遇经营困难的情况并不少见；公司作为拟制法人，必须通过公司治理结构运作，发生管理困难亦在所难免。但出现经营管理困难后应当首先采取其他途径解决，轻率判决公司解散会造成员工失业、合作伙伴失去商业机会、股东失去分红收益机会等负面问题。如果公司资不抵债，公司的员工、债权人、股东的利益还会受到更大损失。故只有在公司治理结构严重瘫痪无法正常运作而导致公司无法继续经营时，才能依靠司法手段解决问题。

（四）利益平衡原则

为了解决股东之间、股东与公司双方之间的纠纷，司法需要对各方的利益进行再分配，平衡好各方之间的利益对纠纷的解决至关重要，即贯彻利益平衡原则。利益平衡作为一种司法上的衡平法，最早在英美法系运用于诉讼中，之后逐渐普及于世界各国。只有存在无法弥补的事由，非解散不能平衡各方法益时，才允许解散公司，否则一般不宜轻易作出解散公司的判决。股东不得滥用股东权利损害其他股东的利益，不得滥用公司法人独立地位和股东有限责任损害公司债权人的利益。但在司法实务中，存在大股东滥用公司少数服从多数的议事规则及经营权和所有权分离的制度，导致公司治理结构失衡，公司陷入僵局。当公司出现僵局无法有效决策或控股股东通过“资本多数决”的方式压制小股东等情形时，就需要法院通过诉讼的形式对双方之间的利益进行再分配。公司司法解散案件中，会涉及公司、股东、员工、债权人、债务人、合作伙伴等众多主体的利益，必须结合公司情况、行业情况等因素综合分析判断，作出恰当的利益平衡裁判。

七、公司司法解散纠纷的裁判思路

由于《公司法》第 182 条规定的内容比较抽象，法定解散事由单一、范围狭窄，司法实践中出现的公司解散情况又十分复杂，法律适用难度较大。司法实践中，一般遵循《公司法》第 182 条所规定的公司解散的三个实质要件，即从“经营管理严重困难”“继续存续会使股东利益受到重大损失”“通过其他途径不能解决的”三个构成要件进行实质性审查，并遵从公司司法解散的四个裁判原则，综合认定是否符合公司法及相关司法解释规定的公司解散条件，以切实保护股东合法权益，合理规范公司治理结构，维护社会和谐稳定，促进经济健康发展。具体而言，可以依照以下步骤审查公司司法解散纠纷案件（见图 1）：

第一，构成要件审查。审查原告解散公司的诉讼请求是否符合《公司法》第 182 条所规定的三个构成要件，具体审查内容和要求详见本章第二节实体要素审查和第三节实务难点的相关内容，符合法定三个构成要件的，进入下一步裁判原则审查。

第二，裁判原则审查。审查原告申请解散公司的诉讼请求是否符合公司司法解散的四个裁判原则，特别是要注重调解原则，调解成功的，可以由原告撤诉或出具民事调解书确认调解协议。当然，调解原则贯穿于案件审理全过程，也可以在立案或开庭前视案件情况进行调解。调解不成功的，继续采用实质审查原则、公司维持原则、利益平衡原则对原告的诉讼请求进行审查，并相应作出是否解散公司的判决。

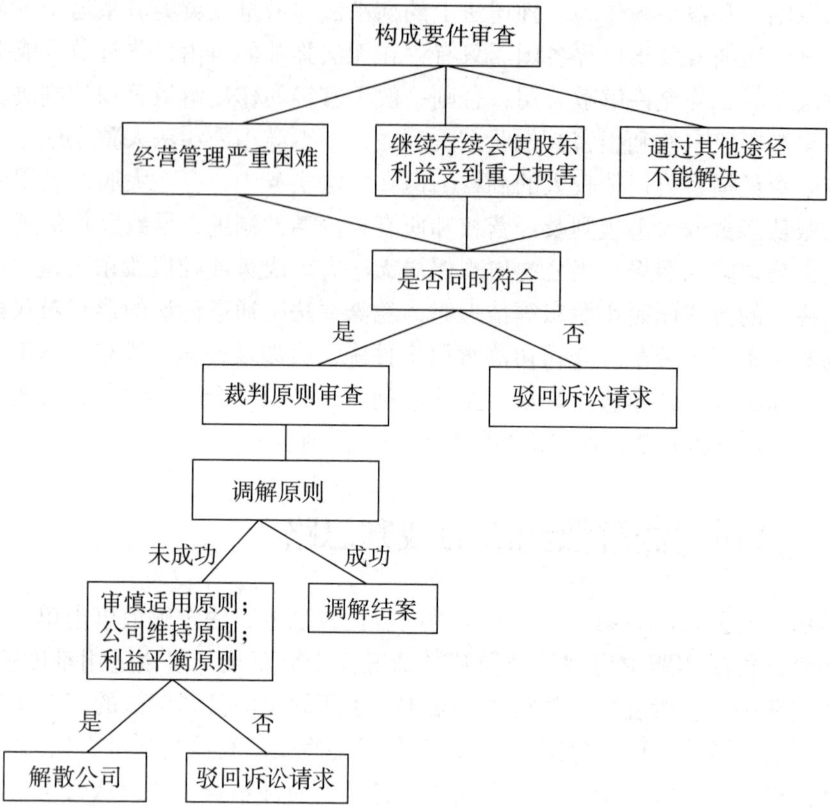

图 1　公司解散纠纷案件裁判思路思维导图

第二节　基本要素审理指引

一、立案要素审查

在立案审查环节，应结合公司解散纠纷的特点，并依照《民事诉讼法》第 122 条规定的内容，重点对以下六个要素进行审查。

（一）主管要素

公司解散纠纷为民事纠纷，属于人民法院受理民事案件的范围。股东在提起公司解散纠纷诉讼时，应当符合《民事诉讼法》第 122 条规定的起诉条件。

【注意事项】现行法律规定解散公司属于法院主管范围，并未赋予仲裁机构解散公司的裁决权。要求解散公司的股东不能根据仲裁条款申请仲裁解散公司，公司与其他股东也不能以存在仲裁条款提出管辖权异议，仲裁机构受理公司解散纠纷，没有法律依据。

【规范依据】《民事诉讼法》第122条；《民事案件案由规定》283. 公司解散纠纷。

（二）管辖要素

股东提起公司解散纠纷诉讼，由公司住所地人民法院管辖。公司住所地是指公司主要办事机构所在地。公司主要办事机构所在地不明确的，由其注册地人民法院管辖。

【注意事项】因公司解散纠纷提起的诉讼，对于管辖法院有争议的，原则上以《民事诉讼法》相关管辖规定为基础，根据民事诉讼法确立的方便当事人诉讼、方便人民法院审判的“两便原则”综合考虑确定管辖法院。

【规范依据】《民事诉讼法》第27条；《公司法司法解释（二）》第24条。

（三）案由要素

公司解散纠纷为民事案件的三级案由。若股东之间关系恶化，或公司经营出现严重困难、继续存续无法实现公司目的，《公司法》第182条赋予股东申请解散公司的权利，由法院裁判解散公司。实践中经常会出现股东因公司僵局而提出解散公司申请，故最高人民法院《民事案件案由规定》将此列为三级案由。

【规范依据】《民事案件案由规定》283. 公司解散纠纷。

（四）原告主体资格要素

提起公司解散纠纷的唯一适格原告是该公司股东，根据《公司法》第182条和《公司法司法解释（二）》第1条的规定，原告应当在起诉时符合单独或者合计持有公司全部股东表决权10%以上的条件。原告的主体资格主要审查以下内容：（1）原告的姓名、性别、出生日期、民族、户籍所在地等基本信息。（2）原告是否为有限责任公司的股东或股份有限公司的股东。（3）原告所持有的股权是否在公司登记机关登记，是否在股东名册上有记载。（4）原告是否单独或者合计持有公司10%以上的股东表决权。（5）公司章程关于股东表决权的计算方式，比如是否与实际出资额相关。

【注意事项】（1）根据《公司法》第182条和《公司法司法解释（二）》第1条的规定，起诉时只需对原告股东所持股份事实进行形式审查，在案件受理阶段，不必要对缴纳出资是否真实、出资是否存在瑕疵等情况进行实质审查。（2）原告应当单独或者合计持有公司全部股东表决权10%以上，只要在起诉时符合即可，对于原告持有该比例股份的持续时间没有限制性要求。（3）在案件审理过程中，如果原告股东持股比例发生变化，包括原告丧失股东资格或实际享有的表决权不到公司全部股东表决权10%，应裁定驳回起诉。[①]

【规范依据】《民事诉讼法》第122条；《公司法》第182条；《公司法司法解释（二）》第1条。

（五）被告主体资格要素

股东请求解散公司的案件应列公司为被告。

被告的主体资格主要审查以下内容：（1）被告公司的名称、住所地、法定代表人等基本信息。（2）对被告进行审查时，还应当审查被告公司的具体类型，包括有限责任公司、股份有限公司、外资企业或中外合资企业。（3）被告公司的营业执照是正常状态还是被吊销状态。

原告提起解散公司诉讼，应当告知其他股东，或者由人民法院通知其参加诉讼。

原告以其他股东为被告一并提起诉讼的，人民法院应当告知原告将其他股东变更为第三人；原告坚持不变更的，应当驳回其对股东的起诉。

【注意事项】一般而言，对依法设立、合法存续的公司提前解散，应当由股东会或股东大会作出决议，这是股东意思自治的体现。部分股东在股东会或股东大会未达成合意解散的情况下，请求法院解散公司，其诉讼目的在于提前终止公司经营，故股东请求解散公司的案件，其诉讼指向应针对公司，应列公司为被告，并非公司其他股东。

【规范依据】《民事诉讼法》第122条；《公司法》第182条、第217条；《外商投资法》第31条；《公司法司法解释（二）》第1条、第4条。

（六）第三人主体资格要素

在股东请求解散公司纠纷案件中，案件处理结果同公司其他股东有法律上的利害关系，公司其他股东应当作为案件的第三人参加诉讼。

关于第三人的主体资格，主要审查以下内容：第三人的姓名、性别、出生日期、民族、户籍所在地等基本信息。（1）第三人是否为有限责任公司的股东或股份有限公司的股东。（2）第三人所持有的股权是否在公司登记机关登记。（3）公司章程关于股东表决权的计算方式，比如是否与实际出资额

---

① 最高人民法院民事审判第二庭编著：《最高人民法院关于公司法司法解释（一）、（二）理解与适用》，人民法院出版社2015年版，第143页。

相关。

【规范依据】《公司法司法解释（二）》第 4 条第 2~3 款。

二、诉讼请求要素

（一）诉讼请求必须明确具体

法院在受理原告股东请求解散公司的诉讼时，首先必须符合《民事诉讼法》第 122 条关于“有具体的诉讼请求和事实、理由”的规定。股东请求解散公司之诉性质上属于变更之诉，原告股东起诉解散公司的诉讼请求必须明确具体，如审查原告的诉讼请求是否明确要求解散公司，还是要求公司对其股东知情权、分红权等股东权利予以救济。对于前者，可以受理原告提起的解散公司诉讼，对于后者，由于其并非明确要求解散公司，应向当事人解释说明，告知其变更诉讼请求或裁定不予受理。

（二）原告股东解散公司的理由审查

原告股东起诉的理由必须符合《公司法》第 182 条规定的“公司经营管理出现严重困难，继续存续会使股东利益受到重大损失”事由；《公司法司法解释（二）》第 1 条第 1 款详细规定以下事由属于公司经营管理出现严重困难：（1）公司持续两年以上无法召开股东会或者股东大会，公司经营管理发生严重困难的；（2）股东表决时无法达到法定或者公司章程规定的比例，持续两年以上不能做出有效的股东会或者股东大会决议，公司经营管理发生严重困难的；（3）公司董事长期冲突，且无法通过股东会或者股东大会解决，公司经营管理发生严重困难的；（4）经营管理发生其他严重困难，公司继续存续会使股东利益受到重大损失的情形。上述两项规定共同构成法院审查受理股东请求解散公司诉讼的法律依据，二者缺一不可。若提出解散的理由并不属于公司法规定的股东提起解散公司之诉的范围，比如股东以公司的资产负债表、年度审计报告等为依据主张公司经营严重亏损请求解散公司，因公司亏损仅仅是公司经营状况恶化的表现，而非公司因股东之间的僵局导致公司无法正常经营，使公司处于瘫痪状态。因此，该诉请并不满足公司法规定的股东提起解散公司之诉的实质条件，在立案程序中应直接裁定不予受理。[①]

（三）诉讼标的审查

诉讼标的，又称为诉的标的或诉的客体，是当事人双方争议和法院审理

---

① 刘敏：《关于股东请求解散公司之诉若干问题的思考》，载《法律适用》2006 年第 10 期。

的对象。在公司解散诉讼中，诉讼标的是指原告股东起诉要求解散公司的法律关系。公司解散纠纷立案时应当注意审查涉案公司的存续状况，如果该公司已被注销，应当裁定不予受理。

【规范依据】《民事诉讼法》第122条；《公司法司法解释二》第4条第1款。

三、公司解散要件审查

根据《公司法》第182条规定，在审理公司解散纠纷时，应围绕“经营管理严重困难”“继续存续会使股东利益受到重大损失”“通过其他途径不能解决”三个构成要件对各类公司解散的具体情形进行实质性审查。

（一）经营管理严重困难

实践中，“经营管理严重困难”的主要情形是公司僵局。公司僵局是公司解散纠纷的典型情况，指股东内部冲突导致公司权力机构或执行机构无法正常运作进而影响公司经营，表现为公司的股东（大）会和董事会等机构运行出现严重困难，公司组织体处于“瘫痪”状态。

关于是否发生公司僵局，实践中应当着重审查以下内容：（1）公司各股东的持股情况、持有表决权情况。（2）公司章程关于股东会或者股东大会、董事会、监事会职权、表决方式等规定。（3）公司股东之间是否存在严重分歧、公司权力机构股东会或者股东大会运作情况。如是否连续两年以上无法召开股东会或者股东大会，或者股东表决时无法达到法定或者公司章程规定的比例，持续两年以上不能做出有效的股东会或者股东大会决议。股东会或者股东大会无法召开或无法作出决议的原因等。（4）公司董事之间是否存在冲突、公司执行机构董事会是否正常运作。包括是否长期连续无法召开董事会或者长期不能作出有效的董事会决议、公司董事长期冲突，且无法通过股东会或者股东大会解决，以及董事会无法作出决议的原因等。（5）股东会或者股东大会、董事会无法正常运作是否影响公司经营。（6）公司业务经营情况。包括是否正常经营主营业务、是否具备应有员工、生产资料、主要经营场所等。（7）公司盈利或亏损情况、盈余分配情况，股东利益是否因上述问题而受到损失。

【注意事项】

1.“持续两年以上”是指在两年以上时间内应召开而无法召开任何一次股东（大）会或者没有做出任何一项有效的股东（大）会决议，如果期间曾召开过股东（大）会或者做出过有效的股东（大）会决议，则会导致期间中断，不符合认定公司僵局的条件。

2. 公司僵局主要指股东（大）会僵局与董事会僵局两种类型，而董事会僵局主要存在于股份有限公司。有限责任公司因人数在50人以下，召开股东会较为便利，董事会出现僵局可以通过股东会解决，不宜仅以董事会僵局认定有限责任公司存在公司僵局。

3. 认定董事会僵局应当“长期连续”，具体系指股份有限公司在较长时间内应召开而无法召开任何一次董事会或者没有做出任何一项有效的董事会决议，如果期间曾召开过董事会或者做出过有效的董事会决议，则会导致连续期间中断，不符合认定董事会僵局的条件。

【规范依据】《公司法》第22条、第31~34条、第37条、第39条、第42~43条、第97条、第100条、第110条、第166条、第182条；《公司法司法解释（二）》第1条。

（二）继续存续会使股东利益受到重大损失

实践中，股东主张权利受到重大损失，应当从以下内容进行审查：（1）股东是否可以行使知情权、表决权等经营管理权利，享有分配收益等股东权益。（2）股东主张其利益受损发生的原因、持续时间及其对公司发展前景、公司净资产等财务状况的影响。（3）公司控股股东、实际控制人、董事、监事、公司高管等是否通过关联交易等侵犯其他股东利益。（4）公司控股股东、实际控制人、董事、监事、公司高管等是否长期控制公司损害公司利益。

【规范依据】《公司法》第20~22条、第37条、第39条、第53条、第55条、第100条、第110条、第119条、第182条；《公司法司法解释（二）》第1条。

（三）通过其他途径不能解决

《公司法》规定“通过其他途径无法解决”限制条件的目的是保护公司的稳定和存续，防止中小股东滥用司法解散制度，鼓励当事人通过其他非诉讼途径解决僵局，同时也是为人民法院审慎适用强制解散公司制度并真正将此作为解决公司纷争的最后手段。司法实践中存在股东因不能行使知情权、分红权等原因要求解散公司，而公司法已对公司股东赋予了相应的救济途径予以解决。据此，司法实践中可以从以下几方面审查是否符合《公司法》第182条规定的“通过其他途径无法解决”的要件：（1）是否可以依照《公司法》第33条和第97条规定，通过行使股东知情权，化解公司僵局；（2）是否可以依照《公司法》第100条规定，采取召开临时股东会化解公司僵局；（3）是否可以依照《公司法》第39条、第101条、第110条规定，提议召开股东会或者股东大会、董事会通过人事任免、利润分配等方式解决股东之间的矛盾与冲突；（4）是否可以通过转让股权或请求公司回购股权，允许股东退出公司，彻底解决股东之间长期存在的分歧和冲突。

【规范依据】《民法典》第8条；《公司法》第22条、第31~32条、第34条、第37条、第39条、第42条、第43条、第97条、第100条、第110条、第166条、第182条；《公司法司法解释（二）》第1条。

四、裁判原则审查

（一）注重调解原则审查

调解原则是民事诉讼的基本原则，在公司司法解散案件中，应当全程注重调解，可以从以下方面审查是否具备调解条件：（1）是否可以采取公司或者其他股东收购股份方式解决股东矛盾。（2）是否可以采取减少公司注册资本方式让异议股东退出公司。（3）积极协调当事人通过召开股东会、股东大会、董事会对利润分配等事项作出决议等内部自治方式解决纠纷。（4）积极协调当事人通过召开股东会、股东大会、董事会方式改选董事、经理、财务负责人等高级管理人员解决纠纷。（5）积极协调当事人通过查阅公司章程、股东大会会议记录、董事会会议决议、监事会会议决议、财务会计报告等解决纠纷。

【规范依据】《公司法》第37条、第39条、第43条、第96~97条、第100条、第110条、第166条、第182条；《公司法司法解释（二）》第5条；《民事诉讼法》第9条。

（二）公司维持原则审查

坚持公司维持原则，可以从以下几方面因素衡量公司解散对公司股东、员工、债权人的负面影响：（1）公司在所在行业中的地位、规模、业务情况、公司提供就业岗位数量等情况，预判公司解散后对社会就业率、经济发展的消极影响。（2）公司对外债务、对外提供担保等财务情况，预判公司解散后对社会财产关系稳定性的不良影响。（3）公司是否尚欠税款、员工工资等履行社会责任情况，预判公司解散后增加社会负担的负面影响。

【规范依据】《公司法》第5条、第16条、第184条。

（三）利益平衡原则审查

公司解散纠纷应当从以下几个方面平衡好各主体的利益：（1）大股东与中小股东之间的公司所有者内部关系利益平衡。各股东的合法利益是否能够得到保障，能否通过公司少数服从多数的议事规则达成妥协，公司股东会、股东大会、董事会、监事会等公司治理结构是否能为异议股东提供相应的权利救济。（2）公司、公司债权人等外部主体之间的利益平衡。公司存续涉及公司、债权人、债务人、合作伙伴等众多主体的利益，必须结合公司情况、行业情况等因素综合分析判断公司解散的后果。（3）公司、股东、公司员工等内部主体之间的利益平衡。在小股东实现股东权利、公司经营效率、公司员工就业机会之间平衡诉讼各方的利益。

【规范依据】《民法典》第4条、第6~7条；《公司法》第1条、第4~5条、第20条。

第三节　实务难点裁判思路

公司司法解散纠纷案件应当严格按照三个实质构成要件和四个裁判原则进行审理，应当强调的是，不能仅依据单一事实认定轻率解散公司，实务中主要存在以下难点问题。

一、程序问题认定中的难点

（一）未登记于股东名册的隐名股东能否提起公司解散之诉

司法实践中，存在实际出资人将股权委托他人代为持有的情况，实际出资人在公司登记机关信息与股东名册上不记载为股东。对于未在公司登记机关登记的隐名股东能否以自己的名义提起公司解散之诉，根据《公司法司法解释（三）》第25条规定的精神，实际出资人直接受到法律保护的权益是“投资权益”，并非“股东权益”。结合《公司法》第4条关于“公司股东依法享有资产收益、参与重大决策和选择管理者等权利”的规定，“投资权益”并不等同于“股东权益”。按照物权公示公信原则和商法外观主义原则，股东权益依法应由名义股东行使，故隐名股东不能以自己的名义提起公司解散之诉。

（二）出资存在瑕疵的股东能否提起公司解散之诉

《公司法》第182条规定提起公司解散之诉的原告是“持有公司全部股东表决权百分之十以上的股东”，由于历史原因或实施注册资本认缴制的影响，公司登记机关登记的股东可能存在未履行或者未全面履行出资义务或者抽逃出资等瑕疵出资情形。对于此类股东是否具备提起公司解散之诉的原告主体资格问题，由于股东出资是否到位，是股东与股东之间或者股东与公司之间的出资法律关系，股东出资未到位不能否认其股东资格。登记持有公司全部股权 10% 以上的股东，如果其实际出资与公司注册资本总额的比例不足 10%，但公司章程未明确规定股东表决权以实际出资额计算，则登记的股权比例推定为公司全部表决权比例，股东出资瑕疵不能否定其提起公司解散之诉的主体资格。对于被告抗辩股东因出资瑕疵导致其实际出资比例与公司注册资本总额的比例不足 10%、不具备请求解散公司的主体资格的，应予否定。

（三）原告坚持以公司其他股东一并提起诉讼如何处理

《公司法司法解释（二）》第 4 条规定："股东提起解散公司诉讼应当以公司为被告。原告以其他股东为被告一并提起诉讼的，人民法院应当告知原告将其他股东变更为第三人；原告坚持不予变更的，人民法院应当驳回原告对其他股东的起诉。"因此，原告不能把其他股东作为共同被告。原告股东与其他股东之间的关系是股东之间关于出资设立公司的法律关系，公司成立后该法律关系即已履行完毕，二者之间的关系转化为股东与公司之间的出资与被出资关系，股东之间出资设立公司的协议客观上已经不能解除。因此，法院应当通知其他股东参加诉讼。至于其他股东究竟以共同原告还是第三人身份参加诉讼，应视该股东的主张区别处理：其他股东以与原告相同主张申请参加诉讼的，应列为共同原告；其他股东以案件处理结果与其有利害关系为由申请参加诉讼的，应列为无独立请求权的第三人，法院应当告知原告将此类其他股东变更为第三人，如果原告坚持将其他股东作为共同被告不予变更的，应当驳回原告对其他股东的起诉。

（四）公司债权人是否为公司解散诉讼中必须参加诉讼的当事人

《公司法司法解释（二）》第 4 条规定："股东提起解散公司诉讼应当以公司为被告……其他股东或者有关利害关系人申请以共同原告或者第三人身份参加诉讼的，人民法院应予准许。"公司解散诉讼在法律性质上为变更之诉，属于有关公司组织方面的诉讼，审理的对象是公司与股东之间的法律关系。而债权人与公司之间的债权债务关系属于公司外部法律关系，债权人与公司内部法律关系相互独立，因此公司债权人不属于公司解散诉讼中必须参加诉讼的当事人。公司解散后，债权人有权利救济途径，可依法向公司清算组申报债权，以公司财产清偿债务，债权人的合法权益在公司清算程序中会依法得到保护，公司解散并不必然对债权人的债权造成损害。

（五）公司以存在仲裁条款为由提出管辖权异议不符合法律规定

公司解散纠纷不属于股东与公司之间可约定的仲裁事项。若公司章程对公司解散情形进行了规定，部分股东主张符合解散情形而公司或其他股东不予认可，要求解散公司的股东不能根据仲裁条款申请仲裁解散公司，公司与其他股东也不能以仲裁条款为由提出管辖权异议。因为现行法律规定解散公司属于法院主管范围，公司法并未赋予仲裁机构解散公司的裁决权。因仲裁机构裁决解散公司没有法律依据，即便公司章程规定了公司解散事宜并规定因执行章程所发生的或与章程有关的任何争议均可提请仲裁委员会进行仲裁，有关公司解散的仲裁协议也因违反法律明确规定不能发生相应的法律效力。

此观点也得到最高人民法院的认可，北京市高级人民法院曾就相关案件向最高人民法院请示，其中分析认为，根据《公司法》及《公司法司法解释（二）》相关规定，在解散公司案件中，被解散的目标公司为案件当事人，且可能会涉及公司事务及案外利害关系人，故当事人有关公司解散的请求只能向人民法院提出。最高人民法院在《关于撤销中国国际经济贸易仲裁委员会（2009）CIETACBJ 裁决（0355）号裁决案的请示的复函》（〔2011〕民四他字第 13 号）中明确，“根据《中华人民共和国公司法》第一百八十一条的规定，仲裁机构裁决解散公司没有法律依据，属于无权仲裁的情形”。

（六）公司住所地存在争议时法院管辖的确定

如果案件中公司与股东对于公司住所地各执一词，并分别提交包括营业执照、章程、股东会决议等相应证据予以证明，根据在案证据无法明确认定公司的主要办事机构所在地，应视为公司主要办事机构所在地不明确。《民事诉讼法》第 27 条规定：“因公司设立、确认股东资格、分配利润、解散等纠纷提起的诉讼，由公司住所地人民法院管辖。”《公司法司法解释（二）》第 24 条规定：“解散公司诉讼案件和公司清算案件由公司住所地人民法院管辖。公司住所地是指公司主要办事机构所在地。公司办事机构所在地不明确的，由其注册地人民法院管辖。基层人民法院管辖县、县级市或者区的公司登记机关核准登记公司的解散诉讼案件和公司清算案件；中级人民法院管辖地区、地级市以上的公司登记机关核准登记公司的解散诉讼案件和公司清算案件。”根据法律与司法解散规定，公司主要办事机构所在地不明确的，由公司注册地人民法院管辖。

二、“经营管理严重困难”要件认定中的难点

（一）“经营管理严重困难”的具体内涵

公司经营管理发生严重困难，可以分为公司外部的经营困难和公司内部的管理困难。经营困难，即公司的生产经营状况发生严重亏损的情形；管理困难，则是指公司是否存在严重内部障碍，股东会、董事会等公司机关处于

僵持状态，有关经营决策无法作出，公司日常运作陷入停顿与瘫痪状态。《公司法》第182条规定并未明确“经营管理严重困难”的内涵，应当以最高人民法院第8号指导性案例裁判要旨为依据理解“经营管理严重困难”的立法原意。即判断“公司经营管理是否发生严重困难”，应从公司组织机构的运行状态进行综合分析。公司虽处于盈利状态，但其股东会机制长期失灵，内部管理有严重障碍，已陷入僵局状态，可以认定为公司经营管理发生严重困难，对于符合公司法及相关司法解释规定的其他条件的，人民法院可以依法判决公司解散。实务中可以从以下几方面理解“经营管理严重困难”的具体内涵：

1. 公司经营管理严重困难指公司应当同时具备两个条件：一是股东之间的严重矛盾导致公司内部管理困难；二是因内部管理严重障碍导致经营困境。尽管实务中对于是否需要同时具备两个条件存在一定争议，但前文所述最高人民法院第8号指导性案例的裁判要旨持肯定观点。最高人民法院（2014）民申字第1023号“马某与王某芬、山西鑫四海纯净水有限公司公司解散纠纷申请再审民事裁定书”指出：“认定是否构成经营管理困难时不仅需要公司内部运行机制失灵，还要求达到公司商业经营困难的程度，两要素皆存在时才达到公司经营管理发生严重困难的标准。暂时的经营管理困难不足以支持股东解散公司请求权的正当性，因此需要两个维度并存以达到利益衡量的妥当性。”由此可见，最高人民法院再次肯定了管理困难与经营困难两者并存方符合“经营管理发生严重困难”的要件。

2. 公司经营管理发生严重困难应当从公司的股东会、董事会或执行董事及监事会或监事的运行现状进行综合分析，侧重点在于公司管理方面存有严重内部障碍。司法实践中对如何具体认定公司经营管理发生严重困难仍存在不同认识，最高人民法院第8号指导性案例的裁判要点确认了从公司的股东会、董事会或执行董事及监事会或监事的运行现状进行综合分析判断公司的经营管理是否出现严重困难的规则，如股东会机制失灵、无法就公司的经营管理进行决策等。

3. 单纯的公司经营困难，比如仅是公司资金缺乏、严重亏损等并非认定公司经营管理严重困难的法定理由。[①] 因股东之间的严重矛盾导致的经营困境与一般经营困难或经营亏损不同，前者特指因股东之间的深层矛盾而造成其无法实现通过公司经营获取利润的基本目的，从而导致股东设立公司或投资公司的基本目的彻底落空。该观点也符合《公司法司法解释（二）》第1条第2款“股东以知情权、利润分配请求权等权益受到损害，或者公司亏损、

---

① 最高人民法院案例指导工作办公室：《指导案例8号〈林方清诉常熟市凯莱实业有限公司、戴小明公司解散纠纷案〉的理解与参照》，载《人民司法·应用》2012年第15期。

财产不足以偿还全部债务，以及公司被吊销企业法人营业执照未进行清算等为由，提起解散公司诉讼的，人民法院不予受理”规定的精神。最高人民法院（2017）最高法民再373号广西大地华城房地产开发有限公司、刘某公司解散纠纷再审民事判决书也指出，公司经营亏损不属于法定解散事由，不应据此支持公司解散。

（二）“经营管理严重困难”的具体情形

根据《公司法司法解释（二）》第1条规定，认定公司存在管理严重困难时应当重点审查原告是否有证据证明公司出现下列情形：

1. 公司持续两年以上无法召开股东会或者股东大会，公司经营管理发生严重困难。无法召开股东会或者股东大会，是指应当召开而不能召开，主要表现为“无人召集”或者“召集之后没有一个股东出席会议”两种情形。[①] 无人召集，是指公司董事会或执行董事不依法召集主持股东会或股东大会，这种“无法召开”的状态要持续“两年以上”。关于是否应当召开股东会，应根据《公司法》第39条、第100条的规定认定。《公司法》第39条规定：“股东会会议分为定期会议和临时会议。定期会议应当依照公司章程的规定按时召开。代表十分之一以上表决权的股东，三分之一以上的董事，监事会或者不设监事会的公司的监事提议召开临时会议的，应当召开临时会议。”《公司法》第100条规定：“股东大会应当每年召开一次年会。有下列情形之一的，应当在两个月内召开临时股东大会：（一）董事人数不足本法规定人数或者公司章程所定人数的三分之二时；（二）公司未弥补的亏损达实收股本总额三分之一时；（三）单独或者合计持有公司百分之十以上股份的股东请求时；（四）董事会认为必要时；（五）监事会提议召开时；（六）公司章程规定的其他情形。”

2. 股东表决时无法达到法定或者公司章程规定的比例，持续两年以上不能做出有效的股东会或者股东大会决议，公司经营管理发生严重困难。“不能做出有效的股东会或者股东大会决议”，实践中主要表现为持股比例各占50%的两派股东意见相左，或者股东之间意见分散，无法形成多数决，特殊表决事项无法得到代表2/3以上表决权股东通过等。

3. 公司董事长期冲突，且无法通过股东会或者股东大会解决，公司经营管理发生严重困难。该种情形需审查两个要素：一是发生董事长期冲突，主要表现为董事会无法召开以及无法作出有效决议两种情形；二是前述状况无法通过股东会或者股东大会解决。关于是否应当召开董事会，应根据《公司

---

① 最高人民法院民事审判第二庭编著：《最高人民法院关于公司法司法解释（一）、（二）理解与适用》，人民法院出版社2015年版，第121页。

法》第110条的规定认定，该条规定："董事会每年度至少召开两次会议，每次会议应当于会议召开十日前通知全体董事和监事。代表十分之一以上表决权的股东、三分之一以上董事或者监事会，可以提议召开董事会临时会议。董事长应当自接到提议后十日内，召集和主持董事会会议。董事会召开临时会议，可以另定召集董事会的通知方式和通知时限。"

（三）认定"经营管理严重困难"应当注意的问题

对于公司持续两年以上无法召开股东会或股东大会、持续两年以上不能做出有效的股东会或者股东大会决议，公司经营管理发生严重困难的，应当对无法召开股东会议和不能作出有效的股东会决议的原因进行严格审查。会议召集义务人主观上未履行义务所致会议未召开，不能因自身的违约行为而取得因此产生的相应权益，不能据此认定公司"管理发生严重困难"。

实践中存在以上情形的案例，根据公司章程，原告股东作为该公司的执行董事，有职责有能力召集股东会，但是却一直没有履行执行董事的职责，至起诉时一直未组织召集股东会，系其自身怠于履行约定义务，这是违反公司章程的行为，且该种情形并非公司客观上无法召开股东会，而是义务人主观上未履行义务所致，即其不能因自身的违约行为而取得因此产生的相应权益，不能据此认定公司"管理发生严重困难"。

三、"继续存续会使股东利益受到重大损失认定"要件中的难点

公司经营是一个动态发展过程，很难从某一时点或某段时间来判定公司继续存续会使股东利益受到重大损失。因此，在衡量股东利益会否遭受重大损失时，应当从事件发生的原因、持续时间、对公司未来的影响、是否有机会改变等因素综合考虑，重点考虑以下三个方面是否会使股东利益遭受重大损失。

（一）从公司管理方面考察

如果公司的股东之间已经失去了最起码的信任，股东之间相互合作的基础已经完全破裂，体现有限责任公司人合性的基本要素已不存在；公司的内部管理处于事实上的瘫痪状态，体现公司自治的公司治理机构处于失灵状态，该状态的继续存续会对公司、股东造成实质性的损害，可以认定股东利益受到重大损失。

（二）从公司经营方面考察

如果公司不能进行任何正常经营活动，也无法通过召开股东会等形式解

决，根据公司企业性质，公司停产停业而又没有恢复正常可能，公司继续存续必然损耗公司净资产，亦可认定股东利益遭受重大损失。

（三）从股东权利方面考察

我国《公司法》第 4 条规定："公司股东依法享有资产收益、参与重大决策和选择管理者等权利。"由此，可以将股权定义为股东基于其股东身份和地位而享有参与公司经营管理并从公司获取经济利益的权利。因此，一方面，需要审查由于公司的权力机构运行机制失灵，股东参与公司管理的权利是否难以保障。参与公司经营管理实际上是对公司法规定的重大决策和选择管理者两项权利的概括，但在公司形成僵局后，非实际控制和管理公司的股东难以实现其自益权与共益权。另一方面，需要审查公司经营管理困难是否给公司的存续和发展带来不利影响，是否会影响股东的收益权及公司剩余财产的分配权。[①]

关于"股东利益受到重大损失"是指股东个人利益受损还是全体股东受损的问题，有学者认为从诉讼法的证明目的看，原告仅需证明其个人利益受损即可，无须证明其他股东、公司的利益受损。[②] 原告的证明途径，应当区分公司停业、亏损、盈利等不同状态而有所不同。在公司处于停业或者亏损状态，原告通常通过举证公司在持续停业状态下无法止损，或者公司亏损一直在扩大，即可证明自己的利益受损。在公司仍在营业甚至盈利状态下，参照最高人民法院第 8 号指导案例，原告应当举证公司治理处于僵局状态或者自己长期无法参与经营管理，自身的管理控制利益遭受重大损害。最高人民法院第 8 号指导案例中，原告股东称被告公司的内部运营机制早已失灵，自己的股东权、监事权长期处于无法行使的状态，其投资被告公司的目的无法实现，利益受到重大损失。

四、"通过其他途径不能解决"要件认定中的难点

公司司法解散是解决公司僵局的最后方法，在穷尽"通过其他途径不能解决"之前，不宜强制解散公司。因为虽然司法解散公司可以彻底解决公司僵局问题，但绝不是最佳方法，强制解散制度存在诸多弊端。主要表现为强制解散公司成本过高，容易造成资源浪费。具体而言，对于公司本身来说，公司经营管理过程中积蓄的公司信誉、人力资源等无形资产随着公司解散而消失，且经过清算后的公司财产价格比正常运转的公司降低很多，解散公司

---

① 马士鹏：《公司司法解散的要件》，载《人民司法·案例》2022 年第 11 期。

② 李建伟：《司法解散公司的事由类型化实证研究》，载《法学研究》2017 年第 4 期。

是对公司自身财产的浪费；对于司法资源来说，通过司法渠道解决公司僵局问题，将会耗费大量的司法资源；对于社会来说，解散公司不仅涉及公司和股东的利益，而且会涉及公司利害关系人和社会的利益，国家税收减少，失业人群增加，解散公司会给社会带来沉重的负担。

（一）“其他能够解决的途径”的审查范围

“通过其他途径不能解决”要件认定实质上是审查是否存在替代性救济措施，并充分考虑中小股东对于公司法规定的救济措施的实施效果，[①]包括救济措施实施的可能性、成本付出、该救济措施是否能产生救济效果。对于股东提起公司解散纠纷审查，是否存在《公司法》第182条规定的“其他能够解决的途径”要件，可以从以下五个方面着手：

1. 公司长期不召开股东会，股东可以依据《公司法》第40条第3款的规定，代表10%以上表决权的股东提议召集并主持股东会，化解矛盾。

2. 公司长期不召开董事会，股东可以依据《公司法》第110条第2款的规定，代表1/10以上表决权的股东、1/3以上董事或者监事会采取提议召开董事会临时会议的方式化解矛盾。

3. 大股东长期控制公司而损害中小股东的知情权，股东可以依据《公司法》第33条规定，要求有限公司提供公司章程、股东会会议记录、董事会会议决议、监事会会议决议和财务会计报告供其查阅，或依据《公司法》第97条的规定，查阅股份公司的公司章程、股东名册、公司债券存根、股东大会会议记录、董事会会议决议、监事会会议决议、财务会计报告等。

4. 对于重大人事任免、重大事项的争议，股份有限公司股东可以依据《公司法》第102条第2款的规定，由单独或者合计持有公司3%以上股份的股东在股东大会召开10日前提出临时提案并书面提交董事会，提议召开股东会讨论人事任免、转让股权或请求公司回购股权以退出公司，彻底解决股东之间长期存在的分歧和冲突。

5. 提出调解和协商要求及建议，通过公司回购部分股东股份、其他股东受让部分股东股份、他人受让部分股东股份、公司减资、公司分立等方式解决争议。调解程序的具体内容与方式详见本章调解原则的相关内容。

需要注意的是，当持股超过10%的股东起诉要求解散公司时，需要证明无法通过其他途径解决，如果存在替代性救济措施可以缓和股东矛盾，不适宜解散公司。

---

① 叶林、郭丹：《试论打破“公司僵局”》，载《广东社会科学》2008年第4期。

（二）原告股东持有表决权比例超过 2/3 的，应认定有法定途径解决矛盾

我国《公司法》第 43 条规定，股东会的议事方式和表决程序，除本法有规定的外，由公司章程规定。股东会会议作出修改公司章程、增加或者减少注册资本的决议，以及公司合并、分立、解散或者变更公司形式的决议，必须经代表 2/3 以上表决权的股东通过。如果公司章程对此未作出与法律规定条件更高的要求，则拥有 2/3 以上表决权的股东可以通过召开股东会自主决定公司解散与清算，属于“自行解散”公司，不需要寻求“司法解散”救济途径，此情形下不符合“通过其他途径不能解决”要件。若此时控股股东起诉要求解散公司，法院进行实体审查后应当驳回其解散公司的诉讼请求。

在例外情况下，如果公司章程特别规定公司解散必须是代表 100% 表决权的股东通过，则应当从上述其他方面继续审查“通过其他途径不能解决”要件。

五、以“经营管理发生其他严重困难”为由请求司法解散公司的具体审查内容

《公司法司法解释（二）》除规定了公司僵局的三种具体情形外，还根据《公司法》第 182 条的立法原意规定了一个兜底条款，即“经营管理发生其他严重困难，继续存续会使股东利益受到重大损失的情形”。从《公司法》第 182 条规定的内容看，除公司僵局三种具体情形外，不排除当事人以其他事由请求解散公司。从公司法理论研究、外国立法例与审判实践来看，上述“其他事由”应当包括“股东压迫”等允许公司解散的事由。[①] 结合司法实践中的主流观点，对其他司法解散公司的事由分析如下。

（一）股东压迫

股东压迫，是指在公司治理机构中大股东和实际控制人滥用优势地位，掌握公司股东大会、董事会和高级管理人员，在形式上通过股东会决议来压制其他小股东，完全排除了小股东的股东权利，本质上属于对小股东的压迫。

1. 股东压迫的常见情形

大股东或实际控制人通过对股东会及董事会或执行董事的控制直接控制公司日常事务和经营，滥用大股东或实际控制人权利，完全排除小股东的合

① 最高人民法院民事审判第二庭编著:《最高人民法院关于公司法司法解释（一）、（二）理解与适用》，人民法院出版社 2015 年版，第 124 页。

法权利，属于《公司法司法解释（二）》第1条规定的“经营管理发生其他严重困难”情形，且因此导致公司继续存续会严重侵害中小股东利益，通过其他途径不能解决的，可以判决解散公司。

不少学者呼吁将股东压迫明确列为公司司法解散的法定事由，[①]司法实践中亦有法院尝试将股东压迫认定为《公司法司法解释（二）》第1条中规定的“经营管理发生其他严重困难”情形，即承认股东压迫为公司解散事由之一。如2007年最高人民法院判决的重庆正浩实业（集团）有限公司与重庆国能投资有限公司、重庆正浩机电工业有限公司股东知情权及公司解散纠纷一案，法院认为正浩实业（第三人，占51%股权）利用大股东的控制地位，违反公司章程规定，使小股东重庆国能（原告，占49%股权）始终不能行使决策经营权、不能享有知情权，且小股东在股东会决议上对大股东做出的相关报告始终表示反对，对正浩实业通过转嫁投资、交易及利用公司资产为自己贷款抵押等行为提出严重异议，根据大股东在诉讼前及诉讼中的相关表现，认定公司若继续存续，会使小股东的权利受到重大损失，故判决解散公司。在山东省济南市中级人民法院（2017）鲁01民终8498号上诉人山东绿杰环保节能科技有限公司与被上诉人北京世纪天泰投资有限公司及原审第三人王某生、薛某敏、段某方公司解散纠纷案件中，原告系持有公司21%股权的小股东，公司多年来未分红，原告作为小股东多次提议召开股东会、通过召开股东会改组董事会并要求查阅公司账簿，但均未成功，可见其作为股东行使参与决策公司经营管理的权利长期受阻。如公司继续存续，则违背公司法规定的公司设立的初衷和目的，故判决支持原告要求解散公司的诉请。在浙江省绍兴市中级人民法院（2020）浙06民终281号上诉人绍兴鑫银金融服务有限公司与被上诉人浙江绍兴荣邦家居广场有限公司、原审第三人浙江鸥宇控股有限公司、浙江昊邦贸易有限公司公司解散纠纷案件中，法院认为该公司存在解除另一股东委派代表的监事职务、股东向公司借款数额巨大而不付利息、股东未按公司章程规定履行出资义务等事实，故认定构成股东压迫。公司因丧失人合基础而导致经营管理困境，判决解散公司。综上，结合公司经营实践和近年来公司解散诉讼案件反映的情况，审查是否构成股东压迫的重点在于大股东是否人为限制或完全排除小股东行使合法股东权利，并因此导致公司经营管理困难。

---

① 李建伟：《司法解散公司的事由类型化实证研究》，载《法学研究》2017年第4期；张学文：《有限责任公司股东压制问题研究》，法律出版社2011年版，第98页；彭冰：《理解有限公司中的股东压迫问题——最高人民法院指导案例10号评析》，载《北大法律评论》2014年第15卷第1辑。

2. 司法实践中不被认定为股东压迫的情形

经归纳总结各地法院典型案例，对于持股比例较低的股东，在公司权力机关能够运行、股东会或董事会尚能形成有效决议的情况下，若仅仅因为其意见不被采纳，则不宜认定公司治理结构存在严重障碍，公司经营管理也不因此构成严重困难，故不符合“股东压迫”的构成要件。

此时小股东可以寻求其他救济。《公司法》为保障小股东权利规定了很多救济措施，例如，《公司法》第 33 条规定，股东有正当理由查阅公司账簿而公司拒绝的，股东可以请求人民法院要求公司提供查阅，股东可以据此实现查阅权；《公司法》第 74 条第 1 款第 1 项规定，公司连续 5 年不向股东分配利润，而公司该 5 年连续盈利，并且符合本法规定的分配利润条件的，对股东会该项决议投反对票的股东可以请求公司按照合理的价格收购其股权，股东可以据此要求公司回购股权实现其股权价值。

（二）公司实施危害公共利益的违法行为

《公司法》第 5 条规定，公司从事经营活动，必须遵守法律、行政法规，遵守社会公德、商业道德，诚实守信，接受政府和社会公众的监督，承担社会责任。如公司被当作非法活动的工具，例如大股东、实际控制人、董事等利用其对公司的控制权，借用公司的名义从事非法活动，公司实质经营活动违反法律、公共秩序和善良风俗，导致公司沦为非法犯罪的工具，此时公司的存续已失去合法性，应当允许股东请求司法解散公司。对于中小股东有充分证据证明公司实质经营活动违反法律、公共秩序和善良风俗，但又无法通过股东会或股东大会、监事会或监事以及高级管理人员等公司内部治理机构采取措施并制止的，外国立法例认为该情形可以列入公司解散事由，也有理论观点认为该情形属于《公司法司法解释（二）》第 1 条第 1 款第 4 项规定的“经营管理发生其他严重困难，公司继续存续会使股东利益受到重大损失的情形”。在此情况下，中小股东起诉要求人民法院判决解散公司，符合公司法及相关司法解释规定的其他条件的，可以支持解散公司。

司法实践中存在此类案例，在北京市昌平区人民法院（2008）昌民初字第 8488 号许某光诉北京乐万宝建筑工程有限公司公司解散纠纷案件中，公司公章被用于合同诈骗，股东无法就公司解散达成一致意见而起诉要求解散公司，法院判决支持了股东的请求。有学者认为，“此类案件可归结为公司被用于非法目的”，[①] 属于经营管理发生其他严重困难，公司继续存续会使股东利益受到重大损失的其他情形。但如果仅存在大股东、实际控制人、董事、监事、高级管理人员的个人违法犯罪行为，不足以认定公司完全成为犯罪工具的，

---

① 李建伟：《司法解散公司的事由类型化实证研究》，载《法学研究》2017 年第 4 期。

不应当据此解散公司。

六、注重调解原则适用中的难点

（一）调解程序是公司解散纠纷案件的必经程序

调解原则贯穿民商事案件审理全过程，在公司解散纠纷案件审理中，基于公司永久存续性特点，调解程序的重要性更为突出，属于必要的、不可或缺的程序。《民事诉讼法》第9条规定，人民法院审理民事案件，应当根据自愿和合法的原则进行调解。“应当调解”的意思为，能够用调解方式结案的，尽量采用调解方式结案。而《公司法司法解释（二）》第5条规定，人民法院审理解散公司诉讼案件，应当注重调解；当事人协商同意由公司或者股东收购股份，或者以减资等方式使公司存续，且不违反法律、行政法规强制性规定的，人民法院应予支持。该条亦明确强调了“注重调解”的审理原则，并具体列明了调解的内容和方式，因此，法院在审理解散公司案件过程中，必须进行调解，询问公司各股东是否可以通过股份收购或减资等方式解决其相互之间的矛盾和纠纷。如果未对股东就司法解散明确规定的内容进行调解，不得判决解散公司。

（二）公司解散纠纷案件调解程序必要的内容和方式

《公司法司法解释（二）》第5条规定，人民法院审理解散公司诉讼案件，应当注重调解。当事人协商同意由公司或者股东收购股份，或者以减资等方式使公司存续，且不违反法律、行政法规强制性规定的，人民法院应予支持。根据上述司法解释，法院受理解散公司案件后，可以为当事人指定一定的调解期限，并从以下三方面着手进行调解。如果超过调解期限确实无法达成调解协议，再依法尽快作出判决。

1. 股东收购

股东之间原则上可以自由转让其持有的公司股份，故调解时可以询问是否能够通过股东转让股份的调解方式解决纠纷。股东请求解散公司诉讼的真正原因往往是股东之间的信赖关系消失，互相之间出现不友好、不配合的情况，而股东间的纷争往往造成公司陷入僵局、经营管理发生严重困难。此时，一方股东或一些股东的退出可能会使这种纠纷得以缓解，从而保证公司继续存在。不愿意继续经营的股东退出公司的主要途径就是出让股份，此时，如果其他股东确实不希望公司解散、愿意继续经营公司，即可以收购该股份，或者由公司回购该股份亦可。需要注意的是，被收购股份的可以是原告，也可以是其他股东，不愿意继续经营的股东往往就是被收购的股东，不排除原告愿意收购其他股东股份后继续经营公司。

但是，由于股份转让可能影响公司财产的稳定，某一部分股东对股份的处分也有可能损害另一部分股东的利益。因此，为了保护公司、股东及公司债权人的整体利益，法律、法规对股份转让做了一些必要的限制，以将股份转让可能产生的弊端限制在尽可能小的范围内。经人民法院调解由继续经营的股东收购不愿意继续经营的股东的股份使公司存续，股份转让不得违反法律、行政法规的强制性规定。

2. 公司收购

在公司股东不愿意收购其他股东股份的情况下，可以尝试以公司为主体回购申请解散的股东所持有的股份。调解时应当注意防止因公司收购原告股东股份，造成公司责任财产不当减少，损害公司债权人利益，尤其注意防止公司或者股东利用上述规定抽逃资本、损害债权人利益。因此，在调解过程中，应当遵守《公司法》第 142 条“公司不得收购本公司股份。但是，有下列情形之一的除外：（一）减少公司注册资本；（二）与持有本公司股份的其他公司合并；（三）将股份用于员工持股计划或者股权激励；（四）股东因对股东大会作出的公司合并、分立决议持异议，要求公司收购其股份；（五）将股份用于转换上市公司发行的可转换为股票的公司债券；（六）上市公司为维护公司价值及股东权益所必需。公司因前款第（一）项、第（二）项规定的情形收购本公司股份的，应当经股东大会决议；公司因前款第（三）项、第（五）项、第（六）项规定的情形收购本公司股份的，可以依照公司章程的规定或者股东大会的授权，经三分之二以上董事出席的董事会会议决议。公司依照本条第一款规定收购本公司股份后，属于第（一）项情形的，应当自收购之日起十日内注销；属于第（二）项、第（四）项情形的，应当在六个月内转让或者注销”的规定。

3. 公司减资

在原告请求解散公司时，若有部分股东认为不该解散，而又不愿意收购非合作方的股份，而公司此时也不能或不愿收购该股份。在此情况下，让不愿经营的股东“结算出走”也是一种纠纷的解决方法。经调解，在各方同意的情况下，不愿经营的股东将自己在公司中的权益抽走，公司履行减资程序，从而使得公司存续。

通过减资方式使公司存续的，“公司资本的减少，涉及股东的股权利益。同时资本的减少，缩小公司的责任财产范围，直接影响公司债权人的利益”。因此，公司必须严格遵守法律规定的条件和程序。根据《公司法》第 177 条和其他有关规定，公司减资的条件和程序如下：（1）股东大会作出减资决议，并相应地对章程进行修改。有限公司作出减资决议，必须经代表 2/3 以上表决权的股东通过。同时，公司减资后的注册资本不得低于法定的最低限额。（2）公司必须编制资产负债表及财产清单。（3）债务清偿或担保。公司应当自作出减少注册资本决议之日起 10 日内通知债权人，并于 30 日内在报纸上公告。债权人自接到通知书之日起 30 日内，未接到通知书的自公告之日起 45 日内，有权要求公司清偿债务或者提供相应的担保。（4）向公司登记机关办理减资登记手续。公司因减资收购原告股东所持有的本公司股份的，应自收购之日起 10 日内注销。另外，减资违反法定程序或者损害债权人利益的，公司股东可以提起诉讼确认减资行为无效，或者撤销公司减资决议。

七、股东以非法定解散事由提起公司解散诉讼的处理

司法实践中存在股东以非法定解散事由提起公司解散诉讼，包括以知情权、利润分配请求权等权益受到损害，或者公司亏损、财产不足以偿还全部债务，以及公司被吊销企业法人营业执照未进行清算等理由。《公司法》第 182 条已经明确规定了公司司法解散的法定事由，而法律对于股东知情权、利润分配请求权、公司资不抵债、具备清算条件而未清算等情形均规定了相应的救济途径，股东可以依法行使相应的请求权。因此，股东请求解散公司诉讼不能与股东知情权等其他纠纷合并审理。《公司法司法解释（二）》第 1 条第 2 款对此作了明确规定，即股东以知情权、利润分配请求权等权益受到损害，或者公司亏损、财产不足以偿还全部债务，以及公司被吊销企业法人营业执照未进行清算等为由，提起解散公司诉讼的，人民法院不予受理。股东所主张的诉讼请求不是公司解散诉讼案由内容的，应当裁定不予受理。

八、公司在诉讼过程中被吊销营业执照按强制解散处理

股东提起解散公司诉讼，在立案时应当审查公司企业法人营业执照状态，如果发现公司被吊销企业法人营业执照，根据《公司法司法解释（二）》第 1 条第 2 款规定，应当裁定不予受理。但是，如果在诉讼过程中公司企业法人营业执照因故被吊销，根据《公司法》第 180 条关于“公司因下列原因解散：……（四）依法被吊销营业执照、责令关闭或者被撤销；（五）人民法院依照本法第一百八十二条的规定予以解散”的规定，属于依法强制解散的情形，其依照法律规定已不得再开展经营活动，不属于司法解散公司的情形，无需根据《公司法》第 182 条的规定再行审查其是否符合公司司法解散的条件。因此，诉讼过程中出现上述情况，说明股东所主张的解散公司的事实发

生了重大变化，应当裁定驳回起诉。对于此类案件，黑龙江省高级人民法院（2014）黑涉港商终字第5号大庆中马嘉友生物科技有限公司与大庆市大同医药有限责任公司及香港浩晖发展有限公司公司解散纠纷一案即按此原则处理。

九、解散公司涉及社会公众利益时应当考虑公司的社会责任

公司社会责任问题并不属于《公司法》第182条明确规定公司解散的要件范围。但是，有学者认为解散公司应当考虑社会责任因素，即必须对公司的社会责任能否承担等因素综合考虑后方能决定是否解散公司。[①] 有法院认为判断公司应否解散，不仅要考虑股东的利益，还要充分考虑社会公众利益，即公司承担的社会责任，在股东个人利益与社会公众利益冲突时，应优先保护社会公众利益而不解散该公司。在山东省高级人民法院（2019）鲁民终79号上诉人仇某新与被上诉人青岛博润置业有限公司及原审第三人胡某基公司解散纠纷案，山东省高级人民法院（2015）鲁民再字第5号申请再审人李某针与被申请人青岛杰盛置业有限公司、薛某明公司解散纠纷案，河南省安阳市中级人民法院（2019）豫05民终1040号上诉人魏某与被上诉人安阳蓝天产业园有限公司、原审第三人李某伟、陈某阳公司解散纠纷案三个案件中，涉案公司均为房地产开发企业，若解散必然导致其经营的房地产项目无法对外销售，房屋产权手续无法办理，进而影响购房者的合法利益及社会秩序的稳定，故法院基于公司社会责任问题而不判决解散公司。对于上述问题，《公司法》第1条规定其立法宗旨是规范公司的组织和行为，保护公司、股东和债权人的合法权益，维护社会经济秩序，促进社会主义市场经济的发展；第5条规定公司从事经营活动，应诚实守信，接受政府和社会公众的监督，承担社会责任。故《公司法》及《公司法司法解释（二）》虽然赋予了股东在法定情形下解散公司的权利，但股东权利的行使应当受到公司及股东应承担的社会义务的约束。因此，将公司社会责任列入解散公司考量因素，符合上述两项法律规定。

十、公司解散纠纷案件的财产保全问题

诉讼保全是为了保障权利人进行民事诉讼的结果得以实现，即保证生效

---

① 张学文、何秀玲：《公司司法解散论》，载《东南学术》2009年第5期。

判决能够履行，防止判决作出后难以执行或无法执行。根据《公司法司法解释（二）》第 3 条规定，“股东提起解散公司诉讼时，向人民法院申请财产保全或者证据保全的，在股东提供担保且不影响公司正常经营的情形下，人民法院可予以保全”。据此，如果股东担心公司财产流失，可在解散公司之诉中申请财产保全。在符合该司法解释规定的条件下，法院应当允许保全。从善意文明执行理念方面看，综合考虑公司的生产经营状况，在不影响执行效果、确保实现保全目的的情况下，公司有多项财产可供保全的，应考虑对其生产经营影响较小的财产进行保全，以减小保全的负面影响。

十一、公司解散纠纷案件的证据保全范围

关于公司解散纠纷中的证据保全，《民事诉讼法》第 74 条规定，在证据可能灭失或者以后难以取得的情况下，诉讼参加人可以向人民法院申请保全证据，人民法院也可以主动采取保全措施。公司解散纠纷中，原告股东申请保全的证据范围可包括能够证明公司处于僵局状态的证据。对这部分证据申请保全措施，只要符合《民事诉讼法》规定的相关条件，应当允许。

十二、股东请求解散公司之诉判决的效力问题

因股东请求解散公司系对公司组织提起的诉讼，故人民法院就该诉讼作出的生效判决，产生以下法律效力：

公司解散判决法律效力范围。解散公司的判决和驳回原告解散公司诉讼请求的判决，均对该案的当事人包括提起诉讼的股东、公司、作为第三人的股东，以及其他未参与诉讼的股东，甚至包括公司的董事、监事、高管人员、公司职工等发生法律约束力。[①]

公司必须进行清算。解散后的公司必须依照《公司法》规定的程序进行清算。

公司权利能力与行为能力受到限制。公司解散后在清算期间，公司法人资格视为存续，但是公司的权利能力与行为能力受到限制，仅限于在清算所必要的范围内处理未了事务，公司不得继续经营业务。在清算期间，公司超越清算范围所为的民事行为无效。

管理机关丧失权利。公司原有的法定代表人和业务执行机关丧失权利，

① 刘敏：《关于股东请求解散公司之诉若干问题的思考》，载《法律适用》2006 年第 10 期。

由清算组取代。

不得对抗第三人。公司与第三人的合同效力不因公司解散而受到影响，公司仍然应当依法对原合同承担法律责任。

十三、与解散清算程序的衔接问题

（一）公司司法解散纠纷与解散清算程序的关系

公司解散清算，是指公司非因破产原因解散，依照公司法规定的程序而进行的清算，包括自愿清算与强制清算。自愿清算是指公司在解散后依法自行组织清算机构按照法定程序进行的清算；强制清算，是指公司解散后逾期不能组成清算组进行清算，或者成立清算组开始清算后故意拖延清算，或者有其他违法清算、可能严重损害公司债权人或股东利益的情形时，由公司股东或债权人向法院申请启动的清算程序，整个清算程序从启动到具体清算行为，均在法院的主持下进行。

公司司法解散是申请公司强制清算的前提和原因，申请强制清算公司是公司司法解散后产生的可选择的后续程序之一。因为人民法院判决解散公司后，公司清算义务人可以自行清算，只有在公司逾期不成立清算组进行清算时，股东方可向人民法院申请强制清算。

（二）原告坚持一并提起强制清算公司的处理

股东请求解散公司之诉与强制清算公司案件属于不同的案件类型，适用不同的程序、分处不同的阶段、具有不同的功能，故股东请求解散公司诉讼和申请强制清算公司不能合并审理，应该分别处理。首先，股东请求解散公司诉讼属于诉讼案件中的变更之诉，强制清算公司属于非讼案件。其次，股东请求解散公司之诉按照普通的民事诉讼进行，即原告起诉之后，有管辖权的法院依法受理，然后进入规范的审判程序（如审理前的准备、开庭审理、诉讼中止和终结、判决和裁定等）。而强制清算公司案件程序包括当事人（债权人或股东）提出申请、法院依法受理并组成清算组，然后进入实质性清算程序（包括清理公司财产、通知公告债权人并进行债权登记、提出财产估价和清算方案、分配财产等）。[①] 最后，股东请求解散公司之诉的意义在于，“如果法院做出解散公司的判决，那么公司就出现了法定的解散事由，公司即应进入清算程序”。而申请强制清算公司案件的法律意义在于，“公司本该自行清算而逾期不进行自行清算的情况下，法院依申请指定清算组对该公司进行

---

① 赵旭东主编：《公司法学》，高等教育出版社 2006 年版，第 506~507 页。

强制清产核资”。理论上，在股东提起解散公司诉讼时，公司解散的事实并未发生，公司是否解散尚需人民法院的生效判决予以确定。即使人民法院判决解散，只有在公司逾期不成立清算组进行清算时，方可向人民法院申请强制清算公司。

《公司法司法解释（二）》第2条规定，股东提起解散公司诉讼，同时又申请人民法院对公司进行清算的，人民法院对其提出的清算申请不予受理，人民法院可以告知原告，在法院判决解散公司后，依据《公司法》第184条和本规定第7条的规定，自行组织清算或者另行申请法院对公司进行清算。如果股东提起解散公司诉讼请求同时申请法院对公司进行清算，应当按照如下原则处理：第一，坚持两案分离的原则，不能对两案合并审理。这是诉讼法理的逻辑延伸，也是相关诉讼法律法规的明文规定。第二，先行受理公司解散纠纷。两诉同时提起虽然不合乎法律规定，但不能一概拒绝受理。如果请求解散公司之诉符合相关法律规定，可以依法受理，但对于同时提起的清算公司申请不予受理。第三，可以告知原告相关的处理方式。在拒绝受理清算申请时，可以告知原告，法院判决解散公司后，可依据《公司法》第184条和《公司法司法解释（二）》第7条的规定自行组织清算，公司不能自行组织清算时，再另行向人民法院提起强制清算的申请。必须明确的是，法院判决解散公司，仅是使得公司出现了法定的解散事由。对于出现了法定解散事由的公司，应当先由公司的股东、董事及相关人员自行组织清算，这是公司自治的一种体现。如果公司能够自行清算，法院不应该介入。只有在公司不依法进行清算时，法院在股东的申请之下，才可以介入公司的内部事务，指定清算组进行强制清算。

第四节　常见争点说理示范

一、关于主体资格的裁判说理示范

【适用情形一】持有公司全部股东表决权10%以上的股东，可以请求人民法院解散公司。

【说理示范一】关于股东a是否具有提起公司解散诉讼主体资格的问题。《公司法》第182条规定：“公司经营管理发生严重困难，继续存续会使股东利益受到重大损失，通过其他途径不能解决的，持有公司全部股东表决权百分之十以上的股东，可以请求人民法院解散公司。”根据查明的事实，A 公司注册登记的信息显示：公司注册资本为 100 万元，股东 b 投资 70 万元、股东 a 投资 30 万元；A 公司向股东 a 出具了《股东出资证明书》；法院已生效的判决确认股东 a 持有 A 公司 30% 的股权；股东 a 向法院提起诉讼时，其仍为持有 A 公司 30% 股权的股东。A 公司主张股东 a 以借款方式抽逃注册资金，但该借款发生在 A 公司向股东 a 出具《股东出资证明书》之前，且生效判决已认定股东 a 持有 A 公司 30% 股权，A 公司注册登记信息亦显示股东 a 系公司股东。综上，股东 a 有权提起解散公司之诉。

【参考裁判文书】最高人民法院（2021）最高法民申 2688 号贵州恒茂绿色产业发展有限公司与雷某燕等公司解散纠纷一案再审民事裁定书。

【适用情形二】未登记于股东名册的隐名股东不能提起公司解散之诉。

【说理示范二】股东 a 主张其为 A 公司的隐名股东，其有权提起公司解散之诉。《公司法》第 182 条规定：“公司经营管理发生严重困难，继续存续会使股东利益受到重大损失，通过其他途径不能解决的，持有公司全部股东表决权百分之十以上的股东，可以请求人民法院解散公司。”股东的公司解散请求权，是股东因其股权被其他股东侵犯或者基于其他法定理由，请求解散公司的实体权利，因此股东有权作为原告提起解散公司之诉，但为了避免非股东滥诉或部分股东随意提起解散公司的诉讼，损害公司和其他股东的权利或对公司经营造成不利影响，法院对申请司法解散公司的股东资格进行了必要的限制，即持有公司全部股东表决权 10% 以上的股东，方有权提起解散公司之诉。该股东应为登记在股东名册上的股东，不应做扩大解释，因此，股东 a 并非本案适格原告，应当驳回股东 a 的起诉。

【参考裁判文书】广东省深圳市中级人民法院（2019）粤 03 民终 765 号佟某与深圳市运丰物流有限公司等公司解散纠纷一案二审民事判决书。

【适用情形三】对公司僵局产生存在过错的股东有权提起公司解散之诉，过错方起诉不应等同于恶意诉讼。

【说理示范三】关于公司解散是否应当考虑公司僵局产生的原因及过错问题。A 公司主张股东 a 人为制造公司僵局，损害公司利益，法院不应支持股东 a 的恶意诉讼。本院认为，公司能否解散取决于公司是否存在僵局以及是否符合《公司法》第 182 条规定的实质条件，而不取决于公司僵局产生的原因和责任。《公司法》第 182 条没有限制过错方股东申请解散公司的权利。因此，即使一方股东对公司僵局的产生存在过错，亦有权依据该条规定请求解散公司。本案中，股东 a 提出解散 A 公司的背景情况为，A 公司已陷入公司僵局并由股东 b 单方经营管理长达 7 年，股东 a 持有公司 20% 的股份，其行使请求司法解散公司的诉权，符合《公司法》第182条的规定，不属于滥用权利、恶意诉讼的情形。

【参考裁判文书】最高人民法院（2011）民四终字第29号仕丰科技有限公司与富钧新型复合材料（太仓）有限公司、第三人永利集团有限公司解散纠纷一案二审民事判决书（《最高人民法院公报》2014年第2期）。

二、关于可被申请解散的公司类型的裁判说理示范

【适用情形】外商投资企业可以适用《公司法》规定由法院直接判决解散，不需要经过审批机构的批准。

【说理示范】关于中外合资经营公司解散的法定条件，《公司法》第217条规定，“外商投资的有限责任公司和股份有限公司适用本法；有关外商投资的法律另有规定的，适用其规定”。《外商投资法》第31条规定，“外商投资企业的组织形式、组织机构及其活动准则，适用《中华人民共和国公司法》《中华人民共和国合伙企业法》等法律的规定”。由此可见，中外合资经营公司的司法解散与其他有限公司并无不同，同样适用《公司法》第182条及《公司法司法解释（二）》第1条规定的公司解散的条件。

【参考裁判文书】宁波市中级人民法院（2015）甬仑商外终字第45号马塞尔与宁波北仑宇创机械工业有限公司公司解散纠纷一案二审民事判决书、太原市中级人民法院（2019）晋01民初989号深圳路安特沥青高新技术有限公司与山西路安特沥青高新技术有限公司公司解散纠纷一案一审民事判决书。

三、关于管辖法院的裁判说理示范

【适用情形】公司解散案件由公司住所地人民法院管辖，对公司住所地存在争议的，由公司注册地人民法院管辖。

【说理示范】《民事诉讼法》第27条规定：“因公司设立、确认股东资格、分配利润、解散等纠纷提起的诉讼，由公司住所地人民法院管辖。”《公司法司法解释（二）》第24条规定，“解散公司诉讼案件和公司清算案件由公司住所地人民法院管辖。公司住所地是指公司主要办事机构所在地。公司办事机构所在地不明确的，由其注册地人民法院管辖。基层人民法院管辖县、县级市或者区的公司登记机关核准登记公司的解散诉讼案件和公司清算案件；中级人民法院管辖地区、地级市以上的公司登记机关核准登记公司的解散诉讼案件和公司清算案件”。本案双方对于公司住所地各执一词，并分别提交包括

营业执照、章程、股东会决议等证据予以证明，根据现有证据尚无法判断公司的住所地，应视为公司的主要办事机构所在地不明确。根据查明的事实，核准登记的公司登记机关为 × 省 × 市市场监督管理局，故本案应由 × 省 × 市中级人民法院管辖。

【参考裁判文书】最高人民法院（2016）最高法民再 202 号中海石油化学股份有限公司与山西华鹿阳坡泉煤矿有限公司、山西华鹿热电有限公司公司解散纠纷一案再审民事裁定书。

四、关于不适用仲裁的裁判说理示范

【适用情形】公司解散纠纷不属于可仲裁事项，公司股东之间约定的仲裁协议对于公司解散纠纷不应适用。

【说理示范】《公司法》第 180 条规定："公司因下列原因解散：……（五）人民法院依照本法第一百八十二条的规定予以解散。"据此，在公司陷入僵局、公司自治已无法实现的情况下，符合条件的股东可以请求人民法院解散公司。现行法律并未赋予仲裁机构解散公司的裁决权。因仲裁机构裁决解散公司没有法律依据，即便 A 公司的公司章程规定了公司解散事宜，且约定因执行章程所发生的或与章程有关的任何争议均可提请 × 仲裁委员会进行仲裁，其有关公司解散的仲裁协议亦不能发生相应的法律效力。A 公司有关本案应提交仲裁解决、人民法院不应受理的主张不能成立。

【参考裁判文书】最高人民法院（2016）最高法民再 202 号中海石油化学股份有限公司与山西华鹿阳坡泉煤矿有限公司、山西华鹿热电有限公司公司解散纠纷一案再审民事裁定书。

五、关于股东提起解散公司诉讼申请财产保全的裁判说理示范

【适用情形一】股东提起解散公司诉讼时申请财产保全，符合法律规定的，法院可依法作出财产保全裁定。

【说理示范一】根据《公司法司法解释（二）》第 3 条规定，"股东提起解散公司诉讼时，向人民法院申请财产保全或者证据保全的，在股东提供担保且不影响公司正常经营的情形下，人民法院可予以保全"。本案中，保全申请人已提供相应担保且明确提供财产线索（即涉案账户），本院依据保全申请人提供的财产线索，冻结被申请人名下银行账户的行为符合法律规定。

【参考裁判文书】广东省韶关市中级人民法院（2020）粤 02 执复 53 号广州曦汇盛投资管理中心公司解散纠纷一案执行复议裁定书。

【适用情形二】股东提起公司解散之诉时申请财产保全，在其提供担保后，还需审查该保全申请是否影响公司的正常经营。

【说理示范二】根据《公司法司法解释（二）》第 3 条规定，“股东提起解散公司诉讼时，向人民法院申请财产保全或者证据保全的，在股东提供担保且不影响公司正常经营的情形下，人民法院可予以保全”。本案为公司解散纠纷，申请人提供的财产保全线索显示其申请保全的财产主要为被申请人的 × 财产，本案的被申请人是一家 × 企业，对其名下 × 财产采取保全措施，必将对被申请人的正常经营产生重大不利影响，故对其财产及证据保全申请，本院不予准许。

【参考裁判文书】江西省南昌市中级人民法院（2018）赣 01 民初 303 号之一周某宝、洪某公司解散纠纷一案一审民事裁定书。

【适用情形三】被保全人申请保全置换的，根据善意文明执行理念，在不影响执行效果的前提下，法院应予准许。

【说理示范三】诉讼保全是为了保障权利人进行民事诉讼的结果得以实现即保证将来判决的强制执行，防止判决作出后难以执行或无法执行。在解散公司之诉中采取财产保全，在确保实现保全目的的情况下，被保全人有多项财产可供保全的，应考虑对被保全人生产经营影响较小的财产进行保全。本案中，被保全人主动提供相应价值的房产置换涉案账户内被冻结资金，根据善意文明执行理念，综合考虑被保全人的生产经营状况，在不影响执行效果的情况下，对其置换申请，应予以准许。

【参考裁判文书】广东省韶关市中级人民法院（2020）粤 02 执复 53 号广州曦汇盛投资管理中心公司解散纠纷一案执行复议裁定书。

六、关于经营管理严重困难的裁判说理示范

【适用情形一】公司股东的长期冲突不能有效解决，股东会机制已失灵，内部管理存在严重障碍，可认定为陷入僵局状态，经营管理发生严重困难。

【说理示范一】根据《公司法司法解释（二）》第 1 条第 1 款第 1~2 项的规定，“公司持续两年以上无法召开股东会或者股东大会”以及“股东表决时无法达到法定或者公司章程规定的比例，持续两年以上不能做出有效的股东会或者股东大会决议”这两种具体情形，均属于判断公司是否出现股东僵局的重要参考因素。本案中，案涉公司仅有两名股东，两人各占 50% 的股份，公司章程规定“股东会的决议须经代表二分之一以上表决权的股东通过”，且

各方当事人一致认可该“二分之一以上”不包括本数。因此，只要两位股东的意见存有分歧、互不配合，就无法形成有效决议，进而影响公司的运作。案涉公司已持续4年未召开股东会，无法形成有效股东会决议，也就无法通过股东会决议的方式管理公司，股东会机制已经失灵。

【参考裁判文书】江苏省高级人民法院（2010）苏商终字第0043号林某清与常熟市凯莱实业有限公司、戴某明公司解散纠纷一案二审民事判决书（最高人民法院指导案例8号）。

【适用情形二】公司股东不主动召集股东会，其以无法召开股东会为由主张公司经营管理困难申请解散公司，应不予支持。

【说理示范二】《公司法司法解释（二）》第1条规定：“单独或者合计持有公司全部股东表决权百分之十以上的股东，以下列事由之一提起解散公司诉讼，并符合公司法第一百八十二条规定的，人民法院应予受理：（一）公司持续两年以上无法召开股东会或者股东大会，公司经营管理发生严重困难的；（二）股东表决时无法达到法定或者公司章程规定的比例，持续两年以上不能做出有效的股东会或者股东大会决议，公司经营管理发生严重困难的；（三）公司董事长期冲突，且无法通过股东会或者股东大会解决，公司经营管理发生严重困难的；（四）经营管理发生其他严重困难，公司继续存续会使股东利益受到重大损失的情形。股东以知情权、利润分配请求权等权益受到损害，或者公司亏损、财产不足以偿还全部债务，以及公司被吊销企业法人营业执照未进行清算等为由，提起解散公司诉讼的，人民法院不予受理。”本案中，股东a与股东b于×年×月注册成立A公司，其中，股东a出资比例60%，股东b出资比例40%。×年×月，股东a向法院提起诉讼，以A公司长期不能召开股东会、无法形成有效股东会决议以及公司亏损为由，主张解散A公司。根据查明的事实，A公司章程规定股东会由董事会召集、董事长主持，A公司的董事会成员共三人，其中包括董事长在内的两名人员均系股东a的派出人员。股东a未提供证据证明，股东a曾经召集过股东会，因股东b拒绝参加，而导致A公司无法召开股东会。股东a作为A公司的大股东，在占有董事会多数席位的情况下，不主动召集股东会，反而以无法召开股东会为由主张公司经营管理困难申请解散公司，缺乏事实和法律依据。此外，股东a亦未提供证据，证明A公司经营管理发生其他严重困难，故股东a主张的股东之间失去合作基础、公司亏损等事由，均不符合公司解散的法定条件。

【参考裁判文书】最高人民法院（2020）最高法民申2318号昆仑能源（辽宁）有限公司、昆仑能源（鞍山）有限公司公司解散纠纷一案再审审查与审判监督民事裁定书。

【适用情形三】公司未召开股东会的客观事实状态并不等于股东会无法召

开，股东未曾提议召开股东会，股东要求解散公司的理由和依据均不充足。

【说理示范三】关于A公司是否持续两年以上无法召开股东会且经营管理发生严重困难的问题。经查，该公司共有三名股东，分别为股东a和股东b、股东c，其公开资料显示2012年7月28日之后即未曾召开过股东会，至股东a起诉时止，确已超过法律规定的两年时限。但是，未召开股东会的客观事实状态并不等于股东会无法召开，也不等于据此可以直接支持其解散公司的请求。公司解散诉讼作为一种特殊的制度安排，司法实践中必须强调"经营管理发生严重困难"，只有当公司这种长期持续未召开股东会的事实状态造成经营管理严重困难且无法通过公司法规定的其他制度予以解决时，当事人提出的解散公司请求才能获得支持，这也是《公司法司法解释（二）》第1条第2款作出排除性规定的目的和意义所在。如公司未按照章程规定定时召开股东会，以至于股东参与经营管理的权利受到侵害时，股东可以要求公司召开；公司不召开的，代表1/10以上表决权的股东有权提议召开。股东a作为持股比例达51%的股东，应当首先遵循上述法律途径通过提议召开股东会的方式解决矛盾和公司经营问题，维护自身的合法权益，而非径直提起诉讼解散A公司；只有在寻求正常的法律途径无法解决、公司确实陷入僵局时，才能说明A公司确实出现了严重经营困难，但股东a已明确未曾提议过召开股东会，也未提供该方面的证据，故其要求解散A公司的理由和依据均不充足，本院不予采纳。

【参考裁判文书】广东省深圳市中级人民法院（2019）粤03民终32377号上诉人王某政与被上诉人深圳市姿慧贸易有限公司、原审第三人何某琴、黄某雪公司解散纠纷一案二审民事判决书。

【适用情形四】因董事冲突所造成的公司治理上的董事僵局。

【说理示范四】本案中，股东b占据了A公司董事会3/5的席位。根据公司章程的规定，董事会决议由代表3/5以上（含本数）表决权的董事表决通过。因此，股东b提出的方案无须股东a同意即可通过。股东a曾三次提出修改公司章程，均遭到股东b的拒绝。A公司已有两年未召开董事会，董事会早已不能良性运转。A公司已由股东b控制，股东a无法正常行使股东权利，董事冲突的问题无法通过股东会或股东大会解决，A公司的内部机构已不能正常运转，公司经营管理陷入僵局。

【参考裁判文书】最高人民法院（2017）最高法民申2148号吉林荟冠投资有限公司与长春东北亚物流有限公司及第三人东证融成资本管理有限公司、董某琴公司解散纠纷一案再审民事裁定书（《最高人民法院公报》2018年第7期）。

【适用情形五】执行董事可通过召开股东会，对公司经营事项作出有效决议，不属于“董事僵局”的情形。

【说理示范五】根据A公司章程规定，A公司不设立董事会，由执行董事履行职责，执行董事职权包括召集股东会会议、决定公司的经营计划和投资方案、决定公司内部管理机构的设置等。股东a作为公司的执行董事，有权召集股东会，即便其他股东拒绝参加股东会，按照公司章程，股东a作为持股×%的股东所享有的表决权亦能够对公司一般经营事项形成有效决议，因此，A公司不会出现“董事僵局”，执行董事亦可以通过召开股东会对公司的经营事项作出有效决议。

【参考裁判文书】最高人民法院（2020）最高法民申7067号杜某萍与长春凯购投资有限公司等公司解散纠纷一案民事申请再审审查民事裁定书。

【适用情形六】监事与执行董事之间的矛盾造成公司监事机构无法正常行使监督职权。

【说理示范六】案涉公司的监督机构无法正常行使监督职权。监事会、不设监事会的公司监事是公司法定必备的监督机构，通过对公司财务、业务、高管人员的行为等行使监督、纠正等监督权，保护公司及全体股东的利益。根据公司章程，案涉公司不设监事会而设一名监事，但监事a已经无法正常行使监事职权。根据《公司法》第53条第1项的规定，监事会、不设监事会的公司监事有行使“检查公司财务”的职权，且对于监事的该项监督职权，《公司法》并未设置限制条件。本案中，监事a关于查询财务资料的要求一再遭到执行董事的拒绝，执行董事无视监事拥有检查公司财务之监督职权的法律规定，人为设置查账条件，监事a无法有效地对执行董事的行为进行监督及纠正。可见，由于监事a与执行董事之间的矛盾，案涉公司的监督机构实际上已无法发挥监督的作用。

【参考裁判文书】江苏省高级人民法院（2010）苏商终字第0043号林某清与常熟市凯莱实业有限公司、戴某明公司解散纠纷一案二审民事判决书（最高人民法院指导案例8号）、江苏省高级人民法院（2014）苏商终字第00360号王某玲与连云港市精彩传媒广告有限公司公司解散纠纷一案二审民事判决书。

【适用情形七】公司经营管理困难应从组织机构的运行现状入手加以综合分析，公司的盈利情况不是判断的必要条件。

【说理示范七】公司本身是否处于盈利状况并非判断公司经营管理是否发生严重困难的必要条件。根据《公司法》第182条以及《公司法司法解释（二）》第1条的相关规定，“公司经营管理发生严重困难”主要是指管理方面存有严重内部障碍，如股东会机制失灵、无法就公司的经营管理进行决策等，不应理解为资金缺乏、亏损严重等经营性困难。本案中，在A公司的内部机制已无法正常运行、无法对公司的经营作出决策的情况下，即使尚未处于亏损状况也不能改变该公司的经营管理已陷入困境的局面。因此，股东a以公司仍在盈利为由，认为A公司的经营管理尚未发生严重困难的观点，本院不予采纳。

【参考裁判文书】江苏省高级人民法院（2010）苏商终字第0043号林某清与常熟市凯莱实业有限公司、戴某明公司解散纠纷一案二审民事判决书（最高人民法院指导案例8号）。

【适用情形八】因股东之间的严重矛盾导致公司在经营方面陷入无法缓解的困境，可认定为公司经营管理发生严重困难。

【说理示范八】《公司法司法解释（二）》第1条第1款规定，单独或者合计持有公司全部股东表决权10%以上的股东，以下列事由之一提起解散公司诉讼，并符合《公司法》第182条规定的，人民法院应予受理：（1）公司持续两年以上无法召开股东会或者股东大会，公司经营管理发生严重困难的；（2）股东表决时无法达到法定或者公司章程规定的比例，持续两年以上不能做出有效的股东会或者股东大会决议，公司经营管理发生严重困难的；（3）公司董事长期冲突，且无法通过股东会或者股东大会解决，公司经营管理发生严重困难的；（4）经营管理发生其他严重困难，公司继续存续会使股东利益受到重大损失的情形。上述司法解释规定的内容意在为公司经营管理发生严重困难提供细化的判断标准，不仅包含了典型常规的情形，还包括其他非列举的情形。因此，不应当将前三种情形作为公司经营管理发生严重困难的绝对化判断标准，公司经营过程中发生的其他经营管理严重困难应被视为第四项兜底条款的规制对象。公司经营管理严重困难的主要表现形式除公司治理结构无法正常运转之外，还应包括因股东之间的严重矛盾导致公司在经营方面陷入无法缓解的困境等情形。这种因股东之间的严重矛盾导致的经营困境与一般经营困难或经营亏损不同，因股东之间的深层矛盾而造成其无法实现通过公司经营获取利润的基本目的，从而导致股东设立公司或投资公司的基本目的彻底落空，故法律应为陷入该困境的股东提供救济渠道。因此，在此情形下，若同时满足公司继续存续会使股东利益受到重大损失的条件，应当适用司法解散制度为股东提供救济。本案中，A公司成立后，股东a与股东b就公司增资等股权、债权问题始终不能达成一致意见，且公司股东会及董事会的会议均由股东b及其委派的董事主导，股东b实际控制公司的经营权和财产权，造成股东之间出现严重矛盾和冲突，公司无法有效开展运营，股东冲突加剧。在此情况下，股东a基于投资所享有的经营管理权利均无法正常行使，股东之间矛盾长期持续存在亦导致A公司无法按照该公司设立之初的预期目的良性运行，可以认定A公司经营管理发生了严重困难。

【参考裁判文书】江苏省高级人民法院（2015）苏商终字第00161号浙江省台州弘正投资有限公司、江苏省苏州市玮琪生物科技有限公司与江苏省苏州弘健生物技术有限公司、江苏省苏州生健生物技术有限公司公司解散纠纷一案二审民事判决书。

【适用情形九】股东以公司财务管理不规范、其他股东长期占用公司的流动资金且存在关联交易为由要求法院强制解散公司，不符合公司解散的法定条件。

【说理示范九】从本案情况来看，A 公司一直进行正常生产、经营，股东会也能按期召开并形成决议，并没有出现股东僵局和公司僵局的情况。股东 a 起诉的主要理由是 A 公司财务管理不规范，其他股东长期占用公司的流动资金，对公司负有巨额债务，公司的大股东利用其控股权利，操纵公司与其长期进行违法关联交易，公司已经存在巨额亏损，若公司继续存续，会使其他股东权益受到重大损失等，其提出的起诉理由并不符合公司解散的法定条件。

【参考裁判文书】红河哈尼族彝族自治州中级人民法院（2009）红中民三终字第 426 号云南省烟草公司红河州公司与云南红河神泉葡萄酒有限责任公司等公司解散纠纷一案二审民事判决书。

七、关于股东利益受到重大损失的裁判说理示范

【适用情形一】公司继续存续会使股东利益受到重大损失。

【说理示范一】A 公司继续存续会使公司股东的利益受到重大损失。作为股东而言，投资设立公司的最终目的是获得收益。股东通过参与公司决策、行使股东权利来争取利益的最大化、保证收益的及时获取，其应当享有对 A 公司进行经营管理、分配收益等股东权益。本案中，一方面，由于 A 公司的权力机构运行机制失灵，公司股东参与 A 公司管理的权利难以保障；另一方面，A 公司确认目前虽处于盈利状态，但其长期不向公司股东分配红利，也没有对此作出合理解释。在此情况下，A 公司股东主张其对该公司在管理、收益等方面的股东权益难以保障，并将因 A 公司继续存续遭受重大损失的主张，具有合理性。

【参考裁判文书】江苏省高级人民法院（2010）苏商终字第 0043 号林某清与常熟市凯莱实业有限公司、戴某明公司解散纠纷一案二审民事判决书（最高人民法院指导案例 8 号）、最高人民法院（2019）最高法民终 1504 号金濠（合肥）建设发展有限公司与江苏建坤置业有限公司公司解散纠纷一案二审民事判决书。

【适用情形二】公司已丧失人合性，不能进行正常的营业活动，继续存续将使股东利益进一步受损。

【说理示范二】《公司法司法解释（二）》第 1 条对“公司经营管理发生

严重困难，继续存续会使股东利益受到重大损失”的具体事由进行了规定：（1）公司持续两年以上无法召开股东会或者股东大会，公司经营管理发生严重困难的；（2）股东表决时无法达到法定或者公司章程规定的比例，持续两年以上不能做出有效的股东会或者股东大会决议，公司经营管理发生严重困难的；（3）公司董事长期冲突，且无法通过股东会或者股东大会解决，公司经营管理发生严重困难的；（4）经营管理发生其他严重困难，公司继续存续会使股东利益受到重大损失的情形。本案中，A公司与其他公司之间相互关联，股东之间利益交叉，A公司与相关公司、股东之间讼争不断，已丧失基本信任。A公司不能进行任何正常经营活动，也无法通过召开股东会等形式解决，根据A公司企业性质，公司存续会使股东利益受到重大损失。

【参考裁判文书】宁波市中级人民法院（2012）浙甬商终字第155号励某燕与宁波市华盈投资有限公司、第三人沈某辉、李某凡公司解散纠纷一案二审民事判决书。

【适用情形三】“股东利益受到重大损失”是指公司的人合基础已完全丧失，且公司的财产已经处于不断消耗与流失状态，公司未分红与公司继续存续会使股东利益受到重大损失之间没有必然联系。

【说理示范三】股东投资设立公司、参与公司决策的最终目的是获得收益。“股东利益受到重大损失”是指公司的人合基础已完全丧失，且公司的财产持续处于消耗与流失状态。本案中，股东a主张公司多年未分红、其无法了解公司财务状况等，但公司多年未分红与公司继续存续会使股东利益受到重大损失之间没有必然联系；其所称的股东知情权、利润分配权等受到损害，可以通过其他诉讼获得救济，不必诉诸解散之诉。因此，现有证据不足以认定A公司继续存续会使股东a的股东利益受到重大损失。

【参考裁判文书】浙江省高级人民法院（2018）浙民终1202号林某松与温州市建设房地产开发有限公司公司解散纠纷一案二审民事判决书。

【适用情形四】公司继续存续是否会使“股东利益受到重大损失”可结合是否有其他途径对股东的利益予以救济进行综合考量。

【说理示范四】公司继续存续是否会使“股东利益受到重大损失”，应结合股东利益的救济方式进行综合分析。如果有其他途径对股东的利益予以救济，则不宜通过解散公司的方式进行。股东a主要因要求A公司分红未果以及公司财务不公开等事项而与A公司及其他股东产生矛盾，属于股东分红请求权、知情权纠纷。依照《公司法》的规定，股东认为上述权利受到侵害的，可以诉请要求分配利润或提供财务账册供其查询等方式解决，其相关主张性质上不属于公司解散诉讼的受理事由。在股东a尚未采取其他法律措施维护自己权利的情况下，就本案现有证据而言，尚不足以证实A公司继续存续会使股东利益受到重大损失。

【参考裁判文书】最高人民法院（2017）最高法民再 373 号广西大地华城房地产开发有限公司与刘某公司解散纠纷一案再审民事判决书。

【适用情形五】公司继续存续不仅无法使得各股东设立公司的期待利益得到满足，反而使股东的合法权利及利益均受到损害，公司若持续维持现状，必然会造成股东利益受到重大损失。

【说理示范五】股东投资设立公司的最终目的是获得收益，即通过参与公司决策、行使股东权利来确保利益的及时获取和最大化。本案中，公司 A 的股东之间无法就公司投资、运营等问题达成共识，股东冲突持续存在且无法解决，导致公司 A 无法按照股东投资设立公司时的合作初衷有效经营。公司 A 的核心资产在股东之间的严重分歧和矛盾冲突中，被拍卖用以偿还借款，进而导致公司 A 已经无法实现其设立目的，股东合作经营的基础已不复存在，该事实对股东的实际利益必然造成侵害。此外，在公司 A 召开股东会及董事会会议时，公司 A 亦多次陈述其经营状况十分困难，结合公司 A 的财务报表可以看出，股东冲突已经使得公司不能正常运营、出现持续亏损且不断扩大。因此，公司 A 的经营困难和管理困难存在关联，其管理方面出现的困难必然导致经营困难，经营困难的表现形式以及核心资产因股东冲突被拍卖的事实亦可以说明公司的管理存在严重困难。公司 A 的存续不仅无法使得各股东设立公司的期待利益得到满足，反而使股东的合法权利及利益均受到损害，公司 A 若持续维持现状，必然给股东利益带来更大损失。

【参考裁判文书】江苏省高级人民法院（2015）苏商终字第 00161 号浙江省台州弘正投资有限公司、江苏省苏州市玮琪生物科技有限公司与江苏省苏州弘健生物技术有限公司、江苏省苏州生健生物技术有限公司公司解散纠纷一案二审民事判决书。

八、关于通过其他途径不能解决的裁判说理示范

【适用情形一】公司僵局通过其他途径不能解决的，符合条件的股东可以诉请司法解散。

【说理示范一】A 公司的僵局已无法通过其他途径解决。《公司法司法解释（二）》第 5 条第 1 款规定，“人民法院审理解散公司诉讼案件，应当注重调解。当事人协商同意由公司或者股东收购股份，或者以减资等方式使公司存续，且不违反法律、行政法规强制性规定的，人民法院应予支持。当事人不能协商一致使公司存续的，人民法院应当及时判决。”公司僵局并不必然导致公司解散，司法应审慎介入公司事务，凡有其他途径能够维持公司存续的，

不应轻易解散公司。本案经过法院多轮调解，公司股东始终不能就转让股权、公司回购或减资等维系A公司存续的解决方案达成合意。据此，本院认为，A公司的股东已穷尽了其他救济途径，仍无法最终解决纠纷，符合通过司法程序解散公司的条件。

【参考裁判文书】最高人民法院（2011）民四终字第29号仕丰科技有限公司与富钧新型复合材料（太仓）有限公司、第三人永利集团有限公司解散纠纷一案二审民事判决书（《最高人民法院公报》2014年第2期）。

【适用情形二】适格股东未穷尽其他救济手段即诉请法院解散公司，不符合公司司法解散的法定条件。

【说理示范二】“通过其他途径不能解决”实际上是诉讼前置程序。《公司法司法解释（二）》第5条第1款列举了诸多替代性救济措施。现有证据不能反映股东a曾通过其他途径解决A公司存在的问题。鉴于解散公司在结果上的终局性和不可逆转性，强制解散公司应是公司纠纷的司法救济最终途径，司法应采取审慎态度，本着谦抑性审理理念，对于能通过其他诉讼途径解决的，不宜轻易启动解散公司，以维护市场主体的稳定性，本案中股东a应优先穷尽公司内部救济手段或通过提起股东知情权诉讼等方式主张权利，故股东a解散公司的诉求不能得到支持。

【参考裁判文书】浙江省高级人民法院（2018）浙民终1202号林某松与温州市建设房地产开发有限公司公司解散纠纷一案二审民事判决书。

【适用情形三】股东可通过股权回购、股权转让等其他救济手段解决其与公司之间的矛盾，司法解散公司是解决公司纷争的最后手段，需审慎使用。

【说理示范三】本案中，股东a与A公司之间存在矛盾冲突的情况，可以通过股权回购、股权转让等公司内部自治方式实现股东退出。就法律效果而言，公司解散的破坏力极大，会导致法人人格消灭，并有可能引发一系列连锁反应，是解决公司纷争的最后手段，基于此，《公司法》对于股东纠纷提供了多种救济途径。股东a如果认为A公司出资不实，可以依照《公司法》第28条要求其承担违约责任；如果认为A公司利用控股股东的地位侵犯小股东利益，可按照《公司法》对小股东规定的保护途径进行救济，故其上述主张均非公司解散的法定事由，股东a可另寻途径解决。

【参考裁判文书】南宁市中级人民法院（2011）南市民二终字第330号潘某焕等与广西横县童乐周进水牛乳业有限公司公司解散纠纷一案二审民事判决书。

【适用情形四】穷尽司法解散之外的其他途径仍无法解决问题的情形下，可判决解散公司。

【说理示范四】本案中，股东a与股东b因资金外借出现矛盾后，双方自

× 年起即开始协调解决，但直至本案成讼仍未妥善解决，股东间的信任与合作基础逐步丧失。期间，双方也多次沟通股权结构调整事宜，但始终未能就股权转让事宜达成一致。在本案诉讼期间，一审法院在近 10 个月的期间内，多次组织双方进行调解，试图通过股权转让、公司增资、公司控制权转移等多种途径解决纠纷，但股东双方均对对方提出的调解方案不予认可，最终未能达成调解协议。在司法解散之外的其他途径已经穷尽仍无法解决问题的情况下，股东诉请解散公司，符合法律规定。

【参考裁判文书】最高人民法院（2019）最高法民申 1474 号吉林省金融资产管理有限公司与宏运集团有限公司公司解散纠纷一案再审审查与审判监督民事裁定书。

【适用情形五】法院对于公司内部纠纷的处理，需坚持审慎司法的原则，公司通过其他途径可解决解散问题时不适用司法解散。

【说理示范五】关于应否通过司法程序解散 A 公司的问题。公司是股东自治的产物，公司的管理、运营及解散属于公司自治范畴，法院以公权力的司法介入只是对公司自治机制的补充和救济，法院对于公司内部纠纷的处理，必须根据《公司法》的规定，坚持审慎司法的原则。按照《公司法》第 182 条规定，“通过其他途径不能解决”是股东请求解散公司的必要条件之一。即只有在通过其他多种途径仍不能解决公司经营管理的严重困难时，才赋予股东通过司法程序强制解散公司的权利。股东 a 请求法院解散 A 公司，本案一审庭审中，A 公司股东全部到庭，一审法院询问各股东对于解散 A 公司的意见，股东 a、股东 b、股东 c 均表示同意解散 A 公司。一审法院当庭建议 A 公司各股东签署解散公司的股东会决议，股东 a 不同意签署。本案二审期间，股东 b、股东 c 亦表示同意自行解散 A 公司。上述情况表明，A 公司股东对于解散 A 公司的意思表示是一致的，各股东在一审期间均已出庭，且实际可当庭形成解散 A 公司的股东会决议。故 A 公司的解散问题，各股东可以通过其他途径予以解决，股东 a 单方不同意自行解散 A 公司，提出必须通过司法程序强制解散 A 公司的诉讼请求，有违《公司法》第 182 条的规定，一审判决对此不予支持是正确的。

【参考裁判文书】广东省深圳市中级人民法院（2019）粤 03 民终 28885 号刘某魁与深圳市丹侬科技有限公司、邹某和、王某懿公司解散纠纷一案二审民事判决书。

九、关于大股东严重压制小股东的裁判说理示范

【适用情形一】仅存在股权优势地位，不足以构成解散公司的法定事由，

应结合其他因素综合认定公司是否达到解散条件。

【说理示范一】股东a主张股东b利用其大股东地位剥夺其参与公司管理的权利，进而损害其利益，这种情形法学理论上属于“股东压迫”。本院认为，即使本案构成股东压迫的情形，仍不能判决解散公司。理由如下：其一，解散对于公司而言，是最严厉、最具破坏性的手段，若非万不得已，不宜选择解散公司的办法来解决股东之间的矛盾。公司的法人性质及多数决的表决权行使模式决定了公司经营管理和发展方向必然不能遵循所有投资人的意志，但是最终的结果仍应由多数决作出，如果少数股东动辄请求解散公司，公司解散制度将沦为小股东制衡甚至打击大股东的工具，故不能因为公司具有股东压迫情形就直接解散公司，仍应当结合公司组织机构是否运行正常、公司经营管理是否正常进行综合认定。其二，公司解散涉及多种利益，不仅仅涉及股东利益，还涉及公司债权人、公司员工等多方利益，关乎市场经济秩序的稳定，司法对股东压迫情形下的公司解散更应采取审慎态度。本案中，A公司作为房地产开发企业，开发项目尚未结束，如果解散公司，合同不能继续履行，不仅购房人利益无法得到保障，且会导致公司承担巨额违约责任，最终损害公司利益及股东利益，这也与公司司法解散制度目的不符。其三，作为持股比例较低的股东，在公司权力机关能够运行的情况下，若认为其意见不被采纳进而损害自己的利益，《公司法》为其规定了多种救济途径，如撤销股东会决议诉讼、股东知情权诉讼、分红请求权诉讼、股权退出机制等。在股东会和董事会尚能作出形式上有效的决议时，公司治理结构并无严重障碍，公司经营管理并不能认定为严重困难，此时的“股东压迫”不应导致公司解散。

【参考裁判文书】湖北省高级人民法院（2018）鄂民终5号陈某豹与荆门市凯凌房地产开发有限公司公司解散纠纷一案二审民事判决书、北京市第一中级人民法院（2018）京01民终8814号浙江天时国际经济技术合作有限公司等与北京安士凯投资管理有限公司公司解散纠纷一案二审民事判决书。

【适用情形二】大股东利用其优势地位单方决策，公司内部机制已不能正常运转，经营管理陷入僵局，符合法律规定的，可判决解散公司。

【说理示范二】本案中，A公司不设董事会，仅有执行董事王×。因王×拒绝小股东李×参与A公司工作，A公司的经营事务均掌握在王×手中。自2015年起至本案一审诉讼期间，A公司在长达5年的时间内未召开股东会，无法形成有效决议，可以证实A公司股东会机制已经失灵。庭审中，王×陈述近年来A公司重大的经营事项为环保设备投资、项目改造，其未告知李×，亦认为王×占A公司75%股权，可不经过股东会由其自行决定，可以证实王×利用其大股东优势地位，架空股东会（简要描述大股东架空股东会的事实）。纵观上述事实，客观上 A 公司已由王 × 单方控制，李 × 无法正常行使股东权利，无法参与经营管理，A 公司的内部机制已不能正常运转，公司经营管理陷入僵局。在此情形下，继续维持公司的存续，只会产生大股东利用其优势地位单方决策，压迫损害小股东利益的后果。小股东李 × 据此主张公司经营管理陷入僵局，应判决解散公司，具有事实和法律依据。

【参考裁判文书】克拉玛依市中级人民法院（2021）新 02 民终 21 号克拉玛依市陆林建材有限公司与李某宗公司解散纠纷一案二审民事判决书。

十、关于公司严重违反法定事由认定问题的裁判说理示范

【适用情形】公司设立时存在提供虚假证件等违法行为，行政机关对此已作出相应处理，股东以此诉请解散公司，不属于法律规定的解散公司的事由。

【说理示范】股东 a 提供虚假证件设立公司的行为已经市场监管部门审查，但市场监管部门并未认为股东 a 的上述违法行为足以达到撤销公司登记的严重程度而未撤销 A 公司，仅作出对 A 公司和股东 a 处以 × 万元罚款的处理。公司登记机关已经作出了行政处罚即具体行政行为，认为不需要撤销公司登记，根据司法权尊重行政权的原则，法院在民事诉讼中不应审查行政机关具体行政行为的合法性。因此，股东 a 的违法行为已经主管部门的行政处理，如股东 b 对该行政处理有异议，可向该局提出，股东 b 仍就该问题向法院提起公司解散之诉，缺乏法律依据，本院不予支持。

【参考裁判文书】广东省高级人民法院（2006）粤高法民四终字第 359 号招某枝与招某泉等股东请求解散及清算公司纠纷一案二审民事判决书。

十一、关于公司解散中的社会责任裁判说理示范

【适用情形】判断公司应否解散，不仅要考虑股东的利益，还要充分考虑社会公众利益，即公司承担的社会责任。在股东个人利益与社会公众利益冲突时，应优先保护社会公众利益。

【说理示范】《公司法》及《公司法司法解释（二）》虽然赋予了股东在法定情形下解散公司的权利，但是股东权利的行使应当受公司及股东应承担的社会义务的约束。《公司法》第 1 条除规定公司法应规范公司的组织和行为，保护公司、股东的权益外，还规定要保护债权人的合法权益，维护社会经济秩序。同时，《公司法》第 5 条亦明确规定，公司从事经营活动，应诚实

守信，接受政府和社会公众的监督，承担社会责任。本案中，A公司自成立以来主要经营开发×项目，该项目已具备对外销售条件，尽管因资金困难导致项目有段时间处于停滞状态，但部分房屋正在对外销售，公司正处于投资收益回收阶段。本案A公司所经营的最终产品为住宅，不同于一般公司生产的动产产品，如果A公司解散，必然会导致其经营的房地产项目无法对外销售，房屋产权手续无法办理，进而影响大量被拆迁居民的顺利回迁和外部购房者合法利益的顺利实现及社会秩序的稳定。因此，A公司目前不宜解散。

【参考裁判文书】山东省高级人民法院（2019）鲁民终79号仇某新与青岛博润置业有限公司公司解散纠纷一案二审民事判决书。

第五节　判决主文规范表述

目前，对于支持解散公司的表述，公司司法解散裁判主文相对统一，基本都表述为准许×公司解散。而对于不予支持解散公司的表述，则存在两种不同的方式：第一种是笼统地表述为驳回原告或上诉人的诉讼请求；第二种是明确不予解散的立场，表述为驳回原告或上诉人请求解散×公司的诉讼请求。为了规范公司司法解散案件的裁判主文内容，考虑到裁判主文内容必须明确、具体，建议采用第二种表述，避免裁判文书表述不正确给执行工作造成的不良影响（见表2）。

表2　公司解散纠纷判决主文规范表述列表

裁判类型	裁判事项	裁判主文
股东诉请解散公司	支持解散公司诉请	准许×公司解散
	不予支持解散公司诉请	驳回原告×请求解散×公司的诉讼请求